U0061813

獻給

我的導師陳旭麓先生

天朝的崩潰

鴉片戰爭再研究

（修訂本）

茅海建　著

商務印書館

本書原由生活・讀書・新知三聯書店以書名《天朝的崩潰：鴉片戰爭再研究》（修訂本）出版，經由原出版者授權本公司在港、澳、台及新加坡、馬來西亞地區出版發行本書繁體字版。

責任編輯：　胡瑞倩
裝幀設計：　麥梓淇
排　　版：　肖　霞
責任校對：　趙會明
印　　務：　龍寶祺

天朝的崩潰：鴉片戰爭再研究（修訂本）

作　　者：　茅海建
出　　版：　商務印書館（香港）有限公司
　　　　　　香港筲箕灣耀興道 3 號東匯廣場 8 樓
　　　　　　http://www.commercialpress.com.hk
發　　行：　香港聯合書刊物流有限公司
　　　　　　香港新界荃灣德士古道 220-248 號荃灣工業中心 16 樓
印　　刷：　中華商務彩色印刷有限公司
　　　　　　香港新界大埔汀麗路 36 號中華商務印刷大廈
版　　次：　2024 年 5 月第 1 版第 1 次印刷
　　　　　　© 2024 商務印書館（香港）有限公司
　　　　　　ISBN 978 962 07 5967 3
　　　　　　Printed in Hong Kong

版權所有　不得翻印

目　錄

插圖目錄

自　序

　　我不像許多人那般幸運，他們在歷經苦難完成一部著作後，可以長舒一口氣。自 1992 年年初起，我推開一切，整整兩年，嘗到了著書人都經受過的酸苦辣（沒有感到甜），終於完工時，望着案上厚厚一摞文稿，心中沒有一點輕鬆的感覺。

　　一、就一般而言，歷史事件隨着時光流逝而意義日減。鴉片戰爭則不然。它是中國歷史的轉折，提出了中國必須近代化的歷史使命。中國的現代化一日未完成，鴉片戰爭的意義就一分不會減。生活在這一尚未現代化區域中的人們，體會現實，探索問題，免不了聯繫到那次災難性的戰爭。屈辱、仇恨、自卑、希望……種種情緒交織，民族感情油然而生。這與已經完成同一使命的國度，比如日本，是大不相同的。它本身就是一個不讓中國人輕鬆的課題。

　　然而，歷史研究排斥感情的羼入，強調冷靜和客觀。我因此也常常自問，我是否真正做到了理智？

　　二、本書號稱"鴉片戰爭再研究"，自然包含着對以往的研究進行批判的意味。就研究的過程而言，當屬踩着前人的肩膀往上爬；就研究的結果而言，應是離歷史真實更近。然事過境遷，一個半世紀前的人和事，與今有着層層歷史隔膜。

　　我居住的地方，名皇城根，與紫禁城僅一箭之遙。從西窗中望去，昔日御花園景山上的萬春亭，在夕陽下隱隱閃亮。我在位於紫禁城內的中國第一歷史檔案館閱檔時，因中午閉館也常常在宮中閒蕩，坐在"金鑾殿"前的漢白玉階上遐想。我也去過圓明園舊址，望着那些已無痕跡據說在航空照片上依稀可辨的中式園區。空間距離的接近，常使我感到時間跨隔的縮短。我試圖與逝者對話，雖不能心靈溝通，卻也增加了對他們心思的理解。儘管現代史學理論已經證明了再現歷史之絕對不可能，但求真畢竟是治史者不滅的夢境。

三、本書是獻給我的導師陳旭麓教授的。14年前，我投先生門下為研究生。他指導的第一篇論文為《鴉片戰爭時期中英兵力》。自此，我對鴉片戰爭的興趣始終未減。畢業後，師生多有交往。他一直鼓勵我把這本書寫出來，我也暗冀獲先生作序。可因工作關係，一直無暇動筆。1989年調入近代史研究所，終有供我支配的時間，導師卻已於1988年仙逝。緣此，儘管真正展紙動筆僅兩年，但搜集史料、思考問題卻已經超出10年。導師為我作基，我卻無緣索序。今天，我自序時，心中一直在想，這本書能否讓他滿意，渴望得到他的批評。可天堂距人間卻是那麼的遙遠……

凡此三者，仍感到壓在心上，儘管我已經寫完了這本書。我等待着讀者的批評。

我的同窗好友潘振平，對鴉片戰爭頗有心得。十幾年來，我們多次進行討論，常常徹夜不眠，使我受益非淺。本書始動手，他又提議兩條：曰注重人物命運，曰解釋歷史現象。作為中國傳統史學體裁正宗的紀傳體，有着諸多優長，如何將這些優長揉之章節體中，我因之而探索。由於近代社會新陳代謝，價值觀念和行為規範發生了很大變化，如何用當時的觀念合情合理地解釋當事人的思想和行為，我因之而努力。稿成，他又首先閱讀，多有批評。可以說，沒有他的幫助，本書不會是此模樣。交久誼真，無需言謝，在此記之。

感謝武漢大學李少軍先生。日人佐佐木正哉先生關於鴉片戰爭的論文，應是必讀之作，可我不識東洋文字。李少軍先生為我提供了譯文。感謝今日已成同事的酈永慶先生。他是《鴉片戰爭檔案史料》的編者之一。我因抄檔有限且未校對，他提供了尚未印就的所編史料底稿，緩我一時之急。感謝同一師門的楊國強先生，閱讀了部分文稿。他那提意見的技巧，使我頓然體會出自己的不足。感謝亦為同師的朱金元先生和唐克敏先生，他們的鼓勵和幫助，成為我能如願完工的一大動力。

我心中最為感激的，毫無疑問是在我之前作了充分研究且對我頗有啟示的諸位先生。因我參考的文獻較多，此處無法一一恭錄。我已將拜讀他們大作的收益，敬錄於注釋之中。在這裏，我還要說一句，請原諒我踩在你們的肩膀上⋯⋯以上感謝，並無推卸責任的意思。本書的一切錯誤，當由我個人負責。

1994 年 1 月於北京東皇城根

緒論

由琦善賣國而想到的

─────── ▬ ───────

中國的歷史學，最注重人物評價。打開史籍，善惡忠奸分明，好人壞人一目了然。

在壞人的隊伍中，琦善大約可屬"最壞"的一類，因為他犯有古今中外均視為不赦的罪行 —— 賣國。沒有一個民族和國家，會饒恕自己歷史上的賣國賊。

可是，琦善果真賣國嗎？

我以為，這裏面存有許多疑問，可作進一步的探討。

一　琦善其人

琦善出生於一個滿洲貴族家庭。祖上恩格得理爾，以率眾投附有功，封一等侯爵。父親成德，官至熱河都統。琦善 16 歲時以蔭生的資格分發刑部，由正五品的員外郎候補。18 歲時正式補官，此後仕路暢順，飛黃騰達。1819 年，他 29 歲時，便當上了獨擋一面的河南巡撫。後歷山東巡撫、兩江總督、東河總督、成都將軍等職，期間曾因治水失宜而被革職，但開復特快。1831 年，遷督撫疆臣之首的直隸總督，

1836 年，授協辦大學士，1838 年，擢文淵閣大學士，官居正一品。[1]

琦善為官辦事，好用詭道怪行，但也多驗明效。他為人傲慢氣盛，但官場結交甚廣。他勇於任事，好大喜功，任職中的失敗幾乎與成績一般多。道光帝也特別看重他敢於闖創、敢於負責的品格。

至 1840 年鴉片戰爭時，琦善的正式身份是一等侯爵、文淵閣大學士、直隸總督（後改兩廣總督）、欽差大臣。他在與英方的公文往來中，得意洋洋地自稱"本大臣爵閣部堂"。[2] 可以說，他位極人臣，聖眷正隆，達到他一生的頂點，為同僚們望塵莫及。

我們若從當時人的觀念來思考，就會產生疑問：琦善一家世受國恩，本應更加忠君愛國，道光帝待其不薄，沒有理由背叛主子，可他為甚麼要賣國呢？這與後來汪精衛因政治不得意而改換門庭的場景，似為格格不入。

當時的一些論著談到琦善的舉動時，採用了"賄和"的說法。讓我們來看看這方面的可能性。

琦善之家是一個具有百年以上歷史的大家族，家底頗豐。他本人又久為高官，在搜斂錢財上的功夫，也不差於其他官僚。他是個有錢人。

關於琦善的家產，民間流傳的說法，幾近天文數字，一份傳抄的琦善於 1841 年獲罪抄家的清單稱，琦善擁有"番銀"1000 萬元，珍珠奇寶無算，另有田地 34 頃、房屋 340 間、當鋪 6 處、店棧 81 處。[3] 若此當真，

---

1 王鍾翰等點校：《清史列傳》第 10 冊，中華書局，1987 年，第 3144—3155 頁。

2 佐佐木正哉編：《鴉片戰爭の研究：資料篇》，東京：近代中國研究委員會，1964 年。

3 中國第一歷史檔案館編：《鴉片戰爭新史料》中錄有民間流傳的琦善抄家的清單："番銀一千萬元，黃金四百二十三兩五錢，東珠八百四十九粒，珠吊二十四十付（計大小七百四十八粒），玳瑁架牀一付，瑚珠十六掛，大小自鳴鐘十八件，金錢錶十一件，家樂班行裝十八箱，貂褂十四件，蟒袍二十八件，衣籍百三十箱（另有清單），玉馬二個，料獅二個，翡翠班十八丁，珠燈八堂，紅呢鋪墊大小三十付，水晶澡堂一架，私參四十二斤，藥材十九紮，彩帳十二件，泥金桌凳二付，銅牛望月二付，鳳冠一隻，轎車四套，大小牲畜二十八頭，大呢幔幔羽衣二件，零星緞匹細件二百二十斤，直隸開設典當四處（協成、永成、大成、恆成），盛京典當二處（來成、福成），自置田畝三十四頃，祖遺房屋三百四十間，店棧各房八十一處，楠木桌凳九十四件。"見中國史學會主編、齊思和等編：《中國近代史資料叢刊・鴉片戰爭》（以下簡稱《叢刊・鴉片戰爭》）第 3 冊，上海：新知識出版社，1955 年，第 433 頁。
此外，《入冠志》稱，琦善家"抄出黃金六百八十二斤，銀一千七百九十四兩，並有珠寶十一箱"。（同上書，第 316 頁）

琦善的家產超過當時任何一位英國貴族，甚至女王本人。

　　但從檔案史料來看，民間的傳說顯然是誇大了。據負責查抄的吏部尚書、步軍統領奕經等人奏稱：

> 　　奴才等查抄琦善家產，前經奴才等將查出金錠、金條、金葉約重五千一百餘兩，元寶七百八十一個，散碎銀錁錠二萬六千五百餘兩，大概情形，具奏在案。今復連日詳細抄檢，又續行查出金錠、金條、金葉約重二千兩，元寶六百十七個，散碎錁錠銀二萬餘兩……[4]

後據道光帝面諭，負責將琦善沒官財產生息以充兵餉的軍機大臣穆彰阿奏稱：

> 　　琦善入官元寶銀一千四百三十八個，散碎銀四萬六千九百二十兩……琦善入官地畝，現據內務府按契核計，共地二百五十二頃十七畝零，以地方官徵租差地核計，每年可收租銀二千餘兩。又琦善入官舖面房間，內務府現已兌明，每月約得房租銀九百六十二吊二百二十八文、銀五十一兩……[5]

由於沒有找到其他有關此次抄家的奏摺和清單，我們還不能得知琦善的自住房產和達官貴人家常有的珍奇寶物古玩等項，但從上引金、銀、田

4　中國第一歷史檔案館編：《鴉片戰爭檔案史料》第 3 冊，天津古籍出版社，1992 年，第 198 頁。奕經還在該奏中揭露出一個有趣的事實：1824、1825、1826 年，琦善分別與山西商人岳泉、陳寶書、曹添得合資，在天津大沽等處開設義和、全和、時和三家當舖，每家出資錢兩萬串，共計六萬串。由於當時禁止官員開設當舖，琦善便讓其家僕王幅出名，"寫立公中合同"。王幅還派人參加當舖的管理。琦善的斂錢手段，由此可見一斑。
5　《鴉片戰爭檔案史料》第 3 冊，第 459—460 頁。

產、店舖等看，數額已經相當可觀。

若說有錢人就不會受賄，當然不能成立。但作為家貲豐裕的琦善，大約不會見了自鳴鐘、玻璃盞之類的新奇洋貨便心旌蕩漾。在中英交涉中，他若要受賄，就絕非小錢，而必然是一筆大數目。

實際上，有關琦善"賄和"的說法，當時風聲甚大，就連深居於宮禁的道光帝都已聽聞。生性多疑的道光帝，在下令鎖拿琦善後的第三天，又密諭靖逆將軍奕山"密加查訪"義律與琦善之間"有無私相饋贈之事"。[6] 奕山對此未能找到證據。[7] 琦善逮京後，由道光帝親自審定的訊問琦善各條中，其中一問是：

> 琦善既與義律（Charles Elliot）往返說話，情意親密，自天津以至廣東，該夷目饋送琦善物件若干？琦善回送是何物件？均須一一供吐，不准隱瞞！[8]

琦善對此是一口否認，在審訊中稱：

> 伏查琦善與逆夷言語不通，不過為公事暫事羈縻，假意待之，豈肯收受饋送，自外生成。亦未給過該夷物件。不敢隱瞞。[9]

琦善的這個答覆，顯然未使道光帝完全放心。就在審訊琦善的同時，軍機處審訊為琦善充當中英交涉的聯絡員鮑鵬，又提出了相同的問題：

6　《籌辦夷務始末（道光朝）》第 2 冊，北京：中華書局，1964 年，第 824 頁。
7　《籌辦夷務始末（道光朝）》第 2 冊，北京：中華書局，1964 年，第 1000—1001 頁。
8　《鴉片戰爭檔案史料》第 3 冊，第 459 頁。
9　《鴉片戰爭檔案史料》第 3 冊，第 475 頁。

琦善與義律情意親密，有無彼此饋送情事？

鮑鵬對此問題，也是完全否認。[10]

當事人的自白，自然不能用以證明當事人的清白。好在琦善所欲貪者，非為小數，若是大額，英方自然有賬。

然而，從目前所能見到的英文資料來看，義律等英方官員並沒有採用賄賂的手段，也無琦善索賄的記載。而義律聽聞琦善因收取義律賄賂的罪名而受審訊的消息，特意擬出否認對琦善行賄、英國官員不會行賄的文件，轉交廣州知府。[11] 當然，這份文件並未上達中樞，即便上達，恐怕也不會對琦善有利，反而證明他與義律的勾結。

我們不妨再設想一下當時的情景，此時的義律等人，已經不是當年龜縮於澳門、自稱"遠職"、處處求情疏通的模樣，而是領兵上門勒索搶劫的兇犯。世上又哪有強盜上門先行賄後動手的事情。這與俄國為中俄密約、中東路而賄賂李鴻章的局面，似為格格不入。

由於鴉片戰爭前，中英之間實際存在的只是通商關係；又由於清政府官員的腐敗，賄賂和陋規已經成為維繫這種關係延續運作的不可缺少的潤滑劑；凡是涉及這種商務聯繫的官員，無不受賄，無不發財，久已被視作官場中的正常現象。有關琦善"賄和"的流言，很可能由此而牽帶推測、合理想象而來。也正因為如此，此類流言才會有着廣泛的市場，儘管沒有甚麼實際的根據。[12]

以上對琦善賣國的心理活動的探究，是從求官圖榮、貪財謀利的角

10　《軍機處會訊鮑鵬供詞》，《叢刊・鴉片戰爭》第 3 冊，第 252 頁。

11　義律致巴麥尊，1841 年 6 月 16 日，轉引自佐佐木正哉：《鴉片戰爭研究 —— 從英軍進攻廣州到義律被免職》第八部分 "對琦善的審判"。（〔日〕《近代中國》第 11 卷）

12　無獨有偶，當後來伊里布被貶斥時，道光帝又讓裕謙密查伊里布與英人有無私相饋贈情事，可見這種流言的普遍性。

度，即人類自身缺陷的角度去分析的。然而，古往今來的賣國者，對自己的行為還有一種堂皇的解釋，即為了遵循某一種主義，實現某一種理想。

但是，若要將此落實到琦善的身上，似乎也沾不上邊。

鴉片戰爭之前，中華文明一直是相對獨立地發展的，並以其優越性，向外輸出，在東亞地區形成了以中國為中心的漢文化圈。儘管它與外部世界的聯繫，從古以來，如縷不絕，但是，外來之物欲進入中國，須得經過中華文明強韌且持久的改造，化外來為內在，才能成為中華文明的組成部分。長此以往，中國人習慣於以居高臨下的姿態，環視四方。清王朝正是在這種歷史沉澱中，發展完備了"天朝"對外體制。

在古代，依據儒家的經典，中國皇帝為"天子"，代表"天"來統治地上的一切的。皇帝直接統治的區域，相對於周邊的"蠻荒"之地，為"天朝上國"。"普天之下，莫非王土"，《詩經》中的這句話，經常被人引用說明當時的土地制度，其實也反映出當時的中國人所能看到的世界，即"天下"，長久地不出於東亞地區。毫無疑問，這種"天下共主"的觀念並不正確，但卻客觀地反映出中華文明長時期在東亞地區的無可爭辯的優越，並長久地維繫着大一統王朝在中國的世系相傳，即所謂"國無二君"。[13] 這種情勢在清朝，又具體地表現為"天朝上國"、藩屬國、"化外各邦"的三重關係。

清王朝的強盛，使周邊地區的各國君主，出於種種動機，紛紛臣屬於中國，向清王朝納貢，受清王朝冊封。[14] 至於藩屬國以外的國家，包

---

13 從世界歷史來看，"天下共主"的觀念並非中國獨有。在歐洲和西亞，大帝國的君主都曾宣稱自己是"天下共主"。這在地理大發現之前的時代是不新鮮的。中國的問題僅在於沒有意識到，隨着地理知識的增長，應當拋棄這種錯誤觀念，反而是千方百計地加以修補。至清代，這種"天下共主"的觀念已經是漏洞百出，但統治者為了統治的需要，仍堅持不放。

14 中國的藩屬國與西方的殖民地完全不同。這表現為：一、宗主國不謀取特殊的經濟利益，在朝貢中又採用"薄納厚贈"的政策，使藩屬國的朝貢成為有利可圖的生意，即"朝貢貿易"。二、在政治上，藩屬國君主的目的在於維護其地位，以借助宗主國的勢力來對抗、壓制國內反對派。而宗主國又通過支持藩屬國的君主，減少外族的入侵，保持邊境的安全。從某種意義上說來，宗藩關係是一種地位不平等的政治同盟關係。

括西方各國，清王朝一般皆視之為"化外蠻夷之邦"，[15] 在官方文書中蔑稱為"夷"，並在其國名上加"口"字旁。如英、法、美三國，分別稱為"嗼夷"、"咈夷"、"咪夷"。[16] 根據儒家的禮儀，清王朝拒絕與這些不願朝貢的國家作正式的官方交往；又根據儒家"雖之夷狄，不可棄也"的教義，清王朝又准許這些國家通商。儘管這種通商在清初、清中葉有利於中國，也牽繫着沿海數十萬民眾的生計，但依照"以農為本"的古訓，兼之朝廷在此中獲益不多，[17] 清王朝對此並不重視。在他們的心目中，通商是"天朝"施於"蠻夷"的一種恩惠，是"懷柔遠人"的一種策略。

因此，清王朝在對外關係上，自以為是居於他國之上的"天朝"，不承認與之平等的國家的存在，即所謂"敵國"。從某種意義上講，"天朝"對外體制，使中國成為一個世界，而不是世界的一部分。

從明代開始，中英就有了通商關係。但在"天朝"體制和觀念的籠罩下，中國人對英國的認識是混沌一片。1793 年、1816 年，英國先後遣使馬戛爾尼（George Macartney）、阿美士德（William Pitt Amherst）來華，清政府依照"天朝"制度，將其當作"嗼咭唎貢使"來接待，結果不歡而散。1834 年，英國取消東印度公司的對華貿易壟斷權，派律勞卑（William John Napier）為駐華商務第一監督。負責通商事務的兩廣總督

15　此處將西方各國列為"化外"，是從清朝與西方各國的實際關係而確定的。而當時的一些清朝官吏，為渲染盛世的"萬邦來王"，將英國等國列為朝貢國。清朝的一些官方文書，也有這種記載。甚至當時先進的中國人，曾任禮部主客司主事的龔自珍也不例外，謂："我朝蕃服分二類，其朝貢之事，有隸理藩院者，有隸主客司者。隸主客司者，曰朝鮮，曰越南，曰南掌，曰緬甸，曰蘇祿，曰暹羅，曰荷蘭，曰琉球，曰西洋諸國。西洋諸國，一曰博爾都嘉利亞，一曰意達里亞，一曰博爾都噶爾，一曰嗼咭唎。自朝鮮至琉球，貢有額有期，朝有期。西洋諸國，貢無定額，無定期。"（《主客司述略》，《龔自珍全集》，上海人民出版社，1975 年，第 118—119 頁）還需說明的是，西方人見到將他們的國家列為朝貢國，必然生怒，認為是對他們的污辱；而清朝的官紳士子們卻不這麼認為，他們將此作為一種褒揚，即"化外"之邦有心"向化"，是一種進步。

16　除國名外，當時在西方的人名、船名亦加"口"字旁。本書採用當時譯法的國名、人名、船名，除在行文中表示特別意義的，皆刪去"口"字旁。

17　儘管當時外國商人在粵海關交納甚多，但絕大部分作為陋規和賄賂進了官員、行商的私囊，上交朝廷的正稅每年僅為銀一百萬兩，佔清王朝財政收入的百分之二至百分之三左右。因此，清朝皇帝時常有"區區關稅"之言論，對中斷對外貿易，表示無所謂。

盧坤，未究詰其來華目的，卻震怒於以"平行款式"遞交文件。[18]1838年，英國駐華商務總監督義律投遞文書，封面上無"稟"字樣，兩廣總督鄧廷楨即"原封擲還"。[19]因此，儘管 1834 年之後，英國有了官方代表——駐華商務監督（中文稱之為領事），但清政府並不承認其官方地位，仍將其當作東印度公司的大班來看待。[20]

清朝傲視"四夷"的"天下"觀念，部分是因為儒家文化的優越和外傳的歷史傳統，部分是由於長期以來中國社會經濟水平，並不低於西方。16 世紀西方人初至，中國乃是世界上最發達的國家；17、18 世紀之交，康熙大帝的文治武功，使中國進入一個新的"盛世"；即使是在 18 世紀英國工業革命前，中國的社會生產力仍不低於西方各國，生產總量則遠遠超過之。至鴉片戰爭前夕，中國確確實實是落後了。但是，由於文化背景的不同，英國最先進的事物，經過儒家教義的折光，頓時變為最荒謬不堪的東西。君主立憲，在皇權至上面前，有如大臣擅權；經商貿易，在農本主義面前，顯為捨本求末；追逐利潤，在性理名教面前，只是小人之舉；至於女王主位、男女不辨，更是牝雞司晨之類的"夷俗"；即便令人興歎的西方器物（鐘錶、玻璃、呢羽等），享用賞玩收藏之餘，仍可斥之為"壞人心術"的"奇技淫巧"。無怪乎海通 200 餘年後，中土的官僚士子們並未折服於西方，反堅信於中華文物制度遠勝於"西夷"，儘管他們在一個事實方面已經達成了共識：西方"船堅炮利"。

如此不惜筆墨地描繪清朝的對外觀念和當時的中英關係，只是為了指出琦善思考和行動的大背景。作為個人，無法背離其所處在的環境。

---

18 盧坤認為，"查中外之防，首重體制，該夷目律勞卑有無官職，無從查其底裏，即使實係該國官員，亦不能與天朝疆吏書信平行。事關國體，未便稍涉遷就，致令輕視。"於是，他下令中斷中外貿易以對抗。未久，律勞卑病故，德庇時（John Francis Davis）繼任，中外貿易恢復。（《鴉片戰爭檔案史料》第 1 冊，第 146—168 頁）

19 《鴉片戰爭檔案史料》第 1 冊，第 329—331 頁。

20 《鴉片戰爭檔案史料》第 1 冊，第 223 頁。

琦善主要在北方任官，與西方沒有直接打過交道。他不知道地球是圓的，更不知"嘆咕唎"位於四大部洲的哪個角落。在天津，他初見英國軍艦，大為震懾，但並未改變英國屬"化外蠻夷"的基本觀念。在留今的大量奏摺中，他用以描繪英國最典型的詞彙是"夷性犬羊"，這也是當時官員的常用套語。就在廣東中英談判最緊張之時，他在奏摺中有一段描繪英人行徑的話：

> 而今之在粵者，名為兵目，尤為蠻野之人，禮義不知，廉恥不顧，皆得在場惟（為）所欲言，紛紛藉藉，無非扛幫，肆其鬼蜮伎倆。既不能以理諭，亦且難以情遣。[21]

這些用語，活脫脫地顯露了琦善只不過是一個墨守"天朝"觀念、對世界大勢渾渾噩噩的官員，又怎看得出他對英國的主義、理想有向往之情？

如果說奏摺上的話，只是用來哄騙道光帝的，並不能反映琦善的內心，那麼，我們還可以看看，他又是用甚麼樣的語氣對英方說話的。他在致義律的照會上寫道：

> 查貴國來此通商，迄今二百餘年，從無齟齬。只緣不肖商人夾帶煙土，致絕貿易。本年貴國前來乞恩，事在情理。乃先佔據定海，本不能不上干天怒。特緣本大臣爵閣部堂前在天津時，疊奏貴國情詞恭順，方簡派本大臣爵閣部堂來此查辦。否則大皇帝撫有萬邦，人稠地廣，添船添炮，事有何難？豈有因此定海一縣，遽肯受人挾制之理？本大臣爵閣部堂之所以疊次照會囑令繳還定海者，亦正

---

21 《籌辦夷務始末（道光朝）》第 2 冊，第 629 頁。

欲顯有恭順實跡，以便代懇恩施，冀行久遠。茲猶喜貴公使大臣自天津以來，**尚無滋擾**，本大臣爵閣部堂方敢允為代奏。倘其間稍失恭順，本大臣爵閣部堂已先獲陳奏不實之咎，自顧不暇，焉能再為貴國籌畫？而貴國既欲通商，若非處處恭順，俟奏奉大皇帝恩旨准行，貴國又豈能安然貿易乎？事須從長計議，未可專顧一面。[22]（重點為引者所標）

這完全是一派天朝的語言。琦善的邏輯是：只有英方處處表現"恭順"，聽從他的"囑令"，這位"大臣爵閣部堂"才會把這種"恭順實跡"，上奏於"撫有萬邦"的大皇帝，英方才有可能獲得大皇帝的"恩施"。就連遠在倫敦的英國外相巴麥尊（Henry John Temple Palmerston），看到義律轉呈的這些文件，也不免大怒，為此專門訓斥義律：

> 我也頗為不安地看到，在你與琦善全部文書往來中，你曾經容許他擅用了一種妄自尊大的口吻，而你自願採取一種甘居人下的地位。[23]

實際上，義律的這種"甘居人下"的姿態，也是他後來丟官卸職的原因之一。

時代的背景，規定了琦善的思想，而琦善的思想，又制約着他對英絕無卑媚仍不失傲慢的舉止。我們似可由此而看到他的內心：他以堂堂天朝的"大臣爵閣部堂"自居，又怎麼會冀求"區區島夷"所頒之榮？又怎麼會貪圖"蕞爾小國"所施之財？又怎麼會將泱泱大清賣給連地處何

22　佐佐木正哉編：《鴉片戰爭の研究：資料篇》，第 44 頁。

23　馬士：《中華帝國對外關係史》第 1 卷，北京：生活‧讀書‧新知三聯書店，1964 年，第 729 頁。

方都弄不清楚的"化外蠻夷"？

所有這些，都向人們表明，琦善不像是要賣國的。

他沒有賣國的動機。

二　琦善賣國罪名之否定

辨明琦善沒有賣國動機之後，還須一一分析琦善的賣國罪名。

在當時人的描述和後來研究者的論著中，琦善被控罪名大約有四：

一、主張弛禁，成為清王朝內部弛禁派的首領，破壞禁煙。

二、英艦隊到達大沽口外時，乘機打擊禁煙領袖林則徐，主張投降。

三、主持廣東中英談判期間，不事戰守，虎門危急時又拒不派援，致使戰事失敗，關天培戰死。

四、私自割讓香港予英國。

以上罪名是否屬實呢？

先看第一項，關於禁煙。

弛禁的主張，醞釀於鴉片走私最為嚴重的廣東。一些見鴉片屢禁不止的官僚士子，為遏制白銀外流，企圖以合法進口徵稅、內地種植替代的方法，對付日益猖獗的走私活動。1834年，兩廣總督盧坤上奏試探，未果。[24] 1836年，曾任廣東按察使的太常寺少卿許乃濟正式出奏，又未

24　盧坤在奏摺中使用曲筆，以試探道光帝的口風，謂："總之，勢成積重，驟難挽回。屢經周咨博採，有謂應行照昔年舊章，准其販運入關，加徵稅銀……有謂應弛內地栽種罌粟之禁，使吸煙者買食土膏……其說均不無所見，然與禁令有違……"（《鴉片戰爭檔案史料》第1冊，第166頁）道光帝對此全然拒絕。

行。[25] 除此兩起外，我們在清官方文書中找不到其他主張弛禁的言論，可見持此論者，只是少數憂慮時政的官員，並未形成清王朝內部的所謂"弛禁派"。

時下流行的許多鴉片戰爭史的論著認為，大量侵吞鴉片賄賂的官僚集團是弛禁論的鼓動者和支持者。我以為，此說既缺乏史料依據，又與事理相悖。因為，一旦實行弛禁，鴉片便成為合法商品，販賣者即可不必行賄。對這些貪官說來，保持現狀，即明禁暗不禁，才是最為有利的。弛禁論有利於國內外大大小小的鴉片販子，但對貪官的利益卻是一種衝擊。

從各類史料來看，我們找不到琦善有關弛禁的言論；又因為清王朝內部似無"弛禁派"，稱琦善是弛禁派首領，也無從談起。

1838 年，鴻臚寺卿黃爵滋上奏，主張嚴禁，道光帝下令各省將軍督撫議奏。琦善表示同意嚴禁。[26] 此後，根據道光帝的諭令，他在天津進行了雷厲風行的查煙活動，1838 年 8 月至 11 月，共起獲煙土 15 萬餘兩。[27] 這一數字僅低於由鄧廷楨主政的廣東（26 萬餘兩），[28] 而高於林則

---

25 許乃濟此時上奏，另有契機。按照清政府的規定，每年年底，各省督撫等須專摺奏報本省內吸食、種植鴉片的情形。行久而虛應故事，皆成具文。各省大吏無不虛報，道光帝對此類公文也已生倦。1836 年初，道光帝在署兩江總督林則徐、江西巡撫周之琦、浙江巡撫烏爾恭額、護安徽巡撫佟景文等人的奏摺上朱批："既無買食鴉片之人，自明歲為始，毋庸具奏。"（《鴉片戰爭檔案史料》第 1 冊，第 193—197 頁）很可能許乃濟得知了這一消息，認為道光帝對鴉片的態度有所緩和，方上奏弛禁。許乃濟上奏後，道光帝下令廣東官員議復。兩廣總督鄧廷楨等人表示贊同（同上書，第 200—210 頁）。後內閣學士朱嶹、給事中許球、御史彭玉麟等人上奏反對（《復旦學報》1978 年第 1 期；《鴉片戰爭檔案史料》第 1 冊，第 213—217 頁）。道光帝終未同意弛禁。

26 《鴉片戰爭檔案史料》第 1 冊，第 292—295 頁。案，這一時期的疆臣議奏，與後來湘、淮系把持地方權力時不同。各地大吏在政治上並無定見，惟以揣摩皇帝旨意為能事，以討皇帝歡心。琦善在這一方面堪稱高手。他同意嚴禁，並非表示其歷來對鴉片深痛惡絕，而是已看出道光帝的意向，投機適應，後來在天津查獲煙販也屬此類。各地疆臣的 29 份奏摺，無一主張嚴禁，就連歷來傾向弛禁的廣東也不例外，這種空前的一致只能說明帝意明明，誰也不敢冒險以忤聖心。道光帝決心嚴禁後，果然將許乃濟休氚。一些論者以是否同意黃爵滋"吸食者誅"，為弛禁或嚴禁的區別，似不能成立。我將在第二章中對此進行討論。但從各奏摺來看，有些大臣對此有嚴禁的決心，如林則徐等人，有些大臣平時對此事似乎不太留心，覆奏亦不得要領，但看不出弛禁的傾向。

27 《鴉片戰爭檔案史料》第 1 冊，第 354—356、364—366、391—393、401 頁。

28 《鴉片戰爭檔案史料》第 1 冊，第 449 頁。

徐主政的湖北（2 萬餘兩），[29] 居全國第二位。最近的研究也已證明，促使道光帝下令嚴禁鴉片的，不是林則徐，而是琦善。[30]

由此可見，琦善在禁煙活動中有着出眾的表現。這雖然不能證明他是強烈主張嚴禁的官員，但足以否認其弛禁的罪名。

再看第二項罪名，關於打擊林則徐，主張投降。稱琦善乘英軍北上天津之機，攻訐林則徐的唯一可以看到的材料是，1840 年 8 月 11 日，琦善奏稱，向清方投遞文書的英軍"守備馬他命"，"其詞只謂疊遭廣東攻擊，負屈之由，無從上達天聽，懇求轉奏"。[31] 馬他命（Maitland）是英艦威釐士釐號（Wellesley）[32] 的艦長，前往接收文書的是督標後營游擊羅應鰲，他們的對話今已無從查考。但據此時遞交的英方文件的內容來看，"疊遭廣東攻擊"一語，似非琦善為誣林而自行編造。[33]

至於懲辦林則徐、另派欽差大臣前往廣東一事，本為道光帝所為，與琦善無涉。但道光朝《籌辦夷務始末》的編纂官們，將原本應附於琦善 1840 年 9 月 2 日奏摺之後的照會，誤植於其 8 月 17 日奏摺之後。這就給人一種誤解，以為是琦善首先向道光帝提議懲林的。我們若將佐佐木正哉所輯錄的英國檔案館中的中英往來文件相對照，不難發現此中的

29　林則徐致劉建韶信中稱："查拿鴉片一事，弟在楚所獲煙土、煙膏，已奏者一萬二千餘兩，未奏者亦有此數。"（楊國楨編：《林則徐書簡》，福建人民出版社，1985 年，第 44 頁）兩萬兩之數，由此推定。

30　以往的論者，多據《道光洋艘征撫記》，稱道光帝見到林則徐奏摺上稱，"煙不禁絕，國日貧，民日弱，十餘年後，豈惟無可籌之餉，抑且無可用之兵"，大為震動，遂命林則徐進京。然從清代檔案來看，情況完全不同。道光帝收到林則徐有上引內容的附片後，並未留下任何朱批、朱點、朱畫，亦無上諭下發。而 10 月 25 日，京城發現莊親王等吸食鴉片，給道光帝以很大刺激。11 月 8 日，道光帝收到琦善的奏摺，得知天津查獲鴉片 13 萬兩，感到情勢嚴重，遂於 11 月 9 日下令調林則徐進京（鄺永慶：《有關禁煙運動的幾點新認識》，《歷史檔案》1986 年第 3 期）。至於道光帝為何選派林則徐負責禁煙，我將在第二章中討論。

31　《籌辦夷務始末（道光朝）》第 1 冊，第 368 頁。

32　這位軍官與 1838 年率艦隊至廣東的東印度艦隊司令馬他命同姓，不是同一人。

33　英方這份文件中有"可即以欽差大臣林如何淩辱英國官員暨商人等情節，照實陳明奏聞"一語（佐佐木正哉編：《鴉片戰爭の研究：資料篇》，第 8 頁），可見琦善轉奏馬他命之語，並非無來歷。

錯誤。[34] 可以說，琦善完全是遵旨辦事，並無屬雜個人的意見。

這裏還有必要簡述一下琦善與林則徐的私人關係。

據《林則徐日記》，琦、林之交始於 1825 年 6 月。是時，林以丁憂在籍的前江蘇按察使的身份，被"奪情"而監督江蘇高家堰河工。琦善以山東巡撫的身份前來巡視。未久，琦善遷兩江總督，陶澍調江蘇巡撫，為南漕海運，命林則徐總其事。林以病辭歸，琦為之代奏。此後，各官一方，並未同事。

又據《林則徐日記》，鴉片戰爭前，琦善與林則徐見過兩次面。第一次是在 1837 年 3 月，林則徐遷湖廣總督離京赴任，琦善遣弁迎於直隸與順天府交界的高碑店。林行至省城保定，琦又率文武官員出城迎接。在公所寒暄之後，琦即赴林寓所"長談"。爾後，林又回拜，"談至傍晚"。次日，林則徐離保定，琦善因"值丁祭，未得來，差省酬應"。[35] 迎來送往，自是官場風氣，但兩次長談，似又屬私誼。第二次在 1838 年 12 月，林則徐奉旨進京，行至直隸安肅（今河北徐水），適遇琦善由京返回，兩人"談至傍晚"。[36]

後來的論者稱琦、林交惡，多指兩事。

其一謂，林則徐在道光帝召對時，倡言畿輔水利，後又奉旨上奏。琦善妒恨林則徐越俎代庖，從此結怨。查林著有《畿輔水利議》，後又有《復議遵旨體察漕務情形通盤籌畫摺》[37]，其中心意思是，為了革除漕米、漕運、河工諸弊，只需在直隸，尤其是東部的天津、河間、永平、

34　陳勝燐先生的論文《林則徐在粵功罪是非辯》對此進行了很好的分析，見《林則徐與鴉片戰爭論稿》（增訂本），中山大學出版社，1990 年，第 113—116 頁。

35　中山大學歷史系編：《林則徐集·日記》，中華書局，1962 年，第 226—227 頁。

36　《林則徐集·日記》第 314 頁。

37　關於林則徐臚陳直隸水利的時間，眾說不一，有稱 1837 年即林請訓即赴湖廣總督任時，有稱 1838 年即林請訓即赴欽差大臣任時。我以為，1838 年似更為可靠。大約正是此次的印象，道光帝於 1839 年專門讓他議奏金應麟一摺。《畿輔水利議》今存光緒刻本，而後一份奏摺，見中山大學歷史系：《林則徐集·奏稿》中冊，中華書局，1965 年，第 715—724 頁。

遵化四州府，改種高產的水稻，即可一勞永逸地解決京師缺糧的難題，而不再需要南漕。一百多年前的華北，雖不似今日之乾旱，但在直隸種稻即可解決每年四百萬石的南漕，今日看來，仍似為大膽之言。更何況，林則徐還疏言，無須先治水（當時潮河、白河、永定河常發大水），後營田，僅需行"溝洫之法，似皆為作上腴"。在這裏，我們不必細究林的建策是否可行果效，身為直隸總督且須新負京米之責的琦善，自然不願不會也不敢用此奇策，他本來就為治水而吃過虧；但謂琦善為此妒恨林，以致後來要設計陷害之，也似無必要。因為林的提議，早已有之，琦只需奏明即可，[38] 更何況當時此類事件頗多，若事事記恨，則記不勝記。

其二謂，林則徐於 1838 年 12 月路遇琦善，琦告之"勿啟邊釁"。後有論者據此稱琦威脅林，迫其放棄嚴禁鴉片的立場。查"勿啟邊釁"一語，出自民國年間雷瑨所編《蓉城閒話》一書引用的戴蓮芳所著《鸝砭軒質言》。[39] 然琦、林私語由何人何時傳出，聞者得自何處，皆無說明。又檢視此文，錯誤頗多，讓人感到不太可靠。即便真有"勿啟邊釁"一語，究係勸誡還屬威脅，又可再作分析。從後來發生的戰爭來看，琦善若有此語，似又有一定的預見性。

綜上所述，我以為，鴉片戰爭前，琦善與林則徐自然不是意氣相投的朋友，但若稱之為勢如水火、積不相能的政敵，也缺乏必要的史料依據。稱琦善乘英軍至津而誣林的罪名，似不能成立。

指控琦善的第三項罪名，即他在廣東的所作所為，是本書第三章敍說的重點之一，這裏只是簡要地提一下拒絕增兵虎門的問題。

據琦善奏摺，他於 1840 年 11 月 29 日到廣州，12 月 4 日接印視

---

38 後來琦善也確實奏明，頗得道光帝的理解。見《清實錄》第 37 冊，中華書局，1986 年，第 1179 頁。
39 《叢刊·鴉片戰爭》第 1 冊，第 314 頁。

事。從 11 月 29 日至 12 月 26 日，他仍迷醉於通過“開導”解決中英爭端。12 月 26 日，接到義律的最後通牒，次日起 4 次增兵虎門。由此至 1841 年 2 月 22 日，琦善共向虎門派兵 3150 名，另僱勇 5800 名，且有調撥火炮等情事。[40] 稱琦善拒不派援，致使關天培孤軍困守以致失敗的說法，不能成立。

最後，看一下第四項罪名，關於私許香港，這是道光帝革拿琦善的主要原因。1841 年 1 月 7 日，英軍攻佔虎門口端的大角、沙角。義律隨之提出霸佔沙角等要求。琦善在英軍的強勁攻勢面前，趨於軟弱，覆照稱，英軍若退還定海、沙角等處，可上奏道光帝，請於珠江口外給予“寄寓一所”。[41]1 月 14 日，義律提出割佔尖沙咀（即今九龍）、香港兩地。琦善答以只能選擇一處“寄寓泊船”，俟英方選定後，由他上奏請旨。[42]

可是，義律歪曲了琦善的意思，於 1 月 16 日照會琦善，聲稱將“以香港一島接收”。[43] 在這份照會後面還附有另一照會，以“私情致請”釋放兩名外國商人。1 月 18 日，琦善照會義律，含混其詞，全文為：

> 照得接據貴公使大臣來文，均已閱悉。**現在諸事既經說定，所請釋放港腳黑人那密及法蘭西國人單亞泥二人，本大臣爵閣部堂即飭去員，帶交貴公使大臣釋放可也**。為此照會。[44]（重點為引者標）

同日，琦善上奏道光帝，請求仿照澳門先例，准許英人在香港“泊舟

40　詳見拙文：《1841 年虎門之戰研究》，《近代史研究》1990 年第 4 期。

41　佐佐木正哉編：《鴉片戰爭の研究：資料篇》，第 56、61 頁。

42　佐佐木正哉編：《鴉片戰爭の研究：資料篇》，第 69、70 頁。

43　佐佐木正哉編：《鴉片戰爭の研究：資料篇》，第 70—71 頁。案，當時“香港”一詞，並非全島之稱謂，僅指該島西南一隅。義律用“一島”之詞，而將一隅擴大至全島，又用“接收”一詞，而將“寄寓泊船”變為割佔。此中的一些細節，見本書第三章第四節。

44　佐佐木正哉編：《鴉片戰爭の研究：資料篇》，第 73 頁。

寄居"，並稱已派人前往"勘丈"，待道光帝批准後，再與英人"酌定限制"。[45]

從琦善照會內容來看，明顯是對義律請求放人的照會的回覆。而義律不顧琦善上下文的本意，捉住"現在諸事既經說定"一語，於 1 月 20 日宣佈，他已與琦善達成了共有四條內容的"初步協定"，其中第一條是"香港島及港口割讓予英王……"[46]1 月 26 日英軍在沒有任何條約依據的情況下，擅佔香港。1 月 28 日，英遠征軍海軍司令伯麥（James John Gordon Bremer），照會清大鵬協副將賴恩爵，要求駐守該島的清軍撤回。[47]英方的這些行動，說明了殖民主義者的強橫。

廣東巡撫怡良根據伯麥致賴恩爵的照會，上奏彈劾琦善"私許"香港。[48]這說明怡良未知真情。

近人的研究也證明，琦善未與英方達成任何有關香港內容的條約或協定。[49]

綜上所述，可以確認，琦善實有允英人"寄居"香港之意，而無"割讓"之舉；且非為"私許"，實有請旨奏摺。

核准歷史事實，有關琦善賣國的四項罪名，無一可以成立。

然而，我們若放開那些對琦善的具體指責，從更宏觀的角度看問題，不難看出，琦善賣國說的根由在於：**他不主張用武力對抗的方式，來制止英國的軍事侵略，而企圖用妥協的方式，達到中英和解。**

於是，"妥協"即被目為"投降"，而"投降"又被提升至"賣國"。

---

45 《籌辦夷務始末（道光朝）》第 2 冊，第 736 頁。

46 *Chinese Repository*, vol. 10, p. 63.

47 佐佐木正哉編：《鴉片戰爭の研究：資料篇》，第 75 頁。

48 《籌辦夷務始末（道光朝）》第 2 冊，第 803—804 頁。

49 佐佐木正哉：《論所謂 "穿鼻條約草案"》，中譯本見《外國學者論鴉片戰爭與林則徐》上冊，福建人民出版社，1989 年；胡思庸、鄭永福：《穿鼻草約考略》，《光明日報》1983 年 2 月 2 日；陳勝粦：《香港地區被迫割讓與租借的歷史真象》，《林則徐與鴉片戰爭論稿》，等等。

帽子正是如此一頂頂地戴到了琦善的頭上。

如果我們再細心地核查琦善在鴉片戰爭中的所作所為,不難發現,除在一些細小之處,琦善有蒙混道光帝的舉動外,在根本問題上,他大體上是按照道光帝的決策行事的,儘管在廣東談判的後期他過於執着而不惜於抗旨。琦善的確主張妥協,但妥協一策,非琦善所提出,卻出自道光帝的欽定。因此,妥協的責任,本應更多地由道光帝來承擔,而不是由琦善來承擔。若如此,按照妥協即投降、投降即賣國的邏輯,身為"天朝"大皇帝的旻寧,豈非自己也要"賣國"予"島夷"?這實乃匪夷所思。

三　琦善賣國說形成的原因

本書並非為琦善翻案而作。本人對琦善也無好感。更何況翻案的工作,早在 30 年代時,蔣廷黻教授就已經做過。[50] 我也不同意蔣先生的基本觀點——把琦善描繪成"遠超時人"的外交家。我以為,在處理鴉片戰爭時的中英關係上,琦善只不過是"天朝"中一名無知的官員而已,並無精明可言。寫上如此一大堆為琦善辯誣的話,目的並不是辯誣本身,只是為能突出地思考這些問題:

為何把琦善說成賣國賊?

這種說法是如何形成的?

這種說法的存在有何利弊?

我以為,在檢討以往鴉片戰爭史的研究時,這些問題是十分重要的,不應也不能回避。本書以此為緒論,也反映出本人的思考過程。

對琦善的非議,實際上很早就有了。

---

50 《琦善與鴉片戰爭》,《清華學報》第 6 卷第 3 期(1931 年 10 月)。

檢視鴉片戰爭的中文資料，即使在戰爭進行期間，對琦善的指責就已比比皆是。這類批評大多可以歸類於我們前面已經提到的第三、第四項罪名。戰爭結束後出現的第一批中文著述，其中最能代表當時人（尤其是士大夫）思想，且又影響到今人的，是《道光洋艘征撫記》、《夷氛聞記》和《中西紀事》。這批著作毫無例外地對琦善持批判態度，把他描繪成大清朝的"奸臣"。

　　這是為甚麼呢？

　　從功利主義的角度來看，這種說法首先有利於道光帝。在皇權至上的社會中，天子被說成至聖至明，不容許也不"應該"犯任何錯誤。儘管皇帝握有近乎無限的權力，因而對一切事件均應該負有程度不一的責任；但是，當時的人們對政治的批判，最多只能到大臣一級。由此而產生了中國傳統史學、哲學中的"奸臣模式"："奸臣"欺蒙君主，濫用職權，結黨營私，施橫作惡，致使國運敗落；一旦除去"奸臣"，聖明重開，萬眾歡騰。這一類模式使皇帝避免了直接承擔壞事的責任，至多不過是用人不周不察，而讓"奸臣"去承擔責任，充當替罪羊。若非如此，將會直接批判到皇帝。這就衝犯了儒家的"禮"，是士人學子們不會也不願去做的。

　　由此，我們可得到一種解釋，儘管"妥協"的決策是由道光帝作出的，但是，"妥協"的失敗責任卻應當由執行者琦善來承擔。與此相反，若"妥協"一策獲得勝利，又應當歸功於"聖裁"，作為執行者的琦善，也不會有多大的殊榮。實際上，當時的一些史料作者和著作家們，已經涉足於"妥協"的決策過程，並影射首席軍機大臣穆彰阿應當負責，但沒有一個人敢把矛頭對準道光帝。

　　如果把這種只反奸臣不反皇帝的現象，完全歸結於當時的文化專制主義，那就低估了在意識形態上佔主導地位的儒家學說的社會功能和作用力。可以說，在當時的情況下，絕大多數的官僚士子們之所以只批判琦善，而不指責道光帝，並非出於思想上的壓制，卻恰恰出於思想上的自覺。按照“奸臣模式”，我們還可以同樣地推論，如果道光帝繼續重用林則徐，如果林則徐最終也不免於失敗，那麼，這種失敗的責任也絕不會由道光帝來承擔，而只能由林則徐獨自吞食這一枚苦果。很可能林則徐當時就會被貶斥為“奸臣”，很可能就不會有今天林則徐的形象。

按照儒家的學說，按照天朝的制度，按照“夷夏”的觀念，按照時人的心理，對於那些桀驁不馴的“蠻夷”，唯一正確的方法就是來一個“大兵進剿”，殺他個“片帆不歸”。可是，事實卻開玩笑般的恰恰相反，在這場戰爭中，堂堂天朝居然慘敗，區區島夷竟然逞志。這是一個使當時的史料作者和著作家們大惑不解的難題。但是，他們中間沒有一個人能夠從世界大趨勢和中國社會本身去看問題，因而不可能看出問題的癥結正在於他們津津樂道的天朝文物制度上。對於已經成為事實的失敗，他們口不服輸，心亦不服輸。

既然“剿夷”是唯一正確之途，那麼，他們也就合乎邏輯地推論，戰爭失敗的原因在於“剿夷”的不力。之所以“剿夷”不力，又被進一步推論為是因為“奸臣”的破壞。僅僅琦善一個“奸臣”顯然不夠，於是又有浙江的伊里布、余步雲，江蘇的牛鑑、耆英……在這些史料作者和著作家們的筆下，出現了一批大大小小的“奸臣”，每一次戰役的失敗，無不是“奸臣”作祟的結果。與奸臣截然對立的，是忠臣的精忠報國。於是乎，他們又以其筆端將勝利的希望，繫在林則徐、關天培、裕謙、陳化成等主張或實行抵抗的人士身上。他們的結論是：只要重用林則徐，中國就可能勝利，如果沿海疆臣均同林則徐，如果軍機閣輔均同林則徐，中國一定勝利。

用忠臣而摒奸臣，這是中國古典政治學中最常青又最常見的定理之一。在這些史料和著作中，奸臣是中國傳統政治規範的破壞者——竟然與“蠻夷”講和；忠臣是中國傳統政治規範的維護者——堅決地不妥協地"剿夷"。這裏面的標準是十分明確的。

　　順便說一句，林則徐當時之所以得到喝彩，並非其"知夷"或"師夷"的工夫，對於這些當時並不受欣賞的內容，時人大多不清楚，林則徐本人也不宣揚。他得到眾人的擁戴，正是他表示出與"逆夷"不共戴天。不能說用忠奸的理論來解釋鴉片戰爭完全一無是處，因為，在一定程度上，它也概括或反映出一部分官員英勇殉國，一部分官員貪生怕死的歷史真實。但是，這種理論確有其致命傷：

　　忠奸的理論所能得出的直接結論是，中國欲取得戰爭的勝利，只需罷免琦善及其同黨、重用林則徐及其同志即可，不必觸動中國的現狀。也就是說，只要換幾個人就行，無須進行改革。忠奸的理論所能得出的最終結論是，為使忠臣得志，奸臣不生，就必須加強中國的綱紀倫常，強化中國的傳統。也就是說，鴉片戰爭所暴露出來的，不是"天朝"的弊陋，不是中華的落伍；反而是證明了中國的聖賢經典、天朝制度的正確性，壞就壞在一部分"奸臣"並沒有照此辦理。於是，中國此時的任務，不是改革舊體制，而是加強舊體制。

　　由此又可以得到一種解釋，那些沒有辦法找到中國失敗真正原因的史料作者和著作家們，正是讓"奸臣們"承擔了本應由中國舊體制承擔的責任，從而就像保全皇帝的名譽那樣，保全了中國的性理名教、文物制度的地位。在這裏，琦善不僅做了道光帝的替罪羊，而且還做了中國舊有道統的替罪羊。需要說明的是，忠奸理論和"奸臣模式"，並非是鴉片戰爭史獨有的現象，而是中國傳統史學的常用方法。正是它具有掩護君主、掩護道統的特殊功能，因而屢屢被官僚士子們用來解釋那些他們不能解釋或不願解釋的歷史現象。這種理論和模式，經過他們長久的宣教，成為老百姓耳熟能詳、最易接受的歷史分析法，並在今天仍有其影響力。正是在這麼一個基礎上，琦善的"奸臣"形象很快得到了公眾的認可。

綜上所述，我以為，鴉片戰爭時期的史料和鴉片戰爭之後的早期著作，對琦善所作的"奸臣"形象的描繪，不管其具有幾分歷史真實，因其理論上的局限，在總體上仍是錯誤的。

孔子作《春秋》，為警世計，以周禮為標準，立"善善""惡惡"的原則。這一被中國傳統史家普遍承認和接受的觀念，也被他們廣泛地運用於各種著作中，以規範現實生活中人們的思想和行為。

"善善""惡惡"是中國史學的傳統準則。它附粘於史籍，卻着眼於現實。

從"夷夏"的觀念出發，對於"逆夷"的肆虐，"剿夷"本是應有之義。從近代民族主義出發，對於外來的侵略，抵抗本是應有之義。這就為不同時期不同類型的研究鴉片戰爭的史學家，訂立了大體相同的評價是非的標準。"剿夷"和反抗是正確的，與此不同或對立的一切行為，都是錯誤的。

鴉片戰爭後，列強對中國的軍事侵略並未中止，接連發生了第二次鴉片戰爭、中法戰爭、中日甲午戰爭、八國聯軍侵華戰爭。民族危機空前嚴重。至本世紀 30 年代，日本更是欲滅亡中國。在這麼一個世道面前，前期的士林學子和後來的知識分子群體，為警世計，對歷史上的一切主張妥協、投降的官員，無不進行猛烈地抨擊，對歷史上的一切主張抵抗的官員，無不加以熱情的褒頌。很明顯，這一時期對琦善之流的批判，無疑是對當時一切主張妥協、投降的人們發出的警告。

面對本世紀三四十年代日本瘋狂侵華的局勢，當時中國政府官員中任何妥協的主張，都是後來投降的託詞，其最終必然走向賣國。此中的典型，就是早期功名顯赫最後人皆不齒的汪精衛。"妥協→投降→賣國"的模式，在這一時期的現實生活中有許多原型。大約也就在這一時期，"妥協"即"投降"即"賣國"的模式也被大量地運用到歷史領域。琦善也就從原來的"奸臣"，變成了"賣國賊"。

琦善的角色變換，反映了那個時代人們對一切向帝國主義妥協或投降之輩的敵視。歷史學是講究客觀的，但歷史學家的主觀意願，總是不斷地被糅合到歷史著作之中。這裏面，一部分人是因為現實中的對帝國主義的仇恨和對妥協、投降官員的蔑視，而表現為在史學著作中的不自覺，一部分人卻是自覺地舉起已被當時史學界認定為錯誤的"善善""惡惡"的標準，貶斥主張妥協的琦善之流的一切，推崇主張抵抗的林則徐等人的一切。琦與林，以前所未有的對立程度出現了，成為不可調和的兩極。

於是便出現了一種現象，史學理論中反神話、反鬼化的學說，與史學著作中的神話或鬼化的實踐，同時並存不悖。原來由個人的情感、主義的差別而無意造成的"將真跡放大"，此時在現實需要的驅使下，在"善善""惡惡"原則的運用中，已經人為地將真跡盡最大可能地放大。他們用激昂的文字告誡人們，妥協是最為可卑的。這種為警世而作的歷史著作和文章，已經超出了歷史研究的範圍，而成為一種**宣傳**。

1931 年 11 月，即"九一八事變"後的兩個月，東北局勢吃緊之時，蔣廷黻先生在《清華學報》上發表《琦善與鴉片戰爭》一文，大力稱讚妥協性的琦善外交，貶斥林則徐的盲動，這不能不引起包括史學界在內的眾多中國知識分子強烈且持久的反彈。聯繫到這一時期一部分知識分子的"低調俱樂部"的言論，蔣先生的論文，也被一些人目為另一種主張的宣傳。[51]

宣傳與研究不同。

當時宣傳的目的，在於激勵民眾，義無反顧地投身於反抗日本帝國

---

51 蔣廷黻先生的這篇論文，當時是否有現實方面的用意，也就是說，是否為宣傳而作，今日已無法查證。但是，六年後，抗日戰爭爆發，蔣先生又寫《中國近代史》一書，對琦善、林則徐的評價顯然換了調。他雖然仍批評林，但把林放到比琦更高的位置上，對琦則輕蔑地稱為"不足責"。這又似乎表明了他對妥協和抵抗的新看法。

主義侵略的民族事業。歷史上的人物和事件，只是宣傳家手中的道具，原本不用去詳加考證的。至於研究的性質和目的，已有足夠多的研究者說了足夠多的話，任何一位讀者都能體會此中的差異。

史學的情況還有點特殊性。它本來就具備宣傳的功能。自孔子作《春秋》之後，中國傳統史學的宣傳功能尤其為人所重。"善善""惡惡"原則的長存，相當大程度上是適應了宣傳的需要。長久以來，中國史家經常將自己混同於宣傳家，或熱衷於為宣傳家服務，於是便有了"擺大錢"、"借古諷今"、"影射史學"等等說法。儘管宣傳只是史學諸社會功能其中的一項，且還不是最重要的一項，但是，在空前的民族危機面前，史學家不自覺地或自覺地扮演了宣傳家的角色，又是今天的人們非常容易理解的。

我們今天不應否定這種宣傳的正當性和合理性，但回過頭來，又不無遺憾地看到，這一段時期的鴉片戰爭研究，雖在國際態勢、英國內部狀況等方面取得了進展，但仍以琦善、林則徐的對立作為敍說的主線，只不過分別把"奸臣"、"忠臣"，變為"賣國"、"愛國"；把"撫"、"剿"，改為"投降"、"抵抗"，等等而已。

"奸臣模式"、宣傳家的角色，說明了以往的鴉片戰爭史，包括琦善在內的許多問題，仍需要考證、分析、評價。然而，最近幾十年的種種情況，又從許多方面限制了研究的條件和氣氛。

直至今日，我們看到的鴉片戰爭史的主要著作、論文和眾多中國近代史著作中對此的敍說，似乎大多都繼承了以往的基本論點。批判性的工作剛剛開始，但又不自覺地收住腳步。[52] 為數不少的論文和著作，似

52　這裏所說的批判，是指哲學意義上的，即批判中汲取。而這方面工作的典型事例，是姚薇元先生所著《鴉片戰爭史實考》的各個版本。這部初版於 40 年代至今仍有很高地位的著作，原本是對《道光洋艘征撫記》的批判，幾經修訂後，批判的鋒芒減弱了，而僅剩下對一些問題的考證。1983 年，姚先生又著《鴉片戰爭》一書（湖北人民出版社），幾乎看不到他昔年批判的鋒芒了。

乎只是將原有的結論更加完善化，加以時代的標記。在一些著作中，似乎是以林則徐為代表的愛國抵抗路線，與琦善為代表的賣國投降路線對立消長的兩條路線鬥爭。而在另一些場合，又讓人看起來似乎是在讚揚的高度或貶斥的力度上競賽，看誰捧得高，看誰罵得狠。

鴉片戰爭以後，尤其是最近幾十年，中國的狀況已經發生了巨變，已經使歷史學家對清王朝的實質、對整個中國近代史有了更深刻的認識。但是，這種新認識似乎沒有改變鴉片戰爭史的舊結論，反而與它們屢雜糅合在一起。由此而產生了目前鴉片戰爭基本觀點的矛盾現象：

> 在總體方面承認，鴉片戰爭的失敗在於中國的落伍；在具體敍說上又認定，落伍的一方只要堅持抵抗，就有可能獲得勝利。在總體方面承認，清王朝昧於世界大勢，無力挽回頹勢；在具體敍說上又認定，林則徐等人代表了正確的方向，只要他們的主張得以實施，中國就有救。

這種不和諧的論點放在一起，反映出歷史學家的深層意識 —— 不服輸的心氣，總認為中國當時還不至於不可挽回地失敗，還是有希望獲勝。這種不和諧的論點被放在了一起，正是歷史學家在內心中把憤懣和希望放在了一起。歷史學家這種不服輸的心氣，從本質上說來，仍是對多災多難的祖國的摯愛。

四　本書的主旨

從以上"琦善賣國"的探討中，凸現出來的問題是：

鴉片戰爭的失敗，究竟應當歸結於中國的落後和保守，還是應當歸結於琦善等人的賣國？當時中國的正確之途，究竟是徹底地改弦更張，還是只需重用林則徐等力主抵抗的官僚？

前者從中國社會的角度來看問題，解決起來十分困難。後者似更注重於人物的褒貶，對策又似明快簡單。兩者之間，有着認識深度上的差別。

以紀傳體為正宗的中國傳統史學，過多地注重了人物的褒貶，歷史著作中登場的歷史人物，身上都帶着明顯的標籤。若從更高的層面上看問題，就會發現，琦善也罷，林則徐也罷，個人毀譽事小，探究其中之理事大。

如果我們把已經提出的問題和在本篇緒論中不便展開的問題，全部放在一起思考，問題的核心就展現於面前，那就是：

在當時的情況下，中國能否取得鴉片戰爭的勝利？這是一場勝或負的結局皆有可能操作的戰爭，還是一場必定要失敗的戰爭？當時清政府中有沒有人可以領導或指導這場戰爭獲得勝利？如果戰爭必敗，我們又該如何評價這段歷史？

毫無疑問，歷史不會改變，戰爭的結局也不會改變。但是，歷史學家在研究、分析、評價歷史時，總是會注意到當時未被採納的建策、未被利用的條件，總是會注意到歷史可能出現但未能出現的轉機。也就是說，他們心中有許多"如果"、"可能"、"萬一"之類的假設，離開了這些，他們無法研究歷史，而只能成為歷史的宿命論者。

那麼，**假設**我們把歷史學家心目中的當時可能實現的**假設**，統統擺出來，再探討一下，如果這些假設實現，是否會改變鴉片戰爭的失敗結局？

問題一下子變得如此簡單，但要解決這個問題，又似變得更加困難。

如果我們把視野放大，從今天的角度去探討一百五十多年前這次戰爭的意義。我們會首先看到，這場戰爭把中國拖入世界。從此開始，中國遭受了列強的百般蹂躪；從此開始，中國人經受了尋找新出路的百般苦難。

鴉片戰爭的真意義，就是用火與劍的形式，告訴中國人的使命：中國必須近代化，順合世界之潮流。這是今天歷史學界都會同意的觀點。

歷史過去了一個半世紀。我們面前的一切，告訴我們這個歷史使命還沒有完成。中國依舊落後。我們還經常面對着那些曾困擾前幾輩人的老問題，以致我們仿佛能直接走進歷史而充當一個角色。

當然，我們也有理由將一切責任都推給歷史。事實上，我們也從歷史中找到許多無可辯駁的原因：西方列強的侵略，經濟底子薄弱，人口基數太大，等等。但是，我們在歷史中看得最少的是，**中國人在這個過程中究竟犯了哪些錯誤**，儘管歷史已經明白無誤地說明，我們犯過錯誤。

歷史學最基本的價值，就在於提供錯誤，即失敗的教訓。所謂"以史為鑒"，正是面對錯誤。從這個意義上講，一個民族從失敗中學到的東西，遠遠超過他們勝利時的收獲。勝利使人興奮，失敗使人沉思。一個沉思着的民族往往要比興奮中的民族更有力量。歷史學本應當提供這種力量。

正因為如此，我選擇鴉片戰爭這一中國近代化理應發生的起點，專門分析中國人，尤其是決策者們，究竟犯了甚麼錯誤以及如何犯錯誤的，試圖回答一些問題。這部書不可能回答鴉片戰爭本身提出的一切問題，但我盡力為這些問題的真解決提供一些素材。

對於帝國主義的侵略，對於西方文明的衝擊，對於資本主義的挑戰，現已有了足夠多也足夠好的著作和論文。本書敍說的重點，是作為其反面的清王朝。為此，本書對戰爭中涉及清王朝的種種史實進行考證，對種種陳說予以分析，並對這次戰爭中的主要人物加以評論。

今天，我們已進至 20 世紀 90 年代的中期，令人激動的新世紀即將到來。站在世紀末的高度，社會科學家就不應當僅僅憧憬着新世紀的輝煌，而有責任對本世紀的學術進行一番總結。我以為，此中第一個需要總結的，正是歷史學。人們只有明白地看清了過去，才能清晰地預見到未來。

正是這麼一種感受，使我不揣鄙陋，重新寫下了鴉片戰爭這一段歷史。

在本篇緒論即將結束之時，我還要說明，歷史學家生來俱有無可排遣的民族情結，不應當演化為歷史研究中對本民族的袒護。抱着這一觀念，我在對清王朝的批判上，無論是妥協的主張，還是抵抗的主張，都是不留情面的。

一個民族對自己歷史的自我批判，正是它避免重蹈歷史覆轍的堅實保證。

第一章

清朝的軍事力量

儘管現代人已對戰爭下了數以百計的定義，但是，戰爭最基本的實質只是兩支軍事力量之間的對抗。

鴉片戰爭是清軍與英軍的軍事對抗，要判斷清王朝能否獲勝，首先就得考察清王朝的軍事力量，並參照英國遠征軍的力量，進行評估。

一　武器裝備

如果我們用一句話來概括鴉片戰爭時期中英武器裝備各自的水平，那就是，英軍已處於初步發展的火器時代，而清軍仍處於冷熱兵器混用的時代。

至於清軍使用的冷兵器，即刀矛弓箭之類，名目繁多，記不勝記。好在這類兵器具有直觀性，其使用方法及效能，也為一般讀者詳悉。這裏重點放在清軍使用的火器。[1]

人們對於鴉片戰爭時期的清軍火器，常冠以"土槍土炮"之謂。假如這僅僅指製造者，甚至製造工藝而言，似乎也有道理，但就火器的型

1　本節關於中國火藥、火器的敘說，主要得益於王兆春先生的傑出著作《中國火器史》（北京：軍事科學出版社，1991 年）；此外，劉旭的《中國古代火炮史》（上海人民出版社，1989 年）；呂小鮮的《第一次鴉片戰爭時期中英兩軍的武器和作戰效能》（《歷史檔案》1988 年第 3 期）也給予我有益的啟示。在此特表示感謝。

制樣式說來，卻是一種誤解。

火藥和管型火器都是中國發明的，但中國一直處於前科學時期，沒有形成科學理論和實驗體系，使得中國火器的發展受到了根本性的制約。至鴉片戰爭時，清軍使用的火器，主要不是中國發明研製的，而是仿造明代引進的“佛郎機”、“鳥銃”、“紅夷炮”等西方火器樣式製作的。由此可以說，**清軍使用的是自製的老式的“洋槍洋炮”**。就型制樣式而言，與英軍相比，整整落後了二百餘年。[2]

清軍使用的鳥槍，其原型可追溯至 1548 年（明嘉靖二十七年）的葡萄牙火繩槍，[3] 此後幾經改良，成為主要單兵火器之一。

鳥槍是一種前裝滑膛火繩槍。發射前須從槍口裝填火藥，再塞入彈丸，以火繩為點火裝置。根據《皇朝禮器圖式火器》的記載，清軍鳥槍的種類達 58 種之多，大同小異。其中裝備最多的是兵丁鳥槍。

兵丁鳥槍用鐵製成，槍長 2.01 米，鉛彈丸重 1 錢，裝填火藥 3 錢。射程約 100 米。射速為 1 至 2 發 / 分鐘。[4]

英軍此時裝備了當時世界上比較先進的兩種軍用槍：一是伯克式（Barker）前裝滑膛燧發槍。其點火裝置為磨擦燧石。槍身長 1.16 米，口徑為 15.3 毫米，彈丸重 35 克。射程約 200 米。射速為 2 至 3 發 / 分鐘。該槍約 1800 年研製成功，後裝備部隊。二是布倫士威克式（Brunswick）前裝滑膛擊發槍。點火裝置為擊發槍機撞擊火帽。槍身長 1.42 米，口徑為 17.5 毫米，彈丸重 53 克，射程約 300 米，射速為 3 至 4 發 / 分鐘。

2　相對說來，在這二百年間，西方的火器發展也很慢，主要是點火裝置的改良，製造工藝的進步，而在外形上大體相似。雙方對於對手使用的火器，亦非完全不知或迷惑不解。但在性能上的差別是很大的。

3　1548 年，明朝軍隊在與倭寇作戰的雙嶼之戰中，繳獲了倭寇使用的葡萄牙及日本的火繩槍（日本火繩槍是仿照、改良葡萄牙火繩槍而來），時稱“鳥銃”。在此次戰鬥中，明軍還俘虜了善於造槍的外國工匠。明朝軍事當局立即派工匠學習，得其傳而自製。清朝在明清戰爭中，又從明軍那兒學會了製造火繩槍的技術。

4　清軍的裝備極為混亂，此據慶桂纂：《欽定大清會典圖》卷 69，嘉慶十六年（1811）刻本。

該槍約在 1838 年起陸續裝備部隊。

由此可以看出，與英軍相比，清軍鳥槍在型制上的缺陷是：槍身太長（裝藥、填彈和射擊均為不便）；點火裝置落後（風雨天效能極差）。而在性能上，又有着射速慢、射程近這兩大致命傷。如果我們以射速、射程的參數對照，大致可以推論：兩支兵丁鳥槍不敵 1 支伯克式槍；而 1 支布倫士威克槍，可頂 5 支兵丁鳥槍。如果再考慮到由製造工藝而引起的射擊精度這一要素，[5] 這種差別恐怕還得加倍。

此外，值得我們注意的情況有：

一、由於清軍鳥槍太長無法再裝槍刺（此時西方軍用槍皆有槍刺），由於清軍鳥槍射程射速性能差，以至短兵相接難以應敵，由於清軍軍費的限制，此時清軍士兵尚未能全數配備鳥槍，仍有一部分使用刀矛弓箭。據估計，就全國範圍而言，鳥槍手與刀矛弓箭手的比例大約是 5：5。[6] 在鴉片戰爭中，刀矛弓箭之類的冷兵器在戰場上用處不大。

二、由於承平日久與軍費限制，清軍鳥槍並無定期修造報廢更換制度。在一般情況下，鳥槍使用幾十年極為平常，而在我見到的材料中，竟有使用 166 年尚未更換者。[7]

5　此時英軍在槍械製造上開始採用機器，製成的槍械規格統一。尤其是使用鏜淋後，槍管直，彈道延伸性能好，而槍管與槍彈之間的縫隙較小。在清朝，鳥槍製造工藝仍為手工打製，槍管壁厚薄不均，有不平滑之處，致使彈道紊亂，射擊精度差；且口徑也大小不一，口徑過小，即無法裝藥填彈，而口徑過大，易泄燃氣，彈出無力，飛行不遠即墜地。

6　呂小鮮先生對此曾有研究，見《第一次鴉片戰爭時期中英兩軍的武器和作戰效能》(《歷史檔案》1988 年第 3 期)。另外，即便是鳥槍手，一般也配有腰刀等冷兵器，以便與敵格鬥。

7　1850 年底黑龍江副都統清安奏請各地駐防八旗改造所部鳥槍，以如京旗健銳營樣式。咸豐帝命各駐防大臣議復。從 15 件遵旨議復的奏摺來看，鳥槍的使用年限很長。除泛泛地提到 "使用已久" 外，提到具體使用年限的共 6 份。最早者為黑龍江，稱 "康熙時征剿俄羅斯由部頒來"，如此推算，達 166 年之久。其次福州駐防，1755 年啟用，使用 95 年；又其次為杭州，1761 年啟用，使用 90 年；又其次為荊州，1779 年更換半數，使用 72 年，另半數不知何時啟用，其使用年限當在 72 年以上；又其次為永浦，1782 年啟用，使用 69 年；僅山海關一處稱於 1840 年即鴉片戰爭時啟用（收到時間為 1851 年，年限以此計算）。(《軍機處錄副》，本書引用各檔案均為中國第一歷史檔案館藏，以後不再一一注明) 由此而推論，其他地區的鳥槍使用年限可以想見。儘管各駐防八旗的鳥槍使用年限如此之久，完全應當更換，但各駐防大臣眾口一詞，聲稱兵丁已得心應手，毋庸改造。核其原因，我以為這是因為在當時的財政制度下，新制鳥槍不可能得到部款，所需資金只能靠捐辦。駐防捐納不易，而各駐防大臣又應當首先捐獻。從另一方面來看，新製成的鳥槍質量未必能超過原設鳥槍。參見下一條注。

三、由於鳥槍數量不足，在鴉片戰爭中，各地又紛紛趕製了一批，配發作戰部隊。然而，這些趕製的火器，質量尤其低劣。[8]

加上這些因素，可以試想一下，多少支兵丁鳥槍方能抵得上一支伯克式或布倫士威克槍？如果把這些槍改換成持槍的士兵，可以再試想一下，多少名清軍士兵方能抵得上一名英軍士兵？

清軍使用的火炮，如同其鳥槍，其原型可追溯至明代。[9]康熙年間，西方傳教士南懷仁等亦幫助清朝監製了許多火炮。因此，清軍的火炮儘管名稱繁多，但從樣式上來看，主要是仿照西方 17 世紀至 18 世紀初的加農炮系列。

由於在 18 世紀內，西方火炮樣式並無重大變化，至 19 世紀鴉片戰爭時，與英軍相比，清軍火炮在樣式及機制原理上大體相同，兩者的差別在於製造工藝引起的質量問題上，表現在以下幾個方面：

一、鐵質差。工業革命使英國的冶煉技術改觀，鐵質大為提高，為鑄造高質量的火炮提供了良好的原料。清朝的冶煉技術落後，爐溫低，鐵水無法提純，含雜質多，鑄造出來的火炮十分粗糙，氣孔氣泡多，演放時很容易炸裂，自傷射手。[10]清軍針對此問題主要採用兩策。一是加

8　當時的前方將領對此也有議論，不一一引用。1851 年杭州將軍倭什納奏稱：1842 年乍浦失陷，駐防八旗的鳥槍大部損失，戰後配發新造鳥槍，與該部原設的由 1782 年啟用的鳥槍混合使用。"檢存原設鳥槍均按健銳營樣式，操用自然便捷，施放均屬得當。此外由軍需局撥給綠營式樣鳥槍五百九十一桿，較健銳營式，槍身長出尺許，配操不能便捷，且撥給以來，操用將及十載，多有傷膛，施放準不甚得力。"（倭什納摺，咸豐元年四月十七日，《軍機處錄副》）槍身太長，僅使用不便。但僅使用 9 年的鳥槍的損壞程度竟大於使用了 69 年的鳥槍，可見製造質量之差。另一方面，清軍綠營的兵器樣式、質量均低於八旗，個中原因後敘及。

9　1620 年（明泰昌元年），明朝大臣徐光啟等人向澳門葡萄牙當局購買西洋火炮。次年，明朝政府不僅購炮，而且聘葡萄牙炮師和西方傳教士來北京造炮。此類火炮，時稱"紅夷炮"。中國的火炮技術從此大為改觀。明清戰爭中，明軍在寧遠之戰用火炮大勝清軍，努爾哈赤中炮身死，後清方積極向明朝學習火炮製造技術。

10　例如，關天培稱：1835 年，他督放虎門炮台的火炮，一次便炸裂了 6 門火炮。後來，又在佛山鎮製造了 59 門新炮，在試放時就炸裂 10 門，損壞 3 門，能用者不足 75%。見《籌海初集》卷 3，道光十六年（1836）刊本。

厚火炮的管壁，使清軍的火炮極為笨重，數千斤巨炮，威力反不如西方的小炮。二是使用銅作為鑄炮材料。由於當時銅資源缺乏，銅炮十分罕見，視為利器。此外，對於已經鑄成氣孔氣泡較多、容易炸裂的火炮，清軍則減少火藥填量，這又降低了火炮的威力。

二、鑄炮工藝落後。英國此時在鑄造上已採用鐵模等工藝，並使用鏜牀對炮膛內部切削加工，使之更為光潔。清朝此時仍沿用落後的泥模工藝，鑄件毛糙，又未對炮膛進行深入的加工，致使炮彈射出後，彈道紊亂，降低了射擊精度。英方此時因科學的進步，對火藥燃燒、彈道、初速度等方面已進行研究，火炮的各種尺寸比例和火門的設計，比較合理。而清方對火炮只是仿製，不懂得身管／口徑比例，以及火門位置在火藥燃燒中的實際意義，結果，許多火炮的比例不合，絕大多數火炮的火門口開得太前、太大。

三、炮架（炮車）和瞄準器具不全或不完善。炮架（炮車）是調整火炮射擊方向和高低夾角的器具。清軍對此不甚重視。至鴉片戰爭時，清軍的許多火炮沒有炮架，只是固定的。一些炮架只能調整高低夾角而不能左右活轉，限制了射擊範圍。已設的炮架，大多用粗劣木料製成，演放後，炮架震鬆，難以使用。讓人吃驚的是，清軍的許多火炮竟無瞄準器具，或只有"星斗"（用以確定射擊方向）而沒有"炮規"（用以確定高低夾角）。士兵們主要靠經驗來瞄準。

四、炮彈種類少，質量差。英軍此期使用的炮彈有實心彈、霰彈、爆破彈等品種；而清軍只有效能最差的實心彈一種，且有彈體粗糙或彈徑偏小的缺陷。[11]

此外，清軍火炮在管理上亦同鳥槍，並無定期造換制度。由於平常

---

11 炮彈的彈體粗糙，在發射時會與炮膛摩擦，將影響射程和射擊精度；炮彈的彈徑偏小，又使燃氣旁洩，也會影響射程和射擊精度。

並不使用，許多露天擱置在炮台、城垛等處的火炮，日曬雨淋，炮身鏽蝕。至鴉片戰爭，這些火炮的使用年限大多已經很長，清初鑄造的比比皆是，有的甚至是前明遺物。[12] 若不蒸洗試放，誰也不知能否使用。

由此，我們可以得出結論，儘管中英火炮樣式大體相同，但因質量的差距，使之具有射程近、射擊速度慢、射擊範圍小、射擊精度差、射中後炮彈威力弱等缺陷。這些缺陷中，哪一項不是致命傷？

鴉片戰爭中的絕大多數戰鬥，是清軍的岸炮與英軍的艦炮之間的炮戰。按常理說，海岸炮依托堅固的陸地，可不計重量、後坐力等因素，而製作得更大，射程更遠，威力更大。實際上清軍的岸炮一般也重於英軍的艦炮。但是，在戰鬥中，雙方火炮的威力卻發生了逆轉。當戰場上硝煙散盡之後，我們不得不驚愕地面對悲慘的事實：清軍在戰爭的全過程中未能擊沉英軍的一艘戰艦或輪船，而自己的陣地卻被打得千瘡百孔。

與槍、炮相關連的，是火藥。

鴉片戰爭時期，中英火藥處於同一發展階段，皆為黑色有煙火藥，其主要成分是硝、硫、炭。然而，同樣是因為質量問題，使中、英在火藥上的差距大於前面所提的火炮。這裏面的關鍵，乃是科學與工業。

1825 年，歇夫列里在經過多次實驗後，提出了黑色火藥的最佳化學反應方程式：

$$2KNO_3 + 3C + S = K_2S + N_2 \uparrow + 3CO_2 \uparrow$$

據此，在理論上，硝、硫、炭的配組比率以 74.84%、11.84%、11.32% 為最佳火藥配方。英國按照這一方程式，配製了槍用發射火藥（硝 75%、硫 10%、炭 15%）和炮用發射火藥（硝 78%、硫 8%、炭

12 《籌辦夷務始末（道光朝）》第 1 冊，第 461 頁。

14%）。[13] 這兩種配方被西方各國確定為標準的火藥配方。除了科學帶來理論上的進步外，工業革命又帶來了機械化的生產。[14] 英國此時的火藥已在近代工廠中生產，居於世界領先地位。

中國的火藥，起源於煉丹道士的偶爾發現，這就使中國的火藥理論一開始就蒙上了陰陽五行學說的帷幕，妨礙對其理化現象作科學的分析。此後火藥的發展，主要憑藉經驗的層積，鮮有理論上的層層揭示。至鴉片戰爭時，清軍製造的火藥，仍是按照明末的配方，以手工業作坊或工場生產。

戰前廣東水師提督關天培所採用的火藥配方是硝80%、硫10%、炭10%。[15] 這是這一時期內我們能看到的唯一配方。而這一配方中的含硝量過高，容易吸潮，不便久貯，爆炸效力低。

手工業的生產方法，使清方無法提煉出高純度的硝和硫，藥料的雜質成分高；又無先進的粉碎、拌和、壓製、烘乾、磨光等工藝，只是靠舂碾，結果火藥的顆粒粗糙，大小不一，往往不能充分燃燒。[16]

火藥的質量，直接影響到槍、炮的威力。清軍使用的粗劣的火藥，使其原本落後的槍、炮，在實戰中效能更減。

對照中、英武器裝備，差距最大者，莫過於艦船。英國海軍為當時世界之最，擁有各類艦船400餘艘。其主要作戰軍艦仍為木製風帆動力，似與清軍同類，但相較之下，有下列特點：一、用堅實木料製作，

13　王兆春：《中國火器史》，第 204、291—292 頁。

14　當時英國製造火藥的工藝流程為：採用物理和化學的方法，以先進的工業設備，提煉高純度的硝和硫；以蒸汽機帶動轉鼓式裝置，進行藥料的粉碎和拌和；用水壓式機械，將配置的火藥壓成堅固而均勻的顆粒，使之具有一定的幾何形狀和密實性；用蒸汽加熱器烘乾，使之保持良好的乾燥狀態；最後用石墨磨光機，將藥粒表面磨光，除去氣孔，降低吸濕性，以延長火藥的貯藏期。這些先進的工藝，保證了英軍火藥的優良品質。

15　關天培：《籌海初集》卷 3。

16　福建提督陳階平：《請仿西洋製造火藥疏》（道光二十三年），魏源：《魏源全集·海國圖志》第 7 冊，長沙：岳麓書社，2011 年，第 2129—2131 頁。

能抗風濤而涉遠洋；二、船體下部為雙層，抗沉性能好（當時中國人稱"夾板船"），且用銅片等金屬材料包裹，防蛀防朽防火；三、船上有兩桅或三桅，懸掛數十具風帆，能利用各種風向航行；四、軍艦較大，排水量從百餘噸至千餘噸；五、安炮較多，從 10 至 120 門不等。[17] 此外，誕生於工業革命末期的蒸汽動力鐵殼明輪船，也於 19 世紀 30 年代起裝備海軍。儘管此時的輪船噸位小，安炮少，在西方正式海戰中難期得力，在海軍中也不佔主導地位；但因其航速快、機動性能強、吃水淺等特點，在武器裝備落後的中國沿海和內河橫行肆虐。

清軍的海軍，時稱"水師"，主要有兩支：一為福建水師，一為廣東水師。[18] 其他沿海省份，亦有執行水師任務的鎮、協、營，如浙江的定海水師鎮，盛京的旅順水師營，等等。然清軍水師的任務卻非出洋作戰，而是近海巡緝，守衛海岸。"天朝"的水師並不以哪一國的艦隊為作戰對象，其對手僅僅是海盜。用今天的標準來衡量，清朝水師算不上是一支正式的海軍，大體相當於海岸警衛隊。

正因為如此，清朝水師的主要兵力，並不是在艦船上或為艦船服務的勤務分隊中，而是駐守於沿海、沿江的眾多炮台、城寨、要隘。許多海防要地，如廈門、虎門、舟山等，其陸上防守全由水師負責。從數量上講，清軍水師艦船也有數百艘之多；從種類上講，清軍戰船樣式亦達數十種；但是，其最基本的特點就是船小。清軍最大之戰船，其噸位尚不如英軍等外級軍艦，清軍安炮最多之戰船，其火炮數量也只相當於英軍安炮最少之軍艦。至於其他的弱點，當時人亦有清醒的認識。閩浙總

---

17 〔英〕巴那比著：《英國水師考》，傅蘭雅、鍾天緯譯，上海：江南製造總局，光緒十二年（1886）刻本。當時的英國軍艦分為 7 等：一等艦，炮 100 至 120 門；二等艦，炮 80 至 86 門；三等艦，炮 74 至 78 門；四等艦，炮 50 至 60 門；五等艦，炮 22 至 48 門；六等艦，炮 22 至 34 門；等外級艦，炮 10 至 22 門。從鴉片戰爭中英國派出的遠征軍來看，其戰艦的主體為五、六等及等外級戰艦和少量的三等艦。

18 福建水師提督設於 1677 年，至鴉片戰爭時，轄提標五營等協營，節制 3 鎮，總兵力近 2 萬人；廣東水師提督設於 1810 年，至鴉片戰爭時，轄提標五營等協營，節制 5 鎮，總兵力約 2 萬人。

督鄧廷楨對此作過評論，除未涉及艦船的帆索、航速等技術外（很可能鄧廷楨未有航海經驗，對此不甚了解），對船體的質量、火炮的數量、炮手的安全等問題，都進行了具體的比較。他的結論是："船炮之力實不相敵"，"此向來造船部定則例如此，其病不盡在偷工減料"。[19]

不是說當時中國的造船業只能達到這個水平，中國此時也造出過比戰船更大更堅固的遠洋商船。這裏就涉及到鄧奏中提到的"部定則例"。清朝的戰船樣式大體是在乾隆年間固定下來的，並用"工部軍器則例"、"戶部軍需則例"等條規確定其樣式和修造軍費。這就自我限制了戰船的發展。各地沒有更多的錢去製造更大更好的軍艦。為了保持水師戰船對民船的某種優勢，清朝又反過來規定民船的大小尺寸，限定民船出海時火器、糧食、淡水的攜帶數量。[20] 這麼一個循環，嚴重滯礙了中國的造船業、航海業的進步。

即便是如此落後的水師師船，其完好在航率仍是很低的。例如，鴉片戰爭前，福建水師共有大小戰船 242 艘，除去修理未竣、應屆修期、被風擊碎者外，在營駕駛者 118 艘，在航率僅 48.8%。又如，浙江定海水師鎮共有戰船 77 艘，遭風擊碎、修理未竣者達 30 艘，在航率僅61.2%。[21]

中英艦船水平的懸殊差距，使得清軍在鴉片戰爭中根本不敢以水師出海迎戰英軍艦隊，迫使清軍放棄海上交鋒而專注於陸地。這種由裝備而限定的戰略決策，實際使清軍喪失了戰爭的主動權。英軍憑藉其強大海軍，橫行於中國海面，決定了戰役戰鬥的時間、地點、規模。此中利害關係，後文會介紹。

---

19 《籌辦夷務始末（道光朝）》第 1 冊，第 375 頁。

20 關於清朝對民船的種種限制，可見崑岡等修：《欽定大清會典事例（光緒朝）》卷 120，光緒二十五年刊本。而清朝的這些規定，並沒有被嚴格遵守。在福建廈門等處，也有超過清朝規定的大型商船。

21 齊思和編：《黃爵滋奏疏·許乃濟奏議合刊》，中華書局，1959 年，第 99—101 頁；中國第一歷史檔案館等編：《鴉片戰爭在舟山史料選編》，浙江人民出版社，1992 年，第 234—235 頁。

由於鴉片戰爭中清朝的上下無不認識到清朝水師絕非英國海軍之對手，大多主張在陸地，尤其是在海岸進行防禦。防禦工事的地位因此而凸顯出來。

清朝的防禦工事主要有兩種，一為城，一為炮台。

城的防禦設施，包括城牆、城門、護城河等。這些工事的情況與功能，久為人們所熟悉，且有今存的遺跡可增添人們的感官認識。城的攻防戰，為中國古今的主要作戰樣式，更況鴉片戰爭中英軍的攻城戰，僅三次（廣州、乍浦、鎮江）。因此，這裏不打算分析城的防禦體系，而放在後面結合戰鬥作具體評論。

海岸炮台是鴉片戰爭中清軍最主要的防禦工事，而這些炮台今已不存，[22] 人們對它也缺乏感性認識。

中國第一歷史檔案館中藏有一長卷，名《閩浙海防炮台圖說》。它細緻地描繪了福建、浙江所有海防炮台的具體樣式。這裏選一幅曾在鴉片戰爭起過作用的浙江乍浦西山嘴炮台之圖。

該圖的文字說明為："西山嘴築實心圓炮台，周圍八丈，高一丈五尺，垛高三尺，安炮八位。台後築圍城，周圍二十丈，高一丈二尺，內蓋官兵房屋十二間，安千把一員，兵三十名。"又據這一長卷，閩浙各炮台設炮 4 至 10 位不等，守兵 20 至 50 名不等。

乍浦西山嘴炮台，代表着鴉片戰爭前中國沿海炮台的一般水平；而於 1839 年完工的廣東虎門靖遠炮台，又是戰前清朝最大最堅固火力最強的海岸炮台。奉旨查察該炮台的林則徐稱：該台"平寬六十三丈，高一丈四尺五寸，台牆釘樁砌石，垛牆炮洞則用三合土築成，安炮六十

---

22 我們今天所能看到的廣東東莞虎門、福建廈門胡里山等處炮台遺跡，都是光緒年間參照西方樣式修築的。鴉片戰爭時期的炮台等工事，我迄今尚未發現。

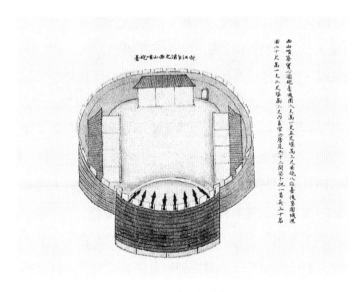

圖一　乍浦西山嘴炮台

位。後圍石牆九十丈"，[23] 又據鄧廷楨奏摺："守台掌炮千總一員，添撥額外二員，槍炮兵丁九十名。"[24] 若以靖遠炮台與西山嘴炮台相比較，就會發現，只不過是在規格上放大幾倍，樣式大體相同。

這樣的炮台能否經受得住西方艦隊的攻擊呢？對此，我們可看看此期西方炮台的情況。

隨着火炮的運用和火炮技術的發展，西方的軍事築城技術也有了很大的進步。自 16 世紀起，歐洲的軍事工程師提出了新的築城理論，舊式的碉樓（高台型火炮陣地，與清軍炮台類似）逐漸被廢棄，出現了梭堡式炮台。梭堡是一種尖形的堡壘，分上下兩層，各置火炮，側部有通道，並有自身防衛性的火力配置。4 至 6 個梭堡組成一個炮台（要塞）。整個炮台有炮 50 至數百門；駐有數百至數千名的騎兵和步兵，配合炮

23　該炮台的圖可參見，《文物》1963 年第 10 期，第 53 頁照片。林則徐的介紹文字見《林則徐集・奏稿》中冊，第 643 頁。

24　《鴉片戰爭檔案史料》第 1 冊，第 621 頁。

兵作戰；內儲有足夠多的糧食、彈藥，可固守數年；各棱堡間又有通道，可互相支援。至 18 世紀，歐洲又出現了堡壘式炮台，即在核心炮台的外圍建築堡壘，由多座堡壘構成完整的防禦體系；核心炮台與外圍堡壘間有一定的距離，可免遭敵炮火的直接打擊；各堡壘間有掩蔽式通道，可互相支援；安設火炮的戰鬥部位是全掩蔽式的，可防護士兵的安全。

由此可見，清軍此期的炮台仍是西方築城技術變化前的那種小高台，其致命傷是不如西方那般注重防禦功能：一、炮台上的兵丁僅以垛牆掩護正面，而這些垛牆很容易被西方炮火所摧毀；二、炮台頂部沒有防護，敵曲射火炮可由上射中炮台；三、在火炮配置上，追求重炮，又集中安置在炮台的正面，以抗擊來犯敵艦船，而對其登陸小艇和部隊缺乏攻擊手段；四、炮台的大門多開在正面或背面，沒有壕溝、吊橋、關閘等設施，難以阻止敵登陸部隊的攻擊；五、炮台的側後往往只有一道圍牆，沒有斜堤、塹壕等陣地，不能組織守軍對登陸部隊進行反擊；六、炮台的側後缺乏良好的道路系統，守軍的兵員、糧草、彈藥在戰時難以補給。以上六項，前兩項是對西方火炮的威力認識不足所致，後四項是對英軍陸戰能力評估錯誤所致（詳見第二章第四節）。西方觀察家對清軍炮台的評價極低。[25]

這裏所作的分析，是以即將發生的鴉片戰爭作為前提，是以世界上最強大的英軍作為對手；若按當時人的觀念，不知道戰爭的到來，僅僅為了防備乘虛蹈隙的海盜，這些炮台確又可謂"固若金湯"！

如果將上述槍、炮、火藥、戰船、炮台諸因素綜合起來，具體情況

25　1836 年，一名西方觀察家看到了廣州、虎門一帶的炮台後，評論道："它們不過是屬於幼稚階段的堡壘建築的樣本，沒有壕溝，也沒有棱堡、斜堤或任何反擊的防禦工事。……河岸上的炮台都是裸露的，沒有一個能抵擋得住一般大型戰艦的火力，或可以抵禦在岸上與戰艦配合的突擊隊的襲擊。突擊隊總是從它們炮火所不及的側面和後方找到最佳的據點來襲擊他們。"（*Chinese Repository*, vol. 5, pp. 168-169）值得注意的是，這位作者已經提示了進攻這些炮台的方法。

又會是怎樣呢？

讓我們以江蘇的吳淞營為例。

吳淞營駐於江蘇寶山縣吳淞一帶（今屬上海市），是鴉片戰爭中的主要戰場之一。1828 年，時任蘇淞鎮總兵的關天培對該營的兵器有過調查，其中最主要的數字為：

腰刀 948 口，大刀 277 口，角弓 213 張，戰箭 11570 支，火箭 260 支；鳥槍 917 桿，噴筒 118 個；發炮 55 位，玉帶炮 12 位，決勝炮 72 位，劈山炮 42 位，過山炮 10 位，子母炮 40 位，紅夷炮 7 位，紅夷發炮 3 位；火藥 8940 斤（上述數字的相當部分儲備於倉庫）。[26]

吳淞營共有營兵約 1000 名，因駐守要地，兵器較他處優良。但是，從上引清單中可以看出，吳淞營的火炮，大多是明末清初時期的小型火炮，威力極其有限。

除上引清單外，吳淞營在寶山縣城東南靠黃浦江入長江口的楊家嘴，有炮台一座，另有沙船 3 艘、艍犁船 4 艘，巡防江海。

若以近代戰爭的眼光來看，吳淞營的作戰能力又是如何？

1832 年，東印度公司派商船阿美士德號從澳門北上，偵察中國沿海的情況。6 月 20 日，該船在未遇任何阻撓的情況下闖入吳淞。隨船的普魯士傳教士郭士立（Karl Gützlaff）"巡視了（吳淞）炮台的左側，考察了這個國家的防務內部組織"，他在日記中寫道："如果我們是以敵人的身份來到這裏，整個軍隊的抵抗不會超過半小時。"[27] 這個結論是比較了中西軍事實力而得出的，參照後來的鴉片戰爭，並不誇張。

在這裏，我們不妨作進一步的檢討，清軍的武器裝備水準，為何遠

26　梁蒲貴等修纂：《寶山縣志》卷 6，光緒八年（1882）刻本，第 16—18 頁。

27　Karl Gützlaff（郭士立），*Journal of Three Voyages along the Coast of China*, in 1831, 1832 & 1833, London: Frederick Westley and A.H. Davis, 1834, p. 249.

遠地落在西方的後面？

從中西武器裝備發展史中可以看出，在明清之際，中國的軍事科技並不落後於西方，這裏自然有當時大膽引進西方先進火器的成效，還因西方的近代科學尚處在起步狀態。至於在製造方面，雙方都處於工場手工業的同一水平。到了清康熙朝之後，中西武器裝備的差距急劇擴大，除了前面已提到的科學和工業兩大因素外，還有一個重要原因，就是戰爭規模的縮小。

明、清雙方的交戰對敵，各牽繫其命運，故在武器裝備的引進、學習、研製上都不惜血本。至康熙年間平定三藩、收復雅克薩城後，清王朝進入了一個長期的相對和平的階段。此後，清朝雖在西北、西南邊疆及內地用兵，不管戰況如何，在武器裝備上都能保持優勢。這就使得清王朝不是繼續着力於研製新武器而獲取更大的優勢，而是着力於壟斷這種優勢的軍事技術，不讓對手或潛在的對手所掌握。也就是說，清王朝的重點不是研究而是保密。這裏舉兩個例子：

一、前面提到的兵丁鳥槍，是綠營兵的主要裝備之一。但是據清官方文獻及現今存有的實物，清軍的鳥槍是大有差別的。其最優良者為御用槍，當時已有了燧發槍；其次是京營八旗所用之槍；再次是駐防八旗所用之槍；最次是綠營所用之槍（火炮配置也是如此）。清朝統治者的這種鳥槍質量梯次配備，自是出於以京營鞏固根本、以駐防監視綠營的考慮。但是，這種為確保滿洲貴族統治而採用的方式，卻使得清軍的主力——綠營在鴉片戰爭中以清朝最次的裝備來應敵。

二、明末清初，中國在引進西洋大炮時，同時也引進了“開花炮彈”（一種爆破彈）的技術。然而這種技術，為御林軍專有，現存北京故宮博物院的清初炮彈，幾乎全為“開花炮彈”。然而，久不使用，就連統治者本身也都忘記了，至鴉片戰爭時，別說一般的官員，就連主持海防的林則徐和當時的造炮專家黃冕，都鬧了不知“開花炮彈”為何物的大笑話。戰後清王朝據實樣試製，實際上是第二次引進。到了 19 世紀 70 年代，左宗棠督師西征新疆，在陝西鳳翔發現明末所遺 "開花炮彈" 之實物，不禁感慨萬千，謂西洋 "利器之入中國三百餘年矣，使當時有人留心及此，何至島族縱橫海上，數十年挾此傲我"？[28]

再進一步細心考察，又會發現，康熙朝以後的清軍武器裝備，不僅在性能上沒有大的突破，而且在製造質量上也明顯地呈現下降的**趨勢**。

這就涉及到清朝的武器裝備管理體制。[29]清朝的武器裝備管理體制，大抵始建於康熙朝，至乾隆朝臻於嚴密。這種制度首先規定了清朝各種兵器的型制，其次根據型制規定其製造工藝，最後根據型制和工藝規定工價、料價。儘管這種體制有利於清軍武器的制式化、一體化（實際上種類還是偏多），適應當時清朝財政支出制度化的要求，也減少了官員從中舞弊的機會，但卻窒息了新武器的研製和新技術的運用。

在這種制度下，新武器的研製在一開始就以不合規定而被拒絕，新技術、新工藝又因不合規定而被排斥，最後又用權威的價格將一切新因素封殺出局——不合規定不准報銷！長久的和平，使清朝統治者們忘記了未來戰爭的大課題，他們從未制定過長期的武器裝備研製計劃。

自康熙朝開始，中國的物價、工價一直處於上升**趨勢**，而這種管理體制卻使兵器製造經費固定化。此後雖有一些價格調整，但上漲的幅度趕不上各地物價、工價的實際水平，有時甚至出現下降的勢頭。如火藥，雍正朝為每斤銀 2.6 分，嘉慶朝每斤銀 2.1 分。這就使得兵器製造者不僅無利可圖，反而時常可能虧損。當然，這已不敷足的工價、料價中，

---

28 《左宗棠全集·書信》第 2 冊，長沙：岳麓書社，1996 年，第 416 頁。

29 對於這一問題的敍說，我使用了皮明勇先生的論點，見《清朝兵器研製管理制度與鴉片戰爭——兼論清朝軍事科技落後的政治原因》，油印本，1990 年。

還得包括那個時代猖獗的承辦官員的層層剝扣和驗收弁兵的種種勒索。[30]

　　規定價格與實際造價的背離，並不會改變追求利潤的經濟規律。任何一位製造者，從本能上就絕不會做虧本生意。為了防止賠累，偷工減料就成了必然之途。為了能夠偷工減料，賄賂驗收官弁又成了公開的秘密。當時的名士魏源曾指出：

> 　　中國之官炮，之官船，其工匠與監造之員，惟知畏累而省費，炮則並渣滓廢鐵入爐，安得不震裂？船則脆薄腐朽不中程，不足遇風濤，安能遇敵寇？

> 　　官設水師米艇，每艘官價四千，已僅洋艘五分之一。層層扣蝕，到工又不及一半。[31]

如果說魏源的言論過於空泛，讓我們來看一實例。1835 年，廣東水師提督關天培為改善虎門防禦態勢而新製大炮 40 位，結果在試放過程中炸裂 10 位，炸死兵丁 1 名，炸傷 1 名，另有 5 位火炮還有其他問題。關天培檢查炸裂的火炮，發現"碎鐵渣滓過多，膛內高低不平，更多孔眼"，其中有一空洞，"內可貯水四碗"！[32]

　　在弱肉強食的殖民主義時代，西方各國始終把武器裝備的研製和生產，放在最優先發展的地位。正如一位西方人，1836 年 8 月在《中國叢報》的一篇評論清朝軍事力量的長文中，一開頭就提出的那樣，"今

30　當時任汀漳龍道的張集馨，對漳州的官辦船廠有以下評論："軍功廠（即船廠）則為道中大累，廠中有水師武弁一員在彼監造，道中派文員數佐雜在廠相陪督造，又派道差縣役多人彈壓匠役，薪水月費，由道發給。每修造一船，道中少則賠洋銀千數百元，多則賠三四千元。赴州領款，刁難需索，非給以司費，則應領之款亦領不出……每有船隻造成，駕出海口，咨請水師收沙領用，乃延擱竟至一年半載，海風飄蕩，烈日薰蒸，及至牒請，至查來收功時，油色不能鮮明，不肯領用，又復重新修飾，更添賠累。"（張集馨：《道咸宦海見聞錄》，中華書局，1981 年，第 63 頁）官辦船廠尚可如此賠累，而承包的私商又如何賠累得起？此中揭露出來的索賄、中飽現象，又何能保證戰船的質量？

31　魏源：《聖武記》下冊，中華書局，1984 年，第 545 頁。

32　關天培：《籌海初集》卷 3。

天，作為評價各社會的文明與進步的標準，最正確的大概是：每個社會在'殺人技術'上的精湛程度，互相毀滅的武器的完善程度和種類多少，以及運用它們的熟練程度。"[33] 然而，依舊沉浸在"天朝"之井中的清朝統治者們，似乎還不知這些。他們的種種做法，使得清朝的武器裝備尚未達到當時社會的技術和工藝已經達到的水平。

二　兵力與編制

武器裝備有着物化的形態，其優劣易於察覺，因此，不同的人們都得出了相同的結論：清朝在鴉片戰爭中處於**兵器上的劣勢**。可是，也有許多論者又不約而同地指出：清朝在鴉片戰爭中處於**兵力上的優勢**。

就簡單的數字來看，這是事實。

當時清朝有八旗兵約 20 萬，綠營兵約 60 萬，總兵力達 80 萬。這是當時世界上一支最龐大的常備軍。

英國的兵力要小得多，正規軍約 14 萬，加上擔負內衛任務的國民軍 6 萬，總兵力僅 20 萬。與清軍相比，大約是 1：4。

中英兩國遠隔萬里，英軍自然不能全數派往中國。鴉片戰爭初期，英國遠征軍的總兵力，以海陸軍合併計算，大約是 7000 人。與清軍相比，大約是 1：110。後英國遠征軍的兵力不斷增加，至戰爭結束時，大約有 2 萬人。與清軍相比，大約是 1：40。

人們從這些數字中會很自然地得出結論：兵器上處於劣勢的清朝，可以通過其在兵力上的優勢來彌補缺陷，再加上本土作戰，清軍以眾擊寡，以逸待勞，具有某些明顯的有利因素。

然而，上述結論僅僅是理論上的正確，實際情況恰恰相反。從此後

33　*Chinese Repository*, vol.5, p.165.

各章的敍述中，我們可以看到：在總兵力佔優勢的清軍，在各次戰鬥中並不具有很大的優勢，有時反處於劣勢；在本土作戰的清軍，並不是總能以逸待勞，有時反疲於奔命。

這是為甚麼呢？

解決這一問題的關鍵，在於研究清軍的編制。

清朝的軍隊分為八旗和綠營兩大系統。其中八旗又可分為京營和駐防兩部分。京營共約 10 萬人，駐紮於北京及其附近地區。駐防亦約 10 萬人，分四類而散佈全國：一、保衛龍興之地，駐於黑龍江、吉林、盛京（約今遼寧）三將軍轄地；二、監視北方的蒙古族，保衛京師，轄於察哈爾、熱河兩都統，密雲、山海關兩副都統；三、戍衛西北邊疆地區，守於烏里雅蘇台（今蒙古國扎布哈朗特）、科布多（今蒙古國吉爾格朗圖）、綏遠城（今呼和浩特）、伊犁（今新疆霍城縣境內）、烏魯木齊、喀什噶爾（今喀什）等地；四、也是最重要的，監視內地各行省，領有廣州、福州、杭州、江寧（今南京）、荊州、成都、西安、寧夏六將軍及京口（今鎮江）、乍浦、青州（今山東益都）、涼州（今甘肅武威）四副都統。

清軍的主體是綠營。除京師巡捕 5 營共 1 萬人外，大多部署於各行省。一省的綠營體制為：

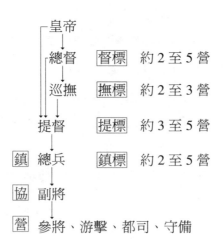

由此可見，除總督、巡撫自率的各標外，一省軍事體制分提、鎮、協、營四級，以營為基本單位。[34]

清軍在編制上的弊陋，主要表現在營以下。綠營中的營，沒有固定的編制，而是根據駐守地區是否衝要、執行任務繁簡程度而決定，人數從 200 至 1000 餘名不等，長官亦分為參將、游擊、都司、守備四級，官秩從正三品降至正五品不等。例如，守衛海防重地吳淞口的吳淞營，因地位十分重要，共有兵弁 1100 餘名，長官為參將，直隸於蘇淞鎮總兵。而更能說明問題的是營以下的建制及其分散駐防。據《寶山縣志》，吳淞營營以下分哨，哨以下分汛。吳淞營除 200 名兵弁駐守吳淞西炮台外，其餘 800 餘名分佈在縣城及 35 處汛地。[35] 防守範圍包括寶山縣大部及嘉定縣的一部分。[36] 每一汛地，駐兵數名、十數名、數十名不等。

---

34 為了使讀者能掌握此中的情況，我以鴉片戰爭中戰鬥次數最多、交戰時間最長的浙江省為例，作具體分析。浙江省共有綠營兵 37000 餘人，在關內 18 行省中，是一個中等省份。這些兵丁的分佈情況為：浙江巡撫駐杭州，轄撫標 2 營（左營 407 人，右營 391 人）。浙江水陸提督駐寧波，轄鎮標 5 營（中營 850 人，右營 850 人，左營 850 人，前營 863 人駐鄞縣大嵩所，後營 861 人駐應家棚）；浙江提督直轄部隊為，寧波城守營 637 人；杭州城守協 865 人，錢塘營 667 人（歸杭州城守協副將節制）；海塘營 408 人（駐海寧）；湖州協 3 營（左營 469 人，右營 469 人，安吉營 294 人駐安吉）；嘉興協 2 營（左營 737 人分駐嘉興、海鹽，右營 732 人駐乍浦）；紹興協 2 營（左營 863 人駐紹興，右營 1026 名分駐餘姚、臨山）；乍浦左、右營 609 人；太湖營 623 人。黃巖鎮總兵駐黃巖，轄鎮標 3 營（中營 866 人駐海門汛即今椒江市，左營 866 人，右營 867 人分駐黃巖、海門汛）；黃巖鎮下轄部隊為，台州協 3 營（中營 720 人，左營 683 人駐桃諸寨，右營 690 人駐前所寨）；寧海左、右營共 1208 人；太平營 782 人駐太平即今溫嶺縣。定海鎮總兵駐定海，轄鎮標 3 營（中營 990 人，左營 983 人，右營 892 人）；定海鎮下轄部隊為，象山協 3 營（左營 638 人，右營 638 人，昌石水師協 570 駐石浦一帶）；鎮海水師營 1163 人。溫州鎮總兵駐溫州，轄鎮標 3 營（中營 831 人駐長沙汛，左營 832 人，右營 889 人駐寧村寨）；溫州鎮下轄部隊為，溫州城守營 763 人；樂清協 2 營（本營 876 人，盤石營 301 人駐盤石寨）；瑞安協 2 營（左營 473 人，右營 469 人）；平陽協 2 營（左營 596 人，右營 595 人）；玉環左右營共 905 人；大荊營 669 人。處州鎮總兵駐處州（今麗水），轄鎮標 3 營（中營 836 人，左營 835 人分駐龍泉、雲和，右營 836 人駐遂昌）；處州鎮下轄部隊為，金華協 2 營（左營 513 人，右營 513 人分駐金華、永康）；麗水營 434 人。衢州鎮總兵駐衢州，轄鎮標 3 營（中營 780 人，一部駐龍游，左營 658 人駐常山，右營 668 人，一部駐江山）；衢州鎮下轄部隊為，嚴州協 2 營（左營 506 人，右營 506 人）；楓嶺營 481 人。（以上據《清朝文獻通考》，商務印書館，1936 年，卷一八六。有關清軍分佈情況亦可見《清朝通典》和《清朝通志》）。從以上情況來看，除在一些較大的城市駐有 3 至 5 營外，一般城市駐 1 至 2 營，個別縣沒有駐軍。當然，城市駐軍，僅僅是指該提、鎮、協、營的衙署駐在城內，而其部隊則分散於各地。

35 梁蒲貴等纂修：《寶山縣志》，卷六，第 13 頁。由於該資料未稱各汛具體兵數，可參見下「周凱等纂」注。

36 當地寶山縣境內，除吳淞營外，另有江南水陸提標後營一部（主要駐在縣城一帶），川沙營一部（主要駐在吳淞口東岸）。吳淞營的防區為寶山縣大部、嘉定縣一部。當然，當時的寶山縣境與今寶山區不完全相同。

是不是吳淞營的情況特殊而駐守特別分散呢？恰恰相反，從各地的情況來看，吳淞營的汛地不是特別多的。例如，號稱精銳的湖南鎮篁鎮，額設兵丁 4107 人，"分佈汛塘六十七處，駐守碉卡關門一哨台七百六十有九"。[37] 其駐防分散，不難想見。

從綠營的編制來看，在督、撫、提、鎮各標中，由提督直轄的提標，是兵力最強、駐防最集中、機動性最強的部隊。但是，它的情況並不優於前述吳淞營。

福建水師提標是清軍最強大的海上力量之一，駐守廈門。它共有中、左、右、前、後 5 營，額設官兵 4300 餘名。其中一半是海岸防衛部隊，另一半是艦船部隊。就海岸防衛部隊而言，它在廈門島、鼓浪嶼島共有兵丁 517 名，但分在 10 處汛地、24 個堆撥以及廈門城四門、水操台等 40 餘處地方；又在廈門島外圍的大陸，沿馬巷廳（今屬同安縣）、同安縣、龍溪縣、（今分屬漳州市、龍海縣）、海澄縣（今屬龍海）一圈海岸，駐兵 1390 名，分在 41 處汛地，每處 3 至 201 名不等。就艦船部隊而言，共有大小船隻 67 艘，其中 48 艘為戰船（大橫洋船、同安梭船），另有 19 艘為海岸巡哨之槳船；而在戰船之中，又有 13 艘有固定的海上汛地，只有 35 艘可機動出洋作戰。[38]

我們不能用今日之軍隊整師、整團、整營地集中駐紮某一營房的概念，去想象當時的清軍。就我見到的材料，綠營中沒有一個營不分汛塘哨卡的，也就是說，營以下部隊沒有集中駐紮於一處營房的，而是數名、十數名、數十名、最多數百名（我僅見到 200 餘名）分散在當時的

---

37 李揚華：《公餘手存·營制》，《叢刊·鴉片戰爭》第 1 冊，第 222 頁。

38 周凱等纂：《廈門志》卷 3 "五營汛防"，道光十九年（1839）刊本。從汛防的具體數字看，清軍不僅分散，而且並不劃區集中駐守。如廈門島上，5 營兵弁皆有，5 營衙署亦皆在廈門城內外；又如大擔，5 營各派戰船 1 隻，兵弁 41 兵巡防。這種方法，當屬八旗輪流抽派的影響所致，對作戰極為不利。

市鎮要衝等地。[39]

就近代的軍事原則而言，兵力分散意味着戰鬥力的削弱。我們不妨設想一下，一旦發生戰爭，要將這些分散的小部隊集中起來，又是何等不易。在實際操作中，全部集中是完全不可能的。

清軍如此分散駐守，原因在於其擔負的職責。

清朝是靠武力鎮壓而建立起來的高度中央集權的政權，軍隊是其支柱。但是，當時清朝沒有警察，高度中央集權也不准建立地方性的內衛部隊；**維持社會治安，保持政治秩序就成了清軍最重要最大量的日常任務**。從外部環境來看，儘管清朝數次在邊疆地區用兵，康熙年間還在東北地區與俄羅斯作戰，但在"四裔賓服"之後，清軍並無強大的固定的敵手。顛覆清朝的力量在內而不在外。這些決定了清軍的基本職責是防民為主，內衛為主的性質。

由此，軍隊的分散駐防有其合理性：

一、警衛宮禁皇園陵寢，守衛各級衙門官府，看守倉庫監獄，押解錢糧罪犯，協助關卡徵稅，查拿私鹽鴉片走私，護衛驛站驛道，以及執行各級官府交付的臨時性或相對長期性種種差使，都由清軍執行。而要完成這些事務，顯然不必強大的軍團，卻需要眾多且分散的士兵。京營八旗、督標、撫標執行此類勤務甚多。

二、為維護城市治安，彈壓盜匪，清軍除在城門派兵守衛，盤查人員外，又在城內設立堆撥、欄柵，晝則巡查，夜則守更（如前提廈門24

39　羅爾綱先生對於綠營汛塘兵的解釋似誤。他在《綠營兵制》（中華書局，1984 年）第 8 章第 2 節中提出：一、只是城守、分防各營設有 "汛" 兵；二、"汛" 兵佔綠營總數的三分之一。從地方志材料來看，情況完全不同。"汛" 應是清軍營以下的一級編制、組織形式，其兵數的多少，據其任務而定。清軍的督、撫、提、鎮各標都設汛。從這個意義說，綠營中不存在專門的 "汛兵" 或 "非汛兵"，因為未在 "汛" 的兵弁，亦在相應的塘、寨、堆撥等處，只不過是名稱不同。羅爾綱先生認為，清軍綠營中的提標、鎮標不設防汛，機動性強，從上引福建水師提標的情況來看，似為有誤。

堆撥即屬此類，相當於警察）。這又需要眾多且分散的士兵。各城守協、營以及駐在城市中的駐防八旗和綠營，擔負此類勤務甚多。

三、也是最重要的，為了更有效地監視民眾，以防造反，為了使各地方官隨時可以找到一支可資利用的部隊，為了克服當時的交通困難而能及時鎮壓，清軍在各市集、要隘、道口、險峻之處，設立了大大小小的汛、塘、卡、台，撥駐兵弁。這些小部隊對付遍於全國揭竿而起又時起時落的反叛，極為便利，因為絕大多數在鄉村活動的反叛者和盜匪都是小股流竄、乘虛蹈隙的，清軍若集中兵力往往無效，甚至找不到其蹤跡。清軍綠營兵的主力由此而分散。

四、強兵悍卒從來就是專制王朝的心頭大患，而以少數民族入主中原的清朝，對於一支兵力強於本族武裝（八旗）的漢族武裝（綠營），更是多加防備，其基本對策就是用兵力相對集中的八旗監視兵力分散的綠營。因此，綠營兵駐紮的分散，不僅由於軍事的考慮，而是出於政治的需要。[40]

以上僅僅是理論上的分析，而在實際操作過程中的情況如何，可以引用一些官員在鴉片戰爭中的議論。

1840 年 8 月，英軍抵達天津海口，直隸總督琦善奏稱："天津存城兵共止八百餘名，除看守倉庫監獄城池暨各項差使外，約止六百餘名。其餘沿海葛沽、大沽、海口等三營，葛沽止額設兵一百餘名，餘二營均止數十名不等，兵力較單。"[41] 查天津鎮標兩營，加上天津城守營、葛沽

40　對此，龔汝霖談及山西清軍時稱："除撫標及額設兵丁外，分成四十餘營，再分州縣之城守、汛塘……立法之初，原以為承平無事，一則散強悍之徒，使無尾大不掉之患；一則塞空虛之防，使無照顧不及之虞。用意至深且遠。"（《皇朝經世文續編》卷 62《整頓營務議》，光緒二十八年刻本）

41　《鴉片戰爭檔案史料》第 2 冊，第 237 頁。

營，總兵力達 2400 人，[42] 與實際存營數字比較，可見出外擔負勤務之多。

　　1841 年 9 月，福州將軍保昌等奏："省城旗綠營兵，除向例各處值班外，實存兵一千零四十名。"[43] "查福州八旗駐防兵弁 1960 名，由福建將軍統轄的綠營兵共 3 營（左營 938 名，右營 938 名，水師營 627 人），總計 4463 人。"[44] "向例各處值班"兵數佔四分之三以上。

　　1841 年 11 月，盛京將軍耆英奏稱：奉天"所有各城額兵，多則七八百名，少則三四百名，東西各路額兵一二百名不等。省城西額兵五千二百餘名，其各項差徭繁多，在在需人。又邊外卡倫、看守圍場堆撥等項，每年共需兵九百餘名，均應按季輪流派往"。耆英雖未直接點出可機動的兵數，但指明了兵丁擔負的各項差徭之繁重。

　　清軍的編制明白地說明了它利於分散"治民"，而不利於集中禦外。如果用今天的眼光觀之，清軍不是一支純粹的國防軍，而是同時兼有警察、內衛部隊、國防軍三種職能。其中國防軍的色彩最淡，警察的色彩最濃。退一步說，以當時的 4 億人口，配備 80 萬警察，警、民比例為1：500，以今天的標準來看，這一比例也不為過高。

　　清軍佈防的分散和承擔的任務決定了：一、清軍不可能全數用於作戰，額設兵丁與可以參戰的兵丁是兩個不同量的概念；二、清軍已束縛

42　嵇璜等纂：《皇朝文獻通考》卷 183，上海圖書集成局，光緒二十七年（1901）鉛印本。天津鎮標 2 營，共計 1400 餘人，天津城守營 450 人，葛沽營 490 餘人。又，琦善奏"葛沽、大沽海口等三營"，未查到相應的記載。查葛沽營分駐新城、大沽等處，此處的"營"似非編制上的"營"，似為駐紮的營地。又，《皇朝文獻通考》為乾隆年間的數字，未必與鴉片戰爭時完全相同，但因清軍軍制改動很少，大體數字不會有很大的變動。鴉片戰爭後，清朝專門成立了總兵力達 2000 人的大沽協。

43　《鴉片戰爭檔案史料》第 4 冊，第 120 頁。

44　《皇朝文獻通考》卷 186。《鴉片戰爭檔案史料》第 4 冊，第 398 頁。

於各地，沒有一支可機動作戰的部隊。[45] 也就是說，總兵力達 80 萬這一數字，在實際操作中不具有今日應有的意義。

由此而論，真正有意義的是鴉片戰爭中清軍可投入作戰的數量。

鴉片戰爭的實際交戰省份為廣東、福建、浙江、江蘇；更具體一點，實際交戰地點為廣東的虎門、廣州，福建的廈門，浙江的定海、鎮海、寧波、乍浦，江蘇的吳淞、鎮江。[46] 上述四省清軍共約 22 萬人，上述交戰地區清軍平時守兵約 3 萬人。然而，不用說是全省，即便是交戰地區，若非全境受英軍攻擊（如乍浦、鎮江等地），守軍不可能全數參戰。例如前面提到的廈門，參加 1841 年 8 月廈門防禦作戰的清軍共計 5680 人，但駐守當地的福建水師提標 4300 餘人中參戰者卻不足 2000 人。

戰爭的到來並不能取消各地守軍平時的任務，相反，局勢的緊張使統治者們覺得更有必要監視民眾，以防乘機生事。因此，即便在交戰地區，當地清軍並不能全部取消原先的汛塘哨卡，而集中其兵力；只能在這些汛塘哨卡中抽調一些兵弁，組成臨時編制的部隊，準備應戰。**抽調是鴉片戰爭中清軍集結的唯一方法**，各將軍督撫從本轄區內地調兵增援海口，用的就是這一辦法，清廷從內陸各省區調兵增援沿海各省，用的也是這一方法。這裏我們舉兩個例子：

一、 1840 年 7 月 15 日，兩江總督伊里布獲悉定海失守，從江蘇、

---

45 這裏對清軍各部再作一些說明：一、京師八旗和巡捕 5 營共 10 餘萬，但相當大的部分用於執行宮廷、陵寢、衙門的日常勤務；巡捕 5 營及一部分八旗京營則是巡防地面，看守各城門、堆撥，維持京師治安。為了守衛京城，這些部隊一般不輕易抽調。在鴉片戰爭中，也沒有動用。二、各地將軍、都統、副都統統率的駐防八旗，相當集中，但一處至多不過數千，除日常勤務外，又有守城之責。在鴉片戰爭中，此類兵丁調動不多。三、各省督撫所率督標、撫標、漕標、河標，所擔負的官府勤務相當繁重。提督所轄提標兵數較督標等為多，但有守土之責，不能全數用以機動作戰。四、各鎮、協、營，有着明確的綏靖地方之責，也不能全部用以參戰。也就是說，如此龐大的清軍，找不出一支可以完全用以作戰的成建制的部隊。

46 這裏列舉的僅指主要戰鬥地區，曾經發生過小規模戰事的還有：廣東從虎門到廣州的東莞、南海、番禺縣境內，從西江口至虎門後蓮花山的香山、新會、順德縣境；浙江的慈谿、奉化、餘姚；江蘇的寶山、上海、松江以及長江下游諸要點。

安徽等處調兵 3550 名增援寶山、上海，共涉及徐州鎮、壽春鎮、揚州營、狼山鎮、福山營、京口左右奇兵營、鎮江營、常州營、太湖營、高資營。每處 300 至 500 名不等。[47]

二、1841 年 1 月 16 日，湖廣總督裕泰等遵旨從湖南調兵 1000 名增援廣東，結果從提標抽兵 300 名、鎮篁鎮標抽兵 200 名、永州鎮標抽兵 200 名、綏靖鎮標抽兵 100 名、撫標抽兵 100 名、辰永沅道標練勇抽勇 100 名。[48]

正是如此，道光帝從各省抽調，各省督撫從各標營抽調，各標營長官又從各汛塘堆撥哨卡抽調。此處數名、十數名，彼處數名、十數名，積少成多，臨時任命將弁督率出征。鴉片戰爭中，廣東曾得外省援軍共 1.7 萬人，來自湘、桂、贛、鄂、雲、貴、川七省，浙江先後共得外省援兵共約 2 萬人，來自閩、皖、蘇、贛、湘、鄂、豫、普、川、陝、甘、桂十二省。這些臨時拼湊的部隊，兵與兵不熟，兵與將不習，必然會使整體戰鬥力水準下降。[49]

那麼，這種抽調的方法究竟能集結多少兵力呢？

鴉片戰爭中，清廷共三次下令沿海各省加強海防：第一次是 1841 年 7 月獲悉定海失陷後（是年 9 月英軍南下時下令撤減）；第二次是 1841 年 1 月獲悉虎門開戰之後（是年 7 月因奕山謊報軍情而下令撤減）；第三次是 1841 年 9 月獲悉廈門失守之後。沿海各將軍督撫皆從本

---

47 《鴉片戰爭檔案史料》第 2 冊，第 164 頁。具體數字為：徐州鎮 400 名，壽春鎮 400 名，揚州營 500 名，狼山鎮 350 名，福山營 350 名，京口左營、右營、奇兵營 350 名，鎮江營 300 名，常州營 300 名，太湖營 300 名，高資營 300 名。

48 《鴉片戰爭檔案史料》第 2 冊，第 756 頁。

49 曾任兵部侍郎、後組建湘軍的曾國藩對此極有體會，稱："國藩每念今日之兵，極可傷恨者，在'敗不相救'四字。"（《與江忠源》，《曾國藩全集·書信》第 1 冊，長沙：岳麓書社，1990 年，第 192 頁）正因為如此，當江忠源奏請"調雲貴湖廣兵六千"之時，曾國藩勸其調兵不如僱勇。

省的內地抽調兵丁增援海口，其數量為：[50]

省份	額設兵丁		第一次 定海失守後	虎門失守後	廈門失守後
	八旗駐防	綠營兵			
直隸		38280		6790	10000 餘
盛京	約 10000				500
山東	2320	20057		3000 餘	3000 餘
江蘇	4745	38001	7800		
浙江	約 4000	37565	7900	約 10000	約 10000
福建	4463	61675		13000 餘	15000 餘
廣東	3500	68263	10000（含勇）		

從上表可見，除海口原設防兵外，抽調內地的兵力至多不過佔其額兵的四分之一。此一數字可視為其最大抽調兵力之數，因為各省督撫們此後紛紛奏稱"實無一兵可調"，又極為擔心當地的"鹽梟"、"爛匪"又會乘此兵力抽調之機生事。其中綠營兵抽調比例最低者為山東，而1842 年 1 月 28 日山東巡撫托渾布奏稱："各口岸調防弁兵僅止於三千餘名，在沿海尚形單薄，在腹地已涉空虛……"[51] 儘管山東抽調的防兵僅佔其額兵的六分之一，統治者就已感到難以維持地方上的正常秩序，只能抽回一些。

由於沿海各省的清軍不敷調用，清廷從內地各省區抽調兵丁增援沿

50　額設兵丁一欄中，廣東、直隸綠營兵為 1841 年之數（見《籌辦夷務始末（道光朝）》第 3 冊，第 1330—1332 頁；江蘇、浙江、福建、山東綠營兵為 1849 年之數（見《清史稿》第 14 冊，第 3892—3897 頁）。浙江、江蘇八旗駐防為鴉片戰爭時期數，具體為江寧 3560 名，京口（鎮江）1185 名，杭州 2000 名，乍浦 1181 名（見《籌辦夷務始末（道光朝）》，第 2 冊，第 857、1064 頁；第 4 冊，第 1843、1920 頁）。廣東的廣州、福建的福州、山東的青州和德州以及盛京的八旗駐防數據《皇朝文獻通考》。

51　《籌辦夷務始末（道光朝）》第 3 冊，第 1578 頁。

海，其數字為：[52]

省份	額設兵丁	調出兵丁	抽調比率
安徽	9502	3500	36.83%
湖北	20645	7300	35.35%
江西	12562	4000	31.83%
陝西	25001	5700	22.80%
河南	15491	4000	25.82%
四川	31808	7000	22.0%
吉林	約 10000	2000	20.00%
黑龍江	約 10000	2000	20.00%
察哈爾		2000	
廣西	22632	3000	13.26%
湖南	27306	2500	9.16%
貴州	36737	2500	6.18%
山西	22962	1500	6.53%
甘肅	69341	3700	5.33%
雲南	40042	500	1.25%

由上表可見，為了支撐戰爭，關內各行省及東北地區，都有調兵行動。只有新疆和蒙古地區未抽兵參戰。以上清廷從內地各省區抽調的兵力，共達 5.1 萬人，分別增援廣東（1.7 萬）、浙江（最高時為 1.8 萬）、江蘇（最高時為 1.3 萬，其中大部分為原增援浙江的軍隊）、直隸（1萬）、錦州（1000）、蕪湖（1000）；若加上沿海各該省增援部隊及海口原設防兵，清朝在鴉片戰爭中實際動員的部隊共約 10 萬。

52　各行省額設兵丁數字只是綠營，不包括該省駐防。綠營兵數見《籌辦夷務始末（道光朝）》第 3 冊，第 1332 頁；吉林、黑龍江為八旗，兵數參見《清朝文獻通考》。各地抽調兵數參見《籌辦夷務始末（道光朝）》有關上諭，因頁碼太多，不列。

當然，不能說清王朝無法再集結更多的部隊，但若要有很大的增加，則是不可能的。[53]

儘管清軍的編制非常不適應近代戰爭，但是，總兵力 80 萬畢竟是一龐大的數字，鴉片戰爭中也畢竟集結了 10 萬軍隊，與英國遠征軍最高兵力時的 2 萬人相比，仍為絕對優勢。

然而，有一項因素致使上述態勢發生根本性的逆轉，這就是上節提到的英軍艦船。

英軍"船堅炮利"，是當時清朝上下已經達成的共識，而在此共識之下，放棄海上交鋒又成為清軍的必然選擇。也就是說，清軍失去了戰爭的主動權，只能在陸地被動地等待對方的進攻。

英軍的艦船不僅是兇猛的進攻手段，而且是高效的運輸手段，英軍由此可重複使用其數量有限的軍力。一艘戰艦使用兩次等於兩艘。一名士兵參戰兩次等於兩名。清軍因其陸上調兵速度比不上英軍的海上調兵，且不知英軍的戰略目標和作戰指導方針，只得處處設防。也就是說，全國幾千里海岸線，都是其防禦的範圍。

這就構致了清軍在鴉片戰爭中的兵力配置的實際場景：為了對抗英軍可能的入侵，盛京、直隸、江蘇、浙江、福建、廣東七省區幾十個海口都得派兵撥炮防禦，其中虎門、廈門、定海、鎮海、吳淞、大沽為最重要，駐守的清軍從四千至一萬不等。由於英方因艦船優勢而獲得作戰

53　如果我們以交戰地區浙江省的抽調比率 24% 和非交戰地區的安徽省的抽調比率 36%，作為清朝能達到的最高標準，那麼，除已集結的 10 萬人之外，還可以動員約 10 萬人左右，但是下列事項值得注意：河南、四川、陝西等省距離戰場太遠；廣西、湖南、貴州、雲南、甘肅等省駐兵較多，但要監視當時清帝國內部的苗、回、蒙等少數民族；京畿八旗在鴉片戰爭中未動，是為了保衛在專制社會中佔有絕對重要地位的首都；駐防八旗除吉林、黑龍江、江寧、青州等處有一些小調動外，其餘在鴉片戰爭中未動，也是因為其擔負的特殊使命。因此，以保持王朝的統治秩序的穩定為先決條件，浙江的 24% 和安徽的 36% 的抽調兵力的比例，在實際操作中是難以達到的。至於路途遙遠而帶來的問題，我在下面還會談及。另外，太平天國戰爭時，地方糜爛，無秩序可言，其抽調的兵力高於鴉片戰爭，其中反映出來的清王朝的態度，說明他們視"社稷"重於"國家"。

地點、作戰時間和作戰規模的決定權，清朝欲每戰保持與英軍相當的兵力，須事先在每一可能交戰的地區部署與英軍可能投入的部隊相當的兵力。[54]

集中兵力本是軍事學中的常識，而清朝所處的被動地位，使之不得不分散兵力。

由此決定了總兵力佔絕對優勢的清軍，在實際交戰中無法保持此一優勢。在後面的各章節中，我們將會看到，鴉片戰爭中較大規模的戰役戰鬥共 12 次，除 1841 年 5 月廣州之戰和 1842 年 3 月浙東之戰時因獲各省援軍而保持兵力上的優勢外，絕大多數的戰役戰鬥清軍的兵力與英軍相距不遠，而在 1840 年 7 月定海之戰、1841 年 1 月沙角大角之戰和 1842 年 7 月鎮江之戰中，反是英方佔了兵力上的優勢。

我們從實際操作的層面討論清軍的兵力問題，還有一個很容易被忽視的因素，即調兵速度。

由於清方不能確定戰場位置和作戰時間，更兼調兵還受到軍費等因素的牽制，清廷在鴉片戰爭中的調兵行動，主要有兩次：一是 1841 年 1 月虎門之戰後，主要方向是廣東；一是 1841 年 10 月鎮海失守後，主要方向是浙江。

當時的運兵，基本沿驛遞道線路行進，沿途各地方官組織車船夫馬並提供糧草住宿。儘管清軍的編制和任務，致使一省一次調兵僅一兩千

54　對此情況，我們可以舉一例子來說明。1841 年 9 月駐守浙江的欽差大臣、兩江總督裕謙奏稱："浙省防兵，統計雖有一萬五千餘名，係連各該處額設官兵之請給鹽菜者一併計算。實在鎮海、定海二處，除本營額設官兵外，各止調派外營外省兵三千餘名。乍浦地方，除駐防八旗官兵外，止有調防兵八百餘名。其餘四五千名，分防沿海各口，自一二百名至數百名不等，本形單薄。現在逆夷四出騷擾，處處吃重，據各該地方官紛紛稟請添兵策應，固屬實在情形。但奴才通盤籌畫，浙江及附近各省，業已無兵可調，且該逆游魂海上，朝東暮西，飄忽不定，設我聞警調派，水陸奔馳，尚未行抵該處，而該逆又顧而之他，彼然疲於奔命，適墮其術。"（《籌辦夷務始末（道光朝）》第 3 冊，第 1210 頁）從這段言論中可以看出：一、各處原設兵弁，參加防禦者只能是一部分；二、本省和外省調防的萬餘援軍，只能分散於定海、鎮海、乍浦 3 處要點和 10 餘處海口；三、每一設防地區的兵力仍有不足之虞。除浙江省外，沿海各省區情況無不如此。

人，但因道路狹窄和當地供給能力有限，一兩千軍隊亦不能集團開進，須分成數"起"，每"起"200 至 300 人。在河流通航的地區，援軍可以乘船，至其他地區，因車馬有限，絕大多數士兵只能靠兩條腿走路，其速度之慢，不難想見。

為此，我具體統計了 19 撥援軍的調兵清況，推算出清軍調兵的大概速度：鄰省約 30 至 40 天，隔一二省約 50 天，隔三省約 70 天，隔四省約 90 天以上。見下表：

命調時間	調出地	調入地	兵數	到達情況	時間
二十年六月二十六日（1840 年 7 月 24 日）道光帝命調，七月二日（7 月 30 日）鄧廷楨派出	福建建寧鎮	浙江鎮海	500	是年八月上旬（約 8 月底 9 月初）陸續到達	約 40 天
二十年十二月二十日（1841 年 1 月 12 日）	安徽壽春鎮	浙江鎮海	1200	次年二月初四日（1841 年 2 月 24 日）伊里布奏稱到達頭起 400 名，初七日（27 日）奏稱業已陸續到達	46 天
二十年十二月十四日（1841 年 1 月 6 日）	湖南	廣東廣州	1000	次年二月初一日（1841 年 2 月 21 日）琦善奏稱到達 600 名，初七日（27 日）奏稱全數到達	51 天
二十年十二月十四日（1841 年 1 月 6 日）	貴州	廣東廣州	1000	次年二月初一日（1841 年 2 月 21 日）琦善奏稱到達	47 天

命調時間	調出地	調入地	兵數	到達情況	時間
二十年十二月十四日（1841年1月6日）	四川	廣東廣州	2000	次年三月初四日（1841年3月26日）林則徐日記稱到達	79天
二十一年正月初五日（1841年1月27日）	江西南贛鎮	廣東廣州	2000	二月初七日（2月27日）林則徐日記稱到達（估計為頭起），二月十四日（3月6日）楊芳奏稱到達1500名	估計40餘天
二十一年正月初八日（1841年1月30日）	湖北	廣東廣州	1000	三月初十日（4月1日）林則徐日記稱到達800名；三月十七日（4月8日）奕山奏稱300名到達廣東曲江。（林則徐所記數字可能有誤）	估計約70天
二十一年正月初九日（1841年1月31日）	貴州	廣東廣州	500	二月三十日（3月22日）到達	50天
二十一年正月初九日（1841年1月31日）	湖南	廣東廣州	500	二月三十日（3月22日）到達佛山	50天
二十一年正月初八日（1841年1月30日）	四川	廣東廣州	1000	閏三月初六日（4月26日）奕山奏稱已入廣東省境內	估計約90天
二十一年九月初五日（1841年10月19日）	河南	浙江	1000	十月初十日（11月24日）奕經奏稱到達鎮江，後隨奕經赴浙	

命調時間	調出地	調入地	兵數	到達情況	時間
二十一年九月十二日（1840 年 10 月 26 日）	四川	浙江	2000	十二月二十日（1842 年 1 月 30 日）到達 380 名，後陸續到達。至二十二年正月初四日（1842 年 2 月 13 日）末起兵 300 名尚未到達	估計約 110 天
二十一年十月初四日（1841 年 11 月 16 日）	陝西、甘肅	浙江	2000	十二月十九日（1842 年 1 月 29 日）到達 750 名，後各起陸續到達。至二十二年正月初四日（1842 年 2 月 13 日）末起兵 250 名尚未到達	估計約 90 天
二十一年十一月初九日（1841 年 12 月 31 日）	河南	江蘇	1000	次年正月初四（1842 年 2 月 13 日）到達	45 天
二十二年三月初六日（1842 年 4 月 16 日）	廣西	浙江	1000	五月二十一日（1842 年 6 月 29 日）奕經奏稱到達頭起、二起共 550 名，後兩起亦在該月到達	估計約 70 天
二十二年四月十九日（1842 年 5 月 28 日）	湖北	江蘇	1000	六月初三日（7 月 10 日）到達	43 天
二十二年五月二十日（1842 年 6 月 28 日）	察哈爾	天津	2000	該部為馬隊，六月初九日（7 月 10 日）到達	18 天
二十二年六月二十三日（1842 年 7 月 30 日）	河南	江蘇清江	1000	八月初九日（9 月 13 日）陸續到齊	45 天

命調時間	調出地	調入地	兵數	到達情況	時間
二十二年七月十一日（1842 年 8 月 16 日）	河南	安徽蕪湖	1000	七月二十五日（8 月 30 日）到達頭起 200 名，以後各起截回	

資料來源：《籌辦夷務始末（道光朝）》，《林則徐集·日記》。調兵時間以道光帝下令時起算，包括各該省抽調兵弁及各該撥兵行走時間。

　　如此緩慢的調兵速度，使清軍喪失了本土作戰的有利條件。當時英海軍艦船從南非的開普敦駛至香港約 60 天，從印度開來約 30 至 40 天，即使從英國本土開來也不過 4 個多月。蒸汽機的出現，輪船的使用，又大大加快了英軍的速度。1841 年英全權代表從孟買到澳門僅用了 25 天。由此推算，英軍從浙江的舟山派輪船至印度調集援軍或軍需品，來回時間幾乎相同於清方從四川調兵至廣東或從陝甘調兵至浙江。方便快速的艦船縮短了英軍漫長的補給線，而落後的交通條件則延長了清軍增援的路程。先進的科學技術在兵力問題上顯示出威力。

　　如此緩慢的調兵速度，使清軍的兵力部署跟不上英軍軍事行動的展開。1840 年 6 月，英軍從廣東水域出發，攻陷定海，兵臨天津海口，僅花了 35 天；1841 年 8 月，英軍從香港出發，連陷廈門、定海、鎮海、寧波數城，只用了 53 天。而清軍呢，道光帝在 1841 年 1 月虎門沙角、大角之戰前後增兵廣東，但在 4 個月後才有一次弱小的攻勢；1841 年 10 月，道光帝獲悉定海、鎮海失陷後，再次派兵浙江，近 5 個月後，清軍方發動反攻。

　　這樣的敍述可能過於抽象，讓我們來看兩個例子：

　　一、1841 年 10 月 26 日，道光帝調四川建昌、松潘兩鎮中精兵

2000 名，前往浙江"征剿"。[55] 一直到 1842 年 2 月，該部援軍風塵僕僕，歷經 4000 餘里趕至前線。3 月 10 日參加進攻寧波的戰鬥。而英軍於 1841 年 10 月 10 日攻佔寧波後，此時已休整近半年。比較中英雙方，何勞何逸？

二、1841 年 4 月 16 日，浙東反攻失敗後，道光帝根據前方主帥奕經的請求，調廣西兵 1000 名增援浙江。6 月 29 日，該部頭起、二起共 550 人到達，後兩起 450 名尚在途中。而英軍此時已放棄寧波，攻陷乍浦、吳淞，正浩浩蕩蕩駛進長江！奕經連忙將該部再派往江蘇。一直到戰爭結束，該部未參加任何戰鬥。

鴉片戰爭距今已一百五十多年，我們不能用今天的標準去判斷當時的情勢，不管這些標準在今人的眼光中又是多麼的天經地義。

三　士兵與軍官

兵器和兵力，無疑是標誌軍事力量強弱的最重要的兩大因素。然而，若僅此便能判斷戰爭的勝負，那麼，人類的戰爭史就會如同數學中的加減法那般單調枯燥，失去其應有的光彩。在歷史上，以弱勝強的戰例時有發生，其中的決定因素就在於人以及由人制定的戰略戰術。

人的複雜性在於其思想，人所制定的戰略戰術又千變萬化，很難集中概括。因此，鴉片戰爭中的高層人士的經歷、思想及其戰略戰術，我將放在以後各章結合戰爭過程進行討論，本節只是簡單地描述清軍作戰的主體——士兵和軍官的一般情況。

中國史學的主要缺點之一，就是視野集中於上層，許多史料作者對其身旁的下層民眾生活，因不具秘聞的性質而忽略不記。在我探究當時

55　《鴉片戰爭檔案史料》第 4 冊，第 259 頁。

清軍官兵的一般生活時，受窘於材料非常之少，只能將散見於各處的零星材料拼湊出大致而非精確的圖畫。

清朝的兵役制度是一種變形的募兵制。早期的八旗是兵民合一的制度，清入關後，人丁生繁，兵額固定，逐步演化為從各旗各佐領中抽選固定數量的男丁充兵。綠營兵募自固定的兵戶。與民戶相比，兵戶出丁後可免徵錢糧賦稅。而在實際操作中，尤其在戰時，綠營的兵員除來自兵戶外，也有從社會其他成員中募集者，各色人等均有。

這種挑募的方式具體執行情況又是如何？我們可借用民國時期的著名將領馮玉祥的個人經歷，幫助讀者理解：

> 保定府五營練軍，是有名的"父子兵"。這意思就是老子退伍，由兒子頂名補缺，普通外面不相干的人，是很難補進去的。有時即使一年半載能出一個缺，就有許多人來爭着補，各方面託人保薦。所以我補了幾次，都沒有補上。
>
> ……
>
> 有一次，營中出了一個缺額，外人還不知道，管帶苗大人就說："這回補馮大老爺的兒子。"旁人就問："馮大老爺的兒子叫甚麼名字？"這一問，苗大人也怔住了。接着那人就說："我問問去。"這時苗大人生怕他去一問，耽擱了時間，缺額又被旁人搶去，所以他隨即說："我知道，用不着問。"於是他就隨手寫了"馮玉祥"三個字。本來我們的名字是按照族中"基"字排行取的，家兄叫基道，我叫基善。這次補兵，因為苗大人隨便一寫，以後我就沿用下去，沒有更換本名。這就是我的名字的來由。我補兵的這年，是光緒十八年，西曆 1892 年，我才十一歲。補上兵之後，我並沒有隨營操

練。除了發餉時到營中應名領餉外，其餘時間我仍在家中過活……[56]

馮玉祥的父親是一名哨官，馮玉祥加入的是淮軍，這與鴉片戰爭時期的八旗綠營是有區別的。馮玉祥 11 歲參軍，也是一種例外，故馮氏自覺有特別意義而寫入自傳。我們不能把馮氏的事例當作普遍現象來看待，但此中透露出來的募兵程序，卻是清朝的一貫制度。

清軍的士兵一旦被募後，就成了一種終身的職業。當時並無固定明確的退役制度。儘管清軍中（主要是綠營）時有"汰老弱、補精壯"的行動，但從未規定多少歲為老，甚麼樣為弱，更未規定多少年進行一次裁補的行動。因此，清軍士兵的年齡大小不一。1840 年 7 月，中英第一次廈門之戰，清軍被打死 9 名士兵，檔案中留下了他們個人情況的資料：

中營守兵林喜成，年三十五歲，係鳥槍手，母陳氏，妻李氏，子注。

左營守兵吳燦生，年二十五歲，係鳥槍手，妻傅氏，男順意。

左營戰兵吳觀賞，年四十三歲，係鳥槍手，妻孫氏。

左營守兵王大猷，年二十九歲，係鳥槍手，母吳氏。

右營戰兵邱明禧，年三十九歲，係弓箭手，祖母林氏，母劉氏，妻陳氏。

右營戰兵張世澤，年五十九歲，係鳥槍手，母余氏，妻黃氏，男光燦。

前營戰兵胡滿才，年四十七歲，係鳥槍手，男印藍。

後營戰兵周瑞安，年二十二歲，係鳥槍手，繼父廠，母徐氏，

56 馮玉祥：《我的生活》，哈爾濱：黑龍江人民出版社，1981 年，上冊，第 23—24 頁。

弟舉。

> 後營戰兵吳振勝，年二十四歲，係藤牌手，父俊，母林氏，兄詞，弟賢。[57]

這 9 名士兵全屬號稱精銳的福建水師提標。從這份檔案來看，他們的年齡從 22 至 59 歲不等，大多娶妻生子，母親亦大多健在，卻少有父親的記載。我們不知道其父是否為已亡故的綠營兵，他們是否因父而補上兵缺。

清軍士兵的家眷，皆隨軍住於營中，或另賃房屋住在附近，不似今日軍營森嚴，士兵 24 小時集中居住。當時士兵執行的任務有如今日之警察，其生活亦同今日警察那樣上班下班。除出征打仗外，軍營並不開伙，士兵皆回家吃飯。一旦操演值勤來不及回家，家眷們便送飯前往。操演的場地周圍，常常有他們的妻兒旁觀。休息時與妻兒共飯，與操演相比又是一番風光。著名作家老舍在他的自傳體小說《正紅旗下》，描寫了兩位旗兵、一位驍騎校、一位佐領、一位參領的日常生活。這部寫於 20 世紀 60 年代而描寫 19 世紀 90 年代的小說，雖不能當作史料來佐證鴉片戰爭時期的場景，但畢竟給我們提供了一個就近觀察的位置。其中，老舍對那位充正紅旗馬甲、攜"面黃無須"腰牌進出皇城守衛的父親的生活，作如下描述：

> 到上班的時候，他便去上班。下了班，他照直地回家。回到家中，他識字不多，所以不去讀書……他只是出來進去，劈劈柴，看看五色梅，或刷刷水缸。……一輩子，他沒和任何人打過架，吵過

---

57 《署泉州府廈防同知蔡觀龍、標下兼護中軍陳勝元、閩海關委員興貴、署泉州府同安縣知縣胡國榮稟》，《軍機處錄副》。

嘴。他比誰都更老實。可是，誰也不大欺負他，他是帶着腰牌的旗兵啊。[58]

老舍的家，在今日北京護國寺一帶，距他上班的皇城，並不算遠。這位馬甲得到這位後來出名的兒子時，已經 40 多歲，兩年後死於八國聯軍之役。

我在前節已經說明，清軍絕大多數士兵是分散駐紮的，每處數名、十數名、數十名不等。而這些分散的士兵攜帶家眷居於各市集要衝汛塘碉卡之地，除操演值勤外，平日的生活與周圍的民戶並無多大的差別。

清軍綠營、駐防八旗的士兵，分馬兵、戰兵、守兵三種；京師八旗又有領催、馬甲、步甲、養育兵等名目；每月領取糧餉。其標準為：[59]

綠營駐防八旗	馬兵		戰兵		守兵	
	0.3 石 2 兩		0.3 石 1.5 兩		0.3 石 1 兩	
京師八旗	親軍前鋒護軍等營領催	馬甲	步軍營領催	步甲	養育兵	
	1.85 石 4 兩	1.85 石 3 兩	0.883 石 2 兩	0.883 石 1.5 兩	0.133 石 1.5 兩	

馬兵即為騎兵，戰兵為出征作戰之兵，守兵為戍守防衛之兵，原本職分明確。但到了鴉片戰爭時，因戰爭規模的縮小，許多馬兵已革去戰馬等項開支，變為無馬之馬兵，而戰、守兵的職責也日趨模糊。由於糧餉的差別，在實際操作中，守兵、戰兵、馬兵成為士兵晉升的等級。八

58　老舍：《正紅旗下》，人民文學出版社，1980 年，第 56 頁。

59　轉引自皮明勇：《晚清軍人地位研究》，1990 年，油印本。該文在軍人的經濟生活方面的敍述，使我受益匪淺。

旗兵丁除糧餉外，另有旗地，每名約 30 畝，但到了鴉片戰爭時，抵押、變賣已十分平常。

僅僅就數字來看，不易發現問題，讓我們以士兵的收入對照一下當時的生活指數。1838 年，湖廣總督林則徐稱：

> 竊思人生日用飲食所需，在富侈者，固不能定其準數，若以食貧之人，當中熟之歲，大約一人有銀四五分，即可過一日，若一日有銀一錢，則諸凡寬裕矣。

以此計算，一人一年所需合銀 15 兩至 36 兩。清軍士兵的餉銀為 12 至 24 兩，另每年口糧 3.6 石，其糧餉養活士兵本人，當屬綽綽有餘。

可是清代的士兵又有家眷。從前引福建水師提標的 9 名士兵的材料來看，每一名士兵至少需養活 2 至 5 人（因女兒未計入內）。《林則徐集‧奏稿》中冊，第 600 頁。當然，清代的兵戶往往是多人當兵，但即便以三口之家作為標準，清軍士兵的糧餉明顯難以維持家計。

清軍的糧餉標準是順治朝制定的。是時經濟正在恢復，物價極低。經康雍乾三朝的發展，通貨膨漲已有相當幅度。而糧餉標準雖有多次調整，但主要是軍官部分，且乾隆後期起清朝財政已陷於困境，清軍士兵的收入一直沒有也不可能有大的加增。

收入的低下只能降低生活水準而不能不生活，清軍士兵為維持生計，須得在正項收入之外另覓別項來源。因此，替人幫工、租種田地、做小本生意等等，成為當時的普遍現象，猶如今日之"第二職業"一般紅火。例如，湖南撫標右營游擊的一位長隨鄭玉，與兵丁陳玉林等 4 人出資 27 千文，盤下即將倒閉的湖南長沙青石街上的"雙美茶室"，經營半年之後，轉手於兵丁蔡步雲等人。[60] 當此類經營活動在時間上與值班操演發生衝突時，清軍士兵也常常僱人頂替。

清軍士兵的收入雖然不高，但畢竟有一份固定的旱澇保收的"鐵桿莊稼"。不少人花錢託人補兵額，補上後，值班充差操演時應卯，其他時間仍操持舊業。浙江定海知縣姚懷祥的幕客王慶莊透露，該地清軍士兵"半係櫛工修腳賤傭"，以銀洋三四十元買充入伍。對於這些人來說，當兵反成了"第二職業"。[61]

以上創收方式雖不符合清軍的規定，但畢竟未直接禍害國家和百姓，為官者因牽繫士兵生計或從中獲取好處而眼開眼閉，一般並不追究。

其實，清軍的士兵還有一項財源，即敲詐勒索收受賄賂。這種腐敗現象，放在後面與軍官一起敍述。

清軍軍官的來源，主要為兩途：一是行伍出身，如鴉片戰爭中的重要將領楊芳、余步雲、陳化成等人，皆由士兵升至一品大員；二是武科舉出身，又如鴉片戰爭中的名將關天培（武舉人）、葛雲飛（武進士）、王錫朋（武舉人）等人，由下級軍官而逐級晉升。此外還有世職、蔭生、捐納者，但為少數。行伍出身者，今日容易理解，而武科舉一途，須作一些介紹。

清代的科舉，分文、武兩途。武科如同文科，分童試、鄉試、會試、殿試 4 級考試，考中者也有武童生（武秀才）、武舉人、武進士的稱號。武科與文科的不同之處，就在於考試時分外場、內場。外場考騎射、步射、拉弓、舉石、舞刀諸項。外場合格後，入內場，考策、論兩篇，以"武經七書"（《孫子》、《吳子》、《司馬法》、《尉繚子》、《唐太宗李衛公問對》、《三略》、《六韜》）為論題。

---

60 《林則徐集・奏稿》中冊，第 551 頁。
61 《叢刊・鴉片戰爭》第 3 冊，第 240 頁。

正如認為八股文章可以治天下一樣荒謬，清代武科舉的考試項目與近代戰爭的要求南轅北轍。且不論《武經七書》這類偏重於哲理的古代兵書不宜作為初級軍官的教科書，然這項僅有的與謀略有關的內場考試，因考生們錯誤百出，[62] 而在嘉慶年間統統改為默寫《武經》百餘字。內場由此而成虛設，外場成了真正的競爭場所。道光帝更是明確下旨："武科之設，以外場為主"，[63] 將武科舉的名次集中於一項，即拉硬弓。他們以膂力為選擇軍官的標準，竟有中式者根本不識字之事。[64]

很可能是用這種方式挑選出來的軍官並不中用，清代武職以行伍出身為"正途"，科目次之，這種情況與文職恰恰相反。清代軍官的升遷，除軍功外，均需考驗弓馬技能，若不能合格，不得晉職。身強力壯、馬步嫻熟，仍是最重要的條件之一。[65]

用今日眼光觀之，這種方法挑選出來的不過是一名優秀的士兵，而不是領兵作戰的軍官。在冷兵器時代，軍官的驍勇身先有着極大的鼓舞力，火器出現之後，這種勇猛的作風已經降到次要的地位。且不論與英軍這支近代化的軍隊相對抗，即便與此期清朝傳統敵人的作戰中，這種方法也不足取。

由此，在當時人的心目中，軍官只是一介魯莽武夫，"不學無術"成了軍官的基本標誌。[66] 軍人的身份為社會所鄙視，"重文輕武"又成了社

62　1765年，趙翼充順天武鄉試考官，看到考生的策論將"一旦"兩字多寫作"亘"，又將"丕"字寫作"不一"。"國家"、"社稷"若指清王朝，應抬格，但許多考生將泛指的"國家四郊多壘"、"社稷危亡"之類亦抬寫。武生自稱"生"，應於行內偏右，許多考生竟將"生人"、"生物"、"生機"的"生"字一概偏在側邊。趙翼還發現，儘管當時規定考試成績有雙好、單好，但實際上"外場已挑入雙好字號，則不得不取中"。許多考生入內場後不能為文，更是司空見慣之事。（趙翼：《簷曝雜記》，中華書局，1982年，第29—30頁）

63　《欽定大清會典事例（光緒朝）》卷717，"兵部・武科・武會試"。

64　例如，馮玉祥的父親在太平天國時期考清朝的武生，入了武庠，卻是一個不識字的泥瓦匠。（馮玉祥：《我的生活》上冊，第1—5、21頁）

65　劉子揚：《清代地方官制考》，紫禁城出版社，1988年，第38、43—44頁。

66　這方面最為典型的言論見於欽差大臣裕謙的奏摺："總之，武員大抵不學無術，全在駕馭者嚴毅方正，制其短而用其長，使之就我範圍，即可收指臂之助。若稍事優容，必將志得意滿，非縱兵生事，即自作聰明，冒銷爭功，事事與人為難。不獨不能得力，轉須防其僨事、比比皆然。"（《鴉片戰爭檔案史料》第3冊，第573頁）

會風尚。

這種對軍官身份的社會認同，也決定了社會人才的流向。第一流的青年們致力於文科舉，軍隊成為有膂力無才華的人們的去處。鴉片戰爭即將結束時，欽差大臣耆英和署乍浦副都統伊里布去英艦拜訪英國全權代表，看到艦上有一批青年，即身穿制服的隨軍實習生，為他們從小就學習軍事學術而震驚。伊里布對此評論道：

這麼年青的孩子，應當在學校裏吸收"絕理智的學問"。這不比到戰艦上學習如何打仗更好嗎？[67]

值得注意的還有二項：一是軍官如同士兵一樣，並無合理的退役制度。按照清朝的制度，參將以下軍官可服役至 63 歲，而直接帶兵的千總、把總可展至 66 歲。提督、總兵無明文規定，其致休出自聖裁。我們知其年齡的江南水陸提督陳化成、浙江提督祝廷彪、福建水師提督陳階平、福建陸路提督余步雲、湖南提督楊芳、廣東水師提督關天培，均已 70 多歲或年近 70。二是清軍的高級指揮權，不是掌握在武將手中，而是由文官把持。各省的統兵大員實際上是督撫。這些文官出身於八股文章，遊歷於宦海官場，在未升至督撫前，並不統兵，未諳軍旅，其軍事知識局限於幾部古書。文官將兵，這種不合理的指揮體制，又折射出武弁素質低下。

軍官的社會地位下賤的另一原因，在於其經濟地位。清軍綠營軍官的月薪為：[68]

---

67 William Dallas Bernard, *Narrative of the Voyages and Service of the Nemesis*, vol.2, London: Henry Colburn, 1844, p.444.

68 據羅爾綱：《綠營兵志》，中華書局，1984 年，第 342—343 頁。

官職	提督	總兵	副將	參將	游擊	都司	守備	千總	把總
收入（兩）	217.25	167.63	98.12	63.63	52.63	33.45	24.23	14	9.66

就數字而言，軍官的收入也不比文官低，[69] 而其品秩，更是高於文官：

品秩	從一品	正二品	從二品	正三品	從三品	正四品	從四品	正五品	正六品	正七品
武官	提督	總兵	副將	參將	游擊	都司		守備	千總	把總
文官	總督	巡撫	布政使	按察使		道員	知府	直隸州知州	州同	知縣

但是一論實際權力，文官又比武官高出許多。且不論正二品的巡撫可名正言順地節制從一品的提督，就是加"兵備"頭銜的正四品的道員，即可節制轄境內的綠營，如台灣兵備道可管轄正二品的台灣鎮總兵。而在經濟收入上，文官治民理財，享有大量陋規和下級官員的孝敬，法定收入僅是其總收入的最小部分。"三年清知府，十萬雪花銀"，這一人們熟知的民諺，道出了文官的實際收入（儘管有些誇大）遠遠超出其法定收入，而知府的品秩僅比清軍營一級軍官（參將、游擊、都司、守備）中最低一級的守備，略高一些而已。

就清軍軍官的收入水準來看，絕無飢寒之虞。但當時官場的奢華風尚，使軍官個個有如"窮癟三"。自乾隆朝後期以降，吏治已經大壞。當官的目的，在於發財。僅憑薪水過活的官員，恐怕拿着放大鏡也找不到。

---

69 這裏指軍官的實際地位與文官相比，如以營官比照縣官、以協官比照府官、以鎮官比照按察使或布政使，等等。若以品秩比較，那麼文官的收入還是高於武官。

可是，文官有可供搜刮之民（一知縣轄有數萬至數十萬民眾），有可供搜刮之方式（如徵糧徵稅、主持科舉等等）；而武官手下只有數量有限的士兵（一營官轄兵 200 至 1000 名），前面已經提到，士兵的生活已經艱辛，並無多少油水。

搜刮管道的窄小，並不能阻止搜刮者的行動，反引出搜刮方式的腌臢刻。武官的主要手段為：

一、吃空額

這種人人知詳的作弊方法，在當時與陋規一樣，幾乎是公開的。[70] 民間的議論，言官的奏章，對此訾議甚多，但真正查辦落到實處者鮮有。因為此是官官無不為之的陋習，也就形成了官官相護牢不可破的保護網，根本無法查處。

正因為如此，對吃空額的數量，從來就缺乏一種嚴格的統計，但許多資料表明，這似乎取決於官弁的貪婪程度和膽量大小。曾任貴州知府、道員等職的胡林翼私下說過，道咸之際，貴州綠營普遍缺額過半，偏遠營汛甚至僅存額兵的六分之一。[71] 這可能是一種極而言之的誇張說法，又貴州屬邊遠省份。而吏部右侍郎愛仁於 1853 年公然奏稱，京師"步軍營額設甲兵共二萬一千餘名，風聞現在空額過半"，[72] 就難免讓人驚駭。

就一般而言，在各大城市，清軍因差役較多，官弁吃空額的數量較

70　清軍綠營的吃空額，在清初便存在着。1730 年，雍正帝明文規定吃空額的份額（提督 80 份，總兵 60 份，副將 30 份，參將 20 份，游擊 15 份，都司 10 份，守備 8 份，千總 5 份，把總 4 份），倘定額外再冒領予以重罰。1781 年，乾隆帝革此弊端，另撥養廉銀兩，但吃空額的陋習實未清釐。

71　胡林翼：《與孔廉訪論全匪啟》、《致黎平府曹子祥函》，沈卓然、朱晉材編：《胡林翼全集》中冊，上海：大東書局，1936 年，第 68、82—84 頁。

72　愛仁摺，咸豐三年三月初九日，《軍機處錄副》。

少，但吃空額的手段，卻花樣翻新。京師巡捕五營中的"署差"，[73] 即是其中的一種。為了應付操演巡視，官弁亦常僱人臨時頂替。[74]

二、克兵餉

此亦軍官作弊的傳統手法。清軍士兵的糧餉，例有扣建、截曠、朋扣、搭錢、折色等各目，[75] 也為軍官從中舞弊創造了機會。當然，也有一些軍官根本不用任何名目，直接剋扣兵餉。關於此類情況，史料比比皆是，這裏不一一引證。

除此之外，軍營中的各項開支，也往往被軍官攤入兵餉。如福建綠營：

> 凡武官到任，鋪張器具，都、守、千、把，紅白喜葬，護送餉鞘弁兵盤費，修補零星軍裝器械，起早油蠟，差操茶點，無一不攤派兵餉，是以每月每兵僅得餉三錢有零，不敷一人食用，別尋小本經紀，或另有他項技藝，藉資事蓄。

73　據兵科掌印給事中包煒奏稱，京師巡捕五營，各官例有佔用兵額，供其差使，如"副將例得佔用六十名，參、游卹下，以次遞減，至外委僅得佔兵二名""近聞各官佔用多至數倍，而佔用之兵，俱由己包攬，令其自便（即出外為生），名為署差"。官弁對署差之兵，每月僅給糧餉的一半，另一半歸己。如有不願署差者，官弁"多方勒抑，以之求生不得，求退不能，勢必令其自告署差而啟己"。所包攬署差之人，副、參、游係其轄門官經手，都、守係其衙門頭目經手，千、把、外委所得，由都、守官分給，名"找兒錢"。包煒稱："即一守備微官，每月可得署差錢八百千，則其他可知。"至於署差的人數，包煒估計，京師巡捕五營萬人，"實在隨營當差者不過三四千人"。至於署差之兵，因可在外自謀生理，另有一半糧餉，大多樂意。（包煒摺，咸豐八年六月二十一日，《軍機處錄副》）除在京城外，各地也有此類情事。張集馨稱：福建"衙門官身名下所派差使，皆僱人頂充，剋出銀米，兩人朋分，此為伙糧"（《道咸宦海見聞錄》，第279頁）。

74　關於此類記載頗多，這裏舉兩個比較具體的例子。一是前引吏部右侍郎愛仁的奏摺，稱"若遇該管上司巡查，將各堆撥兵丁名下捏注別項差使，此外暫僱數人冒名應差，僱價每人每夜不過需錢七八十文，竟有一人趕赴三四堆撥應名者。"（愛仁摺，咸豐三年三月初九日，《軍機處錄副》）二是工科給事中焦友麟奏："臣籍山東，聞登州水師額設五百名，現存不過二百名，每遇撫臣校閱，則僱漁戶匪人充數。"（咸豐元年七月初六日，《軍機處錄副》）

75　扣建是指小月官兵俸餉等扣除一日；截曠是指空缺糧餉截空；朋扣指在官兵俸餉中扣存買馬費用；搭錢是指餉銀一部分改發錢；折色是指兵丁月糧及馬匹豆草改實物為銀錢。

更有甚者，軍官將見上司的門包，亦攤入兵餉。[76]

前面已經提到，士兵的生活本已拮据，再加上此等剋扣，無疑雪上加霜。有清一代士兵鬧餉事件常有發生，正是對軍官種種盤剝的反抗。

三、貪贓枉法，禍害社會

上面提到的吃空額、克兵餉，只是在清朝的軍費上面打主意。但清朝軍費畢竟數量有限，許多人繼而將目光轉向社會，尋找發財機會。

而軍隊若取之社會，必然扮演與其職責相違相反的角色，它本是護法者，此時為了金錢而不惜枉法。這種行為往往是官兵聯手，花樣又層出不窮：浙江官弁出售兵缺，[77] 廣東綠營開賭收費，[78] 這些都顯得平常；福建水師的做法頗具創意，乾脆將戰船租賃給商人販貨運米，或租賃給來往台灣的各項差使。[79]

實際上，最主要又是最簡單的貪贓方式，是在執行公務時直接勒索和受賄。

前面已經提到，現代社會的警察職能，當時由清軍來承擔。看守監獄、協收糧款、巡查地面、捕押罪犯、緝拿走私……在他們的操作下，皆成了來錢的營生。久而久之，又形成了監盜兩便的陋規，一面是交錢，一面是放行。

關於此類劣跡，史料記載太多，無法也不必一一引證。好在許多論著對此多有論述。在這裏，我只想引證一條與本書主旨較密切的材料：

1841 年，兩廣總督林則徐革職後奉旨前往浙江軍營。路過湖南時，這位已親歷戰敗的大吏向當時的名士包世臣透露：

76　張集馨：《道咸宦海見聞錄》，第 279 頁。

77　《叢刊‧鴉片戰爭》第 3 冊，第 240 頁。

78　楊堅點校：《郭嵩燾奏稿》，長沙：岳麓書社，1983 年，第 164 頁。郭氏還透露，營弁與武生為爭奪賭規而大打出手。

79　張集馨：《道咸宦海見聞錄》，第 63 頁。

> 粵營以水師為最優，其歲入得自糧餉者百之一，得自土規者百
> 之九十九，禁絕煙土，則去其得項百之九十九，仍欲其出力拒英夷，
> 此事理之所必不得者。[80]

"土規"即鴉片走私的陋規。這裏提到的百分之一和百分之九十九，自然應視作文學的語言而不能當作量化的分析。但不管誇張的色彩有多濃，林則徐、包世臣用此等數字對照，可見問題之嚴重程度。

當權力與金錢一樣上市流通之後，即刻產生威力無比的社會腐蝕劑，當軍隊將財神像奉為戰旗時，腐敗已不可逆轉。世界上可以有一萬種罪惡而安然無事，唯有一種足以致命：執法犯法。曾任福建汀漳龍道的張集馨向以"整頓"出名的林則徐討教，如何改變福建水師兵匪一家的局面，林對曰：

> 雖諸葛武侯來，亦只是束手無策。[81]

而後來督練湘軍的曾國藩，更是一針見血：

> 國藩數年以來，痛恨軍營習氣，武弁自守備以上，無不喪盡天
> 良！[82]

以上的描寫，頗有專門暴露黑暗之嫌。其實，我為了研究結論的公允，曾千百度地尋找光明，但光明始終遠我而去。我不能不得出這樣的結論：鴉片戰爭時期的清軍，本是一個難得見到光明的黑暗世界。

80　包世臣：《安吳四種》，《叢刊·鴉片戰爭》第 4 冊，第 466—467 頁。

81　張集馨：《道咸宦海見聞錄》，第 63 頁。

82　《曾國藩全集·書信》第 1 冊，第 393 頁。

我的這一結論會否失之偏頗呢？只消看看當時人的言論即可釋然。當時的人們因體會更真切，而評論更痛切，甚至呈遞皇上的奏章中亦直言不諱。黃爵滋說：

> 今日之兵，或冊多虛具，則有額無兵，糧多冒領，則有餉無兵；老弱充數，則兵即非兵，訓練不勤，則又兵不習兵，約束不嚴，則更兵不安兵……顧何致積弊如此，臣思其故，皆由於營弁之侵餉自肥，扣餉自潤……（京城旗營）三五成群，手提雀籠雀架，終日閒游，甚或相聚賭博。問其名聲，則皆為巡城披甲，而實未曾當班，不過催人頂替，點綴了事……[83]

耆英說：

> 營員兵丁，亦無不以民為可欺，藉巡查則勒索商旅，買食物則不給價值，窩留娼賭，引誘良家子弟，包庇湯鍋，代賊潛銷牲畜。牧放營馬於田間，名曰放青，阻奪貨物於道路，指為偷漏。盜劫案件，則慫恿地方官，扶同諱飾；兵民涉訟，則鼓脅眾丁，群起而攻。[84]

曾國藩說：

> 兵伍之情狀，各省不一。漳、泉悍卒，以千百械鬥為常；黔蜀冗兵，以勾結盜賊為業；其他吸食鴉片，聚開賭場，各省皆然。大抵無事則遊手恣睢，有事則僱無賴之人代充，見賊則望風奔潰，賊

---

83 《黃爵滋奏疏・許乃濟奏議合刊》，第 36、48 頁。
84 《道光朝留中密奏》，《叢刊・鴉片戰爭》第 3 冊，第 469 頁。

去則殺民以邀功。章奏屢陳，諭旨屢飭，不能稍變錮習。[85]

在這些描寫之下所能得出的清軍總體印象，不正是一片黑暗嗎？

至於由此而產生的訓練廢弛、軍紀蕩然，當時人的言論就更多了，我們已無必要再作進一步的討論。

因此，在鴉片戰爭中，清軍在作戰中往往一觸即潰，大量逃亡，堅持抵抗者殊少。在這種情況下，談論人的因素可以改變客觀上的不利條件，又似毫無基礎可言。

因此，對於鴉片戰爭的失敗，當時和後來的人們得出了同樣的結論：清軍已經腐敗。

可是，眼下流行的各種鴉片戰爭的論著中，一方面承認清軍已經腐敗，一方面又使用了既模糊又明確的說法，"廣大愛國官兵英勇奮戰"云云，似乎只是一小部分上層人士對此應負責任，而下層官兵毫無責任可言。他們的例證，正是一小部分在抵抗中犧牲的將士。且不論這種以偏概全的方法在邏輯上的錯誤，就此一說法的倡導者的心態而言，多多少少又有一些阿Q的味道。

---

85 《曾國藩全集・奏稿》第 1 冊，長沙：岳麓書社，1987 年，第 19 頁。

第二章

驟然而至的戰爭

———————————————————— ▬ ————————————————————

　　如果以今天所能掌握的資訊作出判斷，那麼，清王朝此時最為明智的策略是，避免與英國的戰爭。我們甚至還可以進一步地推理，清王朝應在整頓軍備、充實武力後，才可與英國較量。

　　然而在當時，清王朝上下，從皇帝到平民，都不知道英國的力量，甚至不明白英國地處何方，依然沉醉於"天朝"迷夢之中，根本沒有把"天朝"以外的一切放在眼裏。

　　儘管如此，清王朝當時仍沒有打算與英國開戰，甚至希望避免"釁端"。戰爭的惡魔是在清王朝全然不知的情況下忽然附身，給它帶來了一場史無前例的厄運。

　　事情得從林則徐使粵說起。

一　從嚴禁吸食到嚴禁海口

　　1839 年 1 月 8 日，北京，天氣明朗。欽差大臣、湖廣總督林則徐拜別了絡繹不絕的賓客後，於中午時分，開用欽差關防，"焚香九拜，發傳牌，遂起程"。[1] 由於是欽差大臣，禮儀規格殊榮，林則徐一行由正

————————————

1　《林則徐集・日記》，第 316 頁。

陽門出彰儀門，一路南下，直奔廣東。

林則徐去廣東，為的是查禁鴉片。而他的使命，又肇因於黃爵滋。

1838 年 6 月 2 口，就在林則徐出京前的 7 個月，以"遇事敢言"而得到道光帝青睞的鴻臚寺卿黃爵滋[2]上了一道嚴禁鴉片的奏摺。他認為，鴉片屢禁不止，愈演愈烈，原因在於以往的禁煙方法不當。

他稱言：若禁於海口，因稽查員弁貪圖從中獲利，"誰肯認真查辦"，"況沿海萬里，隨在皆可出入"，防不勝防。若禁止通商，不但損失了粵海關關稅，而且販煙外國船停泊在大洋之中，自有奸民為之搬運，"故難防者，不在夷商而在奸民"。若查拿煙販，嚴治煙館，無奈關津胥吏、衙役兵丁、世家大戶不肖子孫、地方官幕友家人從中層層阻撓，難以奏效。若以內地種植替代進口，然"食之不能過癮"，非但外煙未絕，反而內地又生一害。

於是，他提出了一個新方法，制定一項新的法律，限期一年戒煙，爾後查獲吸食者誅。[3]

黃爵滋的這份奏摺，要求改變以往重海口、重"夷商"、重查拿煙販和查拿煙館的老方法，將禁煙的目標，直接對準吸食鴉片的癮君子。也就是說，將禁煙的重點從沿海擴大到內地，變為全國範圍內的捕殺癮君子的國內司法行動。

黃爵滋的這一主張，與他三年前的態度正好相反，那時他主張嚴禁海口。[4]

正為白銀外流而困擾的道光帝，看到這個頗為新奇的建議，沒有立

2　"遇事敢言"係道光帝對黃爵滋的評價，故在其言官的遷轉中，仍把他放在有上奏權的鴻臚寺卿這個位置上，以"風勵言官"，"廣開忠諫之路"。見《清史列傳》第 11 冊，第 3257 頁。

3　《鴉片戰爭檔案史料》第 1 冊，第 254—257 頁。

4　《黃爵滋奏疏・許乃濟奏議合刊》，第 48 頁。

即下決心，而是將此奏摺下發各地將軍督撫，令他們"各抒所見，妥議章程，迅速具奏"。[5]

由此，道光帝收到了 29 份各將軍督撫議復的奏摺。

從這 29 份奏摺來看，同意黃爵滋吸煙者誅的主張的，僅 8 份，上奏人分別是湖廣總督林則徐、兩江總督陶澍、署四川總督蘇廷玉、湖南巡撫錢寶琛、安徽巡撫色卜星額、河南巡撫桂良、江蘇巡撫陳鑾、東河總督栗毓美。其餘的只主張對吸食者加重處罰，而不必殺頭。但是，所有的奏摺都主張加強對販煙、售煙的緝拿，並加重罪罰。以此看來，所有的奏摺都不同意黃爵滋前引奏摺中的第三點分析。

值得注意的是，在這 29 份奏摺中，竟有 19 份主張禁煙的重點在於查禁海口，這與黃爵滋的奏摺中查禁吸食的意見相左；在這 19 份奏摺中，除桂良、陳鑾、蘇廷玉外，又都不同意對吸煙者採用死刑，這就與黃爵滋的意見截然對立了。更引人注目的是，19 份奏摺中的 8 份，言詞直指廣東，上奏人分別為直隸總督琦善、盛京將軍寶興、湖北巡撫張岳崧、陝西巡撫富呢揚阿、浙江巡撫烏爾恭額、河南巡撫桂良、廣西巡撫梁章鉅、江蘇巡撫陳鑾。其中又以張岳崧、烏爾恭額、桂良三人言詞最為激越。他們稱言，禁煙須正本清源，鴉片的來源在廣東，要禁煙，須在廣東切斷毒源。

為甚麼有這麼多的官員不同意黃爵滋的意見呢？

有論者認為，這是琦善等反禁煙派（弛禁派）玩弄花招，改良手法，破壞禁煙的行動。對此，我已經在緒論中表示了不同意見。在當時的政治氣氛中，官員們以揣摩皇帝旨意為能事。當道光帝在諭旨中已明顯表露其傾向時，沒有一位大臣敢用自己的烏紗帽開玩笑，以步後來許乃濟

---

5 《鴉片戰爭檔案史料》第 1 冊，第 258 頁。

之後塵。[6] 僅從奏摺的表面言詞，還難以完全看清他們的內心世界。

我以為，如此之多的地方大吏之所以不同意黃爵滋的意見，是因為他們害怕此舉可能會給他們帶來危險。[7]

按照清朝的法律，殺一人須經縣、府、省三級審理，由省一級判結後，繕寫揭貼 13 份，送刑部、大理寺、都察院等有關衙門，同時以題本報皇帝，由內閣票擬交刑部等核議具奏，最後由皇帝勾決。若吸煙者誅，那麼，如此之多的癮君子，必然會給地方官以及屬吏幕客帶來無窮無盡的工作量（看過清代刑部檔案的人都知道一個死罪案件的文牘數量）；更何況這一類案件的審理，很可能牽涉到巨室富戶，那就不僅僅是工作量的問題，而會捲入無窮無盡的麻煩。

按照清朝官員的責成規定，若地方官未能及時宣佈本境內消滅了吸食者，無疑是工作不力的表現，應按未完事件例受罰；若地方官宣佈本境內已消滅吸食者，那麼，一旦此後發現癮君子，無論該官調遷何處，都應按失察例受罰。這如同第二十二條軍規，地方官無論如何也擺脫不了受罰的命運。

因此，他們主張加強查處販煙、售煙。**因為販運、銷售的行為可以解釋為過境性、偶然性的，捉住一個便立下一功，捉不住也無責任可究。**當然，**更聰明的方法，就是將禁煙的責任推向海口，內地官員自可擺脫干係；能夠推到廣東則更妙，禁煙就成了廣東一省官員的事務，其餘省份自可樂得輕鬆。**

至 1838 年 10 月 23 日，道光帝已經收到 28 份議復的奏摺，仍未下決心採取行動，而是下令大學士、軍機大臣會同有關部門討論，提出意

---

6 1838 年 10 月 28 日，道光帝在將其收到的各將軍督撫議復的奏摺交大學士、軍機大臣等議奏後的第 5 天，宣佈兩年前主張弛禁的許乃濟“冒昧瀆請，殊屬紕繆”，降六品頂戴休致。此時若有大臣敢主張弛禁，那是很危險的。

7 以下三小節的分析，我受益於王立誠先生的論文《鴉片戰爭前夕的禁煙決策評析》，《蘭州大學學報》1990 年第 4 期。

見。[8] 這表明，一切都按照舊有程序按部就班地進行着。

可就在這時，發生了兩件事。

一是 10 月 25 日，道光帝得到報告，莊親王奕竇、鎮國公溥喜在尼僧廟吸食鴉片。煙毒已侵染皇室！二是 11 月 8 日，道光帝收到琦善的奏摺，稱其在天津拿獲鴉片 13 萬兩。這是 1729 年清政府禁煙以來，一次查獲煙土最多的大案！而且琦善還奏明，這些鴉片是**廣東**商人在**廣東**購買從**廣東**運來的。

第二天，11 月 9 日，道光帝下了一道特別的諭旨，"林則徐著來京陛見"。[9]

圓球終於脫出常規，天平終於傾向一邊。但我們不妨仔細想一下，從黃爵滋嚴禁吸食的建議，到道光帝的決策，事情似乎在空中轉了一圈，仍舊回到嚴禁海口的老位置上。所不同者，只是朝廷不再依賴廣東的職官，而打算在他們之上另派一名欽差大臣。

如果說反對黃爵滋的主張，就是反對禁煙，那麼，林則徐的使命恰恰是這幫反對禁煙的官僚促成的。這裏面不無滑稽的意味。

另一有趣的事件是，就在欽差大臣林則徐去廣東嚴禁海口的一年之後，黃爵滋也被授予"欽差侍郎"的名義，去福建查禁海口。[10] 到了這時，他又在奏摺中大談如何嚴禁海口，閉口不談嚴禁吸食。[11] 這是他自己觀點的轉變，還是順乎道光帝的意向，就不得而知了。

8　《鴉片戰爭檔案史料》第 1 冊，第 388 頁。而軍機大臣等的議復，遲至 1839 年 6 月 12 日才進呈。這份由道光帝於 6 月 15 日批准的長達兩萬餘字的新法律，規定在一年半後，即 1841 年初，對未戒吸煙的癮君子將採用死刑。但由於戰爭的進行，這一法律根本沒有實行，同樣，也沒有宣佈廢除。據稱，決定對癮君子採取死刑，道光帝還施加了壓力。

9　《鴉片戰爭檔案史料》第 1 冊，第 394 頁。

10　黃爵滋自上奏後，擢升特快，而且始終有直接上奏權。黃去福建，是隨同祁寯藻，起因是御史杜彥士奏福建走私鴉片猖獗，水師官兵查禁不力。有意思的是，在上諭中，黃的使命在用詞上與林則徐相同，即"查辦事件"（見《清實錄》第 37 冊，第 1181 頁）。

11　《黃爵滋奏疏‧許乃濟奏議合刊》，第 102—106 頁。

可是，道光帝選派欽差大臣，為甚麼選中了並沒有在奏摺中力主嚴禁海口的林則徐呢？此時，在道光帝的心目中，各地大吏中最得其意的大約有 4 人，各有特點。一是兩江總督陶澍，為政老練寬達；二是直隸總督琦善，辦事果敢銳捷；三是湖廣總督林則徐，理政細密周到；四是雲貴總督伊里布，善於鎮撫邊務。其中陶澍職在海口，又年老多病，此時已幾次給假調理；琦善在天津查禁鴉片事件未完；伊里布的長處是處理與少數民族的關係。林則徐自然成了首選。

這只是一個方面。

檢視黃爵滋和那 29 份議復的奏摺，不難看出，其中有一個很大的問題，就是基本上沒有提到英國。而第一次提到者，仍是黃爵滋，謂："今入中國之鴉片，來自嘆咭唎等國。其國法有食鴉片者以死論，故各國只有造煙之人，無一食煙之人。"[12] 黃爵滋的用意，自是用英國的法律來證明自己觀點的正確。爾後，廣西巡撫梁章鉅、南河總督麟慶也提到英國，但只是批駁黃的說法，認為"峻酷"的"外夷"方法，根本不足以仿效。[13] 除此三處外，別無英國一詞的出現。

禁煙是禁英等國販運之煙，然而，各地官員在奏摺中竟全然不提英國可能對此事作出的反應。這說明清朝上下當時還未把禁煙與中英關係聯繫起來看，暴露出他們對鴉片走私情況的懵懂，對國際事務的無知。

英國是鴉片走私的主兇。這在廣東民間，已屬常識問題，廣東官員在此之前也曾在奏摺中提及。但是，"天朝"不屑於過問"外夷"之事，"天朝"的官員也無需了解"英夷"之情。他們在奏摺中未把英國放在話上，是因為他們在心目中把一切"外夷"都放在話下。

從這些奏摺可以看出，當時清朝官員僅僅是從國內事務的角度來考

---

12 《鴉片戰爭檔案史料》第 1 冊，第 256 頁。
13 《鴉片戰爭檔案史料》第 1 冊，第 324 頁。

慮禁煙的。就連道光帝由內閣明發的讓他們"各抒己見"的諭旨，也是通過"刑部咨會"或"戶部咨會"，而不是由"禮部咨會"或"兵部咨會"的方式傳到他們的手中。[14] 他們認為，禁煙難就難在地方官的玩忽、胥吏的庇縱、兵丁的貪贓、奸民的枉法。其中許多奏摺已經點明而另一些奏摺雖未點明但也暗諭，禁煙最大的障礙在於充斥於鴉片交易中的賄賂，及由此引起的貪官污吏的暗中抵制。他們沒有看到，**英國的阻撓才是禁煙真正的終極障礙。**

當然，即使嚴禁海口，仍是反走私的國內行動，與外國無涉；即使牽涉到中國境內的外國人，也與外國政府無涉。但這僅是法理上的正確，與殖民主義時代的強權相比，顯得軟弱無力。而且，這也僅僅是我們今天的認識，與清朝官員的意念毫無關係。

因此，清朝官員們所認定的禁煙的困難和障礙，實際上也暗暗立下主持禁煙人選的標準。這個人必須是公正清廉、辦事認真、有一定地位、能破除官場舊習而起衰振弊的民事長官，而不是一個統帥三軍與"外夷"（當時也不知道何"夷"）開戰的軍事統帥，更不是一個與"外夷"折衝樽俎交涉談判的外交家（因為當時根本不存在近代模式的外交）。

用這個標準來衡量，林則徐無疑是最合適不過的人選。

林則徐，福建侯官（今福州）人，1811 年中進士，入翰林院。散館後以編修在國史館、譯書館、清秘堂充職，當過御史。1820 年，嘉慶帝在去世前兩個月，發現這個人才，放為浙江杭嘉湖道。以後平步青雲。儘管因父母病故而兩次丁憂，但復官即補實缺，由按察使、布政使、河督、巡撫而於 1837 年授湖廣總督。

14　見《鴉片戰爭檔案史料》第 1 冊。其中黑龍江、吉林、盛京、山東為戶部咨會，其餘為刑部咨會，清政府如此做，是因為將之當作財政問題（白銀外流）或司法問題（吸煙者誅）。若是外交問題，當由禮部來咨會，若準備開戰，當由兵部咨會。

在當時的政治體制下，作為漢人的林則徐能如此騰達，與道光帝的器重是分不開的。1822 年，林則徐在召對中第一次見到道光帝，便獲天語溫嘉：

> 汝在浙省雖為日未久，而官聲頗好，辦事都沒有毛病，朕早有所聞，所以叫汝再去浙江，遇有道缺都給汝補，汝補缺後，好好察吏安民罷。

林則徐又請求給予工作指示，道光帝僅稱，"照從前那樣做就好了"。[15] 此後，又多有褒獎之語。[16]

至於為官清廉，恰是林則徐的優長。在當時官場賄賂公行的惡濁之中，他的操守，他的自律，有着出污泥而不染的清新。

至於辦事認真，當時可謂無出其右者。道光帝以守成、扎實為朝政宗旨，林的認真最合他的脾胃。1832 年林則徐在東河總督任上查驗河防各廳準備防堵的料垛，他逐一翻檢，有疑便拆，按束稱斤。道光帝對此大為感歎，在其兩份奏摺上朱批，讚其"認真"、"勤勞"。[17] 1838 年林則徐在湖廣總督任上督修江漢堤防，當他報告親赴江堤組織防汛時，道光帝在其奏摺上朱批，又一次稱讚了他。[18]

至於禁煙決心，林則徐正是首行者。當他收到道光帝要求對黃爵滋奏摺"各抒己見"的諭旨後，不待進一步的指示，率先動作，起獲煙膏

---

15 《林則徐集・日記》，第 93 頁。

16 可參見《林則徐集・日記》，第 111 頁；《林則徐集・奏稿》上冊，第 11、12、24 頁等。特別引人注目的是，道光帝對林則徐的私事也很關照。1827 年，林丁母憂結束後進京，任為陝西按察使，因離家鄉遠，迎養父親不便，召對時面有難色。道光帝說，"朕知汝於江浙熟悉，但此時西方有事（指平定張格爾），且先去。"果然不久，道光帝改升其為江寧布政使，以便迎養父尊（林則徐：《先父行狀》），道光帝與林則徐的關係於此可見。

17 《林則徐集・奏稿》上冊，第 25、29 頁。

18 《林則徐集・奏稿》中冊，第 615 頁。

煙土 1.2 萬餘兩。道光帝在上諭中稱讚他："所辦甚屬認真,可見地方公事,果能振刷精神,實力查辦,自可漸有成效。"[19]

由此看來,道光帝選擇林則徐主持廣東禁煙,是有其理由的。而後來林則徐在廣東的驚世表現,也證明道光帝的眼光不錯。若要派其他人去,很可能流為轟轟烈烈走過場。

清朝官員在奏摺中沒有提到英國的反應,不僅是"天朝"的意象遮攔了他們的視野,還因為他們自己蒙住了自己的眼睛。

英國在此時有所動作。

1838 年 7 月 13 日,就在各地將軍督撫奉旨討論黃爵滋的奏摺之時,英國駐印度海軍司令馬他侖(Frederick Maitland)率英艦兩艘開到了廣東虎門口外。[20]

馬他侖率英艦的來訪,是應駐華商務總監督義律的請求,並奉倫敦方面的命令,目的在於向中國展示英國的武力,以支持當時的鴉片走私活動,[21]支持義律為中英平等交往而作的努力。對於前一點,英方自然不會明說,但也作了暗示,希望清政府能夠體會;對於後一點,義律立即付諸行動。

先是在 1836 年 12 月,義律接任駐華商務總監督,為打破當時中英並無實際官方交往的僵局,破例用"稟帖"的形式,自稱"遠職",通過行商將其任命的情況告知兩廣總督鄧廷楨,並要求進駐廣州商館辦

---

19 《鴉片戰爭檔案史料》第 1 冊,第 364 頁。

20 *Chinese Repository*, vol.7, pp.174-175. 英艦為威釐士釐號(炮 74 門)和阿爾吉林號(炮 10 門)。而剛剛離開廣東未久的英艦拉恩號(炮 20 門)後又駛到。

21 自律勞卑死後,德庇時、羅賓生先後繼任對華商務第一監督,他們不願以低下的姿態與廣州當局打交道,而廣州當局亦裝着不知道他們的存在。他們只能在澳門、甚至泊在海面上的船上執行所謂的公務。義律的稟帖見佐佐木正哉編:《鴉片戰爭前中英交涉文書》,東京:巖南堂書店,1967 年,第 86 頁。

公。[22] 鄧廷楨見"來稟詞意恭順，尚屬曉事"，[23] 經過一番查訪，遂上奏道光帝，認為"雖核與向派大班不符，但名異實同"，"查照從前大班來粵章程，准其至省照料。"[24] 1837 年 2 月，道光帝批准了鄧的請求，並指示"一切循照舊章"。[25] 交涉獲得了公文封口上稟和遇事隨時駕乘艢板往來廣州的權利。[26] 此後，義律又通過 1837 年 11 月，義律接到英國外相巴麥尊的訓令，要求他不經過行商直接與中國官員打交道，並在公文中不書"稟"字。義律立即進行交涉，在公文中精心改用"謹呈"、"呈上台前"等字樣，並要求公文能由廣州府、廣州協的清朝文武官員直接轉收。[27] 鄧廷楨對此予以拒絕。

此時，馬他侖率艦隊抵達，義律以此為後盾，於 1838 年 7 月 29 日，未經行商，直接向廣州城門投遞了未寫"稟"字的公文，告知馬他侖的到來。鄧廷楨將此公文交行商退回。

第二天，7 月 30 日，馬他侖直接致書廣東水師提督關天培，以溫

22　1836 年初，鄧廷楨接任兩廣總督。他與鴉片走私的關係，人們有着截然不同的評價。當時的外商都指責他接受"規費"（鴉片賄賂），同時又抱怨由於他的到來使鴉片走私交易更加困難。從事實方面考察也是如此。在他任職期間，鴉片入口數從 2 萬箱增至 3.5 萬箱，而他又確實採用過許多禁煙措施。這裏面的問題是複雜的，牽涉到鄧廷楨以外的許多問題。我以為，鄧更多地具有文人氣質（本來就是一個音韻學家和詩人），很可能對此並沒有花費太多的精力。但是，1836 年底至 1837 年初，鄧廷楨在廣東採取的禁煙措施影響了鴉片的銷路。為此，義律在 1837 年 2 月 2 日致函英國外相巴麥尊："看來這危機時刻不時派遣戰艦來這裏短暫逗留，會使得省政府放寬鴉片貿易，或是加速合法化。"義律還同時向英駐印度總督和英駐東印度海軍司令發出了同樣的請求。同年 9 月 3 日，巴麥尊將女王關於英國軍艦應保護在華商人的指示轉給海軍大臣。由此可見，馬他侖的使命雖與黃爵滋奏摺無涉，但與禁煙有着直接的關係。（參閱〔美〕張馨保：《林欽差與鴉片戰爭》，徐梅芬等譯，福建人民出版社，1989 年，第 101—102 頁）

23　佐佐木正哉編：《鴉片戰爭前中英交涉文書》，第 87—88 頁。

24　《鴉片戰爭檔案史料》第 1 冊，第 223 頁。

25　《鴉片戰爭檔案史料》第 1 冊，第 226 頁。

26　按照當時清政府的規定，大班的文書須敞封交給行商，由行商檢查是否有悖逆字樣後，再轉交地方官，逐級上呈至兩廣總督。1837 年 4 月，義律利用 17 名中國水手在海上遇難後被英人搭救的機會，直接發稟帖給兩廣總督，被駁回，後經辯論，允許義律將稟帖封口後轉行商，再呈廣東官員。又按照當時清政府的規定，大班在貿易期間駐廣州商館，貿易結束後回澳門，往來廣州須事先申請紅牌。1837 年 5 月，義律抓住廣州黃埔英國水手鬧事的機會，立即前往處理，並向廣州當局提出隨時有事可進廣州的要求。鄧廷楨同意了他的要求，"准令隨時遇事，駕坐舨板，不必請牌"，事後辦理手續。見佐佐木正哉編：《鴉片戰爭前中英交涉文書》，第 97—105 頁。

27　佐佐木正哉編：《鴉片戰爭前中英交涉文書》，第 133 頁。

和的語言，將其保護鴉片貿易的目的隱隱露出，並以"水師船隻隨時來粵"相要挾。[28] 然而，廣東官員完全沒有領悟出這段話的真實含義。

8月2日，馬他侖率英艦3艘直逼虎門。8月4日，馬他侖致書關天培，要求代遞他致鄧廷楨的公文。該公文稱，由於鄧廷楨拒收義律的公文，請派人前來與他"面敘"。關天培為此致書馬他侖，聲明"天朝禁令，向不准兵船總領入口"，解釋因義律公文不用"稟"字，致使總督"不肯違例接收"，並詰問英艦逼近虎門，"其意何居"？[29]8月5日，馬他侖覆文關天培，聲稱其進逼虎門與義律之事毫無關係，而是虎門清軍截留一英商船，盤問馬他侖及家眷是否在船上，[30] 這是對他的污辱，要求"須必解明"。關天培在英艦的壓力下，表示順從，派副將李賢、署守備盧大鉞至英艦，當眾寫下字據，稱此"乃係土人妄言"，"其得罪貴提督言語，即如得罪本提督一也。"[31] 馬他侖得此字據，於8月6日撤離虎門。[32]

1838年10月4日，馬他侖率艦2艘離開澳門，而另一艘軍艦則於8月18日先行離去。[33] 義律試圖不用"稟"字、不經行商的公文程序，仍為廣東當局所拒。

然而，鄧廷楨等人在8月15日奏報此事時，襲用當時官場慣行的粉飾手法，稱馬他侖來華的目的有二：一是"稽查商務"，二是"改變舊章"（即不用"稟"字）。對前者僅提了幾個字，對後者卻大發議論，"伏

28　佐佐木正哉編：《鴉片戰爭前中英交涉文書》，第148頁。

29　佐佐木正哉編：《鴉片戰爭前中英交涉文書》，第149—150頁。

30　事係7月28日英船孟買號由澳門駛向廣州，廣東水師打旗要求停船檢查，該船不予理睬，後海岸炮台開炮，該船被迫停下，水師官兵上船查詢馬他侖及其家人是否在船上。該船航至虎門炮台時，又被再次檢查一次。很顯然，廣東當局不明馬他侖的情況，害怕他混入廣州。而馬他侖後來對海軍部匯報時稱，容忍此事，只會助長這類挑釁性行為的再次發生，因而決定進逼虎門。

31　佐佐木正哉編：《鴉片戰爭前中英交涉文書》，第150頁。

32　*Chinese Repository*, vol.7, p.232. 該刊還稱：一、虎門一帶加強了軍事戒備；二、李賢、盧大鉞曾面帶羞愧地參觀了英艦；三、關天培與馬他侖交換了名片；四、也是最有意思的，當英艦離開時，清軍穿鼻（沙角）炮台和英軍威釐士釐號各放了三響禮炮，"整個事件在極為禮貌和非常友好的情況下結束的"。

33　*Chinese Repository*, vol.9, p.336.

思中外之防，首重體制"，"在臣一字之更，何關輕重，惟平行於疆吏，即居然敵體於天朝，體制攸存，豈容遷就"。對於馬他侖致關天培的公文，一字不提。對於英艦進逼虎門之事，更是一派謊言。甚至還無中生有地編造了一段馬他侖在遭關天培駁詰後賠罪的話，結論是，"該夷目無所施其伎倆"。[34] 此後，鄧廷楨還兩次奏報情況，描繪馬他侖等人"恭順"之狀，並報告其離開中國海面的情況。[35]

道光帝收到如此奏摺，自然不會十分看重，僅指示鄧廷楨"相機籌辦"，"外示鎮靜，內謹修防"。而後來收到馬他侖離華的奏摺，僅朱批"知道了"三字便了事。[36]

1838 年馬他侖來華是一個重要的信號，它用武力的方式表明，英國對其貿易利益（主要是鴉片貿易利益）是不吝訴諸武力的。可惜，清王朝上下，無人識得這個信號的真切意義，致使後來陷於被動。

然而，此一事件又說明，當時的中英關係處在一種非常矛盾畸形的狀態之中。從政治層面來看，清朝守住了"天朝"的體制，對外緊閉着大門，對當時西方世界普遍採用的外交程序十分警惕，不容絲毫滲透；從經濟層面來看，清朝又因其軍政機器鏽蝕，大門關而不緊，罪惡的鴉片從門縫中滔滔湧入，已經沒有力量將其堵住。這使得後來林則徐在廣東禁煙時，處於一種十分尷尬的境地。

儘管 30 份奏摺都沒有提到英國的反應，儘管清朝上下都沒有看清馬他侖來華的意義，但是，京城裏對此還是有一個說法的，用的是意義

34　鄧奏在開頭事由中提到"稽查商務"，後正文中僅稱，英方告澳門同知"稱係來稽查貿易事務"。他認為，"該國既有領事在粵經管貿易，何以該夷目嗎咖喻復來查辦，情殊叵測"，表示不相信這種説法。對於李賢、盧大鉞去英艦簽立字據，謊稱"恐傳語錯誤"，而派去對馬他侖"嚴切開諭，曉以利害"。見《鴉片戰爭檔案史料》第 1 冊，第 329—331 頁。

35　《鴉片戰爭檔案史料》第 1 冊，第 342—343 頁。

36　《鴉片戰爭檔案史料》第 1 冊，第 343 頁。

含混不清的名詞 ——"邊釁"。

有關"邊釁"的記載，並不多。其一是我在緒論中提到的林則徐 1838 年 12 月 22 日在進京路上，路遇琦善，有一則筆記材料稱，琦善囑其"勿啟邊釁"，該筆記作者指責琦善是"論是公而意則私"（我以為關於此等大事，建言者出於公心還是私心，已無關緊要）；並稱林則徐"漫應之"，即沒有公開辯論但心中頗不以為然。[37]

對於這一則筆記所述情況的真偽，我在緒論中已表示懷疑。即便真有此事，我以為，"邊釁"也似乎並非是琦善的自我判斷。從琦善當時的奏摺來看，從他後來在鴉片戰爭中的表現來看，此人似無如此高超的預見性。案此次與林相遇，是他辦完天津查煙進京請訓後，返回保定任所。他若有"邊釁"一語，很可能是在北京聽說的。

北京確實有"邊釁"的議論。

1838 年 12 月 26 日到 1839 年 1 月 8 日，首尾十四天，林則徐在京請訓。期間於 12 月 31 日，道光帝任命林則徐為欽差大臣前往廣東，"查辦海口事件，所有該省水師，兼歸節制"。[38] 林則徐的使命由此定局。

可以肯定地說，林則徐在京期間，聽到過"邊釁"的議論，而且還與道光帝討論過"邊釁"的問題。

史料之一是林則徐的朋友、時任禮部主客司主事的龔自珍，在林臨行前撰寫了一篇《送欽差大臣侯官林公序》，其中"答難義"的第三項談到"邊釁"問題。所謂"答難"，即對非難的批駁。龔自珍稱發難者為"迂誕書生"，未具體明指何人，但又稱"送難者皆天下黠猾遊說，而貌為老成迂拙者"。由此可見，發難者是京城中一班反對禁煙的人士。龔還提醒林，這一類人物"粵省僚吏中有之，幕客中有之，遊客中有之，商估

<hr>

37　戴蓮芬：《鵬砭軒質言》，《叢刊·鴉片戰爭》第 1 冊，第 314 頁。
38　《鴉片戰爭檔案史料》第 1 冊，第 424 頁。

中有之，恐紳士中未必無之，宜殺一儆百”。[39]

龔自珍認定根本不可能發生“邊釁”，他對“邊釁”說的批駁也顯得毫不費力，遊筆自如。按照龔自珍的分析，禁煙免不了用兵，但他意念中的用兵規模，大抵相當於今天反走私的警察行動，只不過當時沒有警察而已。[40]

林則徐收到此文後，於 1839 年 1 月 16 日覆札。他完全同意龔自珍對於“邊釁”說的駁論，而且稱之“可入決定義”，[41] 即確鑿無疑的定義。

史料之二是 1840 年 12 月 22 日林則徐給他的親家、時任河南河陝汝道的葉申藹的信，談到“邊釁”一事：

> 侍戊冬在京被命（指請訓事）……惟時聖意亟除鴆毒，務令力杜來源。所謂來源者，固莫甚於英吉利也。侍思一經措手，而議論者即以邊釁阻之，嘗將此情重疊面陳，奉諭斷不遙制。[42]

林則徐寫此信時，已是待罪之身，心情之不快是可以想見的，言詞中不無自我辯解之意。他所追述的是兩年前在京請訓時與道光帝討論“邊釁”的情況。對於他的這段話，有着不同的解釋。我以為，此中提到的“邊釁”仍是“議論者”阻撓禁煙的借口，對照先前他給龔自珍的覆札，不能解釋為林早已看到了“邊釁”，恰恰說明他還不認為會有“邊釁”。同

---

39 《龔自珍全集》，上海人民出版社，1975 年，第 169—171 頁。

40 有論者據龔文中有請林則徐“宜以重兵自隨”、“火器亦講求”等語，推論龔勸林作好反侵略戰爭的準備。這是一種誤解。由於龔不明林的禁煙辦法，以為林將以文臣孤身入澳門，必會遭到不逞“夷”人和奸民的刁難、攻擊，故有此請，絕非為反侵略戰爭。龔在該文“旁義”第二項中提出，限期讓廣州外國人全部離開去澳門，只留下“夷館”一所，為來船交易時暫住（林也有此意，覆札稱，已陳請於道光帝，未獲同意，不敢再請了），此即前引龔文中“此驅之”的意思。此外，龔提出的用兵行動，還包括將“不逞夷人及奸民”、“正典刑”和“守海口，防我境”（禁止外國人隨意進入內港）。在當時的清朝體制下，這些行動都須使用軍隊。

41 《林則徐書簡》，第 45 頁。“決定義”是龔文所用的詞。

42 《林則徐書簡》，，第 150 頁。

樣，"斷不遙制"一語，也不能解釋為道光帝不怕林在廣東引起"邊釁"，而是道光帝表示，不會因"邊釁"的議論而妨礙林在廣東的禁煙行動。至於"英吉利"等語，自然屬伴着林則徐到廣東以後的認識，不盡是其在京時的想法。

從 1839 年 1 月到 1840 年 12 月，林則徐在兩信中談到當時在京時對"邊釁"的想法，已有一些游移，但大體意思還是相通的。又過了一年多，林則徐在書信中對此事的說法又作了修正，那是他為了自我辯解而修正了事實（詳見本章第三節）。

林則徐在京期間，道光帝八次召見，每次二至三刻，[43] 兩人密談的時間超過 4 個小時。他們究竟談了甚麼，林則徐後來雖有透露，但沒有細說。上引這封信證明，他們已經談到了"邊釁"。然而，從龔自珍、林則徐的書信往來和林致葉申薌的信來看，從林則徐到廣東後的眾多奏摺來看，我們可以推定，道光帝此時給林的訓令是：**鴉片務須杜絕，邊釁決不可開。**

從道光帝的個人經歷來看，他對邊釁還是有恐懼心理的。在他登基未久，新疆南部便發生了張格爾叛亂。結果經歷了七年的工夫，耗帑一千多萬兩銀子，動用四萬軍隊，方才捕獲了張格爾，制服支持張格爾的浩罕國（地處今吉爾吉斯共和國一帶）。道光帝為此疲憊不堪。此時，清朝的財政也已難以應付再一次戰爭。道光帝也已年近六旬，施政以守成安靜為歸。他雖然不認為清朝不能打勝下一次戰爭，但絕不願意出現大的戰亂和動蕩了。正因為如此，我們下面將會看到，林則徐在廣東時，又是怎樣一次又一次地向他保證，不會發生大的戰爭。

從 1839 年 1 月 8 日至 3 月 10 日，林則徐或舟或車或轎，歷直魯皖

43　據《林則徐集・日記》，第 315—316 頁。刻是當時的記時單位，約合今 14 分 24 秒。

贛而至廣東省城，一路辛苦，他彌感委任之逾恒，倍悚責任之重大，肯定想了許多許多。但是，他絕不會想到他面對的將是比"天朝"還要強盛的英國，也不會想到他將揭開中國歷史新的一幕，使得一百多年來，人們不斷地稱頌他，批責他，談論他，研究他。

二　林則徐的禁煙活動及其評論

自林則徐到達廣州之日，上溯至 1729 年的第一個禁煙法令，清政府禁煙已歷 110 年，其重點無不在廣州，無不在海口。捉拿煙販、關閉"窯口"、驅逐躉船，已經成了老生常談，收效日低。更何況在林到達之前，兩廣總督鄧廷楨奉道光帝的嚴旨，已經進行了雷厲風行的禁煙活動，雖取得了可觀的成績，但終未達到目的。因此，對林則徐來說，若要完成道光帝交付的杜絕來源的使命，就不能再施尋常辦法，而得行非常之道。

林則徐在廣東的禁煙活動，可分為兩個方面，一是針對中國人的，一是針對外國人的。

就第一個方面來說，林則徐到任後不久，就頒佈了一系列公告。[44] 檢視這些文件，可以看出他的細密作風和堅定決心，但總體看來，並不十分新奇。實際上他對此也不是十分熱心，在他到任後的最初幾個月，針對中國人的禁煙活動，仍由兩廣總督鄧廷楨、廣東巡撫怡良具體負責。[45]

大約自 1839 年 5 月起，即林則徐在其針對外國人的禁煙活動已經

44　這些文件包括《禁煙章程十條》、《曉諭粵省士商軍民人等速戒鴉片告示稿》、《頒查禁營兵吸食鴉片條規》、《札發編查保甲告示條款轉發衿耆查照辦理》、《札各學教官嚴查生員有無吸煙造冊互保》、《批司道會詳核議設局收繳鴉片章程》等，見中山大學歷史系編：《林則徐集·公牘》，第 51—56、62 頁；陳錫祺等編：《林則徐奏稿、公牘、日記補編》，中山大學出版社，1985 年，第 23—25 頁。
45　據鄧廷楨奏，《鴉片戰爭檔案史料》第 1 冊，第 522—524、624—625 頁。

獲勝，稍有空閒時，他才接手主管針對中國人的禁煙活動。根據他的 6 次奏摺，自 1839 年 5 月 13 日至 1840 年 6 月 28 日止，共查獲煙案 890 起，捉拿人犯 1432 名，截獲煙土 99260 兩、煙膏 2944 兩，抄獲煙槍 2065 桿、煙鍋 205 口；另又檢獲或民間自行首繳煙土 98400 兩、煙膏 709 兩、煙槍 16659 支、煙鍋 367 口。[46] 若僅僅從鴉片煙土煙膏的數額來看，那麼，林則徐這一年多的成績是 20 餘萬兩。

成績雖然很不小，相比其在湖北的實績，已是十倍，但與在他之前鄧廷楨的工作相比，就不顯多。自 1837 年春至 1839 年 5 月 12 日，鄧廷楨共查獲煙土煙膏 46.1 萬兩，另民間自行首繳煙膏煙土 17.4 萬兩。[47]

鄧廷楨、林則徐在三年多的時間裏，共有 83.5 萬兩的拿獲，已是相當不簡單了，創造了歷史的紀錄，也為全國之最。在當時吏怠兵玩的情勢下，居然能有此等殊績，充分反映出鄧、林已盡到他們最大的心力、智力和能力。但是，若與這一時期鴉片走私流入中國 8.1 萬箱的數字相比較，[48] 則連百分之一都不到。

嚴峻的事實說明，如果用清政府一貫強調的查拿中國人販售活動的老方法來禁煙，在當時的情況下，是無論如何也不可能成功的。

林則徐獲得了成功，因為他在針對外國人的禁煙活動中採用了新方法。

1839 年 3 月 18 日，即林則徐到達廣州的 8 天後，召來行商，頒下

---

46 見《林則徐集‧奏稿》中冊，第 654、691、737—738、788、854 頁；《鴉片戰爭檔案史料》第 1 冊，第 660 頁。

47 《林則徐集‧奏稿》中冊，第 654 頁。自 1837 年春至 1839 年 1 月 11 日，鄧廷楨共查獲鴉片 26 萬兩（見《鴉片戰爭檔案史料》第 1 冊，第 449 頁）。林則徐到廣東後，鄧廷楨更加強了查禁工作，僅道光十九年二月，1839 年 3 月 15 日至 4 月 12 日，鄧廷楨查獲的鴉片達 78873 兩（見《鴉片戰爭檔案史料》第 1 冊，第 523 頁）。由此可見，林則徐的作用也是很大的。有論者將鄧查獲的鴉片也算作林的功績，是不了解鄧的工作所誤致。

48 據李伯祥等：《關於十九世紀三十年代鴉片進口和白銀外流的數量》，《歷史研究》1980 年第 5 期。一箱等於 100 斤或 120 斤。

一道嚴諭，要他們責成外國商人呈繳鴉片。林則徐此時不是直接去找外國人，而尋行商算賬，是當時清政府實行的貿易制度之使然。

按照清政府的規定，來廣州的外國商人，只許與清政府指定的行商作交易，而不准另覓貿易夥伴，也不得與清政府官員打交道，一切經由行商轉稟。這種規定的目的，一是隔絕外國人與一般中國人聯繫的管道，以防"裏通外國"；二是保持"天朝"的顏面，清朝官員可免於低下地與"蠻夷"接觸。毫無疑問，這種壟斷性的貿易優惠，使行商們大發其財，成為當時中國最富有的一族；但行商們也因此承擔了相應的義務，即每一個外國商人只有在行商對其關稅（包括規費）和品行擔保後，才可獲得紅牌進入廣州。而一旦出現外國商人逃稅或不端行為，清政府也唯行商是問。

自 1816 年之後，行商們對每一艘入口的外國船，都出具了絕無夾帶鴉片的擔保。這分明是騙人的鬼話。[49] 林則徐首先拿行商開刀，正是依照清政府的慣例。他命令行商們傳諭外國商人，三天之內，將躉船上所貯數萬箱鴉片悉數呈繳，並簽具甘結合同，聲明以後再夾帶鴉片，一經查出，"人即正法，貨即沒官"。同時頒下的，還有他給各國商人的諭令。[50]

這一天，根據林則徐的部署，粵海關暫停頒給外國商人離開廣州的紅牌，一些士兵也在外國商人居住的商館附近秘密巡邏，暗中防維。

三天過去了。外國商人並沒有遵令。他們已經習慣了廣東當局雷聲大雨點小的恫嚇，覺得這只不過是要求賄銀的變奏，沒有真當一回事。但林則徐卻步步緊逼，毫不放鬆，並把矛頭從對准行商而逐步轉為對准外國商人。

49　當時的鴉片商人都先將鴉片卸到廣東虎門口外的躉船上，然後取保報關入口。也有個別商人直接將鴉片帶入廣州者。當時的伶仃洋、香港島、大嶼山島一帶，成為躉船活動的區域。

50　《林則徐集·公牘》，第 56—60 頁。

3 月 21 日，林則徐通過行商傳諭，他將於第二天去行商會所，將一二名行商開刀問斬。結果外國商人同意交出鴉片 1037 箱。

3 月 22 日，林則徐下令傳訊大鴉片商人顛地（Lancelot Dent），未果。

3 月 24 日，林則徐下了最大的決心，作出最後的決定：一、中止一切中外交易。二、封鎖商館，撤退僕役，斷絕供應。也就是說，林則徐將位於廣州城外西南角的約 6.6 萬平方米的商館區，變成一個大拘留所，將其中的約 350 名外國商人統統關了禁閉。

關禁閉的日子自然不會太好過。冒險進入商館的英國駐華商務總監督義律，[51] 三天之後，表示屈服。他以英國政府的名義，勸告英商將鴉片交給他，然後由他交給中國政府。3 月 28 日，義律"敬稟欽差大人"，表示"遵照欽差大人特諭"，上交鴉片 20283 箱！[52]

林則徐獲得這一消息後，於 29 日開始恢復對商館區的供應。4 月 12 日，當林則徐收到第一批鴉片時，准許僕役們回商館區工作。5 月 2 日，林則徐認定繳煙工作能如期完成時，便撤消了對商館的封鎖，除顛地等 16 名大鴉片商外，其他外國人都准許離開廣州。5 月 22 日，當繳煙工作結束時，林則徐要求被扣的 16 名鴉片商人具結，保證以後不來中國，在義律的提議下，顛地等人皆具結。5 月 24 日，義律與最後一批外國商人離開廣州。

1839 年 6 月 3 日，根據道光帝的諭令，林則徐在虎門共銷毀鴉片 19176 箱又 2119 袋，實重 237 萬斤。這個數字佔 1838 至 1839 年季風季節運往中國的鴉片總額六成左右。

51　義律於 3 月 23 日由澳門趕往廣州，途經黃埔時，曾受到清軍的警告。他抵達後立即要求鄧廷楨允許英國商人離開廣州，被拒絕。而其稟帖內"使兩國彼此平安"一語，遭到了林則徐的嚴厲駁斥："如兩國二字，不知何解，我天朝臣服萬邦，大皇帝如天之仁⋯⋯想是唉咕唎，咪唎喈合稱兩國，而文意殊屬不明。"（佐佐木正哉編：《鴉片戰爭前中英交涉文書》，第 175—176 頁）

52　佐佐木正哉編：《鴉片戰爭前中英交涉文書》，第 179 頁。

對於林則徐這種針對外國人的禁煙方法，有論者謂操之過急過激，並稱他應當對後來發生的戰爭負責。我以為此說有失公允。我們可看看那些不過激的方法效果如何。

1836 年，給事中許球為反對許乃濟的弛禁論，上了一份主張嚴禁的奏摺。其中一段提到外國鴉片商人，點名顛地、查頓（William Jardine）等 9 人，並建議採取的對策是：將此 9 人 "查拿拘守"，勒令他們定期將泊於虎門口外的鴉片躉船開行回國，然後再帶信給英國國王。[53] 這一方法，與林則徐後來所施之道，大同小異。所不同者，只是許主張拘 9 人，林關了所有外國人，許要求驅逐躉船，林要求呈繳鴉片。

許球的奏摺由道光帝下發兩廣總督鄧廷楨參照辦理。鄧廷楨變通辦法，並沒有去捉拿，而是於 1836 年 10 月 28 日宣佈驅逐此 9 人出境。[54] 但是，這些鴉片商人紛紛以商務未完為由要求推延。最後，經鄧廷楨核准，此 9 人應分別於道光十六年底至次年三月（1837 年 2 月 4 日至 5 月 4 日）離開中國。鄧廷楨將此結果上報道光帝，稱已 "取具該夷商等限狀，及洋商（指行商）等敢容留逾限情甘治罪切結"，並表示自己將加意查訪，"如到期盤踞不行"，"立即從嚴究辦"。事隔兩年之後，道光帝又查此事，鄧廷楨只得於 1839 年 2 月 11 日再次奏報結果，除 1 人並無其人外，只有 4 人離開中國，顛地等 3 人尚在澳門，又因商務未竣，仍不時赴廣州，而查頓乾脆連澳門都未去，依舊住在廣州！[55]

53　許球的奏摺見田汝康、李華興：《禁煙運動的思想先驅 —— 評介新發現的朱嶟許球奏摺》，《復旦大學學報》，1978 年第 1 期。許指明的 9 人，參照英文文獻，分別是喳吨（W. Jardine）、咈嘣吐（又稱咈嘣吐 J. Innes）、嘰哋（Lancelot Dent）、吡啉哈（Framjee）、嗎嚕哈（嗎嚕哈 Merwanjee）、吋吋囉（Dadabhoy）、噶唔（Gordon）、吔哎（Whiteman）、嘳嚀（Turner）。其中噶唔是美國人，吡啉哈、嗎嚕哈、吋吋囉是英屬印度商人，其餘是英國人。

54　這一命令未見中文本，英文本見 "Correspondence Relating to China", *Irish University Press area studies series, British parliamentary papers: China*, vol.30. Shannon, Ireland: Irish University press, 1971, pp. 420-421.

55　《鴉片戰爭檔案史料》第 1 冊，第 217—218、465—466 頁。鄧奏中稱，嗎嚕哈查無此人，實係錯誤，其人為英屬印度商人 Merwanjee。

1837年，道光帝兩次下旨讓鄧廷楨驅逐廣東虎門外的鴉片躉船。[56]由於廣東水師根本不具備武力驅逐躉船的能力，且道光帝諭旨中所提辦法是由行商"轉諭該國坐地商人"勒令躉船"盡行回國"，於是，鄧廷楨除讓行商轉諭外國商人外，另數次傳諭義律，讓躉船開行，最後一次還限期一個月。但外國鴉片商人對此根本不理，義律又稱未入口報關之船不在他的管轄範圍內，並將此事與他的建立官方直接公文往來的努力攪在一起。[57]結果，此事還是不了了之。

林則徐禁煙之初，仍未將矛頭直接對準外國鴉片商人，而是拿為他們作保的行商開刀。1839年3月22日，當他得知已被清政府明令驅逐的大鴉片商顛地在廣州商館鼓動拒交鴉片時，才下令傳訊顛地。然而，執行命令的南海、番禺兩縣官並未派兵，而是派行商去請他。顛地拒不從命，反過來要求林則徐出具蓋印的文書，保證他能在24小時之內返回。3月23日，兩位行商身帶鎖鏈，去商館聲淚俱下地乞求顛地從命，否則自己將會被殺頭。顛地仍不答應。最後由商館裏的外國商人討論後，另派4名外商向廣東地方官員解釋顛地未到的原因。威嚴無比的飭令，變成聲淚交加的乞求。整個行動讓今人看起來如同一場拙劣的滑稽戲。

於此我們又可以看到當時中英關係的另一個方面。當尊嚴的"天朝"屢屢拒絕與"蠻夷"平等相交之時，桀驁不馴的外國商人也確實像"蠻夷"那樣，無視"天朝"的法令。在這些人的眼中，"天朝"的威嚴只不過是掛在空中飄蕩的幌子，一切法令規則的關節在於陋規和賄賂的數額，行商也罷，官員也罷，反過來倒成了 barbarians（蠻夷）。遠在京師的道光帝絕不會想到，堂堂"天朝"對外體制，在這些貪婪的行商、枉

56　《鴉片戰爭檔案史料》第1冊，第230、242頁。

57　參見佐佐木正哉編：《鴉片戰爭前中英交涉文書》，第113—114、116、120—125、127—129、131—132頁；《鴉片戰爭檔案史料》第1冊，第239—241頁。

法的官吏的操作下，竟會變得如此荒唐和卑下，儼儼"天朝"的"防夷章程"，竟會成了掛羊頭賣狗肉的舖子。

3月24日，林則徐聽到並不屬實的義律幫助顛地逃跑的消息，忍無可忍，才下令斷絕通商，封鎖商館。這是否過激呢？那就要看以甚麼標準來衡量了。

先看看斷絕通商。緒論中已經談到，在清王朝的觀念中，通商是懷柔遠人的手段，是給予"蠻夷"的恩惠，而對於"蠻夷"的不恭不敬，最直接的對策就是取消這種恩惠。這裏還要說明的是，在清朝官員（包括林則徐）的心目中，中國的物產已經使這些外商們獲利三倍，而中國的茶葉、大黃又是"蠻夷"們須臾不可缺的寶物，否則這些嗜食肉類的"蠻夷"將消化不良，統統斃命。因此，斷絕通商不僅是絕了他們的利，而且還要他們的命。這種不用兵刃而是斷絕貿易的制敵方式，大體與今天流行的經濟制裁類似，被清朝官員視作鎮懾遠人的法寶。自18世紀以來，一用再用，百試不爽。在林則徐之前，最近的兩次是1834年律勞卑來華和1838年因義士鴉片案。[58]

林則徐在京請訓期間，肯定與道光帝討論過斷絕通商一事，儘管他們的注意力沒有放在英國的反應上面，而只是看到斷絕通商後引起的粵海關稅收的減少。[59] 如此看來，按照清朝的標準，斷絕通商本是廣東大

58　1838年12月3日，清軍在商館前的船上查出兩箱鴉片，搬運工說明是送給英國商人因義士（J. Innes）的。廣東當局立即下令斷絕通商，因義士和涉嫌此案的美國船必須在三天內離境。12月16日，因義士去澳門後，通商於1839年1月1日恢復。由此可見清朝此時對鴉片商處懲之輕和對斷絕通商手段運用之輕率。而這位因義士，就是許球在奏摺中提到的呀嘲吐，根據鄧廷楨的命令，他應在1837年2月就被驅逐，而此次去澳門後，至林則徐禁煙時，仍在澳門還未回國。另外，因義士極為霸道，1833年4月因住所外砍木頭的聲音騷擾，他向行商申訴，粵海關監督為此禁止這種騷擾。但禁令在幾天內未生效，他便往監督衙門再訴，被人砍傷胳膊。於是，他要求行商在日落前逮捕罪犯並治罪，否則放火焚燒粵海關。當晚八點，他見未達到目的，便以火箭和煙花點燃了粵海關。第二天，襲擊因義士的凶手被拿獲，戴枷示眾。

59　1839年5月1日，林則徐在一信中稱，"來教又以查辦鴉片，關稅不免暫絀，此一節弟先以面奏，已蒙宵旰鑒原。"（《林則徐書簡》，第50頁）在此之間，林與龔自珍的書信交往中也談及此事（《龔自珍全集》第169—172頁）。

吏權限範圍之內的事，林則徐又事先請過旨，絕無過激的問題。即使按照今天的國際標準來看，對於不執行本國法令的外國實行經濟制裁，也不會成為甚麼過激的問題。

再看看遭至非議最多的封鎖商館。按照清朝的法律，販賣鴉片是充軍、流放的罪行；按照清朝的司法實踐，對嫌疑犯無需取證即可拘捕；又按照清朝的法律，"化外人"犯罪同例。因此，林則徐完全可以將商館裏的外國人統統抓起來，審訊定罪；當時未獲得治外法權的英國對此絕無任何干涉的理由。但是，林則徐並沒有這麼做，一開始只是宣佈不得離境，封鎖商館的 47 天內，也只斷絕了 4 天的供應（商館內此時絕無食品匱乏之虞）、19 天的僕役服務，實際上與軟禁也差不多。而當繳煙事項的進行之中，也就是說，清政府已經取得這些鴉片販子的實際罪證之時，林則徐卻把大多數罪犯釋放了。當繳煙工作結束時，林則徐又僅僅將 16 名罪行最為嚴重的販煙犯驅逐出境。而就在這 16 名販煙犯離境後的第 18 天，清政府又頒佈了新的禁煙法令 39 條，其中規定："興販鴉片煙膏煙土發賣圖利數至五百兩，或雖不及五百兩而興販多次者，首犯擬絞監候，為從（即指從犯）發極邊煙瘴充軍。"[60] 由此，從清朝的法律來看，林則徐的方法不但不過激，簡直是寬大無邊了。[61]

要說不分青紅皂白地把外國商人統統關了禁閉，正是因為當時來華外國商人大多都從事鴉片走私，而英國商人中，似無清白者。林則徐自己似乎也感到了其中的不妥，在給外國商人的諭令中稱提到要"獎賞"、"保護""不賣鴉片之良夷"。[62] 不管後來實施情況怎樣，在林則徐心目中，似乎還是有一條政策界限。

---

60 《鴉片戰爭檔案史料》第 1 冊，第 572 頁。

61 林則徐在釋放他們之前曾請旨，得到了道光帝的批准。否則，按照清朝的則例，林應當為自己釋放販煙犯的行為而受到嚴厲處罰。

62 《林則徐集·公牘》，第 59—60 頁。

當然，林則徐在此舉之中也有失誤之處：一、不應當把英國政府的代表也關起來；[63] 二、當個別美國商人和荷蘭領事分別申訴本人或本國商人並未從事鴉片交易時，沒有及時甄別而區別對待；[64] 三、對外國商人提出的兩項要求的後一項"具結"，"人即正法"一語，此時在清朝法律之中尚無必要的根據。

對於第三項，林則徐後來也有所覺察。當外國人開始繳煙時，他便予以釋放，而沒有堅持要求具結。1839 年 5 月 18 日，他上奏道光帝，要求"議一專條，並暫時首繳免罪"。[65] 道光帝接奏後立即下旨軍機大臣等議復。6 月 23 日，道光帝批准了軍機大臣穆彰阿等擬定的專條，規定外國商人販賣鴉片，按開窰口例治罪，即首犯"斬立決"，從犯"絞立決"。[66] 林則徐奉此新例後，"人即正法"方有法律依據，立即要求外國商人照新例具結，不具結不予通商。

按照當今各國通行的法律標準來看，在案情未查清之前，嫌疑犯應不得離境。因此，林則徐於 3 月 18 日讓粵海關停止下牌去澳，並非過激之舉。

按照當今各國通行的法律標準來看，對犯法者應先取證後拘拿，然林則徐在未獲贓物之前就採取行動，似為不妥。但是，有四點值得注意：一、林沒有將他們投入牢獄；二、當時林不具有取證條件，即廣東水師的武力不足於恃；三、後來的事實也證明，被關的大多是販煙犯；四、林後來並沒有將他們治罪，而是當自首處理。退一步說，即使林則徐在此事上有違當今的標準，但他進行的是正義的禁毒行動，在司法程

63　林則徐將義律關入商館，是當時清政府和林本人並沒有近代外交觀念，將其仍看作是"大班"。而義律從澳門去廣州，事先未請紅牌，途經黃埔時，遇清軍阻擋，仍不予理睬；在封鎖商館期間，從未聲明自己是英國官員而要求釋放。

64　在封鎖商館期間，有一美國商人和荷蘭領事申訴未賣鴉片要求准其通商，並准離開商館；林以"一面之辭"、"致悚防範"為由而拒絕。

65　《林則徐集·奏稿》中冊，第 615 頁。

66　《鴉片戰爭檔案史料》第 1 冊，第 602 頁。

序上稍有過激也無關主旨，更何況林並沒有違反大清律。

從當時的航海條件來看，從英國經好望角至印度再至中國，途中須四五個月，波濤和艱辛自不待言，沉船和喪命也經常發生。與此相比，在 6 萬多平方米的商館內的 47 天，有如今日之渡假村。為何英國商人對來華的艱辛並不抱怨，而對封鎖商館卻如此抗議不休，是因為前者使他們獲利而後者使他們遭至損失。

實際上，最有權力抗議的，是不賣鴉片的美國商人和荷蘭商人，可以說他們是無辜被扣留的。但是，他們的政府對此並沒有作出強烈的反應，一方面是他們的國力和對外政策，另一方面是他們的國民損失較小（美國僅 1540 箱鴉片）或沒有損失！

由此看來，問題的核心並不在於林則徐的方法是否"過激"，而在於林的方法是否有效，即真能收繳鴉片。只要英國商人在鴉片貿易上遭受損失，英國政府必然會作出強烈的反應。這不僅是因為該國商人遭到損失，而且直接損害其政府的利益。

關於鴉片在中、英、印三角貿易中的地位，即鴉片→茶葉→棉織品的三角關係，以及英屬印度政府的鴉片稅、英國政府的茶葉稅等等問題，已經有了許多論文和著作進行了很好的研究。我在這裏只想引用張馨保的一段分析：

　　和其他歷史事件一樣，鴉片戰爭並不是某一個因素造成的，它有各種各樣的原因。從理論上或概念上說，這是兩種不同文化間的衝突。當兩種各有其特殊體制、風格和價值觀念的成熟的文化相接觸時，必然會發生某種衝突。使英國人同中國人相接觸的是商業，鴉片戰爭爆發前十年，商業最重要的一環是鴉片貿易，而中國人竭力想取消這一貿易，這是鴉片戰爭的直接原因。[67]

由此，我們可以認為，英國的鴉片商人和政府借封鎖商館一事大做文章，挑起對中國的戰爭，他們使用的是殖民主義的標準和帝國主義的邏輯。

事隔 150 年之後，即 1990 年，美國總統布什以巴拿馬國防軍司令諾列加販毒至美國為由，出兵巴拿馬。與林則徐的禁煙方法相比較，布什的方法可謂"過激"數萬倍。同樣是圍繞毒品案件，英國和美國的態度在相隔一個半世紀之後，卻是如此的不同。不管今天的人們對這兩次戰爭持何種看法，作何種評價，但是，貫穿在兩次戰爭之中始終未變的原則是，國際政治中的強權。

讓我們回過頭來再看看擺在林則徐面前的兩種選擇，儘管他本人此時並未意識到：要麼杜絕鴉片來源而引起戰爭，要麼避免戰爭而放棄禁煙的努力。"天朝"體制不允許林則徐進行外交交涉，林本人亦抱着"天朝"觀念而無意於此類交涉，且英國和國際形勢也沒有能為此類交涉作適當的鋪墊，因此，中英兩國之間不可能達成如 1907 年那種限期十年禁絕的協議。[68] 也就是說，在當時的條件下，"天朝"與"日不落帝國"之間似乎沒有商量轉圜的餘地。我們由此可以得出結論：**既要杜絕鴉片來源又不許挑起釁端，道光帝的這一訓令本來就是一個悖論，任何人都無法執行。**

這就是後來林則徐悲劇的癥結。

67　〔美〕張馨保：《林欽差與鴉片戰爭》，自序。該書在許多方面對我幫助很大。

68　王鐵崖編：《中外舊約章彙編》第 2 冊，北京：生活·讀書·新知三聯書店，1959 年，第 444—448 頁。

三　林則徐的敵情判斷

1839 年 3 月 27 日晨，義律在商館宣佈，以英國政府的名義，要求本國鴉片商人將所有的鴉片交出，由他轉交給中國政府。義律的這個決定，使受窘於商館內的大小英國鴉片商人大為興奮，認為這是英國政府將保護他們利益的表示，答應交出比他們手中更多的鴉片，以至將在路途中或福建沿海的鴉片也一並報上。就連毫無干係的美國鴉片商人也將自己的鴉片，交給義律，以能在大賬戶上掛號沾邊。

就在這一天上午，欽差大臣林則徐接到義律的稟帖，表示願意交出鴉片。林為此而鬆了一口氣，自 3 月 18 日以來與外國商人的對抗，總算是有了結果。但是，他和他的同事們都沒有意識到，駐華商務總監督給欽差大臣的第一份稟帖，[69] 改變了林則徐使命的性質，即由針對境內外國人的反走私行動，變成中英兩國官員間的交涉。

同是在這一天，林則徐還收到商館裏各國商人集體簽名的稟帖，聲稱林則徐諭內所指各事，多涉緊要，難以理論，因此稟懇林則徐找他們的領事、總管"自行辦理"。林也沒有發現其中的奧秘。此後各諭令，不再繞過行商，也不再直接對着外國商人，而是發給他們的領事或總管。[70] 也就是說，從這一天之後，林則徐面前的對手，不再是作為個人的外國商人，而是站在他們背後的各國政府，尤其是英國政府。

這就犯下了第一個錯誤。

義律代表鴉片商人繳出鴉片，並不意味着將遵循中國的法令，而是將鴉片商人的貨物變為英國政府的財產，圖謀以此為由向中國發動

69　在此之前，義律的稟帖都是致兩廣總督鄧廷楨的，見佐佐木正哉編：《鴉片戰爭前中英交涉文書》，第 174—177 頁。

70　《林則徐集・公牘》，第 67—71 頁。

戰爭。

自 1839 年 3 月 30 日起，義律還被困在商館期間，他就不停地向英國外相寫報告，呼喚武力報復。其中 4 月 3 日的報告，已經十分具體地提出了侵華計劃和勒索要求。[71]

當時的英國外相巴麥尊是一個醉心強權霸權的人物，對外事務中歷來採用炮艦政策。1839 年 8 月 29 日，他收到義律被禁閉期間發出的第一批報告（3 月 30 日至 4 月 3 日）。在此前後，他又從其他渠道得知了中國發生的事件。9 月 21 日，他又收到義律發出的第二批報告（4 月 6 日至 5 月 29 日）。[72]棉紡織業主集團，也紛紛向政府進言，鼓噪戰爭。[73]此時，英國的鴉片商人集團和 10 月 1 日，英國內閣會議決定，派遣一支艦隊前往中國，並訓令印度總督予以合作。10 月 18 日，巴麥尊秘密訓令義律，告知內閣的決定，讓他做好戰爭準備。11 月 4 日，他再次訓令義律，告以英軍將於次年 4 月左右到達及作戰方針；同日，又致函海軍部，要求派出遠征軍。12 月 2 日，巴麥尊再次收到義律發出的第三批報告（6 月 8 日至 18 日）。[74]1840 年 2 月 20 日，巴麥尊發出致遠征軍總司令兼全權代表懿律和全權代表義律的詳盡訓令，並下發了《巴麥尊外相致中國宰相書》。1840 年 4 月 7 日起，英國議會下院辯論對華戰爭軍費案和廣州英國鴉片商人賠償案，經過 3 天的辯論，以 271 票對 262 票的微弱多數，通過了內閣的提議。

71　嚴中平：《英國鴉片販子策劃鴉片戰爭的幕後活動》，《近代史資料》1958 年第 4 期，第 17—18 頁。該件收入英國議會文件，但內容作了刪節，"Correspondence Relating to China," *Irish University Press area studies series, British parliamentary papers: China*, vol.30, p.624。

72　"Correspondence Relating to China,"*Irish University Press area studies series, British parliamentary papers: China*, vol.30, pp.595-660.

73　見上引嚴中平：《英國鴉片販子策劃鴉片戰爭的幕後活動》、《英國資產階級紡織利益集團與兩次鴉片戰爭史料》(《經濟研究》1955 年第 1、2 期)。嚴先生的這兩篇出色的資料集，提供了我無法看到的英方檔案，對我幫助極大。

74　"Correspondence Relating to China," *Irish University Press area studies series ,British parliamentary papers: China*, vol.30, pp.667-672.

從這張時間表看，儘管英國議會遲至 1840 年 4 月才開始討論政府的議案，但在 1839 年 10 月至 11 月間，英國政府已經作出了侵華的決定。而當下院的議員們唇槍舌劍切磋嘴皮子功夫時，英軍的艦船和團隊正在從英國本土、南非和印度源源不斷地駛往中國。由於當時沒有今日之電子通訊條件，從中國廣東沿海至英國倫敦的書信需時約 4 個月，英國政府的侵華決定，是根據 1839 年 6 月中旬以前的形勢而作出的。也就是說，當清朝上下正在為虎門上空鴉片銷焚的氣息而振奮時，戰爭的惡魔已經出現，虎視眈眈，悄然潛至。

然而，對於這一切，林則徐絲毫沒有覺察。

1839 年 5 月 1 日，當林則徐正在虎門收繳鴉片時，對形勢的發展曾作出一個判斷：

> 到省後察看夷情，外似桀驁，內實惟怯。**向來恐開邊釁，遂致養癰之患日積日深。**豈知彼從六萬里外遠涉經商，主客之形，眾寡之勢，固不待智者而決。即其船堅炮利，亦只能取勝於外洋，而不能施技於內港。粵省重重門戶，天險可憑，且其貿易多年，實為利市三倍。即除卻鴉片一項，專做正經買賣，彼亦斷不肯捨此馬頭。
> （重點為引者所標）

在作了這些分析之後，林則徐得出結論："雖其中不無波折，而大局均尚恭順，非竟不可範圍者。"[75] 也就是說，不必擔心"邊釁"。

林則徐到廣州後，在給道光帝的最初幾道奏摺中，並沒有具體談到邊釁問題。1839 年 6 月 4 日，他在奏摺中談到，對於竄犯沿海各地的

---

75 《林則徐書簡》，第 49 頁。

走私船，與"有牌照"的商船不同，"槍擊炮轟皆其自取"，而且，不但水師能夠剿除，就是僱募沿海水手，利用火攻之法，亦能獲勝。[76] 道光帝對此很感興趣，要求林則徐等"相機籌辦"，並指出"務使奸夷聞風懾服，亦不至驟開邊釁，方為妥善"。[77] 這是道光帝諭旨中正式而明確地提出"邊釁"問題。

道光帝的這道 7 月 8 日發出的諭旨，於 7 月 29 日到達廣州。[78] 林則徐遲遲沒有答覆。過了一個多月，即 9 月 1 日，林則徐經過深思熟慮後上了一道長達 2000 餘字的夾片，專門分析"邊釁"問題。他在具體說明前引文中提到的三條原委，即路途遙遠致使主客眾寡之勢迥殊、船堅炮利無法得逞於內河、正經買賣即可獲利三倍後，得出了結論："**知彼萬不敢以侵凌他國之術窺伺中華**"，至多不過是"**私約夷埠一二兵船**"，"**未奉該國主調遣，擅自粵洋游奕，虛張聲勢。**"最後，林則徐還提醒道光帝，義律來華多年，狡黠素著，時常購覓邸報，"習聞有'邊釁'二字，藉此暗為恫喝……且密囑漢奸播散謠言"，要道光帝不要上義律的當。[79]

就在上奏後的第 4 天，9 月 5 日，林則徐感到有萬分把握，在給密友廣東巡撫怡良的信中，對義律此時表現出來的強硬態度大惑不解，謂："然替義律設想，總無出路，不知因何尚不回頭？"[80]

從上引林則徐的奏摺來看，他此時認為，持"邊釁"論者，除京師及各地一班反對禁煙的人士們，還有義律等人。於是，他將來自外國人

76 《林則徐集‧奏稿》中冊，第 648—650 頁。
77 《鴉片戰爭檔案史料》第 1 冊，第 626 頁。
78 《林則徐集‧日記》第 347 頁。
79 《林則徐集‧奏稿》中冊，第 676—678 頁。
80 《林則徐書簡》，第 63 頁。

的英軍侵華的消息，皆歸之於義律的謠言恫嚇一類。[81] 我們可以再看幾個例子。

一、1840 年 2 月，林則徐聽到澳門葡萄牙人在傳聞，英國將從本土及印度各調軍艦 12 艘來華。對此，他在給澳門總督的諭令中稱：“此等謊言，原不過義律等張大其詞，無足深論。”[82]

二、1840 年 3 月 24，英艦“都魯壹”號（Druid）抵達廣東海面。林聞訊後，寫信給密友怡良：“所云尚帶二三十船之語，則皆**虛張**而已。”[83]

三、1840 年 4 月，美國領事稟林則徐，告以本國及英國報紙載，6 月份英國將封鎖廣州港，要求盡早讓美國船入口開艙。林則徐對此官方的正式消息，仍不以為然，稱其為“謠言”。[84]

自 1839 年 9 月 1 日林則徐疏言分析“邊釁”之後，再也沒有在奏摺中對此問題作進一步的討論。他雖不時地報告英方行動的傳聞，但總是認定為“恫喝”，並稱之“諒亦無所施其伎倆”。[85] 1840 年 6 月中旬，英軍抵達廣東沿海的戰艦已達 4 艘，而林則徐在奏摺上卻說：“伏查英夷近日來船，所配兵械較多，實仍載運鴉片”，竟將一次即將到來的戰爭，判斷為一次大規模的鴉片武裝走私。他在表明已作防範後，又用道光帝的語言來安慰道光帝，“誠如聖諭，‘實無能為’”。[86] 而這份報平安的奏

---

81 1839 年 6 月和 9 月，《中國叢報》編輯卑治文兩次拜訪林則徐。在談話中，提到戰爭威脅一事。林答之“打仗不怕”（*Chinese Repository*, vol.8, p.444）。根據林則徐在這段時間裏的奏摺和書信，這一句話應當理解為不怕義律等人的恫嚇。而馬士根據卑治文的記載，錯誤地推斷，林則徐此時“完全是理會到他面對戰爭的，然而提到戰爭，他僅有的回答是‘我們不怕戰爭’”（《中華帝國對外關係史》第 1 卷，第 288 頁）。另有一些論者據此認為，林則徐對英國的侵華戰爭，早有心理準備，就更錯誤了。

82 《林則徐集·公牘》，第 188 頁。

83 《林則徐書簡》，第 81 頁。

84 《林則徐集·公牘》，第 189 頁。

85 1839 年 11 月 21 日，林則徐奏稱，義律“私邀夷埠兵船前來，以張聲勢”；1840 年 3 月 7 日奏稱，“有謂英夷會集各埠兵船同來滋擾者……本系恫喝，固不足信”；1840 年 3 月 29 日奏稱，“傳聞該國有大號兵船將此到粵……諒亦無所施其伎倆”；1840 年 5 月 14 日奏稱，“該夷尚複強顏延喘，飄泊外洋，詭計譸張，虛聲恫喝”（見《林則徐集·奏稿》中冊，第 702、762、777、809 頁）。

86 《林則徐集·奏稿》中冊，第 825 頁。

摺離開廣州後不到 10 天，6 月 21 日，英國遠征軍海軍司令伯麥率領第一批部隊到達虎門口外；而這份報平安的奏摺到達北京的那天，7 月 17 日，英軍已佔領舟山 12 天了。

戰爭到來了！

前方主帥沒有發出戰爭警報！

林則徐犯下了他一生最大的錯誤。

前引林則徐 1839 年 9 月 1 日附片中有一句話，"知彼萬不敢以侵淩他國之術窺伺中華"，此話作為結論，無疑是錯誤的，但"侵淩他國之術"六字，卻向我們隱約透露出林則徐的新知。

我在緒論中已經提到，當時清朝的上下，對外部世界懵懂迷茫，對英吉利也只是聞其名而不知其實。"侵淩他國之術"屬英國殖民史的範圍，已是較深一層的知識，在當時沒有相當的努力是不容易弄清楚的。

林則徐致力於新知的努力，在其奏摺中沒有提到，在其日記中（今存不全）難以查考，在其書信中也很少言及。他的這種不事聲張的做法，正表明此事不合時尚。作為"天朝"大吏，林則徐竟然做出當時官僚士子們所不屑的事情，尤為難能可貴。

根據近人的鈎沉，我們從各類分散的史料中已可大體看出林則徐當日努力的輪廓。他至少擁有四名翻譯，終日為他翻譯英文書報，他本人亦將這些情報採擷成冊，以供參考。近人對林的這一活動研究較深，力作多見，且評價甚高，以致稱其為第一位倡導向西方學習的人。

本書的內容與林則徐致力新知的活動相涉較少，故不打算就此問題展開。但是，這裏面還存在着一個問題：既然林則徐已經佔有那麼多的英方情報，成為清王朝中最了解英國的官員，那麼，為甚麼他仍沒有看出戰爭不可避免這一今人感到極為簡單的趨向呢？

我以為，這與林則徐分析情報時使用的思維方法與價值觀念有關。

儘管林則徐在其奏摺中對英國使用了極其貶斥的言詞，但在內心中，似乎並沒有把英國當作完全沒有"王法"的"蠻荒"之地來對待。

從現存的林則徐翻譯資料來看，[87] 他對英國人士反對鴉片貿易的言論格外傾心，而對英國國王要求商人尊重中國法律的規定特別看重，[88] 甚至在奏摺中都扼要談及。[89] 因此，他認為，鴉片走私貿易是遠離本土的英國商人，違反國令而進行的罪惡勾當；義律等人的玩法抗拒，其國王等人"未必周知情狀"，[90] 他們的行動一定得不到英國國王的支持。為此，他在一開始就與道光帝商定直接致書英國國王，要求其管束屬民，"定必使之不敢再犯"。[91]

林則徐從其翻譯資料中，已經了解到英國的地理位置、面積、人口、軍隊、艦船等數目。但是，這些簡單的數字反映出來的直觀條件，使得英國顯得不如中國這般強大。因此，林則徐認為，相對較弱的英國若派軍遠征，勢必有路途遙遠、補給困難諸後虞，因而不會出此下策。[92] 他在奏摺和書信中對此都有分析。[93]

林則徐從其翻譯資料中，已經得知英國以貿易為立國之本，對華茶葉貿易獲利尤大。因此，林則徐認為，即便鴉片走私之利斷絕，英國為茶葉等項利益，也絕不致於與中國決裂。[94] 他給義律的諭令中充滿自信

87　見《澳門新聞紙》、《澳門月報》、《華事夷言》（《叢刊·鴉片戰爭》第 2 冊）；《海國圖志》；《洋事雜錄》（《中山大學學報》，1986 年第 3 期）等。

88　《洋事雜錄》中錄有《嘆咭唎國王發給該國商人禁約八條》，其前三條謂："往別國遵該國禁令……"，"往廣東貿易，遵領事驗牌，不得從 [縱] 水手酒醉，恐傷華工"，"往廣東，遵法，違禁貨物不可帶去……"（見《中山大學學報》，1986 年第 3 期，第 27 頁），林則徐對此極為重視。

89　《林則徐集·奏稿》中冊，第 648—649 頁。林則徐認為，竄往內地走私鴉片的英國商船，已違本國禁令，該國查出"亦必處以重刑"，中國若用武力攻擊，該國不會"報復"，所以"並無後患"。

90　《林則徐集·奏稿》中冊，第 712 頁。

91　《林則徐集·公牘》，第 127 頁。

92　在今存林則徐翻譯資料中，亦有多篇敘述進攻中國之困難，其中最詳細者，見《澳門新聞紙》（《叢刊·鴉片戰爭》第 2 冊，第 386—390 頁）。

93　《林則徐集·奏稿》中冊，第 676 頁；《林則徐書簡》，第 49 頁。

94　《林則徐集·奏稿》中冊，第 640、676、705 頁。此外，在林則徐翻譯資料中亦有持此論者，"在（英國）各大官議論，因為茶葉之故，不宜造次"（《澳門新聞紙》，《叢刊·鴉片戰爭》第 2 冊，第 455 頁）。

地責問，如果長達 200 年的中英貿易，被義律"猝然阻壞"，"國主豈肯姑容"？[95] 他斷定義律無此膽量敢冒此風險。

林則徐從其翻譯資料中，已經了解到從事鴉片貿易的英國商人的大體背景，他曾在奏摺中作過分析，認為這些毫無官方背景的散商絕無左右政府之能量。[96]

林則徐從其翻譯資料中，得知孟加拉國等地政府皆在鴉片貿易中"抽分"，官員薪俸多取自於此；廣東海面最初開來的幾艘軍艦，又是印度總督等人應義律的請求而派出的英駐印度海軍之艦。由此，林則徐得出一個推論，義律與英屬印度官員互相勾結，私下出動軍艦前來實行"恫喝"，並非奉到英國國王的命令。[97] 他還認為，這些為數較少的軍艦不會釀成大的戰爭。

林則徐從其翻譯資料中，得知由於他採取的禁煙措施，致使 1840 年春孟加拉國、新加坡等地的鴉片價格暴跌，而新的季風季節又至，駐印海軍來華軍艦增多。由此，他又得出一個推論，義律與印度英人不甘心鴉片利益的損失，準備向中國進行鴉片武裝走私。[98] 實際上，他對這個推論又是如此地深信不疑，以致到了 1840 年 7 月 3 日，英軍艦隊紛紛北上舟山時，仍對其好友怡良稱之"只為護送鴉片"。[99]

由此可見，林則徐的判斷儘管錯誤，但放在"天朝"的大背景之中，仍合乎其本人的思想邏輯。

今天的研究者，屬"事後諸葛亮"，已經看清了各方手中的底牌，很

---

95 《林則徐集·公牘》，第 63 頁。

96 《林則徐集·奏稿》中冊，第 641 頁。

97 《林則徐集·奏稿》中冊，第 678、700、702、712 頁。關於鴉片與英屬印度政府的關係，在今存林則徐翻譯資料中比比皆是，此處不再注明。但最初開來的幾艘軍艦的情況，這些翻譯資料中並無介紹。但是，從翻譯資料來看，林則徐已知去印度、英國等地的航海天數，即便沒有其他資料，也能夠推算出來。

98 《林則徐集·奏稿》中冊，第 825 頁。

99 《林則徐書簡》，第 105 頁。

難體會到當年決策者下決心之難。從現存林則徐翻譯資料來看，包羅萬象，對林則徐的褒貶評價皆有，對未來戰爭的是否估計俱存，看不出一個傾向性的意見來。要從這些資料中得出戰爭不可避免的結論，非得是一個熟諳國際事務的行家裏手。但是，林則徐本是"天朝"氛圍中人，初涉此道；情報來源僅為報刊書籍等公開資料，並無秘密渠道；更何況一般人的心理活動規律是對己有利的資料印象較深，對己不利的資料不受重視。種種情事，使得林則徐犯錯誤的可能性，遠遠超過不犯錯誤的可能性。

林則徐不是神。

儘管他在今天有如神話。

有論者據林則徐的書信和奏摺，稱其早已預見到了戰爭，並向道光帝和沿海各省督撫發出了作好戰爭準備的預告。

這些書信和奏摺有：

一、1840 年 7 月 4 日，林則徐奏稱：英軍北犯，"如其駛至浙江舟山、或江蘇上海等處，該二省已**疊接粵省咨文**，自皆有備，不致疏虞"。

二、1840 年 8 月 7 日，林則徐奏稱：恐英軍"越竄各洋，乘虛滋擾"，"**沿海各省，亦疊經飛咨防備**"。[100]

三、1840 年 12 月 22 日，林則徐致姻親葉申薌，謂："原知該夷必不罷休……**屢次奉請敕下各省督撫嚴密防堵**，並該夷之窺伺舟山，與其擬赴天津遞呈，亦皆先期采明入告。"

四、1841 年 2 月 18 日，林則徐致業師沈維，謂：英軍"竄往沿海各省，本在意中，則徐奏請敕下籌防，計已**五次**，並舟山之圖佔，天津之圖控，亦皆**先期**探明入告"。

100《林則徐集·奏稿》中冊，第 860 頁。

五、1842 年 9 月，林則徐致舊友姚椿、王柏心，謂："英夷兵船之來，本在意中，徐在**都時面陳**姑署不論，即到粵後，奏請敕下沿海嚴防者，亦已**五次**……定海之攻，天津之訴，皆徐所先期奏聞者。"[101]（文中重點皆筆者所標）

毫無疑問，林則徐的這些言論，與前述其敵情判斷，完全是兩回事。細心地將林則徐上述言論對照排比，不難發現，林的這些話都是戰爭爆發之後說的，而且是越說越圓，至第五份資料（也最愛被人引用），已是滴水不漏。

我以為，這就需要對林則徐所提到的四項事件，逐一進行考訂。

甲、林在京請訓期間，有無面陳"兵船之來，本在意中"？

對於這個問題，我在本章第一節，引用林則徐與龔自珍於 1839 年 1 月的書信往來和 1840 年 12 月林則徐致葉申薌的信件，作了回答，即林當時不認為會致有"邊釁"。而至 1842 年 9 月，他突然說出"在都面陳"的情節，顯然是自相矛盾，似只能相信前說不能相信後說。

乙、林在廣東時，五次上奏請敕下各省籌防，究竟是怎麼回事？

查林則徐在廣東禁煙時，確有請旨敕下籌防之事，但具體理由和目的均不同。

1839 年 5 月 18 日，林則徐收繳鴉片 2 萬餘箱後，擔心鴉片煙船北上販煙，請道光帝下令沿海各省"嚴查"鴉片走私。然而道光帝接到此奏後，並無給各省的敕令。[102]

1840 年 1 月 8 日，林則徐接奉道光帝**斷絕**英國貿易的諭令後，再次上奏，用意還是防止鴉片走私。道光帝收到此摺後，於 1840 年 1 月 30

101《林則徐書簡》，第 151、165、192 頁。

102《林則徐集·奏稿》中冊，第 639 頁。道光帝接到此奏的三天後，又收到軍機大臣穆彰阿等議復江蘇吳淞口查禁鴉片章程，令沿海各省體察所轄海口情形，"妥議具奏"（《鴉片戰爭檔案史料》第 1 冊，第 588 頁）。可見林的奏摺很可能還有其推動作用。

日諭令盛京、直隸、山東、江蘇、浙江、福建各將軍督撫，"各飭所屬，認真稽查，倘竄入各口，即實力驅逐淨盡，以杜來源而清積弊。"[103]

查《林則徐集》等文獻，除此兩摺外，並無請敕各省籌防的奏議。[104]為何林則徐自稱有五次之多，我們不妨再擴大一些範圍，繼續尋找。

1839年6月14日，林則徐奏稱，外國商船來粵貿易，須在本國請領牌照，並禁運鴉片。然英屬印度商人利慾熏心，不顧禁令，由外洋"直趨東路之南澳，以達閩、浙各洋"，請求道光帝對此等走私船不必採取以往"空言驅逐"的方法，可以"嚴行查辦"。[105]道光帝接到此摺，並未下令各省照辦，但福建督撫卻收到林則徐等人的咨會。[106]此為一。

1840年6月24日，林則徐奏稱，英軍開來艦船10艘，"臣等現各飛咨閩、浙、江蘇、山東、直隸各省，飭屬嚴查海口，協力籌防"。[107]此為二。

前引1840年7月4日林則徐奏摺，稱到粵英軍"於五月底及六月初間（係陰曆），先後駛出老萬山，東風揚帆而去……"，道光帝於8月3日收到此摺，已知定海失陷，江浙兩省已有防範，故僅命直隸總督琦善嚴守天津海口。[108]此為三。

由此可見，林則徐在其書信中所稱"五次"入奏，前三次是指防範英國等國的鴉片走私船，後兩次英軍已經開到，戰爭已經發生。

丙、定海、天津之事先期入告又於何時？查林則徐奏摺，第一次談到定海、天津之事，始於1840年7月4日奏摺，而第二天便發生了定

---

103 《林則徐集·奏稿》中冊，第726頁；《鴉片戰爭檔案史料》第1冊，第800頁。

104 筆者所查之書為《林則徐集·奏稿》、《籌辦夷務始末（道光朝）》、《鴉片戰爭檔案史料》、《林則徐奏稿、公牘、日記補編》、《清實錄》。又，筆者曾在中國第一歷史檔案館查閱檔案，因原編輯較雜，雖發現以上各書所未收林則徐摺、片，但也未看到請旨敕令各省籌防的內容。

105 《林則徐集·奏稿》中冊，第648—650頁。

106 《鴉片戰爭檔案史料》第1冊，第722頁。

107 《林則徐集·奏稿》中冊，第838頁。

108 《林則徐集·奏稿》中冊，第844頁；《籌辦夷務始末（道光朝）》第1冊，第337—338頁。

海之戰，可見對定海守軍全無警告作用。道光帝於 8 月 3 日收到此摺，而直隸總督在此之前已獲定海消息，於 7 月 31 日由省城保定趕赴天津籌防，[109] 可見對天津也失去預警作用。

丁、林則徐謂事先發給沿海各省的咨文，究竟是怎麼回事？

1840 年 6 月 26 日，林則徐致其密友怡良的信中云："各省咨文，前本擬辦，因諸冗梦集，尚未定稿，茲則不可不發；特錄一紙送政，俟核定後發回，今日即繕，仍送上蓋印，用排單馳發也。前日片稿錄存一份送存冰案，**其稿尾亦將分咨各省云云添入，緣彼時趕發，未及再送裁定**，茲以補聞。"《林則徐書簡》，第 99 頁。（重點為筆者所標）從這封信中可以看出，前引 6 月 24 日林則徐奏摺中提到的"飛咨"各省，兩天之後尚未發出。即便於當日發出，根據英軍的進攻速度和清朝的公文速度，勢必又是馬後炮。

林則徐的咨會寫了甚麼內容，可以看一份實樣。1840 年 8 月 1 日，山東巡撫托渾布收到了這份咨會。該咨會在歷敍廣東禁煙以來的經歷後，稱：

> 自去冬以迄今夏，粵省獲辦通夷販煙各匪犯……彼見拒之益堅，防之益密，在粵無間可乘，而又未肯棄貨於地，勢必東奔西竄，誘人售私。茲復傳聞有兵船多隻，陸續前來內地，雖可料其**不敢滋事**，而護送鴉片，隨處誘買，均在意中。若由深水外洋，順風揚帆，無難直向北駛……自應飛咨各省，一體防查，庶可絕其弊。[110]（重點為引者所標）

109 琦善片，道光二十年六月三十日，《軍機處錄副》。
110 《平夷錄》，《叢刊·鴉片戰爭》第 3 冊，第 363—364 頁。

林則徐的咨會，如同其先前的奏摺，並未預告戰爭，說的仍是鴉片武裝走私問題。而山東巡撫收到此咨文之前，已於 7 月 21 日收到浙江巡撫關於定海失陷的咨會，又於 7 月 25 日收到道光帝加強海防的諭令。[111]

綜上所述，我以為，林則徐關於"咨會"的奏摺和關於"請敕"的書信，都是在戰爭爆發之後他自我辯解的說法，都是不足為據的。

在弄清林則徐的言行後，應當追究一下道光帝的責任。

我在本章第一節已經提到，道光帝是在皇室成員吸毒、大批毒品逼近京師的刺激下，才採取斷然措施調林則徐進京的，事先並無縝密的思考和計劃。他此時所最注重者，是煙毒能否禁絕，而沒有考慮到後果一類的情事。

林則徐果如其望，到廣州後，第二次奏摺便報來義律答應呈繳鴉片 2 萬箱的好消息。道光帝不僅在林的奏摺上朱批"所辦可嘉之至"，而且還在吏部擬呈的優敘上，朱筆將林則徐的"加一級，紀錄兩次"改為"賞加二級"。[112] 興奮之情溢於筆端。

1839 年 4 月 22 日，道光帝得到重臣陶澍病危請辭的奏摺，據陶澍的提議，命林則徐改任兩江總督。按照當時官場的普遍看法，兩江總督班次僅在直隸總督之後，位第二，由湖廣調兩江，雖為同品，仍是遷右。但此事又似可反映出，在道光帝的內心中，蘇、皖、贛三省，鹽、漕、河三務似乎要比廣東的禁煙來得重要。他認為林則徐很快就會不辱使命，旌幟北返。

虎門銷煙後，他以為大局已經粗定，只留存一些具體事務待林則徐料理掃尾即可，一切盡可循歸常態。奈何那些不大不小的事項一件件從

---

111 托渾布摺，道光二十年六月、道光二十年七月初二日，皆據《軍機處錄副》。
112《鴉片戰爭檔案史料》第 1 冊，第 543 頁。

廣東報來，又是具結，又是交兇，又是續繳鴉片（詳見後節），而那些俯首貼耳恭恭敬敬繳出鴉片的"夷"人們，竟敢用大炮與"天朝"對抗。他給予林則徐的指示，不外乎是那些"計出萬全"，"先威後恩"，"斷不敢輕率償事，亦不致畏葸無能"[113] 等等貌似全面卻無見地的話，說了如同白說。一次，他見到林則徐有些游移，竟朱批道"朕不慮卿等孟浪，但戒卿不可畏葸"，[114] 鼓勵林與英人對抗。

1839 年 12 月 13 日，道光帝收到林則徐的奏摺，看到的仍是糾纏不清的"夷務"，深感"殊屬不成事體"！於是，他想出一個一勞永逸的解決辦法，"即將嘆咭唎國貿易停止"，甚麼具結、交兇、續繳鴉片等等事項，統統不必再與之追究下去。然而，斷絕通商可能會引起何種後果，他似乎僅僅看稅銀減少這一項。這位生性苛儉的皇帝，此次竟大方地宣佈："區區稅銀，何足計論！"[115]

1840 年 1 月 5 日，道光帝見林則徐久久不能北上，以赴新任。要缺兩江總督的位子空了 8 個月，他乾脆任林則徐為兩廣總督，調鄧廷楨為兩江總督，依例解除了林的欽差大臣的差使，使一切都回復到原來的樣子。

道光帝的這兩項決定，快刀斬亂麻，割斷了中英當時唯一存在的通商關係。他認為，從此之後，各在東西一方的中英兩國斷絕往來，不會再有甚麼糾葛，也不會再有甚麼矛盾，如同井水不犯河水。此時的林則徐，也不再是"查辦海口事件"的欽差大臣，而是"總督廣東廣西等處地方提督軍務糧餉兼巡撫事"的地方職官。他的任務也不再是與英方折衝樽俎，道光帝僅讓他料理兩椿後事：一、宣佈英"逆"罪行，永久禁絕通商；二、將停泊在粵洋的英國艦船驅逐淨盡。

113《鴉片戰爭檔案史料》第 1 冊，第 703 頁。
114《鴉片戰爭檔案史料》第 2 冊，第 185 頁。
115《鴉片戰爭檔案史料》第 1 冊，第 742 頁。

道光帝也犯下了重大錯誤，他用"天朝"的邏輯來思考對策，且對敵手的估計也去真實甚遠。

1840 年 2 月 7 日，道光帝得知湖北江堤被水沖壞的消息，一下子想起前年 11 月林則徐所上"江漢安瀾"的奏摺，認為"究係籌辦驗收未能盡善"，結果給了林"降四級留任"、"不准抵銷"的處分。[116] 雖說清朝官員依例處分只是尋常，道光一朝未受處分的封疆大吏甚屬罕見，且林則徐在湖廣任上因舉薦不察也兩次受到處分；但是歷來被道光帝認作辦事細密周到的林則徐，在江堤事務上竟出如此差錯，他心中不能不留下痕跡。

此後，道光帝對廣東的事務日見鬆怠，反覆多變的"夷情"使其生倦。他的視野較多地關注於清王朝內部的各種傳統事務，不再像從前那樣密切注視着廣東"夷情"的變化。這一方面是林則徐再也沒有給他帶來大快人心的喜訊，另一方面是他認定清朝"以逸待勞，主客之勢自判"，英國就是來幾艘軍艦，又"何能為之"！[117]

君王好高髻，城中高一尺。道光帝的這種態度，不能不給"天朝"內大小臣工以安穩的印象。在一片靜謐安寧之中，誰又會發現戰爭惡魔的悄臨？即便有人發現，誰又敢慌亂扯響戰爭警報？

四 林則徐的制敵方略

1839 年 6 月虎門銷煙之後，局勢並未如林則徐所希望的那樣，逐漸趨於和緩，反作風雨雷霆。中英之間對抗以更加激烈的形式進行。

其中的爭執，有以下三端：

116《清實錄》第 38 冊，第 3 頁；《上諭檔》，道光二十年正月十四日，中國第一歷史檔案館藏。
117《籌辦夷務始末（道光朝）》第 1 冊，第 287 頁。

一、具結。林則徐以奉到新例，要求義律敦促英商以"貨即沒官、人即正法"的格式具結，否則不許通商。義律不僅阻撓具結，而且下令英船不得駛入廣州港。

二、交兇。1839 年 7 月 7 日，英國水手在九龍尖沙咀酗酒滋事，毆傷村民林維喜，次日林死去。林則徐諭令義律交出兇手。義律予以拒絕，在英船上自立法庭，判處 5 名滋事行兇者監禁 3 至 6 個月，罰金 15 至 20 鎊。

三、續繳鴉片。隨着新的季風的來臨，虎門口外新到英國商船數十艘。林則徐命令繳出續到船上的鴉片。義律仍是拒絕。

在此三事中，又以"交兇"一案對抗為最。

1839 年 8 月 15 日，林則徐以義律拒不交兇，援引 1808 年（嘉慶十三年）英人在澳門違令案之例，禁絕澳門英人的柴米食物，撤退買辦工人，次日率兵進駐香山，勒兵分佈各要口，迫英人離開澳門。8 月 24 日，澳門葡萄牙當局在此壓力下，根據林則徐的諭令，宣佈驅逐英人。至 8 月 26 日，英人全部離澳。義律率這批英人泊船於香港、九龍一帶。

自 1839 年 4 月英艦拉恩號（Larne）被義律派出送信後，除義律自用的小船路易莎號（Louisa）外，廣東海面並無英國軍艦。8 月 30 日，據義律的請求，印度總督派出的戰艦窩拉疑號（Volage）駛到，使義律有了與中國對抗的武力。林則徐聽此消息，除命各屬加強防範外，於 8 月 31 日發佈宣示，要求沿海村民聚義團練，不准英人上岸滋事、覓井汲水，並准許以武力相拒。[118]

1839 年 9 月 4 日，義律和窩拉疑號艦長士密（H. Smith），率 3 艘小船至九龍，要求中國官員供應食物，未達到目的後，士密下令開炮。

118《林則徐奏稿、公牘、日記補編》，第 78 頁。

中英之間的對抗，開始訴諸武力。

　　由此至 1840 年 6 月下旬英國遠征軍開到，在 9 個多月的時間內，據林則徐奏摺，廣東沿海共發生戰事 7 起：1.1839 年 9 月 4 日九龍之戰；2.1839 年 9 月 12 日火燒英國薑船；3.1839 年 11 月 3 日穿鼻之戰；4.1839 年 11 月 4 日至 13 日官涌之戰；5.1840 年 2 月 29 日火燒販煙及接濟英船的匪船；6.1840 年 5 月火燒接濟英船的匪艇；7.1840 年 6 月 8 日火燒磨刀洋英國鴉片煙。此外，未見於林則徐奏摺的還有兩起：1840 年 5 月 20 日襲擊英國鴉片船希臘號（Hellas）；1840 年 6 月 13 日火燒金星門英船。

　　以上 9 起戰事，其中第 2 起火燒英國薑船，實際上是誤燒西班牙商船；其中第 5、6、7 起和林則徐未奏的兩起，清軍的目標是英國鴉片船和中國不法奸民的辦艇之類的民船。而第 4 起官涌之戰，情況稍有周折。據林則徐奏，英人英船在旬日之內，連續向官涌清軍進攻六次，皆被擊退，其中參戰的有"嘚呶喇吐"、"哆唎"等英船。[119] 而英方對此卻全無記載，反稱泊於香港一帶的英船移往銅鼓時，於 11 月 13 日在九龍一帶（即官涌）遭到清軍的炮擊。[120] 查此時英國在廣東海面有戰艦窩拉疑號和新駛到的海阿新號（Hyacinth），以及官船路易莎號，從林則徐奏摺來分析，此三艦並未參戰。因此，不管事件的真實究竟如何，可以肯定的是，官涌之戰不是英軍與清軍之間的對抗。

　　由此可見，至 1840 年 6 月下旬之前，中英雙方運用國家武力進行的戰事，僅為兩起，即九龍之戰和穿鼻之戰。林則徐在奏摺中沒有

---

119 《林則徐集・奏稿》中冊，第 702—704 頁。"嘚呶喇吐"即為 Douglas，他是"甘米力治"號（Combridge）的船長，當時習慣用船主或船長之名呼其船，如窩拉疑號和海阿新號在林則徐奏摺中，分別用其船長名而稱之"吐嚦船"、"嘩喻船"。甘米力治號後被林購買，改裝為載炮 34 門的軍艦。

120 *Chinese Repository*, vol.8, p.379. 馬士：《中華帝國對外關係史》第 1 卷，第 295 頁。

對此類戰事作清晰的分類，是因為當時的中國人還沒有近代國際政治觀念。

1839 年 9 月 4 日的九龍之戰中，清軍參戰者為大鵬營參將賴恩爵所率 3 艘師船，並得到九龍山上炮台的炮火支持；英方參戰者，雙方說法不一，林則徐奏稱，有"大小夷船五隻"，另在戰鬥中前來增援的英船"更倍於前"，但未稱具體數字；義律在其報告中稱，英方以路易莎號、珍珠號（Pearl）、窩拉疑號所屬小船進行戰鬥，後得到支持，但戰艦窩拉疑號未投入戰鬥。英軍一參戰者與義律的說法一致，並稱前來增援的有威廉要塞號（Fort Williams）所屬的小船，另外甘米力治號（Combridge）船長嘚唔喇吐亦率 16 人划船來參戰。

關於此戰的經過，雙方的敍述大體相同。林則徐奏稱，英方因索食不成而先啟釁，賴恩爵立即督部予以回擊，雙方從午刻戰至戌刻，期間英船先被擊退，後得到援軍再戰，最後敗遁尖沙咀。英方亦稱其率先開炮，認為清軍作戰相當驍勇，戰鬥從下午 2 時半進行到 6 點半，其第一次後撤是為了補充彈藥，最後主動撤出戰鬥。

雙方報告中分歧最大者為戰果。林則徐奏稱，清軍戰死 2 人，受傷 4 人，所屬師船稍有損傷，但很快修復；擊翻英船 1 艘，擊斃英人至少 17 名。英方未具體稱清軍的損失，但稱己方僅是受傷數人而已。[121]

從此戰的具體經過來分析，清軍以 3 艘各配炮 10 門的師船作戰，以海岸炮台為依托，兵弁奮勇拼死，表現出廣東水師前所未有的振作；英方以路易莎號（載炮 14 門）、珍珠號（載炮 6 門）、窩拉疑號所屬小船（載炮 1 門）及前來增援的船隻開戰，全非正規戰艦，火力不濟，[122] 窩拉

121《林則徐集・奏稿》中冊，第 684 頁；"Correspondence Relating to China," *Irish University Press area studies series, British parliamentary papers: China*, vol.30, pp.686-687. 亞當・艾姆斯里致威廉・艾姆斯里，《近代史資料》1958 年第 4 期，第 68—69 頁。

122 當時的商船皆有武裝，有些火炮甚多。此處稱其火力不濟，是就此次參戰的英船而言。

疑號因風停而無法迫近參加戰鬥。因此，從軍事的角度來看，很難分出勝負來。

如果說九龍之戰雙方的報告還大體吻合的話，那麼，關於穿鼻之戰，則是各執一詞，大不相同。[123]

首先是戰鬥的起因。

林則徐奏稱，1839 年 11 月 3 日，英國噹嘟船（Thomas Coutts）具結進入虎門，英艦窩拉疑號和海阿新號於"午刻駛至穿鼻"，阻撓噹嘟船進口，提督關天培"聞而詫異"，"正查究間"英艦率先開炮。

義律的報告，雖也提到英船具結入口之事，但稱事因 10 月 27 日收到廣州知府余保純轉來林則徐的諭令，"嗣後貨物總須照式具結，若不如式，萬萬不准貿易，違抗逗留之船，即行燒毀"，[124] 遂於 28 日與士密上校率英艦兩艘前往穿鼻，準備遞交士密致欽差大臣的信件，要求林則徐收回成命。由於逆風，英艦於 11 月 2 日到達穿鼻沙角炮台一帶，即派馬儒翰（John Robert Morrison）[125] 等人向關天培遞交出該信。晚上，清方派通事請馬儒翰赴關天培座船，被拒絕。次日上午，清方再派出通事，退還士密信件，並再邀馬儒翰赴約，仍被拒絕。此時，關天培率由 29 艘師船組成的艦隊前來，英方讓通事送去士密的一信，要求"各船立即回至沙角之北灣泊"。關天培回覆稱，只要交了打死林維喜兇手一人，"即可收兵回口，否則斷不依也"。義律再覆，稱不知兇手是何人，"惟

---

123 林則徐奏摺見《林則徐集·奏稿》中冊，第 700—701 頁；義律的報告見 "Additional Correspondence Relating to China," *Irish University Press area studies series, British parliamentary papers: China*, vol.31.Shannon, Ireland: Irish University press, 1971, pp.8-14。

124 佐佐木正哉編：《鴉片戰爭前中英交涉文書》，第 243—244 頁。

125 馬儒翰又譯為馬禮遜、馬里臣、馬利遜等。他是傳教士馬禮遜（Robert Morrison）的兒子，16 歲就為英商充當翻譯，1834 年律勞卑來華後，就充當商務監督的翻譯。鴉片戰爭爆發後，一直充當英軍的首席翻譯。

平安是求"。[126] 到了中午時分,士密認為不能讓清軍艦隊夜間從他的身邊穿過,以威脅英國商船,且國旗的榮譽也不容許他臨陣退卻。義律同意了士密的意見。於是,士密便率先發起進攻。

其次是作戰經過。

林則徐奏稱,英艦開炮後,關天培立即下令座船回擊,並指揮各船協力進攻,多次擊中窩拉疑號。接仗約有一時之久,窩拉疑號"帆斜旗落,且禦且逃",海阿新號亦"隨同遁去"。清軍本欲追擊,然師船彌縫油灰多被轟開,勢難遠駛,更因英艦船底全用銅包,炮擊不能穿透,"是以不值追剿"。

義律報告稱,英艦原泊於清軍艦隊的右側,開戰後,利用側風,從右到左衝過了整個清軍隊陣,然後又從左到右再穿其陣,"傾瀉了毀滅性的炮火"。"中國人以他們的固有精神回擊,但是,我方可怕效力的火力很快便顯示出優勢"。戰鬥進行了不到 3 刻鐘,清軍便撤退了。士密無意擴大敵對行動,便停止炮擊,沒有阻礙對方的後撤。隨後,英軍駛往澳門。

再次是關於戰果。

林則徐奏稱,清軍擊中窩拉疑號的船鼻、後樓、左右艙口,英人多有中炮落海者,戰後"撈獲夷帽二十一頂";並稱己方有三艘師船進水,一艘被擊中火藥艙而起火,旋被撲滅,[127] 戰死士兵 15 名,受傷軍官 1 名、士兵多名。

義律報告稱,清軍 3 艘師船被擊沉,一艘擊中火藥艙而爆炸,還有幾艘明顯進水。窩拉疑號僅受了輕微損傷,沒有人員傷亡。

總之,雙方各報勝仗。

---

126 佐佐木正哉編:《鴉片戰爭前中英交涉文書》,第 246—247 頁。

127 事隔 8 個月後,林則徐奏稱,由於該次戰鬥,兩艘師船"被炮傷損過甚,難以修復,必須另行拆造";另兩艘師船"皆有損壞,應行大修"。見《林則徐集‧奏稿》中冊,第 857 頁。

比較中英雙方各自的報告，讓人最有興味的是關於關天培的描寫。且看林則徐的說法：

> 該提督親身挺立桅前，自拔腰刀，執持督陣，屬聲喝稱："敢退後者立斬。"適有夷炮炮子飛過桅邊，剝落桅木一片，由該提督手面擦過，皮破見紅。關天培奮不顧身，仍復持刀屹立，又取銀錠先置案上，有擊中夷船一炮者，立即賞銀兩錠⋯⋯

今人閱讀此段奏摺，恍惚置身於古典戲劇小說的戰鬥場景之中。道光帝讀此亦感慨，朱批"可嘉之至"。若關天培的舉止確如林則徐的描寫，那麼，在一派中世紀的豪邁之中，又讓今人淒然感受到無知於近代戰術原則的悲涼。在近代激烈的炮戰中，關天培的這種做法是不足取的。義律亦稱：

> 作為一個勇敢的人，公正的說法是，提督的舉止配得上他的地位。他的座船在武器和裝具上明顯優於其他船隻，當他起錨後，很可能是斬斷或解脫錨鏈，以靈敏的方式駛向女王陛下的戰艦，與之交戰。這種毫無希望的努力，增加了他的榮譽，證明了他行動的決心，然而，不到 3 刻鐘，他和艦隊中尚存的師船便極其悲傷地撤回到原先的錨泊地。

在這一段描寫中，頗具英雄未酬壯志的慘淡。

穿鼻之戰的真實，今天似無必要一一考證得十分清楚。但細心閱讀雙方的報告，大體可以得出一個印象，清軍在此戰中並不佔有上風，林則徐的報告似摻有水分。然這些水分是林則徐所為，抑或關天培所為，那就無法考清了。[128]

從今天通行的嚴格的意義上劃分,九龍之戰和穿鼻之戰,使中英兩國實際上已經進入了戰爭狀態。

但是,林則徐根據其掌握的翻譯資料,自以為只是與未獲國主命令而私邀來華的英艦以及不遵國主法令的英國走私商船之間的交戰,而不是與英國的戰爭。他的這種認識,可見於他於 1840 年 1 月 18 日發出的《諭英國國王檄》。而義律此時尚不知他自 1839 年 3 月 27 日繳煙以後的舉動,是否為英國政府所批准,認為這些只是保護本國商人的武裝行動,開戰後也未採用當時西方交戰國慣行的種種外交行動,而仍與林則徐保持某種公文往來。他一直到 1840 年 2 月,才奉到巴麥尊的對華用兵的訓令。

因此,儘管戰爭的序幕實際上已經拉開,但雙方都沒有意識到戲已開演。考慮到雙方的這種認識,本書仍將鴉片戰爭的爆發時間定於 1840 年 6 月下旬,即英國遠征軍大批開到之時。

很可能是穿鼻之戰的結果,1840 年初,林則徐奉旨永久停止中英通商關係之後,逐步形成了完整的制敵方略。對此,他有一段說明:

> 無論該夷有無兵船續至,即現在之嘧、嘩兩船未去,度其頑抗之意,妄夸炮利船堅,各夷舶恃為護符,謂可阻我師之驅逐。臣等若令師船整隊而出,遠赴外洋,並力嚴驅,非不足以操勝算。第洪濤巨浪,風信靡常,即使將夷船盡數擊沉,亦只尋常之事。而師船

---

128 案此時林則徐在虎門,但離交戰地點尚有一段距離,非為目擊者。在開戰之日,林在日記中寫道,"下午聞夷兵船在龍穴向關提軍遞稟未收,開炮來攻,經提軍抵禦,擊壞夷船前後桅,夷人被轟落水,始行遁去。"日記是寫給自己看的,故不可能作偽。因此,林的奏摺所據為關的報告,關的責任似更大。但從日記中也可看出,其所述開戰理由與奏摺所言差別甚大。

既經遠涉，不能頃刻收回，設有一二疏虞，轉為不值，仍不如以守為戰，以逸待勞之百無一失也。

林則徐在此婉轉地承認，儘管英國只有兩艘軍艦，清軍水師仍無在海上取勝的能力。於是，他採用了避免海上艦船交鋒，嚴防海口的"以守為戰"的制敵方略。道光帝對此完全贊同，朱批"所見甚是"。[129]

依據以往外國商船和軍艦來華活動的情況，林則徐所部署的"以守為戰"，主要區域在珠江入海口，即以香港和澳門為外線，經伶仃洋至虎門及獅子洋一帶。在當時的官方文書中，其稱謂是"中路"。

早在鴉片戰爭之前，香港就是鴉片走私的大本營，躉船大多泊於附近一帶海面。義律率英商英船撤離澳門後，開始也聚集於此，後移往銅鼓。林則徐為抑制此處英人的活動，在香港對岸九龍半島的官涌，居高臨下地依山建炮台兩座，以控馭附近海面。

澳門時為葡萄牙人所盤踞。義律和英船英艦也經常活動於此。林則徐在澳門關閘以北駐兵設炮，監視其行動，並時常向澳門葡萄牙當局施加政治或軍事壓力。珠江入海口以香港、澳門為最外點，上溯伶仃洋內駛約 70 公里，即為虎門。此處河道收縮，歷來是清朝的海防重點，廣東水師提督亦駐節此地，以示昭重。早在林則徐督粵之前，關天培、盧坤、鄧廷楨等人已盡了極大的努力，在此處建炮台 9 座，平時炮台守軍 590 名，戰時約 2000 名。林則徐曾於 1839 年觀虎門清軍秋操（即秋季演習），極為滿意（虎門防衛的具體情況詳見後章）。為此，他僅密購西方銅炮和精製鐵炮裝備此處，沒有採取進一步的措施。

為預防英艦突破虎門繼續內犯，林則徐在虎門後的獅子洋一帶，集結清軍師船，並僱募民船，預備火船，準備在此處內江與來犯英艦交

129《林則徐集・奏稿》中冊，第 762 頁。文中"吐嘧"船即窩拉疑號，"嘩唥"船即海阿新號。

戰，並已進行了多次演習。

以上林則徐的防禦設想，是從 1840 年初開始萌生，逐步完善並實施的。至 1840 年 6 月底，各處實施的結果是：九龍新建炮台兩座業已完成，安炮 56 門，附近山梁共有守兵 800 餘名；澳門一帶派駐兵勇共1300 餘名；虎門各炮台守兵約 2000 名，配炮 300 餘門；獅子洋一帶集結師船 20 艘、僱募民船 46 艘、預備火船 20 餘艘，共有兵勇 2000 餘人。[130]

林則徐以上述幾處為防禦要點，有其通盤的思考，在奏摺中稱：

> 臣等查中路要口，以虎門為最，次即澳門，又次即尖沙嘴（咀）一帶，其餘外海內洋相通之處，雖不可勝數，然多係淺水暗礁，只足以行內地之船，該夷兵船不能飛越。[131]

這裏講的虎門，自然包括其後的獅子洋，而尖沙咀即為九龍。林則徐認為，關鍵在於這幾處，其餘地方只要添兵協防即可。

至於那些停止通商後仍不遵令回國，而在虎門口外徘徊游弋的英船英艦，林則徐採用了"以奸治奸，以毒攻毒"的辦法，即僱募平時接濟外國人、販賣鴉片的沿海"漁疍各戶"為水勇，教以如何駕駛和點放火船，每船領以一二兵弁，預先設伏，乘夜順風放火焚燒英船，並開出賞格以備激勵。[132]

儘管林則徐對其制敵方略信心十足，但是，今天我們若從近代戰爭的角度進行分析，不難發現，其中存有很大的弊陋。

---

130 《林則徐集·奏稿》中冊，第 838、862 頁。其中林則徐在奏摺中曾稱虎門"在船在岸兵勇""共有三千餘名"。此處稱虎門守兵 2000 人，是扣去在船兵勇之數，添入獅子洋一帶清軍數中。

131 《林則徐集·奏稿》中冊，第 838 頁。

132 《林則徐集·奏稿》中冊，第 762—763 頁。

從林則徐的設想來看，其最重要的作戰方法是，以海岸堅強據點，即炮台，來對抗來犯的英艦英船。

　　利用海岸堅強據點抵禦外族海上入侵的戰法，可追溯至明代。當時沿海所築的衛、所等城，在抗倭戰爭中曾起到了不小的作用。然而，明代的海防衛、所，與此時的清軍炮台不同。它們是小規模的城防工事，大多與海尚有距離。一旦有警，附近民眾皆入之憑藉抵禦，以待大軍救援。清軍炮台完全是炮兵陣地，建於瀕海要厄，直接與敵方艦船以炮火競鬥。

　　由於虎門炮台的建設方案與林則徐無涉，我們不妨看看由他主持建設的官涌兩炮台。

　　官涌兩炮台，一在尖沙咀山麓石腳，名"懲膺"，一在官涌偏南一山，名"折衝"，各安炮 20 餘門。其規制形式一如清代沿海各處炮台，只是比閩浙各炮台大些，比虎門的靖遠炮台小些，並無樣式上的改變，其缺陷也完全相同。

　　且不論這兩座炮台能否經受得住英艦的猛烈炮火，也不論它們果否懲膺折衝，予英艦以毀滅性的打擊，因為後來的各次戰鬥我將作具體分析；然而，它們最基本的弱點是，無力防禦登陸英軍從炮台側後方向發起的地面進攻。

　　為甚麼會這樣呢？

　　我在第一章已經談到，清軍的炮台本為防堵海盜，無須慮及這些烏合之眾的地面進攻，更何況清軍的炮台對傳統樣式的海盜，還具有一定的防禦能力。我在此還須說明兩點：一、鴉片戰爭是西方列強第一次大規模侵略中國，清軍對其戰術毫不知悉；二、當時的人們，包括林則徐，對英軍的陸戰能力作了錯誤的判斷。

　　1839 年 9 月 1 日，林則徐在分析 "邊釁" 不會啟的夾片中稱：

夷兵除槍炮之外，擊刺步伐俱非所嫻，而腿足裹纏，結束嚴密，屈伸皆所不便，若至岸上更無能為，是其強非不可制也。[133]

到了 1840 年 8 月 7 日，林則徐聽到定海失陷，曾獻策懸賞激勵軍民殺敵，較前更進了一步，竟說其"一仆不能復起"。[134] 從這些說法中，我們可以看到林則徐等人的心思。他們認為，英軍儘管"船堅炮利"，但毫無陸戰能力，因而絕不會捨舟登岸，從陸上發動進攻；即便有這種攻擊，也絕非清軍的對手。他們正是據此而未能對炮台的陸路防衛作有針對性的改進。

林則徐等人這種荒謬的判斷，令今人百思不得其解。[135] 然而，從更寬泛的背景來看，反映出當時的中國人對浮海東來的西方各國軍事技能的無知。早在 1793 年，英使馬戛爾尼使華時，隨帶兵弁。英方曾邀請清軍名將福康安觀其操演。英方的用意當為炫耀武力，而福康安卻擺出一副"天朝"大將的架子，表示不屑一顧。如果我們再往後看，鴉片戰爭的主要作戰形式是以炮台對敵艦，清軍採取這種戰法，自然是受傳統制敵方略的影響。而清軍的炮台全無防備敵軍陸路進攻的設備，結果在英軍戰艦和登陸部隊的兩重攻擊下，一一失陷。此種結局與英軍不善陸戰的判斷也不無關係。

林則徐所倚重的炮台是靠不住的。

在林則徐的設想中，第二種戰法是艦船交鋒。為此，他專門擬就了

133《林則徐集・奏稿》中冊，第 676 頁。

134《林則徐集・奏稿》中冊，第 861 頁。

135 林則徐的翻譯資料中，有"孟呀拉土番，即麼羅黑鬼，腳長無腿肚，紅毛選其身材高大者充伍，謂之敘跛兵"(《洋事雜錄》，《中山大學學報》1986 年第 3 期，第 24 頁)，然此處說的僅是印度兵。林則徐親眼見過外國人，在澳門又檢閱過葡萄牙兵。"腿足裹纏"，疑是當時的緊身褲和綁腿；"屈伸不便"，疑是葡萄牙兵採用踢腿式行進方式，即所謂"正步"，而產生的一種誤解。又當時外國人不願行跪拜禮，民間誤傳其膝關節有問題，難以跪拜，不知此說與林的判斷有無關係。

《剿夷兵勇約法七章》，詳細規定了具體的戰術動作。按林的部署，這種交戰應在內江進行。[136]

早在林則徐使粵之前，關天培剛剛接任廣東水師提督，便提出在虎門後路以師船 10 艘，另配以泅水陣式兵、中水對械兵、爬桅兵、能鳧深水兵共 130 名，與闖過虎門主陣地的敵艦交戰（詳見後章）。林則徐至廣東後，又在中國傳統的水戰戰術中擇出"火攻"戰法，即"多駕拖船，滿載車薪，備帶火器，分為數隊，佔住上風，漏夜乘流縱放"。[137] 林則徐所規定的艦船交鋒，是關天培的水師師船戰法與傳統的"火攻"戰法的結合和發展。

林則徐的戰術為：

一、以戰船 12 至 16 隻，分作 4 隊，斜向攻擊敵艦安炮較少的頭、尾；利用其船小靈便的特點，佔住上風近敵；若在船首，攻其船鼻，毀其帆索，若在船尾，毀其舵與後艙。

二、在接敵過程中，如炮力所及，即先開炮，至鳥槍可及，兼用鳥槍，再近可拋火罐，施噴筒。火罐應在船桅上拋出，噴筒應在船首施放。

三、當清軍戰船完全靠近時，兵勇須跳上敵艦，用刀砍殺"夷人"，並砍斷敵艦上的舵車及各帆纜繩索，使之完全喪失行動能力。

四、僱瓜皮小艇 30 隻，上裝乾草、松明、蘸油麻片，配以十分之一二的火藥。小艇的首尾，用 5 尺長的鐵鏈連接，其一頭拴七八寸長的大鐵釘。交戰時，水手半身在水，划槳而行以近敵。接敵後用大鐵釘將小艇釘在敵艦艦體上，然後縱火燃燒。

此種戰法，被稱為"攻首尾躍中艙"之法。[138]

---

136 按照林則徐原來的設想，此類交戰似應在虎門至獅子洋一帶進行。鴉片戰爭爆發後，林則徐宣稱要自率船隊出洋交戰，乃是自知道光帝已不信任他，欲有所表現。

137 《林則徐集・奏稿》中冊，第 650 頁。

138 林則徐：《剿夷兵勇約法七條》，魏源：《魏源全集・海國圖志》第 7 冊，第 1925—1927 頁；梁廷枏：《夷氛聞記》卷 2。

為了訓練清軍士兵掌握這種戰術，林則徐購買了英商船甘米力治號，改為安炮 34 門的軍艦，作為模型。讓清軍進行訓練。[139]

　　林則徐設計的這種戰法，可謂是書生議兵的典型，他沒有航海經驗，沒有近代艦船作戰知識，全憑着感性認識的推論，在頭腦或紙面上演繹，並未慮及在交戰中實際操作的可能性。

　　在雙方艦炮威力迥殊的情況下，清軍戰船在近敵過程中必然遭到極大的損失；航速和操作靈便性並不佔優勢的清軍戰船，很難進入專對敵艦首尾的斜向夾角；即便進入此種夾角，敵方艦船稍稍擺舵或改變帆面，方向頓變，而清軍戰船欲重新進入斜向夾角，須做扇面運動，動作極大；且不論清軍戰船在性能上能否跟上此種扇面運動，若不引起隊形陣法大亂，已屬幸事。

　　英艦因遠涉重洋之需，又與西方各國交戰之要，艦體十分堅固，不少艦船外包金屬材料。鴉片戰爭中，清軍的火炮對之亦難獲大效，而林則徐提到的鳥槍、火罐、噴筒之類的兵器，更難得力。尤其是在船桅上用手向英艦拋扔燃燒着的火罐，在實戰中似無可能辦到。

　　由於雙方的艦船大小迥異，高低立現，即便清軍戰船費盡全力靠上敵艦，兵勇也難以跳躍。水面相交兩船靠近時間很短，不比陸地爬越高障。兵勇登上敵艦後用刀砍殺諸法，顯然脫胎於前引林則徐奏摺中 “擊刺步伐俱非所嫻” 的判斷。

　　至於用大鐵釘將火船釘在敵艦上，然後放火焚燒，想象的成分很大，實戰中似無可行性可言，不必再作分析。

　　綜上所述，我以為，林則徐的這種圖上作業，設計得越周密，距實戰越遠。這是書生議兵最容易犯的錯誤。

---

139 魏源：《魏源全集・海國圖志》第 7 冊，第 1932 頁。

在林則徐的設想中，利用民眾進行襲擾，是對上述兩種戰法的補充。

廣東沿海的漁疍人家，多有販運鴉片、接濟英人淡水食物等情事。林則徐在斷絕通商之後，為使虎門口外泊留的英船英艦早日回帆放洋，採取了斷絕供應的辦法，並未奏效。他的"以毒攻毒"之法，即僱募漁疍人家火燒英船，正是在此背景下萌生。這種攻擊沒有獲得預期的效果，1840 年 2 月至 6 月五次行動後，英國的艦船並未因這些行動而扯帆西去。

除僱募漁疍人家在虎門口外實施火攻外，林則徐在內江和陸地亦有募勇和團練等情事。

我在第一章中曾談到清軍的束伍成法，正是這種落後的軍制使清軍極為分散，臨時總有兵力不敷之感。林則徐募勇，正是為了彌補清軍兵力的不足，以勇配合清軍作戰。另在英人容易登岸滋事的地方，林則徐沒有足夠的兵力派駐，便組織地方團練，允許開槍動刀，各保身家。

從林則徐的奏摺和公牘來看，他的困難並不是利用民眾進行襲擾是否正當，是否會引起意外後果，而是由此產生的財政問題。僱勇須官府出資，這就限制了僱募的規模。團練雖不用出資，但需有賞格激勵。清廷不可能為此而動撥銀兩，行商們的資金似暫時地幫他解決了這一問題。

有論者將林則徐利用民眾的種種做法，與後來的人民戰爭相比擬。我以為，這是不恰當的。

無論是僱勇還是團練，都是清朝的傳統方法，並非是林則徐的自創。民被僱為勇後，即是清軍的臨時成員、臨時部隊，是清軍外延的放大。團練由鄉紳進行組織，不離家土，活動範圍有限。除林則徐外，在鴉片戰爭中，沿海各省大吏無不實行此策。至於准人人持刀痛殺，[140] 在缺乏一定的組織實施下，很容易流為效能有限的恐怖活動。這些與人民

---

140 在林則徐奏摺中，這種方法始見於 1840 年 8 月 7 日的《密陳以重賞鼓勵定海民眾誅滅敵軍片》，見《林則徐集·奏稿》中冊，第 861 頁；而在此之前，林於 6 月底至 7 月初就在廣東實行這一方法，見 Chinese Repository, vol.9, pp.165-166。

戰爭之間的區別，是極其明顯的。

從另一角度來看，出資僱募社會上最不可靠的一群（漁疍人家），轉為官府的倚重所在，更是廣東歷來的做法。嘉慶年間的民間小說《蜃樓志》，曾提到廣東水師不足恃，海匪成災，兩廣總督募匪為勇，以匪治匪，"雖未必能弭盜，而民之為盜者，卻少了許多，庶乎正本清源之一節"。小說家的話，並不是此類方法何時行於廣東的考據材料，但小說家對此方法如此知詳，卻說明了它並非是官場詭密之道，而在民間已深入人心。

實際上，僱勇也罷，團練也罷，"准人人持刀痛殺"也罷，最重要的是它們在實戰中的效果。從鴉片戰爭和後來的第二次鴉片戰爭的史實來看，它們雖不能說毫無效果，卻絕非取勝之道。

民眾的游擊戰爭需要組織上和戰術上的指導，方可有效；民眾的游擊戰爭需要在地理形勢上佔利，方可實施；民眾的游擊戰爭需要覺悟和犧牲精神，方可支持下去。這一切都是當時所不具備的。其中的要害，是當時的官、民對立，不能想象用武力鎮壓而支撐的政權，能夠如此密切地與民眾合作。林則徐為官場中人，不論他的動機和操作有何招術，莫能置身度外。

由此，並非由林則徐獨創的利用民眾諸法，也是不足恃的。

以上對林則徐制敵方略的批判，是基於後來發生的大規模的戰爭這一事實，認為其不能取勝；而據林則徐等人的判斷，義律只會私邀少數軍艦竄犯，若此那一切又當別作它論。至於林則徐的制敵方略能否應付林則徐所估計的敵情，就歷史的發展而言，這種討論失去了針對性。如果僅僅從事實出發，穿鼻之戰後至 1840 年 6 月下旬之前，英艦一直處於被動狀態，沒有對清軍採取行動。若此將之稱作林則徐制敵方略的成功，似乎也非大錯。

1840 年 3 月 24 日，英艦都魯壹號駛到，虎門口外的英國戰艦增至 3 艘。6 月 9 日，英艦鱷魚號（Alligator）駛到。6 月 16 日，東印度公司的武裝輪船馬答加斯加號（Madagascar）駛到。所有這一切，都在林則徐的意料之中。

但是，沒過幾天，局勢急轉直下，完全出乎林則徐的意料了。

1840 年 6 月 21 日，出任英國遠征軍海軍司令的英駐東印度海軍司令伯麥，率由印度開來的艦隊駛到。6 月 28 日，英國遠征軍總司令兼全權代表懿律（GeorgeElliot）率由南非等處開來的艦隊駛到。不久後，英國侵華軍全部到齊。

此時，在華英軍兵力遠遠超出了林則徐的估計和想象。其中，有海軍戰艦 16 艘：

麥爾威鰲號（Melville）（旗艦）	炮 74 門	威鰲士鰲號	炮 74 門
伯蘭漢號（Blenheim）	炮 74 門	都魯壹號	炮 44 門
布朗底號（Blonde）	炮 44 門	康威號（Conway）	炮 28 門
窩拉疑號	炮 28 門	鱷魚號	炮 28 門
拉恩號	炮 20 門	海阿新號	炮 20 門
摩底士底號（Modeste）	炮 20 門	寧羅得號（Nimrod）	炮 20 門
卑拉底斯號（Pylades）	炮 20 門	巡洋號（Cruizer）	炮 18 門
哥倫拜恩號（Columbine）	炮 18 門	阿爾吉林號（Algerine）	炮 10 門

東印度公司派出的武裝輪船 4 艘：

皇后號（Queen）	馬答加斯加號
阿特蘭特號（Atalanta）	進取號（Enterprise）

另有英國海軍運兵船響尾蛇號（Rattlesnake）和僱用的運輸船 27 艘。

英國陸軍共有 3 個團：

愛爾蘭皇家陸軍第 18 團

蘇格蘭步兵第 26 團

步兵第 49 團

另有孟加拉國志願兵等部。地面部隊共 4000 人。合之海軍，英軍總兵力共約六七千人。[141]

相對中國的人口和清軍的兵力，英國遠征軍的規模並不驚人。但是，若從西方殖民史來看，這是一支頗具武力的軍隊。

更出乎林則徐意料之外的是，這支強大的軍隊，並沒有立即向虎門或廣東其他地區發動進攻，而只採取了相當軟弱的對策。

1840 年 6 月 22 日，英國遠征軍海軍司令伯麥，在其到達的第二天，待所率軍隊到齊後，僅發佈了一項從 6 月 28 日起封鎖珠江口的告示，便於當日晚上起，領兵次第啟程，北上進攻舟山。6 月 30 日，英國遠征軍總司令兼全權代表懿律，在其到達後的第 3 天，亦和全權代表義律一起率軍北上，與伯麥匯合。此後，廣東沿海的英軍亦有陸續北上者。虎門口外僅留下英艦 4 艘和武裝輪船 1 艘，執行封鎖任務。[142]

英軍的這一行動，自是執行外相巴麥尊的訓令。1840 年 2 月 20 日，巴麥尊致海軍部的公函中稱，在廣東“不必進行任何陸上的軍事行動”，“有效的打擊應當打到接近首都的地方去”。[143] 同日，巴麥尊給懿律和義律的訓令中，提到了他和海軍大臣各頒給伯麥的訓令，其中規定作戰方案為“在珠江建立封鎖”、“佔領舟山群島；並封鎖該島對面的海

---

141 *Chinese Repository*, vol.9, p.112,221; William Dallas Bernard, Narrative of the Voyages and Service of the Nemesis, vol.1, p.220. 其三個歐籍團均未足額，其大部兵力 2200 名於 1841 年、1842 年到達。

142 至 1840 年 10 月，虎門口外執行封港任務的英艦為都魯壹號、拉恩號、海阿新號、哥倫拜恩號，輪船為進取號（*Chinese Repository*, vol.9, pp.107, 112, 419）。

143 轉引自嚴中平：《英國鴉片販子策劃鴉片戰爭的幕後行動》，《近代史資料》1958 年，第 4 期。

口，以及揚子江口和黃河口"。[144] 伯麥和懿律對此是完全照辦。

　　林則徐並不知道英軍的作戰方案，他見到的僅是伯麥封鎖珠江口的命令和義律於 6 月 25 日、26 日的兩次文告。按照清朝的官場用語，這些文件的態度算不上強硬。於是，他誤認為，他的制敵方略成功了，英軍之所以不敢輕舉妄動，正是見其有備，無隙可乘，知難而返。他在奏摺中、咨會中、諭令中、書信中，都明白表露英軍不敢遽行騷擾，在於廣東防備嚴密。[145] 後來，他聽到定海失陷的消息，更是指責浙江方面未能如廣東那樣，早有準備，他害怕有人以定海的失陷來攻擊他，在給友人的信中寫道，"又豈粵省所能代防耶？"[146]

　　林則徐的這種說法，只是主觀的臆斷，後來的事實證明，英軍有着制勝的武力，絕非害怕林的武備。[147] 但是，林則徐的說法，顯然有着很大的影響力，尤其是對於那些不相信"天朝"武功居然不敵"島夷"之技的人們，更是如此。

　　1841 年 1 月，新任閩浙總督顏伯燾和新任浙江巡撫劉韻珂，不顧天怒，要求啟用獲罪革職的林則徐，理由之一是"該夷所畏忌"。[148] 1841 年 5 月，廣東民眾在《盡忠報國全粵義民諭英夷檄》中，振振有詞地問道："汝已稱厲害，何以不敢在林公任內攻打廣東？"[149] 鴉片戰爭之後產生的三部史著《道光洋艘征撫記》、《夷氛聞記》、《中西紀事》，皆謂林

144 馬士：《中華帝國對外關係史》第 1 卷，第 709 頁。

145《林則徐集・奏稿》中冊，第 838、856、860 頁；《叢刊・鴉片戰爭》第 3 冊，第 263 頁；Chinese Repository, vol.9, p.165；《林則徐書簡》，第 151 頁。

146《林則徐書簡》，第 151 頁。

147 如果當時伯麥因廣東虎門有備而不敢進攻，他就不會匆匆離去，而會留下來等待續到之英軍。到了 7 月中旬，英軍的兵力在數量、質量上會大大超過清軍。儘管當時英軍中有人希望能進攻虎門，但未獲准。關於這一方面的情況，可參閱 Robert Jocelyn, Six months with China Expedition, London: John Murry, 1841, pp.42-43。另外，印度總督於 1840 年 4 月 7 日的備忘錄，也規定了遠征軍立即佔領舟山的任務；義律於 1840 年 6 月 24 日給巴麥尊的報告中，又稱當時英軍北上的一個原因是避免颱風（見《鴉片戰爭在舟山史料選編》，第 479—481、488—489 頁）。

148《籌辦夷務始末（道光朝）》第 2 冊，第 752 頁。

149 廣東省文史研究館編：《三元里人民抗英鬥爭史料》，中華書局，1978 年，第 88 頁。

則徐在廣東防備嚴密，英軍無隙可乘，遂北犯定海。他們把後來廣東戰事的失敗，歸結於林則徐的去職；他們將各地戰事的受挫，歸結於當地沒有林則徐。儘管林則徐的制敵方略當時未經實戰，但他們已在心目中認定林必勝無疑。

處在失敗中的人們，找不到勝利的跡象，最容易產生某種希望。林則徐就是這種希望。而且，局勢越危急，戰爭越失利，這種希望之火就越放光芒。

由此，一個神話誕生了。

一個林則徐不可戰勝的神話，佔據了當時許多人的心，並流傳至今。

第三章

"剿""撫""剿"的回旋

　　今天北京紫禁城西華門內，有一處歷史學家熟知的中國第一歷史檔案館，保存着大量清代檔案。其中有一種"上諭檔"，是軍機章京每日抄錄明發、廷寄諭旨的簿冊，以備事後隨時查考。輪值的軍機大臣亦在此上注簽其姓，表示負責。但是，有關道光帝對鴉片戰爭的諭旨，卻不見於"上諭檔"。軍機章京將之謄錄於另一種軍機處檔冊 —— 其名今天的人們或許會想不到 —— "剿捕檔"。

　　"剿捕檔"是用來抄錄平叛鎮反事件諭旨的簿冊。設此檔的目的，在於此係軍國大事急迫緊要，恐混同於"上諭檔"而查尋不便，故別置一冊。可是，將與英國的戰爭等同於平定叛亂，在軍機大臣、章京上行走的人們的這種分類法，不僅再一次提示我們當時人們的"天下"觀念，而且也隱隱展露出**當時人們對此類事件的理所當然的處置原則**。

　　因此，儘管戰爭驟然而至，儘管清王朝全無準備，**但在傳統的禦外攘夷的武庫中，已經為道光帝編製了"剿"、"撫"兩套程序**。道光帝交併輪番操之上陣。在戰爭的最初幾個月中，清王朝由"剿"而"撫"，後又回到"剿"的套路上去，一波三折，回旋再現。在今人的眼光中，可謂分寸大亂。

　　決策者自然有權多變，但每一變都會在戰場上付出相應的代價。

　　而從人物的出場來看，上一章的主角是林則徐，這一章是道光帝、琦善和伊里布。

一　初戰

1840 年 7 月 5 日，還是北京，一切顯得與往常並沒有兩樣。

這一天，喪妻未久的道光帝，按照祖制家法，例行"詣綺春園問皇太后安"，然後回鑾處理了幾件日常的公文。[1]

這一天，剛由翰林院散館後授檢討的曾國藩，因客來訪而耽誤了讀書，影響其學問修行，在日記中剖心切膚地狠狠自責了一通，自勵須"日日用功有常"，以能夠"文章報國"。[2]

正當道光帝享以清靜時，正當後來以武功名揚天下的曾國藩琢磨"文章報國"之道時，遠去北京數千里的浙江省定海縣（今舟山市），已是一片炮聲隆隆，籠罩於嗆人的硝煙之中了。

1840 年 6 月 22 日起，英國遠征軍海軍司令伯麥率領威釐士釐號等艦船 19 艘，從澳門一帶水域出發，沿中國海岸，直取舟山。

當時在廣州出版的中國最早的雜誌 —— 英文月刊《中國叢報》的編輯，得知這一消息，專門在 6 月號上刊登了一篇文章，介紹舟山的地理位置與航線。儘管伯麥並沒有看到這篇文章，但以往留下的航海資料，使這位初來乍到，新駛此航線的海軍准將並不感到十分費力。8 天後，英軍到達舟山群島的南端 —— 南韮山島。

舟山位於杭州灣東南，扼蘇、浙、閩三省海面，共有大小島礁 200 餘處，本島是中國第四大島。有一些背景值得注意：

1　《清實錄》第 38 冊，第 84 頁。
2　《曾國藩全集·日記》第 1 冊，長沙：岳麓書社，1987 年，第 42—43 頁。

一、由於清初與台灣鄭氏、三藩耿氏作戰需要，康熙帝對此地作出軍政兩項決策。就軍事而言，設立定海鎮，轄鎮標水師三營，共計兵弁2600餘人；就政治而言，設立定海縣，縣城在本島的南端。[3]

二、也與康熙帝有關，1684年，康熙帝批准開放海禁，寧波為對外開放的通商口岸。1698年，寧波海關在定海縣城以南的道頭設"紅毛館"，以接待英國商船。1757年，乾隆帝禁英船入寧波，定海的對外開放也隨之中止，但英人對此毫不陌生，頗具覬覦之心。[4]

1840年6月30日，正在巡邏的定海水師兵弁瞭見南韮山島一帶的英軍艦隊，立即回報。定海鎮總兵張朝發得訊下令各營師船、兵弁、炮械在定海縣城以南的道頭一帶集結，命將統轄；自率船隊出洋。7月1日，他見英軍大隊乘風而行，自忖不敵，便折帆返回，並向浙江巡撫烏爾恭額、閩浙總督鄧廷楨等人報告。[5]

英軍佔領舟山的目的，是為其遠途作戰的部隊建立起一前進基地，休整補給，據此展開其北上、南下中國海的軍事行動。此外，英國政府也有意割佔此島，以便在比鄰當時中國最富庶地區的一方站穩腳跟，將觸角伸入華東，並由長江進入內地，儘管這一點後來沒有成為事實。[6]

1840年7月2日，英軍艦船緩慢地駛入定海道頭港。當地軍民似

3　據汪洵：《定海直隸廳志》，光緒十一年（1885）刊本；馬瀛《定海縣志》，1924年刊本。其定海鎮標三營兵弁數為戰前數字，見伊里布奏（《籌辦夷務始末（道光朝）》第1冊，第475頁）。
　　又，定海縣當時轄整個舟山群島，定海鎮另轄有象山水師協、石浦水師營、鎮海水師營。其防區北接江蘇蘇淞鎮，南接浙南黃巖鎮，是浙江的海防重鎮。

4　自乾隆帝封閉舟山之後，英國的商船（主要是鴉片走私船）時有竄至。而乾隆年間馬戛爾尼使華，曾將舟山作為其旅途中的一站。馬戛爾尼使華的目的之一，是佔據一島並屬意於舟山。

5　《鴉片戰爭在舟山史料選編》，第111頁。

6　據巴麥尊訓令，英國政府有意割佔舟山，但義律後來在鴉片商人的鼓噪下，屬意於香港島。鴉片戰爭結束後，英軍仍佔據舟山，作為清政府償清賠款的抵押。1846年，英國迫清朝簽訂《歸還舟山條約》，明確規定："英軍退還舟山後，大清大皇帝永不以舟山等島給他國。"（王鐵崖編：《中外舊約章彙編》第1卷，第71頁）這是中國歷史上第一個關於勢力範圍的條約規定。
　　此後英國並未將舟山辟為通商口岸或佔為殖民地，一直是歷史學家感興趣的問題。我以為，主要是上海租界的出現，使舟山不再具有重要的商業意義。

乎還記得昔日作為通商口岸的情形，並據鴉片飛剪船的活動，僉謂"夷船來售貨物"。曾在台灣立有軍功的總兵張朝發，卻稱其為風吹迷航誤至。只有新任未久，正在主持生童觀風試的知縣姚懷祥有些着急。[7]7月4日下午，伯麥派人送來了他們從來沒有見過的最後通牒，要求他們投降，並聲稱只等候"半個時辰"。[8]

"夷人"之所以為中土士子們看不起，其中重要的一條，就是不會使用優雅的漢語。此次伯麥的文件也不例外，不僅文句不美，而且還有錯誤。"半個時辰"在中文中應指1小時左右的時間，而參照英方文獻，本意是指6小時。[9]

定海知縣姚懷祥看到此文，顯然比誰都着急。他在一些官弁的陪同下，登上英軍旗艦威釐士釐號，見到了伯麥。英方軍事秘書吉瑟林（Jocelyn）記下了姚氏一段很有意思的話：

> 你們把戰爭施加於民眾身上，而不是我們這些從未傷害過你們的人；我們看到了你們的強大，也知道對抗將是發瘋，但我們必須恪盡職守，儘管如此做會遭至失敗。[10]

這番話當然不會起甚麼作用，但伯麥把進攻的時間推遲至7月5日。還須說一句，姚氏這些與"天朝"威儀不符的言行，不見於清方奏摺。

儘管戰後得知敗訊的道光帝和林則徐，對定海清軍的守備提出了嚴

7　王慶莊：《定海被陷紀略》，《叢刊‧鴉片戰爭》第3冊，第240頁。

8　該最後通牒是鴉片戰爭中清方接受的第一份"夷書"，浙江巡撫烏爾恭額事後隨奏進呈，評論説："臣閱看夷書，詞甚狂悖，鎮臣張朝發何以遵准遞收？"（《鴉片戰爭在舟山史料選編》，第23—25頁）

9　Robert Jocelyn, *Six months with China Expedition*, p.49.

10　Robert Jocelyn, *Six months with China Expedition*, p.52. 曾任姚懷祥幕僚的王慶莊對此亦有記載，稱姚氏在英艦上謂"事關民眾，從容議之"（《叢刊‧鴉片戰爭》第3冊，第241頁）。

屬批評，[11] 但據後來伊里布的調查，總兵張朝發在戰前幾天內，還是進行了有效的備戰。然而，相對於來犯的英軍，定海清軍實屬寡不敵眾。[12] 據英方的記載，7 月 5 日下午 2 時半開始的戰鬥，英軍艦炮僅用了 9 分鐘，就基本擊毀了排列在港口的清軍戰船和岸炮的還擊能力。其陸軍在艦炮的掩護下，乘小舟在道頭登陸，搶佔道頭東側的東嶽山，設置瞄準縣城的臨時炮兵陣地，並向縣城攻擊前進。但天色已晚，便停止進攻。次日清晨，英軍再次攻擊，至城門時，發現守軍已在夜間潰逃。清方的記載雖有所不同，但明確承認了無可挽回的失敗。總兵張朝發在英軍第一波火炮射擊時，便中彈落水，後內渡鎮海而不治。知縣姚懷祥見軍事不利，投水自盡，表現出儒吏在“蠻夷”面前應有的氣節。從未見過如此猛烈炮火的清軍士兵，臨陣產生恐懼心理而大量潰逃。據裕謙戰後調查，參戰的 1540 名士兵中，戰死僅 13 人，受傷 13 人，戰死的人數比擊毀的戰船還要少。而英方宣稱其在戰鬥中毫無傷亡。[13]

　　此後，英軍又據其作戰計劃，對中國沿海的廈門、寧波、長江口等重要出海口，都實行了封鎖。[14]

11　《籌辦夷務始末（道光朝）》第 1 冊，第 319 頁；《林則徐書簡》，第 151、165 頁。道光帝和林則徐都簡單地將此次敗績歸於定海清軍“廢弛”和未作準備。

12　定海道頭港一帶，清軍已集結大小戰船 21 艘，共計船炮 170 位，兵丁 940 名。岸上有兵丁 600 名，炮 20 餘位。就全國範圍而言，防兵火炮僅次於虎門而多於其他各地。參見《鴉片戰爭在舟山史料選編》，第 111 頁。英軍此行有戰艦 5 艘（炮 158 門）、武裝輪船 2 艘、運輸船 10 艘，載送陸軍第 18 團、26 團、49 團各一部。參見 Robert Jocelyn, *Six months with China Expedition*, pp.55,48。

13　Robert Jocelyn, *Six months with China Expedition*, pp.54-60; JohnOuchterlony, *The Chinese War: an Account of all the Operations of the British Forces from the Commencement to the Treaty of Nanking*, London: Saunders and Otley, 1844, pp.43-48; *Chinese Repository*, vol.9, pp.228-232.《籌辦夷務始末（道光朝）》第 1 冊，第 324—326、348、352、359 頁；《鴉片戰爭檔案史料》第 3 冊，第 443 頁；《鴉片戰爭在舟山史料選編》，第 110—113 頁。
　　關於此戰的開戰時間，上述資料中說法不一。張朝發致浙江提督祝廷彪的報告稱，戰鬥從卯刻至午時。鎮標中營游擊羅建功在後來受審時亦同此說。看來敗將為推卸責任，提前了開戰和戰鬥結束的時間。*Chinese Repository*（《中國叢報》）引用 CantonRegister（《廣州紀事報》）一文，也稱英軍上午進攻，但又稱英軍上午登陸。該文作者於 7 月 8 日晚才到達舟山，非親歷者，故皆不從。英軍開炮時間，奧塞隆尼稱下午 2 時，吉瑟林稱 2 時半。奧塞隆尼為軍事工程師，吉瑟林為使團軍事秘書。後者的說法似更可靠。關於此戰的詳情，又可參見拙文《定海之戰考實》，《歷史研究》1990 年第 6 期。

14　*Chinese Repository*, vol.9, p.419.

按照英軍的計劃，定海應是其侵華戰爭的首戰。可在定海開戰前，7月2日，炮聲卻首先在福建廈門響起。

1840年6月30日，英國遠征軍總司令懿律和全權代表義律率後續到達的英軍北上舟山，準備與伯麥會合。7月2日，途經廈門時，派戰艦布朗底號向當地官員送交巴麥尊外相致中國宰相書的副本。該艦於當日中午駛入廈門南水道，在距廈門島一海里處下錨。廈門同知蔡觀龍派船詢問來意，英方遞交了一封信，稱欲明日拜見地方長官，送交公文。英軍此信後被清軍退回。

第二天，7月3日，布朗底號起錨逼近廈門島，派翻譯羅伯聃（Robert Thom）駕小艇登岸，清軍以武力阻止。布朗底號遂向岸上清軍開炮，引起雙方一場炮戰。羅伯聃的報告稱，英軍狠狠地教訓了清軍。而事後趕往廈門的鄧廷楨奏稱，清軍擊退了英軍的進攻。如同鴉片戰爭中所有的戰鬥一樣，雙方的戰報永遠不會吻合。但檢視交戰結果，又似可看出雙方態勢的優劣。清方稱戰死9人，受傷16人，炮台兵房被擊破多處，民房又有震損，而英方宣稱毫無傷亡。[15]

不管此戰的具體情節如何，英方送信任務沒有完成。根據巴麥尊的訓令，這份文件一式三份，投遞地點應是：1. 廣州；2. 甬江口、長江口、黃河口中的一處；3. 天津。[16] 免在林則徐的面前顯得姿態低下，[17] 義律不願在廣州投遞，以遂改為廈門。布朗底號投書失敗後，於7月3日離開

---

15 羅伯聃的報告見 Chinese Repository, vol.9, pp.222-228。鄧廷楨和祁寯藻等人的奏摺見《籌辦夷務始末（道光朝）》第1冊，第340—341頁；第2冊，第562—563頁。此外也可參考《福建水師提督陳階平等為廈門抗擊英船情形致兵部尚書祁寯藻函》、《廈防同知蔡觀龍等為廈門抗擊英船事案》（《鴉片戰爭檔案史料》第2冊，第156—158頁）、《同安縣參將胡國安稟》（《鴉片戰爭案彙存》〔抄本〕第1冊，中國社科院近代史研究所藏）。關於此戰的詳細經過和分析，可參閱拙義《鴉片戰爭時期廈門之戰研究》，《近代史研究》1993年第4期。

16 馬士：《中華帝國對外關係史》第1卷，第709—710頁。

17 義律致巴麥尊，見《鴉片戰爭在舟山史料選編》第489—490頁。義律對此提出了三條理由，其中第二條是，"這份副本會被無根據地認為是我們有意乞求在廣州談判的證據"。

廈門，7 月 7 日到達舟山。

1840 年 7 月 11 日，懿律和義律再派一艦前往鎮海，投遞巴麥尊外相致中國宰相書的副本。據英方的記錄，英軍軍官搭乘小船靠岸，獲准登陸，也遞交了文件。但在第二天早晨該文件又被退回，清朝官員聲稱不敢將此件上呈。英方估計，該文件已被抄錄並上報朝廷。他們還注意到，鎮海的"滿大人們"（mandarins）沒有稱他們為"夷人"（barbarians）而呼之"貴國"（honourable nation）。[18] 浙江巡撫烏爾恭額對此事說法不盡相同，謂英軍在海上扣住鄞縣一商船，逼令船主代遞"其國偽相書"，要求轉達廷臣。烏氏認為，英國居心叵測，"即將原書擲還"。且不論此事的經過何說為真，就巴麥尊文書尚未到達清廷的結局而言，英方此行仍未達到目的。

此後，江蘇官員又奏稱，9 月 9 日，英軍在長江口截住一艘從廣東開來的商船，逼迫船主轉交巴麥尊外相致中國宰相書的副本給江南提督陳化成。[19] 我沒有查到相應的英方記錄。但此事至此已無關緊要，巴麥尊的信件已在天津由琦善進呈中樞了。

英軍將投書行動一再受挫的原因，很大程度上歸結於清軍不了解"休戰白旗"的意義；此外，語言障礙也增加了其中的困難。但是，真正的原因並非如此。根據"天朝"對外體制，除廣東外，各地官員未經許可不得收受外國文書，即所謂"人臣無外交"；對於轉呈皇帝的外國文書，若有違悖字樣，亦不得上送而褻瀆聖明，不然將以"大不敬"論處。福建、浙江官員如此做，並非是其個人的決定，而是體制的限制。在下一節中，我們將會看到，"天朝"這種自我封閉信息的限定，對清廷了

18　Robert Jocelyn, *Six months with China Expedition*, pp.72—73; JohnOuchterlony, *The Chinese War: an Account of all the Operations of the British Forces from the Commencement to the Treaty of Nanking*, p51; 賓漢：《英軍在華作戰記》，《叢刊·鴉片戰爭》第 5 冊，第 71—72 頁。

19　《籌辦夷務始末（道光朝）》第 1 冊，第 473—474 頁。

解、判斷"夷"情，及時作出決策，帶來了甚麼困難。

有論者據《道光洋艘征撫記》等書，稱英軍大舉北犯時，曾派艦 5 艘往攻廈門，因鄧廷楨事先有備而不克，遂攻定海。

此一說法並不真實。前面已經提到，英方派往廈門的英艦，屬第二批北上的部隊，與進攻定海的第一批部隊無涉，而第二批北上的艦隊，只有軍艦 3 艘（麥爾威釐號、布朗底號、卑拉底士號）、輪船 2 艘和運輸船 4 艘，不可能抽出軍艦 5 艘攻廈門。[20]《道光洋艘征撫記》等書的作者們，很可能從 7 月 2 日廈門之戰、7 月 5 日定海之戰的時間順序上，推繹出這種結論。

至於謂鄧廷楨事先有備，因牽涉到我在第二章提到的清政府敵情判斷的論點，須作一些說明。1840 年 1 月 5 日，道光帝將林則徐與鄧廷楨對調，以鄧為兩江總督。未久，江蘇巡撫陳鑾病故，恐鄧獨力難勝兩江之重位，於 1 月 21 日將鄧與伊里布對調，改鄧為雲貴總督。又未久，御史杜彥士上奏福建鴉片走私猖獗，水師交戰不力，於 1 月 26 日將鄧與剛上任的桂良對調，改鄧為閩浙總督。同一天，道光帝還派出祁寯藻、黃爵滋以"欽差"頭銜前往福建，"查辦事件"。

道光帝以鄧廷楨督閩，是害怕林則徐在廣東的有力措施會使鴉片販子北上，變福建為鴉片集散地；是看重鄧查禁鴉片的經驗，希望他在福建的表現如同其廣東任職的後期一樣好。鄧廷楨人未離穗，官椅卻轉了半個中國，心裏完全明白道光帝的用心。因此，他到職後，一直將查禁鴉片走私作為頭等大事來抓，命水師加強鴉片走私最兇的泉州一帶海面的巡邏。在局勢的預測上，他同林則徐一樣，沒有意識到戰爭已經迫在

---

20 實際上，這一事實的考訂，早在 1942 年就由姚薇元先生的《道光洋艘征撫記考》所完成。

眉睫，反而對下屬"告以夷人之無能為，我師之大可用"，[21] 以振作水師將弁的信心，敢於出洋與鴉片武裝走私船交戰。在他的奏摺中，大談緝拿鴉片走私，看不到針對未來戰爭的設防措施。[22]

1840 年 7 月 2 日，英艦布朗底號闖入廈門時，正值該地水師主力被鄧廷楨抽調前往泉州一帶巡邏。[23] 炮 5 門，岸上亦僅有二三百名士兵。[24] 胡廷寅得訊，率兵 200 名增援。[25] 據英方報告，廈門炮台僅有當天晚上，鄰近的同安營參將第二天，清軍又架起了設炮 3 門的臨時炮兵陣地。此期清方兵力兵器的數量，低於我在第一章中所述廈門平時設防；而種種臨時手段，又不若前面所述定海那般迅速有效。又怎麼能得出鄧廷楨事先有備的結論呢？

實際上，鄧廷楨自己對此有明確的答覆。

據鄧廷楨奏摺，1840 年 7 月 7 日，即廈門開戰後的第四天，他得到報告即赴泉州。他此時不知道英國遠征軍的到來，**認為廈門之戰是"賣煙夷船"乘福建水師全力"注射"於泉州一帶時，在漢奸的"區畫"下，乘虛竄犯廈門，目的在於"牽制我師"**。[26] 7 月 13 日，他收到詔安營游擊的報告，得知澳門葡萄牙翻譯透露，英國將派艦船 40 艘來華，方知竄犯廈門者非為"賣煙夷船"而是兵船。7 月 18 日，他又接到定海鎮總兵張朝發的報告，方意識到中英局勢大變，開始着手在廈門佈防。[27]

---

21 《籌辦夷務始末（道光朝）》第 1 冊，第 312 頁。

22 《籌辦夷務始末（道光朝）》第 1 冊，第 284—285、288—289、295—296、308—310、312—314、341 頁。

23 《鴉片戰爭檔案史料》第 2 冊，第 155—158、166—168 頁。

24 *Chinese Repository*, vol.9, p.222.

25 《同安營參將胡廷寅稟》，《道光鴉片戰爭彙存》（抄本）第 1 冊。

26 《鴉片戰爭檔案史料》第 2 冊，第 167 頁。而鄧廷楨在剛得到消息時連英艦的性質都一時難以辨明，上奏時稱，"究竟該船係屬何項船隻，抑夷國戰艦？"第 155 頁。

27 《鴉片戰爭檔案史料》第 2 冊，第 175—177 頁。

鄧廷楨本是"天朝"中人,他的敵情判斷當與同人並無二致。

戰爭終於無可挽回地打響了。戰報一份份由浙江、福建、江蘇、廣東發出,隨着飛奔的驛馬,一站站遞往北京。北京的靜謐安寧,被沿海的炮聲衝破。

然而,當我們今天回過頭來重新檢視各地送來的奏摺,又會發現,當時英國採取的兩大軍事行動:即攻佔定海和封鎖沿海,在奏摺中的反應是不一樣的。前者不僅可見於浙江巡撫烏爾恭額所奏,且福建、江蘇、山東等處官員因收到浙江咨會,在其奏摺中也有反映。而對於後者,各地的奏摺(包括被封鎖地區)基本上沒有提到(僅林則徐奏報封鎖廣州)。以貿易為本、市場經濟的英國,從本國的情勢着眼,企圖以此扼住中國經濟的喉管,哪裏會想到以農業為本、自然經濟的中國對此基本上沒有甚麼反應。儘管沿海的漁民、船民會由此而影響生計,但是,如果英國不這麼做,許多清朝官員還打算封海,反過來對英軍封鎖,切斷其接濟。在這些奏摺中雖然也談到了乍浦之戰(1840 年 7 月 24 日)、第二次廈門之戰((1840 年 8 月 22 日)、崇明之戰(1840 年 8 月 25 日),並表示擊退了"英夷"的進攻,但上奏人並不知道這些小規模武裝衝突的起因,乃是英軍的封鎖。道光帝因此不可能知道南中國的主要海口已經被英軍封鎖,還興致勃勃地經常與臣下討論是否實行封海政策。不過,英軍這種以破壞對方經濟為目的的戰法,未收到期望的效果後,他們也放棄了(詳見下節)。

儘管北京已經知道了戰爭的事實,但我們還不能夠用今天的思維方法去想象當時的場景。由於奏摺是機密的,邸抄公佈的消息有限且屬內部發行,民間書信因耗資昂貴(時無郵政、只有私人機構)而數量不多,大眾傳媒尚未出現(只有供來華外國人讀的英文報刊),因而南方的戰況,似乎只是由專業或業餘包打聽在京城地面巨室大戶之間播弄。老百姓很少知道此事，甚至一些官員也置身事外。[28] 本節開頭提到的那位曾文正公，時官居詞臣，他給自己安排了一張從早到晚的日程功課表：

> 每日早起，習寸大字一百，又作應酬字少許；
>
> 辰後，溫經書，有所知，則載《茶餘偶談》；
>
> 日中，讀史，亦載《茶餘偶談》；
>
> 酉刻至亥刻，讀集，亦載《茶餘偶談》；
>
> 或有所作詩文，則燈後，不讀書，但作文可耳。[29]

在他此期的日記中，看不到戰爭引起的變化。可惜我們今天已看不到原本的《茶餘偶談》，不知他此期從經、史、集中有何心得。他此期居住的圓明園南面的掛甲屯，恰是後來彭德懷元帥蒙難後掛甲閒居之地，距皇上的禁園僅百步之遙，竟然成了西山腳下的小小世外桃源。

在這位後來表現出慨然有天下志的儒吏的生活方式中，我們今天似應思考一下，該如何估計和評論這場全國都應奮身投入的民族戰爭？

二 "剿""撫"之變

圓明園前提塘官的活躍身影，向我們提示着當時的通訊條件。各省的奏摺、題本和咨文，通過兵部遍設全國的驛站系統，由驛卒騎驛馬，一站站地接力，送往公文的目的地。從廣州到北京，若以普通速度，驛

---

28 對此情景的了解，可見於當時潛入北京的俄國東正教教士團中的俄國外交部官員的報告："關於對英戰爭的情況，一無所知。中國官員避免談此事，而蒙古百姓中只流傳一些關於戰事的模糊傳聞，他們甚至跟誰開戰都不知道。"這位間諜通過私人關係才得知定海失陷的消息。轉引自［俄］阿·伊帕托娃：《第一次鴉片戰爭中及戰爭以後的中國》，《清史研究通訊》1990 年第 3 期。

29 曾國藩的讀書筆記後編為《讀書錄》，但打亂了時間順序，按書籍類別排列，我們已無法查出他這段時間的心得。

遞需時約 30 至 35 天；若以"四百里加急"，需時約 20 多天；若以"五百里加急"，需時約 16 至 19 天。至於"六百里加急"、"八百里加急"，速度當然更快，但會跑死驛馬累死驛卒，一般並不採用。

根據"禮樂征伐白天子出"的儒家原則，戰爭的一切決定都應出自聖裁。而今天看來如此緩慢的通訊速度，在對付地方造反、邊境叛亂等傳統戰事時，已顯露出弊陋，但大體還能應付過去。可是，在這場由近代化的敵手發動的鴉片戰爭中，驛馬的速度相對於軍情的頓變，則是過於緩慢了。清廷的決策往往比實際慢半拍，甚至慢一二拍。

以下各章節討論整個戰爭中清政府決策，不能忽略這一條件限制。

正因為當時的驛遞速度，更兼清王朝毫無戰爭準備，道光帝對戰爭的開局，並不如我們通常認為的那般清楚。這是因為，他最初得到的信息是很混亂的。可以說，在最初的 20 天內，他似乎是盲目行事。

讓我們列出一張時間表，看看道光帝依次得到的信息內容以及他相應的對策。[30]

1840 年 7 月 17 日，定海失陷後第 12 天，道光帝收到兩廣總督林則徐於 6 月中旬發出的奏摺，稱清方火燒辦艇篷寮，英方"實無能為"，非常高興，朱批"所辦可嘉之至"。

三天後，7 月 20 日，道光帝收到浙江巡撫烏爾恭額於 7 月 8 日發出的奏摺，告知"英夷"三四千人已登陸定海。[31] 他不免大怒。由於前一段時間內收到的廣東、福建的奏摺，多稱如何與英國鴉片船交戰獲勝，更由於林則徐錯誤的敵情判斷，使他誤以為竄犯定海的"英夷"，不過

30　以下引文未注明者，均見《籌辦夷務始末（道光朝）》第 1 冊，第 317—362 頁。

31　《籌辦夷務始末（道光朝）》第 1 冊，第 318—319 頁。又據《鴉片戰爭檔案史料》第 2 冊，烏爾恭額在此奏之前，於 7 月 6 日發出一摺，說明聽到英軍擾浙的消息，決計前往鎮海，加強防衛。但該件未標明收到時間，估計以普通速度發送，道光帝於 7 月 20 日以後收到，故僅朱批一"覽"字。

是在粵、閩受挫的鴉片販子，"藉勢售私"。他在烏爾恭額奏摺上的朱批說明，他此時並沒有把英軍這夥"區區小醜"放在眼裏。因對浙江文武的"張皇失措"不滿，他調曾在平定川楚白蓮教、張格爾諸役中屢立戰功的福建陸路提督余步雲，入浙協助攻剿。兩天後，即 7 月 22 日，他又根據定海的教訓，命令沿海各省"加意防堵"，以防那些"售煙圖利"而被斷絕貿易的"英夷"，"分竄各地，肆行擾害"。

7 月 24 日，道光帝再次收到烏爾恭額於 7 月 11 日發出的奏摺，告知定海失守，英"夷"進逼鎮海。此時，他似乎看出侵犯定海者非為賣煙英船，即命閩浙總督鄧廷楨、兩江總督伊里布各派水師數千名援浙。以三省兵力合剿一處，道光帝頗具勝利信心。兩天後，7 月 26 日，他在命令各省查拿漢奸的上諭中稱："嗼咭唎逆夷滋事，攻陷定海，現已調兵合剿，不難即時撲滅。"

8 月 1 日，道光帝收到林則徐於 6 月 24 日發出的奏摺，告知英國續來軍艦 9 艘、輪船 3 艘，開始覺察到局勢的嚴峻性。他沒有做進一步的表示，僅在林奏上朱批"隨時加意嚴防，不可稍懈"。

8 月 2 日，道光帝收到乍浦副都統於 7 月 23 日發出的奏摺，告知英艦 1 艘進犯乍浦。他即令杭州將軍派兵增援。

8 月 3 日，道光帝又收到林則徐於 7 月 3 日發出的奏摺，告知又到英國軍艦 10 艘、輪船 2 艘；並告知聽聞英軍可能北上舟山、上海、天津。他一面命令林則徐嚴密防守，"不事張皇"。一面根據林則徐的建議，命令直隸總督琦善：英艦到天津，若情詞恭順，"告以天朝制度，向在廣東互市"，天津既不准通商，也不准"據情轉奏"；若桀驁不馴，立即統兵剿辦。道光帝在天津佈置的兩手準備，表現出其原先一意剿辦的旨意已有搖移。

同一天，道光帝收到鄧廷楨於 7 月 16 日發出的奏摺，告知廈門開戰獲勝，大為興奮，朱批"所辦好"，並對出力員弁優賞有差。[32]

8月4日，道光帝收到烏爾恭額於7月24日發出的奏摺，告知英國增添軍艦，並投遞"偽相"（指巴麥尊）文書等情。道光帝對照廈門"獲勝"的戰報，下令將烏爾恭額革職，留營效力，調鄧廷楨赴浙主持軍務，並兼署浙江巡撫。

8月6日，道光帝收到鄧廷楨於7月21日發出的奏摺，稱其得知定海戰況欲赴浙江，但恐英軍再犯福建，"轉恐首尾不能相應"。道光帝令兩江總督伊里布為欽差大臣，前往浙江主持軍務。

8月9日，道光帝收到琦善關於天津防務的奏摺。直到此時（即定海失陷後一個多月），他才發現自己對"夷情"實在是一無所知，便想起幾天前烏爾恭額提到"偽相"文書的情節，作出了一項破例的決定，諭令琦善："倘有投遞稟帖情事，無論夷字漢字，即將原稟進呈。"在天津接受外國人的投書，本不符合"天朝"體制，更何況投書者已有"逆反"行跡。但在此時，道光帝急欲了解究竟發生了甚麼事，也就不顧及祖制。這對守成的道光帝來說，確實是大膽的舉動。然而，因不知道英艦是否會到天津，同一天，他還諭令正趕赴浙江的欽差大臣伊里布，部署了種種了解敵情的手段。

從這張時間表看，道光帝依次得到信息的時間與英軍行動的順序，恰恰顛倒，其對策也有不得要領之感。如浙江的主帥，先後有余步雲、鄧廷楨、伊里布之三變，逐級加碼。從7月20日至8月9日，他在這整整的20天內，總算是明白了英國已發動戰爭這麼一個事實，但仍然沒有弄清楚引起戰爭的原因。當然，他這20天內對此的基本態度，毫無疑問是主"剿"，這也毫無疑問是"天朝"統治者對"逆夷"的本能反應。

---

32 《鴉片戰爭檔案史料》第2冊，第166—168頁。《籌辦夷務始末（道光朝）》第1冊，第343頁。又，在此奏之前，鄧廷楨於7月9日還有一奏，稱聽聞廈門開戰，將前赴泉州。因為該奏用普通速度發送，遲至8月6日才收到。道光帝僅朱批"知道了"。見《鴉片戰爭檔案史料》第2冊，第155—156頁。

但是，從後來發生的情勢來看，8 月 9 日道光帝關於接受"稟帖"的諭令，卻是清王朝決策的一大轉機。

和道光帝一樣，直隸總督琦善一開始也是主"剿"的。

當 7 月 22 日道光帝命各省"加意嚴防"的諭令到達後，琦善立即採取了三條對策：

一、天津以北各小口，改派立有軍功的將領負責指揮，"密授防禦之策"。

二、親赴天津海口坐鎮指揮，並令地方官"暗備火攻器械"，岸炮與火攻並舉。

三、"由官授以器械"於村民，"示以賞罰，使之暗相保護"。[33]

琦善的這些方法，與前章所敍廣東的情形相比，似乎是一種袖珍版的林則徐制敵方略。8 月 4 日，琦善又收到道光帝命其作兩手準備的諭令。對如何剿辦，他又作了一些具體部署；而對如何勸諭，感到迷惑不解，上奏中稱："伏查英夷詭詐百出，如專為求通貿易，該逆夷豈不知聖人天下一家，只須在粵懇商，何必遠來天津？如欲籲懇恩施，何以膽敢在浙江佔據城池？"他的結論是，英國"顯懷異志"，"不可不嚴兵戒備"。[34]

就在琦善收到命其接受"稟帖"上諭的第二天，8 月 11 日，英軍艦隊抵達。他遵旨派出游擊羅應鰲與英艦威釐士釐號艦長馬他侖（與 1838 年來華的東印度艦隊司令馬他侖同姓，非為一人）接洽，但收到的不是

33　見琦善片，道光二十年六月三十日，《軍機處錄副》。不過，琦善此時不打算大力向海口增兵，可能是受到諭旨中"該夷等亦不過稍逞小技，恫疑虛喝，迫至計窮勢蹙，自必返棹入洋，無所希冀"等語的影響。

34　《籌辦夷務始末（道光朝）》第 1 冊，第 357—358 頁。琦善採取的防禦措施為：一、釘塞沿海各小口，將漁船逐一編號，以防勾結英人；二、調兵 2000 名以及火炮至天津海口；三、命令村民中之勇壯者與兵丁民壯一體操練。

"稟帖"，而是懿律致琦善的"咨會"。按照當時清官方文書的程式，"咨會"是一種平行文書。義律等人盼望已久的中英平等文書的直接往來，終於在大沽口外以炮艦的方式得以實現。而久官北方不諳對外體制的琦善，似乎沒有發現其中的變故，隨奏附呈時未作任何評論。

懿律的"咨會"陳述了廈門、鎮海拒收投書的情節，聲稱此等行為"以致冤情無能得以疏聞"，要求琦善在 6 天內派人前往英艦，接收"大英國家照會之公文"。[35]

"冤情"、"疏聞"等語，與道光帝諭令中"果無桀驚情形"的規定相吻合，但派人登艦接受"照會"，諭旨中沒有相應的規定。琦善感到沒有把握，不敢擅專，連忙上奏請旨。道光帝於 8 月 13 日批准。[36]

於是，琦善於 8 月 15 日"札覆"（而不是清朝官員以往慣用的"諭令"）"英吉利國統帥懿"，表示派人前往接收"公文"。他此時還弄不清"照會"的性質，在"札覆"中問了一句，"是否貴國王進呈大皇帝表文，抑係貴國王移咨本爵督閣部堂公文？"他約定在 10 天內對英方"照會"給予答覆，並要求英艦不得內駛。[37]

8 月 17 日，以千總而冒牌守備的白含章[38]取回了巴麥尊外相致中國宰相書。琦善立即上奏進呈。

也就在此時，琦善主"剿"的信念動搖了。接收投書一事，使他親眼看到了英軍的實力。原先腦海中朦朧渾沌的"泰西"，已經物化為具體實在的"火焰船"等諸般利器。他在奏摺中雖然沒有鬆口，但今人讀

35　佐佐木正哉編：《鴉片戰爭の研究：資料篇》，第 8—9 頁。

36　《籌辦夷務始末（道光朝）》第 1 冊，第 368—369 頁。此時琦善還代英軍購買食物，自稱是防英軍"借詞滋釁"。

37　佐佐木正哉編：《鴉片戰爭の研究：資料篇》，第 10—11 頁。有意思的是，琦善接收了"咨會"，發出了"札覆"，可謂是公文平等。但對英國國王，琦善仍認為不能與"天朝"大皇帝平行，故稱"表文"，而只是與他個人相當，故稱"移咨"之"公文"。

38　白含章本是督標左營的千總（正六品），琦善恐其官位太低而被英軍看不起，擅自在其覆札中將其官位改為守備（正五品），在英方文獻中被稱為"白上尉（Captain）"。英軍南下後，經琦善的請求，道光帝批准白含章"以守備儘先升用，先換頂戴，賞戴花翎"（《籌辦夷務始末（道光朝）》第 1 冊，第 482 頁）。

此猶可體會到其隱隱的心跡。[39]

當時的英國還吃不透中國。正如他們依據本國國情錯誤地以封鎖海口來迫清朝就範一樣，巴麥尊外相的公文，也錯誤地將收件人指定為中國宰相。[40]

自明初朱元璋廢除丞相後，明、清兩代皇帝都是直接理政。而雍正帝改題為奏後，內閣的“票擬”也隨之取消。皇帝不藉手他人親理一切政務。用一個不盡恰當的比擬，即“國家元首兼政府首腦”。雖有大學士、軍機大臣等官，時人亦譽呼為“相國”，但只是秉承皇帝旨意草擬聖旨，大抵相當於今日官場中的秘書班子。每日由奏事處將各處奏摺原封進呈，皇帝拆封批閱後，發下軍機，由軍機大臣據朱批或面諭擬旨，經皇帝審核後發出。這裏面有兩點值得注意：

一、除軍機大臣有時承詢答疑外，決策全憑皇帝本人，不受任何個人或機構的制約（當然也要受到“祖制”、儒家經典等間接制約）。

二、每日收到的奏摺一般都在當日發下，決策也隨之作出，十分迅速。

以一個人的智慧，在短時間內，對大小政務作出決策，這不僅需要雄才大略，而且需要周密精細。此外，體力和精力的充沛也是十分重要的。根據檔案，我們知道，清代皇帝每日須批閱上萬字的奏章，作出一系列相應的決策，稍有疏漏，便會鑄成大錯。

---

39 在附呈巴麥尊照會的奏摺中，琦善雖提到“不敢稍弛防禦”，但更多地強調連日大雨給調兵行動帶來的困難，並稱海口一帶“水深數尺”，只能待雨停後方可安排兵丁棲止。在附片中，琦善又詳細描繪了英軍的戰艦、輪船的樣式，隱喻難以克敵制勝，見《鴉片戰爭檔案史料》第 2 冊，第 289—292 頁。

40 英文本作 Minister of the Emperor，英方譯為“欽命宰相”。對於致書中國宰相，懿律和義律有一段解釋：“至大英制度，如非禮儀大典，即國主並不與各國皇上移文，而凡國家公務有通外國之件，即降旨命宰相移文照會該國宰相或大臣。此乃歷來辦理之定制也。”（佐佐木正哉編：《鴉片戰爭の研究：資料篇》，第 11 頁）可見英方完全是按其國內制度行事。清朝的這一體制一直成為中外交涉的障礙，一直到“總理各國事務衙門”成立後方改觀。

這種空前的高度集權的方式，對皇帝的人選提出了接近於神的要求，完全失去了合理性。朝廷的決策難以在具體分析和理性探討的基礎上作出，往往跟着君王一時的感覺走，儘管這種集權方式在真正的英明君主操縱下，可能會更有效率。

然而，此時柄國的道光帝，卻是一個資質平常的人。[41]

道光帝，名旻寧，1782 年生。他是嘉慶帝的嫡長子，年輕時曾親執鳥槍迎戰闖入皇宮的天理教造反者，而一顯英發果勇之姿。1819 年，他順利地登上皇位，但接手的卻是嘉慶帝留下的爛攤子。以他的智力和魄力，根本無法振衰起弊，開創一個新局面，但他以不滅的恒心和毅力，守住這份祖業，看好這副攤子。他的為政之道，我在前章已多次提及，即"守成"——恪守祖制，想用祖宗的方法來重建祖宗昔日盛世的風光。當然，以今日之眼光觀之，在才華不如祖父乾隆帝，精明不如曾祖雍正帝，膽略不如高祖康熙帝，他所標榜所追求的守成和實政，既是其稟性之使然，也不失為一種高明的藏拙之道。

道光帝雖然天分不高，卻很少承認自己的過失，更不會承認清朝此時已病入膏肓。他不是從生理上改變機制而謀新路，僅僅是從病理上追求調補療效。他曾經形象地向一名即將上任的官員談到為政治國之道，把之比做"一所大房子"，"住房人隨時粘補修理，自然一律整齊。若任聽破壞，必至要動大工"。[42] 因此，一旦出現問題，他總愛把責任推諉於臣子們對他的欺騙，以道德的責難掩蓋機制的沉痾。他常常懷疑大臣們的忠誠，對最親信的人也不例外，上諭中經常問及臣子們是否具有"天良"，"激發天良"便可治社會百病。對於臣下的功績，他從未苟惜頒以賞賚，但一旦有錯，那就不管他地位多高功勞多大，毫不猶豫予以嚴

41　本書關於道光帝的敍論，多受益於潘振平：《道光帝旻寧》，《清代皇帝傳略》，紫禁城出版社，1991 年。

42　張集馨：《道咸宦海見聞錄》，第 89 頁。

懲。在他這種不無乖戾的治理下，道光一朝大小臣工無不謹小慎微，得過且過。官場上粉飾之風大盛。

智商平常且乏膽略的道光帝，絕不缺乏自信，總是以為他的每一次決策都是最佳方案，儘管後來一變再變。前節所敘鄧廷楨的任職，就是明顯的一例，由兩廣而兩江而雲貴而閩浙，儘管每一次調動道光帝都有充足的理由，但畢竟缺乏通盤的考慮。他的那種頭痛醫頭、腳痛醫腳的一道道聖旨，是其目光短淺所限。他從來就沒有一種遠距離、寬視野的眼光。前章所敘禁煙決策，又是明顯的一例。

儘管道光帝有着種種缺陷（本來世上也無完人），但若有智明識遠的軍機大臣相輔，仍不失為寬猛互濟。可是從不認為自己尚有缺陷的道光帝，在軍機的人選上，又採用了最最可怕可恨的"老實聽話"的標準（是否真"老實聽話"又是另一回事）。他所信賴的曹振鏞、穆彰阿以"多磕頭，少說話"為主旨，戰戰兢兢，隨伺如同伴虎。每逢建言，先竭力揣摩帝意，只討歡心而不究事理。

這麼一種決策機制，這麼一位決策人，從此視角檢討鴉片戰爭中的清廷決策，我們不難發現，其犯錯誤的概率極高。這是因為道光帝面對的是陌生的敵人，全新的問題，根本就無祖制可守可循。

由於清朝並無宰相，更兼清朝並無負責近代模式外交事務的機構和職官，巴麥尊照會由琦善進呈後，直接由道光帝批閱。[43] 8 月 19 日，道光帝收到這份將近 4000 字的照會，當日並未發下，而是破例地留中一天，次日才發下軍機。期間他是否垂詢過軍機，今已無從查考，但期間又批閱過其他奏章並頒下不少於 9 道的諭旨（內容從旅順設防到旌表民婦不一），又可見之於《實錄》。可見道光帝職守所在，公務繁眾，心不

43　就清朝一般的辦事程序而言，皇帝若收到有關六部九卿各衙門的奏摺，一般都指示"該部（衙門）議奏"。而對巴麥尊照會，道光帝無法指令某一職能部門"議奏"了。

能一。儘管他自稱對巴麥尊照會"詳加披閱"，但從他的時間和工作來看，必不能潛心研究。然而，就在這短短的兩天之中，他的旨意完全轉變了，整整 180 度，即由主"剿"而傾心於主"撫"。

決策如此重大，變化又如此輕易。

琦善主"剿"信念動搖的主因，在於目睹英軍的"船堅炮利"，自忖不敵，這是英方完全可以想見的並希望達到的效果。而道光帝主"撫"意向的萌生原因，卻是英方無論如何也猜不到的，據蔣廷黻先生的發現，竟是巴麥尊照會的翻譯問題。[44]

儘管巴麥尊對其照會的漢譯提出了詳盡嚴格的要求，[45] 但該文件的第一句話的翻譯就有嚴重錯誤。道光帝看到的漢譯本為：

> 茲因官憲擾害本國住在中國之民人，及該官憲褻瀆大英國家威儀，是以大英國主，調派水陸軍師，前往中國海境，求討皇帝昭雪伸冤。[46]

對照英文，"求討皇帝昭雪伸冤"一語，原為 "demand from the Emperor satisfaction and redress"，[47] 若直譯為現代漢語，當為"要求皇帝賠償並匡正"。此外，該文件還多處將"匡正"譯為"伸冤"，"抗議"（protest）譯為"告明"，"賠償"譯為"昭雪"，"要求"譯為"催討"，等等不一。

44　見《琦善與鴉片戰爭》，《清華學報》第 6 卷第 3 期（1931 年 10 月）。

45　巴麥尊在其訓令中明確指出："信的譯文，你應儘可能使它正確，不要不必要地脫離英文語法，也不要採用任何足以妨害信實簡明而又切合實際地表達原文的中國語文形式。"（馬士：《中華帝國對外關係史》第 1 卷，第 709 頁）

46　《籌辦夷務始末（道光朝）》第 1 冊，第 382 頁。

47　馬士：《中華帝國對外關係史》，第 1 卷，第 621—626 頁。

如此重要的文件如此譯法，實為難解之迷。⁴⁸

前面已經提及，道光帝除此照會外，還收到琦善進呈的懿律"咨會"中有"以致冤情無能得以疏聞"和琦善奏摺中稱英軍軍官的"負屈之由，無以上達天聽"的言詞。所有這些，使英方的表現顯得"情詞恭順"。毫無疑問，這些卑下的文句頗合"天朝"大皇帝的脾胃，使得道光帝由此居然將領兵上門要挾的敵兇，看作上門"告御狀"的"負屈"外藩。

從巴麥尊照會來看，前面約佔五分之三的篇幅，是對林則徐廣東禁煙活動的指控，後面才提出五項要求：一、賠償貨價（指被焚鴉片）；二、中英平等外交；三、割讓島嶼；四、賠償商欠；⁴⁹五、賠償軍費。**如果我們用中國傳統的"討賊檄文"之類的文獻作為參照系，巴麥尊照會顯得不那麼義正辭嚴。按照不熟悉西方外交詞令的道光帝和琦善的理解，前面對林的指控，屬於"伸冤"，後面的各項要求，屬於"乞恩"。**

由於道光帝沒有（也不可能）花許多時間來研究巴麥尊照會，更由

---

48 關於巴麥尊照會為何會如此翻譯，我還不能解釋其全部原因。但有一點可以肯定，琦善沒有搞鬼。理由是佐佐木正哉在英國檔案館所抄的中文本，與琦呈的進呈本完全相同。我推測，義律久在中國，在中英文書的平等往來，費盡了心機。他完全明白，根據清朝的體制，有違悖字樣的文書必定會被拒收。很可能因此而授意馬儒翰等人在翻譯中儘可能地符合清朝官方用語的習慣。對此，我還可以提出一個證據。1840 年 8 月 16 日，他給琦善的"咨覆"中，對翻譯用語曾作一番解釋："且思兩國風殊俗異，禮儀不同，或在咨文之內，偶有奇異之處，情所難免。而本公使大臣等，總求敬欽，乃英等常以老實直言論事，倘有所忤求，為見諒終者。"（佐佐木正哉編：《鴉片戰爭的研究：資料篇》，第 12 頁）這段話表現義律等人儘可能地不致出現"忤求"的願望。

另外，《巴麥尊照會》還有一個中譯本，曾刊於《史料旬刊》，後收入《叢刊‧鴉片戰爭》第 3 冊，原編者標題為《道光朝留中密奏》，我在中國第一歷史檔案館中也見過原件。長期以來，這一譯本的來源一直為人迷惑不解，而阿‧伊帕托娃的文章解開了這一謎團：當時在北京的俄國東正教教士團的報告，"據中國官員說，英國人只遞交了照會的英文本，滿清朝廷不得不請求俄國教士團把巴麥尊照會譯成中文，教士團認真地完成了這一工作。"（《清史研究通訊》1990 年第 3 期）因此看來，這一份譯本，很可能是俄國教士翻譯的。

比較這兩個譯本，後一個譯本其文字雖野，但意思頗直。如第一句譯為："我大皇后新派水陸兵丁往大清國海邊要賠補，為嘆咭唎民受大清國官之委曲，及英國受污蔑。"道光帝肯定看到過這一譯本，但留中不發，且檔案今已編亂，我也查不出何時由何人進呈，也無法查考道光帝讀後的感受了。

49 指行商所欠英國商人的款項，而欠款的行商大多已經倒閉或歇業。

於他頭腦中的"天朝"觀念使之不得要領,他對英方對林則徐的指控,[50]印象比較深刻,打算予以"伸冤";而對英方的各項要求,覺得荒謬無理,自忖不難嚴詞駁斥,更況大皇帝之於外藩,本有權力"施恩"或"不施恩"。

8月20日,道光帝發給琦善兩道諭旨。[51]

第一道諭旨指示琦善如何"駕馭""外夷":一、對於英方的"冤抑",告以將逐一訪查,以折服其心;二、對於割讓海島,告以清朝准許英人通商已屬"施恩",不能再"致壞成規";三、對於商欠,告以應由兩國商人自行清理;四、對於"貨價",告以鴉片本屬"違禁之件",又已銷毀,"不得索價"。而對於中英平等外交、賠償軍費兩項,道光帝似乎沒有能看明白或沒有注意,[52]未給予指示。此外,他對巴麥尊照會中的一個細節,即要求"賜令特派欽差大臣"前往英艦進行談判,又格外注重,專門指示琦善:"至所請欽差大臣親赴彼船面會定議,自來無此體制,斷不可行。"

第二道諭旨是讓琦善向英方宣佈的,謂:

> 大皇帝統馭寰瀛,薄海內外,無不一視同仁,凡外藩之來中國
> 貿易者,稍有冤抑,立即查明懲辦。上年林則徐等查禁煙土,未能
> 仰體大公至正之意,以致受人欺朦,措置失當。茲所求昭雪之冤,
> 大皇帝早有所聞,必當逐細查明,重治其罪。現已派欽差大臣馳至

---

50 除巴麥尊照會外,道光帝還於 1840 年 7 月 20 日收到烏爾恭額轉來的伯麥對定海軍政官員的最後通牒,其中亦指控林則徐:"夫粵東上憲林、鄧等,於舊年行為無道,淩辱大英國主特命正領事義律暨英國別民人,故不得不然佔據辦法……"(《鴉片戰爭在舟山史料選編》,第 25 頁),而這份文獻,又是道光帝在鴉片戰爭中收到的第一份英方文獻,不會不留下印象。

51 《籌辦夷務始末(道光朝)》第 1 冊,第 391—392 頁。

52 這裏主要的原因,仍與翻譯有關。關於中英平等外交,巴麥尊照會中提出的標準是"按照成化各國之體制",這句話對清朝統治者說來,根本就不知其所云為何!關於軍費,巴麥尊照會又是脫離各項要求,放在最後,稱"所有緣此之使費","務要大清國家抵償也"。這裏的"使費",含義不清,難怪道光帝對此沒有反應。

廣東，秉公查辦，定能代申冤抑。該統帥懿律等，著即返棹南還，聽候辦理可也。（重點為引者所標）

在這道堂堂儼儼的諭旨中，道光帝淩淩然十足"天下共主"之古風。最妙的是"著即返棹南還，聽候辦理"一語，居然給英軍直接下起命令來。在這道諭旨中，道光帝還表示將派琦善為南下查辦的欽差大臣。

從這兩道諭旨來看，林則徐倒運了。他當了替罪羊。

如果仔細地追究起來，道光帝的後一道禍及林則徐的諭旨，很可能與林則徐的建策也有關係。

1840 年 7 月 3 日，林則徐奏稱：

> 若其（英軍）徑達天津求通貿易，諒必以為該國久受大皇帝怙冒之恩，不致遽遭屏斥。此次斷其互市，指為臣等私自擅行。倘所陳尚係恭順之詞，可否仰懇天恩，仍優以懷柔之禮，敕下直隸督臣，查照嘉慶二十一年間英國夷官啊等自北遣回成案，將其遞詞人由內河逐站護送至粵，藉可散其爪牙，較易就我範圍。倘所遞之詞有涉臣等之處，惟求欽派大臣來粵查辦，俾知天朝法度一秉大公，益生其敬畏之誠，不敢再有藉口。（重點為引者所標）[53]

林則徐提出這一建策，事因有二：一是行商轉呈美國商人之稟帖，稱英軍可能往訴天津。二是看到了英方的告示，內稱"粵東大憲林、鄧等，因玩視聖諭'相待英人必須秉公謹度'，輒將住省（指省城廣州）英國領事、商人詭譎強逼，捏詞誑騙，表奏無忌"；"且大憲林、鄧捏詞假

---

53 《林則徐集·奏稿》中冊，第 844 頁。

奏請奉皇帝停止英國貿易"。[54] 他由此而得出結論：一、英軍的北上是為了"求通貿易"；[55] 二、北上的英軍必定會全力攻訐自己。

於是，林則徐為了表示自己的清白，便主動要求欽派大臣來廣東查辦。他深知，自己的一切行動，尤其是英方公告中點明的"強逼"繳煙和"停止"貿易，都已請旨或是奉旨，皆有案可據，絕對清查不出甚麼問題來。而此時"邊釁"已開，聖怒隨時可能發作的情勢下，[56] 自己的地位已岌岌可危，若道光帝僅僅聽信英方公告中的一面之詞，自己將百喙難辯。

林則徐的這份夾片於 8 月 3 日到達北京，[57] 距道光帝 8 月 20 日發出諭旨，僅差 17 天。

從字面上看，林奏中的"倘所陳係恭順之詞"可"優加懷柔""欽派大臣""來粵查辦"，與道光帝的辦法確有相通之處。當然，我們也可以同樣明顯地看出兩人中的不同點：一、林要求將"遞詞人"由內河送往廣東，道光帝命令英軍"返棹南還"；二、林要求派大臣來查明自己是否有罪，道光帝在未查清之前就宣佈林"措置失當"；三、也是最重要的，林此時尚不知定海已經失陷，"優以懷柔之禮"應當理解為不必立即開槍開炮，而道光帝此時已傾心於主"撫"，將會出台一些給予英人的"優惠"政策。林則徐與道光帝之間，還是有原則區別的。

毫無疑問，儘管道光帝此時已經答應英人將對林則徐"逐細查明，

---

54 該公告由林則徐隨奏進呈，見《林則徐集・奏稿》中冊，第 844—845 頁。林稱該公告由"大英國特命水師將帥"簽發，查英文本，實為義律簽發，見 Chinese Repository, vol.9, p.111。

55 林則徐此時尚不明白英軍的全部侵華目的，仍以為是"挾制通商"、販賣鴉片，見《林則徐集・奏稿》中冊，第 843、856、862、883 頁。

56 果然在不久後，道光帝 8 月 21 日在林則徐的奏摺上朱批："外而斷絕通商，並未斷絕，內而查拿犯法，亦不能淨，無非空言搪塞，不但終無實濟，反生出許多波瀾，思之曷勝憤懣，看汝以何詞對朕也！"林見到措詞如此嚴厲的批責，知道情況急變，立即上奏請求處分（《林則徐集・奏稿》中冊，第 854、882—883 頁）。

57 道光帝收到此片後，在"（英方）徑達天津求通貿易"一語後朱批："卿等所見不為無因，然逆夷今番之舉決不為此也。"這顯然是因為先前收到烏爾恭額的奏摺及附呈的伯麥文書。而作為最直接的反應，他當日諭令琦善，作兩手準備。見《籌辦夷務始末（道光朝）》第 1 冊，第 335—338 頁。

重治其罪"，但心中絕對清楚林屬無辜冤枉，因而在諭旨中憑空加了一句為林開脫的話，"受人欺朦"，以便為後來的減輕罰處預留地步。可是，在他內心的深處，對此是不在乎的。為了解脫朝廷的困境，別說是冤枉，就是犧牲個把大臣，那又算得上甚麼？[58]

以上我據蔣廷黻先生的發現，敍及道光帝因英方文獻翻譯錯誤顯得"情詞恭順"而傾心於主"撫"，只是談到了問題的表層。根據道光帝後來諸多諭旨和朱批，我們可以看出，他對此似乎仍有一個全面的考慮。

最能反映道光帝的這種心思的，要數他後來在欽差大臣伊里布奏摺上的一段朱批，謂：

> 朕立意如此羈縻，想卿亦以為然也。再本因辦理不善，致彼狡焉思逞有以召之也。若再誤之於後，釁端何時可弭？且英夷如海中鯨鱷，去來無定，在我則七省戒嚴，加以隔洋郡縣，俱當有備，而終不能我武維揚，掃穴犁庭。試問內地之兵民，國家之財賦，有此消耗之理乎？好在彼志圖貿易，又稱訴冤，是我辦理得手之機，豈非片言片紙，遠勝十萬之師耶？想卿亦必以朕之識見為是也。[59] (重點為引者所標)

如此之長的朱批，在道光一朝並不多見，活脫脫地表露出道光帝自以為得計而意氣張揚的心情，也全盤地向我們透露道光帝主"撫"的層層原委。

一、"釁端"不能及時消弭。

---

58 隨着戰爭進程的變化，道光帝對林則徐的不滿日益增加，處分亦日益加重，以至後來遣戍新疆。不過，那已不是道光帝此時而是後來的想法和行動了。
59 《籌辦夷務始末（道光朝）》第 1 冊，第 513 頁。

道光帝根據鄧廷楨和琦善的奏摺，已知英軍"船堅炮利"，水師非其對手，因而清軍的戰法只能是七省戒嚴，郡縣有備。這種坐待敵方進攻的方法，不能及時全殲來敵，擒獲敵酋，戰爭將會無止境地拖延下去。

如果我們聯繫起在此之前道光帝處理的最大戰事 —— 平定張格爾之役，就不難理解他的用心。在那次戰爭中，張格爾初被擊潰，逃往浩罕國，爾後數次犯邊，至 1826 年，連陷喀什噶爾（今喀什）、英吉沙爾（今英吉沙）、葉爾羌（今莎車）、和闐（今和田）數城，南疆震動。道光帝由此看出一兩次的勝利，不能徹底解決後患，決計不惜一切代價，一定要捉住首犯張格爾。正是在這種作戰思想的指導下，清軍在多次獲勝後仍不罷手，數次深入浩罕。直到張格爾被檻送北京時，道光帝才真正放下心來。這種代價巨大擒賊擒王的戰法，看起來笨拙，卻一勞永逸，為南疆獲得了半個多世紀的安定。道光帝一貫強調實政，要求辦事完美利落，不留罅隙。

根據林則徐、裕謙關於英軍不善陸戰的奏摺，道光帝誤以為，在陸地上與英軍對敵還是可以穩操勝券的。就在他命令琦善在大沽口"撫夷"時，得知英軍在奉天（約今遼寧）海面游弋，於 1840 年 8 月 29 日諭令盛京將軍耆英："該夷所長在船炮，至捨舟登岸，則一無能為，正不妨偃旗息鼓，誘之登岸，督率弁兵，奮勇痛剿，使聚爾殲旃，乃為上策。"他的這種作戰設想，還向江蘇、山東等地官員交代過。

然而，在道光帝的心目中，此役與平定張格爾之最大不同，在於無陸地可追。地面戰鬥的一兩次勝利（當時地方官員已報有廈門、乍浦、崇明等處"擊退"敵軍），並不能算作是最後的勝利。如果在陸戰中不逞的英軍退至海上，南北竄犯，清朝勢必要在全國幾千里海岸線上部署持久的防禦。這種看不到結局的戰爭，正是道光帝希望避免的。

二、"國家財賦"經不起"消耗"。

道光帝繼位時，國庫已不充盈。以後的張格爾之役、河工諸項，開支動輒以千萬兩計。由於"永不加賦"的祖制，更兼道光帝缺乏新的思路和膽略，他沒有辦法改善財政，多辟來源（此時似也非絕對沒有辦法）。因此，儘管道光帝心中極不願意，但又不能不大開捐例，以應付日益增長的開支（當時也有通貨膨脹之虞）；而他最主要的對策，是厲行節約，從減少開支中謀尋出路。在清代 11 個皇帝中，他的節儉是出了名的，花錢如同割肉。

打仗是世界上最花錢的事。至 1840 年，清朝的國庫存銀為 1034 餘萬兩。[60] 這筆款項根本應付不了一次大的戰爭，更何況是曠日持久不知結局的戰爭。道光帝還指望用這筆錢來應付其他急需，也捨不得將之投入戰爭這一無底洞。

後來鴉片戰爭的事實也證明，在戰爭前期，各地還能得到中央財政的撥款，到了戰爭後期，各地的軍費主要靠捐納來維持（詳見第六章）。財政困難是道光帝在整個戰爭決策過程中遇到的一大惡魔，揮之不去，糾纏不清。

三、英方的要求在於"貿易"和"訴冤"。

儘管道光帝於 1840 年 1 月才正式宣佈停止中英貿易，然因林則徐的禁煙活動，中英貿易的停頓實際始於 1839 年 3 月。由彼及此，歷時已達一年半。然而，虎門口外的英國商船大多尚未離去，新的商船間有開來。由於林則徐和琦善的奏摺，道光帝對英方迫切希望盡早地恢復貿易的企圖，感受是很深的。

由於巴麥尊照會及其他英方公文，言辭直攻林則徐，堅決地反對禁煙運動，道光帝誤以為，前來"訴冤"的英軍，本是衝着林則徐的。

由此，道光帝自以為窺破了英方的底蘊。他從最最直接的反應出

---

60 至 1841 年，該數又減至 679 萬兩，減少之數很可能是用於戰爭，據清代鈔檔：歷年《戶部銀庫大進黃冊》，轉引自彭澤益：《論鴉片戰爭賠款》，《經濟研究》1962 年第 12 期，第 57 頁。

發，認為此次中英關係惡變，對清朝而言，在於三點：一、林則徐禁煙；二、鴉片被焚；三、停止貿易。那麼，只要清朝懲辦了林則徐，恢復貿易，最多再在"貨價"上作一些小小的讓步，就已還清了所有的欠債。也就是說，**只要清廷取消了 1839 年 3 月之後的一切對英不利的措施，中英關係就應當自然而然恢復到 1839 年 3 月之前的局面**。以這些讓步換取避免戰爭，道光帝認為是合算的。

至於巴麥尊照會中提出的各項要求，道光帝本來就不覺得是應還之債，只是"英夷"藉故而"乞"非分之"恩"，似乎並沒有完全放心上。從後來的諭旨和朱批中，我們還會發現，他甚至都忘記了（詳見第四節）。

道光帝完全打錯了算盤。只要看看巴麥尊照會中的出價，就完全可以斷定，道光帝的主"撫"政策注定失敗。而他自以為在陸路還能取勝、國庫中還有一點銀子，也就為他交易不成重新主"剿"鋪通了道路。

道光帝不無豪邁地寫下"片言片紙，遠勝十萬之師"，時為 1840 年 10 月 13 日。此時英軍已果如其命，"返棹南還"了。

8 月 22 日，琦善收到道光帝決意主"撫"的兩道諭旨後，立即派人尋找正在山海關一帶游弋的英軍艦隊，告知大皇帝已有"恩旨"，"速來聽宣"。此後的 20 多天裏，他與英方的往來照會共達 10 通，並於 8 月 30 日在大沽海灘的帳篷裏與懿律和義律直接面談。在最初的日子，他聽到一位"通事"（翻譯）的"私相吐露"，感到英方"似有愧恨之心"，自覺尚有把握；[61] 然而後在長達 6 小時的直接談判中，爭吵的聲音一直傳到帳外人的耳中，又覺得事情不那麼好辦。[62] 儘管他內心清楚，以武力對抗並非善策，但在談判一無進展之時亦決定，若英軍登岸滋事也只能

61　《籌辦夷務始末（道光朝）》第 1 冊，第 405 頁。

62　佐佐木正哉編：《鴉片戰爭の研究：資料篇》，第 424—427 頁。

"開炮轟擊"。[63] 然而，就連他自己也感到意外的是，9月13日，他同時發出兩道諭旨，據"理"辯析，勸懿律等南返；兩天后，英軍竟然真的同意了。

懿律和義律所以同意南下，是因為長達一個多月的交涉毫無結果，如此無基地的海上漂泊不知將結束於何時；北方的軍情、地理不熟悉，貿然進攻感到沒有把握；更何況季風將要過去，北方冬季海洋冰凍，將給艦船的行動帶來不便。於是，他們改變手法，曾在9月1日的照會中提出清方先允諾部分要求（賠償煙價）作為南下的條件。[64]

琦善在會談和照會中，感到煙價一事絕不會輕易了結，奏摺中也數次提起。而他在9月13日的第二道照會中，對此答曰："如貴統帥欽遵諭旨，返棹南還，聽候欽差大臣馳往辦理，雖明知煙價所值無多，要必能使貴統帥有以安如初。則貴統帥回國時，自必顏面增光。"[65] 用"天朝"語言的角度來看，琦善這一段答詞，似乎沒有承擔賠償煙價的義務（至少也不符合英方"奉御廷明示"的要求）；但若從西方的外交詞令來看，又似乎已承擔了義務。"天朝"與西方的話語，本來就有相當大的差距，致使此後的談判，屢屢出現此類問題。依據懿律和義律的理解，琦善已同意賠償煙價，在覆照中稱："是為貨價之所以必行償還"，"本大臣等接文，將大見安慰"，[66] 於是立即率軍南下。而琦善的真實用意，其奏摺中說得明明白白：

63　佐佐木正哉編：《鴉片戰爭の研究：資料篇》，第441—442頁。

64　佐佐木正哉編：《鴉片戰爭の研究：資料篇》，第17頁。

65　佐佐木正哉編：《鴉片戰爭の研究：資料篇》，第23頁。查此通照會，與琦善進呈本相較，差異甚多。按琦善進呈本，在"要必使貴統帥有以"之後，還有一短文字："登覆貴國王，而貴領事亦可伸雪前抑，緣恐空言見疑，為此再行照會貴統帥，果如所言，將有利於商賈，有益於兵民，使彼此相安如初……"（《籌辦夷務始末（道光朝）》第1冊，第465頁），兩者為何出現此種差異，尚待考證。就文字而言，琦善進呈本更通順一些，意思也明確。但這裏討論的是英方對此的反應，故採用佐佐木正哉的抄錄本。又，佐佐本正哉的斷句為"要必能使貴統帥有以安如，初則貴統帥回國時"，似為誤點，改。

66　佐佐木正哉編：《鴉片戰爭の研究：資料篇》，第24頁。

一面恪遵諭旨，示以煙土本係違禁之物，既經燒毀，在大皇帝斷無准令償價之理。復因該夷曾向委員有只求可以復命之說，故臣仰體密諭，作為出自臣意，以經欽差大臣秉公查辦後，總必使該夷有以登覆該國王。**另給公文，隱約其詞**……（重點為引者所標）

按照琦善的這一說法，9 月 13 日他給懿律的兩道照會，前一道是朝廷的正式答覆；後一道是據道光帝"相度機宜"的諭旨，[67] 以直隸總督的身份進行勸告的"說帖"。此時道光帝尚未同意賠償煙價，琦善雖有此心，但也不敢承擔義務，故"隱約其詞"。[68]

可是，就我們看到的這兩份公文來說，格式完全一致，起首有"為照會事"，結尾作"須至照會者"等語，看不出有甚麼區別。雖說"照會"這一公文格式也有琦善的創意，[69] 也為當時中英平等文書的往來找到了一條出路；但他畢竟沒有近代外交知識，分不清對外國說來，朝廷或直隸總督都代表政府，都應承擔責任；個人的"說帖"不應由官方名義出現。無怪乎懿律等人將後一道名為"照會"實為"說帖"的文書，當作正式的答覆。而且，退一步說，即便是"說帖"，琦善這種"隱約其詞"的方法，又哪裏像是辦理近代外交的模樣？

然而，對道光帝說來，英軍的南返，無疑證明其主"撫"決策已明驗大效，就連由琦善進呈的懿律和義律的照會中，也有這樣的文字："茲

67　該諭旨稱："倘該夷始終堅執，該督總當相度機宜，妥為措置。"（《籌辦夷務始末（道光朝）》第 1 冊，第 428—429、461 頁）該諭旨給了琦善一些臨機處置的權力。

68　從道光帝的正式諭旨來看，他從未正式允諾償償鴉片煙價。從琦善後來在廣東的奏摺來看，道光帝又已同意賠償煙價。我推測，此事似在後來琦善進京請訓期間，道光帝口頭了以了承諾，而琦善又有可能提出煙價銀兩採用由廣東行商"捐納"的方法。否則這一筆巨款，道光帝很難首肯。

69　據我所見，"照會"一詞成為西方正式外交公文"Note"的中文名詞，始於此時，儘管意義還不很明確。1841 年 8 月 11 日懿律致琦善的"咨會"（此名詞顯然模仿當時中國官場的平行文書的稱謂）中稱，要求派人接受"大英國家照會一文"，這似乎為"照會"一詞的首次出現。1840 年 8 月 15 日，琦善"札覆"懿律，在末尾中使用了"須致照會者"。1840 年 8 月 28 日，琦善給懿律的公文中，起首寫道"為照會事"，末尾寫道"特此照會。須至照會者。右照會，哄咭唎國統帥懿"。很可能英方覺得此種公文格式不錯，亦如此寫。此後雙方的公文皆用此種格式。

據貴爵閣都部堂欽奉諭旨，令為南回粵省，本公使大臣等，即將**依照而行**。"[70]（重點為引者所標）明確表示對大皇帝的"恭順"。同時，他還因為琦善善體其意，曉諭開導而建奇功，又在琦善 9 月 13 日的第二道照會上朱批："所曉諭者，委曲詳盡，又合體統，朕心嘉悅之至。" 9 月 17 日，他一面由內閣明發上諭，命琦善為欽差大臣，"馳驛前往廣東，查辦事件"；一面由軍機字寄上諭，讓琦善料理完結大沽口諸務後，"迅速來京請訓"。[71]

有論者將道光帝、琦善等人此期的主"撫"，概括為"投降"，並引申出"投降派"的種種說法。我以為，此論似缺乏歷史感。

就中文的本義而言，"撫"指的是"撫慰"、"安撫"，有時也作"據有"講，如當時的一句套話，"大皇帝撫有萬邦"。在中國的傳統的政治術語中，"撫"的意義大抵相當於今日的"和"，但其中又有重要且微妙的差別。"撫"與"羈縻"可以互通互換。它是指中央朝廷對各地的造反者和周邊地區的民族或國家，採取妥協的方法來達到和平，其結果不外乎對受"撫"者作出一些讓步，並加官晉級。它有着由上而下，居於主動的地位，也意味着受"撫"者對施"撫"者的臣服。施"撫"者與受"撫"者在地位上有高下之分。

在中國傳統的政治歷史中，"撫"就如同"剿"一樣，是帝王們交併輪番使用的兩種重要手段。一般地說來，可戰而勝之時用"剿"；戰而不能勝時則用"撫"。用"剿"時命將出兵，討而伐之；用"撫"時往往換馬，諉過於主管官員（實為替罪羊），另宣大皇帝新"恩"，以能循歸常態。無論在中國的歷史上還是僅在清朝的歷史上，"剿"與"撫"都有

---

70 佐佐木正哉編：《鴉片戰爭の研究：資料篇》，第 24 頁。

71 《籌辦夷務始末（道光朝）》第 1 冊，第 465—466 頁。

諸多的實例和經驗，道光帝也知詳用通。

按照儒家的理論，大皇帝是“天下共主”，對於“負屈”的外藩理應為之“伸冤”，方顯得大公至正。按照清朝的實踐，英國本屬“化外”，若非問鼎中原而一時難以“剿”滅，作一些遷就，宣示一下大皇帝的浩蕩皇“恩”，也不失為是一種恰當的解決方法。

由此可見，道光帝此時主“撫”，全可從祖法祖制中找到根據，非為無來歷，“撫”與“降”之間，有着嚴格的區別。[72] 巴麥尊要中國伏“降”，道光帝卻要英國就“撫”，今人看來實屬荒謬，然當時決定“撫”計和執行“撫”策的道光帝和琦善，卻感到道順理合。

1840 年 10 月 3 日，第二位派往廣東“查辦事件”的欽差大臣琦善，在面聆聖訓後，踏征途，出京南下。道光帝究竟對他講了甚麼，今天成了難以查清的謎；但道光帝先前的一道諭旨，又似可全部概括其使命：“上不可以失國體，下不可以開邊釁。”[73] 毫無疑問，這道貌似全面的諭令，如同先前的既要杜絕鴉片來源又不許挑起釁端一樣，又是一個無法執行的悖論。在琦善一行儀仗前驅擺隊列班的威風之中，我們可以隱約看見，5 個月後，他披枷帶鎖兵弁押解原道返回的身影。

英軍南下了。

琦善也南下了。

北方的危局消弭之後，道光帝對自己的“馭夷”能力產生了虛假的估計。為了使英軍順利南下，他根據英方的請求，下令沿海各省不必開槍開炮，以免再戰。為了節省軍費，他收到山東巡撫關於英軍已過山東

---

72 此處討論的“撫”，屬鴉片戰爭初期的概念，與鴉片戰爭後期的“撫”，有嚴格的區別。我將在第六章中再作討論。至於以後的中日甲午戰爭、八國聯軍侵華戰爭諸役，清朝官員又用“撫”字，與此時的概念完全不同，可以說，成了“降”的同義詞了。“撫”這一政治術語在中國近代的含義變化，也大體反映出清朝在世界中的地位變化。

73 《籌辦夷務始末（道光朝）》第 1 冊，第 399 頁。

洋面的報告後，急忙下令沿海各省酌撤防兵。[74] 儘管此時定海還在英軍的手中，但全國緊張的局勢也似乎在表面上已平靜下來，他估計戰事即將結束。[75] 在一派躊躇滿志之際，他又忽然想到當時主"剿"時的忙亂，覺得是一場虛驚。如果早日收到英夷"伸冤"的投書，如果早日相機辦理速定主"撫"大計，那又何來此等許多周折。[76] 為此，他越想越恨，不免聖怒大作。10月7日，他下令將已革浙江巡撫烏爾恭額拿問解京，交刑部審訊，罪名竟然是拒收"夷書"！[77]

在專制社會中，獨裁者原本可不用講道理的。因為，所有的道理都在他一人手中。

三　伊里布與浙江停戰

1840 年下半年至 1841 年春，肯定是兩江總督伊里布一生中最不尋常的時期之一。他跌落於先前聞所未聞的境地。

但是，在這一時期的最初的日子裏，這位被後人稱為"投降派"（或主和派，或主"撫"派）主力隊員的封疆大吏，一開始也是主"剿"的，就像道光帝和琦善一樣。

1840 年 7 月 9 日，履新未久的伊里布，遵旨嚴防鴉片海上走私，剛

74　《籌辦夷務始末（道光朝）》第 1 冊，第 487 頁。

75　1840 年 10 月 23 日，道光帝收到閩浙總督鄧廷楨的奏摺，要求撥銀 15 萬兩作為軍費。結果他由內閣明發上諭進行駁斥："現在該夷僅只守禦，並未敢四出滋擾，鄧廷楨等所稱腹背受敵，未知所受何敵？該夷因閩浙疆臣，未能代為呈訴冤抑，始赴天津投遞呈詞，頗覺恭順，現在特派大臣赴粵查辦，不日即可罷兵。鄧廷楨等所稱該夷猖獗，不知在何處猖獗？"（《籌辦夷務始末（道光朝）》第 1 冊，第 525 頁）內閣明發上諭與軍機字寄上諭不同，後者是保密的，前者是公開的。道光帝對戰爭前景的樂觀估計，勢必會影響清王朝內大小臣工。

76　道光帝對此事極為感慨，可見 9 月 19 日在裕謙奏摺上的一道朱批："所見大差！遠不如琦善之遵旨曉事，原字原書，一並封奏，使朕得洞悉夷情，辨別真偽，相機辦理。若似汝之顧小節而昧大體，必至債事，殷鑒具在，不料汝竟效前明誤國庸佞之所為，視朕為何如主耶？……"（《籌辦夷務始末（道光朝）》，第 475 頁）

77　《籌辦夷務始末（道光朝）》第 1 冊，第 506 頁。

剛查勘了吳淞等地的海口情形，檢閱營伍，回到蘇州時，突接浙江巡撫烏爾恭額的咨令，得知有"夷船"在浙洋游弋。次日，又奉江蘇巡撫裕謙轉來的浙江藩臬兩司的稟報，得知定海一帶有"夾板夷船"20餘隻。他的第一反應與前敍道光帝的態度完全一致，認為"顯因粵、閩二省驅逐嚴密，闌入浙洋，居心叵測"。儘管他此時還不知道中英兩國已經開戰，甚至不知道來犯者為何國之"夷"，但都不影響他立即於 7 月 11 日重返吳淞海口，並定下對策：若"該夷"竟敢闌入江蘇海面，就先行封港，杜絕勾結（也無須英軍實行封鎖了），然後示以兵威，驅逐出境。與此同時，他還飛咨沿海各省將軍督撫，通報軍情。[78]

　　7 月 13 日，伊里布到達吳淞，與聞訊先期趕到的江南水陸提督陳化成會合。次日，又得浙江消息，稱"夷船"兵分兩路，一路進攻定海，一路向西駛去，不知其目的。伊里布恐向西駛去之"夷船"將竄犯江蘇，便立即作出一連串的決定：一、在海防的重點區域寶山（含吳淞）、上海、崇明三處，部署防兵共 1 萬名，以備接戰；二、從藩、運兩庫中支銀 4 萬兩，暫充軍費；三、令江蘇布政使辦理火藥軍資，務期足用；四、令江蘇按察使整飭驛遞，保證奏摺、諭旨及各處文報暢通無礙，便於情報和指揮；五、自己坐鎮上海寶山之間，就近實施指揮。儘管如此，他對局勢仍未有充分的估計，在奏摺中說明，一旦接到浙江"逆夷就殲"的消息，立即"撤防馳奏"。[79]

　　至 7 月 17 日，伊里布又得浙撫咨會，知定海失陷，鎮海危急。他看出局勢的嚴重，便擴大了江蘇的防禦區域，同時依據其兩江總督的職權，調安徽兵 1600 名、漕標兵 450 名、河標兵 900 名往援江蘇各海口；調江西兵 1000 名，駐紮蘇州、鎮江一帶，充預備隊；命安徽撥庫存火

78　《鴉片戰爭在舟山史料選編》，第 25 頁。
79　《鴉片戰爭在舟山史料選編》，第 29—31 頁。除原設兵丁和陳化成所調兵丁外，伊里布實派援兵共計 4600 名。

藥、鉛丸各 5 萬斤，解江蘇海口備用。此外，他聽說"夷船"極高大，江蘇水師船隻過於"卑小"，便飭下屬"封備"閩、粵大型商船數十艘，以俟隨時僱用，配合水師作戰。[80]

7 月 31 日，伊里布接到道光帝派撥水師數千名援浙的命令，便從江蘇僅有的外海水師 2900 名中，抽出 2000 人，作好準備，隨時聽命開拔。[81]

8 月 12 日，伊里布奉到道光帝派其為欽差大臣、前往浙江主持軍務的諭旨，僅隨帶數人，當日起程。在途中，因奉到道光帝進攻定海的計策，上奏談及其規復失地的謀略：或多設疑兵，或陰遣間諜，或先攻其分據之區，或直搗其屯聚之處。由此而見，其謀略雖未最後定計，然自信卻不乏其堅定。他當時感到的唯一的困難，就是渡海作戰所需要的戰船，但又感覺問題不難解決。在江蘇時，他就動過僱募商船的腦筋，此次聽說浙江已經僱船。即便這些雇船"尚難合用"，也只需趕緊"添造數隻"，便可"俾資攻擊"。[82]

8 月 23 日，伊里布到達寧波。從最初這一個多月的經歷中，我們可以看出，伊里布的態度與任何一位清朝官員並無二致，只是一意主"剿"；而在實際行動中，又顯露出比任何一位清朝官員更為幹練的氣質。一旦獲得情報，立即形成對策，立即上奏報告，乾淨利落而不失周全。他是清朝官員中第一個未經請旨或奉旨，便調動外省軍隊的，第一個未經請旨或奉旨，便在軍費、軍火、驛遞等等與作戰有關的諸方面，採取果斷措施的。旁的不說，僅調兵一項而言，除沿海各地原駐兵弁外，他在短時間內檄調蘇皖贛三省、漕河兩督標共計 10900 名兵弁，增

---

80 《鴉片戰爭在舟山史料選編》，第 39—40、63 頁；《籌辦夷務始末（道光朝）》第 1 冊，第 377—378 頁。除原設防的寶山、上海、崇明三處外，伊里布另調兵協防金山、南匯、奉賢、華亭、常熟、海門等處，並以江寧將軍坐鎮京口（今鎮江），指揮長江內的防禦。

81 《籌辦夷務始末（道光朝）》第 1 冊，第 377—379 頁。

82 《鴉片戰爭在舟山史料選編》，第 52、57、60—61、62—63 頁。

援江蘇各海口。[83] 其數量超過沿海任何一個省份。

伊里布所做的這一切,表明他無愧為道光帝所倚重的能員。

可是,一到浙江前線之後,伊里布變了。原有的信心如雲霧在陽光下之消散,原有的經驗因情勢不同而統統派不上用處。

老謀深算的伊里布,遇到了新問題。

伊里布,隸籍滿洲鑲黃旗,家世可追溯到顯祖塔克世(努爾哈赤的父親),按照清代制度,為"覺羅",又因可身繫紅帶,又稱"紅帶子",在清朝可算是血統高貴之人。他的另一項不同凡響的優長,是科班出身,二甲進士,這在滿人中是不常見的,可謂佼佼者。他最初供職於國子監。1812年,外放雲南,作了通判之類的地方官,逐級晉升。1819年,因拘捕入境的緬甸造反者交緬甸當局"自行究辦",以保邊境安寧,而始獲中樞注重。1821年,又因剿平當地少數民族造反,獲道光帝的青睞,隨之進入仕途飛騰時期,先後歷安徽太平府知府、山西冀寧道、浙江按察使、湖北布政使、浙江布政使、陝西巡撫、山東巡撫。四年間遷官七次。雖說是台階一級都未落下,但速度極快,常常舊椅尚未坐熱,新職又在招手。

對伊里布來說,內地為官一圈,非其立功揚名之所,邊疆似更適應其施展身手。1825年10月,伊里布丁父憂剛滿百日,道光帝便按照旗人的規矩,命他署理雲南巡撫,丁憂期滿改實授。1835年,遷雲貴總督。1838年,授協辦大學士,為當時疆吏中獲此殊榮的第二人(另一人為琦善)。1839年,又賞戴雙眼花翎。

雲南是少數民族聚居的地區。自雍正帝改土歸流之後,由清政府直接治理,但常有事端發生。對清朝統治者說來,此處的官缺屬"繁"、

---

83 《鴉片戰爭在舟山史料選編》,第69頁。

"要"、"衝"、"難"四全，多置有力疆臣。伊里布平時為政寬和，以求減少矛盾，但一旦出現反叛，便毫不手軟重兵強壓，以迅速制止蔓延。即所謂寬猛互濟。在他任職期間，雲南顯現出少有的安定靜謐，甚合道光帝的心意，多次褒獎優敍。而他所受到的最重一次處分，竟是 1830 年上奏請求參加平定喀什噶爾叛亂，反被道光帝狠狠訓斥了一頓，結果是"革職留任"。[84]

伊里布的官宦生涯中，四分之三是在雲南度過的。長久的"天高皇帝遠"的邊疆經歷，養成其果敢的性格、幹練的作風，也培植了其強烈的自信。

然而，此時非彼時，此"夷"非他"夷"（當時清政府亦常稱邊疆少數民族為"夷"）。挾堅船利炮浮海東來的"夷"，不是他當年得心應手對付的邊疆少數民族了。

與北方的琦善相比，伊里布的困難又似多了一層。道光帝交給伊里布的使命，是渡海作戰，收復定海。[85]

雖說舟山本島至大陸的鎮海，海上距離不過 30 公里，而至大陸最近端，僅有 10 餘公里，渡海作戰也算不上遠洋進攻。但是，這麼一道窄窄的海峽，卻毫不留情地阻斷了伊里布的進兵路線，更何況鎮海一帶海面，尚有執行封鎖任務的英國軍艦。

伊里布到達鎮海時，烏爾恭額等人因定海失陷而調集的兵弁已經齊結，共有水師 3000 名，陸師 2000 名。對清軍說來，一地集結兵力5000 人並不算少，但當時清軍的情報稱定海英軍有戰艦 30 餘艘，陸軍七八千人，伊里布自然不敢"冒然進攻，輕為嘗試"。雖說正在增援浙

---

84 伊里布獲此重咎，主要是道光帝訓斥他的諭旨中有"妄行馳奏，徒勞驛站"一語。按照清代制度，擅用驛遞是很重的罪名，於是吏部議奏的處分是"革職"，道光帝加恩改為"革職留任"。次年開復。

85 《鴉片戰爭在舟山史料選編》，第 57—58 頁。

江的，有伊里布所調安徽壽春鎮王錫朋部 1200 人，以及隨福建陸路提督余步雲入浙的福建兵 500 人、僱募水勇 1000 人，以當時人的觀念，用於陸路進攻的兵力不乏；但伊里布最急迫需要的水師戰船，卻沒有着落。而且，伊里布入浙前曾指望在鎮海造船一事，也因"浙省所產木料均屬短小"而無法進行。

因此，8 月 28 日，伊里布發出入浙後的第一份奏摺，要求道光帝調廣東水師、福建水師各 2000 人，加上他在江蘇集結備調的水師 2000 人，四省大軍匯合，聯合進攻，收復定海。[86]

伊里布的四省水師聯合進攻的作戰計劃，以今日的軍事知識觀之，根本上就是錯誤的。一則閩、粵水師仍不是英軍對手，很可能在途中就被英軍擊潰（鄧廷楨已覺察），[87] 再則閩、粵因英軍的壓力而頗感兵力不敷，絕不可調出數千水師。事實上，1840 年 8 月 4 日，伊里布還在兩江本任上，得知浙江巡撫烏爾恭額上奏請求調粵、閩水師北上時，曾上過一道奏摺，支持烏爾恭額的建議，四省聯合計劃，萌生於此時。由於該奏摺不是加急速度而是以普通速度發往北京的，道光帝遲至 8 月 23 日才收到，此時的伊里布已是負責攻剿、收復定海的欽差大臣了。這一論調不免使道光帝大怒，朱批駁斥。[88] 道光帝站在全國的立場上看問題，儘管他對英軍未來行動的判斷有如盲人摸象，但也很實在地指出了此類行動有拖延時間、互卸責任的弊陋。

由此，我們又可以看出，不論伊里布上奏時出於何種動機，他的四省聯合進攻的計劃，在實際操作中，至少需幾十天兵力集結的時間，使伊里布有了緩於進攻的理由，獲得了他此時最需要的準備時間；同時，

86　《鴉片戰爭在舟山史料選編》，第 66—68 頁。伊里布因浙江木料短小，要求從福建調入。道光帝後來諭令："所請趕造船隻之處，恐緩不濟急，徒勞無功，著毋庸議。"（《籌辦夷務始末（道光朝）》第 1 冊，第 409 頁）

87　《鴉片戰爭在舟山史料選編》，第 44—45、48 頁。

88　《籌辦夷務始末（道光朝）》，第 1 冊，第 400—401 頁。

本應由他一人承擔的進攻定海的責任，通過調派水師的行動，分散到粵、閩、蘇等省官吏身上，減輕了自己的負擔。

這或許是伊里布提出此策的高明之處。

但是，就在伊里布正式上奏此計劃不久，道光帝的這段朱批到浙，使他不得不打消這一念頭。[89] 面對這道嚴旨，他後來上奏時訕訕地自我辯解：調集水師的計劃只不過是"先壯聲勢"，以便乘機將陸軍偷運至島上，"直搗其虛，襲取城邑"。[90] 這番話明顯是為了順合帝意而編造，絕非真實想法。

可是，話語可以隨意編造，而收復定海的任務卻不是用言詞而能敷衍的。它是擺在伊里布面前實實在在的難題。

從江蘇吳淞到浙江鎮海，由兩江總督而欽差大臣，伊里布不再表現出先前的精明、果敢和自信。在英軍的肆橫面前，他似乎已經看出武力收復定海的任務不可能完成，但又不敢明言直陳。於是，舉措從實在歸於空虛，言詞由明確變為含混。我們讀了他這一時期的奏摺，可以曲折地看到他迷茫的內心。

昔日伊里布的精神風采，已經不復存在。

正當伊里布為收復定海之事而一籌莫展之際，北方局勢的變化，又給他帶來另謀出路的生機。

1840 年 8 月 25 日，道光帝收到伊里布赴浙途中發來的奏摺，根據天津的形勢，給予指示："必須訪察明確，謀定後動，斷不可急圖收復，

---

89 就在此時，浙江的福建陸路提督余步雲於 8 月 26 日又奏請調派閩、粵水師各 2000 人援浙。道光帝於 8 月 30 日收到此摺，旨意又有動搖，命伊里布"詳審情形，悉心商酌，應否調撥之處，具奏請旨"(《籌辦夷務始末(道光朝)》第 1 冊，第 413—414 頁)。伊里布收到此諭時，計劃已變，也不再要求派援了。

90 《鴉片戰爭在舟山史料選編》，第 70—71 頁。關於收復定海的水師問題，伊里布似乎顯得語無倫次。他稱：既然閩、粵水師不能北上，收拾定海水師的潰兵敗將，再募一些水勇，亦可充一時之需。

冒昧輕進。"[91] 道光帝的這道諭令，及時地解了伊里布的圍。它雖然沒有改變收復定海的任務規定，但卻在時間上給伊里布留下了充足的餘地。再說，琦善辦理"訴冤"稟帖、命令浙省接受"呈遞字件"，種種情節，表現出與先前勢不兩立完全不同的風格。按照清朝官場用語的內涵，顯露出中樞有意於"逆夷"和緩的傾向。

伊里布老謀深算，自然看出道光帝的意思。他與此時已經到浙的福建陸路提督余步雲一番商討後，於 9 月 8 日出奏，認為琦善在天津辦理"稟帖"，浙江此時就不宜進攻，以免彼此相左。浙江此時的任務是：一、從嚴防範，"不令該夷竄入口內"；二、將進攻定海之事"密為部署"。[92] 也就是說，伊里布乘此機會，自作主張地改變了自己的使命，即從海上進攻定海換成從陸上防守鎮海等處。明眼人一看即知，"密為部署"實為"暫為擱置"的障目幌子。

英方此時正意在談判，伊里布此時放棄進攻，浙江和局由此產生。

可伊里布的這份奏摺到京時，正值英軍離開天津，游弋海上。道光帝不明英軍的去向及下一步的打算，於 9 月 16 日發出諭旨，"所有攻剿事宜，該大臣仍密為部署"，並稱舟山地廣，英軍無法處處設防，讓伊里布探明情況，"以為進攻之計"。[93] 伊里布 9 月 24 日收到此諭，僅僅過了一天，又收到道光帝 9 月 17 日諭旨，宣稱英軍已"聽受訓諭"，全數"起碇南下"，而定海英軍亦將"先撤一半"，命令伊里布等對南下的英軍"不必開放槍炮"，"勿以攻擊為先"。[94] 朝廷正在為"撫"計之勝而慶賀時，伊里布的"和"計也獲得了事實上的批准。

就在此時，浙江又發生了一件事。

---

91 《籌辦夷務始末（道光朝）》第 1 冊，第 409 頁。

92 《鴉片戰爭在舟山史料選編》，第 71 頁。

93 《籌辦夷務始末（道光朝）》第 1 冊，第 459 頁。

94 《籌辦夷務始末（道光朝）》第 1 冊，第 466—467 頁。

1840 年 9 月 19 日，英國遠征軍海軍司令伯麥致函浙江巡撫和浙江提督，宣稱天津談判期間，英方不會交戰；指責清方煽動民眾，拒供給養，緝拿安突德（P. Anstruther）等人；要求清方立即放人，並聲稱英俘若有半點傷害，必將報復。[95]

安突德是英軍陸軍上尉，在定海測繪地圖時，為鄉民所執。此外，清軍此時還在定海、鎮海等處俘獲"黑夷"（指孟加拉人）8 名，[96] 參加封鎖長江口的英軍運輸船風鳶號（Kite）在返航中失事，其 29 名船員（包括 3 名英軍軍官和 1 名英國婦女）也被清軍俘獲。[97]

伊里布 9 月 22 日收到伯麥的信件，立刻敏銳地感到：既然英方要安突德，那麼清方正可就此機會提出條件。9 月 24 日，伊里布以浙江巡撫烏爾恭額的名義，照會伯麥，告知欽差大臣的到來，宣佈釋俘的條件是英方"撤退兵船，將定海縣城獻出"。為了使他的建議更具誘惑力，另外承諾：一、除安突德等人外，風鳶號被俘船員 29 人亦可一同釋放；二、先前英方來函中提到的"通商"一事，亦可"代為奏請"。[98]

伊里布覆照時，伯麥不在舟山，由英艦伯蘭漢號艦長辛好士（Humphrey Fleming Senhouse）上校主持舟山軍務。他和伊里布於 9 月 25 日和 28 日互換了照會。[99]

9 月 28 日，即發照給辛好士的當日，伊里布上了一道長篇奏摺。

---

95 《鴉片戰爭在舟山史料選編》，第 492 頁

96 《鴉片戰爭在舟山史料選編》，第 79—81 頁。

97 伊里布在其奏摺中稱：英"五桅夷船一隻"、"杉板船兩隻"行至慈谿縣觀海衛洋面，"夷眾蜂擁登岸"，清軍"奮力迎擊"，擊斃"夷匪"7 人，生擒 4 人，英船"逃逸"。後又行至餘姚縣利濟塘，餘姚縣地方官派哨船兩隻引誘，英船誤陷軟沙，清軍生擒"夷匪二十二名"（《籌辦夷務始末（道光朝）》第 1 冊，第 503—504 頁）。這一說法與英方記載完全不同。英方僅稱其航行失事。

98 《鴉片戰爭在舟山史料選編》第 85、493 頁。很可能伊里布已知琦善在天津的公文處理方式，在與英方的文件交往中，使用"照會"這一格式。又，伊里布照會中所提到的"通商"一事，係指 1840 年 7 月英軍在浙投遞巴麥尊致中國宰相書一事。

99 《鴉片戰爭在舟山史料選編》，第 86—87、493—495 頁。辛好士顯然不知風鳶號之事，於 9 月 25 日的覆函中要求提供被俘人員名單；至於歸還舟山，稱將等到伯麥回舟山後再"轉呈閱查"。伊里布 9 月 28 日覆照中，聲稱釋俘一事"必須懇乞天恩"，即得到道光帝的批准，這就反過來表示自己是願意釋俘的；他還要求伯麥回舟山後對歸還定海一事"縷析詳覆"。

他先是吹嘘了一下水陸併進收復定海的設想，表明自己已"密為部署"；然後筆鋒一轉，聲稱天津的情況已證明英方已"俯首貼耳"，"有向化之忱"，浙江此時宜應"招撫"，以符合道光帝"弭釁息兵"之意；最後，他才托出了以戰俘換失地的計劃，表示將效法琦善，等到伯麥回到舟山之後，將"備文向其開導"，"令其迅速撤兵，歸我疆土，以免勞師費餉"。[100] 這道奏摺於 10 月 7 日到達北京，道光帝頗為欣賞，朱批多有褒語，立即批准。

9 月 28 日，正是伊里布上奏的當天，他所等待的伯麥未到，而英國遠征軍總司令兼全權代表懿律等人，由北方南下抵舟山。他看到伊里布的照會後，即於 9 月 29 日覆照，言詞強硬，聲稱若不釋放被俘人員，將認為清方已開始了"敵意行動"，他將可能"親自到鎮海"。[101]

伊里布見懿律有交戰之意，連忙覆照解釋。他提出了自己的理由：拿獲英俘事在奉到欽差大臣琦善南下廣東會談的諭旨之前，當時"彼此正在兩相拒守"，不能視為交戰之舉。他仍將釋放英俘和歸還定海聯繫在一起。[102]

10 月 2 日，英全權代表義律和翻譯馬儒翰赴鎮海，伊里布、余步雲等人與之直接會談。英方要求釋俘，清方要求歸地。參加會談的伊里布家僕張喜曾錄下一些伊里布的話，讓人可以了解其內心想法：

"大皇帝格外施恩，准爾通商，爾等將何以報答？"

"我們辦事，必令你們下得去，亦必令你們回得國，復得命。

---

100 《鴉片戰爭在舟山史料選編》，第 82—84 頁。值得注意的是在該奏前一天，9 月 27 日，伊里布曾上有兩摺，對他從 9 月 22 日以來進行的交涉活動一字不提。即便是 9 月 28 日上奏時，在此摺前另有一摺，大談清軍在慈谿、餘姚與英船鳶號交戰獲勝事。顯然，伊里布此時還摸不清道光帝的底牌，對他進行的交涉活動，多方掩飾，恐怕此種被當時人認為過於軟弱的舉動，會引起道光帝的憤怒。
101 《鴉片戰爭在舟山史料選編》，第 497 頁。懿律在照會中還蠻橫地提到，已扣留了中國 30 多艘民船，若清方釋俘，英方放船，企圖以此作為交換條件。伊里布對此沒有回答。
102 《鴉片戰爭在舟山史料選編》，第 89—93 頁。

你們亦須教我們下得去，教我們奏得大皇帝，教我們大皇帝下得去。"[103]

前一句話說明了伊里布對"通商"的看法，實際上也托出其對解決中英爭端的底價；後一句要求互給台階"下得去"的話，已不見"天朝"大吏對"逆夷"應有的敵愾之氣，而其中的老辣只有官場老手才能為之。這一次會談理所當然地毫無結果。但伊里布聽到義律曾脫口說出"不欲久據定海"一話，覺得此事還有希望。[104]此後，10月3日，懿律又送來一份照會，10月4日，伊里布覆照，內容仍是一方要求釋俘，一方要求歸地，與前並無二致。[105]

用今天的知識作判斷，很顯然，伊里布的計劃只是他個人的一廂情願，肯定行不通。英國在其殖民史上，對戰俘一事，大多是發動更大規模的武裝行動迫對方屈服。然而，此時中英剛剛進入對等直接談判階段，預定的廣東會談尚未進行，懿律和義律雖曾發出不惜動武的暗示，但畢竟不敢輕率行動，只是希望通過交涉來解決。可是，伯麥、辛好士、懿律等人一次次的文書，義律親赴鎮海談判，反使伊里布誤以為安突德是一個重要人物，更覺奇貨可居。由於錯誤的情報，伊里布以為英軍原有定海撤軍一半的計劃，他曾打算英軍真的撤走一半後，他將"酌量釋放"英俘，以便使其"即赴粵東，聽候查辦"。

定海英軍撤退一半的消息，伊里布得自道光帝，道光帝得自琦善，琦善得自白含章，而據琦善的奏摺，白含章得自與英軍軍官的交談。從英方資料中，我還找不到相應的記載，看來此事難以對證。從情理來判

---

103 張喜：《探夷說帖》，《叢刊‧鴉片戰爭》第5冊，第336頁。
104《鴉片戰爭在舟山史料選編》，第92頁。
105 關於10月3日懿律的照會，我未能查到原文，伊里布奏摺中稱"其大致與前文約略相同"（指9月29日照會）；又據懿律後來的照會，10月3日照會似為義律與伊里布會談紀要的備忘錄（《鴉片戰爭在舟山史料選編》，第498頁）。關於10月4日伊里布照會，見上書，第91—92頁。

斷，英方在天津談判期間似乎還不可能對定海駐軍的數量作出決斷。但是，當懿律和義律回到定海之後，確實有放棄此地的設想，前面提及伊里布聽到的義律作"原不欲久據定海"一語，並非空穴來風。

9月28日，懿律和義律一踏上舟山而得到的第一個消息，便是此地英軍正處在可怕的病疫之中，其中最主要的原因是水土不服。1840年7月13日至12月31日，英軍住院為5329人次，死亡448人。[106] 就死亡數字而言，英軍在舟山病死的人數是其兩年多戰爭中戰死人數的5倍；就住院人數而言，以1841年1月舟山駐軍數量作標準（1762人），那麼，平均每人住院3次以上。

儘管嚴重的病疫使英軍難以久留，但他們也不願白白放棄。9月29日，懿律和義律回到舟山的第二天，給外相巴麥尊寫了一份報告，提到撤出舟山的條件是，訂立一項包括賠償鴉片、割讓廣東島嶼、開放通商口岸諸條件的條約。[107] 這與伊里布的釋放俘虜、恢復通商的承諾相比較，差距實在太大。

儘管以戰俘換失地的計劃未能落定，但伊里布和懿律之間還是有着某種約定，這就是後來被人廣泛宣揚的《浙江停戰協定》。

1840年10月5日，懿律收到伊里布10月4日的照會後，覆照伊里布，沒有要求釋俘，反而稱先前的交涉中雙方都有"誤解"。他聲稱自己沒有注意到安突德被俘時，浙江方面尚未奉到"不可相拒交戰"的諭旨。他要求伊里布在"咨會"中明確表示已奉到這一諭旨，同時，他也將下令英軍停止敵對行動。至於歸還定海一事，他提議，將在與琦善

---

106 JohnOuchterlony, *The Chinese War: an Account of all the Operations of the British Forces from the Commencement to the Treaty of Nanking*, p.54. 海軍的病況不詳。

107 《鴉片戰爭在舟山史料選編》，第496頁。值得注意的是，懿律和義律的這一計劃是違反巴麥尊訓令的，巴麥尊後在1841年2月3日的指示中，對懿律和義律撤出舟山的理由予以全面的駁斥（馬士：《中華帝國對外關係史》第1卷，第720—726頁）。

的談判中連同其他問題一起解決。[108]

懿律此處提到的"不可相拒交戰"的諭旨,當指英軍從天津南下後,道光帝下令對南下英軍"不必開放槍炮"一事。伊里布先前的照會亦提及此事,但未說明諭旨的內容。可是,懿律的這份照會,如同鴉片戰爭中諸多英方文件一樣,漢譯不甚明白,伊里布未解其意。[109] 於是,他在覆照中仍堅持歸地釋俘的說法。[110]

10月13日,懿律照會伊里布,再次詢問是否奉旨"著令戢兵"。[111]伊里布這才明白懿律的真正目的,於10月14日覆照,謂:

> 八月二十九日(9月24日)欽奉上諭,以貴統帥在天津投遞稟詞,情極恭順,已遣直隸爵閣督部堂琦赴粵查辦,**飭令本大臣不得攻擊等因。本大臣自奉到此旨,即經飭令將佐約束弁兵,不得越境滋事,此正本大臣恪遵聖訓,戢兵不戰之明證也。本大臣現仍嚴束士兵各守口岸,如果貴國不相侵擾,斷不稱兵相向,**……**至於定海各鼂居民以及往來商漁船隻,貴統帥亦宜嚴飭所屬,不得再向滋擾,以期相安無事。**(重點為引者所標)

在此照會中,伊里布還詢問懿律何時"起碇赴粵"?[112]

伊里布的這份照會,提出了浙江停戰的關鍵性的條件,即互不進

---

108 《鴉片戰爭在舟山史料選編》,第98—99頁(此即當時英軍的譯本);第498頁(此即今人的譯本)。兩者可對照閱讀。

109 伊里布後來在奏摺中抱怨道:"惟是該夷性情狡詐,變幻多端,其文理尤屬不通,多有不可解釋之處。"(《鴉片戰爭檔案史料》第2冊,第475頁)

110 《鴉片戰爭在舟山史料選編》,第99—100頁。此時,伊里布奉到道光帝的諭旨,令其將戰俘押解廣東。於是,伊里布在覆照中稱,如果立即歸地,可立即釋俘,如果將歸地與其他事件一併討論,將把戰俘解往廣東由琦善處理。

111 未見照會原件,其內容據伊里布奏摺(《鴉片戰爭檔案史料》第2冊,第475頁)。

112 《鴉片戰爭檔案史料》第2冊,第476頁。

攻。它扭曲了道光帝諭旨的原意，[113] 擱置了經道光帝批准的以戰俘換失地的計劃，自作主張地承認了英方在與琦善達成協議之前可暫時佔據定海。此後，他只是一味地催促懿律早日南下，與琦善談判。其策略是送走這尊難對付的"瘟神"。

懿律收到此照會後，沒有直接答覆，而整整擱置了 9 天。10 月 23 日，他照會伊里布，提出停戰的條件：一、清方不得阻礙舟山與大陸之間的貿易；二、舟山在英軍佔領期間，應視為是屬於英國女王的；三、停止向舟山派遣軍隊或密探，停止煽動民眾反抗。他還聲稱，伊里布若同意這些條件，須發佈"告示"。[114]

從伊里布後來的奏摺來看，懿律的這份照會，漢譯也頗成問題，使其不得要領。他僅僅看出英方要求他"出示"，"諭令定海居民，不得向該夷滋擾"，以便使英方大員可以早日南下。於是，他在覆照中，謊稱已諭令"定海居民不得再拿貴國之人"。[115] 同時，他見英方既不肯退兵歸地，又不肯南下，遂派其家人張喜前往定海，與英方直接談判。

張喜本是一小吏，後投伊里布充家僕，隨侍多年，深得信任。正如皇帝身邊並無名分的小太監權勢盛於朝廷命官一樣，張喜的政治作用不能以家人二字來論定。古今中外的政治，大多為黑箱作業，張喜深諳此道，放著小官不做，寧充家人而增其權祿。此次伊里布為了增加交涉中的官方色彩，讓他戴上六品頂戴，權為折衝樽俎的使臣。在鴉片戰爭中，我們可以看到，一些毫無官方地位的小人物，常常有着令人吃驚的

---

113 道光帝 9 月 17 日諭旨中稱，對南下英軍"不必開放槍炮，但以守禦為重，勿以攻擊為先"。這裏不應包括定海英軍。最明顯的證據是，9 月 18 日，道光帝諭令伊里布對林則徐所奏以民剿制服英軍的辦法作出判斷，可見道光帝沒有改變武力收復定海的旨意。但此時的道光帝完全被伊里布牽着鼻子走，在伊里布的這份照會進呈後，道光帝朱批"所諭甚是"。

114 該照會的原譯本未見，此據今人譯本，見《鴉片戰爭在舟山史料選編》，第 498—499 頁。英方要求伊里布發佈"告示"的主要原因是，英軍佔領舟山後，浙江巡撫烏爾恭額仿效廣東的做法，頒示賞格，鼓勵民眾捉拿英軍。英方再求伊里布再出"告示"，取消賞格，並讓定海百姓俯首聽命。

115《鴉片戰爭在舟山史料選編》，第 100—104 頁。

表演。張喜便是其中最重要的一位。他留下了兩部記錄自己交涉活動的著作——《探夷說帖》和《撫夷日記》，今日讀起來頗有"晏子使楚"的韻味。這卻是張喜乃至當時大多數人心目中的"不辱使命"的外交模式。

根據張喜自己的記錄，他於 10 月 25 日和 27 日兩次渡海。第一次登上英輪船，見到了義律和馬儒翰，第二次登上了英旗艦威釐士釐號，與懿律直接面談。張喜根據伊里布的指示，要求懿律等速赴廣東，並稱英俘在關押期間不會受到傷害。英方所關心的是伊里布是否肯出"告示"，懿律還當面取出地圖，"指明地界，暫歸夷人管轄，俟廣東事定後，即行納還"，並讓張喜將此劃界地圖帶回交給伊里布。[116] 10 月 28 日，張喜返回鎮海，還帶回了英方要求出"告示"的照會。[117]

伊里布此時急欲送走"瘟神"，同意了英軍提出的將定海問題放在廣東會談中解決的方案，於 10 月 30 日照會懿律，聲稱其"已繕就告示十道，發往張貼"，至於釋俘和歸地，將在英人與琦善"會議完竣"後解決。[118] 11 月 4 日，懿律照會伊里布，表示即將南下，並稱將約束部屬，"不得駛至大港巨河，驚動士民"。[119] 11 月 6 日，懿律發佈通告，宣佈浙江停戰。

浙江停戰是伊里布的"傑作"。他以"臣子"的身份，巧妙地改變了道光帝"聖旨"規定的任務。停戰使他避免了毫無勝利希望的武力進攻定海的戰事，避免了難有中意結果的外交談判，而原本由他承擔的收復

---

116 張喜：《探夷說帖》，《叢刊・鴉片戰爭》第 5 冊，第 336—342 頁。據張喜稱，27 日派張喜備雞鴨牛羊"賞犒"英軍，是出自張喜的建議，目的是為了能見到懿律，並偵察敵情。伊里布給他的任務是探明英艦船數量，並邀懿律來見。然此"賞犒"行動當時頗受非議。

117 照會原文未見，據伊里布奏，該照會"仍係求出告示，並無他語"（《鴉片戰爭在舟山史料選編》，第 102 頁）。

118《鴉片戰爭在舟山史料選編》，第 104 頁。伊里布亦於 10 月 30 日上奏道光帝，將此處理結果上聞。而道光帝似乎默認了他的做法，沒有評論。

119 未見到原文，此處內容引自伊里布奏摺。

定海的責任，此次竟不動聲色地轉移到負責廣東談判的琦善身上。

到了這個時候，原本作為軍事統帥的伊里布，無需進攻，也無需防守，甚麼壞事都沒有了，剩下的只是坐等好事吧。

"天朝"中的大吏，聰明過人者莫如伊里布。

有論者謂，伊里布瞞着道光帝，私下與懿律簽訂了《浙江停戰協定》。他們的主要論據是《籌辦夷務始末》道光朝一書，稱伊里布僅僅奏報了"告示"一事，未言及"協定"。

這其實是一種誤解。

首先，所謂《浙江停戰協定》，並不是一項雙方簽字畫押的條約之類的文件，[120] 而是由伊里布和懿律多次照會等文件組成，其中最重要的，是伊里布的《曉諭定海士民告示》和懿律的《停戰通告》。伊里布的《告示》稱：一、清朝皇帝"敕令本大臣不得復行攻擊"；二、要求定海居民"各安耕讀，各保身家，如果夷人並不向爾等擾累，爾等不得復行查拿"。懿律的《通告》稱：一、"任何一方都不得逾越劃歸對方的地界"；二、"不得阻止民眾的往來"；三、英軍"不得以任何方式干擾中國人"。[121] 所有這些內容，雙方在照會中都予以確認。至於雙方地界的劃定，[122] 懿律曾讓張喜帶回地圖，而伊里布在後來的照會中沒有提出異議，可視作默認。

其次，《籌辦夷務始末》所收伊里布奏摺皆有刪節。從檔案來看，伊里布關於浙江停戰之事，先後上有 7 道奏摺，而在這些奏摺之後，又

---

120 被人們廣泛引用的賓漢《英軍在華作戰記》中譯本，很可能增加了這種誤解。該書稱懿律通告，"總司令現須通知遠征軍隊：兩國談判期間，欽差大臣及其本人之間業已訂立停戰協定……"（《叢刊·鴉片戰爭》第 5 冊，第 129 頁）查英文原著，"業已訂立停戰協定"一語，作 "a truce have been agreed"，其準確含義是"已經達成了停戰"，並無"訂立"和"協定"的意思。

121 *Chinese Repository*, vol.9, p.531；《鴉片戰爭在舟山史料選編》，第 105 頁。

122 懿律在通告中稱，英軍佔領的島嶼為舟山本島及其附近小島，但其英文島名（許多是英方自己命名的）我很難對應現在的中文島名，但從通告來看，雙方的界線大約在今崎頭洋、金塘港一帶。

附呈了懿律 11 通照會和他自己的 10 通照會。[123] 可以說，伊里布時時事事均有奏報。

相對於鴉片戰爭中許多地方大吏匿情不報而言，伊里布可謂是大體誠實的。他的高明之處，也就在這種誠實之上。他在奏摺中將懿律等人的照會全部附呈，實際上也就將所有的難題統統上交，從而證明自己的做法是唯一可行的。他不像某些大吏在奏摺中一味大話，結果無所措手；他始終保持了某種低姿態、低嗓門。正因為如此，他後被革拿送京審訊時，並未受到過重的處分。

如果說伊里布對道光帝隱瞞了甚麼，那就是隱瞞了他的內心。他已經看出軍事上的對敵絕無希望，但就是不說，使得中樞不能及時地明了前線的實情。而後來的形勢變化，又使他欲說不能。

1840 年 11 月 15 日，懿律率部分英軍南下廣東，伊里布隨之遵旨裁減鎮海一帶的清軍和僱勇，[124] 等待着廣東談判帶來好消息。

但是，在當時"天朝"的氛圍中，順昌逆亡本是"制夷"的唯一正途，而對攻城略地的"逆夷"居然停止"攻剿"，自然無法為官僚士子，尤其是江浙官吏所接受。伊里布的停戰舉動，極不得人心，很快成為同官們的眾矢之的。

先是新任浙江巡撫劉韻珂發難，奏稱英軍在舟山肆虐，並有久據之

---

123 關於浙江停戰問題，伊里布七次上奏的時間為：道光二十年九月初三日（附英方照會兩件、清方照會兩件），九月初九日（附英方照會三件，清方照會兩件），九月十四日（附英方、清方照會各一件），九月十九日（附英方、清方照會各一件），十月初六日（附英方照會兩件、清方照會和告示共三件），十月十二日（附英方照會一件），十月二十二日（附英方、清方照會各一件）。以上奏摺，現均全文發表，見《鴉片戰爭檔案史料》第 2 冊。由於檔案保管的原因，附件不全，主要是九月初九日，十九日，十月初六日、十二日奏摺所附英方八件照會。但伊里布所發出的照會是全的。《籌辦夷務始末（道光朝）》雖收錄了這些奏摺的摘要，但因篇幅關係，刪去了附件，同時也將摺內關於隨奏進呈附件的說明文字也一並刪去，使人們很容易誤解伊里布將收到或發出的照會隱匿不報。

124 此時浙江鎮海、寧波、乍浦一帶共有防兵 1 萬餘名，伊里布計劃撤退 5100 名，存留 5400 名。但他在執行時頗有心計，恐事後武力不足，每隔數日撤退百十名，至 1 個月後，形勢有變，仍有防兵 9800 名，伊里布便停止裁撤（《鴉片戰爭在舟山史料選編》第 114、165 頁）。

心，暗喻和平收復計劃不可行。然後是途經浙江的欽差尚書祁寯藻上奏，稱舟山父老鄉親紛紛要求進兵，並將民眾公呈附奏御覽。而最使伊里布不適的，是他的下屬江蘇巡撫署兩江總督裕謙的言論。他本與浙江事務無涉，但出自"天朝"大吏的義憤和責任感，上奏要求武力進攻舟山，且一次次報呈進攻方案。至於京城的言官，更是紛紛揚揚，奏章不絕。

就內心而言，伊里布對這些人的攻擊並不懼怕，上奏時左遮右擋，自我辯護，甚至反唇相譏；他真正擔憂的是廣東談判的進展。當伊里布將收復定海的責任轉嫁到琦善身上後，萬萬沒有想到，同官的攻擊使他的命運與廣東會談緊密相連。萬一定海不能收復，聖怒必然發作，自己必定牽連進去。伊里布熟知道光帝的性格，更清楚官場上本無是非，一切以大皇帝的好惡為標準。

可是，廣東傳來的偏偏是琦善談判不利的消息。

道光帝決計開戰，武力收復舟山。

伊里布這時再也不能固守其計了，只得在奏摺上大談用兵之道，可暗中多有小動作：

1840 年 12 月 31 日，伊里布奏稱，他將加強鎮海等處的防守，而對舟山的英軍，則打算購備火船，進行騷擾。

1841 年 1 月 9 日，伊里布奏稱，浙江防兵萬名僅夠防守，不敷"攻剿"，要求從安徽、湖北、湖南調兵 4000 名援浙。

1 月 17 日，伊里布奏稱，已擬就進攻舟山的作戰計劃，但"炮尚未齊，兵尚未集"，須等到炮、兵諸項準備就緒，然後乘英軍"驕惰懈弛"之機再動手。

1 月 29 日，伊里布再次奏報其作戰計劃，但除了上次提出的炮、兵兩要素外，又提出須"添造二十四槳快船，僱備商舟漁艇，招募熟識水性水勇"後，再"設法進剿"。附奏的夾片還建議，利用美國來鉗制英國。

2月2日，伊里布奏稱，廣東談判尚未有最後結果，浙江不能貿然進攻，以免英人得訊後在廣東更加猖獗。[125]

如此看來，**伊里布的這些計謀就已不再是針對英國人的，而是針對道光帝的了。**

面對道光帝一道道迅克舟山的嚴旨，伊里布表面上仍大談如何進兵，但又層出不窮地預設種種條件，用意正在於延宕時日。他始終不肯進攻，甚至不肯明確答覆進攻的時間，能拖多久就拖多久，期待着時局的變化。儘管他在鎮海一帶鑄炮、造船、修築工事，拉開了架勢，顯得**轟轟**烈烈。但場面鬧得越大，就越有擺擺樣子之嫌疑。他雖然曾在奏摺中隱約暗示進攻沒有把握，但在道光帝的嚴旨、同官們的批責下，始終不敢說出其避戰的內心判斷。他知道，說了必遭重罰。

伊里布的這些小動作騙不了同官們。1841年1月28日，浙江巡撫劉韻珂與路過杭州的新任閩浙總督顏伯燾密謀後，聯名出奏，要求啟用已被罷斥的林則徐、鄧廷楨來浙，"會同伊里布籌辦一切攻剿事宜"。[126]

伊里布的這些小動作也觸怒了道光帝。1841年2月10日，他免去伊里布欽差大臣的差使，任命主戰最力的江蘇巡撫裕謙前往浙江接任欽差大臣，"專辦攻剿事宜"！

就在這關鍵時刻，伊里布的轉機到來。

1841年2月7日，伊里布收到琦善由廣東發來的六百里飛咨，告之英軍將歸還舟山（詳情見後節）。他聞訊大喜，當日一面奏報道光帝，

---

125 參見《籌辦夷務始末（道光朝）》第2冊，第648—759頁。

126 《籌辦夷務始末（道光朝）》第2冊，第751—753、759—760頁。道光帝收到伊里布2月2日的奏摺，極度失望，朱批："不料汝如此游疑畏葸，何能為國宣力也？"

一面派家人張喜去舟山，準備履行他與懿律的前約，一面釋俘，一面歸地。

此後的中英交涉，因照會中的抬格、代售舟山積壓英貨、先釋俘還是先交地等細故而頗費周折。2 月 20 日，伊里布突然收到新任欽差大臣裕謙的咨會，知其已被免差，旨命返回兩江總督本任，不免大驚失色；而更讓他心慌意亂的是，這位新大臣對老上司還有一通毫不客氣的咨會，"安突德等不可釋放，本大臣尚須查訊！"[127]

伊里布知道自己已經失寵，亟欲親手收復定海，以作補救而挽帝意，不願讓眼看到手的功勞反為裕謙享有；他更知裕謙魯莽激越，若將英俘交到他的手中，還不知會惹出何種亂子（關於此事，詳見第五章）。於是，他一反官場常規，不是坐等新大臣到來，而是加緊收回舟山的交涉。

到了 2 月 22 日，一切尚未議定，伊里布心急如焚。當晚，他與余步雲緊急商議至二更，最後決定：一、由張喜先攜部分英俘去舟山釋放，勸英軍退出舟山；二、派葛雲飛、王錫朋、鄭國鴻三總兵率兵 3000 人，押解英方最看重的安突德，隨後跟進，收復舟山。

派兵前往，是伊里布不得已而用的險着。這反映出他遭道光帝嚴譴後破釜沉舟的一搏。[128]

可是，實際的行動，卻不免有些滑稽。

2 月 23 日晚，張喜按預定計劃出海，次日晨至舟山，釋放了部分英俘。當英方問及安突德等人時，張喜依計答覆：若英方歸還舟山，便釋放安突德；若英軍不歸還舟山，便殺了安突德，大軍開戰。可正當

---

127 張喜：《探夷説帖》，《叢刊·鴉片戰爭》第 5 冊，第 348 頁。伊里布後來奏稱，他於 2 月 21 日才收到江蘇的咨會，顯係為掩蓋其擅權自專而作了手腳（《鴉片戰爭在舟山史料選編》，第 193 頁）。

128 據張喜的《探夷説帖》，2 月 22 日晚，伊里布與余步雲商議時，為是否出兵而猶豫不決，恐"獲按兵不動之咎"。後伊里布稱，"進兵不勝，其罪輕，按兵不動，其罪重"，乃定計出兵。

張喜唇槍舌劍駁斥辯難之際，只見安突德駕小舟而歸。過後，押解安突德的清軍兩名下級軍官趕到，稱途中英軍劫走安突德，清軍尚未跟進。本以武力為後盾的張喜，頓時成了孤身求情的乞兒。24 日下午，英方同意撤軍，收縮部隊，準備離境，而此時接收定海縣城的不是派出的 3000 大軍，而是 3 人（張喜和兩名下級軍官）。張喜連夜返回鎮海向伊里布報信，這兩名無奈的軍官只能四處尋找熟人，代為看守城門和倉庫。25 日，英軍登船南下廣東。26 日，葛雲飛等部才會合齊集，收回舟山。[129]

而在伊里布的奏摺中，情況就不同了。

2 月 24 日，他派出張喜和葛雲飛等部後，忙不迭地上奏道光帝，聲稱已與英方約定 24 日交還舟山，裕謙尚無抵浙日期，若按常規等待新大臣的到來，須得與英方改期，遲礙收復失地；且他策劃已久的進兵計劃亦有可能洩露，往後難期得手。因此，他為了不失時機，自行作主，仍於 2 月 24 日收回舟山。明明是一場搶功的把戲，竟被他說成是不諉卸責任的勇為。針對道光帝歷次武力攻克舟山的嚴旨，伊里布還在同日專上一摺，胡編了所謂的進攻計劃：派兵 3000 人為主力，另捐銀 1 萬兩，在舟山密僱鄉勇；若英軍拒不歸地，內外結合同時並舉，進攻縣城；若一時不能獲勝，便在島上據險分駐，以圖後舉，云云。明明是一項倉促的決策，竟被他說成是計劃周全奇正交用的行動。[130]

儘管伊里布在奏摺上大話連篇，但心裏並沒有底。上奏後的當日夜晚，張喜返回，告知清軍並未到達。不久，裕謙又來咨會，宣告 2 月 27

---

129 以上記述據張喜的《探夷說帖》。英方的記載可驗證張喜的說法，《英軍在華作戰記》稱，英軍交還舟山時，清方只有張喜和幾名下級軍官（《鴉片戰爭》第 5 冊，第 136 頁）。按照伊里布後來的奏摺，3000 清軍搭乘 150 艘船開往舟山。伊里布 2 月 22 日子夜下決心，若無事先的計劃，3000 清軍需集結，150 艘船需調動，沒有一二天時間是很難完成的。由此看來，葛雲飛等部的遲到，可能是受客觀條件的限制。但是，作為統帥的伊里布為何如此決策，交由葛雲飛看管的安突德等人為何不隨軍行動，都是很難解釋的。由此看來，無論是伊里布，還是葛雲飛等人，雖已動兵，但似乎都有意避戰。

130《鴉片戰爭在舟山史料選編》，第 192—194 頁。

日到職視事。而葛雲飛等前方將領出發後，一連 3 天居然全無消息。這可嚇着了伊里布，連忙派張喜再次渡海探聽確情。原來這些遲到的將軍們，正在為何部率先進入這座被英軍放棄的空城而爭功，吵得軍報無法定稿。當伊里布終於得知清軍復據舟山後，總算鬆了一口氣。2 月 27 日，他再奏道光帝，又生編了一段收回舟山的詳細情節：

> 我兵丁初四日（24 日）午刻齊抵定海，該夷半在城內，半在船中，是我兵到彼，胞祖（此時舟山英軍的指揮官）即繳納城池，城內各夷立即紛紛退出。我兵整眾入城，登陴看守，並將城外道頭地方該夷所蓋草房全行拆毀。鄭國鴻等傳宣恩諭，將夷俘晏士打剌打釐（即安突德）等釋令領回，並飭趕緊起碇。胞祖等免冠服禮，聲稱伊等將城池交獻後，即於初五日全數撤退……[131]

這一段無一字為真的言語，把滑稽可笑的醜劇改編為堂皇氣派的正劇。值得注意的還有，伊里布為掩蓋事實的真相，還一改其先前的做法，2 月 24 日和 27 日的奏摺，都沒有附呈他與英方的往來照會。

不料伊里布為順合帝意而胡編情節的奏摺到達京城時，反使道光帝以為若伊里布遵旨及時進兵，完全可以消滅這股盤踞舟山而人數不多的"逆夷"。當廣東軍事失利的奏章頻至時，深為倚重的伊里布竟然放虎歸山，讓一股本可全殲的"醜類"滑腳而逃，又怎能不使道光帝大發雷霆。伊里布本來只是撤銷了欽差大臣的差使，卻因收回舟山而加重了處分："伊里布著革去協辦大學士，拔去雙眼花翎，暫留兩江總督之任，仍帶革職留任處分，八年無過，方准開復，以觀後效。"[132]

131《鴉片戰爭在舟山史料選編》，第 196 頁。
132《籌辦夷務始末（道光朝）》第 2 冊，第 830 頁。

這正是聰明反被聰明誤。

伊里布與浙江停戰，本是游離於鴉片戰爭主旋律之外的一段插曲，大可幾筆帶過。我在這裏不厭其詳地逐一記述，原因有二：一是過去的人們對此研究不多，致使許多細節模糊不清，有必要一一釐訂清楚。二是過去的人們往往在不清晰的記述中，使用了清晰的道德批判，使得伊里布有如乖戾小人，因而不能真正理解他的言行。

伊里布與琦善一樣，是清王朝中最早由主戰走向主和的大吏。這種觀念的轉變，起因於無渡海作戰的船艦，後因張喜而更清楚英軍的實力。[133] 在嚴峻的現實面前，他很早便消退了與“逆夷”不共戴天的豪壯氣概，希望能與英方達成雙方都能“下得去”的妥協。很顯然，他的想法與前節所敍道光帝的主“撫”思路，並不吻合，而到了後來“天朝”上下一派欲逞“剿夷”之痛快的氛圍中，這種想法本身就是罪過。他很幸運未奉派主持中英談判，還可以不公開說出其真實思想，但在其主持的浙江範圍內，這種思想指導下的所作所為，不能不激起同官們、道光帝以及許多人的憎惡。

這裏面有必要分清兩個問題：一是對侵略者應不應抵抗；二是若這種抵抗注定要失敗，是否仍應抵抗。**前者是道德層面的，結論是肯定的，沒有疑義。後者是政治層面的，結論不能從前者引申而來。思想家與政治家的區別正在於此**（我擬在第八章中作專門討論）。既然正義的反抗並不能取勝，那麼，避免無謂的犧牲也是可以的。從這個意義上講，伊里布的消極避戰不應當視作錯誤。

但是，我們在行為上為伊里布辯護之後，又會發現，我們無法在動

---

133 張喜在實際交往中，對英方軍事力量了解頗詳，見《探夷説帖》，《叢刊·鴉片戰爭》第5冊，第337、339、344、346—347頁。

機上為他辯護。所有一切表明，伊里布的消極避戰並非出於減少國家、民族、民眾利益損失的考慮，而是為了保全其個人。他恐怕在戰敗之後，其聲名官祿乃至身家性命之不保。其中最明顯的證據是，他沒有拼死一奏，將真相說個明白，使決定國家、民族命運的決策，能立於可信可靠的基礎之上。他的這種將個人利益置於國家利益之上的價值取向，無疑是錯誤的。

伊里布同所有的"天朝"大吏一樣，在對付侵略者方面，無論在外交上還是軍事上均無足以稱道的精明之處；但在對付道光帝方面，卻表現出高於其他"天朝"大吏的熟練才華。作為官場老手，他深諳政治運作的竅門，慣使諉過佔功的招術。從以上我對他的敍說中，可以看出他施展的種種手段。也算是他的幸運，局勢的突變，竟使他能收回舟山，本來是無路可投，竟也給他一條出路。[134]

在研究伊里布的這段經歷時，使我最感興趣的是，他對道光帝從誠實到欺騙的過程。在其開始，伊里布還是誠實的，後來奏報與英方的交涉，雖不乏"天朝"的大話，但大體情節仍為可靠。隨着道光帝一道道攻克舟山的嚴旨，他的奏摺越來越言不由衷，而獲知其已被免差後，竟滿紙謊言。在當時的官場中，捏謊粉飾盛行成風。過去的人們往往從忠君觀念出發，批判臣子們的"欺君"行為。但是，若冷靜地想一想，那種容不得半點不同意見、強求一致的政治體制和君主作風，又何曾不是在客觀上催化、助長這種風氣？我這裏絕無意為伊里布的謊言辯護，而是指出，對促發這種謊言的體制和君主也應當批判！

由於伊里布並沒有說出真情，由於當時的人們不了解也無從了解真情，社會對他的批判，自然（甚至必然）出自道德的角度。就連 20 年來一直對他深信不疑的道光帝，此時也不能了解他的想法，派裕謙多方調

---

134 英軍撤離舟山是義律擅權的決定，詳見後節。由此可見，伊里布本無出路可言。

查，最後懷疑他是否接受了英方的饋贈。1841 年 5 月 3 日，道光帝收到裕謙的密片，稱英方"另有送張禧（喜）禮物，因甚秘密，即同去之陳志剛亦不得詳……"以為其中必有勾當，立即下令將伊里布革職，命其攜張喜進京聽訓。[135] 道德的批判最是無情。而批判一旦升至道德的層面，事情的細節便失去了原有的意義，至於細節之中所包含的各種信息、教訓更是成了毫無用處的廢物。在當時的社會中，沒有人從道德以外的角度，對伊里布的行為進行深層的思索，這是另一種不幸。

從以後的各章中，我們將會看到，清朝的前敵主帥後來無不循從伊里布這半年多的道路，包括對他批判甚嚴的劉韻珂和顏伯燾。這其間的差別在於，後人多在戰敗之後傾心妥協，而行延宕之計、欺騙之策，伊里布以其聰黠在未交戰之前便悟出此道。

後人的效法證明了伊里布的做法有着那個時代的"合理性"。也因為如此，這位革職拿問發遣軍台的階下囚，未等到 8 年，而是定罪後的8 個月，便東山再起。

四　琦善與廣東談判 [136]

琦善與伊里布旨趣相投，卻沒有伊里布的那份幸運，他的面前，只是死路一條。英方的開價與清方的還價差之霄壤，沒有調和的餘地。

《巴麥尊致中國宰相書》作為英國政府的正式文件，向清政府提出下列要求：

135《籌辦夷務始末（道光朝）》第 2 冊，第 989—990 頁。

136 本節的撰寫，我在多處受益於佐佐木正哉先生的論文：《論所謂〈穿鼻草約〉》（中譯本見《外國學者論鴉片戰爭和林則徐》上，福建人民出版社，1989 年）；《鴉片戰爭研究 —— 從英軍進攻廣州到義律被免職》第一部分"交涉破裂與開戰準備"，第四部分"琦善的革職被捕及其在香港問題上的交涉"（中譯本見《國外中國近代史研究》第 8 輯、第 15 輯）；第八部分"對琦善的審判"（見〔日〕《近代中國》雜志，第 11 卷）；《鴉片戰爭初期的軍事與外交》（見日本《軍事史學》第 5 卷第 2 號）。後兩種日文論文由李少軍先生翻譯並提供。

一、賠償被焚鴉片。

二、中英官員平等交往。

三、割讓沿海島嶼。

四、賠償商欠。

五、賠償軍費。

但是，以上五項並不是英國的全部要求。1840 年 2 月 20 日，與《巴麥尊致中國宰相書》一並發給全權代表懿律和義律的，還有巴麥尊的第 1 號訓令，其中包括了更多的要求。為了使全權代表能充分理解不致有誤，巴麥尊還擬就了對華條約草案，供懿律和義律在談判中使用。該草案共有十條：

一、中國開放廣州、廈門、福州、上海、寧波為通商口岸。

二、英國政府可在各通商口岸派駐官員，與中國政府官員直接接觸。

三、割讓沿海島嶼。

四、賠償被焚鴉片。

五、中國廢除行商制度，並賠償商欠。

六、賠償軍費。

七、未付清的賠款以年利百分之五計息。

八、條約為中國皇帝批准後，解除對中國沿海的封鎖；賠款全部付清後，英軍方撤離。

九、條約用英文和中文書寫，一式兩份，文義解釋以英文為主。

十、條約在規定期限內由雙方君主批准。[137]

如果我們將此兩文件對照，就會發現，《條約草案》中第一、七、八、九、十條為《致中國宰相書》中所無，而第二項中增加了派駐官

---

137 轉引自嚴中平：《英國鴉片販子策劃鴉片戰爭的幕後活動》，《近代史資料》1958 年第 4 期，第 72—76 頁。

員，第五項中增加了廢除行商制度。對清朝說來，後一份文件要苛刻得多。

那麼，這兩份內容有着不小差異的清單，又應以哪一份為準呢？巴麥尊規定，以後者為準，同一天他給懿律和義律的第 4 號訓令指出，條約草案中一、二及四至九各條，是"必不可缺的條件"，[138] 表示了毫不通融的態度。對於可以通融的第三條，即割讓沿海島嶼，他又提出了五項交換條件：

一、允許英人在通商口岸進行極度自由的貿易和各種活動。

二、清政府公佈進出口關稅則例，清政府官員不得徵收高於該則例的稅費。

三、給予英人最惠國待遇。

四、中國不得對從事非法貿易的英人以人身虐待。

五、給予英國領事裁判權。

巴麥尊還明確指示，如清政府不同意割讓島嶼，須將上述五條，列入條約的第二條以後，其餘各條的編號也隨之改變。[139] 由此看來，只有第十條，即雙方君主批准條約的時限，是可以討價還價的。

我到現在還弄不清楚，為何巴麥尊在《致中國宰相書》中沒有開列英國的全部要求？他開出兩張不同的清單是否出於某種策略上的考慮？不過，我可以肯定地說，如果巴麥尊在其《致中國宰相書》開列其全部要求，必會遭至道光帝的嚴拒，就不會有主"撫"這一層波瀾，更不會有琦善的廣東之行。

清方的還價不像英方的開價，有一份可以列出甲乙丙丁的清單。這是因為，道光帝對"情詞恭順"的英"夷"，並不打算開多少"恩"，主持

---

138 馬士：《中華帝國對外關係史》第 1 卷，第 714 頁。

139 轉引自嚴中平：《英國鴉片販子策劃鴉片戰爭的幕後活動》，《近代史資料》1958 年第 4 期，第 75 頁。

操辦的琦善，有時的讓步只是得到事實上的批准。因此，清方的還價，出自聖裁的有：

一、懲辦林則徐。

二、准許英人在廣州恢復通商。

出自琦善的建策或出自琦善的實際操作而為道光帝同意的有：

三、部分賠償被焚鴉片。[140]

四、中英官方文件來往用"照會"。[141]

此外還有一項不見於任何文字材料，但今日的研究者可歆歆聞到的是，道光帝打算對猖獗於中國沿海的英國鴉片走私眼開眼閉，不再繩之以法了。

從清方的還價來看，其第一項本非英方的要求，而清方又最為看重，此中反映出來的兩種文化的差別是深層的；其第二項，只是循規舊態，與英方要求五口通商的進逼恰恰相反；其第三項不能滿足其全部賠償的要求；其第四項雖解決了平等文書的問題，但沒有確立兩國官員交往的其他程序。即便那項對鴉片走私的默許，也不符合盎格魯—撒克遜人的脾胃。他們此時雖沒有正式提出要求，但巴麥尊已指示英方代表勸說清政府同意鴉片貿易合法化。

總之，清方只回答了英方要求的皮毛。

談判中討價還價本是一種戰術，但其中最重要的條件是談判者有權做出讓步。而主持廣東談判的英方代表義律和清方代表琦善，顯然都不

---

140 這方面的證據是：一、琦善一到廣州，很快提出鴉片賠銀 500 萬兩的方案，他雖在照會中稱 "其銀既非大皇帝准給，係由本大臣爵閣部堂另行籌辦"（佐佐木正哉編：《鴉片戰爭の研究：資料篇》，第 30 頁），但在奏摺中亦明確說明此事，若無道光帝的批准，琦善絕不敢如此辦理。二、1840 年 11 月御史曹履泰奏稱，賠償煙價須英軍交還舟山後方可給予（《籌辦夷務始末（道光朝）》第 1 冊，第 540 頁）。此時琦善尚未到達廣州，言官即有此議，可見道光帝同意賠償在當時京城已為許多人所知，不再是秘密了。

141 當時琦善和伊里布與英方的往來照會，皆隨奏附呈御覽，道光帝沒有表示異議，可視為道光帝已經默許。

具備此等資格。

英方的全權代表本為懿律和義律兩人。1840年11月，懿律因身體不適去職。[142] 義律成為唯一的全權代表。他雖有"全權"之名，但從巴麥尊訓令中可以看出，他無權降低英方的要價。實際上，巴麥尊本人根本不相信談判，在1840年2月20日訓令中明確主張用大炮來說話，對方要麼接受條件，要麼動武，不必糾纏於交涉。[143]

琦善身為欽差大臣，其職權範圍比義律還小。他不僅沒有提高還價的全權，而且據清朝的律規，他亦無與外國簽訂條約的全權，時時事事都需請旨辦理。他在京請訓期間，道光帝有何指示，今已無從查考。但是，從後來道光帝的上諭中可以看出，對英"夷"的"桀驁不馴"，道光帝是絕不讓步，主張立即動武的。

因此，真正有資格發言的是巴麥尊和道光帝，義律和琦善只不過是他們手中的牽線木偶，一舉一動都應受之操縱。若按照兩位牽線人的本意行事，那麼，雙方一經交涉就應立即開戰，完全用不着如此許多的囉嗦。但是，無論是倫敦還是北京，都距離廣東十分遙遠，牽線人手中的線一放到那麼長，木偶的手腳就不可能繃得很緊。於是，義律和琦善都利用這小小的鬆弛，一輪又一輪地交涉，演出了雙方導演沒有編排的眾多節目。

所謂廣東談判，實際上是義律越權、琦善違旨的活動，其中義律走得比琦善更遠。

這樣的談判又能有甚麼結果呢？

以上的分析，是今天研究者冷靜思索的判斷，而當時的兩位當事

---

142 對於懿律的去職，當時和後來都有許多評論。我以為，懿律與他的堂弟義律在政策上有分歧，當為事實；而其身體有病，也是事實。他的離華，有着雙重的原因。

143 馬士：《中華帝國對外關係史》第1卷，第713頁。

人，琦善和義律，都是十分投入的。

1840 年 11 月 20 日，義律由舟山南至澳門，29 日，他發照會給琦善。也就在這一天，琦善由北京南至廣州，途中 56 天，比他的前任林則徐少用了 5 天。12 月 3 日，他發照會給義律。

中英廣東談判正式開場。

在這次談判中，讓人感到奇怪的是義律。他似乎沒有把巴麥尊訓令放在心上，從現存文字材料中，似從未和盤托出巴麥尊起草的《條約草案》的全部內容。他最先的出牌，仍是《致中國宰相書》的條件，以後的出牌又不停地變化。他好像是害怕一開始就嚇跑了對手，採取的是逐級加碼的戰術。

自 1834 年以來，義律來華已達 6 年，由隨員升至對華商務總監督、全權代表，期間從未回國。他對中國的國情頗為了解，善於用曲折的手段達到目的，得寸進尺。在與鄧廷楨、林則徐等人多次交手不利後，突然實現能與“大臣爵閣部堂”琦善這樣的“天朝”頂尖人物對等直接交涉，不免喜出望外。從他給巴麥尊的報告來看，他對此時清廷出現的和緩意向非常感興趣，企圖誘導這種意向的發展而不是挫敗之。他的報告也使人產生一種模糊朦朧的印象，他似乎想做一個力壓千斤的秤砣，由此操縱中國政治的趨向。當然，所有對他的行為和動機的研究，已經游離於本書的主旨之外，不必深究下去。但若要我作一個一般性的評論，那就是，他在“天朝”待得時間太長了，手法上不免多了一些東方的陰柔之氣，而對母國那種霸道手段有些生疏，用起來不那麼老到了。

琦善在交涉之始，便予以同意賠償煙價 500 萬元，而對英方的其他要求均予婉拒。他本以為有此煙價之“殊恩”，即可大體成交，而沒有想到對手竟如此不近事理，要求無厭。因此，在步步設防之後，他又作出一些退讓：一、煙價增至 600 萬元；二、“代為奏懇聖恩”，在廣州之外另闢一口岸，但只准在船上交易，不得上岸居住。

特別有意思的是，琦善在照會中不斷更換角色，有時如英方和道光帝之間的調解人，有時如義律的朋友，提出一些"善意"的勸告，而不太像清政府進行交涉的正式代表。還須指出，儘管在今人的眼光中，琦善的照會充滿了滑稽可笑的"天朝"用語，但放在當時的背景中，琦善的嗓門還是屬於低調的。這也是義律可以接受、巴麥尊不能容忍的原因（詳見緒論）。

實際上，自1840年8月天津交涉以來，琦善對英國的了解也確實多於許多清朝官吏，但始終沒有弄清楚兩點：一、"天朝"對英國有多大的經濟制裁的優勢？茶葉大黃制敵說已不再提起，而斷絕通商必令其敗的觀念仍未動搖，准許通商仍是他手中最重要的王牌。二、英國發動這場戰爭的目的究竟為何？既然英國口口聲聲宣稱為報復林則徐而來，那麼，林已革職、林的舉措已不行、甚至林焚毀的鴉片都賠錢，英國還有何"冤抑"，還有甚麼理由非分要求不休呢？至於英國要進入中國市場，要將中國納入其全球貿易體系等等原因，既沒有人向他說明，而且即使有人說明他也不可能理解。因此，琦善雖已看出事情非常難辦，但還以為手中有幾分左右局勢的能力，照會上仍遊筆自如。

如此的筆墨官司打了一個多月，雙方的來往照會共達15通。期間義律多次要求當面會談，但在天津經歷過6小時爭吵的琦善，一直拒絕。1841年1月5日，義律終於搬出巴麥尊訓令中的殺手鐧，照會琦善，"依照兵法辦行"。[144]

1841年1月7日，英軍攻佔了虎門口的沙角、大角，清軍大敗（詳見後節）。

戰敗的現實，似乎使琦善尚有幻想的頭腦變得冷靜了：自己原來並

---

144 佐佐木正哉編：《鴉片戰爭の研究：資料篇》，第27—52頁。

沒有討價還價的本錢。但他先前穩妥有序的手腳，卻不免慌亂失措。1月11日，他竟不顧自己的身份和權限，擅自作主，照會義律，作出重大讓步：一、"代為懇奏""予給口外外洋寄居一所"；二、"代奏懇恩"廣州開港恢復貿易，條件是英軍歸還舟山。[145] 很可能在其心目中，用虎門口外的不毛之地換取舟山，外加英軍從沙角、大角兩處撤退，還算是有利的生意。琦善的膽量真是夠大的。

而義律此時的表現，也全無盎格魯—撒克遜人的風度。他明明知道琦善照會上所允的一切，只不過是"代奏"，算不上是正式同意，尚須得到聖旨的批准，但是卻硬將生米當作熟飯吃。我在緒論中已經提到，1841 年 1 月 20 日，他據琦善照會中那句含義不確的話，宣佈已與琦善達成四項初步協定：一、割讓香港；二、鴉片賠款 600 萬元；三、中英平等外交；四、1841 年 2 月 2 日恢復中英廣州貿易。[146] 1 月 26 日，英軍強佔香港。1 月 28 日，英國遠征軍海軍司令伯麥致函清軍將領，聲稱有"文據在案"，要求撤退香港島上清軍。[147]

義律此類偷偷摸摸的勾當，激起巴麥尊的極度不滿，並從根本上懷疑這種協定的存在。[148]

如果說從澳門到倫敦長達 6 個月以上的通信周期，使義律有充分時間放開手腳越權，那麼，從廣州到北京僅僅 40 天甚至更短時間的快報來回，本不應給琦善如此之多的自由活動的餘地。可是，琦善抗旨不遵。

1840 年 12 月 25 日，道光帝收到琦善關於廣東談判的第一批奏摺

---

145 佐佐木正哉編：《鴉片戰爭の研究：資料篇》，第 61—62 頁。
146 馬士：《中華帝國對外關係史》第 1 卷，第 305—306 頁。
147 佐佐木正哉編：《鴉片戰爭の研究：資料篇》，第 75 頁。
148 馬士：《中華帝國對外關係史》第 1 卷，第 735 頁。

（12 月 7 日發），態度已有轉變，即下旨讓琦善準備剿辦之事。[149] 12 月 30 日，道光帝收到琦善關於廣東談判的第二批奏摺（12 月 14 日發），認為談判已進入死胡同，毫無希望，遂下旨"乘機攻剿，毋得示弱"。同日，道光帝恐廣東兵力不足，命四川、湖南、貴州備兵共 4000 人，聽候琦善調遣。[150]

1841 年 1 月 6 日，道光帝收到琦善關於廣東談判的第三批奏摺（12 月 19 日發），大為光火，下了一道不留任何餘地的嚴旨：

> 逆夷要求過甚，情形桀驁，既非情理可諭，即當大申撻伐……**逆夷再或投遞字帖，亦不准收受，並不准遣人再向該夷理論**……朕志已定，斷無游移。（重點為引者所標）

他還下令啟用已被革職、在廣州聽候處理的林則徐、鄧廷楨，讓林、鄧協助琦善"妥為辦理"。[151]

此後，道光帝在諭旨中，主"剿"的調門越來越高，對琦善的態度也越來越嚴厲。

由此可見，道光帝一接到廣東談判的奏報，旨意頓變，由主"撫"而轉向主"剿"。而 1 月 6 日的諭旨，更是明令關閉談判的大門。他本因英"夷"的"情詞恭順"而主"撫"，此期的變化亦在情理之中。12 月 19 日以前的"夷情變化"，雖仍不出《巴麥尊致中國宰相書》中各項要求的範圍，但此時對他又成了新鮮事情，可見他對這份重要的英方文件並無仔細的分析和研究，幾個月後，忘得差不多了。

根據清方的檔案，前引第一份上諭以"五百里"的速度發出，前引

149《籌辦夷務始末（道光朝）》第 2 冊，第 608 頁。
150《籌辦夷務始末（道光朝）》第 2 冊，第 618—619 頁。
151《籌辦夷務始末（道光朝）》第 2 冊，第 632 頁。

第二、第三份上諭皆以 "六百里" 的速度發出。其到達廣州的時間，當在 1841 年 1 月中旬。[152] 據琦善奏摺，他於 1 月 20 日收到 1 月 6 日的上諭。因此，若按照旨意辦事，琦善最晚也應在 1 月 20 日改弦更張，轉向主 "剿"。[153]

但是，琦善的行動，恰恰相反。他不僅繼續 "收受" 英方的照會，"遣人" 與英方交涉，而且亦改變先前拒絕會面的做法，前往虎門，與義律直接會談。

1841 年 1 月 26 日，琦善與義律相會於虎門。27 日和 28 日，雙方進行了有關條約的談判，爭執的要點是香港問題。[154] 談判陷於僵局，琦善見勢不妙，便以身體不適為由，要求會議延期舉行。[155]

琦善回到廣州後，於 1 月 31 日擬定了中英條約的修正案，即《酌擬章程底稿》（後將分析），派人送給義律。但義律拒絕此案，堅持己見，並以戰爭相威脅。雙方照會頻頻。後根據琦善的提議，雙方定於 2 月 11 日再次會談。[156]

與廣東的情勢正好相反，1 月 27 日，正當琦善和義律會談於虎門

---

152 從北京到廣州的 "五百里"、"六百里" 諭旨需時約 14 至 19 天。據 1841 年 1 月 18 日琦善奏摺，他已經收到道光帝 1840 年 12 月 30 日的諭旨，但未稱具體時間（《鴉片戰爭檔案史料》第 2 冊，第 765 頁，《籌辦夷務始末（道光朝）》鉛印本誤為 1 月 20 日發）；而 12 月 25 日的諭旨，琦善奏摺中未提及。這種不尋常的做法，反映出琦善抗旨的意向。

153 《鴉片戰爭檔案史料》第 3 冊，第 39 頁。這一時間又可得到林則徐的驗證，見《林則徐集・日記》，第 379 頁。

154 關於 "割讓" 香港一事，琦善一直存有誤解，而這種誤解又似肇因於義律。1840 年 12 月 29 日，義律在照會中寫道："惟有予給外洋寄居一所，俾得英人豎旗自治，如西洋人在澳門豎旗自治無異。"（佐佐木正哉編：《鴉片戰爭の研究：資料篇》，第 46 頁）"予給" 一詞作何解，姑且不論，"如西洋人在澳門" 一語，就不能不使琦善發生誤會。澳門是葡萄牙人向中國租借的居留地，不是葡萄牙的領土，清政府亦在此保留了許多權力。而琦善 1841 年 1 月 11 日覆照義律時，稱："給予口外外洋寄居一所。"（同上書，第 61 頁）"寄居" 一詞的含義應當是清楚的。又，琦善在其奏摺中，一直以澳門為例來說明香港的地位問題。

155 義律致巴麥尊，1841 年 2 月 13 日，轉引自佐佐木正哉：《論所謂〈穿鼻條約〉草案》，中譯本見《外國學者論鴉片戰爭和林則徐》上冊，福建人民出版社，1989 年，第 165 頁。

156 1841 年 2 月 7 日，義律致琦善照會中稱："據差人稱，請於本月二十日（2 月 11 日）再行面談等語。"（佐佐木正哉編：《鴉片戰爭の研究：資料篇》，第 79 頁）可見這次會談是琦善主動提議的，儘管他後來在奏摺中否認。

蓮花山之際，北京的道光帝收到沙角、大角戰敗的奏報（1月8日發），即由內閣明發上諭宣佈英逆罪狀，決心全力攻剿，並由軍機字寄上諭給琦善，下了一道死命令：

> 現在逆形顯著，惟有痛加剿洗，以示國威，尚有何情理可喻？……著即督率將弁，奮力剿除，以圖補救。[157]

這道諭旨於2月9日到達廣州，[158] 可是琦善仍舊不肯回頭。2月10日，即收到諭旨的第二天，他依然按計劃離開廣州。11日和12日，他與義律在虎門蛇頭灣舉行第二次會談。

關於此次會談，義律的報告稱，"兩人長達12小時的討論的結果，成功地擬成了全部條文"，但琦善沒有簽署這個條約，要求展期10天。[159] 看來，琦善在英軍壓力下已經不敢公開抵制，只是耍了個滑頭，到了關鍵時刻沒有簽字溜了回來。琦善對這次會談也有報告，但已經全是謊言了。他奏稱前往虎門是為了查勘該處的防務，適遇義律求見，為"緩兵之計"而與之會談。他還奏稱，會談完全圍繞香港問題，他批責了英方強佔香港的行徑，再次聲明，只是"寄寓一所，並非全島"。[160]

此後，琦善如同前面所敍的伊里布，全靠謊言來維持日子。2月13

---

157 《籌辦夷務始末（道光朝）》第2冊，第711—713頁。有論者據該諭旨中有"通諭中外"一語，認為是道光帝正式宣戰。這是一種誤解。此處的"中外"，並非是今日之"中國與外國"之意，"中"是指"宮中"如"留中不發"等等。"外"與"中"對立，指"宮外"，即"官民人等"之意。另外，當時中國對國際法中的"宣戰"程序亦毫無所知。

158 《林則徐集‧日記》第381—382頁。琦善在奏摺中對收到此諭旨的時間，多加掩飾。1841年2月14日，他在奏摺中含混地說道："昨奉垂詢……"好像是2月13日才收到此諭。這顯然是為了掩蓋他抗旨，繼續與英方會談的行為（《籌辦夷務始末（道光朝）》第2冊，第814頁）。

159 義律致巴麥尊，1841年2月13日，轉引自佐佐木正哉：《論所謂〈穿鼻條約〉草案》，中譯本見《外國學者論鴉片戰爭和林則徐》上冊，第168—169頁。

160 《籌辦夷務始末（道光朝）》第2冊，第813—814頁。

日，琦善從虎門回到廣州，收到了兩份重要的文件：一是道光帝於 1 月 30 日的諭旨，授奕山為靖逆將軍，隆文、楊芳為參贊大臣，並從各地調集大軍前往廣東"剿夷"。[161] 二是義律根據蛇頭灣會談擬就的條約草案——《善定事宜》，並在照會中要求早日會晤，共同簽署。同一天內受到兩方猛擊，琦善已無路可走。2 月 14 日奏摺中，他稱會見義律是"緩兵之計"，實際上是"緩"道光帝"之計"；他又稱會談圍繞香港問題，很可能是風聞同僚廣東巡撫怡良乘他不在廣州，於 2 月 11 日出奏彈劾他"私許香港"。[162]

由上可見，最晚從 1 月 20 日起，琦善一直對抗道光帝的諭令，拒不攻"剿"，堅持用和談來解決爭端。而到了此時，新的將軍、參贊即將到來，換馬已成事實，他被黜只是時間問題，也不得不改弦更張，準備武裝抵抗。為此，他還在 2 月 14 日奏摺中向道光帝保證："此後該夷再來投文，自應遵旨拒絕。"

後來的事實表明，琦善對和談還不死心。1841 年 2 月 16 日，義律照會琦善，稱英軍已撤離舟山，要求於 2 月 20 日前在他的《善定事宜》上簽字，否則"仍復相戰"。[163] 琦善經受不住此等恫嚇，立即忘記了自己的保證，於 2 月 18 日覆照義律，真的行使起"緩兵之計"："日來抱恙甚重，心神恍惚，一俟痊可，即行辦理。"[164]

---

161 《籌辦夷務始末（道光朝）》第 2 冊，第 719 頁。

162 佐佐木正哉編：《鴉片戰爭の研究：資料篇》，第 80—84 頁。《鴉片戰爭檔案史料》第 3 冊，第 92—94 頁。怡良是在林則徐等人的策劃下出奏的。怡良的奏摺中稱："該大臣到粵如何辦理，雖未經知會到臣……"言下之意是琦善到廣東後一直對他封鎖消息，這是很值得懷疑的。義律的告示 2 月 1 日發佈，伯麥致賴恩爵的照會 1 月 28 日發出，按照當時的通訊速度，廣州於 2 月 3 日便可得到消息。據林則徐日記，琦善 2 月 10 日離開廣州前，曾於 2 月 4 日和 5 日有兩次與林則徐、怡良會談，即使琦不表白，怡良又為何不問？琦善後來受審時，對怡良的這種說法完全否認："琦善與怡良係屬同官，時常接見，豈能不談公事？惟因夷務機密，有未及事事相商之處……"（同上書，第 472 頁）由此可見，怡良若是琦善未告真情，完全有機會詢問清楚，而他乘琦善剛離開廣州，便上奏彈劾，目的就不是弄清真相而是扳倒琦善了。又據這一時期林則徐致怡良的信件，怡良出奏時非常注意保密。

163 佐佐木正哉編：《鴉片戰爭の研究：資料篇》，第 83 頁。

164 佐佐木正哉編：《鴉片戰爭の研究：資料篇》，第 84 頁。

2月19日，琦善派他的交涉專使鮑鵬去送這份"緩兵"的照會，怕義律不會善罷甘休，便另撰一文件，再次做出讓步：從原先的"只許香港一隅"，擴大為"許他全島"。他囑咐鮑鵬："看光景恭順則付，倘有反覆，不要給他。"第二天，鮑鵬還是帶回了這份文件，因為，據這位當過買辦、販過鴉片、被地方官指名捉拿、甚至民間傳說是大鴉片商顛地的幸童、被琦善加以八品頂戴的信使的觀察，"光景不好"。[165]

就歷史的結論而言，即使琦善和義律達成了協議，也絕不會被兩國政府批准。但作為歷史的考察而言，分析一下兩人各自提出的最後價碼，也不是沒有意義的，這可以使人們清楚地看到他們的思想。

琦善對英方是不停地還價，其最高還價是 1841 年 1 月 31 日向義律提交的《酌定章程》，該條約僅有 4 條，內容為：

一、准許英人在廣東通商，准許英人在香港地方一處寄居。

二、此後英人來廣東貿易，悉按舊例辦理。

三、英船夾帶鴉片和違禁品、或漏稅走私者，貨即沒官，人即治罪。

四、英人今後對此處理不得有異議。[166]

由於琦善打算用私下解決的方法處理被焚鴉片的賠款，條約內對此事沒有涉及。從琦善所擬的條約內容來看，除給予香港地方一處寄寓外，並沒有其他違旨條款，反而明確重申了以往的舊例。在當時條件下，面對兇惡的敵手，可以認定琦善已經盡其最大可能維護中國利益了。

---

165 鮑鵬續供，《叢刊·鴉片戰爭》第 3 冊，第 253 頁。

166《籌辦夷務始末（道光朝）》第 2 冊，第 815 頁。後來琦善打算將香港一處地方擴大為全島，但鮑鵬最終未給文件，故應不視為出價之列。從當時的情形來看，琦善擬定的《酌定章程》，是對義律 1 月 20 日宣佈的四項初步協定的還價。儘管兩者之間差距甚大，但琦善致義律的照會詭稱："本月初九日酌定四條，寄閱大意，亦與貴公使大臣所擬，不甚相遠，不過漢文通順，是以語句字面，每有不同。今若逐條辯論，轉滋意氣……"（佐佐木正哉編：《鴉片戰爭の研究：資料篇》，第 79 頁）

義律最後的出價，是 1841 年 2 月 13 日送交琦善的《善定事宜》，該條約共有 7 條，內容為：

一、英人前往廣州貿易，按舊例領取牌照，准許自由出入。中國政府保證其生命財產安全。查無違禁品的英船主，無須具結。

二、兩國官員公文平等往來。商人業務由商人自辦，並按舊例向中國官憲具文。

三、中國皇帝批准將香港一島給予英國國主，並准許中國船隻去香港通商。

四、在華英人犯罪，由英、中兩國官員共同審理，在香港服刑。在香港的中國人犯罪，引渡給中國，由中、英兩國官員共同審理。

五、英船按舊例駛入黃埔。英商交納行商費用以道光二十一年正月初一日（1841 年 1 月 23 日）為準，不得再增。兩國通商章程、稅率等項，由中國行商 3 人和英國商人 3 人共同討論擬定，由廣東官府批准實施。中國行商 3 年內還清欠款，3 年內取消行商制度。

六、今後英商攜帶違禁品入境，貨物沒收，人犯或由中國驅逐，或交英方處理。

七、條約由英全權代表和清欽差大臣蓋印，然後由英國政府批准，再由清朝欽命大學士蓋印。[167]

由於義律也同意私下處理鴉片賠款，條約對此沒有涉及。

義律所擬的《善定事宜》與《巴麥尊致中國宰相書》的要求相比，減少了賠償軍費一項，與巴麥尊擬定《條約草案》相比，減少了增開通商口岸、英國在通商口岸派駐官員、賠償軍費、賠款付清前佔據舟山、未

---

167 《善定事宜》中文本，見佐佐木正哉編：《鴉片戰爭的研究：資料篇》，第 81—82 頁。據見過該條約英文本的佐佐木正哉所述，條約的英文本與中文本還是有所區別的，並在其論文：《論所謂〈穿鼻條約〉草案》中予以說明。此處是結合兩種文本敘說的。

付賠款計息諸項；相應地增加了領事裁判權、另訂通商章程、取消行商制度等內容。若以義律的《善定章程》與巴麥尊的《條約草案》相比較，前者更對中國有利。義律完全違背了巴麥尊訓令。

但是，若將義律的價碼與琦善的價碼相比較，雙方的差距仍是非常之大。由此看來，即使沒有道光帝停止談判、大兵開戰的諭旨，琦善是否會同意義律的要求而在《善定事宜》上簽字，仍是不能肯定的。

有論者據義律於 1 月 20 日宣佈的所謂《初步協定》和後來的《南京條約》相比較，認為此期琦善外交取得了大勝利。我以為，此論似為不妥。

其一，無論是義律 1 月 20 日宣佈的《初步協定》，還是 2 月 13 日送交的《善定事宜》，琦善實際上都沒有同意；而琦善 1 月 31 日發出的《酌定章程》，義律也沒有同意。在廣東談判期間，中英雙方根本就沒有達成任何協議，又何從與《南京條約》相比較，又何從稱之為外交勝利？

其二，義律在廣東談判期間所作出的讓步，似為其個人的行動，而非琦善所致，巴麥尊後來幾次批責義律，都說明了這一點。我們檢視琦善談判中的所有照會以及有關談判的資料，看不出他在外交上有何高明之處，似不能把他那種不斷變換角色的說詞，當作可嘉的戰術。此時他與清王朝絕大多數官員的差別，僅僅在於，別人主"剿"，因而無"外交"可言；而他反對"剿"，因而有此"外交"的磨難。

琦善在廣東談判期間的抗旨，無論怎麼說，都不能算作是細節。因此，按照儒家學說和清朝的法律，琦善罪無可逭。

可是，若不以君主的是非為是非，反過來檢討道光帝的決策，我們又可以看到，如同先前由"剿"轉"撫"一樣，此期的由"撫"轉"剿"仍是十分輕率的。從他這一時期的朱批和諭旨來看，他似乎不是很注意英方提出條件的具體內容，而是震怒於英方提出條件的行動本身。"情詞恭順"催生主"撫","桀驁不馴"促成主"剿"。他的這種看問題的視角，自是"天朝"大皇帝的風格所定，而這種表現又在某些方面類似文化革命期間的"打態度"。

君主的好惡，釀成一波三折。

作為一名臣子，琦善完全知道抗旨的風險。但他堅持和談，一方面是出自自信，以為自己既可以說服道光帝又可以說服義律，這一點是虛幻的；另一方面是出自清軍不敵英軍的判斷，而這一點恰恰是事實。與伊里布的支支吾吾不同，琦善在奏摺中是真話實說，反覆上陳。這也是琦善唯一可貴的地方。

五　虎門大戰

弱肉強食的殖民主義時代，外交上聲音的大小，不在於是否有理，而取決於武力。鴉片戰爭中的虎門之戰典型地說明中英雙方軍事實力的差距。

虎門位於今廣東東莞市。它不是一個點位的概念，而是泛指外瀕伶仃洋，內聯獅子洋，長約 8 公里的一段珠江江面以及附近兩岸的地區（詳見後圖）。它是廣州的門戶。若要抗拒浮海而來的侵略者，其戰略地位是不言而喻的。

正因為虎門的戰略地位和地理形勢，歷朝統治者都注重虎門的設防，其最早的工事可追溯到明萬曆朝。清康熙朝後，修防不斷，逐步形成要塞規模。1810 年，嘉慶帝增設廣東水師提督，其衙署就設在武山側後的虎門寨（今太平鎮），直接指揮此處的防禦。

但是，虎門防禦工程建設的關鍵年代，是 1835 至 1839 年，其總設計師為關天培。

先是 1834 年律勞卑來華，命英艦 2 艘闖過虎門要塞，一直進抵黃埔，威逼廣州。虎門清軍曾竭盡全力對之開火，但僅斃英方 2 人，傷 7 人，英艦也僅受到一些輕傷；但己方的損失卻相當慘重。道光帝聞訊大怒，罷免廣東水師提督李增階，調蘇淞鎮總兵關天培繼任之，命其一洗舊習。

關天培，江蘇山陰（今屬淮安）人，以武秀才補清軍把總，積 20 餘年經歷累遷至參將。其一生中的轉折點，在於 1826 年首行海運。是時，他以吳淞營參將的職分，押解糧船 1254 艘開出長江，揚帆北上，其間雖有 300 多艘因風潮漂至朝鮮，但皆覓道而歸。當浩浩蕩蕩的船隊駛入天津時，百萬石漕糧解收無缺，三萬名水手全部安然。道光帝聞訊大喜，升關天培為副將，未久，又升其為總兵。1833 年，關天培進京陛見，道光帝仍不忘此事，溫語嘉慰。

1834 年底，關天培接手新職。他詳細考察了虎門的地理形勢，提出了三重門戶的防禦設想：

一、沙角、大角兩炮台相距太遠，難以形成交叉火力，故改為信炮台。一旦有敵艦內駛，兩處即發信炮，通知上游各炮台守軍準備迎敵。此即第一重門戶。

二、上橫檔島一線地理形勢佔利，為重點防禦區域。在東水道，他改建武山西側的南山炮台，更名為威遠炮台，安炮 40 位，加固威遠炮台以北安炮 40 位的鎮遠炮台，加固上橫檔島東側安炮 40 位的橫檔炮台，企圖以威遠、鎮遠、橫檔三炮台共 120 位火炮，控禦橫檔東水道。在西水道，他新建上橫檔島西側的永安炮台，安炮 40 位，新建蘆灣東側的鞏固炮台，安炮 20 位，企圖以永安、鞏固兩炮台共 60 位火炮控禦橫檔西水道。此即第二重門戶。

三、加固大虎山島東南側的安炮 32 位的大虎炮台。此即第三重門戶。[168]

1835 年，關天培在兩廣總督盧坤的支持下，歷時約 10 個月，按照上述構想改造虎門防衛體系，年底工程完工。

兩年之後，1838 年，馬他崙來華，英艦直逼虎門，關天培被迫屈服（詳見第二章第一節）。事後，關天培又在兩廣總督鄧廷楨的支持下，根據此次事件暴露出來的虎門防衛體系的缺陷，再次加強防禦能力：一、在鎮遠炮台和威遠炮台之間，新建靖遠炮台，安炮 60 位。這是當時清朝疆域內構築最堅固、火力最強大的炮台。二、在飯籮排和上橫檔島的西側，架起兩道至武山的排鏈，以遲滯敵艦的內駛速度。[169]

1839 年，增建工程完工，虎門成為清朝最強大的海防要塞。欽差大臣林則徐前往虎門銷煙時，曾奉旨檢查了工程質量，對關天培設計的虎門防衛體系表示滿意。[170]

關天培的三重門戶設想，重點在第二重門戶，即上橫檔島一線，尤其以橫檔東水道為著，炮台火炮，泰半設於此處。

1835 年起，關天培制定虎門清軍春秋兩操的章程，[171] 據防禦的擴大而修改。[172] 後又根所謂春秋兩操，即春秋兩季的演習。該章程實際上就是未來作戰的應戰方案。根據關天培的章程：虎門各炮台平時守兵共590 名，平均每 3 兵看護 2 炮，演習時再增派協濟兵丁 670 名，大約每

---

168 關天培：《查勘虎門扼要籌議增改章程》、《重勘虎門炮台籌議節略》，《籌海初集》卷 1。儘管關天培稱三重門戶是前人的創意，但在他之前不見何人提出過。

169 《鴉片戰爭檔案史料》第 1 冊，第 486—489 頁。其中排鏈工程，關天培於 1835 年就要求興建，但被盧坤所拒（見《籌海初集》卷 1）。此時鄧廷楨據關天培的請求，同意興建。

170 《林則徐集‧奏稿》中冊，第 641—644、690—691 頁。有論者因林則徐對靖遠炮台和排鏈上過奏摺，誤以為此兩項工程為林主持。實際上林對虎門防衛並無建策或貢獻，當時他的重點主要在九龍和澳門一帶。

171 關天培的演習方案（即章程）的形成有一個過程。1835 年，他的《籌議每年操演擬請奏定章程稿》、《籌議春秋二季操練籌炮準師船稿》、《春秋訓練籌備一十五款稿》，是其最初的形式；而 1836 年的《創設秋操通行曉諭稿》是其完成形態。見《籌海初集》卷 3、卷 4。

172 參見《林則徐集‧奏稿》中冊，第 690—691 頁；《鴉片戰爭檔案史料》第 1 冊，第 618—624 頁。關天培的修改，主要是增設了排鏈和新建了靖遠炮台而增加了兵力，其基本精神未變。

4 兵操 1 炮；演習時江面另調水師戰船 10 艘，每艘炮 12 位、兵丁水手 64 名，共計炮 120 位，兵 640 名；演習時另調汋水陣式兵、中水對械兵、爬桅兵、能鳧深水兵等水中交戰兵丁百餘名。全體參加演習的清軍共計 2028 名。此數即虎門戰時編制。

根據關天培的章程：敵艦闖入虎門口端時，沙角、大角守軍發現後施放信炮，通知後路；當敵艦駛入橫檔東水道時，以威遠、靖遠、鎮遠、橫檔四炮台轟擊之，敵艦因排鏈阻擋，必不能驀然闖過，勢得停留多時，正利於清軍火炮連番轟擊，此時部署在橫檔後路的清軍師船和水中作戰兵丁，亦前來配合炮台作戰；若敵艦駛入橫檔西水道，以永安、鞏固兩炮台轟擊之，而清軍師船及水中作戰兵丁亦前來配合對敵；若敵艦闖過橫檔一線防禦，繼續深入，以師船和大虎炮台拒之。

這是一個完整的作戰方案，但它是根據 1834 年律勞卑來華時虎門之戰的經驗而制定的，其實質是層層堵截，防止敵艦闖過虎門，直逼廣州。可是，敵艦若不是急着闖過虎門，而是直接進攻炮台，那麼三重門戶就成了三重互不相連孤立無援的據點。關天培的 9 台 10 船 426 炮 2028 人的戰時編制，[173] 也是根據 1834 年、1838 年兩次來華的英艦數目而確定的。也就是說，關天培設計的虎門的防禦防禦能力，僅是敵艦數艘。[174] 1841 年，英軍採取的卻是直接進攻炮台的戰法，而艦船數目是虎門設計能力的數倍！由於林則徐等人的敵情判斷失誤，虎門的防禦體系至臨戰之際已經來不及修改，只是增加一些兵勇火炮而已。

由此可見，清王朝倚為長城的虎門防衛體系，正如明代盡心盡力修築的長城未能阻止其祖先的數度入犯一樣，本身就是一隻靠不住的

---

173 虎門當時 9 炮台共有火炮 306 位，另加師船 10 艘火炮 120 位，共計 426 位。

174 1840 年 12 月，琦善函問關天培虎門防禦，關天培答覆："如來船尚少，猶可力爭，多則實無把握。"（《籌辦夷務始末（道光朝）》第 2 冊，第 628 頁）由此可見關天培對防禦能力之估計。

跛腳鴨。

有論者將虎門之戰的失敗，歸咎於琦善的撤防或拒不派援，對此，我在緒論中已經扼要提及，這裏再作進一步的分析。

據林則徐奏摺，1840 年 6 月鴉片戰爭開始時，虎門的清軍兵勇共為 3000 餘人。[175] 這比關天培的戰時編制增加了 1000 多人。四個月後，1840 年 10 月，廣東巡撫怡良奏稱："虎門內外各隘口，兵勇共有萬人，督臣林則徐前次奉到諭旨，當即會同臣將次要口隘各兵，陸續撤減二千餘名。"這裏所稱的"虎門內外"，是指虎門外的九龍、澳門和虎門內的獅子洋以上的各處防守，當然，也包括虎門。怡良所奏的"萬人"和"撤減二千餘名"都是靠不太住的數字。[176] 即使以"萬人"來計算，參照先前林則徐的奏摺，澳門有設防兵勇約 3000 人，[177] 九龍有設防兵勇 1000 餘人，[178] 那麼，虎門兵勇至多不過 6000 人。這個數字雖為關天培的戰時編制的三倍，卻只有虎門交戰時實際兵力的二分之一強。

現有的研究已經證明，關於琦善撤防的各種記載是統統靠不住

175 《林則徐集・奏稿》中冊，第 838 頁。

176 《籌辦夷務始末（道光朝）》第 2 冊，第 557 頁。撤兵是遵照道光帝 9 月 29 日諭旨行事，然此時林則徐已革職，故由巡撫怡良上奏。怡良在上奏前，曾將奏摺底稿交由林則徐審閱，但撤軍數目暫空。10 月 24 日，林則徐致函怡良，稱："片內所空撤兵之數，擬填二千何如？仍祈酌之。"（《林則徐書簡》，第 145 頁）由此看來，儘管怡良在奏摺中將撤軍當作已經完成的事實，但在實際上並沒有開始。而撤軍之後，即"萬人"減"二千"，兵勇為八千人。此數又與 1840 年 9 月林則徐奏摺中所稱："計沿海陸路先後調防兵勇，已及八千名"相合（《林則徐集・奏稿》中冊，第 876 頁）。又，廣東的募勇，從來就是一個不確定的因素。1841 年 1 月林則徐致函怡良，謂："若僅虛報約數（丁勇），臨時傳集不到……"（《林則徐書簡》，第 153 頁）可見林對此類現象非常熟悉。

177 《林則徐集・奏稿》中冊，第 863、876 頁。

178 《林則徐集・奏稿》中冊，第 800、838 頁。此處數字是將官涌炮台的守軍，與駐在"附近山梁"的清軍 800 餘名，合併計算。

的。¹⁷⁹ 由於當時盛傳這種說法，琦善被革職逮問後，審訊時專門問及這一點。如果說琦善對其他問題尚有支吾；以示自己認罪態度良好，那唯有對此事卻斬釘截鐵毫不猶豫地否認。¹⁸⁰ 撤防並非受賄之類，可私下暗行，又何以瞞住他人？琦善若真有撤防之事，在此關係到其身家性命的審訊時，又何以敢出謊言？

與之相反，有關琦善派兵勇增援虎門之事，卻是有案可據的。這不

---

179 詳見拙文《1841年虎門之戰研究》(《近代史研究》1990年第4期)，並可參見佐佐木正哉：《鴉片戰爭研究 —— 從英軍進攻廣州到義律被免職》第八部分"對琦善的審判"((日)《近代中國》第11卷)。拙文對當時關於琦善撤防的記載進行分析時，有意未使用林則徐1840年1月家書這件資料。該文發表後，一些先生當面或來示垂詢。為此，我在這裏將自己的一些不成熟的想法記敘於下，希望得到智者的教示。

我以為，林則徐這份家書似乎不可靠。自胡思庸先生發表《林文忠公家書考偽》(《歷史研究》1962年第6期)之後，史學界對引用林則徐家書十分慎重。治學嚴謹的楊國楨先生編《林則徐書簡》，不見原件或可靠刊本的均不收錄。然因佐佐木正哉先生從英國檔案館中找到這份"家書"的抄本，並收錄於《鴉片戰爭的研究：資料篇》，楊先生乃據之與國內的《平夷錄》、《入寇志》、《犀燭留觀記事》、《潰癰流毒》諸本核，收入其《書簡》第154—158頁，成為該書中唯一以傳抄件入選的書札。楊國楨先生又從該信中有"本日早晨"、"新正初三日"之語，據林則徐日記載他於道光二十年十二月二十九日和道光二十一年正月初五日曾發第七、第八號家書，故擬題為"致林汝舟第七、八號"，意為該件是兩封家書的摘抄合併為之，可是，就信的內容來看，這份尚未查到來由的家書，有可能是託名林則徐的。其證據如下：

一、從文風上看，現存林則徐書札，行文儒雅講究，而此信過於直露，文字亦不考究，放在一起顯得不那麼和諧。

二、該信稱："現在廷寄內云：'當大伸張撻伐'，又云：'朕志已定，斷無游移。'然後之果否游移，仍屬難料。計算上元之內，尚有五個習批回，若一直生怒，則靜老(指琦善)亦是覆轍。"此語直接攻擊道光帝。林則徐此時已是待罪之身，作此不敬之語，林汝舟身為翰林，完全知道此中的利害，必秘藏而絕不示人，又何以公然抄出，廣為流傳？

三、該信稱，關天培遣弁來廣州請兵，琦善僅許密派200人，該弁來訴寅哭訴。林則徐稱："提鎮能以死報國，亦是分所當然，但何以不將此情形透徹一奏……"即勸關天培上奏告發琦善。關天培久歷江蘇戎行，是琦善的屬官，當年行海運之事，亦由琦善主持，此時又隸於琦善。按照清朝官場習慣，勸他人部屬上告其上司，傳出去有辱林則徐名聲。我們可看看林則徐勸怡良彈劾琦善的書信，寫得何等隱晦，即可了解此中的緣故。何以林汝舟會將此事和盤托出，不怕損害其父的名聲？

四、該信稱，如果琦善將戰爭的一切責任推為"前事"，即林則徐禁煙之事，那麼，他將"拼死暢敍一呈，遣人赴都察院呈遞，即陷於死地，亦要說個明白也"。派人到都察院告狀，不合清代官場常規，林則徐久歷宦海，深明利害，又何會作此等事，說這種話？

退一步說，如果該書確實是林則徐寫的，那正如佐佐木正哉先生的評價，林則徐對此採取了極不負責的態度。就事實方面而言，信中所談煙價、通商口岸、拒不派援等等，皆為不實之詞；就情緒方面而言，這種竭力洗刷自己，將一切責任都歸咎於琦善的方法，亦不足取。

不管這封信是否為林則徐所寫，但當時確實從廣東寄出過這麼一封信，並廣泛流傳，當屬不易的事實。從後來裕謙的奏摺來看，他已經看到此信，並相信了此中的不實之詞。

180《鴉片戰爭檔案史料》第3冊，第472頁。

僅可見於琦善當時的奏摺，[181] 而且從英方的記錄中可以得到驗證。[182] 沙角、大角之戰後，英方同意暫時停戰，條件之一是"應將現在起建之炮台各工停止，不得稍有另作武備"。[183] 但是，虎門第二重門戶橫檔一線的增兵添防工作一直沒有停止。伯麥於 1841 年 1 月 11 日和 13 日，兩次照會廣東水師提督關天培，要求對此作出解釋，否則立即動武。[184] 關天培立即覆照，表示"排鏈已不添安"，各山所搭帳房"全行撤去"，新增援的官兵不能立即退走，是因為雇船"未能速到"。[185] 從後來的事實來看，關天培的答覆是緩兵之計，除排鏈一項外均未實辦。

就經過琦善等人努力，至交戰時，虎門地區的清軍兵勇總數達到 11000 名以上，[186] 而英方又稱，在虎門地區共繳獲大小火炮 660 位以上。[187] 以此兵、炮數目與前相比，我們只能得出一個結論，那就是，琦善並沒有削弱虎門的防禦力量，反而加強了這種力量。

也有一些論者批評琦善增援不力，即未派出更多的兵勇加強虎門防禦。我以為，這也要作具體分析。

就清代的兵制和兵額而言，調兵並非是一件易事。在一狹小地區增

---

181 據琦善奏：1840 年 12 月 7 日派廣州知府余保純、副將慶宇、游擊多隆武等前往虎門密防；12 月 27 日派潮州鎮總兵李廷鈺帶肇慶協兵 500 名前往虎門；1841 年 1 月 7 日奏稱，已派兵 400 名協防防守沙角；2 月 14 日，又派兵 1250 名往虎門，並雇勇 5800 名；2 月 22 日，命先期到達的貴州援兵 1000 名，增援武山之後的太平墟。以上共計援兵 4 次，兵 3150 名，勇 8500 名（見《籌辦夷務始末（道光朝）》第 2 冊，第 605、654、695、814、836 頁）。

182 見伯納德：《復仇神號航行作戰記》、賓漢《英軍在華作戰記》有關章節。

183 佐佐木正哉編：《鴉片戰爭の研究：資料篇》，第 56 頁。

184 佐佐木正哉編：《鴉片戰爭の研究：資料篇》，第 64—65 頁。伯麥的照會指出了兩點，一是"未將各工作停止"，指防禦工事的建設，二是"各炮台已有增添官兵"，指增兵行動。

185 佐佐木正哉編：《鴉片戰爭の研究：資料篇》，第 64—67 頁。從收發文時間來看，關天培是在收到照會後的當日立即覆照的，而琦善不在虎門，因而關天培也來不及請示琦善而自行作覆。從照會的文字語氣來看，對英方是相當順從的，這在當時的"天朝"大吏中並不多見。排鏈一事，是指飯籠排至武山的第一道排鏈於 1841 年 1 月 18 日毀壞，清方稱是英軍"水底暗算"，英方稱是木筏衝破。然而，不論是何原因，民間流傳的排鏈由琦善撤去的說法，不能成立。

186 此數共包括：一、沙角、大角一帶清軍 1000 餘名；二、橫檔一線清軍兵勇 8500 名；三、三門口一帶清軍師船 10 艘；四、太平墟援兵 1000 名。未計及大虎山、虎門寨、三門水道等處清軍兵勇。

187 賓漢：《英軍在華作戰記》，《叢刊·鴉片戰爭》第 5 冊，第 318 頁；Keith Mackenzie, *Narrative of the Second Campaign in China*, London: Richard Bentley, 1842, pp.195-198.

派兵勇 8000 餘名，琦善似也已竭盡其所能。從全國範圍來看，在鴉片戰爭中，虎門地區的兵勇火炮超過各海防要地，是居第一位的。

就軍事學術而言，虎門此時再增加兵勇已經毫無意義。如威遠炮台，設炮 40 位，平時守兵 60 人，戰時編制 160 人，而到交戰時該台兵弁增至 327 人，另外還僱勇 91 人。至此，兵多已不能增加戰鬥力，反而成了活靶子。從炮台的規制建構來看，也已容納不了更多的兵勇。琦善亦奏稱，"炮台人已充滿"，"亦復無可安插"。

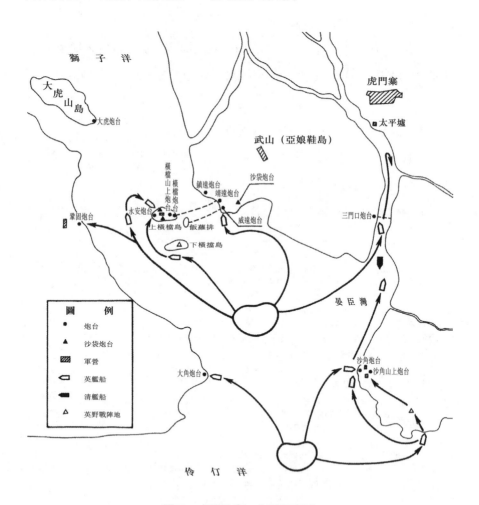

圖二　虎門防禦、作戰示意圖

當然，還須說明的是，儘管琦善對虎門防禦作過如上的努力，但並不相信這些努力會奏效。1840年12月26日，他在第一次增兵虎門時便奏稱："藉以虛張聲勢，俾該夷知我有備，一面又備文向其詳加開導。"[188] 增兵本非為戰，不過"虛張"而已，目的仍是"開導"。而他後來的增兵，情況自然不同，但從其奏摺中可以嗅出他應付道光帝一意主"剿"的嚴旨不得不為的味道。

那麼，虎門戰敗的真正原因是甚麼呢？

虎門戰役的第一仗是沙角、大角之戰。1月7日清晨，英艦加略普號、海阿新號、拉恩號（共載炮52門），進至沙角炮台的正面，轟擊炮台吸引守軍；英武裝輪船4艘拖帶小船，運送地面部隊共1461人，在炮台側後約4公里的穿鼻灣登陸，實施迂迴攻擊。上午10時，英登陸部隊佔領第一道橫向山嶺，構築安炮3門的野戰炮兵陣地。登陸英軍地面部隊遂在其野戰炮兵的掩護下，進攻清軍山上臨時軍營。守軍雖以炮火還擊，但無法抵禦居高臨下的英野戰炮兵，軍營起火，延燒兵柵，該軍營陷落。英輪船2艘在送完登陸部隊後，再次機動，選擇有利地形，炮擊沙角山上小炮台，壓制其火力。攻克山上清軍軍營的英地面部隊，乘勢攻佔沙角山上小炮台，並續向山谷清軍軍營進攻。這時，英軍4艘武裝輪船已全部進至沙角炮台的正面，參加加略普號等3艦對沙角炮台的轟擊。炮台守軍此時已無法抗受英軍的兇猛炮火，兵丁死傷過半。而登陸英軍在攻克山谷清軍軍營後，再次行動，從側後進攻沙角炮台。守軍背腹受敵，副將陳連陞戰死，炮台淪陷。

就戰術而言，沙角之戰應使清軍大開眼界。這些狡猾的"逆夷"，竟然不作堂堂正正的正面攻擊，反而偷偷摸摸地繞行到炮台的背後，擊打

---

188 以上引文分見《籌辦夷務始末（道光朝）》第2冊，第1101、716、654頁。

自己無防護的柔軟的腹部。然而英軍這種戰艦攻擊正面、陸軍抄襲背後的戰術，體現出來的是近代的軍事學術。特別是其登陸部隊，搶佔制高點，輔以野戰炮兵，次第攻擊山上軍營而山上小炮台而山谷軍營而主炮台，連續作戰，各個擊破，其攻擊路線流暢有序，在軍事史上屬上乘之作。清軍則被動至極。在關天培的設計中，沙角本屬信炮台，敵艦若不內駛便毫無意義。此時在橫檔一線的關天培，距戰場僅三四公里之遙，一無所為，眼睜睜地看着手下的一支部隊被英軍吃掉。三重門戶的設計弊陋，由此暴露無遺。

沙角之戰失敗了，然清軍若從此認識到英軍更善陸戰，也可謂失中有得。但是，在清軍的情報系統中，這支明明分隸於英軍第 26 團、第 49 團、馬德拉斯土著步兵第 37 團以及海軍各艦水兵的正牌"夷"軍，卻被莫名其妙地誤認為是漢奸。甚至還有人推論，這些供"夷"人驅策的亡命，原本是琦善遣散的水勇！[189]

就在沙角開戰的同時，英艦薩馬蘭號、都魯壹號、哥倫拜恩號、摩底士底號（載炮共 106 門），進至大角炮台的正面，以其艦炮猛烈轟擊守軍。就數量而言，英軍艦炮已是清軍的 4 倍有餘，就質量而言，差別有如霄壤。成片成片的炮台工事在炮擊中倒塌，守軍雖作還擊，然未奏效，反在敵炮火下無以駐足，無處藏身。當英軍基本打垮大角炮台的抵抗後，各艦水兵搭乘小船從炮台兩側登陸，從被轟開的缺口處攻入炮台。守軍無心再戰，紛紛向後山潰退，炮台失守。

---

189 此中的錯誤，最初起於關天培，稱攻打沙角炮台側後的英軍是"黑夷一千餘名、漢奸數百名"，琦善接到關天培的咨函後，奏報道光帝（《籌辦夷務始末（道光朝）》第 2 冊，第 709 頁）。很可能是託名林則徐的那封信（見 233 頁注），稱："今自議和之後，兵勇撤去……琦相到後，縱漢奸之所為，新遣杉板小船，招集販煙蜈蚣、快蟹等船數百隻，竹梯千餘架，此外火箭噴筒之類，照內地製造者，更不可以數計。此次爬沙角後山之人，大半皆漢奸，或冒官衣號衣，或穿夷服，用梯牽引而上……"（《林則徐書簡》，第 156 頁）此信流傳極廣。此外一些民間記載更多，不再一一錄之。問題的關鍵是使清朝仍舊處於"英軍不善陸戰"的幻覺中。顏伯燾、裕謙都為此而大吃虧（詳見第五章）。裕謙對此更是有激憤之言："乃聞琦善到粵後，散遣壯勇，不啻為淵驅魚，以致轉為該夷勾去，遂有沙角、大角炮台之陷。其奏中所云，山後漢奸，即係遣散無業之壯勇，不問可知。"（《籌辦夷務始末（道光朝）》第 2 冊，第 870 頁）

此外，在沙角戰鬥即將結束時，英武裝輪船率各艦所配屬的小船，向泊於晏臣灣的清軍師船和雇船發起進攻。在水面戰鬥中，清軍更不是對手。儘管英軍未使用正規戰艦，仍將清軍打得落花流水。英軍共擊潰清軍戰船 11 艘，從船上繳獲大小火炮 82 位。[190]

不同於先前的定海之戰，沙角、大角之戰前清軍已作了充分的戰鬥準備，而且在戰鬥中也表現出高昂的士氣和非凡的犧牲精神。清軍共戰死 277 人，另傷重而死 5 人，受傷 462 人，共計 744 人。在鴉片戰爭中，除鎮江之戰外，我們還找不到何地清軍能有如此的拼死抵抗。但是，將士用命仍不免於毀滅性的失敗。如此巨大的傷亡換來的是，英軍受傷 38 人，無死亡！[191]

戰爭的現實就是這麼冷酷，絲毫也不照顧正義的一方。

沙角、大角之戰後，英艦隊溯江而上，進逼虎門第二重門戶橫檔一線，並圍困上橫檔島。局勢十分危急。1 月 8 日，英國遠征軍海軍司令伯麥，釋放戰俘，並讓戰俘帶交一照會給關天培，聲稱清方若有"順理講和之議"，英方亦同意停戰。

關天培值此危局，態度軟化，當即覆照，稱伯麥的照會已轉交琦善，請英方等待回覆，"可否再為商議"，即重開談判，並稱"緩商辦理，未有不成之事"。[192] 很明顯，關天培此時已無戰意，更傾向於談判，甚

---

190 以上作戰經過，係綜合下列資料相互參核而記：琦善奏摺，《籌辦夷務始末（道光朝）》第 2 冊，第 694—696、708—710、816 頁；梁廷枏：《夷氛聞記》卷 2；《道光洋艘征撫記》卷上；賓漢：《英軍在華作戰記》，《叢刊・鴉片戰爭》第 5 冊，第 162—167 頁；William Dallas Bernard, *Narrative of the Voyages and Service of the Nemesis*, London: Henry Colburn, 1844, pp.256-273; John Ouchterlony, *The Chinese War: an Account of all the Operations of the British Forces from the Commencement to the Treaty of Nanking*, pp.95-99; Mackenzie, *Narrative of the Second Campaign in China*, pp.15-23;*Chinese Repository*, vol.9, p.648; vol.10, pp.37-43.

191 《籌辦夷務始末（道光朝）》，第 817—821 頁；Bernard, *Narrative of the Voyages and Service of the Nemesis*, vol.1, p.267; John Ouchterlony, *The Chinese War: an Account of all the British Forces from the Commencement to the Treaty of Nanking*, p.97.

192 佐佐木正哉編：《鴉片戰爭の研究：資料篇》，第 54—55 頁。

至用"未有不成之事"這一含混的許諾，要求英方退兵，並以退兵為和談的前提。

英方收到此照會，立即停止了軍事行動，並向關天培提出了停戰五條件。[193] 不久後，琦善和義律重開談判，英軍退出虎門。

儘管關天培此時有意於以談判解決中英爭端，但他作為一名軍事長官，對和談毫無職權可言，只能寄希望於琦善；[194] 而在義律等人頻頻發出戰爭威脅之下，他的職責又要求他加強虎門的防守，準備再戰。然而，他此時面前又有着兩件急迫棘手之事：

一、沙角之戰暴露出清軍炮台側後的空虛。據此教訓，關天培不顧停戰條件中"不得稍有另作武備"的限定，在琦善的支持下，[195] 在武山側後的三門水道開始修建一座安炮 80 位的隱蔽式炮台，以防英軍故伎重演；在威遠炮台的南側、上橫檔島等處，緊急修建沙袋炮台；又在各處炮台的側後，添派雇勇，準備與抄襲後路的英登陸部隊作戰。伯麥見情曾兩次照會關天培，提出責難，而關天培僅在覆照中表示順服，實際工

193 這五項條件為：一、英軍佔領沙角，為貿易寄寓之所；二、廣州開港貿易；三、英商的各種稅費在沙角交納；四、"應將現在起建之炮台各工停止，不得稍有另作武備（以上四條限三日允准允准）"；五、琦善須就償銀、開口等項作出答覆，方可恢復談判（同上書，第 56 頁）。關天培沒有正面答覆這些條件，僅在 1 月 10 日照會義律、伯麥，告以事歸琦善，需與其"往還酌商"，三日期限，"萬來不及"，要求英方等待（同上書，第 58 頁）。從後來伯麥 1 月 11 日照會來看，英方認為關天培已允諾"彼此不應再作武備"這一停戰條件（同上書，第 64 頁）。

194 此中的情況，可以得到兩方面的印證：一、1841 年 1 月 11 日，關天培覆照伯麥，謂："先囑鮑公（指鮑鵬）到船（指伯麥座艦）面覆，以明本提督安心和好，並無歹心，況琦善相現已派人前來，與貴統帥議商永遠相安公事，本提督更當遵照相和……" 1 月 13 日，關天培又覆照伯麥，謂："本提督現在差官，趕緊赴省，呈稟琦爵相迅速奉覆……兩國和好二百年，公事一經説明，則彼此和好如舊矣……"（同上書，第 65—66 頁）可見關天培迫切希望和談成功。其二，琦善為與義律當面會談，兩次經過虎門，但在其奏摺中對虎門防衛體系的評價甚低，這一方面是出自主帥琦善的自我判斷，另一方面似與前線指揮官關天培的匯報也是分不開的。

195 英方對此有一記載。1841 年 2 月 22 日，英艦在虎門截扣一艘中國小船，"一名信使被華生（Watson）少校認出，他是中國當局的一名活躍人士，很自然懷疑他帶有某種命令或其他東西給當地官員，結果在一個盒子中發現一些信件。在這些發給關將軍的信件中，要求立即阻斷亞娘鞋背後使之成為小島的水道，方法是用石頭、木樁、沉船，而此類物件被大量積放在名為三門口的地方。"英軍前往三門水道去"檢查"（指 2 月 23 日、24 日三門水道戰鬥），"這種疑心是由琦善致關將軍的被截獲的信件的內容引起的"（Bernard, *Narrative of the Voyages and Service of the Nemesis*, vol.1, pp.318,327）。由此可見，關天培此時加強防禦的行動，是奉到琦善的命令的，至少是得到了琦善的支持。

作並未停止。

二、沙角、大角之戰後，清軍士氣大受挫傷。一部分兵弁鬧賞訛錢，否則將紛紛四散。關天培為安撫士兵留防，只得典質衣物，每兵給銀 2 元。[196] 作激勵兵弁士氣之用。[197]

1841 年 2 月 23 日，英武裝輪船復仇神號和一些所附屬的小船，由晏臣灣闖入三門水道，驅走正在該處設防的清軍船隻和兵勇，破壞尚未完工的炮台。次日，復仇神號和小船再入三門水道，拆毀阻塞河道的各種設施。[198]

戰鬥重新打響。空前規模的大戰在關天培設防的重點橫檔一線展開。該處有威遠、靖遠、鎮遠、橫檔、永安、鞏固六座炮台及兩道排鏈。至此時，儘管第一道排鏈已經毀壞，但該處清軍的武力已經得到了極大的加強：

一、武山一帶的鎮遠、靖遠、威遠三座炮台，火炮增至 147 位；在威遠炮台南，建有 2 座沙袋炮台，安設小型火炮 30 位；在炮台後山，建有軍營，駐以兵勇，以防英軍抄襲後路。

二、在上橫檔島，除原設橫檔、永安兩炮台外，修復橫檔山上炮

---

196 《籌辦夷務始末（道光朝）》第 2 冊，第 777 頁。英方對此類事件亦頗知詳，見 Bernard, *Narrative of the Voyages and Service of the Nemesis*, vol.1, p.323。

197 琦善亦為此而撥銀 1.1 萬元，發給關天培等人，以然而，關天培抱有希望的琦善—義律的廣東談判，此時已是燃油耗盡的燈，光線搖曳而終將熄滅；關天培的種種籌防措施，也為英軍所疑忌，終使其採取軍事行動。

1841 年 2 月 13 日，琦善咨會關天培：撥銀 5000 元給關天培，以備威遠、靖遠、鎮遠三炮台 "克敵充賞之用"，另橫檔、永安、鞏固三炮台，每台撥銀 2000 元，以備 "克敵充賞之用"。在該咨會中，琦善要求虎門 "水陸官兵，總需合力同心，萬弗任分畛域為要，……以期克敵施行"（佐佐木正哉編：《鴉片戰爭の研究：資料篇》，第 265 頁）。2 月 24 日，即開戰前的兩天，統領上橫檔島的橫檔、永固炮台的清軍軍官劉慶達出示宣佈，給島上官兵 "每名銀三錢五分"，要求下屬 "留心奮勇，冀加獎勵，毋得稍為畏怯，致干軍法"（出處同上）。可見上橫檔島清軍亦有鬧賞訛銀事件。

198 該戰的情況，見《籌辦夷務始末（道光朝）》第 2 冊，第 843 頁；賓漢《英軍在華作戰記》，《叢刊‧鴉片戰爭》第 5 冊，第 178 頁；Bernard, *Narrative of the Voyages and Service of the Nemesis*, vol.1, pp.327-329.

台；[199] 並在該島的南北，修建沙袋炮台；在島中部，建有軍營，駐以兵勇，準備與登陸英軍交戰。全島的火炮數目增至 160 位。

三、在蘆灣一帶，除原設鞏固炮台外，又在其山後建一軍營，駐守兵勇。炮位和軍營共有火炮 40 位。

總之，在橫檔一線，清軍在當面共有兵勇 8500 人，火炮 377 位，[200] 增加的數量不為不多，但防禦的核心仍是原設 6 炮台。

2 月 24 日，英遠征軍海軍司令伯麥向關天培發出最後通牒，要求將橫檔一線清軍陣地全部交由英軍"據守"，[201] 未收到答覆。2 月 25 日，英軍開始行動。首先佔領下橫檔島，在該島的制高點設立了共有 3 門重炮的野戰炮兵陣地。

2 月 26 日清晨，下橫檔島英軍野戰炮兵向上橫檔島射擊，多次擊中該島清軍炮台、軍營。由於清軍火炮多置於該島東西兩端，又兼英野戰炮兵居高臨下，難以還擊，被動捱打，島上逐漸陷於混亂。一些清軍將領見勢不妙，駕小舟離島北逃，憤怒的士兵們不是向英軍，而是向逃將們開了第一炮。

上午 10 時左右，風起，英艦開動。各載炮 74 門的伯蘭漢號、麥爾威釐號和武裝輪船皇后號為一路，攻打武山。為了躲避橫檔、威遠等炮台的射擊，該路英艦船沿晏臣灣航行。設於威遠炮台東南的清軍沙袋炮

---

199 1717 年最初建立的橫檔炮台，位於山上，有炮 10 位。1815 年改建，移至山腳，炮 40 位。1835 年，關天培改造虎門防禦體系時，該山上炮台尚有基礎。此次很可能就此基礎復建。

200 橫檔一線的清軍軍營、沙袋炮台的設置及位置，清方未有準確資料，這裏據英方資料綜合而成。清軍各處的火炮數目，據 Bernard, *Narrative of the Voyages and Service of the Nemesis*, vol.1, pp.342-343。另，麥肯茲稱，威遠、靖遠兩炮台共有火炮 103 位，鎮遠炮台 40 位，上橫檔島 163 位，鞏固炮台 40 位，總數為 379 位（Mackenzie, *Narrativ of the Second Campaign in China*, pp.196-198）。賓漢稱：鎮遠炮台 22 位，上橫檔島 163 位，鞏固炮台 22 位，總數仍是 379 位（《英軍在華作戰記》，《叢刊‧鴉片戰爭》第 5 冊，第 157—158、318 頁）。《中國叢報》一文稱：武山一帶清軍共有火炮 205 位，鞏固炮台 30 位（*Chinese Repository*, vol.10, pp.176-179）。清軍的兵勇數字據《琦善親供》（《鴉片戰爭檔案史料》第 3 冊，第 473 頁）。又，此處兵勇、火炮僅為正面戰線數字，若連帶三門水道、太平墟、虎門寨等處，清軍兵勇將超過 1 萬名，火炮數超過 450 位。

201 佐佐木正哉編：《鴉片戰爭の研究：資料篇》，第 85 頁。

台和威遠炮台向該路英艦船開炮，然沙袋炮台火炮太小而威遠炮台射擊夾角過大，無法對英艦船構成威脅。伯蘭漢號和麥爾威鼙號分別在威遠炮台西南 360 米、540 米處下錨，以猛烈炮火轟擊武山三炮台。清軍靖遠、鎮遠兩炮台因射擊夾角限制而不能發揮作用，橫檔炮台又被下橫檔島英野戰炮兵所壓制，只有威遠炮台獨自還擊。英艦在長時間的炮擊後，基本摧毀了威遠、靖遠和沙袋炮台的作戰能力，水兵 300 名乘勢搭乘小船登陸，進攻各炮台。至下午 2 時，武山一帶各炮台失陷，關天培及 20 餘名兵弁戰死（可對照沙角、大角之戰），絕大多數在戰鬥中潰逃。駐守炮台後山的清軍兵勇未主動出擊，反被英軍驅散。

在伯蘭漢號等艦開動的同時，載炮 74 門的威鼙士鼙號、載炮 44 門的都魯壹號和 4 艘輕型戰艦為另一路，攻擊橫檔西水道。威鼙士鼙號、都魯壹號在西水道的正中下錨，用兩側弦炮同時向兩岸的永安和鞏固炮台開火，而輕型艦加略普號、薩馬蘭號、先鋒號、硫磺號則穿過西水道，在上橫檔島防衛薄弱的西北部下錨，轟擊該島的炮台和軍營。上橫檔島清軍已經遭受了下橫檔島英野戰炮兵的連續幾小時的轟擊，此時在英軍 6 艦 200 餘門火炮的攻擊下，已難以支持。至下午 1 時，永安、鞏固兩炮台均被打垮，停止射擊。早已機動至下橫檔島南側避炮的英輪船復仇神號等船，乘機運送陸軍在上橫檔島西端登陸。英軍在佔領永安炮台後向東發展進攻，次第佔領該島中部的清軍軍營、該島西端的橫檔山上炮台和橫檔炮台。由於島上清軍無處逃生，共有 250 人戰死，100 餘人受傷，另有 1000 餘人成了英軍的俘虜。

下午 4 時，威鼙士鼙號的水兵，搭乘輪船和小船在鞏固炮台處登陸。該炮台已被英軍擊毀，守軍早已逃逸。英軍佔領鞏固炮台後，繼續向後山清軍軍營進攻，驅散了守軍，焚燒了軍營。

至下午 5 時，戰鬥全部結束。[202]

英軍在橫檔一線戰鬥中採用了避實擊虛的戰法，主力沒有放在清軍防衛較強的東水道，而是在防禦相對薄弱的西水道實施突破；而在西水道作戰的大多數英艦，又轉攻防衛力更弱的上橫檔島西北部；該島東部強大的橫檔山上炮台和橫檔炮台，如同沙角炮台一樣，被英軍從背後攻破；即便是攻擊東水道的英軍戰艦，也未深入，僅把攻擊點放在威遠炮台，從而避開了橫檔、鎮遠、靖遠炮台的強大火力。正因為如此，英軍在此次大戰中，幾乎沒有受到甚麼損失，僅有 5 人受了點輕傷！

關天培戰前設計的戰法，本是層層阻截敵艦的闖入，特別是從東水道強衝硬過。遇到這股無意越過而竟然直攻的敵人，實際上他已無戰術可言。儘管他在戰前構築沙袋炮台、添防兵勇，但這些臨時設施在實戰中幾乎無用。

這裏，還需要說明一下英軍都感到奇怪的下橫檔島未設防的問題。

下橫檔島位於上橫檔島之南，從近代戰術原則來看，它是攻擊上橫檔島的一把鑰匙。可是，關天培最初的目的在於層層堵截，從地理形勢來看，它不如上橫檔島，可以和武山、蘆灣更緊密地聯成一氣，因而他在上橫檔島大興土木時，沒有注意到下橫檔島。而到了開戰前，仍未在下橫檔島佈防，是因為他還不明白西方此時慣用的搶佔制高點、運用野戰炮兵諸戰術，儘管英軍在沙角之戰時已經運用過這些戰術。從下橫檔島這一細部之中，我們可以看出當時中西戰術思想的差距。

關天培英勇地戰死了。人們由此稱頌他精忠報國。當他的遺骸由家

---

202 此次戰鬥經過的記敘，綜合下列資料：琦善奏摺，《籌辦夷務始末（道光朝）》第 2 冊，第 842—843、854、1101；梁廷枏：《夷氛聞記》卷 2；《道光洋艘征撫記》卷上；賓漢：《英軍在華作戰記》，《叢刊·鴉片戰爭》第 5 冊，第 175—185 頁；Bernard, *Narrative of the Voyages and Service of the Nemesis*, vol.1, pp.333-344; John Ouchterlony, *The Chinese War: an Account of all the Operations of the British Forces from the Commencement to the Treaty of Nanking*, pp.112-120; Mackenzie,*Narrative of the Second Campaign in China*, pp.55-66; *Chinese Repository*, vol.10, p.176-179.

僕領走時，英艦亦鳴放禮炮，表示對殉國者的尊敬。他已經沒有機會來總結自己的經驗教訓了，而後人只是一味讚美，以激勵人們效法他，義無反顧地以身殉國。對於一個英勇戰死的戰士，任何批判都已不屬於是非的範疇，而上升到道德的層面，指責他即與不道德同義。但是，當我們離開這一價值取向，在以後幾章中又會發現，關天培的錯誤，當時的人們還在重複。

不知道關天培的在天之靈，更希望人們稱頌他的英勇，還是希望人們批責他的錯誤而以免一錯再錯？

從以上這些不無枯燥的軍事學術上的檢討中，不難得出結論：虎門戰敗與琦善當家無涉，換清王朝中的任何一個人來主持，也改變不了戰敗的命運。這因為，戰敗的原因幾乎全是軍事的，是由雙方軍事力量的強弱、技戰術水準的高下決定的。

可是，道光帝卻不這麼看。他沒有親眼目睹英軍的武力，總認為在軍事上有幾分把握。他擔心的不是清軍武力的弱小，而是主帥琦善的懦怯，因而將琦善種種清軍不敵英軍的直言，當作其懦怯的表徵，沒有聽進去。1 月 30 日，他以奕山主持廣東軍務，正說明他還未看清實際，將此當作主帥個人的膽略和能力問題。2 月 20 日，他收到怡良關於琦善私許香港的密摺，立即下令將琦善革職鎖拿送京審判，問題的性質，又似乎轉化到主帥的道德品質層面去了。[203] 虎門之戰的軍事教訓總結，由此被耽擱下來。

在義律和道光帝夾縫中求生存的琦善，同時受到義律和道光帝的猛

---

203 1841 年 1 月 9 日，道光帝收到御史高人鑒的奏摺，稱琦善"懦怯"；1 月 12 日，又收到太常寺卿唐鑒的奏摺，稱琦善"苟安"，"難為主將"（《籌辦夷務始末（道光朝）》第 2 冊，第 645、660—661 頁）。這些議論對道光帝影響很大，以至決定換馬。以後道光帝的朱批，多作"與逆夷翻如莫逆"、"因何喪心病狂"、"遇此不忠督臣"、"一片囈語"。在上諭中更有"不知是何肺腑，如此辜恩誤國，實屬喪盡天良"之語。這些言語根本不切實際，而是指責其道德了。

擊。他心裏明白，他只不過是道光帝的一名奴才，榮辱性命全捏在道光帝的手中，到此只能毫不含糊地轉向，以適應道光帝的脾胃。1841 年 2 月 14 日，他在奏報沙角、大角之戰清軍傷亡情況時，啟用了他先前極度詆毀的粉飾手法，宣稱清軍官兵奮不顧身，"接仗四時之久"，"共計剿殺夷逆漢奸六百餘名"云云。正如前節提到伊里布，這種不無迎奉帝意的言辭，更觸發道光帝的勃然大怒，朱批：

> 前此據稱廣東兵全不可用，欺罔之心，妙在由己證之。

又朱批：

> 慰忠魂無他法，全在汝身。[204]

204《籌辦夷務始末（道光朝）》第 2 冊，第 816 頁。我不知道，道光帝的這一"要命"的朱批，與後來琦善判為"斬監候"有無關聯。

第四章

廣州的"戰局"[1]

虎門戰敗了。英軍開始猖獗於廣州內河。琦善罷免了。新的主帥正從江西和北京趕來。戰爭將在廣州一帶展開。

虎門之戰的事實已經說明,清軍拒戰必敗。但是,道光帝由內閣明發的革拿檻押琦善的上諭中,有這麼一段措辭嚴正的話:

> (琦善)被人(指英軍)恐嚇,奏報粵省情形,**妄稱地利無要可扼,軍械無利可恃,兵力不固,民情不堅**。摘舉數端,**危言要挾**,更不知是何肺腑?如此辜恩誤國,實屬喪失天良。[2](重點為引者所標)

在此,道光帝將琦善對軍情的如實陳詞,統統當作"妄稱"的虛情,"要挾"道光帝的"危言",並予以道德的斥責。這實際上也下了一道鉗口令,封住了楊芳和奕山的嘴巴:不僅不許敗,而且不許言敗。

1　本章的撰寫,我在許多地方受益於佐佐木正哉的論文:《鴉片戰爭研究 —— 從英軍進攻廣州到義律被免職》第二部分"英軍進攻內河",第三部分"英軍停止進攻與楊芳的對策",第五部分"楊芳的屈服與通商的恢復"(以上中譯本見《國外中國近代史研究》第 12 輯、第 15 輯),第六部分"奕山的反擊與敗退",第七部分"三元里事件"(以上為李少軍先生提供的未發表的中譯稿)。此外,魏斐德的《大門口的陌生人:1839—1861 年間華南的社會動亂》(王小荷譯,中國社會科學出版社,1988 年)對本章第三節的分析亦極有幫助。

2　《籌辦夷務始末(道光朝)》第 2 冊,第 805 頁。

這就把楊芳和奕山推上絕路，他們面前只有一條出路——捏謊。

廣州到北京的河川山嶺，成為謊話的天然屏障。整個廣州戰局，完全成為一個騙局。

一 楊芳的"果勇"

1841 年 3 月 5 日，參贊大臣楊芳匆匆趕到了廣州。當地的官紳士民就像盼到了救星一樣。

自 2 月 26 日虎門橫檔一線戰鬥之後，英軍於 2 月 27 日攻克清軍重兵把守的烏涌炮台，3 月 2 日，又克琶洲炮台，3 月 3 日再克琵洲炮台，兵鋒距廣州僅有數公里。（詳見圖三）

已於 2 月 28 日與怡良共同出示，表明"自當親統兵前往，實力掃除"[3] 的琦善，此時竟不顧聖怒，作出一個驚人的舉動，3 月 3 日，派廣州知府余保純前往英艦，面見義律，要求停戰，理由十分奇妙：琦爵即將罷黜。[4] 這好像是一位輸光了的賭徒，告訴討債的打手，"別打啦，我已經沒錢了"一樣。義律讓余保純帶回一紙《約議戢兵條約》，價碼比先前的《善定事宜》高出許多：賠款增至 1200 萬兩，割地增加尖沙咀（即九龍），以及片面最惠國條款等等。由於知道琦善將倒台，義律指明要廣州將軍阿精阿、廣東巡撫怡良、前兩廣總督林則徐、鄧廷楨，在 3 天之內，"共同當面蓋付公印"。[5] 這樣的條件，自然誰也不敢答應。

3　佐佐木正哉編：《鴉片戰爭の研究：資料篇》，第 266 頁。

4　琦善於 3 月 1 日得知受到革去大學士的處分。他派余保純前往談判時，很可能與怡良、林則徐商量過（見《林則徐集·日記》第 383 頁，又見《廣東事略》，《叢刊·鴉片戰爭》第 3 冊，第 314 頁）。余保純對義律的言論，見義律致巴麥尊，1841 年 3 月 10 日，轉引自佐佐木正哉：《英軍進攻內河》，《國外中國近代史研究》第 12 輯。

5　佐佐木正哉編：《鴉片戰爭の研究：資料篇》，第 86—87 頁。

3 天的期限，於 3 月 6 日到期，楊芳恰於 3 月 5 日趕到，怎能不讓民眾"歡呼不絕"，怎能不讓官吏"倚為長城"呢？[6]

在當時人們的心目中，楊芳的地位絕非一般。楊芳，貴州松桃人。15 歲從軍，至此已經戎馬 55 載，身經百戰。以參加平定川楚白蓮教而官列總兵、署固原提督。以平定河南天理教而獲雲騎尉世職。因統部不嚴，曾多次罷免。但誰都知道他是個打仗的好手，一遇戰端，即請他出山，果然戰功卓著。他一生最顯赫的業績，在道光初年平定張格爾之役，是時他以參贊大臣的身份，率兵窮追，擒獲張格爾，檻送北京。道光帝親自受俘，給了楊芳一大堆獎勵：封三等果勇侯；授御前侍衛；加太子太保；繪像紫光閣；賞用紫韁、雙眼花翎、在紫禁城騎馬；賜其子為舉人。至於衣料袍褂扳指珊瑚等等賞賜，就難以羅列了。

1835 年，楊芳已 65 歲，以病求退獲准。可第二年湖南鎮筸鎮兵變，道光帝又啟用他。[7] 他來廣東前，官位湖南提督，正準備進京請訓，行至江西豐城，於 2 月 12 日奉到參贊大臣的任命，立即折道南下。[8]

道光帝此時的用意是很明顯的，以親信皇侄奕山為主帥，文有隆文（時任軍機大臣、戶部尚書），武有楊芳。在這三人之中，道光帝對楊芳的希望最大，冀求在南國的海疆，再展昔日西北的榮光。

與琦善相比，楊芳的優勢是明顯的：且不論他幾上幾下，征戰遍及大半個中國，就同為侯爵，也不像琦善靠的是祖宗，而是硬碰硬憑着手中的刀矛弓箭打出來的。

然而，楊芳的戰馬從未涉足廣東。他同所有的"天朝"大吏一樣，遇到了陌生的敵人。

6　梁廷枏：《夷氛聞記》，第 58—59 頁。

7　以上楊芳經歷見《宮傳果勇侯自編年譜》，道光二十年（1840）刻本；《清史列傳》第 10 冊，第 3049—3057 頁。

8　《鴉片戰爭檔案史料》第 3 冊，第 130 頁。

就在楊芳到職後的第二天，義律以約定的期限已到，於 3 月 6 日發兵進攻，陷獵德、二沙尾炮台，守軍大潰。

獵德、二沙尾今已屬廣州市區，距當時的廣州城東南角僅有 3 公里，英軍已經看見了廣州的城牆。可就在當日，義律發佈告示，表示願意停戰。[9] 據英方的記載，清方又派出余保純前往談判，表示：儘管廣東當局也希望停戰，但皇帝絕不會批准。余保純的這一行動，無疑得到了楊芳的批准。這很可能是這位參贊大臣上任後的第一項決定。[10]

義律的要求雖未得到滿足，但雙方的交戰卻又停頓了幾天。

在這段時間內，楊芳又做了甚麼呢？一私家記載稱：楊芳到廣州後，"終日唯購鐘錶洋貨為事，夜則買俏童取樂，甚而姚巡捕等將女子薙髮，裝跟班送進……"該記錄又稱：

> 楊侯初來，實無經濟，惟知購買馬桶禦炮，紙紮草人，建道場，禱鬼神，然尚添造炮位、軍器、木排等事。[11]

關於此中"購買馬桶禦炮"的情節，另一私家記載說楊芳認為英軍取勝，"必有邪教善術者伏其內"，[12] 以當時人視為最不潔的婦女溺器，迎敵"邪教善術"的"蠻夷"，即所謂以邪制邪的法術。這種方法是否採用，還不能得到證實，因為該記載提到"出征烏涌"，即在烏涌作戰採用，而

---

9 *Chinese Repository*, vol.10, p.180. 第 2 天，3 月 7 日，義律還向琦善發出照會，聲稱談判因道光帝的阻撓而中斷，英軍"必向沿海各省及京師御城，就行攻敵"（佐佐木正哉編：《鴉片戰爭の研究：資料篇》，第 88—89 頁）。由此可見，義律打算在廣東停戰，北上進攻。

10 義律致巴麥尊，1841 年 3 月 10 日，轉引自佐佐木正哉：《英軍進攻內河》，《國外中國近代史研究》第 12 輯。

11 《粵東紀事》，《近代史資料》1956 年第 2 期。

12 梁廷枏：《夷氛聞記》，第 58—59 頁。

早在楊芳到達前，烏涌已為英軍所據。但是，從"馬桶"、"草人"、"道場"、"鬼神"背後表現出來的楊芳對西方利器的不解，我想應當是屬實的。

據林則徐日記，楊芳的到來似乎使他情緒大變。從 3 月 5 日至 18 日，或楊芳來拜，或林拜楊芳，短短的 14 天內，見面就有 11 次之多。3 月 19 日，因局勢緊急，很可能楊芳認為如此來來往往，仍有不便商及之處，乾脆搬到林則徐的寓所，同住了 8 天。3 月 26 日，楊芳另遷寓所，但與林的交往仍十分密切。[13] 由於林則徐在日記中記得過於簡略，我們不知道林、楊商議的內容，但楊芳的各種行動，林則徐應當是知情者。

據楊芳的奏摺，他到任後立即部署兵勇防守省城，並往省城之東的東盛寺和省城西南的鳳凰崗各派兵 1000 名駐守。他還在省河上構築塞河木排，排上安放木桶（不知是否即為民間傳說的馬桶），內儲毒藥桐油，準備火攻。[14] 英方的記載稱清方大作戰備，也證實了楊芳的說法。[15] 除此之外，廣東當局還於 3 月 10 日發給美國商船准許入港貿易的紅牌，以離間英、美，坐收"以夷制夷"之效。而義律聞訊，於當日宣佈封鎖廣州，既然不讓英國人做生意，那麼誰也做不成！

英軍此時也沒有閒着，自 3 月 6 日攻克二沙尾之後，開始闖入河南水道，另闢通往省城的路線。3 月 13 日，正當被押的琦善解離廣州之時，戰火又起，英軍攻克了正在加緊設防的大黃滘炮台。[16]

義律的情報似乎慢了一些。他顯然不知道琦善已經北行，於 3 月

13　《林則徐集・日記》，第 386 頁。

14　《籌辦夷務始末（道光朝）》第 2 冊，第 859—860 頁。

15　賓漢：《英軍在華作戰記》，《叢刊・鴉片戰爭》第 5 冊，第 193 頁。

16　佐佐木正哉編：《鴉片戰爭の研究：資料篇》，第 91 頁。

16 日，再給琦善發出一份要求停戰談判的照會，[17] 派一艘打着白旗的小船由大黃滘北上，準備送往省城。但是，途經鳳凰崗炮台時，由楊芳派往該處的江西兵很可能還不知道白旗規則，發炮轟擊，英船隻得退回（此次戰鬥被描繪成一個大勝仗，後將詳述）。

義律對此決計報復，發兵大肆進攻。自 3 月 18 日上午起，英艦由大黃滘北上，連克鳳凰崗、永靖炮台、西炮台、海珠炮台[18] 和河南的一座沙袋炮台。至下午四時，英軍佔領了廣州西南角的商館，在時隔兩年之後，重新升起了英國國旗。

至此，廣州城的東、西兩路已全無屏障，完全暴露在英艦的炮火之下。據林則徐日記，英艦向省城"開放飛炮、火箭各數十"，[19] 廣州已經成為一座危城。

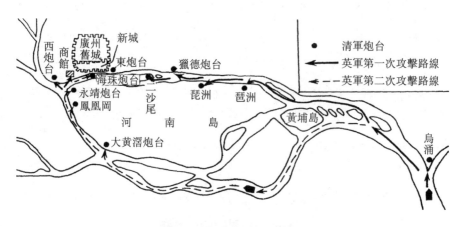

圖三　廣州內河戰鬥示意圖

17　海珠炮台位於廣州城正南的珠江上的一座小礁石上，該礁石因阻礙航道後被炸去。其位置大約在今海珠橋一帶。

18　英軍的攻擊路線及炮台點位的確認，參見 Bernard, *Narrative of the Voyages and Service of the Nemesis*, vol.1, p.413，及卷末附圖。其中炮台的名稱，又參考史澄等纂《番禺縣志》，同治十年（1871）刻本；梁紹獻等纂：《南海縣志》，同治十一年（1872）刻本。

19　《林則徐集・日記》，第 385 頁。

讓我們回過頭來，檢討一下自 2 月 27 日烏涌之戰至 3 月 18 日英軍重佔商館這 20 天的廣州內河戰鬥。

自鴉片戰爭一開始，廣州的各位主帥，林則徐、琦善、怡良、楊芳，都已注意到虎門一旦被突破後的廣州內河防禦，先後撥兵撥炮，並在河道狹窄處沉船或以木樁阻塞，以防英艦直逼廣州。[20] 其中，烏涌炮台琦善派湖南兵 900 名，合之本地守軍 700 名，共計 1600 名，鄰近又有林則徐購買的安炮 34 位的戰艦甘米力治號（Combridge）和 40 艘戰船，兵力不為不厚，結果大敗，陣亡總兵祥福以下 446 名（大多在潰逃時被英炮擊斃）；二沙尾、獵德一帶，不僅有炮台，而且河道已阻塞，琦善先是派怡良前往坐鎮，後改由江西南贛鎮總兵長春駐守，然英軍在拆除河道障礙時，守軍竟坐視不顧，一經交戰即大潰；鳳凰崗一帶，楊芳派兵 1000 名，然在 3 月 18 日戰鬥中一無所為。大黃滘炮台守軍將領在臨戰前一天，竟派人與英軍商議：

> 你也不要放炮，我也不要放炮，誰都不要放炮。我可以放六次沒有炮彈的炮，給皇帝留面子，然後走掉。[21]

對於這樣的軍人，我們能作何評論呢？

據英方的記載，這 20 天的廣州內河戰鬥，英軍共摧毀清軍大小炮

---

20 《林則徐集・奏稿》中冊，第 862 頁；《籌辦夷務始末（道光朝）》第 2 冊，第 654—655、695—696、778—779、814、844、860、883、892、900 頁。

21 賓漢：《英軍在華作戰記》，《叢刊・鴉片戰爭》第 5 冊，第 193 頁。

台、軍營十餘座，擊毀各種戰船數十艘，繳獲大小火炮共計約 400 位。[22] 而英軍的這些軍事行動，每次僅出動幾艘輕型戰艦。如最為激烈的烏涌之戰，為英艦 5 艘、輪船 2 艘。[23] 黃滘炮台之戰，為英艦 2 艘、輪船 1 艘。[24] 又如最戲劇化的大就是 3 月 18 日橫行省河令楊芳震驚的那次行動，英軍也僅動用了 5 艘戰艦、2 艘輪船、1 艘運輸船和一些小船。[25] 歷來謂英軍大艦不得入內河、小船無能作為的清朝官吏，此次飽嘗了英軍輕型戰艦的威力。如同先前的虎門歷次戰鬥一樣，英軍在內河戰鬥中傷亡極輕，3 月 18 日的戰鬥僅受傷 8 人，其餘各次戰鬥，我還沒有找到相應的記錄。

---

22 賓漢稱，共繳獲大炮 401 位（《英軍在華作戰記》，《叢刊·鴉片戰爭》第 5 冊，第 319 頁）；麥肯茲稱，共繳獲大炮 346 位（Mackenzie, *Narrative of the Second Campaign in China*, p.199）。現列表於下，由此可見廣州清軍的設防情況：

時間	戰鬥區域	賓漢書	麥肯茲書
1841 年 2 月 27 日	烏涌炮台 甘米力治號 清軍船	54 34 10	44
1841 年 3 月 2 日	琶洲炮台	25	34
1841 年 3 月 3 日	琶洲炮台	30	30
1841 年 3 月 6 日	二沙尾炮台	35	35
1841 年 3 月	河南水道	14	
1841 年 3 月 13 日	大黃滘炮台	38	38
1841 年 3 月 18 日	鳳凰崗 永靖炮台 西炮台 河南沙袋炮台 海珠炮台 紅炮台 兩艘師船	31 9 10 13 25 20 15	總計為 123

其中表格中的紅炮台，據伯納德書中提供的地圖，位於河南的西北角，可能是永靖炮台的一部分。
又，伯納德稱，3 月 18 日的戰鬥，英軍共繳獲大炮 119 位（Bernard, *Narrative of the Voyages and Service of the Nemesis*, vol.1, p.413）。

23 英艦為加略普號、先鋒號、鱷魚號、硫磺號、摩底士底號；輪船為復仇神號、馬答加斯加號。

24 英艦為摩底士底號、司塔林號，輪船為馬答加斯加號。

25 英艦為先鋒號、海阿新號、摩底士底號、阿爾吉林號、司塔林號；輪船為復仇神號、馬答加斯加號；另有官船路易莎號和青春女神號。

這裏，還有必要提一下西江水道戰鬥。1841 年 3 月 13 日，正當大黃滘炮台清軍以空炮迎戰英艦時，英武裝輪船復仇神號拖帶兩隻小船，駛入澳門西側的西江水道。在 3 天的航行中，這支小小的船隊，沿途竟打垮了 6 座炮台，擊毀了清軍 9 艘戰船，毀壞了清軍 100 多門大炮，並拆除了多道攔江障礙。於 15 日，順利到達虎門之後的蓮花山。[26] 按照英軍軍官的記錄，整個行動尤如假日郊外野餐。[27]

從 3 月 5 日至 3 月 18 日，戰功赫赫的果勇侯楊芳，在這兩周中終於弄清了一個事實，他手中並無制服這些"夷"人的招術。他已經從來粵途中的滿腹韜略的迷夢中清醒過來了。[28]

就當時英軍的兵力兵器而言，自 1841 年 2 月 27 日攻陷烏涌炮台後，完全有能力一鼓作氣攻下廣州。

這裏就產生了一個問題：為甚麼義律不這麼做？為甚麼他相反行事，於 3 月 3 日、3 月 6 日、3 月 16 日一而再、再而三地要求停戰，呼吁談判？

義律的想法很簡單，他不希望廣州的戰事嚇跑了居住在廣州的富商。

自 1839 年 3 月林則徐封鎖商館起算，中英貿易整整停頓了兩年。對倫敦、孟買和廣東的英國商人來說，這兩年中僅茶葉、絲綢貿易的損失就極為慘重，更兼英國政府財政部每年高達百萬英鎊的茶葉稅。作為對華商務總監督的義律，不是不明白此中的利害。而虎門口外始終徘徊

26　英軍的攻擊路線，可參看 Bernard, *Narrative of the Voyages and Service of the Nemesis*, vol.1 之卷末附圖。

27　Bernard, *Narrative of the Voyages and Service of the Nemesis*, vol.1, pp.377-379.

28　楊芳初奉到參贊大臣的諭旨時，信心十足，曾在路途中上奏，準備恩威並舉，使英人畏威懷德，然後在廣東"逐處築堡"、"厚集糧食"，使英軍"攻無可圖，野無可掠"……這些不切實際的空想，就連道光帝都看出問題，朱批"似是而非"（《籌辦夷務始末〔道光朝〕》第 2 冊，第 801—802 頁）。

未去的數十艘英國商船，[29] 又似乎時時刻刻在敲打他的神經，趕緊通商，趕緊通商！正因為如此，自與琦善的廣東談判一開始，義律便謀求早日恢復貿易，以能讓倫敦的紳士們繼續保持午茶的優雅風尚。

可是，生意須在兩國商人之間進行，若廣州的商人被英軍的大炮嚇壞了，紛紛逃難，又跟誰去做生意呢？

軍事上的勝利若不能帶來經濟上的利益，那麼，再顯赫的武功也就喪失其意義。盎格魯－撒克遜人此行非為“宣威海徼”。他們把商業利潤看得高於其他。

因此，義律在得知琦善被黜後，預料到中英兩國條約一事不可能在廣州達成，改而謀求先恢復廣州通商，再領兵北上進攻，另尋締約的出路。

於是，1841 年 3 月 18 日英軍重新佔領商館後，義律向廣州“欽差大臣”（他尚不知此時的廣州由楊芳當家）發出照會，要求當天立即與廣州的“貴爵大臣”面談，並限“半辰”（可能是指半個時辰，即 1 小時）答覆。[30] 至於該照會的由頭“現在據有報知”，是指美國副領事多利那（Edward Delano）與廣州知府余保純的會談。[31] 余保純並沒有託美國副領事轉告義律，希望與英方和談，義律如此寫來，顯然是找個借口罷了。

在廣州城岌岌可危的局勢下，楊芳很快便作了答覆。他本是軍事統帥，無權與英方談判，因此對於英方的面談要求，只能予以拒絕。照會中有“公有戰，我有守”一語，也有一些玉碎的氣派。但是，楊芳並沒

29　1841 年 1 月，在華外國商船共計為 78 艘；其中英國商船為 59 艘（*Chinese Repository*, vol.10, pp.61-62）。

30　佐佐木正哉編：《鴉片戰爭の研究：資料篇》，第 92 頁。

31　3 月 16 日鳳凰崗清軍擊退英方打着白旗致送照會的小船後，美國副領事多利那與廣州知府余保純會談。義律曾託多利那帶去 3 月 16 日致琦善的照會和一封致中國官員的信。據義律稱，廣州官員曾有回覆，但沒有使他滿意，遂於 3 月 18 日發動進攻（義律致巴麥尊，1841 年 3 月 25 日，轉見於佐佐木正哉：《楊芳的屈服和通商的恢復》，《國外中國近代史研究》第 15 輯）。

有關閉談判的大門，而是提出了書面交涉的方法。[32]

據林則徐日記，3月18日晨，林則徐"往晤"楊芳。而英軍於當日下午4時佔領商館，因而義律與楊芳上引照會的交往，只能在4時以後進行。看來，楊芳的這一份照會，很可能並未經過林則徐。但是，據林3月19日日記，楊芳和怡良當日一起來到林則徐的寓所，"竟日議事"，共同商量對策。[33]

就在楊、怡、林共討大計之時，3月19日，廣州知府余保純正在商館中與義律進行談判。針對楊芳的照會，義律亦發出了一份措辭強硬的照會，指出"若大清國未能施以公道善定事宜，足崇大英國威，則我必仍行率兵，與各省力戰"云云；[34] 此外，義律還交給余保純一項備忘錄，提出只要發告示優待外國人和恢復通商，英軍將撤退，並停止軍事行動。[35] 余保純要求給予考慮的時間，但義律沒有同意。

余保純帶回的照會和備忘錄，當時就在楊芳、怡良、林則徐這廣州三巨頭之間討論。討論的具體內容，林則徐在日記中沒有詳說，但從日記中可看到兩項結果：

一、3月19日討論後，"參贊移至余寓同住"，若雙方旨趣不投，"同住"似為不可能。由此，我們可以推測三巨頭得出了相同的意見。

二、3月20日日記稱："參贊委余守（保純）赴夷船給回文"。這說明楊芳的行動林則徐是知情的，這又反過來說明楊芳在移往林寓"同住"時，並沒有隱瞞自己的立場。

3月20日，楊芳派余保純送去照會，同意義律備忘錄中的兩個條

32　佐佐木正哉編：《鴉片戰爭の研究：資料篇》，第92—93頁。

33　《林則徐集·日記》，第385頁。

34　佐佐木正哉編：《鴉片戰爭の研究：資料篇》，第93頁。

35　未見到中文本，此據佐佐木正哉的論文：《楊芳的屈服與通商的恢復》，《國外中國近代史研究》第15輯。由於當時中英文的翻譯問題，我們還不知道其中文本又作何論。據林則徐日記稱，"英逆致書參贊乞通商"，又據後來楊芳照會中稱"不討別情"等語，林、楊對此備忘錄的理解，還是很有問題的，他們似乎認為，准許通商後戰爭就大體結束了。這究竟是翻譯問題，還是理解問題，就不得而知了。

件。[36] 同日，楊芳和怡良還聯銜出具告示："……現准各國商人一體進埔貿易，爾等商民與之交易往來，一如舊例，不得窒礙生事……"[37]

這就是楊芳—義律 3 月 20 日的停戰協定。但是，義律並沒有退兵。他決定用英軍的武力，來保證這項對英國極富利益的商業活動的進行。

從今天的知識來檢討，楊芳、怡良、林則徐之所以屈服，同意恢復通商，主要是他們沒有識破義律的真實意圖。義律的強硬態度和言辭使之認為英軍真的欲攻破廣州。就另一方面來講，他們也實無退兵之計。儘管 3 月 18 日戰事正鏖時，林則徐在廣州點驗壯勇，分佈各路，但他心中似乎明白，這幾百名壯勇未必真能起作用；不然，他就不會早在 3 月 1 日得悉烏涌失陷後，就送眷屬"登舟赴上游寄寓"，以避戰難了。[38]

由此，我們可以得出結論，根據當時的情報判斷，不論是楊芳、怡良、林則徐，還是清王朝中的其他人，此時若要保全廣州，唯有同意恢復通商，別無選擇。這與他本人內心是否主戰或主和都沒有關係。

戰爭的權威性，就在於強迫對方順從。

與琦善相比，楊芳的違旨行為不知嚴重多少倍。琦善奉旨主"撫"，始終不肯與英人簽訂條約。楊芳奉旨主"剿"，卻擅與英人達成停戰協定。可楊芳的結局又不知好過琦善多少倍。這裏面的關鍵，在於如何上奏。

1841 年 3 月 6 日，楊芳到達廣州的第二天，上奏道光帝，隱匿了琶洲、獵德、二沙尾等東路炮台的失陷，僅虛筆略提英軍"前哨探至省城相距十餘里游奕"，然後筆鋒一轉，大談自己如何佈防，宣稱"可以仰慰

36　佐佐木正哉編：《鴉片戰爭の研究：資料篇》，第 94 頁。

37　未見中文本，此據 *Chinese Repository*, vol.10, p.182。

38　《林則徐集·日記》第 383—385 頁。

聖廑”。道光帝於 3 月 21 日收到此摺（正是廣州恢復貿易的第二天），吃下了這枚空心湯糰，上諭中稱“覽奏稍紓憂念”。[39]

3 月 12 日，楊芳再次上奏，謊報烏涌之戰中清軍“砍斃逆夷，多於官兵”，即殺敵 446 人以上，並稱其籌防措施已使“民心大定”，“軍民鼓勇，可期無虞”。至於道光帝迫切希望的“進剿”，他尋出了一個延宕的理由：怕英軍逃竄而不能全殲。他建議“暫為羈縻”，等奕山、隆文趕到後，“再為設法水陸兜剿”。[40]

楊芳的這一番本意拖延時日的託詞，歪打正着，恰中道光帝的心思。我在第三章中提到，先前道光帝決議主“撫”，其中一條重要理由，便是擔心在陸路上佔有“優勢”的清軍一旦進攻得手，英軍退往海上，便無法追剿，戰爭將拖延下去，不能獲得如同西北擒獲“夷酋”張格爾那樣的徹底勝利。他一開始下令奕山、楊芳出征時，便提出了“剿捦逆夷”。[41] 後又多次下令，不要放跑了英軍，“務將（英國）首從各犯及通夷漢奸，檻送京師，盡法懲治”。[42] 因此，當他得知英軍由虎門深入內河，不以為憂，下旨“可期一鼓作氣，聚而殲旃”。[43] 當 3 月 28 日收到楊芳的這份奏摺，對楊的“不趨小利而誤大局”的做法非常滿意，在該段上朱批：“如能設法羈縻，不令遁去，方合機宜。”又在該摺尾興奮地一連寫下了兩段朱批：

> ……朕日夜引領東南，企盼捷音之至。
>
> 客兵不滿三千，危城立保無虞，若非朕之參贊大臣果勇侯楊芳，其孰能之？可嘉之處，筆難宣述！功成之日，佇膺懋賞，此卿

39 《籌辦夷務始末（道光朝）》第 2 冊，第 859—860 頁。
40 《籌辦夷務始末（道光朝）》第 2 冊，第 882—885 頁。
41 《籌辦夷務始末（道光朝）》第 2 冊，第 719 頁。
42 《籌辦夷務始末（道光朝）》第 2 冊，第 779 頁。
43 《籌辦夷務始末（道光朝）》第 2 冊，第 860 頁。

之第一功也。厥後尤當奮勉。

他還由內閣明發上諭，稱讚楊芳"曉暢軍務"，"著先行交部從優議敘"。[44]

道光帝所企盼的捷音果然不久而至。4月2日，他收到楊芳於3月17日發出的奏摺。在這份奏摺中，楊芳竟將3月16日鳳凰崗擊退英方打着白旗致送照會的小船，誇張成一大勝仗，稱英軍"大兵船兩隻、火輪船一隻、三板船十數隻，衝過大黃窖（滘）廢營（用'衝過''廢營'的字樣，掩飾了大黃滘炮台的失守），直欲闖過省河"，駐守鳳凰崗的清軍"奮不顧身，疊開大炮百餘出"，擊沉英三板船兩隻，擊斷英大兵船主桅一根，擊斃英軍多名，英船"畏懼退走，不敢遽行省河"。該摺還提到了西江水道戰鬥，稱清軍的極力"抵禦"，使英船當晚便"退出"。道光帝讀及於此，如何能不喜悅，在上諭中稱楊芳"調度有方，出奇制勝"，並再次將楊芳"交部從優議敘"。[45]

一直到了第五天，4月6日，道光帝仍未從前一天的興奮中緩過勁來，諭令正在途中的靖逆將軍奕山：

> 廣東鳳凰崗有二月二十四日（3月16日）之捷，省城自可無虞。該將軍等星速前進……務即會同楊芳熟籌妥辦，一俟大兵齊集，**即設法斷其歸路，痛加剿洗**，以彰撻伐而振國威。（重點為引者所標）[46]

可是，楊芳的牛皮也吹得太大了。就在他出奏的第二天，3月18日，

---

44 《籌辦夷務始末（道光朝）》第2冊，第886頁。
45 《籌辦夷務始末（道光朝）》第2冊，第902頁。
46 《籌辦夷務始末（道光朝）》第2冊，第907頁。

英軍便肆虐於省河，省城深為可虞。儘管楊芳在 3 月 20 日的照會及告示中，都向英方保證"據實陳奏"，但 3 月 22 日他的奏摺，仍是一篇粉飾的傑作。

在這份由楊芳、阿精阿（廣州將軍）、怡良合詞恭具的奏摺中，先稱美國副領事多利那請求允許英國恢復通商，被正詞駁回；再稱英軍於 3 月 18 日乘風冒死闖入省河，由於清軍防守嚴密，不得不於 18 日至 19 日退出；最後稱行商伍怡和呈遞義律字據："不討別情，惟求即准照常貿易，如帶違禁之貨，即將船貨入官"，請道光帝對是否准許恢復通商一事"指示機宜"。[47]

楊芳恐這份虛掩過分的正摺說不清楚，隨奏另附兩份夾片，要求"留中不發"。第一份夾片婉轉承認清軍力量不足，防守廣州有八難，於是，楊芳稱經其深思熟慮：

> 莫若先設一計，以退其船。查從前該逆夷求償煙價、求給地方，皆無可許之理。今俱不敢妄圖，而惟希冀照常貿易……彼若以詐來，奴才亦即以詐應之，將計就計，冀其墜入術中，於剿辦或稍有把握……

第二份夾片稱，英軍退出後，立即在大黃滘、獵德壘石阻斷河道，另派兵前往堵塞虎門內河，待奕山、隆文趕到後，"熟籌剿辦"。[48]

楊芳的正摺和夾片，隱匿了兩項最重要的事實：一是完全不提廣州內河各軍事要點的失守和英軍重佔商館，反而謊稱英軍因清軍防守嚴密

---

47 《鴉片戰爭檔案史料》第 3 冊，第 264 頁。

48 第一份夾片可見於《鴉片戰爭檔案史料》第 3 冊，第 266—267 頁；第二份夾片見《道光朝留中密奏》，《叢刊·鴉片戰爭》第 3 冊，第 483—484 頁。其中第 2 份夾片的內容與林則徐上奕山書的內容很接近（詳見本章第二節），看來，林則徐對如何上奏是出了主意的，至少是知情的。

而退出；二是完全沒有提到余保純與義律的談判及楊芳的照會和告示，將既成的事實作為尚待請旨的議案。為了使道光帝同意廣州恢復通商，楊芳竟詭稱如此將有利於將來的"剿辦"。

若不知廣州的真情，僅憑楊芳的摺片，人們很難揣度當時的形勢。智商平平的道光帝，對此更是不得要領，下了一道讓今人莫名其妙的諭旨：

> 本日據楊芳馳奏，逆船駛進省河，旋即退出……（楊芳）所辦尚好。……洋商呈出義律筆據，代懇通商等情，此係該逆奸謀，懈我軍心，惟現在大兵未集，不敷調遣，著楊芳設法**羈縻**，俾不得遠遁外洋，致將來攻剿費手。其現在如何從權制馭之術，朕亦不為**遙制**。奕山、隆文計已抵粵……著仍遵前旨，**斷其後路，四面兜捦**，克復香港，以副委任。[49]（重點為引者所標）

且不論其中的"設法**羈縻**"、"**不為遙制**"究竟該作何解釋，就看看當時不和諧場景就使人哭笑兩難：一邊是兵敗無策後屈服"夷酋"，一邊是企盼大兵兜剿擒獲"夷酋"，廣州與北京，尤如現實與夢境。

3月31日，廣州恢復通商已經10天，楊芳仍在奏摺中欺騙道光帝，聲稱美國商船駛入黃埔引起英國商人的好一陣歆羨，由於得知楊芳已上奏請旨，義律等人抱有一線希望，所以"旬日間無一動靜"。楊芳此摺的目的，是以英方"無一動靜"的馴服姿態，誘引道光帝盡早批准恢復中英貿易。可道光帝卻發現了其中的漏洞，若美商代英商銷售豈不是放縱英人得逞，於是，他一面下令楊芳嚴查有無蒙混影射等弊，一面明確宣佈"斷不准"英國通商。

---

49 《籌辦夷務始末（道光朝）》第2冊，第918頁。

廣州到北京的驛遞速度，讓楊芳、怡良等得心焦。4月3日，他們再次上奏，試探道光帝的態度，聲稱3月31日因美、法兩國的請求，已批准港腳（即英屬印度）商人恢復通商，並請求道光帝批准英國通商，"暫作羈縻，以便從容佈置，可期計出萬全"。

15天後，這份奏摺到達道光帝的案上。他觀此勃然大怒，在該摺上朱批達5條之多，其中有：

> 朕看汝二人欲蹈琦善之故轍。
>
> 若貿易了事，又何必將帥兵卒如此徵調？又何必逮問琦善？

並由內閣明發上諭，斥責楊芳、怡良，將其"交部嚴加議處"。[50] 4月23日，吏部議奏，楊芳、怡良照溺職例革職。道光帝因"現當剿辦吃緊之時"，改為革職留任，"以觀後效"。[51]

比起前任林則徐、琦善，楊芳的處分真是輕得不能再輕了。況且楊芳一生立的功大，闖的禍也大，褫花翎、摘頂戴已是多次，最重為革職遣戍，對他說來，"革職留任"不過是濕衣裳的毛毛雨。但是，楊芳未受重罰，並非是道光帝待人不公，而是他在奏摺中施展了一整套粉飾誇大加躲閃騰挪的功夫。[52] 他始終沒有讓道光帝知道廣州內河戰敗的真情，始終沒有讓道光帝知道英國已恢復通商。

威風凜凜戰功赫赫的果勇侯楊芳，在與英軍的作戰中，未露絲毫的"果勇"精神，而在對道光帝的捏謊上，卻大顯驚人的"果勇"氣派。

但是，若將楊芳的謊言與後來的奕山相比，又只是小巫見大怪了。

---

50 《籌辦夷務始末（道光朝）》第2冊，第953—957頁。

51 《籌辦夷務始末（道光朝）》第2冊，第965頁。

52 佐佐木正哉在其論文《英軍進攻內河》、《楊芳的屈服與通商的恢復》中暗示，楊芳的捏謊很可能是由林則徐指點的，我以為此論證據不足。

二　奕山的"靖逆"

奕山是康熙帝第十四子允禵的四世孫。在康熙朝的立儲紛爭中，身為撫遠大將軍的允禵，本是最有力的皇位競爭者。雍正帝在迷霧中繼位後，長期監禁允禵。允禵之子，奕山的曾祖父弘春，亦為此而受迫害。

經雍、乾、嘉三朝之後，百年前祖上的恩恩怨怨已經消褪色彩。自道光帝繼位後，奕山頗得寵信，1821 年以四品宗室充三等侍衛，歷二等侍衛、頭等侍衛、御前侍衛、伊犁領隊大臣、塔爾巴哈台領隊大臣、伊犁參贊大臣，遷至伊犁將軍。期間曾參加過平定張格爾一役。1840 年 4 月，道光帝召其回京，任領侍衛內大臣、御前大臣等職。[53] 按照清朝的官位品秩，武職的領侍衛內大臣相當於文職的內閣大學士，為最高一級。然而，更重要的是，奕山久任內廷職位，平時見到皇帝的機會比較多，這又是一般官員不可企及的。

1841 年 1 月 30 日，道光帝授奕山為靖逆將軍，從湘、贛、鄂、桂、滇、黔、蜀七省調集大軍，命其統率南下征戰。這對奕山說來，正是一個機會，祖上的種種不平事，可由他這位子孫的戈馬武功來洗雪。

奕山受命後，面聆聖訓，於 2 月 2 日領受了御賞的"大緞袍褂料各二件"，[54] 隨後組成了由御前侍衛、京營武弁、部院司員共 35 人的參謀班子。在嘈嘈囔囔中操持了兩周後，奕山一行於 2 月 16 日，浩浩蕩蕩，離京南下。[55]

前方的軍情如此急迫，而主帥的準備似過於悠閒。當時任北京俄國

53　參閱《清史列傳》第 14 冊，第 4385—4396 頁；趙爾巽等撰：《清史稿》第 38 冊，中華書局，1976 年，第 11537 頁。

54　《靖逆將軍會辦廣東軍務摺檔》，《叢刊·鴉片戰爭》第 4 冊，第 237 頁。領賞日期原作為 2 月 5 日，此據《清實錄》改，見該書第 38 冊，第 244 頁。

55　《曾國藩全集·日記》第 1 冊，第 62 頁。這也是曾國藩日記中罕見的有關鴉片戰爭的記載之一。

東正教教士團監護官的俄國外交官柳比莫夫（此人後任俄國外交部亞洲司副司長、司長），目睹這一出征場面，給國內的報告中寫道：

> 我有幸看到這個美妙的場面。將軍被抬着，他的陪同人員有的乘馬車，有的騎馬。不算各種官員，他的隨從侍者就有 50 人。就拿與我們教士團聯繫的官員[56]來说，他與將軍一起出發，也帶了約 10 人。有的人拿弓，有的拿箭，有的拿牀墊、枕頭，等等。我國如有人接到命令要出發，騎上馬就走，而這裏不是這樣，你等着聽童話吧，事情得慢慢做。譬如说，將軍打算到前線去 20 天，而抬他就得抬 30 天，這還是因為按照最高命令，一晝夜必須走兩站路程。[57]

不過，在這位俄國間諜眼中極其荒唐的現象，在"天朝"恰是無人訾議的正常情景。

奕山出征了。他是繼林則徐、琦善之後，第 3 位由京赴粵的大員。而從今天的知識來看，道光帝賦予他的使命，"剿捷逆夷"，如同他的兩位前任，仍是無法完成的。

他是否也走上了與前任相同的道路？

從清代檔案來看，奕山未出京前，道光帝就發給他 3 道諭旨；從奕山的奏摺來看，他在途中至少收到了 6 道諭旨。檢視這些諭旨，除通報廣東、浙江的軍情外，無非是催其加速前進，其中使用頻率最高的字樣為，"一意進剿"，"星夜兼程"。[58]

儘管道光帝催得很緊，但奕山趕路的速度並不快。據《廣東軍務摺

---

56 疑是理藩院員外郎西拉本。一位從五品的官員，隨從就達 10 人，可見隊伍之龐大混雜。

57 轉引自阿·伊帕托娃：《第一次鴉片戰爭中及戰爭後的中國》，《清史研究通訊》1990 年第 3 期。

58 參見《鴉片戰爭檔案史料》第 3 冊有關內容。

檔》，他於 2 月 26 日到山東東平，3 月 17 日到安徽宿松，28 日到江西泰和，4 月 3 日方進入廣東境內。又據其自稱，行程不快是沿途大雨，路上泥泞。而他一入廣東，反在韶州（今韶關）停了下來，理由為：一、得知英軍已逼近廣州，放言等他到達後"即求定局"，而此時各路援兵未到，火炮未齊，速到廣州，反會被英軍所困。二、等候新任兩廣總督祁堉，一並前進。[59]

奕山的理由是否站得住腳，沒有必要分析，因為從廣州的局勢來看，他早幾天或晚幾天到達，似為無關緊要。需要介紹的，是奕山所舉理由的背景。

自 1841 年 1 月 6 日至 3 月 15 日，道光帝共調大軍 1.7 萬人援粵。[60]這是奕山倚以為戰的軍力。可至 4 月初，進入廣東境內援軍僅 8000 餘人。[61]按照我在第一章第二節中談到的清軍調兵速度，援軍的全部到達，須至 5 月份。也就是說，道光帝所期待的大兵進剿，最早要到 5 月份才能進行。

虎門之戰、廣州內河之戰、西江水道之戰，使清軍在這一地區損失的火炮約 1000 位。[62]奕山若要發動反攻，需從廣西、湖南等省調入火炮，這也需花費時間。

道光帝為了保證廣東作戰的後勤供應，於 1841 年 2 月 10 日派曾任廣東巡撫的刑部尚書祁堉辦理糧台，輔以江西、廣東兩布政使。[63]琦善革拿後，又任命祁堉為署理兩廣總督（後真除）。此外，為加強軍事指

---

59 《籌辦夷務始末（道光朝）》第 2 冊，第 959—960 頁。

60 具體數字為：1841 年 1 月 6 日，湖南 1000 名，四川 2000 名，貴州 1000 名；1 月 27 日，江西 2000 名；1 月 30 日，湖北 1000 名，四川 1000 名，貴州 1000 名；1 月 31 日，四川 1000 名，湖北 500 名，湖南 500 名，雲南 500 名，貴州 500 名；3 月 15 日，廣西 2000 名，湖北 1800 名，湖南 1000 名。另有四川提督帶往廣東的親兵數百名。

61 《籌辦夷務始末（道光朝）》第 2 冊，第 959—960 頁。

62 此為英方統計數字，並為奕山奏摺所確認（見《籌辦夷務始末（道光朝）》第 2 冊，第 994 頁）。又，林則徐稱，"虎門口外各炮台"及"各師船"，"損失大炮不下五百尊"（《海國圖志》卷八〇），此數似為不確。

63 《籌辦夷務始末（道光朝）》第 2 冊，第 757 頁。

揮，又於 3 月 15 日增派曾參加平定川楚白蓮教、張格爾諸役，並獲繪像紫光閣殊榮的四川提督齊慎為參贊大臣。[64] 這樣，廣東的前敵班子由奕山（領侍衛內大臣、御前大臣）、隆文（軍機大臣兼戶部尚書）、楊芳（湖南提督）、齊慎（四川提督）、祁𡎴（原刑部尚書、兩廣總督）五人組成，這在清朝歷史上也是一個罕見的強大陣容。道光帝還慷慨地一次性撥給軍費銀 300 萬兩。而道光帝所賦予的任務，除大兵兜剿、擒獲"夷"酋外，又增加了一項：收回香港。[65]

4 月 14 日，奕山等人由佛山進入廣州，途中共 57 天，比他的前任琦善多用了 1 天。但在這 57 天內，廣州的局勢已經大變。

奉旨"剿夷"的奕山，似乎很看重對英強硬的林則徐。在未進入廣州之前，便寫信給林則徐，約他面談問計。4 月 13 日，奕、林會晤於佛山。此後，他們在 4 月 15 日和 18 日，在廣州有兩次時間甚長的會晤。[66]

關於這些會談的內容，史籍上有一些透露，謂林則徐向奕山提出了 6 條建策。[67] 而在這 6 條建策中，我以為最重要的有兩條：

其一，林則徐提議，密飭余保純[68] 和行商，用"好言誘令"英軍退出省河，然後在廣州以東的獵德、二沙尾一帶和廣州以南的大黃滘一帶阻塞河道，構築沙袋炮台，派重兵駐守。此兩處辦成後，再致力於黃埔，[69] 最後籌防虎門。林的這一建策，就作戰思想而言，仍是其戰前的據守海岸堅強防禦據點的戰法。

64　《籌辦夷務始末（道光朝）》第 2 冊，第 847 頁。

65　《籌辦夷務始末（道光朝）》第 2 冊，第 834 頁。

66　《林則徐集・日記》，第 387—388 頁。

67　見魏源：《魏源全集・海國圖志》第 7 冊，第 1928—1931 頁；《清史列傳》卷 56《奕山傳》中亦談及此事。

68　林文中稱"近日往來說事之員"。案此時鮑鵬已拿，林則徐、琦善、楊芳一直以余保純與英方聯絡，當為余保純無疑。

69　林文中稱"內洋之長洲岡及蠔墩"，長洲即為黃埔，而蠔墩疑為黃埔附近的大蠔沙。

實際上，林的這一戰法已不新奇，3月22日楊芳奏摺所附密片中，已陳此說[70]（很可能楊芳正是聽從了林的建策）。但是，若從當時的實際出發，林的這一建策有兩項操作上的困難。

據林則徐稱，當時獵德一帶的珠江河道，寬約660米，深6米以上，大黃滘一帶河道，寬約350米，深約10米。如果只是簡單的阻塞，將無濟於事，因為前次廣州內河戰鬥時，獵德、大黃滘都已阻塞，但水中障礙皆被英軍清除。如按林則徐所要求的"巨石"堵塞，那兩處的石方量不難推算，似在短期內難以完成。退一步說，即便阻塞了珠江河道（且不論此舉會引起何種生態惡果），那也只是阻止英軍艦船由水路直逼廣州城下，又何以阻擋英軍的陸路進攻？林要求堵塞的獵德，距當時的廣州城約5公里，英軍若從此處發起攻擊，比後來的攻擊路線只長3公里。

另外，林則徐堵塞河道的前提，是英軍退出省河。可如何使英軍退出省河，又是一件難事。林在此用了"好言誘令"四字，即虛假地應允英方的某些條件。且不論道光帝的"斷不准提及通商二字"的嚴旨，[71]使奕山不敢同意英國通商；即便作此承諾，對英方也無吸引力，因為先前楊芳、怡良已經出具照會和告示。至於在其他方面作出承諾，更是違旨舉動。

如果我們再看看道光帝的諭旨，便能知曉奕山絕不敢聽從林則徐的這一建策。道光帝給奕山規定的戰法是大兵兜剿、擒獲"夷酋"，其基本戰略是進攻，而林則徐的戰法（即便成功）只是保守的保全廣州的方案。儘管我們有理由指責京師的旨意更加不切實際，但對統兵大員來說，不執行這一旨意，又是另一回事了。琦善、伊里布前鑒俱在，奕山

---

70 《叢刊·鴉片戰爭》第3冊，第483—484頁。
71 《籌辦夷務始末（道光朝）》第2冊，第956—957頁。

不能不小心行事。

林則徐的這一建策，奕山沒有採用。

其二，林則徐建議，對駛入內河的英艦船實施火攻，火船在佛山一帶裝配，於深夜乘風順流放下，另以戰船、水勇配合作戰。

林的這一建策，仍脫胎於戰前的"攻首尾躍中艙"之法，火攻是中國水戰的傳統戰法，火燒赤壁等戰例更是深入人心。奕山在路途中便存有此心。[72] 林的建策，頗合其意。後來奕山採用的正是這一戰法。

除此兩項外，林則徐還提議準備戰船、調集火炮、查拿漢奸三項，這些已屬技術性的問題，在當時無特別之處，奕山也採取了一些措施，在此可不再分析。至於林提議建立外洋水師一項，因與奕山當時的條件差距太遠，根本無法實施，我準備放在第六章中再作分析。

由此可見，林則徐的軍事思想，仍停留在其戰前的水平上，並沒有從廣東的一系列戰事中，總結出真正的經驗教訓。他的 6 項建策，仍無回天之力。

需要說明的是，林則徐作為"天朝"中的一文臣，如此建言，並不足奇，也不必究其責任；然而一些論者對此未加分析，先作讚詞，稱作救時之方，指責奕山未能一一如計行事，反顯足以為奇。這也是我寫下這段文字的原因。

義律此時似乎也在等待奕山的到來。

自 1841 年 3 月 20 日廣州開港後，義律策劃了一個計劃：在廣州至香港一帶保留 7 艘軍艦和全部陸軍，以威懾廣州當局，保證廣州通商順利進行；主力戰艦北上，進攻廈門，然後再南下廣東；當主力戰艦南下時，廣州的通商可以大體結束，英軍於 5 月北犯江、浙，迫清政

---

72 《籌辦夷務始末（道光朝）》第 2 冊，第 993 頁。

府屈服。[73]

1841 年 3 月 27 日，義律同遠征軍海軍司令伯麥和陸軍司令郭富（Sir Hugh Gough）[74] 討論這一計劃，遭到反對。郭富提議將進攻廈門的行動，放到第二次北上總攻擊時一並進行，並要求增援；伯麥也提出了增援的要求。於是，會議決定：推遲北攻廈門，英軍以全力控制廣州的局勢，伯麥往印度求援（3 月 31 日出發），義律進駐商館（4 月 5 日到達），探明情況是否會變化。[75]

義律很早便得到奕山即將到來的情報，也急欲知曉他對廣州停戰通商的態度。4 月 14 日，奕山一入廣州，義律立即照會楊芳，詢問廣州停戰通商協議是否仍舊有效？奕山是否準備開戰？[76] 4 月 16 日，廣州知府余保純帶來楊芳的覆照，詞語含混：

> 前許代懇聖恩，已為陳奏。昨日大將軍、參贊大人到來，亦候恩旨定局，斷不失信，令問好。[77]

我在前節已經談到，楊芳的奏摺，只談到准許"港腳"貿易，並未報告實情；而道光帝的駁斥，此時尚未到達廣州。從這份照會來看，奕山似乎同意通商停戰協定，答應等待聖旨。"令問好"一語，也頗有親善之意。

讓人吃驚的是，余保純在送交上引照會時曾與義律交談，他提到這麼一件事：余曾問廣州的大員們，若道光帝不同意通商，決意開戰，將

---

73 義律致印度總督奧克蘭，1841 年 3 月 24 日，轉見於佐佐木正哉：《鴉片戰爭研究 —— 從英軍進攻廣州到義律被免職》第六部分 "奕山的反擊與敗退"。

74 據《中國叢報》稱，郭富於 1841 年 3 月 2 日到達廣東（Chinese Repository, vol.10, pp.184）。

75 義律致巴麥尊，1841 年 3 月 28 日，轉見於佐佐木正哉：《鴉片戰爭研究 —— 從英軍進攻廣州到義律被免職》第六部分 "奕山的反擊與敗退"。

76 佐佐木正哉編：《鴉片戰爭の研究：資料篇》，第 99—100 頁。

77 佐佐木正哉編：《鴉片戰爭の研究：資料篇》，第 100 頁。

會怎麼樣？廣州的大員們答覆，聖意不可違，但開戰可在廣州以外的地區進行，通商也不必因此中斷而可繼續進行。[78]

看來廣州的大員們準備與英方聯手，導演一場專門做給道光帝看的戲！

義律對楊芳的答覆似乎很滿意。他於 4 月 17 日發佈告示，宣稱英軍不會進攻廣州，通商可繼續進行。[79]

通過在廣州商館裏 20 多天的觀察，義律得出結論，廣州局勢不會因奕山的到來而惡化。於是，他回到澳門後，於 4 月 25 日決定，除留下一部分兵力保持對廣州的警戒外，主力於 5 月 12 日之前北上，進攻廈門及長江流域。[80]

可是，就在此時，廣州方面又傳來各省援軍開到、炮台加強武備的情報，而楊芳又以"私信"形式勸誡義律罷手。[81] 義律為此再入廣州商館，就近刺探軍情。

5 月 11 日，義律與余保純會談，一次付給三份照會，提出要求：一、撤退各省援軍；二、撤回西炮台新設大炮；三、廣州當局出示安民；四、奕山、隆文、楊芳聯銜覆照。[82] 次日，義律離開廣州去澳門。

義律的這一次廣州之行，使之得出了完全不同於前的結論：他認定

---

78 義律致巴麥尊，1841 年 5 月 1 日，轉見於佐佐木正哉：《鴉片戰爭研究 —— 從英軍進攻廣州到義律被免職》第六部分，"奕山的反擊與敗退"，又，義律的報告中余保純所稱廣州大員，英文中用了 "Commissioners"，即 "欽差大臣們"，這裏是否包括奕山，尚難推定。

79 佐佐木正哉編：《鴉片戰爭の研究：資料篇》，第 101—102 頁。

80 義律致巴麥尊，1841 年 5 月 1 日，轉見於佐佐木正哉：《鴉片戰爭研究 —— 從英軍進攻廣州到義律被免職》第六部分 "奕山的反擊與敗退"。

81 該信全文見佐佐木正哉編：《鴉片戰爭の研究：資料篇》，第 102—103 頁。從該信的內容來看，楊芳似乎誤解了廣州停戰協定的實質。按照義律的前引備忘錄，停戰僅限於廣東，不包括其他省份。而楊芳認定，義律不要煙價，不要香港，由此可以 "速定局面"。楊芳的發信日期為 1841 年 4 月 30 日，此時奕山正在為進攻作準備，楊芳雖不知道義律的北上計劃，但又不願再次開戰，似乎在為 "和平" 作最後一次努力。由此信可見，楊芳和奕山在和、戰問題上有所分歧。又，義律收到此信後，以兩國相交不用私信為由而退回，儘管他抄錄了此信的全文。他還要求此後的公文須由奕山、隆文會銜方可接受。同時，義律還認為，楊芳的私信，是一個騙局，表明清軍準備動手。

82 佐佐木正哉編：《鴉片戰爭の研究：資料篇》，第 104—108 頁。

奕山必定開戰，而英軍須先下手為強。5 月 13 日，他密令英軍做好一切戰鬥準備。5 月 17 日，他未收到奕山等人的答覆，令英軍開始行動。5 月 18 日起，英軍除留 1 艘軍艦保持對香港的警戒外，海陸軍全數向廣州開進。

廣州之戰即將爆發。

從現有的史料中，我們似乎可以推斷，奕山進駐廣州後，心情一直處於矛盾之中。

一方面，他沒有揭穿楊芳的謊言，也沒有阻礙通商的進行，默許了楊芳、怡良先前所做的一切，甚至還派人招回逃逸避難的殷實商戶，致使這種生意能更為興隆。4 月 26 日，他還為通商一事專上一折，明顯流露出希望通商的傾向。[83] 在作戰指導上，他也似乎接受了楊芳的建策，"待機而動，不可浪戰取敗"。[84] 此中的"待機"，實質上就是將進攻時間無定期地推延。

另一方面，他出征前面聆聖訓，出征後又疊奉聖旨，都要求他一意"進剿"；他身為"靖逆將軍"，非為祖上的"撫遠大將軍"，總不能順着"逆夷"而無所作為。於是，他從廣西和粵北調集木排，在佛山監製火炮，往福建僱募水勇，並在其下榻的貢院內日夜趕製大小火箭、火毬、毒火炸炮等火攻用具，準備在黑夜中，對停泊在省河上的英艦實施火攻。

就在奕山左右動搖之際，5 月 2 日，道光帝批駁楊芳、怡良准許"港腳"貿易的諭旨到達廣州，[85] 該旨命令：

---

83 《鴉片戰爭檔案史料》第 3 冊，第 387—388 頁。

84 梁廷枏：《夷氛聞記》，第 69 頁。

85 收到時間據《林則徐集·日記》，第 389 頁。

奕山等接奉此旨，著迅速督飭兵弁分路兜剿，務使該夷片帆不返，俾知儆畏。倘該夷船聞風遠遁，空勞兵力，惟該將軍是問！[86]

兩天之後，5 月 4 日，奕山又收到道光帝 4 月 20 日發出的諭旨，命令他"抄襲該夷前後路徑，並力攻剿，不使逃遁"。[87] 到了此時，奕山的面前也只有一條路了，"進剿"！

大約到了 4 月底、5 月初，道光帝所調派的各省援軍 1.7 萬人全部到達。雖然其中有數千人已在烏涌、鳳凰崗等戰中被擊潰，但戰後又紛紛回營；合之廣州原駐清軍，[88] 總兵力當在 2.5 萬人以上。奕山亦細心地部署廣州城防：

新城東水關至西水關，城垣上派兵 4300 名；四方炮台一帶，派兵 2500 名；觀音山（即越秀山）派兵 1000 名；小北門，派兵 500 名；貢院，留兵 1000 名；燕塘一帶，派兵 4500 名；石門一帶，派兵 1300 名；佛山一帶，派兵 2000 名[89]（具體地點參閱後圖）。

儘管奕山手中的兵力已數倍於英軍，但全是陸師，無法施展於對英軍艦船的進攻；因而從他的兵力部署來看，仍是由陸上防守廣州，並不符合道光帝"分路兜剿"的要求。

可遠在京師的道光帝，根本不顧及奕山在戰術上的困難，催命般地

---

86 《鴉片戰爭檔案史料》第 3 冊，第 368 頁。

87 《鴉片戰爭檔案史料》第 3 冊，第 372 頁。

88 據《清朝文獻通考》、《清朝通典》等官書，廣州八旗駐防兵為 3400 人，廣州城守協共有兩營，再合之撫標、水師提標等部，總兵力當在 8000 以上。但由於調派虎門及廣州內河戰鬥中潰散，兵丁可能會不足此數。

89 見《道光朝留中密奏》，《叢刊·鴉片戰爭》第 3 冊，第 543 頁。該史料標題為道光二十一年四月二十日（即 1841 年 6 月 9 日）探報，估計有誤。因為此時清軍在廣州戰役中失敗，撤離省城，四方炮台、觀音山皆被英軍佔據過。此兵力分派情況，應是戰前的格局。又，該史料中閏三月二十一日（5 月 11 日）的探報稱：貴州兵 2671 名駐小北校場；江西兵 1500 名、四川兵 1400 名駐東西得勝炮台；湖南兵 1040 兵、湖北兵 1840 名駐燕塘；江西兵 500 名、四川兵 600 名、湖南兵 400 名、廣西兵 300 名，駐守各城門；四川兵 1000 名駐校場；四川兵 1000 名，駐保釐炮台；湖北兵 1509 名駐四方炮台；廣西兵 2000 名駐佛山；雲南兵 500 名駐北校場（同上書，第 532—533 頁）。將此兩單對照比較，可看出兵力部署的變化。

接連下旨“進剿”，他根本不能想象，如此強勁的“天朝”大軍，為何尚未全殲這群“醜類”。奕山承受的壓力越來越大。

據奕山的奏摺，他定於5月10日發動進攻，但由於連日大雨滂沱，毀壞了用於火攻的木排、戰船，進攻不得不延期。[90] 但從其他史料來看，廣州方面用於進攻的準備根本就沒有完成，奕山的這番話，很可能是應付道光帝的一種託詞。

但是，時局的發展，又由不得奕山從容準備了。至晚在5月20日，奕山已經得知了義律下令進攻廣州的情報；於是，他不顧所僱福建水勇1000名，香山（今中山）、東莞水勇3000名尚未到達，其他備戰工作亦未完成，便於5月21日，下令進攻。[91]

從軍事學的角度來看，奕山組織的進攻實謂可笑。廣州清軍兵力達2萬以上，但對進攻一無用處。據奕山奏，用於進攻的是所僱水勇1700人[92]（道光帝所調大軍真是白費勁）；又據《番禺縣志》，用於進攻的兵力為四川餘丁400名，水勇300名，數量更少。其方法是前面介紹過的火攻。目標是泊於珠江上的英軍艦船。

道光帝期待數月翹首盼捷的“兜剿”，只不過是這種騷擾性質的戰鬥。

與新任兩廣總督甚有交情的梁廷枏，在其著作中透露：奕山的命令下得十分倉猝，甚至事先未與參贊大臣楊芳商量。此時仍幻想以通商換和平的果勇侯，得訊後大驚失色，拔劍奮呼：“事且敗而局難收！”[93]

老將楊芳，已經看到了結局。

---

90 《鴉片戰爭檔案史料》第3冊，第411—412頁。
91 奕山等人致裕謙，《叢刊·鴉片戰爭》第3冊，第321頁。
92 《鴉片戰爭檔案史料》第3冊，第444—445頁。
93 梁廷枏：《夷氛聞記》，第70頁。

義律於 5 月 17 日下令進攻後，於 18 日趕至廣州商館，秘密部署快速結束通商、及時撤退僑民的工作。至 5 月 21 日晨，他判明局勢已經相當險惡，便通告英商於當天日落前離開商館。下午 5 時，他本人也從商館登上省河上的英艦。這時離奕山發動進攻的預定時間，僅有 6 個小時。我們雖不知道義律是否獲得了準確的情報，但是，不難看出，奕山部署的秘密進攻，已經失去了奇襲的功效。英方對此已有準備。

　　對於 5 月 21 日深夜至 5 月 22 日的戰事，中英雙方文獻的記載，差別非常之大。

　　英方記載：5 月 21 日晚，在廣州商館一帶（包括白鵝潭）水域，泊有英艦摩底士底號、卑拉底斯號、阿爾吉林號，輪船復仇神號，義律的官船路易莎號以及顛地的商船曙光號（Aurora）。大約在夜間 11 時，英方發現約有百餘隻火船從上游放下，每二三隻用鐵鏈相連；火船之後，又有載運清軍兵勇的船隻，準備登艦與英軍廝殺（由此看來，與林則徐的建策大體相同）。第一批火船已經點火燃燒，直逼摩底士底號；而駐守西炮台（位於商館以西，大約今日之沙面）的清軍，亦開炮轟擊英方艦船。但是，英軍艦船避開了這些火船，並開炮還擊西炮台。第二批火船的攻擊亦未得手，反被沖往河岸，船上的發火物引起岸上的大火。隨後跟進的清軍兵勇見勢逃散。英艦船為安全計，向鳳凰崗一帶水域轉移。在當晚的交戰中，清方的火攻完全無效，但西炮台清軍的火炮曾擊中摩底士底號、路易莎號、曙光號，使之受到一些損傷。與此同時，清方還在廣州以東的獵德一帶水域，向英艦鱷魚號發動火攻，亦未能奏效。5 月 22 日，英艦摩底士底號、卑拉底斯號、阿爾吉林號和輪船復仇神號，進攻西炮台，驅散了該台的守軍，徹底破壞了該台的火炮，然後撤回。輪船復仇神號隨後拖帶英艦所屬的小船，溯江而上，又打啞了清軍保障炮台,擊毀清方為再次火攻準備的戰船 43 隻、火筏 32 隻。[94]

清方記載:奕山奏稱,5 月 21 日晚,清軍分路同時進攻,"弁勇伏身水上,直撲其船底,以長鈎鈎住船隻,拋擲火彈火毯火箭噴筒",英艦船被燒得火焰衝天,"逆夷號呼之聲遠聞數里"。當晚清軍的戰績是:在商館一帶水域,燒毀英"大兵船二隻、大三板船四隻、小艇杉板數十餘隻;在獵德一帶水域,燒毀英"小三板船數隻"。此外,"逆夷被擊及溺水死者不計其數"。5 月 22 日,英軍艦船進攻西炮台,清軍固守,"未被攻壞";英輪船上溯窺伺,清軍擊沉其三板船一隻,迫其退回。除未經配兵的零星炮船被焚燒數隻外,其餘俱未受損。[95]

比較雙方的文獻,除交戰區域、交戰時間及何方主動進攻相同外,其餘格格不入。我們今天似沒有必要具體分清當時交戰中的招招式式,但從英軍後來的行動來看,奕山所稱燒毀英軍"大兵船"之事,實屬子虛烏有,而西炮台在後來的作戰中,也沒有發揮作用。就此而論,奕山至少誇大了戰績,隱匿了西炮台被破壞的實情。

奕山關於 5 月 21 日至 22 日戰況的奏摺,發於 5 月 23 日,以"六百里加急"的速度,向道光帝報捷。他如果知道 5 月 23 日之後的戰局急轉直下,在奏摺中大概會留有更多的餘地,不會顯得那麼信心十足、勝券在握的氣概。

遠在京師的道光帝,數月以來日夜盼望來自南方的捷報。得此佳音,雖未滿足其全殲來敵、擒獲"夷酋"的心願,但亦可稍紓積郁在胸的憤懣,朱批"甚屬可嘉"。他除了將奕山、隆文、楊芳、祁墳交部優敘外,還頒下白玉翎管、四善扳指、帶鈎、黃瓣珊瑚豆荷包等一大堆御

---

94 Bernard, *Narrative of the Voyages and Service of the Nemesis*, vol.2, pp.2-9; *Chinese Repository*, vol.10, pp.340-344, 545, 547; Mackenzie, *Narrative of the Second Campaign in China*, pp.88-89. 賓漢:《英軍在華作戰記》,《叢刊·鴉片戰爭》第 5 冊,第 207—210 頁。

95 《鴉片戰爭檔案史料》第 3 冊,第 444—445 頁。

賞物件。[96]

　　儘管義律於 5 月 17 日下令英軍進攻廣州，英軍於 18 日起便開始行動，但因兵力集結、風向潮水等情事，香港一帶的英軍，於 5 月 23 日方開抵廣州附近。

　　此時，英軍的主力為避開省河的清軍炮火和淺灘，由河南水道（見前節廣州內河作戰示意圖中第二次攻擊路線）駛入，集結於廣州西南的鳳凰崗一帶，共有戰艦 11 艘，輪船 2 艘，陸軍 2300 人，以及參加陸戰的海軍官兵 1000 餘人。此外，英軍在廣州以東的黃埔，有戰艦 4 艘。由此形成東西對攻的態勢。[97]

　　就在英軍完全抵達之時，英艦硫磺號（Sulphur）及一些小船，再次深入廣州西側水道偵察，進至繪步，擊毀清方的各種船艇 28 隻。此次偵察行動，確定了英軍的作戰計劃。

　　5 月 24 日下午 2 時起，英軍開始進攻。

　　在鳳凰崗一帶的英艦寧羅得號等 7 艘輕型戰艦及所附屬的小船，分別炮擊廣州城以西的沙面、西炮台、商館等扼守之處，並攻擊廣州城南省河中的海珠炮台，由西向東攻擊；在黃埔的加略普號（Calliope）等 4 艘輕型戰艦及所屬小船，越過獵德、二沙尾，由東向西攻擊。廣州城南炮聲隆隆，一直持續到第二天。英軍艦炮在炮戰中佔據了絕對優勢。

---

96 《鴉片戰爭檔案史料》第 3 冊，第 467—468 頁。

97 *Chinese Repository*, vol.10, pp.545-546. 其中在鳳凰崗一帶的英艦船為：伯蘭漢號、布朗底號、琉磺號、海阿新號、寧羅得號、摩底士底號、卑拉底斯號、巡洋號、哥倫拜恩號、阿爾吉林號、司塔林號；輪船為阿打蘭打號、復仇神號。在黃埔的英艦為加略普號、康威號、先鋒號、鱷魚號。此外，英艦威釐士釐號，此時泊於橫檔。英陸軍組成為第 18 團 535 人，第 26 團 317 人，第 49 團 311 人，馬德拉斯土著步兵第 37 團 240 人，孟加拉志願兵 79 人，皇家炮兵 38 人，馬德拉斯炮兵 232 人，馬德拉等工兵等部 171 人，總計 2223 人。

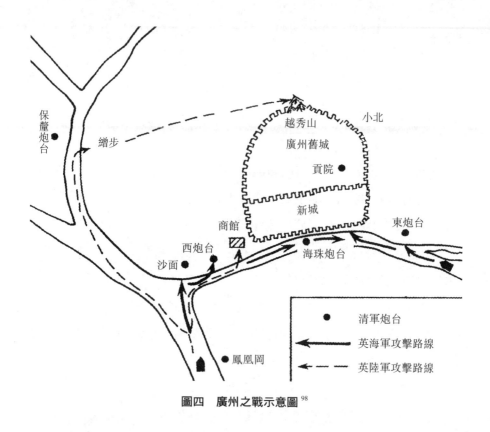

保釐炮台

繒步

越秀山　　　小北

廣州舊城

貢院

新城

商館

西炮台　　　　　海珠炮台　　　東炮台

沙面

鳳凰岡

● 清軍炮台

← 英海軍攻擊路線

← 英陸軍攻擊路線

圖四　廣州之戰示意圖 [98]

　　然而，英海軍的進攻，只是一種牽制性的佯動。此次英軍的主要作戰手段，是"天朝"大吏們不太放在心上的陸戰。

　　下午 3 時，在英海軍艦船基本擊垮廣州以西的清軍抵抗能力後，輪船阿打蘭打號拖帶小船啟動，載送陸軍右翼縱隊 360 人（由第 26 團組成），於 5 時佔領商館。英軍的這一行動，在廣州城的西南角構成了軍事壓力。

　　然而，這還是一種佯動。

　　下午 4 時，輪船復仇神號拖帶 30 餘艘小船，載運陸軍左翼縱隊，駛入廣州西側水道，進至繒步，與先期到達的英艦硫磺號等會合。這支

98　本圖的繪製，參閱 Mackenzie, *Narrative of the Second Campaign in China* 一書所附作戰地圖。

部隊由第 18 團、第 49 團、馬德拉斯土著步兵第 37 團、海軍陸戰人員等部組成，共約 2400 人，其中包括一支約有 400 人的野戰炮兵部隊，攜帶各類火炮 15 門。

這才是真正的主攻方向。

24 日晚 9 時起，英軍在繪步登陸。至 25 日晨，全部登陸完畢。上午 9 時起，英左翼縱隊向城北高地攻擊前進，次第掃除沿途的障礙。當日佔領廣州城北越秀山上由 4 座炮台組成的四方炮台。[99]

當時的廣州城，依江背山而築。城北的一段城牆蜿蜒於越秀山上。步入今天的越秀公園，能依稀辨出昔日城牆的遺跡，著名的五層樓（鎮海樓）便是緊靠着城牆。四方炮台位於越秀山的制高點，英軍攻佔此地，已逼近廣州城牆，可俯視廣州城內。可以說，英軍已經將整個廣州城置於其野戰炮兵的炮火之下了。

如果我們聯繫起城南省河上的英海軍艦船，那麼，城北越秀山上的英陸軍團隊，恰好對廣州城形成了背腹夾擊的態勢。清軍此時已喪失了一切抵抗能力，戰敗已成定局。

就戰術評價而言，英軍的海軍攻擊正面、陸軍抄襲側後的戰法，仍是其 4 個多月前的沙角之戰的放大；而從奕山的佈防來看，他根本沒有想到英軍會如此作戰；他在 21 日下令進攻時，更沒有料到 4 天後的這一結局。

我們不能過多地責怪廣州清軍的腐敗。儘管許多部隊在交戰中一觸即潰，但從英方的記錄來看，也有一些士兵和軍官進行了有效的抵抗。

99　以上英方的軍事行動，綜合下列資料：*Chinese Repository*, vol.10, pp.340-348, 391401, 535-550; Bernard, *Narrative of the Voyages and Service of the Nemesis*, vol.2, pp.25-47；Mackenzie, *Narrative of the Second Campaign in China*, pp.93-111, 及該書附圖；賓漢：《英軍在華作戰記》，《叢刊・鴉片戰爭》第 5 冊，第 211—222 頁。其中鳳凰崗英軍參加進攻的英艦為寧羅得號、卑拉底斯號、海阿新號、摩底士底號、巡洋號、哥倫拜恩號、阿爾吉林號。黃埔一帶英艦全數參戰，艦名見 279 頁注 2。

從 5 月 21 日至 25 日，英方宣稱其死亡 9 人，受傷 68 人。[100] 相對戰役的規模，這一傷亡數目可謂微不足道，但畢竟創造了 1840 年 7 月中英開戰以來的最高紀錄。這個紀錄一直到 1842 年 7 月的鎮江之戰才被打破。

我們也不能過多地責怪奕山統兵無方、指揮無策。儘管他下令反攻十分倉猝，但即使清方不進攻，英方也早已決定進攻廣州，至於其抄襲廣州城北的戰法，更是在 1841 年 3 月便已作出，[101] 當時奕山尚未到達廣州。從另一方面來看，除奕山外，廣州的其他大員，如楊芳、怡良等人亦無高策，奕山的統兵、指揮諸水準，並不在清王朝中的其他人之下。

由此可見，問題仍是清軍沒有取勝的能力。離開了這麼一個大背景，就難以得出真實的結論。

在這種態勢下，奕山只能求和了。5 月 26 日上午，廣州城升起了白旗，清方派出使者前往城北越秀山英軍司令部求和，得到的答覆是，英軍司令官只同清軍司令官談判，也就是點奕山登場。這是奕山死活也不肯的。5 月 27 日早晨，英軍利用前一天的休戰，調運了火炮和彈藥，準備從城北進攻廣州時，陸軍總司令郭富和海軍代理指揮官辛好士，[102] 收到了義律的公文，稱他已同清方達成了停戰協議。

廣州之戰結束了。奕山的 "靖逆" 使命也自我終止了。

5 月 24 日英軍重新佔領商館，義律又回到這 3 天前離開的老地方。時隔三日，義律感到自己已經成為廣州的主人。

---

100 郭富致奧克蘭，1841 年 6 月 3 日，廣東省文史研究館編：《三元里人民抗英鬥爭史料》，第 346 頁。此數與辛好士的報告完全一致，見 *Chinese Repository*, vol.10, pp.550。又，賓漢一書的數字大於上述報告，但他列舉了非戰鬥員一項，見《叢刊・鴉片戰爭》第 5 冊，第 232—233 頁。以上數字都扣除了三元里之戰中英軍的傷亡人數，可見於下一節。

101 參閱佐佐木正哉：《鴉片戰爭研究 —— 從英軍進攻廣州至義律被免職》第六部分 "奕山的反擊與敗退"。

102 伯麥去印度求援期間，由威釐士釐號艦長辛好士代理其指揮職務。

5 月 26 日傍晚，很可能奕山在城北求和受挫後，改派廣州知府余保純前往商館，與義律談判。義律開出了停戰條件：[103]

一、奕山、隆文、楊芳在 6 天內率兵出城，至廣州以外 200 里駐紮。

二、賠償"使費"600 萬元，限 7 天交清。

三、賠償商館被劫焚和先前林則徐誤燒西班牙船的損失。[104]

四、清方如期付款後，英軍可退出虎門口外。

五、以上須由奕山、隆文、楊芳、阿精阿、祁墳、怡良聯銜公文授權廣州知府辦理，方為有效。

第二天一大早，余保純帶來了奕山等人的公文：

> 欽命靖逆將軍奕、參贊大臣隆、參贊大臣楊、鎮粵將軍阿、兩
> 廣總督祁墳、廣東巡撫怡札廣州府知悉，現在英國公使情願罷兵議
> 和，所有一切安善章程，該府妥為辦理，毋得推諉。[105]

奕山的這份文件，完全合乎義律的要求。奕山—義律的停戰協定即由此而成立。但是，若從文字來看，這份文件將來會對余保純很不利，對此，我放在下一節中討論。

繳納款項的事宜，進行得非常之快。5 月 27 日的當天，便支付了 100 萬元。至 31 日，全部付清，整整提前了兩天。可見奕山等人退敵心切。

撤軍事宜似乎要晚一些。據英方記載，撤軍開始於 5 月 31 日，但從中文文獻來看，似從 6 月 1 日開始，而且也沒有退出 200 里外，僅至

---

103 佐佐木正哉編：《鴉片戰爭の研究：資料篇》，第 107 頁。

104 5 月 21 日清軍反攻後，次日進佔商館。商館內的財物被兵弁及當地無賴劫奪一空。誤燒西班牙商船事，見第一章第四節。

105 佐佐木正哉編：《鴉片戰爭の研究：資料篇》，第 108 頁。

城北約 60 里的金山寺。

因此，從 6 月 1 日起，英陸軍從廣州城北越秀山四方炮台一帶撤退。一周內，英海陸軍全部退出廣州地區，交還了虎門橫檔以上的各炮台，集結於香港。和平恢復了。

剩下的問題，就是如何向道光帝交賬。

與楊芳相比，奕山的違旨又不知嚴重多少倍。楊芳僅同意通商，奕山竟交出高達 600 萬元"使費"，實為贖城費。堂堂"天朝"之"靖逆將軍"，如此"靖逆"，聖怒下來將壓為齏粉！

奕山對此的方法，與楊芳同，捏謊；但其膽量和水準超過楊芳。

5 月 26 日，即廣州城已被圍困，清軍已升起白旗時，奕山上了一道奏摺，歷數清軍在 5 月 23 日至 25 日的頻頻勝仗，宣稱擊沉英軍輪船 1 艘，焚毀英"三桅兵船"1 艘。道光帝閱此極為興奮，連批"甚好"、"好極"、"可喜"等字樣。而在這份報捷奏摺的最後，奕山又留了一條陰暗的尾巴，叱罵漢奸助虐，預留地步。[106]

6 月 4 日，即停戰協定達成 9 天、英軍退離廣州之後，奕山等人又上一折，稱英艦全數駛入攻城，而"漢奸鳧水登岸，自陸路抄赴我兵之後"致使英軍佔據城北炮台，"城內居民紛紛遞稟，籲懇保全闔省民命"。寫到這裏，奕山編造了一個美麗動人的故事：

> 據守垛兵丁探報，城外夷人向城內招手，似有所言，當即差參將熊瑞升垛看視，見有夷目數人以手指天指心。熊瑞不解何語，即喚通事（翻譯）詢之。據云，要稟請大將軍，有苦情上訴。總兵段永福喝以我天朝大將軍豈肯見爾，奉命而來，惟知有戰。該夷目即免冠作禮，屏其左右，盡將兵仗投地，向城作禮。段永福向奴才等稟

106《鴉片戰爭檔案史料》第 3 冊，第 446—448 頁。

請詢問，即差通事下城，問以抗拒中華，屢肆猖獗，有何冤抑。據
稱，夷不准貿易，貨物不能流通，資本折耗，負欠無償。因新城之
外（廣州新城，此指省河），兩邊炮火轟擊，不能傳話，是以來此求
大將軍轉懇大皇帝開恩，追完商欠，俯准通商，立即退出虎門，繳
還各炮台，不敢滋事等語。旋據眾洋商（行商）稟稱，該夷央該商等
轉圜，只求照前通商，並將歷年商欠清還，伊即將兵船全數撤出虎
門以外等情。

如此豐富的想象力，真正愧煞戲劇家、小說家。且不論"以手指天指
心"、"兵仗投地"等動作描寫，可直接搬上舞台，僅是捏稱英軍從西側
抄襲城北越秀山，只是因為省河一帶"兩邊炮火轟擊，不能傳話"，也足
以堪稱想象之絕唱。在這裏，奕山完全顛倒了歷史舞台上的正反角色，
將自己扮演的乞和一角，轉套於英方身上。而借段永福之口說出的一段
自我表白的話，大將軍"奉命而來，惟知有戰"，一何壯哉！

於是，奕山又稱，考慮到虎門藩籬已失，內洋無所憑依，不若俯其
所請，先讓英軍退出虎門口外，再加強從虎門到廣州的防守，以使將來
辦理有所措手。

在這份奏摺中，奕山還公開挑明了准許通商一事，楊芳先前為隱匿
真相而設置的種種遮擋手法，此次已全然不用。至於 600 萬元贖城費，
奕山換了個說法，改稱"商欠"，廣東當局只是為行商們暫行墊付了其
中一部分款項。[107]

6 月 18 日，道光帝收到了這份奏摺。他雖然沒有識破奕山的謊言，
但畢竟從先前的"大兵兜剿"、"揀獲夷酋"的夢幻中清醒過來。我在前
面已經提到，英方的"桀驁不馴"使之由主"撫"轉向主"剿"：一直到

107《鴉片戰爭檔案史料》第 3 冊，第 461—464 頁。

了楊芳奏稱只要准許通商，便可達到和平時，[108] 仍不依不饒；此次，他似乎打算就此罷手，在上諭中稱："該夷性等犬羊，不值與之計較，況既經懲創，已示兵威"，現又"免冠作禮，籲求轉奏乞恩"，"朕諒汝等不得已之苦衷"。他批准了通商、墊付商欠兩件事。[109]

奕山的欺騙成功了！

在道光帝的內心中，以准許通商而結束戰爭，原是他處理中英爭端的底價；雖奕山又墊付了商欠銀 280 萬兩之巨，但此數將來由行商分年歸還，不用他出錢，且比琦善原允賠償被焚鴉片 600 萬元（當然也由行商支付）並不為多。儘管對肆虐的"逆夷"未能重創嚴懲，就"天朝"的顏面而言，也頗有一些"苟安"的意味，但道光帝在先前楊芳奏摺中"不討別情，惟求照常貿易"一語的影響下，在此奕山奏摺中"不敢滋事"一語的蒙混下，將一省的停戰誤為全國的和平，以為事情將要解決，便意欲罷手，不再追求"盡殲醜類"的那一份威風和愜意了。

6 月 30 日，奕山收到了道光帝的這一諭旨。7 月 14 日，再次出奏，聲稱向英商宣佈了准許通商的聖恩後，"夷目等額慶歡忭，免冠感伏，聲言永不敢在廣東滋事"。同時，因外省（主要是湖南）潰兵擾民，兵、勇械鬥猛於戰爭，廣州城廂內外不得安寧，奕山又奏稱"粵省夷務大定"，要求撤退外省援軍，以能節省糧餉。[110]

奕山這個謊說得太狡獪了。

本來奕山與義律達成的停戰協議，範圍僅局限於廣東，義律在停戰之後的 6 月 5 日，照會兩廣總督祁墳，謂：

> 兩國交爭諸事，既未善定，仍須向皇上討要伸冤，秉公定事。

---

108 楊芳對前次停戰協定的內容。一直有誤解，見注 531、注 577。
109 鴉片戰爭檔案史料》第 3 冊，第 500 頁。
110《鴉片戰爭檔案史料》第 3 冊，第 546—551 頁。

且未秉公善定以先，仍須強自冤屈，與朝廷交攻。而在粵省，既為約議戰兵，如非欽差將軍等自行失信，則斯省定無擾害之情……[111]

而義律收到祁墳關於道光帝批准英國恢復通商的照會後，於 7 月 15 日的覆照中再次聲明：

　　……所有議定戰兵之事，止關粵東一省。至於他省，仍須舊交戰不息。迨至安待皇帝允准，將兩國釁端盡解……[112]

由此可見，奕山與楊芳不同，完全知道英軍將會北上進攻，可這麼重要的情報卻紋絲不向朝廷透露。"粵省夷務大定"一語，從字面上細看確也有廣東一省的限制詞，但在道光帝心目中，根本就不存在諸如"閩省夷務未定"、"浙省夷務未定"之類的問題。就如通商僅限廣州一口一樣，在"天朝"的概念中，"夷務"也僅限廣東一省。

　　道光帝收到奕山上述奏摺後，果未細究，以為戰爭已經結束，7 月 28 日，下令各省撤退調防兵勇。[113] 這位生性苛儉的皇帝，平生最不愛聽用銀子的事，而盛京、直隸、山東、江蘇、浙江、福建沿海數萬兵勇，一天得花多少錢！

　　奕山與他的前任相比，無疑要幸運得多，林則徐是大體誠實的，此時被罪而遣戍伊犁（後改河工效力）；琦善也是大體誠實的，此時被罪在京城受審（後判斬監候）。廣州的三位欽派大員，以當時的是非標準來看，奕山的罪孽最重，但卻獲得交部優敘、白玉翎管等賞賚。不僅僅如此，就是此次廣州之敗，奕山還保舉了"出力"文武員弁兵勇共計 554

---

111 佐佐木正哉編：《鴉片戰爭の研究：資料篇》，第 111 頁。
112 佐佐木正哉編：《鴉片戰爭の研究：資料篇》，第 126 頁。
113《鴉片戰爭檔案史料》第 3 冊，第 579—581 頁。

人優敍、升官、補缺、換頂戴！[114] 戰敗後的廣州，並沒有像通常那樣死氣沉沉，而是上上下下都喜氣洋洋地互賀升遷。這些得利的 554 名有關人員（幾乎囊括當時在廣州的全部官員），又如何能不結成死黨，竭力維護奕山的謊言呢？

謊言使是非顛倒，賞罰顛倒。就此功利的角度來看，清王朝若不變成一個謊言世界，那才真是咄咄怪事呢。

其實，就當時的情況來看，奕山的謊言並非天衣無縫，不難拆穿。

廣州戰敗的消息，是時以多種方式傳至各地官員。閩浙總督顏伯燾據廣東按察使王庭蘭致福建布政使曾望顏的信函，出奏彈劾奕山謊報廣州戰況。[115] 道光帝此時並沒有像上次鎖拿琦善那樣衝動，而是表現出異常的冷靜，僅命由廣西巡撫調任江蘇巡撫的梁章鉅，私下調查密奏。[116] 官場老手梁章鉅不願開罪廣東各大員，上奏時含混其辭，但卻將其派往廣州的密探收集的情報附奏上呈。[117] 就這些情報的內容來看，雖不能完全反映真實，但也不難看出廣州戰敗的事實。可是，道光帝沒有繼續究詰下去，僅在梁摺上朱批“各報單留覽”，便不了了之。他似乎已經傾意於奕山謊報的“和平”，不願意繼續打下去，[118] 獨自吞下了這枚澀果。

對奕山的謊言說來，另一幸運之事便是英軍推遲了北上進攻。

114《會辦廣東軍務摺檔》，《叢刊·鴉片戰爭》第 4 冊，第 242—258 頁；《鴉片戰爭檔案史料》第 3 冊，第 539—541、582 頁；第 4 冊，第 9—12 頁。

115《鴉片戰爭檔案史料》第 3 冊，第 552—556 頁。

116《鴉片戰爭檔案史料》第 3 冊，第 587—588 頁。

117《鴉片戰爭檔案史料》第 4 冊，第 3—4 頁。梁章鉅附奏的報單，因道光帝留中不發，該資料集未收。但據原故宮博物院所編《道光朝留中密奏》，有道光二十一年閏三月十七日至四月二十五日（1841 年 5 月 7 日至 6 月 14 日）有關廣州之戰的探報共 13 份，由於摺、單分離，原編者無法擬題，但與梁奏相對照，當為梁章鉅進呈（見《叢刊·鴉片戰爭》第 3 冊，第 531—545 頁）。

118 這方面最有力的證據，就是前已提及的道光帝下令各省撤防的諭旨。其次是對於收復香港，在同日發出的諭旨中稱：“該夷所修裙帶路寮房石路，內商既不肯前，各夷又不從此入口，是該夷銷貨不便，未必久佔據。裙帶路與香港毗連，著奕山等仍遵前旨，遇有可乘之機，設法收復。”（《鴉片戰爭檔案史料》第 3 冊，第 582 頁）既然認為英軍不會“久據”，所謂“可乘之機”也可理解為英軍撤離香港之時。又其次，道光帝在諭旨中還使用了“善後章程”、“凱撤”等詞彙，表明他認為戰爭已經結束。

英軍自廣州撤回香港後，痢疾和瘧疾在軍中流行，病員超過 1100 人，海軍指揮官辛好士病死。如馬德拉斯土著步兵第 37 團，600 名士兵中，僅約百人可以繼續參戰，18 名軍官中，病死 2 人，生病 15 人，只有 1 人能值勤。這場瘟疫使英軍幾乎喪失了戰鬥力，北攻廈門的計劃只能推遲。[119]

當英軍從病疫中緩過勁兒來時，正值南中國海的颱風季節。1841 年 7 月 21 日和 26 日，兇猛的颱風兩次襲擊香港，共有 6 艘船沉沒、5 艘船被毀或吹至岸上，22 艘遭到程度不同的損傷。其中，義律座船路易莎號沉沒，英艦硫磺號折損桅桿，英軍僱傭的運輸船亦有被毀或受損。[120] 兩次颱風再次推遲了英軍北上的行動。

而颱風過後不久，義律又收到國內的訓令，知道自己將被免職，新任全權代表璞鼎查正在途中。義律的使命結束了，他精心策劃的北攻計劃只能留待新使來執行了。

若不是這些陰差陽錯天災人禍，英軍艦隊將於 6 月出現於廈門海面，至此，奕山的謊言也用不着顏伯燾來舉報，將被英艦的大炮直接戳破。然而，時隔 2 個多月，英國又派新使，使得奕山滑過了最最難過的關鍵時刻。

這裏，還應提一件有趣的事件。

1841 年 7 月 20 日，由印度返回不久，繼懿律而榮任全權代表的海軍司令伯麥，[121] 在澳門與義律一同登上了路易莎號，準備前往香港與英軍會合，途遇颱風，路易莎號沉沒，義律、伯麥等 20 人爬上一個小島。

119 Bernard, *Narrative of the Voyages and Service of the Nemesis*, vol.1, pp.63-65; Duncan McPherson, *Two years in China, Narrative of Chinese expedition, from its formation in April, 1840, to the treaty of peace in August, 1842*, London: Saunders and Otley, 1842, pp.169-170.

120 *Chinese Repository*, vol.10, pp.421-423.

121 伯麥於 1841 年 6 月 17 日從印度返回，而 8 月 10 日新任全權代表璞鼎查抵達澳門，伯麥與義律一並去職。因此，伯麥在新任上僅 54 天，沒有做成甚麼事。

島上的居民奪走了他們的衣物，義律提出付款 1000 元請他們用小船送之回澳門。雙方的討價還價持續了很久，從 1000 元升至 3400 元。7 月 23 日，義律等人終於返於澳門。[122] 看來這些村民並不知道"番鬼"們的真實身份，也不知道他們的身價。在廣州，奕山開出的賞格為：[123]

義律　10 萬元　奏賞四品翎頂

伯麥　5 萬元　奏賞五品翎頂

兩桅船（路易莎號）　2 萬元

白"夷"　每名 200 元

黑"夷"　每名 50 元

這些村民若將落水"夷酋"等共 20 名送至廣州，賞金總額將超過 17.3 萬元，可他們只拿到了一點零頭。

若是村民真的將義律等人執送廣州，真難想象奕山又敢吹多大的牛呢？

三　三元里抗英的史實

與傳說隨着近十年廣州城市的飛速發展，今日的三元里，已經成為市區。可是，在 150 多年前鴉片戰爭時，三元里只是廣州城北約 2 公里的寂靜的小村莊。它今天之所以有這麼大的名氣，是因為 1841 年 5 月 29 日至 31 日，即英軍佔領城北越秀山時期，爆發了一場以三元里為中心的民眾抗英事件。

150 多年來，三元里民眾抗英事件的史實，已經經歷了多次人為的放大。且不論別的，就是知名度甚高、時常被人提起的"平英團"，即非

---

122 *Chinese Repository*, vol.10, pp.407-415.
123《會辦廣東軍務摺檔》,《叢刊·鴉片戰爭》第 4 冊，第 240—241 頁。

當時的真實，而是後人的稱謂。作為今天的研究者，有必要對此進行一番清釐，區別其中的史實與傳說，方可得出實在、牢靠、中肯的結論來。

據各種中文文獻，三元里等地民眾奮起抗英，直接原因有三：一、英軍"開棺暴骨"，二、英軍劫掠財物，三、英軍強姦、調戲婦女。[124]

對照英方文獻，其第一項"開棺暴骨"的指控當為事實。1841 年 5 月 29 日，奕山與義律達成停戰協定以後，一部分英軍官兵進入了城北的雙山寺。在該寺廟中，存放着許多外籍人權厝的棺櫬，準備將來護送歸葬故土，以償亡人葉落歸根之願。英軍打開了一些棺蓋，觀看裏面的屍體。[125] 儘管英方文獻將此舉的動機歸結於好奇，但據中國的傳統和宗教，此類將會降禍於死者子孫的不敬行為，只有禽獸才幹得出來。當時還流傳着"開棺戮屍"、"發掘墳墓"等說法，很可能由此而引申而傳訛，並有着極大的鼓動效果。

英方文獻中雖沒有正面提及"劫掠"，但其中的許多痕跡又可使我們大致推測出其場面。1841 年 5 月 24 日，英軍開始進攻廣州，陸軍司令郭富下令，"各部須攜帶兩天的乾糧"。[126] 由此推算，英軍將於 5 月 26 日糧盡。對此給養的補充，英方文獻中不乏"徵發"的記載，並稱他們"滿載各種家畜而歸"。[127] 這種"徵發"很難擺脫"劫掠"的干係。

最後一項，即對婦女的犯罪，較難考證清楚。這一方面是英方當時

---

124 有關資料皆可閱廣東文史館編：《三元里人民抗英鬥爭史料》。這是一部有關此事件的最為全面的史料集，但在編排上又似有觀點先入的缺陷。當然，也有一些論者引用此資料集時的偏向性，引起更大的傾斜，似不應由編者負責。

125 McPherson, *Two years in China, Narrative of Chinese expedition, from its formation in April, 1840, to the treaty of peace in August*, 1842, pp.147-149. Elliot Bingham, *Narrative of the expedition to China: from the commencement of the war to the present period*, vol.2, London: H. Colburn, 1842, pp.149-150. 中文譯本此處刪去。

126 *Chinese Repository*, vol.10, pp.391, 540-542.

127 McPherson, *Two years in China, Narrative of Chinese expedition, from its formation in April, 1840, to the treaty of peace in August*, 1842, pp.144—149.

的記載中全無此類情節，另一方面是中方文獻極其含混，只謂"輪姦老婦"云云。[128] 案此類事件有損當事人的名譽，不宜張揚，中方文獻作者隱去具體的時間、地點、姓名、情節，也屬情理之中。但畢竟給人模糊不清的感覺。

事隔近 8 年之後，時任英國駐華公使兼對華商務總監督的德庇時，在 1848 年 2 月給巴麥尊的報告中，承認了印度士兵曾強姦過三元里附近的婦女。[129] 再隔 100 多年之後，廣東文史館於 1951 年至 1963 年重新調查，發掘出新的說法，謂 1841 年 5 月 28 日或 29 日，英軍 10 餘人在三元里東華里，"恣意調戲"村民韋紹光之妻李喜。[130]

由此看來，英軍在佔領廣州城北高地期間確有對婦女犯罪的事實，儘管"調戲"李喜一事在情節上還有使人生疑之處。[131]

以上事實，使當時和現在的人們得出了相同的結論：英軍的暴行激起了三元里等地民眾的反抗。關於這個結論的意義，後面還將分析。

翻檢中文歷史文獻，對整個事件的描繪，眉目不清，且各有說法，很難理出一個頭緒來。其中比較典型的說法有：

一、廣東按察使王庭蘭在戰後不久寫給福建布政使曾望顏的信中

---

128 除去泛泛地指責英軍姦淫婦女的記載外，最具體的是王庭蘭致曾望顏信中稱"輪姦一老婦人"(《中西紀事》第 95 頁)，梁廷枏後也持此說法(《夷氛聞記》，第 75 頁)。此外還有《夷匪犯境見聞錄》中稱，英軍"闖入各鄉姦淫婦女，辱污而死及被逆劫去者，共計一百數十口"(《三元里人民抗英鬥爭史料》，第 67 頁)。

129 轉引自〔美〕魏斐德：《大門口的陌生人：1839—1861 年間華南的社會動亂》，王小荷譯，中國社會科學出版社，1988 年，第 8 頁。

130 《三元里人民抗英鬥爭史料》，第 161—168 頁。

131 一般地說來，經過 100 多年的口口相傳，很容易失真，就該說法本身而言，尚有兩點妨礙定論之處：一、由於當時中外風俗迥異，大戶人家女人被生人撞見者即有自認為受辱而自殺者，李喜雖為農婦，但"恣意調戲"仍很難明確事情的性質；二、該調查稱，這群"調戲"李喜的英軍，為鄉人所慎殺(從八九人增至十一人)，對照英方文獻，似非事實，由此反推前情節，也有不真實之感。英軍調戲李喜的說法是當地的一位老人提供的資料。就資料本身而言，有許多錯誤，後在調查人員的幫助下，逐一得以克服。而李喜的孫子韋祖在調查中對其祖母受辱事始終未置一詞，但卻非常強調其祖父在抗英中的領導地位。

稱：1841 年 5 月 30 日，英軍從城北越秀山一帶撤軍，取道泥城回英艦，三元里等處一百零三鄉民眾數千人，中途設伏，殲敵百餘名，斬兵目二人，圍困英軍。義律請廣州知府余保純彈壓。余保純私自出城解和，民眾逐漸離散。[132] 類似此種說法的還有《中西紀事》、《道光洋艘征撫記》等，但戰果卻有擴大，稱斬英軍將領伯麥、霞畢，殲英軍 200 人至 300 人不等。

二、靖逆將軍奕山對此曾上過三道奏摺，說法完全不同。第一次奏稱（6 月 13 日）：他曾命城西北、東北各鄉團勇首領，分路搜捕，結果"殺死漢奸及黑白夷匪二百餘名，內夷目二名"，並稱南岸義勇斬英軍頭目一名，可能是伯麥。第二次奏稱（6 月 22 日）：5 月 30 日，英軍在城北唐夏鄉（三元里西北）焚掠，義勇與之相戰，斬英軍先鋒霞畢及兵弁 10 餘人。第三次奏稱（8 月 6 日）：5 月 28 日，大雨沖沒在城北搶掠的漢奸和英軍官兵 100 餘人；三元里等村義勇砍斃英軍先鋒霞畢及兵弁 10 餘人（該奏未稱具體時間，聯繫前奏，當為 5 月 30 日）。[133] 奕山的奏摺，將三元里抗英事件說成是團練、義勇所為，而戰果也縮至 10 餘人。

三、當時擔任水勇頭目的林福祥，於 1843 年寫道：1841 年 5 月 30 日，英軍經由三元里往牛欄岡方向搶劫，由於林福祥事先與各鄉約定聯防，三元里等 80 餘鄉數萬民眾將英軍包圍，殲敵 200 餘人，後由余保純解圍，英軍方得出圍回歸。[134] 林福祥將作戰目的說成是反抗劫掠，同意這種反劫掠說的，還有《廣東軍務記》等資料。

四、時在兩廣總督祁墳幕府的梁廷枏於道光末年出版的《夷氛聞記》中稱：由於英軍的暴行，當地舉人何玉成柬傳各地，三元里等 90 餘鄉聚眾數萬人"率先齊出拒堵"。英軍出戰，民眾佯退，誘至牛欄岡圍殲，

---

132 夏燮：《中西紀事》，第 95—96 頁。
133 《鴉片戰爭檔案史料》第 3 冊，第 486—487、505、604—606 頁。
134 《三元里人民抗英鬥爭史料》，第 24—29 頁。

斬伯麥、畢霞。英軍被圍困而不得出，義律派人求救於余保純，余保純奉祁命而進行勸解，民眾始退去。[135]

五、刊於 1872 年的《南海縣志》稱：1841 年 5 月 28 日和 29 日，英軍分擾三元里等處，民眾憤甚，"殲而瘞之。"5 月 30 日，英軍大至，前來報復，民眾十餘萬與之相戰，斬其頭領，殲敵數百人。5 月 31 日，民眾繼續戰鬥，余保純前往勸諭，民眾離散。[136]

此外，還有一些零星記載，或內容不夠系統，或資料的形成時間太晚，不再詳錄。

從以上五種文獻對照來看，有關此次抗英事件的時間、地點、原因、經過、戰果均有區別，這是因為：一、文獻的作者除林福祥外，均未親歷，王庭蘭、奕山、梁廷枏均在被英軍圍困的廣州，而《南海縣志》的作者又據 30 年後的採訪；二、此次抗英鬥爭的組織者們沒有留下有關的文獻。因此，僅憑這些記載，我們無法判斷孰是孰非，區別其中的史實與傳說。

讓我們對照一下英方的記載。

英方的記載可謂是眾口一詞，[137] 又以其陸軍司令郭富的報告最為典型。

1841 年 6 月 3 日，郭富從廣州撤往香港的途中寫下了給印度總督的報告，稱：5 月 30 日中午 12 點左右，他在城北越秀山四方炮台發現，許多非正規部隊在其陣地之後三四英里處的山腳下（似為白雲山一帶）集結列陣。他遂率軍進攻。對方且戰且退，隨即又聚合反攻。由於大雨，英軍的燧發槍無法射擊，對方與之肉搏。郭富下令撤退，對方因作戰不

---

135 梁廷枏：《夷氛聞記》，第 75—76 頁。

136 梁紹獻等纂：《南海縣志》卷 3、卷 26。

137 麥華生：《在華兩年記》；賓漢：《英軍在華作戰記》；奧塞隆尼：《對華戰記》及《中國叢報》有關文章，以上漢譯可見《三元里人民抗英鬥爭史料》，第 319—419 頁。Mackenzie, *Narrative of the Second Campaign in China*, pp.120-125.

利亦後退。回到四方炮台後，他又發現有一個連的馬德拉斯土著步兵未歸，即派海軍兩個連攜帶不怕雨淋的雷擊槍前往救援。救援英軍發現該連被數千民眾包圍，開槍驅散民眾，救回該連。5 月 31 日清晨，郭富派人通知余保純，若不停止此類行動，將中止先前達成的停戰協定。至當日中午，民眾聚集了 1.2 萬至 1.5 萬人，包圍英方陣地。余保純前往勸解，民眾撤離。[138]

若將中英文獻參照互核，還是有相同之處的，其中又以梁廷枏的說法與英方記載最為接近。由此，我們似可以認定：一、三元里等處民眾於 5 月 30 日首先集結，準備一戰；二、三元里等處民眾且戰且退，誘敵深入，有既定的戰術；三、英軍在與民眾的交戰中遭受了損失；四、5 月 31 日獲勝的民眾包圍四方炮台；五、由於余保純的勸解，民眾方退。從此五點中，我們可以大體辨明三元里民眾抗英事件的基本史實。

這裏，還須說清兩點：

其一，按照英方的記載，是民眾方面的率先集結引起英軍的進攻；而中方文獻多稱是英軍的“撤退”、“搶劫”、“報復”而開戰，未稱民眾方面的率先行動。這是為甚麼呢？

我以為，這一疑點不難解釋。

1841 年 5 月 28 日，即奕山與義律達成停戰協定的次日，奕山發佈告示：

> 現在兵息民安，恐爾官兵、鄉勇、水勇人等未能周知，合再明白曉諭：……爾等各在營卡安靜住守，勿得妄生事端，捉拿漢奸。如遇各國夷商上岸……亦不得妄行拘拿。倘敢故違軍令，妄拿邀

---

138 *Chinese Repository*, vol.10, pp.391, 540-542.

功……查出即按軍法治罪。[139]

根據這一告示，任何有組織的主動的軍事行動，非但無功，而且有罪。三元里抗英鬥爭有許多鄉勇和水勇參戰，組織者自然不敢明言係其主動。就是敍事最詳的《夷氛聞記》，對此也是含混其詞"率先齊出拒堵"，用"拒堵"一詞來表明沒有主動進攻的意圖。

其二，關於此戰的戰果。這裏面又包括兩項，首先是斬獲英軍的軍官，其次是殲滅敵軍的數目。[140]

有關三元里抗英鬥爭的中方文獻，大多宣稱斬伯麥、霞畢等英軍主將。此非事實。

查英國遠征軍海軍司令伯麥，於 1841 年 3 月 31 日去印度請兵，6 月 17 日返回，此時他不在廣州，自然不會有被擊斃之事。中方文獻最早提到斬伯麥，為奕山 6 月 13 日之奏摺。該奏摺稱，係附城左近的南岸（似在城西）由義勇所為，非為三元里交戰之時；又稱義勇們將伯麥首級藏於密室，"夷人願出洋銀萬元購求其屍"，很有一點待價而沽的味道。據奕山戰前開出的賞格，伯麥的身價為洋銀 5 萬元另奏賞五品翎頂，這麼高的賞格就使人懷疑此係冒領之事。實際上，奕山等人完全明白，被斬者絕非伯麥，但為了掩飾其敗跡，取悅於道光帝，故意在此事上反覆做文章，以至後來傳訛。[141]

---

139 《道光朝留中密奏》，《叢刊·鴉片戰爭》第 3 冊，第 539 頁。

140 以下數段的敍說，我參考了趙立人先生的論文《鴉片戰爭考釋二則》，《近代史研究》，1993 年第 2 期。

141 1841 年 6 月 19 日，伯麥由印度返回後，與義律聯名照會兩廣總督祁墳，通知他擔任全權公使的新職（佐佐木正哉編：《鴉片戰爭的研究：資料篇》，第 119 頁）；7 月 5 日，伯麥又再次與義律聯名照會祁墳（同上書，第 121 頁）。由此可見，奕山完全明白伯麥的行蹤，並知其新升職務。但是，奕山於 6 月 22 日的奏摺中卻稱："現在內外鄉民，眾口一詞，遠近傳播，聲稱所殺係屬伯麥，共為心快。奴才等恐含混影射，必須另委曾識二逆（另一位為霞畢）之官弁驗看真確，再行按格奏賞。"（《鴉片戰爭檔案史料》第 3 冊，第 505 頁）道光帝聽說伯麥被斬，要求立即查明，"按格奏賞"（同上書，第 517、541 頁）。而奕山卻於 .8 月 6 日奏稱："嗣據通事驗看，首級發變，認識不出，聞係英夷掌兵渠魁。"（同上書，第 605 頁）雖說奕山並非明確宣稱已斬伯麥，但他有意將水攪渾的做法，卻將此事作為一個謎而掩蓋下去，致使傳訛流播。也幸虧璞鼎查的到來，致使伯麥去職，不然這一謊言將被拆穿。

霞畢，在奕山奏摺上的頭銜是"先鋒"，又在奕山賞格上的身價與伯麥相等。他很可能是指英前鋒艦隊指揮官、加略普號艦長荷伯特（Thomas Herbert）。自英軍攻破虎門之後，輕型艦船駛入內河，組成前鋒艦隊，歸其指揮。此職與奕山所稱的"先鋒"相似；而粵語中"霞畢"的發音，也與 Herbert 相近。當地民眾根本不認識霞畢，卻報稱刀斬霞畢，也有冒領賞金之嫌。至於荷伯特本人，當時在省河的英艦上，未參加三元里之戰，當無被擊斃之事。戰後又"功"封爵士。

三元里抗英之戰中確有英軍軍官之死亡，其為英陸軍少校、軍需副監 Beecher。據郭富的報告，他因中暑兼疲勞過度而倒在郭富的身邊死去。Beecher 一般譯為比徹，齊思和先生譯為畢秋，與霞畢毫無關係。但是，梁廷枏的《夷氛聞記》將霞畢寫作畢霞（不知何故，恐手民誤植），姚薇元先生又將 Beecher 作畢霞，此後各論著多從姚說。

根據郭富的報告，5 月 30 日的三元里之戰，英軍共有 5 人死亡，23 人受傷。又據麥華生的回憶錄，在該戰中，第 26 團有 3 名死亡，11 人受傷，第 37 團有 3 名死亡，31 人受傷，此數再加上畢秋（Beecher），共計 7 人死亡，42 人受傷。賓漢的回憶錄稱，第 37 團有 1 人死亡，15 人受傷。《中國叢報》1841 年 7 月號上的一篇文章的說法，與賓漢相同。[142] 看來，數字的分歧主要在第 37 團的傷亡。

但是，若不計較這些分歧，我們可以認定，英軍的死亡為 5 至 7 人，受傷為 23 人至 42 人。相對於我在前面已經介紹過的定海之戰、虎門之戰，以及我在後面將要介紹的諸次戰鬥，英軍在此戰中的傷亡是相當大的。但是，中方文獻卻有殲敵 10 餘人、100 餘人、200 餘人、300 餘人乃至 748 人諸種說法，其中又以 200 餘人為多數，且為時下的許多

---

142 郭富的報告、麥華生的回憶錄、賓漢的回憶錄、《中國叢報》的文章皆有中譯本，見《三元里人民抗英鬥爭史料》，第 346、330、333、368、405 頁。

論著所引用。可是，這些說法全無可靠依據。[143]

而在當時頗有消息來源的梁廷枏，可能對上述這些數字都有懷疑，乾脆在其著作《夷氛聞記》中，不寫具體殲敵人數。

從以上我們對三元里抗英鬥爭的史實的探討中，已經可以看清，在許多時下盛行的宣傳中，傳說的成分究竟有多大。

即便按照英軍的記錄，斃傷敵 28 人至 49 人，仍是不小的戰果，一支毫無訓練的民軍，已經取得了鴉片戰爭諸次戰鬥殲敵人數名列第 4 位的戰績。[144] 以手執冷兵器的民眾，與近代化的敵軍相抗，不但沒有像清軍那般逃跑，反予敵以殺傷，並乘勢包圍了敵軍營地 —— 越秀山四方炮台，已經是非常足以稱道的了。若對此提出更高的要求，則是無視時代局限。

即便按照中方文獻的記錄，殲敵 10 餘名至 748 名，也算不上是一項大的勝利。因為戰爭的軌跡並未因此而改向，英軍此後仍肆虐於中華大地，清王朝最終仍歸於失敗。

因此，從軍事學術的角度來觀察，三元里抗英之戰雖有意義，但其作用十分有限，其戰果大小的分歧並無決定性的意義。

---

143 殲敵 10 餘人的說法，可見於奕山的奏摺，其根據是義勇首領鄧彰賢的報告，並稱均有首級屍體可驗。儘管奕山敢於謊稱自 3 月 16 日（即楊芳到粵）至 6 月 1 日，清軍共斃傷 "黑白夷匪九百餘名，漢奸一千五百餘名，帶兵大小頭目約有十餘名"，擊毀焚燒英軍 "大兵船九隻，大三板十一隻，小三板十八隻，火輪船一隻"（《鴉片戰爭檔案史料》第 3 冊，第 605—606 頁）；但對鄧彰賢殲敵十餘人的報告在奏摺上仍不敢確認，聲明要驗看真確。這與奕山對義勇的評價也有關係。他此時致欽差大臣兩江總督裕謙的信中稱："水勇又皆烏合，與漢奸息息相通，勝者糾合求賞，敗則反戈相向……"（《叢刊·鴉片戰爭》第 3 冊，第 322 頁），由此看來，儘管奕山向道光帝申報戰果，但在內心中仍將此當作 "糾合求賞" 的舉動。
殲敵 100 餘人的說法最早見之於王庭蘭致曾望顏函，但未說明消息來源，大約是道聽途說而已。殲敵 200 餘人的說法最早見之於林福祥的《平海心籌》，但觀其著作，甚多誇張，自我標榜，此說亦不可靠。殲敵 748 人的說法，見於鍾琦的詩注："辛丑（即 1841 年）……英夷在鄉村淫擄，粵人憤慮，聚集團勇在三元里要隘設伏，殪其渠帥伯麥、副帥霞畢，斬首七百四十八級……"（《三元里人民抗英鬥爭史料》，第 304 頁），由該詩注可見，此詩寫於 1841 年之後，作者情況不詳，難以判明消息來源，估計是聽到事後的傳說而已。

144 其中第一位是 1842 年的鎮江之戰，第二位是此前的廣州之戰，第三位是 1842 年的乍浦之戰。

然而，在當時和後來的人們最為津津樂道的，不是戰鬥的結果，而是戰鬥的可能發展趨勢。這些論者們宣稱，若不是余保純的勸解，擁有獲勝能力的民眾就有可能消滅廣州城北的英軍。這在當時的文獻中有着明確的表露。例如，三元里抗英之戰結束不久的長紅，[145] 長紅不久後的《盡忠報國全粵義民諭英夷檄》，[146] 以及戰後士子何大庚於 1842 年 11 月的《全粵義士義民公檄》[147] 等。這三篇文獻為當時流傳甚廣的民眾方面的宣言，多為後人援引。然而，就此排比下來，我們會發現這些宣言的調門是越來越高。第一篇僅稱若非余保純勸解，英軍首領不得下船。第二篇提升至民眾方面完全有能力全殲英軍。第三篇又再提升至英軍因恐民軍之威力，方肯以 600 萬元退兵，否則將"破城焚劫"；若非余保純的釜底抽薪，就不會再有"數省禍延"的災難！

　　5 月 30 日的三元里抗英之戰所以獲此戰績，主要原因在於天時地利。那天的大雨，打濕了英軍的燧發槍和火藥，使之不能發射，這就使民眾在兵器上提升至與英軍同等的水準，皆為冷兵器。又由於英軍不諳地理，縱深追擊，結果一個連迷路而被民眾團團包圍。如果離開了這些條件，像 5 月 31 日那樣，以萬餘民眾去攻打英軍據守的四方炮台，局勢完全會兩樣。

　　世界各國民眾反對侵略的歷史已經表明，他們最為有利有效的戰法是游擊戰，即憑藉地理環境的熟悉，抗敵鬥志的高昂，設計消滅單獨活動的敵軍小部隊，切忌使用正規的陣地戰。以裝備落後、缺乏訓練、組織指揮不嚴密的三元里等北郊各鄉的民眾，強攻擁有先進武器的英軍陣地，其結果將會與民眾在宣言中的說法完全相反。

　　我們今天所能見到的三元里等處民眾的各種長紅、檄文，都是寫於

145《三元里人民抗英鬥爭史料》，第 78—79 頁。

146《鴉片戰爭檔案史料》第 4 冊，第 6—7 頁。

147《三元里人民抗英鬥爭史料》，第 94 頁。

英軍退出廣州之後的。這種事後的張大其詞，很有可能就是鼓動民眾的宣傳，原本不必一一引用而作檢討。但是，這麼一種宣傳，不僅使廣州地區以外的官紳民眾所深信不疑，寫入其他官私文獻，為這場極有可能獲勝的抗爭被扼制而歎息；而且隨着時間的推延，宣傳次數的增加，宣傳者本身似乎也相信了這種說法，這可見證於 1843 至 1849 年廣州民眾反入城鬥爭時的各種官私言論；到了 1858 年底第二次鴉片戰爭中廣州陷落，相信這種宣傳的咸豐帝，竟然命令在籍官紳組織民眾收復廣州並攻佔香港！

時為兩廣總督祁墳幕客的梁廷枏，頭腦稍為冷靜，其著作《夷氛聞記》中並沒有採用民眾方面的這些宣傳，而是提到另一種說法，即三元里等處民眾的抗英，使"夷自是始知粵人之不可犯，克日全幫退虎門外"。[148] 時下流行的各種論著，大多採用了梁氏的這一說法。英軍為何退出廣州，我在前節中已經說明，是奕山−義律停戰協定之規定。據英方的文獻，至 6 月 1 日，廣州當局已經付清了 600 萬元贖城費，城內清軍也已撤退，英陸軍司令郭富認為，協定已執行，遂下令撤退，撤退時還僱傭了由廣州當局提供的 800 名民伕。按照郭富的這一說法，英軍的撤退與三元里抗英事件毫無關係。

但是，就細節來看，廣州當局對停戰協定的執行並非沒有折扣。納銀 600 萬元，其中 100 多萬非為現銀，而是行商的期票；撤軍 200 里之外，據英方觀察自 5 月 31 日開始，且未至 200 里，僅至距城 60 里的金山寺。無論是中方文獻或英軍記錄都表明，6 月 1 日英軍撤退時，清軍並非按照協定全數撤離廣州城。

在停戰協定並非完全執行的情況下，英軍又為何迫不及待地撤離廣州地區呢？

---

148 梁廷枏：《夷氛聞記》，第 75—76 頁。

我以為，有下列幾點原因。

一、英軍佔領城北越秀山一帶後，炎熱多雨的氣候條件和簡陋不適的宿營條件，對英軍的身體非常不利。畢秋的死亡即是一個例證。

二、補給線路的增長，使英軍有糧草不繼之虞。當時英軍臨時性的"徵發"，就軍事常識而言，對人數超過 2000 的部隊似不能解決全部問題，且有英、印獨特的飲食習慣。

三、三元里等地民眾的抗英活動，使自 1841 年 5 月 19 日便由香港開拔的英軍，在連日作戰之後，得不到及時充分的休整。

以上三點理由，可以用英軍撤回香港後病疫大行來作為證明。

由此看來，英軍撤離廣州，主要是奕山-義律停戰協定大體得以實現，其次是英軍此時亟需休整，其中也包括了三元里民眾抗英的作用。但是，我們似還不能誇大此作用，如梁氏所言，英軍懼怕民眾；而應當將其擺到恰當的位置上去。

實際上，真正值得分析的是，為甚麼規模和戰果都有限、對戰爭進程並無重大影響的三元里抗英事件，竟能如此被當時的人們所看重，留下了如此之多的傳說？

我在緒論和第三章中都提到，按照儒家的"天下"學說和"天朝"的既定國策，對於桀驁不馴的"逆夷"，"剿"是唯一正確之途。然而，道光帝派出的主"剿"將帥，楊芳和奕山，都屈辱地附和英"夷"，上奏通商；道光帝從湘贛鄂桂滇黔川七省調派的"征討"大軍，仍不免一觸即潰，遇敵輒奔。由此，將帥無能更兼兵弁無力，清王朝又將以何種力量去戰勝英"逆"，這是許多主"剿"且悉廣州戰況的官紳，無論如何也繞不過去的難題。

在這種背景下的三元里民眾抗英鬥爭，猶如黑夜中升起的一盞明燈，許多人由此而將他們心中的希望，轉繫於民眾的自發力量之上。由此因情報的不確切、不真實而誤導出來的種種傳說，自然有其產生的土壞和滋長的營養。若非如此，人們就得回到承認失敗的絕望境地。

1841 年 8 月 18 日，由四川按察使調任江蘇按察使的李星沅，在途中接到粵信，在日記中寫道：

> 知逆夷於四月初七、八日（5 月 27、28 日）在省城北門外三元里等鄉村搶掠、強姦，該鄉舉人何玉成等糾集萬餘人，斬獲該逆、漢奸多名，並將兵頭首級一顆送轅門領賞，義律大懼，即退出各炮台逃匿下船，並乞制府出示安民。恨當時不一鼓作氣，聚殲惡黨大快人心，然亦見同仇共憤。大府果能獎激，未必如青侯云云也。一言償事，自壞藩籬，可恨，可恨！ [149]

此種人云亦云的傳說，激起了這位留心"夷"務官員的憤怒。感慨之意，溢於筆端。

1841 年 6 月 10 日，以知識淵博、分析冷靜而頗具影響力的江南名士包世臣，收到茶商探子送來的"三元里義民示諭"兩件，"憤發如雲，義形於色"，為"當事"（指余保純）苦為"逆酋"乞命而扼腕。次日，他致書此時尚在廣州的楊芳，謂：

> ……逆夷之掘塚淫掠，義民立殲其貴人顛地、伯貊（伯麥），交惡已成，鼓其氣而用之，猶當有濟……竊謂夷好不可恃，海防不可廢，粵人素羨水師豐厚，且三元里奇功礙難聲敘，似宜選義民使充水師，以其渠率為其汛弁，義民必皆樂從。逆夷驚魂未定，豈敢出頭與較？仇深隙巨，旬月內斷難撮合。相持數月，便可乘勢興工，將大角、沙角、三遠、橫檔虎門各炮台並力修復。吾圉既固，或可

---

149 袁英光、童浩整理：《李星沅日記》，中華書局，1987 年，第 251 頁。

以直收香港……[150]

包世臣也完全相信了這種宣傳性的"示諭"，認為義民是一支可以替代已經廢弛的清軍水師而足與英軍抗衡的力量，若將義民部勒成伍，編為水師，即可收固"吾圉"，復香港之神效。包世臣的這一建策，雖若構築神話，卻反映出他的真實心態。

由於余保純的勸解，包圍四方炮台的三元里等處的民眾未遭英軍的攻擊而失敗；由此不僅維持了這一神話的不滅，且推論出這種神話未獲神效，只是由於余保純的破壞。聯繫到余保純先前與英"夷"的種種交涉，尤其是奕山-義律停戰協定中所起的作用，余氏被推至百喙難辯的"漢奸"地位。戰後 3 個月，廣州開文童試，余保純坐轎而來，文童嘩然，宣稱："我輩讀聖賢書，皆知節義廉恥，不考余漢奸試！"[151] 在眾怒難犯的情勢下，廣東巡撫怡良只得勒余去職。

這裏似應為余保純作幾句辯解，以還歷史的公正。余保純，江蘇武進人，1802 年中進士，未入翰林，放廣東高明、番禺知縣，后遷南雄知州。他是一位資格極老的地方官吏，但官運不佳，總不得升遷。1838 年奉旨以知府補用，但未遇缺出。林則徐赴粵禁煙，攜其赴廣州，與外人折衝。1840 年初，林保舉"辦理夷務"出力員弁，余為第一人，林的評語是"巨細兼施"，"最為出力"。[152] 從此之後，與"夷人"打交道成為余的專業。這一方面是其署理廣州知府（後真除），身為首府，職司所在；另一方面是後任者多借用這位精明老臣的經驗，琦善、楊芳、奕山無不倚為臂膀。[153] 就余的表現而言，不過是奉命辦事，一切責任都不應

---

150 包世臣：《安吳四種》，《叢刊·鴉片戰爭》第 4 冊，第 467 頁。

151 梁松年：《英夷入粵記略》，《三元里人民抗英鬥爭史料》，第 64 頁。

152 《林則徐奏稿、公牘、日記補編》，第 10 頁。

153 其中琦善雖用余保純，但更信賴鮑鵬，主要傳話皆借用鮑鵬，而楊芳、奕山只用余保純出面交涉。

當由他而應當由他的上級來負。

1841 年 5 月 31 日，余保純勸解包圍四方炮台的民眾，但真相非如一些記敍所言，係其私自的行動。據梁廷枏透露，余保純收到英方的書函後，立即向兩廣總督祁墳建議：調派新至廣州的福建水勇，協助民眾捉拿義律，"監而勿殺"，持為人質，挾令英軍退兵，交出漢奸。余並稱此痛懲之機失不可得。可是，在廣州的各將帥無敢當此任者，祁墳命令其出城勸散民眾。[154] 余保純此計雖未必可行果效，但據此記錄，他絕非漢奸當屬確定無疑。

從余保純漢奸案中，我們又似乎可以理解，為甚麼當時的文獻會有這麼多的對"漢奸"的指責。在鴉片戰爭中，"漢奸"是一個最不確定的稱謂，一切不便解釋或難以解釋的事由、責任、後果，大多都被嫁移到"漢奸"的身上。

本世紀五六十年代，廣東省文史館組織力量對三元里民眾抗英事件進行實地調查。作為這一調查的結論，又提出一個新的說法：三元里民眾抗英事件的主要領導人是妻子受到調戲的農民韋紹光，參加鬥爭的主體是當地農民和打石、絲織工人，部分愛國士紳也發動社學參加了鬥爭。這一論點為後來的許多論著所引用。

廣東省文史館提出的以農、工為主體，以農民為領袖的三元里抗英的新說，明顯地帶有着當時的政治時尚和時代背景。此說依據的資料，是該館組織的調查訪問記。這種經歷 100 多年的口碑，往往為歷史學家所疑懼，恐其失真，更何況這些調查訪問記的本身，又有着政治傾向性的痕跡。

嚴格地說起來，任何一種史料無不具有政治和時代的烙印，三元里

---

154 梁廷枏：《夷氛聞記》，第 75—76 頁。

人民抗英鬥爭的史料尤其如此，傾向性特別強。

按照奕山的奏摺，三元里民眾抗英的領袖是"義勇頭人職員鄧彰賢、薛必高"，參戰的主體是曾獲清軍火藥資助的"義勇"。[155] 奕山如是說，表明他竭力將此事件納入官方抗英的軌道，從中攫取名利。

按照梁廷枏的著作，三元里民眾抗英的領袖為當地舉人何玉成，事件是由他"柬傳"各鄉而起。[156] 梁氏曾任廣州越華書院的監院，對在籍士子的舉動，自然會有更多的關注。又據何玉成的族弟何壯能的詩注，參戰的主體為鄉紳領導的"社學"。[157]

按照林福祥的記錄，三元里民眾抗英的領袖是他本人，這裏就不無自我標榜之嫌；而參戰的中堅力量又是具有強烈家族色彩的林家水勇。[158]

此外，還有一些說法。

韋紹光、鄧彰賢、何玉成、林福祥……誰是這次事件的領導者呢？

當每一種史料都流露出史料作者的傾向性時，歷史學家似不應跟着史料走，去爭論韋紹光或何玉成或其他人的領導作用，而應當進行分析或綜合。

三元里民眾抗英的主要領導人是誰，在當時或許是一個重要問題，在今天已全失意義；重要的在於，通過領導人的辨認，弄清參加這次事件的主體。

在短時間內組織起數千乃至數萬的民眾參加鬥爭，以社會學的角度來觀察此現象，可以認定，此時廣州北郊的鄉村中必然存在着某種社會組織，否則不可能有此效率。

---

155 《鴉片戰爭檔案史料》第 3 冊，第 505 頁。

156 梁廷枏：《夷氛聞記》，第 75—76 頁。

157 《三元里人民抗英鬥爭史料》，第 206 頁。

158 《三元里人民抗英鬥爭史料》，第 24—29 頁。

就此分析，鄧彰賢的背後有官方色彩的"義勇"，何玉成的背後有鄉紳色彩的"社學"；林福祥的背後有家族色彩的"水勇"；而唯獨韋紹光的背後，似乎一無所有，只是一些自發的農民，儘管廣東省文史館的調查報告中提到參戰的打石工人、絲織工人時，都指明了他們的"行會"組織。

但是，從廣東省文史館的調查中，我們又可看見一些跡象：當時參戰的一些農民，後來成為天地會的重要領袖。廣州附近農村的會黨勢力甚強，關於這一點，我們從 19 世紀 50 年代的紅兵反叛中可以領略到他們的力量。由此，我們又可以推測，當地農民中的會黨組織在此事件也起到了某種作用。到了這裏，韋紹光是否為會黨中的龍頭老大似無關緊要，我們的注意力應置於農民的組織形式之上。

由此，我們可以簡略地分類：官府的"義勇"，鄉紳的"社學"，農民（或下層民眾）的"會黨"。

所謂"義勇"，即團練，是官府不出資不徵調的由鄉紳控制的保衛鄉里的武裝。當官府將組織"義勇"的責任和權力交付鄉紳時，鄉紳原先組織的"社學"（或其他組織）立即便獲得了"義勇"的稱謂。

"義勇"也罷，"社學"也罷，其主要成員為農民（或下層群眾）。當"義勇"、"社學"、"會黨"三方都在發展時，一個農民就有可能同時兼有三種身份。

"會黨"雖屬下層民眾的秘密組織，為官府極力壓制，但其首領中亦有中上層人士，某些人就是鄉紳。因此，"會黨"與"社學"之間也擺脫不了干係。有些表面上由鄉紳組織的武裝，實際上是公開化的變相的"會黨"，這在後來的紅兵起義中表現得十分明顯。

由此可見，硬性地將上述三類組織析解為界線分明的陣壘是很困難的。實際上，當這些組織（尤其是官府壓制的"會黨"）進行搶劫、與官兵械鬥、為外國人提供勞務或食物、從事鴉片走私、甚至僅僅不願與官府合作時，立即又成為官府所指責的"漢奸"。

就三元里民眾抗英的具體情況來看，組織能力當屬士紳最強，各種長紅、示諭、檄文都出自他們的手筆。他們的公開活動，也不會引起官府的疑懼，反而得到了事後的承認和讚許。作為秘密組織的會黨，此時尚無挑大樑唱大戲之可能。但是，當何玉成的"柬傳"能在一天之內於"南海、番禺、增城連路諸村"生效時，人們也不免懷疑，何氏的"懷清社學"能有這麼大的號召力？有無"會黨"的暗中操作？要知道，當時的天地會（三合會）是一支遍及南中國的地下軍！

綜上所述，我以為，參加三元里抗英的組織形式似為多樣的，但"義勇"似無根基；其領袖也包含了各色人等，其中最活躍的是有功名的鄉紳。這似乎是一個含混的結論，但對此的辨認越明確、越具體，就有可能越失真。

由此而推及，廣東省文史館提出的那一結論，似有片面性，伴隨着當時人們的政治信念的一份牽強。

昔日寂靜的三元里，因抗英事件而名揚天下。事隔百年之後，人們的注意力也不再糾纏於當時活動中的細微末節，而更注重此中反映出來的一種精神。

三元里體現了一種甚麼樣的精神？最近幾十年的宣傳，將之提升為人民羣眾（或中華民族）的民族主義、愛國主義的精神展示。

不同的時代，有着不同的民族主義。在鴉片戰爭時期的中國的民族主義，就是傳統的"天下"觀念、"夷夏"觀念。三元里民眾無法置身事外。儘管他們在外來侵略面前持武裝抵抗的姿態，但此中體現出來的當屬由屈原、岳飛、史可法等英傑代代相傳的傳統樣式的民族主義；而他們在長紅、諭示、檄文中毫無躲閃地公開宣佈對一切外國人的鄙視，又與"天朝"的態度並無二致。當人們認知中國包含着"天下"，即中國是一個世界而不是世界的一部分時，當人們還不能平等地看待中國以外地區的文明時，他們身上的那種傳統的民族主義雖可以產生一些"尊王攘夷"的壯舉，但畢竟不合時代節拍。

我以為，近代的民族主義的最基本的特徵，便是國際觀念，承認各民族的對等，反對異民族的壓迫。而在中國，具有國際觀念的近代民族主義，大體萌生於中日甲午戰爭之後，經梁啟超、孫中山等人的闡發宣教，成熟於五四新文化運動時期。

具有國際觀念的近代民族主義，在西方是伴隨着民族國家和民族文化而產生的。在此期間的《聖經》翻譯成被視為"土語"的民族語言，教會勢力在日益壯大的世俗力量面前的退縮，各級封建領主勢力被國家政府權力削弱諸環節，使得英國、法國、德國、意大利等地的人民，意識到自己的民族，認同了自己的民族。而這種民族主義又反過來催生、助長民族國家和民族文化。

中國的情況就不同了。中國人（主要是漢族人）很早便認識到自己是一個單獨的民族，**就傳統的民族主義而言，中華民族並不存在着民族意識覺醒的問題。問題的真正要害在於，具有國際觀念的近代民族主義，又如何從具有"夷夏"觀念的傳統民族主義的母體中胎生。**

就這一層面進行討論，三元里民眾抗英鬥爭就不是毫無貢獻的了。

若視西方近代民族主義的產生為正常現象，那麼，中國近代民族主義則是在非常狀態中產生的。它主要不是由內部條件，而是由外部事件的刺激而萌生的。列強的侵略，直接導致了三元里、反入城等等在"夷夏"旗幟下的反抗，後來又發展到反洋教、義和團一類的排外主義的舉動。可以說，正是由於列強的百般蹂躪，使得"夷夏"觀念（傳統民族主義）經由排外思想（也是一種民族主義的形態）而進至近代民族主義。當然，我們並不否認排外主義本身的落後性，但它又確實是傳統民族主義至近代民族主義異變過程中的不可缺少的階梯。這是歷史的合理性。

同樣，我們也不否認，排外主義作為中國近代民族主義產生過程中的階梯，使之一開始就帶有容易走極端道路的血緣遺傳性的毛病。三元里民眾抗英是中國近代民族主義一系列異變過程中的最初的鏈環。

如果說三元里民眾抗英鬥爭在客觀上是一種愛國行動，那是絕無疑義的；但若推及三元里民眾在主觀上漾溢着愛國主義精神，似缺乏推理演繹的大小前提。

我在本節的起首就專門討論並判明了三元里民眾抗英的起因——英軍的暴行。這一起因的真正意義在於：**三元里等處民眾進行的是一次保衛家園的戰鬥，而不是投身於一場保衛祖國的戰爭**，儘管其中的某些士紳，有着傳統民族主義色彩的號召，但他們着力的重點且最具影響力的，仍是對保衛家園的宣傳。

保家戰鬥與衛國戰爭，在觀念上的區別是顯而易見的，無需過多的分析。就行動而言，前者只可能發生於英軍肆虐的地區，如廣州郊區，但在廣東其他地區或廣東的鄰省，就不會產生民眾的自覺，更何況後者是一場全國民眾奮然投身的熱浪衝天的壯劇。

以當時的客觀條件，因無近代通訊手段和大眾媒體，許多民眾並不知情；民族主義（無論屬何種）僅存在於士紳階層而未深入下層民眾之心，許多人還意識不到民族利益、國家利益之存在；以少數民族入主中原的滿清統治者，對漢民族的民族情緒（若嚴格按儒家學說，滿清亦屬"夷"），進行了長達兩世紀的壓制，等等。而就人們的主觀來分析，即便是在當時最有知識、深悉"夷夏"大義的儒生官吏之中，雖不乏左宗棠之類的憂國之士，[159] 但絕大多數卻如圓明園南掛甲屯中那位詞臣曾國藩，孤燈研習聖賢，正心誠意修身，不問世事。而佔中國人口之絕大多

---

159 羅正均：《左宗棠年譜》，長沙：岳麓書社，1982 年，第 19—21 頁。又，酈永慶的論文《鴉片戰爭時期士民具摺上奏問題述論》（《近代史研究》1993 年第 1 期）對此也有很好的分析。

數的農民，整日為生計所困，眼界狹隘於幾畝地、幾間房、娶妻生子，此外的一切對他們顯得如同天際般的遙遠。他們終生未出所居住的鄉村周圍數十里的範圍，甚至從未進入縣城，對廣州、廈門、定海的戰事，又何來心思所動？

英方的文獻又為我們提供了另一種場景。在整個鴉片戰爭期間，英軍雖有一時的供應不足之虞，但在總體上不覺困難。一些民眾向他們出售糧食、畜禽、淡水，以圖獲利，另一些民眾為他們充當苦力，從事運輸，以求工值。這些被清方文獻斥為"漢奸"的民眾，在交戰地區幾乎無處不有。至於英軍在行進甚至開戰之時，成群的民眾躲在遠處觀看這難得一見的"西洋景"，更是在英方文獻中屢見不鮮。

中國的歷史長達幾千年，中國的老百姓在歷史的變遷中對諸如改朝換代之類的重大變動都習以為常。只要不觸動他們的眼前利益，逆來順受又成為另一種傳統。誰當皇上就給誰納糧。滿清的皇帝也未必比浮海東來的"紅毛"統治者，更為可親可愛。在三元里抗英事件之前，英軍曾統治舟山長達半年，雖有俘獲安突德的義民，而絕大多數還是作了順民甚至"良民"。

但是，民眾的利益一旦受到侵犯，如三元里一帶的棺槨被開，財物被掠，妻女被淫，情勢就立即發生變化。他們的憤怒轉瞬間化作以牙還牙的武力相抗，如同千百年來因討生無計而被迫"造反"一樣。如果我們抽去侵略這一特定的內容，可以看出，三元里民眾抗英在許多形式上類似於"官逼民反"。

以鎮壓而維持統治的清王朝，民眾並不是他們的依靠力量。為了激勸民眾奮起抗英，保衛與他們的利益相對立的社稷，林則徐、烏爾恭額、怡良、奕山以及下一章將要登場的裕謙，都開列了巨額的賞格，以金錢作為導向。參加三元里抗英的民眾中，亦有為賞格而心動者。[160] 宣稱刀斬伯麥、霞畢，就是明顯的事例。

因此，我們不能將保衛家園的戰鬥，與保衛祖國的戰爭混同起來，儘管家與國之間有着很深沉的聯繫。況且，保衛家園亦有其他形式，在鴉片戰爭後期，江南的官紳們主動付給英軍"贖城費"，乞求他們不要騷擾本境，如同對待亂世中橫行作惡的土匪一樣。他們的做法與三元里截然對立，也有是非之別，但旨趣卻有相通之處，即保衛家園。

在鴉片戰爭以及後來的諸次列強侵華戰爭中，絕大多數民眾的基本態度，是置身事外。中國近代具有真正意義的民族戰爭、衛國戰爭，實始於本世紀 30 年代發生的抗日戰爭。近代民族主義和愛國主義此時已經熟透，並經過近代化的傳播媒體和教育手段而深入人心，中國人民由此創造了史無前例宏偉壯觀的歷史。但是，誰也不能否認，當時仍有數以萬計大大小小的漢奸和數以億計背景各異的順民。

綜上所述，我以為，三元里民眾抗英鬥爭，無疑是一件值得百年稱頌的事件，但將之提升至民族主義或愛國主義的精神展示，則脫離了當時的時代。那是一個讓今人感到羞愧、厭惡和恥辱的黑暗時代，即便如三元里這樣的曇花一現的光明境界，仍可以看到我們這個國家和民族本身的諸多缺陷。

中華民族無疑是世界上最偉大的民族之一，但歷史學家不能忽視或視而不見幾千年歷史沉淀積累下來的民族缺陷，而正視缺陷又是消除缺陷的必要前提。

---

160 佐佐木正哉先生對此問題有詳細的分析，見《鴉片戰爭研究 —— 從英軍進攻廣州到義律被免職》第七部分 "三元里事件"。當然，我並不完全同意他的基本觀點，即當時民眾抗英主要是巨額賞格的作用。

第五章

東南壁壘的傾塌

───────── ■ ─────────

150 多年來，在鴉片戰爭史的述說和研究中，楊芳和奕山，大多是以丑角的面目出現的。雖說他們在捏謊方面，也確實與小丑無異；但將他們的失敗，歸結於好色、貪貨、抗敵意志不堅定等道德上的非難，或稱之為愚笨、失措、臨機處置能力差等智商上的缺陷，就使得人們長久地未究詰事理，幻想着制"夷"的英雄。戰爭失敗的必然性，並沒有因為楊芳-義律停戰協定、奕山-義律停戰協定而明朗。

但是，同在東南的福建和浙江，情況就不同了。

在陶澍故去，林則徐、琦善、伊里布、鄧廷楨先後斥革之後，道光帝大膽使用新人。鄧廷楨的閩浙總督的職位，由顏伯燾繼任；伊里布的兩江總督、欽差大臣的官差，由裕謙接手。道光帝恐顏伯燾難以顧及閩、浙兩省的千里海防線，便命裕謙常駐浙江、兼顧江蘇，為顏伯燾分擔責任。

作為新進的顏、裕二氏，於 1841 年初走馬上任，一位坐鎮廈門，一位長駐鎮海，皆為軍事要地。他們的抗戰言論最堅決，在一班力主"剿夷"的官吏士子中，深孚清望。他們的籌防措施最徹底，分別在其防區，建起了堅固無比的壁壘。他們是道光帝以及朝野官紳心目中的長城。

但是，當英國的軍艦鼓浪而來時，東南的壁壘傾塌了。

一　璞鼎查的東來

知道歷史結論的後人，有幸看到這麼一個有趣的現象：1841 年初，當琦善在交涉中的儒怯激起身居京師的道光帝的不滿，聖旨中疊受訓斥時，遠在倫敦的英國外相巴麥尊，也正在為義律的低姿態外交而光火，訓令中狠狠批責。琦善因英軍強佔香港而革職抄家鎖京，而英軍此舉的所謂依據──並不能成立的《初步協定》，也使得義律丟官卸職。如果不計較廣州至北京、澳門至倫敦的地理因素而造成的通信時間的差異，那麼，可以說，琦善和義律是因同一原因、在同一時間分別被各自背後的主子罷免的。若非倫敦比北京更遠，楊芳和奕山面前的對手，就不再是這位義律，而是新任全權代表璞鼎查（Henry Pottinger）。

璞鼎查，愛爾蘭人，生於 1789 年。14 歲去國，赴印度。15 歲參加東印度公司的陸軍，兩年後獲少尉軍銜。他一生最具新聞價值的事件是，1810 年，他志願調查印度與波斯的邊境地區（即今巴基斯坦、伊朗、阿富汗的交界地區），喬裝為當地土著的馬販子，行程 2500 餘公里。此後，他名聲大振，升遷機會頻頻招手。1840 年，他結束長達 37 年的海外生涯，回到童年時所生活的英國，受封爵士、位居東印度公司的陸軍少將。[1]

至遲在 1841 年 4 月初，巴麥尊就決計換馬了。復活節的到來給義律多留了幾天的機會。4 月 30 日，英國內閣開會，決定召回義律，而從印度回國不久的璞鼎查，再次被派往遠東，接替全權代表一職。巴麥尊顯然頗看重璞鼎查在東方的經驗、手腕和勇氣，相信為英國權益找到了一位 "能手"。[2]

1　George Beer Endacott, *A Biographical Sketch-book of Early Hong Kong,* Singapore: Eastern Universities Press, 1962, pp.13-14.

2　馬士：《中華帝國對外關係史》第 1 卷，第 751 頁。

1841 年 5 月 31 日，璞鼎查收到巴麥尊的最後一份訓令。6 月 5 日，他離開倫敦，搭船入地中海，由陸路過蘇伊士（當時運河尚未開鑿），於 7 月 7 日到達孟買。他在孟買待了 10 天，與印度當局協調侵華事宜，再於 7 月 17 日出發，8 月 10 日到達澳門。[3] 與他同船到達的，還有新任遠征軍海軍司令、東印度艦隊總司令海軍少將巴加（William Parker）。

　　從倫敦到澳門，璞鼎查在途中僅用了 67 天。這一破紀錄的速度，使當時在華的商船主們大為吃驚。很可能義律也在吃驚的人群之中，因為，5 月 3 日發出的召其回國的指令，8 月 8 日才到達他的手中，而兩天後繼任者便站在他的面前了。

　　璞鼎查的快速到達，表明了英國此時在輪船技術、地理知識和殖民體系諸方面的進展。這比起林則徐由北京到廣州花費 61 天，琦善的 56 天，奕山的 57 天，多不了幾天。若除去璞鼎查在孟買停留的 10 天，反是英方更快。科學縮短了空間的距離。東、西兩個大國越來越近。清朝今後將會越來越快、越來越強地承受到西方的壓迫。

　　然而，璞鼎查此後展開的軍事行動，速度更快，顯示出與義律迥然不同的風格。

　　義律的罷斥，是英國政府認為他沒有照章辦事，璞鼎查接任此職，亦接手了英國政府先前的各項訓令。除此之外，巴麥尊還特別指示：

　　一、英軍重新佔領舟山。

　　二、不在廣東進行交涉，談判地點應在舟山或天津。

　　三、交涉對象應是中國皇帝畀以全權的代表。

　　四、賠款總額（鴉片、商欠、軍費）不低於 300 萬英鎊（約合銀元 1200 萬）。

3　*Chinese Repository*, vol.10, p.476.

五、勸說清政府允許鴉片貿易合法化。[4]

根據上述訓令的原則，璞鼎查不應在廣州多作停留，而應迅速移師北上，將戰火燃及北方。

1841 年 8 月 12 日，璞鼎查在其到達的兩天後，召開軍事會議，決定了北上的軍事行動計劃。8 月 21 日，英軍除留一部佔領香港外，主力向北開進。8 月 22 日，璞鼎查本人亦搭上了北攻的戰艦。[5]

英軍此番的第一個目標，仍是義律策劃已久，終未如願的廈門。

英軍開始了新的軍事行動，清廷仍是蒙在鼓裏。因為，奕山再次行騙。

1841 年 8 月 10 日，璞鼎查在其到達的當天，向兩廣總督祁墳發出了兩道照會。[6] 8 月 13 日，璞鼎查的秘書麻恭少校（G. A. Malcolm）將之送往廣州。8 月 14 日，麻恭與余保純會談。[7]

儘管當時英人在照會中的漢語水平仍未有很大的提高，由此而可推論雙方在會談中亦有詞不達意之處，但是，所有的史料都證明，奕山等人至少在下列五點上是明白無誤的：

一、璞鼎查是奉有英國君主"敕書"的新任"全權""公使大臣"，並兼任駐中國"領事"，義律即將回國。

二、璞鼎查只與清方的"全權""大憲"談判，並以"結約"來結束中英戰爭。

三、雙方談判的基礎仍是《巴麥尊致中國宰相書》中的各項要求。

4　馬士：《中華帝國對外關係史》第 1 卷，第 745—751 頁。

5　*Chinese Repository*, vol.10, p.524.

6　佐佐木正哉編：《鴉片戰爭の研究：資料篇》，第 129—130 頁。

7　璞鼎查致巴麥尊，1841 年 8 月 14 日；麻恭致璞鼎查，1841 年 8 月 14 日。轉見於佐佐木正哉：《鴉片戰爭研究 —— 從璞鼎查就職到南京條約的締結》（〔日〕《近代中國》第 14 卷，中譯本由李少軍先生提供）麻恭在與余保純的會談中，曾特別指出：要將璞鼎查的使命儘快報告中國宰相，璞鼎查不與任何未獲中國皇帝授予全權的代表會談，並就英軍的北征意圖作了説明。

四、談判在未獲英方滿意的結果之前，英軍將由粵"北上"，不停止其進攻。

五、要求廣東官員將以上情況報告朝廷。

毫無疑問，奕山等人若是真的將這些情況上奏道光帝，那將戳穿自己編造的騙局。

我在第四章中已經提到，由於奕山的種種謊言，使得道光帝誤以為戰爭已經大體結束（雖然不那麼體面），而璞鼎查的重開談判、訂立條約、欽派"全權"大臣等要求，再也遮蓋不住奕山先前的不實之詞。為及時補救，奕山再次派出余保純，攜帶祁𡎴的照會前往澳門，[8]與璞鼎查交涉。

在"天朝"以往輝煌的對外交往史上，從來就是"天朝"官員不屑於接見"夷目"。義律謀求已久的兩國官員直接面談，終於在禁煙運動中林則徐派出余保純後而成為平常。從此之後，義律從未拒絕過"天朝"官員的求見，不管局勢如何有利於英方而不利於清方。此次，身為"夷目"的璞鼎查，卻反過來擺出一副如同"天朝"般的架子，拒見任何清方沒有"全權"頭銜的"天朝"官員。8月18日，余保純抵達澳門，沒見到璞鼎查，接待他的還是秘書麻恭。

可是，這一切，到了奕山等人的奏摺中，味道就全變了。

1841年8月23日，即璞鼎查北上的第二天，奕山、齊慎、祁𡎴、怡良[9]四人聯銜上奏，施展了種種障目手法：

首先，他們隱匿了璞鼎查的主要職務——全權公使大臣，即全權代表，僅謂英國更換"領事"。按照當時的術語，"領事"是指管理來華商賈船梢事宜的"對華商務總監督"，又據鄧廷楨先前的解釋，它與"大

---

8   佐佐木正哉編：《鴉片戰爭の研究：資料篇》，第131頁。

9   此時參贊大臣楊芳因病獲准回湖南本任調理，參贊大臣隆文因病亡故，廣東方面僅剩此四位大吏。

班"名異實同。全權代表一職的隱匿,實為要害,因為可隱匿璞鼎查來華的真正使命。

其次,他們隱匿了璞鼎查拒見余保純的事實,謊稱新領事於 8 月 15 日便乘船出洋(整整提前了 7 天),由此不僅瞞住了受辱的真相,而且從時間順序上來看,8 月 14 日麻恭至廣州,8 月 15 日璞鼎查放洋,奕山等人無論如何也無機會見到這位新領事,彈指間便推卸了未能及時勸阻"夷目"北行猖獗的責任。

再次,按照他們的分析,義律的撤職是因其"連年構兵"而獲罪(天曉得這一罪名是怎麼想出來的),他對此極為不滿,於是不告訴璞鼎查已獲准通商的恩旨。璞鼎查不明實情,也不等待祁㻛的覆照,"出洋北駛"是上了義律的當。璞鼎查若北上"懇求馬頭",極可能開炮啟釁,而一旦如此,通商再斷,兵釁不息,他就犯了與義律同樣的錯誤,義律正好"為己卸職"(這真是一個讓今人歎服的想象力極豐富的大膽"分析")。

至於此事的處理,奕山等人奏稱,余保純向"副領事"麻恭(莫名其妙由秘書升職)傳諭,大皇帝已恩准照舊通商,"何能別有干求,再行北往",而麻恭聽到這番勸諭,頻頻"點頭稱善",但又稱璞鼎查出洋之後恰遇連日南風,恐已行遠,如能"中途趕上,定當遵諭傳知"。接着,余保純又傳諭前領事義律,義律亦稱將"遵諭寄信勸阻"。[10]

在整篇奏摺中,奕山一字未提璞鼎查的真正使命,一字未提英軍北上後將展開軍事行動,儘管奕山還是向福建、浙江官員吹了風。[11] 與真實完全相反的是,奕山筆下的麻恭、義律,一副"情詞恭順"的態度。

---

10 《鴉片戰爭檔案史料》第 4 冊,第 16 頁。

11 從另一方面來看,奕山對福建、浙江官員還是透露一些實情的。1841 年 8 月 30 日福建巡撫劉鴻翔收到奕山的咨會:英國新到領事璞鼎查送來"夷"書兩件:一為義律革職回國,璞鼎查接任領事;一為"要善定章程,照去年七月在天津呈訴各條辦理。如廣東不能承當,即分船北上,再求宰相商議等語,並有七月初一、二日(8 月 17 日、18 日)即行啟碇之信"。劉鴻翔收到此咨會時,廈門已經失守,結果由他上奏請旨沿海各地嚴防。9 月 3 日,裕謙也收到了奕山於 8 月 16 日發出的咨會,內容相同(《鴉片戰爭檔案史料》第 4 冊,第 33—34、44 頁)。

還須注意的是，奕山在此預設了鋪墊，即便英軍在北方出現，那也不是他的責任，因為連日南風使麻恭追趕不及，璞鼎查沒有能夠聽到他的勸告！至於廣州戰敗後的奕山－義律停戰協定等情事，依舊被捂得嚴嚴實實。

奕山再次展示出其捏謊的膽量和才華。

就在奕山等人在廣州苦心構思奏摺的當日，北京的道光帝收到了浙江巡撫劉韻珂的奏摺，謂：聽聞英軍有北上浙江報復之訊（仍是先前義律的計劃，與璞鼎查無涉），要求浙江不遵 7 月 28 日的撤兵諭旨，不撤退防兵。完全為奕山擺佈的道光帝，對此說法根本不信，諭旨中嚴詞駁詰：“試思該夷果欲報，豈肯透漏傳播？既屬風聞，從何究其來歷？至所稱確探夷情，如果馴順，並無來浙之意，再撤防兵，所見尤為迂謬！着裕謙仍遵前旨酌量裁撤防兵，以節糜費。”[12] 在這段聖旨中，我們不僅可看到專制君主的強詞奪理，而且可測出道光帝對奕山謊言的中毒程度。

1841 年 9 月 5 日，道光帝收到前敍奕山等人的奏摺，自然無法看清局勢之嚴峻，諭旨“加意防衛”，[13] 但僅僅局限於廣東，同日並無給閩、浙、蘇、魯、直、盛京各沿海將軍督撫同樣的指示。大概道光帝仍認為，璞鼎查的“北駛”，仍不會出廣東沿海的範圍吧。

道光帝的這道諭旨下發之日，正是英軍攻陷廈門後主力再次北進之時。8 天后，飛奔的驛馬帶來廈門失守的消息，道光帝大驚失色。

奕山的謊言，雖使他自己再一次免受厄運，卻使這個國家陷於一場新的災難之中。

---

12 《鴉片戰爭檔案史料》第 4 冊，第 17 頁。
13 《鴉片戰爭檔案史料》第 4 冊，第 49 頁。

二　廈門的石壁

　　儘管奕山的謊言騙住了道光帝，但卻沒有騙過他的鄰居、督閩的顏伯燾。當英軍的艦隊乘風而至時，顏伯燾在廈門正嚴陣以待。

　　顏伯燾，廣東連平人，世代官宦，祖父和父親，都是清朝一二品大員。他 1814 年中進士，入翰林院，散館後充編修等職。 1822 年，放外任，授陝西延榆綏道，後歷陝西督糧道、陝西按察使、甘肅布政使、直隸布政使等職。曾在平定張格爾之役中辦理軍需、報銷等事務，獲得道光帝的好評。[14]

　　1837 年，顏伯燾遷雲南巡撫，隸於雲南總督伊里布。 1839 年伊里布改兩江，他曾一度兼署雲貴總督。 1840 年 9 月，道光帝罷免鄧廷楨，手中已無大將，便調出顏伯燾來執掌閩浙。

　　顏伯燾奉旨後，立即進京請訓，三日之內，五蒙召見，“荷誨之周詳，實銘心刻骨”。道光帝對他也頗抱希望，在其謝恩摺上朱批：“一切俱應認真整頓，勉力而行，以副委任。”[15]

　　從顏氏的一生來看，他似乎算不上甚麼傑出人物，為政不過平常。但在王朝政治中，聖上的隆恩，也確實會激起臣下報答的狂熱。他尚未到任時，就做出了一件令人刮目相看的事。

　　1841 年初，顏伯燾在赴任途中經過常州、杭州，分別會見了江蘇巡撫裕謙和浙江巡撫劉韻珂。英軍久據定海，伊里布按兵不動，激起他的憤怒。於是，他與劉韻珂聯名上奏，要求啟用林則徐，“會同伊里布籌辦一應攻剿事宜”。[16] 伊里布是顏伯燾在雲南多年的上司，顏氏這種翻臉不認老長官的做法，不太合乎當時官場的規矩，但表露出其心中的

14　《清史列傳》第 12 冊，第 3767 頁。
15　顏伯燾摺，道光二十一年正月二十九日，《軍機處錄副》。《清史列傳》稱道光帝命其毋庸進京請訓，誤。
16　《鴉片戰爭檔案史料》第 3 冊，第 18 頁。

王朝利益與個人恩怨的輕重。

1841 年 2 月 17 日，顏伯燾來到福州任所，稍作佈置後，便根據道光帝的旨意，前往泉州，部署防務。[17] 然而，他此時敏銳地感覺到廈門的特殊地位，竟將全省事務破例地交由已委新職的福建巡撫代拆代行，[18] 他本人全身心地投入到廈門的防衛建設中去了。

廈門位於福建的南部，是一個罕見的天然良港，北距歷史上有名的國際大港泉州僅 80 公里。清取代明後，泉州衰敗了，廈門異軍突起，一度成為清朝對外開放的通商口岸之一。即使清政府對外封閉廈門後，其航運業、造船業，因與台灣的商貿關係而得以維持和發展。至於民間航運業主和商人，與東南亞、日本等地的經貿往來，從未間斷。他們的商業勇氣和航海經驗，在當時的中國出類拔萃，使得這個幾乎只出石頭的地方，形成了繁華的市面。可以說，在鴉片戰爭前，廈門是僅次於上海（國內貿易為主）和廣州（國際貿易為主）的中國第三大航運業中心，成為英方所謀求的通商口岸。

就軍事而言，由於清朝對台灣鄭氏、三藩耿氏的戰爭，以及連綿不斷地平定海盜的戰事，廈門的地位十分彰顯。清朝第一支大型海上武裝力量的指揮部 —— 福建水師提督衙署，便設在此地。廈門及其附近駐有水師提標共計五營 4300 人。[19]

正如長得太快的嬰兒，衣服往往跟不上趟，廈門雖只是一個面積僅有 109 平方公里的島嶼，非府非州非縣，行政區劃上隸屬於同安縣（今天正好相反，同安正為廈門市的屬縣）；但清政府卻派興泉永道（管理興化府、泉州府、永春州）駐此，並以泉州府的同知在此開署，直接治

---

17 《鴉片戰爭檔案史料》第 3 冊，第 213 頁。

18 《鴉片戰爭檔案史料》第 3 冊，第 137 頁。此時福建巡撫吳文鎔已調任湖北巡撫，由雲南布政使遷福建巡撫的劉鴻翱尚未到任。

19 詳見第一章第二節。

理此地，稱廈門海防同知。同安知縣為正七品，廈防同知為正五品，廈門地屬同安而地方官品秩高於同安，這正是太大的身軀需要相應的衣裳。事實上，同安知縣一直管不了這一區域。從這個意義上講，廈門很早便是"特區"。

1841 年 3 月 2 日，顏伯燾抵達廈門。他雖不會有近代國際經貿的眼光，從航運業、商業的繁榮，看到英方覬覦廈門的深層因素；但是，1840 年 7 月和 8 月的兩次廈門之戰，[20] 以及從廣東傳來的英方欲辟廈門為通商口岸的流言，使他直觀地感到此地將來必有一戰。於是，他決計親駐此地，部署防務。在他和興泉永道劉耀椿、新任水師提督竇振彪三位大員的操辦下，廈門從此開始了史無前例的規制宏大的防禦工程的建設。

在鴉片戰爭前，廈門的防禦工事微不足道，近乎於零。在廈門島的南岸，有一座炮台，俗稱"大炮台"，但僅"大"到平時守兵 25 名，該島西北部的高崎炮台，平時守兵 30 名，該島東南部的黃厝炮台，平時守兵只有 1 名。[21] 第一次廈門之戰後，鄧廷楨加強廈門島的防禦，在廈門島南岸、鼓浪嶼、海澄縣（今屬龍海縣）嶼仔尾，緊急修建炮墩（即沙袋炮台），[22] 南岸一帶部署防兵 1600 餘名，另僱勇 1300 餘名協防。[23] 共

20　1840 年 7 月的廈門之戰，見第三章第一節。1840 年 8 月的第二次廈門之戰，是封鎖廈門的英艦鱷魚號和一運輸船與廈門守軍發生的武裝衝突，可參見拙文《鴉片戰爭時期廈門之戰研究》，《近代史研究》1993 年第 4 期。

21　周凱：《廈門志》卷 3 "兵制"、卷 4 "防海"，道光十二年（1832）刻本。關於這些炮台的火炮數量，我尚未查到有關資料，但據祁寯藻等人的奏摺：閩省"舊設炮台，大者不過周圍十餘丈，安炮不過四位六位，重不過千斤"（《籌辦夷務始末（道光朝）》第 1 冊，第 291 頁）。由此可大致推測其規模。又據英軍翻譯羅伯聃的報告，1840 年 7 月第一次廈門之戰時，廈門島南岸炮台，即"大炮台"，"可安炮 5 門，但此時 1 門炮也未安設"（Chinese Repository, vol.9, p.223）。這也驗證了祁寯藻的說法。

22　炮墩是用麻袋裝填沙土堆積而成的臨時性的炮兵陣地。福建的炮墩規制為，高由沙袋五層至十餘層不等，厚則最少為沙袋五層，周長 10 餘丈至 100 餘丈不等（見祁寯藻奏，《籌辦夷務始末（道光朝）》第 1 冊，第 295 頁；鄧廷楨函，《叢刊·鴉片戰爭》第 2 冊，第 578 頁）。

23　《籌辦夷務始末（道光朝）》第 1 冊，第 448—449 頁。

安設火炮 268 位，在廈門島鄧廷楨的這些措施，無疑強化了廈門的防禦。

可是，顏伯燾對此並不滿意，他喜歡的是大手筆。

正面

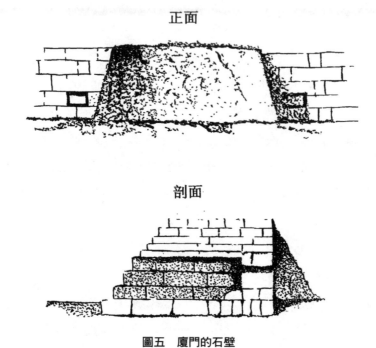

剖面

圖五　廈門的石壁

鄧廷楨等人督建的炮墩，瀕海豎立已達半年，這種臨時性的工事，經風雨海潮沖刷，"沙囊久則腐散"。顏伯燾乾脆將之拆除，另開新張。

花崗岩是當時世界上最結實的建築材料，福建南部又是其著名的產地。顏伯燾以花崗岩代替沙袋，在廈門島南岸（今廈門大學一帶），用世界上最結實的材料構築當時中國最堅固的線式永久性炮兵工事——石壁。

據顏伯燾的奏摺，石壁長約 1.6 公里，高 3.3 米，厚 2.6 米，每隔 16 米留一炮洞，共安設大炮 100 位。為了防止英艦炮火擊中石壁炸起飛石傷及守軍，在石壁的外側，護以泥土，取"以柔克剛"之意。石壁之後，建有兵房，供守軍棲居；而在石壁、兵房的側後，又建有圍牆，作為防護。[24]

英軍的一名軍事工程師，戰後考察石壁的結構，對它的防炮能力和堅固程度作了很高的評價。他還在其著作中對石壁作了繪圖，使我們今天可以很清楚地看到這種工事的內部構造。[25] 另一名英軍軍官，對石壁防炮能力的評論，頗具文學色彩："就憑所以使炮台堅固的方法，即使大船放炮放到世界末日，對守衛炮台的人也極可能沒有實際的傷害。"[26] 儘管石壁仍有其缺陷，但就其堅固程度和防炮能力而言，確實在當時的中國無與倫比。

除石壁主陣地外，顏伯燾又在石壁以東以西、鼓浪嶼島、嶼仔尾，興建了多座炮台，使廈門島南岸、鼓浪嶼、嶼仔尾三處各炮兵陣地共 279 位火炮，形成了三點交叉火力網，迎擊由廈門南水道入犯的敵寇。根據沙角之戰的教訓（情報不確切，後將分析），顏伯燾在廈門島的北岸和東岸，部署防兵 1410 名，配置火炮 100 位，準備與敵登陸部隊交戰，掩護廈門島南岸主陣地的安全。

為了防止英軍以小船從廈門北水道，繞行攻擊廈門西水道（即篔簹內港），顏伯燾又在廈門島西北角的高崎一帶，派駐哨船 10 艘，兵丁 300 名，護衛西水道[27]。（以上地理形勢及軍事部署可參見圖六）

大約到了 1841 年 4 月底，顏伯燾大體完成了以上部署，仍覺得不

---

24 《籌辦夷務始末（道光朝）》第 2 冊，第 879—880 頁。

25 這名軍事工程師評論道："雖有兩艘載炮各 74 門的戰艦對該炮台發射了足足兩小時的炮彈，但毫無結果，並未使對方 1 門火炮失去效用。我們的士兵進了炮台之後，發現在炮台內打死的士兵很少。"（John Ouchterlony, *The Chinese War: an Account of all the Operations of the British Forces from the Commencement to the Treaty of Nanking*, pp.174-175）

26 賓漢：《英軍在華作戰記》，《叢刊・鴉片戰爭》第 5 冊，第 258 頁。

27 《籌辦夷務始末（道光朝）》第 2 冊，第 880 頁。又據英方記載，鼓浪嶼共設火炮 76 位，嶼仔尾共設火炮 41 位，那麼，廈門島南岸共有火炮 162 位，除去石壁的火炮 100 位，在石壁以東以西各炮台共有火炮 62 位。又據顏伯燾奏，廈門島南岸、鼓浪嶼、嶼仔尾共有守軍 2799 人。但從後來的總兵力來看，在交戰時，此數仍有增加。

滿足。於是，他決定擴大防禦範圍，在廈門南水道的外圍島鏈設防，禦敵於國門之外。

廈門島的外側是大、小金門島，清軍亦設有金門鎮，在此防禦。金門島以南，有大擔、二擔、青嶼、浯嶼諸小島，如同一條鏈條，扼守廈門南水道。顏伯燾在上述四島上建造起“石堡”，即圓型石築炮台，移清軍一營分駐。又由於上述各島相距較遠，當時的火炮射程有限，難以形成可配合作戰的交叉火力，顏伯燾又興建大型戰船，協同各島共同禦敵。對此，他的作戰預案是：英軍艦船若從外海闖入廈門南水道，外圍島鏈“各島開炮，則大船亦開炮迎擊，小船分駛焚攻”，從外圍就擊退來犯之敵。[28]

到了 1841 年 8 月廈門之戰前，顏伯燾已完成在外圍島鏈各島上的“石堡”工事，並建造大型戰船、置辦商船共 50 艘。但“石堡”及戰船所需的 1300 位火炮尚未鑄就，結果是“空台空船”，顏伯燾的外圍決戰方案只得放棄。[29]

通過以上措施，顏伯燾在廈門一帶共安設了 400 位以上的岸炮，部署了 5680 名守軍；在清軍無力設防的地區，另僱勇 9274 名，各保地方。可以說，廈門已經成為清王朝疆域內最強大的海防要塞之一。[30]

如此不厭其詳地敍說顏伯燾的種種籌防措施，目的在於洗白后來某些論著中對顏氏的不利評論。我們從顏伯燾的上述表現中可以判定，他已竭盡其智力、能力、權力、財力，確實不遺餘力。就當時的條件而言，他已無可指責。

28　《籌辦夷務始末（道光朝）》第 2 冊，第 980—981 頁。

29　《籌辦夷務始末（道光朝）》第 2 冊，第 1153 頁。

30　若從全國的範圍來評估，那麼，廈門地區的火炮數僅次於虎門，為全國第二，兵弁數（不包括雇勇）僅次於後來的吳淞、寶山地區，為全國第二，至於其炮台工事之堅固，無疑為全國第一。

當然，世界上的一切事情均取決於兩大因素：一是時間，一是金錢。

就前者而言，從顏伯燾到任至開戰，將近有半年的時間，他比琦善、伊里布、楊芳、奕山等人要從容得多。

就後者而言，與苛儉的道光帝相反，顏伯燾是個花錢能手，用起銀子來如同流水一般。

1840 年初鄧廷楨出任閩浙總督時，為加強沿海巡緝，捉拿鴉片走私犯，動用泉州、漳州庫銀 1.5 萬兩。鴉片戰爭開始後，調派防兵、修築工事，在在需要經費。鄧廷楨於 1840 年 7 月小心翼翼地上奏道光帝，請求在福建藩庫中借銀 10 萬兩以充軍費，將來從福建官員的養廉銀中分年扣還。道光帝批准了此項軍費，並大方地允准"作正開銷"，將來不必扣還。[31]

可過了沒多久，這 10 萬兩銀子耗盡，鄧廷楨不得不於 1840 年 9 月再次出奏，請款 15 萬兩。當這份奏摺送至北京時，正遇英軍從天津南下，局勢緩和，道光帝命令各省撤防，又碰上道光帝此時對鄧廷楨一肚子氣，上諭中大罵了一頓，沒有批准。[32]

到了 1841 年 1 月，福建巡撫署理閩浙總督吳文鎔實在支撐不下去了，他雖已動用了漳州、泉州庫銀 6 萬兩，但杯水難救車薪。於是，他硬着頭皮上奏，請求動用福建藩庫銀 20 萬兩，動撥鄰近省份銀 20 萬兩。此時正值道光帝一意主"剿"，吳文鎔的請求得到了批准。[33]

至此，福建軍費銀達 50 萬兩。[34]

---

31 《籌辦夷務始末（道光朝）》第 1 冊，第 349—350 頁。此次道光帝諭旨中"作正開銷"，是他第一次批准鴉片戰爭的軍費可由清朝財政中支出。

32 《籌辦夷務始末（道光朝）》第 1 冊，第 525—526 頁。儘管道光帝在諭旨中稱：（著吳文鎔）"所需支發錢糧，著斟酌籌劃，裁汰浮糜，其應用款項，隨時奏聞……" 但吳文鎔一見旨意如此，又何敢再提請款之事，只能一拖再拖。

33 籌辦夷務始末（道光朝）第 2 冊，第 761—762 頁。

34 《按照清代的會計方法，動用各府銀兩須歸還。因此，鄧廷楨先前動用漳、泉府銀 1.5 萬，吳文鎔所動用的 6 萬兩，均應從已請到款項中扣除歸還，實際軍費仍是 50 萬兩。

顏伯燾絕不如此小家子氣。

他上任未久，便奏請戶部撥銀，獅子開大口，一要就是 100 萬。連同先前的數字，福建的軍費銀達到 150 萬兩。更為出格的是，他不顧清朝以往的成規，要求增加防兵的鹽菜口糧銀。摳門的道光帝恐福建創例，廣東、浙江會援引，便讓其“核減節省”。[35] 可顏伯燾居然不買賬，仍堅持己見，結果由軍機大臣、戶部尚書在他的要求上打了個折扣，才算了事。[36] 顏伯燾由此而動肝火，乾脆一不做，二不休，不顧原先的戶部、兵部、工部《欽定軍需則例》，自己制定了一部《軍需章程》，共計有 40 條之多，對糧餉、工價、料費、運費等項另訂標準。[37] 遵旨議復的軍機大臣們對顏氏此舉甚為不滿，覆奏時捎帶譏議。[38] 道光帝見此，在上諭中對顏伯燾發出警告，要他“力加撙節”。[39] 可過了沒有多久，150 萬兩銀子將罄，新任福建巡撫劉鴻翔根據顏伯燾的指示，在廈門失守後的第 7 天，上奏請求再撥軍費銀 300 萬兩！[40]

這麼多的銀子堆上去，廈門的防禦工程理應有較大的起色。有時間、能花錢，顏伯燾的實績出眾，實屬他的機遇較他人為優。不過，話又得說回來，這些銀子是否真花於實際，卻是大有疑問。歷來的軍務、河工、賑災，都是經手官員中飽私囊的淵藪。而顏伯燾於此嫌疑最大。

1842 年初，顏伯燾免職還鄉。時任汀漳龍道的張集馨，詳細記錄了他路過漳州的情況：

> 前帥回粵，道經漳城。二月杪，縣中接上站差信，預備夫馬供

---

35 《鴉片戰爭檔案史料》第 3 冊，第 350 頁。

36 《鴉片戰爭檔案史料》第 3 冊，第 451—452 頁。

37 《鴉片戰爭檔案史料》第 3 冊，第 481—486 頁。道光帝後仍予以批准。

38 《鴉片戰爭檔案史料》第 4 冊，第 20—28 頁。

39 《鴉片戰爭檔案史料》第 4 冊，第 501 頁。

40 《鴉片戰爭檔案史料》第 4 冊，第 39 頁。

張。至初一日，即有扛夫過境，每日總在六七百名。至初十日，余與英鎮迎至十里東郊，大雨如注。隨帥兵役、抬夫、家屬、輿馬僕從幾三千名……[41]（重點為引者所標）

顏伯燾於 1841 年 2 月到任，次年 1 月免職。在這僅僅的一年中，輜重就有如此許多（其中亦包括包攬客商貨物，動用驛站車馬人伕而賺錢等情事），真可謂搜刮有道無度。其中果無取之海防銀兩者耶？

不過，還應說明，在當時的政治操作中，"貪官"與"忠臣"並不矛盾。顏伯燾的這種貪婪，並不妨礙他對清王朝的忠誠。

儘管顏伯燾全力傾注於廈門的防務，但目光又時時掃瞄廣東，留心於那裏的"夷情"變化。

1841 年 6 月奕山諱敗言勝的捏謊奏摺，激起了這位意氣凜然的疆臣的義憤。他於 7 月 14 日上奏披露真相，隨奏不僅附呈了王庭蘭致曾望顏信函、廣東人民誓詞 2 件、英方文示 5 件（可謂鐵證如山）；而且還密片保薦裕謙、林則徐"可當廣東之任"。[42] 可是，他的忠烈之舉不僅沒有獲得半年前怡良彈劾琦善的效果，反於 8 月 13 日收到道光帝因廣東軍務大定而命福建酌撤防兵的諭令。[43]

顏伯燾手中握有真情，面對撤兵聖旨，仍不惜於另作手腳。他壓了10 多天后，於 8 月 25 日覆奏稱：他已下令福建各地官員"履勘"（一），

41　張集馨：《道咸宦海見聞錄》第 65 頁。張集馨還稱，顏伯燾在漳州一連四日不走，地方官送其屬員程敬五十兩，才離開。此次顏伯燾過境，地方官用去 1 萬多兩銀子，結果詭名在僱勇項中報銷。鴉片戰爭的軍費竟有派作如此用處者。

42　《鴉片戰爭檔案史料》第 3 冊，第 555 頁。又，隨奏附呈的 8 個附件未收。但王庭蘭致曾望顏函，可見於《中西紀事》，"廣東人民誓詞"，後奉旨調查的梁章鉅亦有上聞，見《鴉片戰爭檔案史料》第 4 冊，第 4－7 頁，估計內容相同。

43　《鴉片戰爭檔案史料》第 3 冊，第 579、588 頁。道光帝兩次諭令顏伯燾酌撤防兵：第一次是收到奕山"廣東夷務大定"的假報告；第二次是據顏伯燾的沿海守軍換防的奏摺，要其"仍遵前旨"。顏伯燾的收到日期據其奏摺，見《鴉片戰爭檔案史料》第 4 冊，第 29 頁。

等各處稟報到齊後（二），再據"廣東情形略有定局"（三），由他"酌議"（四），再"請旨"（五）。[44] 如此繁雜的五步程序，到頭來還是一兵未撤，只是上報了他準備撤減的兵額讓道光帝確認。很顯然，他的目的是拖延時間，讓時間來證明他的正確。

就在顏伯燾發摺的當日晚上，璞鼎查率領的英軍艦隊果然開到廈門口外。

英軍再犯廈門，本在顏伯燾的意料之中。他並不為此而懼，反覺有機會立功疆場。對於廈門的防務，他極度自信，雖說外圍島鏈防禦尚未部署完畢，但廈門島一帶卻已固若金湯。他曾經在一奏摺中得意洋洋地宣稱："若該夷自投死地，惟有痛加攻擊，使其片板不留，一人不活，以申天討而快人心。"[45] 局勢已經是火燒屁股，顏伯燾仍渾然不覺。他的這種自信，是因為他坐在無知於近代軍事技術和戰術的愚昧的厚墊上。

知識給人以力量，愚昧也給人以力量，有時甚至是更大的力量。然而，愚昧的力量再強大，仍只是妄動，妄動能產生一種強大的破壞力，使國家和民族蒙難，但卻不能戰勝近代化的敵人。廈門口外的英軍，正是一支頗具規模的近代化的部隊，共有戰艦 10 艘，載炮約 310 門，武裝輪船 4 艘，運輸船 22 艘，載送陸軍第 18 團、第 26 團、第 49 團、第 55 團等部，共計有 2500 人。[46]

8 月 25 日晚英軍到達後，當即由已有入港經驗的布郎底號艦長胞祖引導，穿過外圍島鏈，駛入廈門南水道。浯嶼等外圍各島的清軍雖開了幾炮，但因防禦工程未完工，火力不足，未起任何作用。英軍也未理睬。

---

44 《鴉片戰爭檔案史料》第 4 冊，第 18 頁。但是，顏伯燾此時亦裁撤了一些對作戰效用不大的僱勇，水師提督竇振彪也以為暫時無事，率師船出洋巡緝海盜（同上書，第 30 頁）。

45 《籌辦夷務始末（道光朝）》第 2 冊，第 881 頁。

46 *Chinese Repository*, vol.10, p.524.

8 月 26 日清晨，英全權代表璞鼎查、海軍司令巴加、陸軍司令郭富乘輪船偵察了廈門設防情況，制定了作戰計劃。顏伯燾派出一位曾在外洋做過生意的陳姓商人，前往英軍錨泊水域，詰問來意。英方交付一份由璞鼎查、巴加、郭富聯合簽署的致福建水師提督的最後通牒，要求讓出"廈門城邑炮台"。[47] 顏伯燾對此不予理睬，未作答覆。

8 月 26 日下午 1 時 45 分，港內風起。英軍各艦船紛紛起錨扯帆開動，發起進攻。顏伯燾坐鎮廈門島，親自指揮廈門島南岸、鼓浪嶼、嶼仔尾守軍開炮，"三面兜擊"來犯英軍。

就英軍的戰術而言，其在廈門之戰如同廣東諸役，仍是以優勢艦炮對清軍各炮台，陸軍從炮台翼側登陸攻擊。英軍的這種戰術，再獲成功。

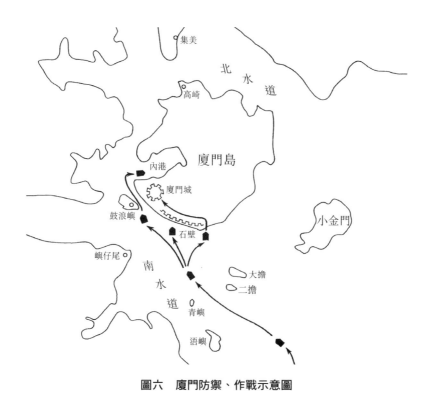

圖六　廈門防禦、作戰示意圖

47　佐佐木正哉編：《鴉片戰爭の研究：資料篇》，第 132 頁。

在鼓浪嶼：英艦與該島清軍炮台展開了激烈的炮戰。此時，雙方火炮的數量比為 106：76，英方在數量與質量上均遠勝清軍。英艦經過 1 小時零 20 分鐘的炮戰，基本打啞鼓浪嶼島上的 3 座清軍炮台，其陸軍從該島最東端炮台的右翼沙灘登陸，攀越山岩和其他障礙，從清軍的側後發起衝擊。守台清軍全無憑障，以鳥槍、弓箭乃至石塊還擊，終不支而退。英軍佔據各炮台。

在廈門島南岸：英軍輪船及軍艦在石壁正面和東西兩端分別轟擊清軍炮台。英軍火力的絕對優勢，使廈門島南岸的清軍陣地完全沉沒於炮火的硝煙之中。至下午 3 時 45 分，英陸軍在石壁以東的沙灘登陸，隨即由東向西進撲。15 分鐘後，堅固的石壁陣地雖未被英艦的猛烈炮火擊垮，卻因側後來襲的英陸軍而陷落。未久，廈門島南岸清軍各陣地均告失守。

坐鎮督戰的顏伯燾，目睹銳不可擋的"逆夷"兇焰，忍看這半年的種種努力轉瞬間化為灰燼，與興泉永道劉耀椿"同聲一哭"。到了此時，他由戰前的極度自信轉為極度恐懼，率領文武官員夜渡，逃往同安。島上清軍失去指揮，陷於混亂，紛紛潰散。而英軍因天色已黑，佔領廈門城[48] 東北的高地後，便停止進攻。

8 月 27 日清晨，英軍攻擊廈門城，但進至城牆，發現守軍全逃，不戰而據該城，並派兵搜索全島。[49]

此戰，清軍戰死總兵 1 員，副將以下軍官 7 員，士兵的傷亡數字雖

48　當時的廈門城與今天的概念不同，它是一個直徑兩華里的圓型小城，內駐水師提督衙門，位於廈門島的西南部。當時廈門的繁華市面，在島的西南角，俗稱"十三道頭"。

49　此上廈門之戰經過的記敘，參核以下資料：顏伯燾奏、怡良奏、端華奏，見《籌辦夷務始末（道光朝）》第 2 冊，第 1151—1154 頁；第 3 冊，第 1183—1184、1485—1486、1568—1572 頁；林樹梅文，徐繼畬函，見福建師大歷史系、福建地方史研究室編：《鴉片戰爭在閩台資料選編》，福建人民出版社，1982 年，第 144—148 頁；《英軍攻佔廈門的軍事報告：郭富致印度總督阿克蘭、巴加致印度總督阿克蘭、胞祖致巴加、愛利斯致胞祖》，見 *Chinese Repository*, vol.11, pp.148-157；賓漢：《英軍在華作戰記》、伯納德《復仇神號航行作戰記》、奧查隆尼：《對華戰爭記》、穆瑞：《在華戰役記》、麥華生：《在華兩年記》，漢譯可見《鴉片戰爭在閩台資料選編》。

無準確統計，[50] 但從戰前派駐和戰後回營的數目來看，共計減員 324 名。而英方的報告稱：英軍僅戰死 1 人，受傷 16 人。

這一仗真正輸到了家。

讓我們冷靜地思考一下，廈門之戰的慘敗，能完全歸結於顏伯燾嗎？在當時的條件下，還能指望顏伯燾再做甚麼？在顏伯燾督閩的半年中，廈門的防務和清軍的士氣不是已有很大的改觀嗎？廈門之戰的事實提示着人們，**不是消除了某些陋習、振作綱紀就能解決問題，不是撤換了某些不力人士、起用一批能人就能解決問題。問題的癥結，在於近代化。**

世界軍事史表明，在正規作戰中，對近代化的敵人只能用近代化的手段來取勝。[51]

當然，今天我們若嚴格地從軍事學術上進行檢討，顏伯燾也絕非無可指責。

廈門之戰的第一階段，是英軍的艦炮與清軍的岸炮之間的對抗。火炮的質量佔有絕對重要的位置。雖說廈門清軍的火炮彈藥的弊陋，牽涉到近代工業技術，是顏伯燾力所不能及的；但就清方此期已經掌握的技術上，顏伯燾仍有未造炮車（炮架）、炮洞開口兩項錯誤。

戰後接任汀漳龍道的張集馨透露："炮身極重，非數十人不能拉挽，制軍（指顏伯燾）惜費，不造炮車。同人進言，以炮在牆外，非用炮車拉回，則兵丁不敢出牆裝藥。制軍言驕氣傲，以為一炮即可以滅賊，何

50　據清方官員事後調查，廈門島南岸各陣地清軍戰死 40 餘人，鼓浪嶼清軍戰死 33 人，受傷 37 人（《籌辦夷務始末（道光朝）》，第 1569—1570 頁），看來清軍的減員主要是逃亡不歸。同時又可反證廈門島的工事堅固，英軍炮火未能給予重大殺傷。

51　此處討論的是正規戰。至於裝備落後的國家對裝備先進的國家，亦有在戰爭中取勝的先例。但在戰術上，多採取游擊戰，戰略上是持久消耗。對於這個問題，我擬放在第五節中予以討論。

須再裝藥也？"[52] 儘管張集馨的這段話，有不少細處失真，[53] 但火炮不置炮車，真屬匪夷所思。雖然炮車（炮架）也是一個複雜的專門技術問題，清方傳統樣式的炮車，也存在着種種弊陋，但顏伯燾認為"一炮可以滅賊"而"不造炮車"，實謂可笑之至。

從前面的英軍工程師所繪製的石壁圖樣中，我們可以看出，石壁的炮洞只是一個方型孔，並無成扇面狀的夾角。梁廷枏對此亦有記載，可為驗證："台牆開門置炮，牆厚門深，又不能左右活轉，但可直擊。"[54] 火炮不能左右轉動，就大大限制了射擊範圍。而火炮既不能左右轉動，同時也大大限制了炮車的作用。這也可能是顏伯燾不造炮車的另一原因吧。

儘管廈門島南岸的炮兵陣地極其堅固，但畢竟只能起防炮作用，其本身火炮缺乏威力，那充其量不過是一個結實的靶子。[55] 顏伯燾戰後謊稱擊沉英輪船 1 艘、兵船 5 艘，[56] 實際上全是子虛烏有之事。當然，若顏伯燾不在炮車、炮洞上犯錯誤，那也是局部的改善，從交戰經過來看，仍無補於大局。

廈門之戰的第二階段，是登陸英軍與清軍的陸戰。由於當時清朝上下均鄙視英軍的陸戰能力，顏伯燾也不例外。他只考慮如何與堅船利炮相抗，未計及如何防禦登陸英軍，缺乏相應的工事和部隊。雖然他也在

---

52 張集馨：《道咸宦海見聞錄》，第 60 頁。

53 雖然當時的火炮均為彈藥前裝，但開炮之後，火炮的後坐力必會使其退回，未必如張集馨所言，須到石壁之外去裝藥。但是，若無炮車，就很難使火炮復回原位再次發射。張集馨所繪的戰鬥場面，是指載炮 72 門的兩艘戰艦與石壁的交戰，據英方記載，該兩艦均已拋錨定位，未有來回輪番轟擊之事。而"沿海炮牆齊場"似為誇大之詞，據戰後清朝官員的檢查，石壁僅是"多有擊壞情形"而已（《籌辦夷務始末（道光朝）》第 3 冊，第 1568 頁）。

54 梁廷枏：《夷氛聞記》，第 83 頁。

55 1844 年，新任駐華公使兼香港總督德庇時訪問廈門，觀看了當時的戰場，說了一句頗具代表性的話："中國人只知道如何防禦，如果他們弄清楚了另一半，其結果會完全不同。"（John Francis Davis, *China, During the War and Since the Peace*, vol.1, London: Longman, Brown, Green, and Longmans, 1852, p.157.）

56 《籌辦夷務始末（道光朝）》第 2 冊，第 1151 頁。

廈門島的東、北兩個方向佈兵設炮，但所防者非為英軍，而是漢奸。他因錯誤的情報，認為沙角之戰中抄襲後路者，是英軍僱募的漢奸。[57]

顏伯燾的這種無知，致使清軍在第二階段的交戰中方寸大亂。據守石壁、炮台等工事的清軍，本是以岸炮與英艦對敵的，突遭登陸英軍的側後來襲，僅有少數兵弁以鳥槍、弓箭、刀矛、石塊相拒，甚至肉搏，大部分因戰前毫無心理準備而見敵輒奔。從交戰經過來看，本應具有較大危險性的登陸英軍，似乎比其艦船還要幸運，並未遇到強勁的抵抗。

最最令人哭笑不得的是道光帝。他接到顏伯燾廈門失陷的奏摺，見有"偽陸路提督郭"的字樣，[58] 竟然發現了新大陸，即英軍也會陸戰！於是，他立即通令沿海各將軍督撫，並下令各地注重陸路防守："倘逆夷竟敢率眾登岸，所有火炮及一切設伏機宜，務當先事預備，操必勝之權，褫奸夷之膽。"戰爭已經進行了一年多，道光帝在前敵主帥們的欺蒙下，直至此時方得出這種認識，雖為時已晚，仍不失為亡羊補牢之計。但是，道光帝對此還是將信將疑，似乎還不認為英軍果真有能在陸地上打仗而不會摔跟斗的士兵，上諭中仍居然昏言：

> 夷人此次到閩，已有陸路提督偽官名目，恐其招集閩、廣漢奸，為登陸交戰之計。[59]（重點為引者所標）

君臣無知至此等田地，戰事又焉得不敗？

---

57 顏伯燾奏稱："自廣東大角、沙角炮台猝被逆夷攻奪，皆有漢奸登岸，萬一心生廈島，誠恐故智復萌，情形既今昔不同，防剿宜水陸兼備。"（《籌辦夷務始末（道光朝）》第 2 冊，第 880 頁，重點為引者所標）因為只是防備漢奸，顏伯燾也沒有十分重視。

58 《籌辦夷務始末（道光朝）》第 2 冊，第 1151 頁。"陸路提督郭"，是英遠征軍陸軍司令郭富等人致福建水師提督的最後通牒中使用的漢文譯名。

59 《籌辦夷務始末（道光朝）》第 2 冊，第 1160—1161 頁。

三 定海的土城

璞鼎查乾淨利落地吃下了廈門，卻又不得不吐出來。

英軍進攻廈門，本意在於用軍事手段打擊清政府，而要長期佔領，就須佔用為數不多的總兵力的相當一部分，且巴麥尊訓令中明明白白地寫道，他要的是舟山，而不是廈門。

可是，要完全吐出這塊已經嚥到喉嚨的肉，璞鼎查又心所不甘，於是，他選擇了地域較小易於防守位於廈門島西南的鼓浪嶼，留下軍艦 3 艘、士兵 550 人駐守，[60] 主力於 1841 年 9 月 5 日撤離廈門，北上浙江。

此時，站在他面前的對手，是主持浙江軍務的欽差大臣、兩江總督裕謙。

自林則徐去職後，裕謙成為一班力主"剿夷"的官紳士子們最寄厚望的人，可謂是"林則徐第二"。

裕謙，原名裕泰，博羅忒氏，蒙古鑲黃旗人，貴冑出身。他的曾祖父班第，為雍、乾兩朝的名臣，頻頻出將入相。1754 年，任定北將軍出征准噶爾，因功由子爵晉為一等誠勇公，後因阿睦爾撒納復叛，孤軍五百困守伊犁，兵敗自殺。其祖父、父親，亦官至清朝一二品大員。

與其他優裕的八旗子弟的歡游閒放不同，裕謙在家庭中受到幾乎完全漢化的性理名教的教育。1817 年，他 24 歲時中進士，[61] 入翰林院，很為蒙族人爭光。1819 年散館後，以主事籤分禮部補用，但到 1823 年才補上實缺。1827 年外放湖北荊州知府，後調任武昌知府。1834 年遷荊宜施道，未久遷江蘇按察使。後因丁憂、患病告假兩年。1838 年復出，

60　*Chinese Repository*, vol.10, p.524.

61　裕謙的生年，史籍多不載。1832 年，吳其濬在裕謙的《益勉齋偶存稿》序中說，"魯珊官太守幾十載，今年才四十"（"幾十載"應讀為"幾"近"十載"）。按當時的虛歲推算，裕謙生於 1793 年。

再任江蘇按察使，次年 4 月遷江蘇布政使。1840 年 1 月，以老成著名的江蘇巡撫陳鑾病故，又署理江蘇巡撫，後真除。

與其他督撫同城的省份不同，江蘇巡撫駐節蘇州，與駐江寧（今南京）的兩江總督尚有一段距離，有着較多的自由和自主。[62]1840 年 8 月，兩江總督伊里布授欽差大臣，前往浙江，裕謙署理總督，成為江蘇的最高軍政長官。

於是，他放手大幹一場。

於是，他接任欽差大臣、繼任兩江總督。

從正三品的按察使，到從一品的總督，[63]裕謙的三級跳，僅僅用了兩年零一個月的時間。這顆新升起的政治明星，在當時的官場上引人注目，為人看重。

從裕謙的履歷來看，我們還找不到甚麼今天可特別注意之處。他雖說還算是一位勤政的官員，但主要經歷為知府一級，按察使、布政使在清朝又已降為屬員，因此在史籍上看不到其優異的政績。[64]他的仕途坦暢，除了機遇特好外（牛鑑遷職、[65]陳鑾故去、伊里布斥革），還與道光帝的用人方針有關。

我在第三章中已經提到，道光帝是一位信奉"保守療法"的社會病理學家，追求調補療效。他堅信祖宗留下的制度已經盡善盡美，認定當時社會的病因在於官員們的玩忽職守。因此，他特別看重官員們的"德"，在用人方面，特別是危難關頭，偏愛皇親國戚、貴族子弟。他以為，這批人世受國恩，遺傳的血液中具有多量的"天良"和"忠誠"，絕

---

62 除直隸、四川僅有總督外，廣東、湖北、福建、雲南巡撫均與總督同城，幾同陪臣，無職權可言，相對此四省，江蘇巡撫權力要大得多。又，甘肅當時不設巡撫。

63 總督的本職為正二品，應例兼兵部尚書，故為從一品。

64 1832 年，裕謙將其文牘編為《勉益齋偶存稿》八卷，1834 年又編《勉益齋續稿》五卷。從這些文牘來看，他留心政務，也常常會想出一些辦法。其最後一卷，名《州縣當務二十四條》，記載他作地方官的一些心得。就一般層面而言，裕謙還算得上是一名好官，但若以優異來衡量，也確無突出的政績。

65 1839 年 4 月，江蘇布政使牛鑑遷河南巡撫，正好為復官不久的裕謙騰空了升級的位置。

不會放任國運衰落。在鴉片戰爭中，他先後重用的琦善、伊里布、奕山、顏伯燾、裕謙，以及後面將會出場的奕經、耆英，均有家世的背景。裕謙的頻頻升遷，似有其曾祖父班第的冥冥保佑。

然而，裕謙之所以深孚眾望，非為其職重位高，更非其血統高貴，而是他在這一時期表現出剛正不阿、嫉惡如仇的迷人風度。

伊里布至浙江後，對武力進攻定海遲疑不決。身為江蘇巡撫、署理兩江總督的裕謙，不便對其上司採取行動，便向路過江蘇的顏伯燾傾瀉不滿，促成顏伯燾、劉韻珂啟用林則徐的奏摺。而他更為強勁的迂迴動作，就是 4 次專摺具奏：闡明武力進攻定海之必須，說明攻略定海之戰法，表明其決戰必勝之把握。[66] 在這些奏摺中雖無一言直接攻擊伊里布，但其中表現出來的忠勇膽略卻使道光帝耳熱心動。 1841 年 2 月 10 日，道光帝授其欽差大臣，替代伊里布主持浙江攻剿，朱批中溫旨激勵："正可相時而動，克成大功，用膺懋賞。朕惟佇望捷音耳。"[67] 而他到了浙江後，一紙密片，劾伊里布家人不規，致使這位老長官上刑部大堂受審。

琦善在廣東的主"撫"舉止，也使裕謙義憤填膺。本來他的江蘇巡撫、欽差大臣、兩江總督與廣東無牽無掛，換一個其他人即便心有不滿，若非聖上垂詢也不會表示意見；可他卻不如此行事，一道彈劾琦善的章奏不知使當時多少人擊節稱快。已獲罪斥革的林則徐見之大喜，親筆謄錄一遍，又在上密密麻麻作圈圈點點，點了總篇幅的一半以上。[68] 在裕謙的筆下，琦善是"天朝"的頭號奸臣，犯有"張皇欺飾"、"弛備損威"、"違例擅權"之三大罪。虎門的戰敗，全因琦善的"撤防"。[69]

66　《鴉片戰爭檔案史料》第 2 冊，第 695—696、700—702、735—738 頁。

67　《鴉片戰爭檔案史料》第 3 冊，第 100 頁。

68　林則徐抄錄的原件由林紀熹先生藏。轉引自楊國楨：《林則徐傳》，第 332—333 頁。摺片見《道光朝留中密奏》，《叢刊‧鴉片戰爭》第 3 冊，第 514—517 頁。

69　《籌辦夷務始末（道光朝）》第 2 冊，第 888 頁。

裕謙的這些慷慨振奮、不留絲毫情面的言論，不僅使主"剿"的人士激動，也使一些對"夷"妥協的官員忌懼。伊里布、琦善吃過苦頭，自不待言。靖逆將軍奕山在與義律達成停戰協議後，也連忙給這位倔直忠耿的欽差大臣寫信，訴說種種不得已之苦衷。他生怕裕謙會放出不利於他的議論，信中的文句語氣不無討好叫饒的意味。[70]

但是，裕謙的上述言論，與他後來的行動相比，又明顯差了一個檔次。他在浙江任上，事事以極端手段處置之：

曾在英軍佔據定海期間"通夷"的 4 名漢奸被捕獲，他下令處斬，並將首級遍傳沿海各廳縣懸掛示眾，以示警尤，震懾人心。[71]

為了報復英軍在定海掘墳的暴行，他下令掘開英軍的墳墓，將數百具屍體刨出"剉戮"，然後棄之大海。[72]

他仇恨定海曾作為通商口岸的歷史，忌恨外國船隻不時對定海的覬覦，下令將當時還遺存的"紅毛道頭"（碼頭設施）及"夷館基地"完全拆毀，消除一切痕跡。[73]

1841 年 3 月定海軍民捕獲一名英國俘虜，他一反先前伊里布"酒肉養贍"的做法，下令綁出營門，"凌遲"處死，梟首示眾。[74]

---

70 見《入寇志》，《叢刊·鴉片戰爭》第 3 冊，第 321—323 頁。後來裕謙果然對奕山網開一面，並無過激的不利言論。

71 《鴉片戰爭檔案史料》第 3 冊，第 339—341 頁。這 4 名漢奸是楊阿三、虞幗珍、郁秀欽、布定邦。其中布定邦為廣東香山人，原為買辦，隨英軍來浙。英軍撤離舟山時，曾向清方索要（見張喜：《探夷説帖》，《叢刊·鴉片戰爭》第 5 冊，第 350 頁）。又，按清朝法律，在戰爭期間，前方主帥有權實行死刑，不似平時須層層審判，最後由皇帝勾決。

72 《鴉片戰爭檔案史料》第 3 冊，第 219 頁。後來，一名英軍軍官對此亦有公正的評論："我幾乎沒有理由責備中國人如此報復我們的墳墓，因為我們去年在修建工事時，也破壞了許多他們的墳墓。"（Alexander Murray, *Doings in China: Being the Personal Narrative of an Officer Engaged in the Late Chinese Expedition, From the Recapture of Chusan in 1841, to the Peace of Nankin in 1842*, London: Bentley, 1843, p.36.）又，英軍佔領舟山期間，病疫大作，病死 448 人以上，皆埋於該島。

73 《鴉片戰爭檔案史料》第 3 冊，第 293 頁。

74 《鴉片戰爭檔案史料》第 3 冊，第 290 頁。"凌遲"是清代刑法中對"大逆"等罪而施行的極刑，俗稱"剮刑"。這位英國俘虜是英軍運輸船佩斯湯基·伯曼基號（Pestonjee Bomanjee）的船長史蒂德（Stead），見 *Chinese Repository*, vol.10, p.291。其捕獲的情況，又見《鴉片戰爭檔案史料》第 3 冊，第 382 頁。

而到了後來局勢危急時，裕謙的手段更至於登峰造極。1841 年 9 月，鎮海軍民捕獲兩名英方俘虜，他竟將"壯士飢餐胡虜肉"的詩化語言變為實際，下令對一名白人俘虜"先將兩手大指連兩臂及肩背之皮筋，剝取一條"，製作為自己坐騎的馬韁，然後"凌遲梟示"；對另一名黑人俘虜亦"戮取首級，剝皮梟示"。[75]

裕謙放出的這些手段，用今天的標準來衡量，似為殘忍毒辣，與他曾中過進士、入過翰林院的儒吏形象亦不吻合，好像變了個人。但在當時，勢不兩立的敵愾致使人們的情緒趨向於暴烈，而且手段越狠越備受喝彩，道光帝亦明確表露出欣賞鼓勵的態度。[76]

然而，細心的觀察又會隱隱感到，裕謙之所以如此走極端，似還有一層原委，他正是自我設置一個"背水陣"。照其奏摺上的話，是為了"俾眾咸知奴才有剿無他"，有進無退，斷絕手下將弁的"首鼠兩端之念"！[77]這裏面還牽涉到他的同官，由福建陸路提督改為浙江提督的余步雲，我將放在下一節分析。

由於伊里布的搶先行動，和平收復定海，裕謙武力攻剿的滿腹謀略未有機會得以施展，頗以為憾事。於是，他到浙後，便精心部署定海防務，以能在將來的防禦作戰中挫敗"逆夷"兇焰，一顯身手。

在裕謙的規劃下，定海如同廈門，也進行了史無前例的大規模的防衛工程建設。

---

75 《鴉片戰爭檔案史料》第 4 冊，第 85 頁。據裕謙隨奏附呈的英俘供詞，被俘白人為一商人，名溫哩，曾在廣東見到璞鼎查。璞鼎查囑其前往浙江銷貨，並刺探軍情。又據英方記載，該船為運輸鴉片的民船賴拉號（Lyra），被俘白人為大副，被俘黑人為船員。

76 道光帝對裕謙的這些手段多有讚語。在其掘屍的奏摺上朱批"亦可稍稱一快"；在其拆毀"紅毛道頭及夷館基礎"的奏摺上朱批"可嘉之至"；在其"凌遲"處死英俘的奏摺上朱批"所辦是"；在其對英俘剝皮抽筋的奏摺上朱批"甚有定見"（《鴉片戰爭檔案史料》第 3 冊，第 219、293、290 頁；第 4 冊，第 85 頁）。

77 《鴉片戰爭檔案史料》第 4 冊，第 85 頁。

定海縣城三面環山，南面臨海，距城三里。裕謙認為，前次定海戰敗原因在於清軍船、炮不如敵，而陸戰無所依托。於是，他決定在縣城以南的瀕海地帶修築工事。由於定海不若福建南部有易於開採的石頭，定海防禦工程的主體是土城。[78]

土城是用泥土摻石灰夯實的線式防禦工事，也就是一道土城牆。前節提到的繪製廈門石壁樣式的軍事工程師，在其回憶錄中亦有一幅插圖，可大體看出土城的規制。[79] 據裕謙的奏摺，土城的底寬為 12 至 18 米，頂寬為 5 至 15 米，高約 3 至 4 米，長約 4.8 公里。它東起青壘山，西至竹山，將縣城以南的空曠地帶一並包容在內。土城設 "長治"、"久安" 兩城門，供民人平時出入。土城上有火炮掩體 "土牛"，[80] 共安設火炮 80 位。

在土城的中部，有臨海小山，名東嶽山。裕謙充分利用這一地形，在山上構築周長約 440 米的磚石結構的震遠炮城。在該炮城的南端，接築面寬 70 米的半月型石砌炮台。炮台面海，為轟擊來犯敵艦之陣地，炮城靠其後，是屯兵護衛之工事。東嶽山上的震遠炮城及炮台，為清軍防禦陣地之中堅，共設火炮 15 位。

土城的西端為竹山，竹山之後為曉峰嶺。裕謙在曉峰嶺上築圍城一座，駐守兵員。土城的東端為青壘山，裕謙亦在此構築瞭台兵房。

78　裕謙在江蘇巡撫任上時，曾在吳淞修建土塘，與土城類似，詳情見第六章。他至浙江後，與浙江巡撫劉韻珂的意見一致，決計在定海修建土城。又，英軍撤退後，定海難民紛紛返回，裕、劉用以工代賑的方法，修建土城，對安民、守禦均有好處，也使土城能迅速完工（《鴉片戰爭檔案史料》第 3 冊，第 192 頁）。

79　John Ouchterlony, *The Chinese War: an Account of all the Operations of the British Forces from the Commencement to the Treaty of Nanking*, pp.180-181. 該插圖的標題為 "舟山的高地"，似為了表示背景中的山，而非準確的描繪土城樣式的示意圖，因而在比例上可能有不太精確之處。土城高為 3 至 4 米，因而其垛口不會如此之大，又土城長為 4.8 公里，因而其火炮排列也不會如此密集。

80　我沒有找到 "土牛" 的資料。但吳淞土塘亦有 "土牛"，其樣式據牛鑑奏，"有似雉堞，其缺口俱安設火炮"（《籌辦夷務始末（道光朝）》第 3 冊，第 1623 頁）。牛鑑的這一說法，與奧塞隆尼一書的插圖相吻合。又，吳淞和定海的防禦工程皆由裕謙主持，估計樣式相同。

圖七　舟山土城

　　土城之後的定海縣城，其城牆亦得到修復。上設火炮 41 位。[81]（定海地理及防禦可參見圖八）

　　在修築防禦工事的同時，裕謙又添兵僱募。伊里布原派接收定海的清軍共計 3000 人，裕謙再加派 2600 名，使該地守兵達到 5600 名，[82] 為

81　定海設防的記述，據裕謙、劉韻珂的奏摺，《籌辦夷務始末（道光朝）》第 2 冊，第 849—850、887、943—945、1066 頁；又參考《定海直隸廳志》卷 22，第 8、16—17 頁。定海的地理形勢又參閱《定海縣志》。
　　定海清軍的火炮數量，清方資料不全。1841 年 3 月 11 日裕謙奏稱，調撥 "一二千斤及數百斤炮五十位"；4 月 11 日又奏稱，定海有炮 70 位；7 月 1 日劉韻珂奏稱，土城和震遠炮城、炮台設銅鐵火炮 22 位，縣城設大小火炮 41 位（《籌辦夷務始末（道光朝）》第 2 冊，第 863、963、1066 頁）。但戰前清軍火器的實際數量，我還沒有查到有關記載。英方的記載較詳，但各有差別。賓漢稱，定海火炮總數為 170 位，其中土城和震遠炮城、炮台為 95 位，縣城城牆上設炮 41 位（《英軍在華作戰記》，《叢刊・鴉片戰爭》第 5 冊，第 262、320 頁）。伯納德稱：土城上設炮 80 位，震遠炮城設火炮 12 至 15 位（《復仇神號航行作戰記》第 2 卷，第 191 頁）。穆瑞稱：戰後共繳獲鐵炮 100 位，銅炮 42 位（Murray, *Doings in China: Being the Personal Narrative of an Officer Engaged in the Late Chinese Expedition, From the Recapture of Chusan in 1841, to the Peace of Nankin in 1842*, p.38）。奧塞隆尼稱，土城一帶有炮 150 至 200 位（John Ouchterlony, *The Chinese War: an Account of all the Operations of the British Forces from the Commencement to the Treaty of Nanking*, p.179）。這裏，賓漢關於土城一帶的火炮數與伯納德相符，關於縣城一帶火炮數與劉韻珂的説法相同。因此，我這裏採用賓漢的説法。
82　《籌辦夷務始末（道光朝）》第 2 冊，第 870、963 頁。

鴉片戰爭中浙江守軍最多的地方。

由於前次作戰時，定海水師戰船損失極大，戰船來不及補充、修理，以致海上巡邏、偵察力量都不足，[83] 按裕謙計劃，要僱水勇 1000 名，派委官員，分頭出洋，"或假扮網漁貿販，出洋巡哨，或密帶火器槍械，相機焚剿"。後劉韻珂奏稱，實際僱募水勇為 580 名。[84]

除此之外，裕謙還有一個龐大的計劃：《定海善後事宜十六條》。由於英軍的到來，這一計劃基本沒有實現。

如果我們將定海的土城與廈門的石壁作一番比較，那麼，裕謙的定海防禦工程在堅固、火力諸方面均遠不如顏伯燾。但是，裕謙的豪言壯語卻一點也不遜色於顏伯燾：（定海）"從此扼險控制，屹若金湯，形勝已握，人心愈固。……該逆倘敢駛近口岸，或冒險登陸，不難大加剿洗，使賊片帆不返。"[85]

難道裕謙的這種自信是毫無依據，毫無理由，毫無認真的分析？也非如此。他的思想很大程度上可以代表當時的主"剿"官員。

裕謙雖未親眼見過英軍，卻是英軍不善陸戰論的有力鼓吹者。[86] 定海的設防，顯露出他的這一信念。他將主要兵力集中於縣城及其以南 10 平方公里的區域，而並不兼顧面積 523 平方公里的舟山本島的其他地域。他認為，英軍不善陸戰必然會從距縣城最近的海岸發起進攻。若

83　據裕謙奏，定海額設水師 77 艘，上次戰鬥損失 24 艘，遭風擊壞等情 30 艘，實際在航者僅 23 艘（《鴉片戰爭檔案史料》第 3 冊，第 430—431 頁）。

84　《籌辦夷務始末（道光朝）》第 2 冊，第 945、1067 頁。據裕謙奏，這裏水勇使用的船隻為"新造十六槳快船及買、僱漁船百餘隻"。《定海善後事宜》共計 16 條，其中最主要的有 4 條：一、將定海縣升格為直隸廳，直隸於寧紹台道。二、組建定海城守營。三、改造戰船。四、浙江提督每年巡閱定海一次，並於每年夏秋兩季駐紮鎮海，以重海防。裕謙的這些建議是 1841 年 5 月 17 日上奏的。5 月 27 日道光帝下發軍機大臣核議。8 月 12 日，軍機大臣等核議批准。結果，除了定海縣升格外，其餘各項並未落實（《鴉片戰爭檔案史料》第 3 冊，第 429—436、616—628 頁）。從裕謙的奏摺內容來看，並未切中當時的要害，即便完全落實，對後來的戰鬥也不會起甚麼作用。

85　《鴉片戰爭檔案史料》第 3 冊，第 420 頁。

86　《籌辦夷務始末（道光朝）》第 1 冊，第 440 頁。

捨近就遠，山嶺重重，正是"我步卒最易見長之地"，[87] 不難剿滅。定海縣城的東、北、西三個方向皆為山地，他在此（曉峰嶺、青壘山）只設置了一些瞭台、兵房、圍城。道光帝下令各省防備陸路諭令 9 月 19 日才到達杭州的劉韻珂，9 月 25 日到達鎮海的裕謙，但肯定不會到達定海，因為此時定、鎮之間的海面已被英軍控制。

戰前清朝上下咸謂英軍"船堅炮利"，但"船堅"到何種程度，"炮利"至何等威力，卻缺乏準確的估計。開戰之後，關天培、楊芳、奕山、林則徐等人經歷實戰而知之，但他們或未直言，或語焉不詳。相比之下，琦善倒講了點真話，但在當時一片"剿夷"聲中，又有何人相信？裕謙個人極度蔑視"逆夷"的偏誤，決定了他對"船堅炮利"估計不足。憑藉一道並不堅固的土城，他就能大膽地得出結論："我炮皆能及彼，彼炮不能及我！"[88]

由此觀之，裕謙的自信就不是全無來歷的了。既然規制宏大的土城已能阻擋英軍的"利炮"，那麼，英軍還有何優勢可言？難道他們的"堅船"能夠沖上海岸，駛入縣城？既然英軍"腰硬腿直"不善陸戰，那麼，他們一旦登陸之後，不正成了嫻熟"擊刺步伐"的清軍將士的刀下鬼、案上肉？難道他們能飛越天險，天降縣城？

裕謙的思想表明，儘管戰爭已經開始了足夠長的時間，儘管清軍在虎門等處一敗再敗，但是，在一班主"剿"官紳的心目中，對英軍的實力估計仍是戰前的模糊不清的概念，沒有將英軍的種種優長一一辨明清楚。也正因為如此，裕謙在定海防禦上並無任何創新，仍是戰前由林則徐所倡導的防守沿海堅強據點對抗英軍艦船攻擊的戰法。

---

87 《籌辦夷務始末（道光朝）》第 2 冊，第 943 頁。儘管後來的事實證明了裕謙的判斷，但裕謙立論的基礎是完全錯誤的。英軍之所以從道頭一帶發起進攻，並非害怕舟山的崇山峻嶺，而是自恃實力，有把握從清軍設防最堅處突破。

88 《籌辦夷務始末（道光朝）》第 2 冊，第 944 頁。

有意思的是，此一戰法的倡導者林則徐，此時正以四品卿銜在鎮海幫辦軍務，他對定海的防禦，似不具有信心，屢次向裕謙進言："請移三鎮（指定海鎮、處州鎮、壽春鎮三位總兵）於內地，用固門戶。"[89] 裕謙雖極度景仰敬佩林則徐，但作為有守土之責的疆臣，又怎麼能、怎麼敢聽從這種放棄定海的建策呢？

就此再深入一步，就觸及到當時主"剿"思想的淵源了。

儘管主"剿"只不過是一個政策上的決定，儘管主"剿"人士的言論也主要是分析具體問題，但是，這種思想卻深深扎根在傳統思想文化的土壤之中。我以為，這裏面主要是當時盛行的兩種思想觀念在起作用：一是"天朝"觀念，一是理學思想。當然，這兩者之間又有着難解難分的交叉關係。

就"天朝"觀念而言，當時的人們並不把英國放在眼裏，不相信堂堂"天朝"居然不敵區區"島夷"，不相信七萬里之外的蠻荒地面會出產何種制服"天朝"的手段。因而，他們聽不進英軍強勁的言辭，更不屑於具體分析英軍在諸次戰鬥中表現出來的優長，陷於可卑可憐的盲目性。關於這一點，我在前面諸章節中都有過交代，此處不再贅言。

就理學思想而言，情況似稍微複雜一些。自宋代理學興起後，儒家學說再一次得到改造，成為盛行於宋、明、清三朝的主要哲學思想。清代"漢學"勃起，予理學也有批判，但理學的主導地位一直沒有動搖。

儘管在理學大師的筆下，我們常常可以領悟到這種理論的精妙，也為其深邃的思索、優美的文筆所折服，但在實際政治運作中，理學成為可怕的教條。結果，在性理名教走向崇高之後，事實真情，反顯得不

---

89 《定海直隸廳志》卷 28，"大事記"。

那麼重要，往往處於從屬的地位。**一切決策的依據，似乎不再是事實本身，而是先哲們的教誨。**在這種情勢下，掌握事實真情的人們，遠沒有掌握理學真諦的人們有力量，若正面交鋒，必不堪一擊。在當時主"剿"官員的奏議中，我們可處處看到此種"理"性的張揚。

到了 1841 年，清朝在鴉片戰爭中必敗已經成為顯而易見的事實，但據"理"的人們卻視而不見。這也很難歸罪於他們本人。因為在當時的氛圍中，他們的思想只會如此。要衝破這種思想的藩籬，絕非易事。關於此種情勢，我們可聯繫到 20 多年後，清王朝經歷了鴉片戰爭、第二次鴉片戰爭的失敗，據事實而主張改革的奕訢與以"名教"而反對改革的倭仁之間的辯論，就可看到這一思想的根深蒂固。

從理學的角度出發，戰爭最主要的制勝因素不在於"器物"，而在於"人心"，即所謂"正心"、"誠意"可以"平天下"這種觀點在相當長的軍事歷史中證明具有合理性。

在古代，乃至中世紀，由於軍事技術的不發展，戰爭主要表現為人身搏鬥，雖有"十八般兵器"的種種技藝，但只是人的手腳的延長和銳化。在此類戰鬥的場景中，士兵們的勇敢，將弁們的執着，這種可以升化為"人心"的品格，往往是獲勝的決定因素。因而長久地在人們的觀念中，拼死是勝利的代名詞。同時，又因為軍事技術的不發展，長久地使交戰雙方處於大體平等的地位上，"兩強相遇勇者勝"，成為一般政治家和軍事家的信條。

因此，在清王朝的眾多主"剿"人士的心目中，英軍的"船堅炮利"只不過能逞威於海上，而清軍在虎門等處海岸、江岸的接連敗仗，關鍵在於主帥和將士們的膽怯。身心處在中世紀的人們，自然不會從近代軍事技術、戰術、軍隊編制、作戰指導等一系列的變化中看清真正的原因。就本節的主角裕謙而言，他雖大力於修防鑄炮等諸般"器物"，但主要功夫用於振作這支廢弛鬆垮的清軍的"人心"。

正因為如此，裕謙認為，這次戰爭獲勝的首要因素，不是別的，而是民心固結，將士拼命。他痛恨前一次定海之戰中，清軍僅傷亡 26 人而大量逃散，怨憤伊里布不敢進兵，致使師老氣竭；他用極端手段設置了一個"背水陣"，目的是驅策將士勇往直前，前仆後繼；而一旦將士果真義無反顧，視死如歸，戰爭又何以不勝？

由此而論，鴉片戰爭中的主"剿"人士的思想，並非得自知己知彼對雙方力量的真實評估，並非出自已經找到真正可以"制夷"的手段的勝利把握，而來源於"天朝"觀念和理學思想以及由此引申出來的"人心"制勝論。從軍事學術的角度來看，此種主"剿"，不過是一種浪戰。我們不應當因為它與今日反侵略宗旨相符，而不加區別地無條件地讚美之。

在我讀過的鴉片戰爭史的論著中，1841 年的第二次定海之戰，大多被描繪為一個激動人心威勇悲壯的故事：定海三總兵（定海鎮總兵葛雲飛、浙江處州鎮總兵鄭國鴻、安徽壽春鎮總兵王錫朋），率孤軍五千，奮力抗擊英軍萬餘名（或二萬，或三萬）的圍攻，血戰六天六夜，終因寡不敵眾彈盡援絕而犧牲。

不可否認，我曾被這個故事所感動。在當時的條件下，能以劣勢兵力兵器堅持抵抗達六晝夜之久，確實是一件了不起的業績。然而，深入的研究使我發現，這不是一個真實的故事。

稱英軍"萬餘人"的說法，始見於裕謙的奏摺，他的依據是戰後逃往鎮海的定海典史的報告。材料已經轉過一手。而敗吏為推卸戰敗之責，多有誇大敵軍的陋習。且裕謙奏摺又稱："至登岸逆匪，身穿黑衣黑袴，皆係閩、廣亡命。"[90] 查英方記載，英軍在作戰中並未使用中國人

90　《籌辦夷務始末（道光朝）》第 3 冊，第 1244 頁。在鴉片戰爭史的研究中，使我最為困惑的就是"漢奸"說，幾乎沒有一位前方主帥不是大談漢奸問題，並稱漢奸參戰。而英方文獻對此極少記錄，至多不過是僱中國人充當苦力，從事運輸。這個問題的真解決，仍有待於智者高手。但我以為，清方文獻中"漢奸"說流傳甚廣，很可能是以為英軍不善陸戰，而將登陸英軍合理想象為漢奸。

參戰，由此可見此說的不確。

至於稱英軍"二萬"、"三萬"的說法，史料依據更不充分，不足為據。[91]

英軍的實際數量要少得多。1841 年 8 月，英軍在離開香港北上時，共有軍艦 10 艘、輪船 4 艘、運輸船 22 艘、陸軍 2500 人。廈門之戰後留於鼓浪嶼軍艦 3 艘、運輸船 3 艘、陸軍 550 人，由此推算，前往浙江的英軍只有軍艦 7 艘、輪船 4 艘、運輸船 19 艘，陸軍約 2000 人，[92] 若將各艦船兵弁水手合之陸軍一並計算，約四五千人。此時定海守軍 5600 人，兩者相較，雙方兵力數字差不多，清軍略強一些。

即便如此，以同等兵力相拒達六晝夜，也是足以稱道的事。可是，這"六晝夜"，又是靠不住的數字。

英軍自 1841 年 9 月 5 日離廈門北上之後，因風向不順，動力不一，無法全隊一致行動。9 月 16 日，英輪船弗萊吉森號襲擾鎮海旗頭一帶的盛罍、雙罍。[93]9 月 17 日，英輪船復仇神號闖入象山石浦港。[94] 9 月 18 日起，英軍艦船陸續抵達第一集結地，定海西南的穿鼻山島（Buffalo's Nose），後移泊鎮海與定海之間的黃牛礁。9 月 21 日，英海軍司令巴加到達，25 日，英陸軍司令郭富到達。

英軍原先的計劃，是先攻鎮海、寧波，然後再取定海。可是，狂暴的天氣"阻礙艦隊從集結地駛往鎮海來執行此任務"，遂於 25 日決定，

---

91 英軍 "二萬" 的説法，見於夏燮《中西紀事》，第 102 頁；英軍 "三萬" 的説法，可見於梅曾亮所撰《王剛節公（錫朋）家傳》，第 196 頁，《柏梘山房文集》卷 9。此兩人的材料來源不明，疑為聽訛。

92 *Chinese Repository*, vol.10, pp.526-527.

93 《鴉片戰爭檔案史料》第 4 冊，第 95 頁；賓漢：《英軍在華作戰記》，《叢刊·鴉片戰爭》第 5 冊，第 261 頁。據裕謙奏，英軍受打擊後逃竄回船，清軍陣亡 2 人，受傷 1 人。據賓漢稱，英軍的行動是為英船賴拉號的兩名船員被捉（詳見 343 頁注）而採取的報復行動。英軍燒毀了此處清軍的營地和火藥庫，己方毫無損傷，主動撤回。

94 《鴉片戰爭檔案史料》第 4 冊，第 95—96、98 頁。Bernard,*Narrative of the Voyages and Service of the Nemesis*, vol.2, pp.176-181. 裕謙奏稱，石浦清軍擊退了英軍的進犯；而伯納德稱，英軍進攻石浦，是為了砍取木材，作為輪船的燃料，英方還佔據了石浦清軍的炮台。

立即偵察定海的防禦情況。[95]

所謂“六晝夜”，就是從第二天，即 9 月 26 日起算的。

對照中英雙方文獻，對這一時期的軍事行動，記錄差距甚大。現扼要敍述於下，請讀者一起參與辨別：

9 月 26 日，清方奏報，英軍兩輪船拖帶兩艘大船，由竹山門（道頭港西水道，竹山與盤峀島之間）駛入內港，葛雲飛督兵在土城開炮，擊斷英船頭桅一支，英艦船遂從吉祥門（道頭港南水道，盤峀島與大渠島之間）逃竄，後又從大渠門（道頭港東水道，青壘山與大渠島之間）繞入，土城東段的東港浦守軍開炮，英艦退出，不敢再進。英方記載，英輪船弗萊吉森號、復仇神號載送海、陸軍司令前往偵察，詳細觀察了清軍在曉峰嶺、竹山至青壘山一帶的防禦設施，並查看了大、小五奎山島的地理形勢。當英輪船剛剛駛過盤峀時，即遭到清軍的炮擊，但英船航行於清軍火炮的射程之外，避開了清軍炮火，亦未受損傷。[96]

當日，定海清軍一面向鎮海求援，一面調整部署。定海鎮總兵葛雲飛部仍防守土城，原駐縣城內的壽春鎮總兵王錫朋部出防曉峰嶺，處州鎮總兵鄭國鴻部進至竹山。裕謙收到定海守將的求救書後，認為定海防兵本多於鎮海，鎮海也已面臨英軍的威脅，無兵可調，未予增援。

9 月 27 日，清方奏報，中午時分，英輪船 3 艘、三桅船 1 艘，駛入竹山門，葛雲飛督部開炮，轟斷英船大桅，英船當即竄逃。我沒有查到相應的英方記錄。當日原準備行動的只有復仇神號輪船，奉命前往鎮海一帶偵察防禦情況，因天氣惡劣，該命令未能執行。

9 月 28 日，清方的奏報內容不同。裕謙據派往定海的探弁回報上

---

95 Bernard, *Narrative of the Voyages and Service of the Nemesis*, vol.2, p.186.

96 裕謙奏，《籌辦夷務始末（道光朝）》第 3 冊，第 1243 頁；Bernard, *Narrative of the Voyages and Service of the Nemesis*, vol.2, p.186-187；賓漢：《英軍在華作戰記》，《叢刊·鴉片戰爭》第 5 冊，第 261 頁。又，英軍將盤峀島稱為茶島（Tealsland），可能是盤峀西面有大、小茶壺所誤。定海亦有茶島，位於外長峀島以南。

奏，稱英艦"連檣駛入"，攻打曉峰嶺，並用小舟運兵在竹山登陸，鄭國鴻率兵施放抬炮，"擊殺夷匪無數"，當晚英軍繞至五奎山島，登高瞭望。杭州將軍奇明保戰後據定海逃回官員的報告上奏，英軍登陸，進攻曉峰嶺，王錫朋率兵 800 名與之反覆廝殺，相持 4 天之久，直至 10 月 1 日。英方的記載也不相同。賓漢稱，該日摩底士底號艦長愛爾斯（H.Eyres）奉命統率摩底士底號、哥倫拜恩號、復仇神號前往定海，摧毀了曉峰嶺上尚未完工的炮台，因為該處將是英軍的主攻方向。英艦船到達後，曾與清軍交戰，大約由 50 名水兵組成的分隊登岸，在確認了該處尚未安設火炮，[97] 並偵察土城方向的防禦後，匆匆撤回。伯納德稱，該日繼續有暴風雨，艦隊無法航行。巴加發佈了派上述 3 艦船去曉峰嶺摧毀未完工的炮台的命令，但該命令是在第二天，即 29 日執行的。至於具體過程，該書記錄更詳。

9 月 29 日，清方奏報，英軍在大五奎山島上支搭帳房，土城一帶清軍開炮遙擊，打壞帳房 5 頂，擊斃英軍 10 餘人。英方記載，該日一些戰艦和運輸船駛入內港，其中布朗底號、摩底士底號、皇后號、弗萊吉森號等艦船駛往大小五奎山島，在大五奎山島上設置野戰炮兵陣地，其中有發射 68 磅重炮彈的重型火炮 1 門，發射 24 磅重炮彈的火炮 2 門，至次日，該陣地完工。英方並稱，清軍火炮的射程太近，對英軍的行動毫無威脅。

9 月 30 日，清方奏報，英軍先是從吉祥門駛入，攻打土城東段的東港浦，被清軍擊退，旋攻打土城西端的曉峰嶺、竹山，至傍晚，英軍在土城西端登陸，遭清軍槍炮轟擊，死者不計其數。英方記載，該日英軍的戰艦、運輸船陸續駛入內港，威釐士釐號由輪船西索斯梯斯號

97　裕謙在曉峰嶺建有圍城，駐有兵員，並沒有準備安設火炮，但英軍誤將此圍城當作炮台，故派兵前往破壞。

（Sesostris）拖曳入港時，曾向東嶽山震遠炮城開炮。日落時分，英軍在土城西端竹山一帶槍炮大作，已經靠近該處停泊準備掩護部隊登陸的英艦哥倫拜恩號、巡洋號亦開炮，英軍艦船官員並無損傷。[98]

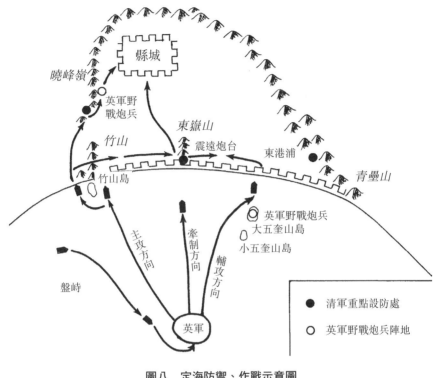

圖八　定海防禦、作戰示意圖

以上清方裕謙、奇明保的奏報，分別依據定海守軍的報告（9 月 26 日）、派遣探弁的報告和定海逃回官員的報告，已經轉過一手，且清方官員在報告中偽諱粉飾已成風氣，其中自然會有虛假成分。英方記載者為其親歷，材料當屬第一手，但也不能確準其中絕無虛言回避部分。

98　裕謙奏、奇明保奏，《籌辦夷務始末（道光朝）》第 3 冊，第 1243、1250 頁；Bernard, *Narrative of the Voyages and Service of the Nemesis*, vol.2, pp.192-195; 賓漢：《英軍在華作戰記》，《叢刊・鴉片戰爭》第 5 冊，第 262 頁；Murray, *Doings in China: Being the Personal Narrative of an Officer Engaged in the Late Chinese Expedition, From the Recapture of Chusan in 1841, to the Peace of Nankin in 1842*, pp.24-26.

因此，今天的人們要將 9 月 26 日至 30 日這 5 天中的情況逐一細細考訂清楚，既十分困難，也顯得不必要。因為，從上述記載中，我們已經可以判明：英軍在這 5 天內的行動，乃是偵察清軍的防禦以確定主攻方向、機動兵力至進攻出發水域、建立野戰炮兵陣地以支援作戰等等戰前準備工作，尚不是正式的進攻。守軍不明近代戰爭樣式和作戰特點，因而無法識破英軍的意圖，將英軍的每一動作都無意或有意地當作正式進攻，結果是高度緊張，徒費鉛藥。由於這幾天連日大雨，守軍在雨水中連續"應敵" 5 天，在真正的戰鬥尚未打響之前，已經疲勞不堪。

真正的戰鬥僅僅進行了一天，時間是 1841 年 10 月 1 日。

這一天的早晨，大五奎山島上英軍野戰炮兵，開炮轟擊震遠炮城（其手法與虎門之戰中下橫檔島戰術完全相同），英軍輪船和軍艦則炮擊土城。清軍守軍在葛雲飛的督率下，以岸炮還擊。但是清軍火炮數量、質量均處於劣勢，其火力最強的東嶽山震遠炮城，又遭到大五奎山島英軍野戰炮兵的壓制，陣地已經動搖，兵丁開始潰逃。

在雙方炮戰的同時，英軍登陸部隊之左縱隊約 1500 人，避開土城防禦工事，在曉峰嶺以西海岸登陸。第一批登陸的英軍第 55 團即向曉峰嶺方向進攻，王錫朋督部迎戰而不支，英軍攻佔曉峰嶺，王錫朋戰死。第二批登陸的英軍第 18 團，隨即向竹山方向發起進攻。該處守軍已經受英艦船的長時間的炮擊，但在鄭國鴻的統率下，仍堅持抵抗，最後不支，鄭國鴻戰死。第 18 團佔領竹山後，沿土城向東攻擊前進。土城構造只能正面禦敵，側面全無防護，葛雲飛力戰身亡。第 18 團佔領土城西段後，又向東嶽山震遠炮城進攻。可該處守軍已經受不住英艦布朗底號、大五奎山島英野戰炮兵的長時間的炮擊，紛紛逃散，震遠炮城不戰易手。

在左縱隊行動的同時，英登陸部隊之右縱隊輔攻東港浦。但因復仇神號中途一度擱淺，進攻未能按時。後右縱隊登上海岸後，在左縱隊之第 18 團的支援下，驅散了土城東段的守軍。

左縱隊攻佔曉峰嶺後，後繼登陸的馬德拉斯炮兵在曉峰嶺之制高點上，架設輕型火炮，向縣城轟擊。第 55 團沿山嶺推進，直撲縣城西門。縣城守軍潰逃。第 55 團攀上城牆，佔領縣城。同時，第 18 團亦從道頭向縣城推進，配合行動，攻至南門。[99]

從早晨發起進攻，至下午 2 時許結束戰鬥，英軍並未遇着堅強的、有效的抵抗，在戰鬥中也只付出了戰死 2 人、受傷 27 人的微小代價。[100] 而他們所採用的戰術，依舊是戰艦轟擊正面、陸軍側翼抄襲，並再獲極大成功。

三總兵英勇地犧牲了，死在自己的戰位上，並沒有因貪生而後退一步。在他們的督率下，也有一些清軍兵弁在戰鬥中保持了高昂的士氣。若對照清軍平時的懦怯，可以說，裕謙戰前激勵將士的努力，已獲成效。但是，此次戰鬥揭示出來的是，僅僅靠勇敢是不夠的。

三總兵英勇地犧牲了，已無法站起來說話。我們不知道僅僅一水之隔的裕謙，是否知道了事情的真相：英軍（而不是漢奸）正是在他認為天然屏障的山嶺和他認為清軍更為擅長的陸戰中，次第殺死了王錫朋、鄭國鴻、葛雲飛。

99　以上作戰經過，綜合以下資料：裕謙奏、奇明保奏，《籌辦夷務始末（道光朝）》第 3 冊，第 1243—1245、1249—1251、1263、1265 頁；《英夷入粵紀略》、《犀燭留觀記事》、《鴉片戰爭新史料》，見《叢刊·鴉片戰爭》第 3 冊，第 17、262、439 頁；Bernard, *Narrative of the Voyages and Service of the Nemesis*, vol.2, pp.195-200; Murray, *Doings in China: Being the Personal Narrative of an Officer Engaged in the Late Chinese Expedition, From the Recapture of Chusan in 1841, to the Peace of Nankin in 1842*, pp.26-36; John Ouchterlony, *The Chinese War: an Account of all the Operations of the British Forces from the Commencement to the Treaty of Nanking*, pp.180-185；賓漢《英軍在華作戰記》，《叢刊·鴉片戰爭》第 5 冊，第 263—264 頁。

100　此戰英軍的傷亡，英方記載小有不同。賓漢稱：第 55 團戰死 2 人，受傷 24 人，其他部隊受傷 3 人，但又在總計中稱受傷 28 人（《叢刊·鴉片戰爭》第 5 冊，第 264 頁）。伯納德稱：第 55 團戰死 2 人，受傷 19 人，其他部隊受傷 8 人（Bernard, *Narrative of the Voyages and Service of the Nemesis*, vol.2, pp.200-201）。穆瑞稱：第 55 團戰死 1 人，受傷 19 人（Murray, *Doings in China: Being the Personal Narrative of an Officer Engaged in the Late Chinese Expedition, From the Recapture of Chusan in 1841, to the Peace of Nankin in 1842*, pp.28-29）。

四　鎮海的天險

　　一直到 1841 年 10 月 8 日，即定海失守後的第 8 天，道光帝收到的浙江軍報，仍是好消息（鎮海崎頭的盛罍、雙罍和象山的石浦擊退來敵、定海清軍初戰獲勝、裕謙率文武官員大誓死戰等情事）；他雖然因廈門戰敗而對顏伯燾大為失望，但堅信裕謙一定會給他帶來"宣威海徼"的喜訊。為此，他當日再次下旨叮囑這位主"剿"最堅決的疆臣（前一次為 10 月 4 日），"一有捷音，即由六百里加緊馳奏。"[101]

　　可是，兩天之後，10 月 10 日，裕謙用"六百里加急"給他送來定海失陷的戰報；[102] 又過了 8 天，10 月 18 日，他又收到杭州將軍奇明保等用"六百里加急"發來的鎮海失陷、裕謙殉難的奏摺。道光帝不由得在此摺上朱批："憤恨之至！"[103]

　　道光帝"憤恨之至"者為何？為英軍乎？為裕謙乎？抑或為失陷的鎮海乎？

　　鎮海位於杭州灣之南，大峽江（今稱甬江）的出海口，它是寧波的門戶，歷來為海防重地。伊里布任欽差大臣，駐節此地。裕謙接任欽差大臣，亦駐節此地。由此可見它在當時人們心中的地位。

　　與廈門、定海不同，駐節鎮海的兩位欽差大臣，似乎都不太注重此地的防衛工程的建設。就伊里布而言，其任務是進攻定海，防守本是做給道光帝看的（詳見第三章第二節）。就裕謙而言，他以為鎮海已具備英軍難以克服的天險。

　　大峽江由寧波流至鎮海縣城時，大體是由西向東，快到出海口時，

101《鴉片戰爭檔案史料》第 4 冊，第 150 頁。
102《籌辦夷務始末（道光朝）》第 3 冊，第 1243—1246 頁。
103《籌辦夷務始末（道光朝）》第 3 冊，第 1269—1272 頁。

折為由南向北。江口的兩端，各有一座山（大峽江之"峽"由此而來），西面是招寶山（康熙年間寧波對"番舶"開放，由候濤山改名，意在招外洋之寶），山上有威遠炮城（明代為防倭始建），東面是金雞山。江面寬約 1000 餘米。由於當時的河道，未如今日已得到疏浚，水淺灘多，岸邊亦積有淤泥，寬以里計。

鎮海縣城緊靠海口。其東北面為招寶山，東南和南面為大峽江，北面原瀕大海，此時亦有寬達二三里的淤泥地帶。（詳見圖九）

1841 年 2 月，裕謙從江蘇到鎮海，見此地形，頓時信心大增。這位尚未見過英軍艦隊的欽差大臣認為，英軍的巨艦大艘，"不畏風濤而畏礁險"，鎮海一帶的淤泥淺灘，正是抵禦英軍的天然屏障；若以小船駛入，"無篷帆、無炮位、無鍋竈"，又何足懼；若捨舟登陸，"不難全數殲捨"。他還將此心得專摺上聞，請求道光帝下令沿海各將軍督撫，"遍歷本屬洋面，測量水勢之深淺，灘岸之遠近，沙線之險易"，"分別最要次要"，"不必到處張皇"。很顯然，在他的心目中，鎮海不屬"最要"，僅為"次要"。他更關心的是定海。[104] 昧於"夷情"的道光帝，言聽計從，將此摺轉發各地，下令參照執行。[105]

然而，此時的浙江巡撫劉韻珂，是一位頗有心計的官員。雖說在他之上先後有兩位欽差大臣，鎮海防務可不用其插手，但他卻兩次前往鎮海，鼓動伊里布、裕謙在此修築工事。1841 年 6 月，裕謙回江蘇接受兩江總督篆印期間，劉與以四品卿銜來浙江軍營的林則徐等人，在此處大力設防。由此至開戰前，鎮海的防禦工程雖不若廈門、定海那般形制宏大，但也頗具規模：[106]

104《鴉片戰爭檔案史料》第 3 冊，第 214—216 頁。

105《鴉片戰爭檔案史料》第 3 冊，第 260—261 頁。

106 以下設防情況綜合伊里布、劉韻珂、裕謙等人的奏摺，見《鴉片戰爭檔案史料》第 2 冊，第 670 頁；第 3 冊，第 440—441、520—521、571 頁；第 4 冊，第 110 頁。

一、招寶山。在該山上原設威遠城上駐兵設炮，又恐該城地勢過高，炮力難及敵艦，又在該山的西腳、南腳，另設置沙袋炮台。在該山背後緊靠縣城北牆的勾金塘，亦建有炮台一座。由浙江提督的余步雲率兵鎮守。

二、金雞山。在該山北腳建石築炮台，在該山東北方向建造內設大炮的土堡，另在山頂建有軍營，駐兵策應。由江蘇狼山鎮總兵謝朝恩指揮。

三、大峽江。在江口層層扦釘，填塞塊石，使河道變窄，以防英艦驀然闖入；在港內設火攻船 30 隻、16 槳快船及車輪船（即人力明輪船）20 隻、大小漁船 60 隻，為作戰時追截、瞭探、策應之用；在縣城東南的攔江埠，兩岸各設炮台一座，以對付竄入港內的敵艦。由衢州鎮總兵李廷揚督兵駐守。

四、鎮海縣城。在臨海的北城牆上厚集沙袋，以禦敵炮。欽差大臣裕謙直接坐鎮此地，指揮全局。

整個鎮海縣城一帶，共有清軍兵勇 4000 餘人，[107] 配置火炮 157 位，其中 67 位是銅炮。[108]（詳見圖九）

就鎮海佈防態勢來看，有如虎門，主要還是防英軍艦船由大峽江直闖內犯，尚未接受虎門之戰的教訓。就清軍的工事而言，其簡陋難以抵禦英軍的兇猛炮火。而最致命的缺陷，仍是難以防禦敵登陸部隊。1841 年 9 月 25 日，裕謙收到道光帝於廈門之戰後發出的加強陸路防禦的諭旨，便在招寶山、金雞山等處挖暗溝、佈蒺藜，以為如此便可"杜其

---

107 鎮海防兵共計約 5000 人，但其中一部分駐在旗頭的盛嶴、雙嶴和瀣浦等處。據戰後余步雲稱，縣城一帶防兵僅 3000 餘人（《鴉片戰爭檔案史料》第 3 冊，第 441 頁；第 6 冊，第 717 頁）。此處合併該處僱勇 700 名一起計算。

108 我未查到清方有關火炮的數目的資料，此處據賓漢：《英軍在華作戰記》，《叢刊‧鴉片戰爭》第 5 冊，第 320 頁。Bernard, *Narrative of the Voyages and Service of the Nemesis*, vol.2, p.222.

衝突"。[109]

當然,以上分析只不過是我們今天的認識,而在裕謙的內心中,問題的關鍵不在於設防的本身,而在於軍隊的士氣。他認為,在鎮海防軍中,僅徐州鎮兵 1000 人可以言戰,其餘皆不足恃。[110] 為此,他特在戰前"躬率文武官員,誓於神前":

> 今日之事,有死靡貳。幕府四世上公(指班第),勛烈不沫,受命專討,義在必克。文武將佐,敢有受夷一紙書去鎮海一帶者,明正典刑,幽遭神殛![111]

對於這一儀式,他還向道光帝作解釋:

> 此非奴才敢效匹夫之勇,甘為孤注之投,蓋因鎮海地方稍有疏虞,則逆敵愈張,兵心愈怯,沿海一帶必將全行震動。非此不能固結兵心,滅此朝食,更非此不能挽回一年來瞻顧徘徊之積習。[112]

裕謙準備以"固結"的"兵心",來對敵英軍兇猛的炮火。

英軍自 1841 年 10 月 1 日攻陷定海後,稍事休整,着手準備再攻鎮海。10 月 8 日,英軍留下 400 名士兵和 3 艘運輸船駐守定海,主力在黃牛礁一帶集結,次日,英艦隊駛往鎮海。

就戰術而言,英軍此次行動與其在沙角、大角的表演有相通之處。

109《鴉片戰爭檔案史料》第 4 冊,第 111 頁。
110《鴉片戰爭檔案史料》第 4 冊,第 164 頁。
111 魯一同:《書裕靖節公死節事略》,《叢刊・鴉片戰爭》第 6 冊,第 302 頁。
112《鴉片戰爭檔案史料》第 4 冊,第 112 頁。

10月9日，英海軍司令巴加和陸軍司令郭富偵察了鎮海的防禦，也互相作了分工：大峽江東岸，即金雞山一帶，由陸軍負責，海軍配合；大峽江西岸，即招寶山和鎮海縣城一帶，由海軍負責，陸軍配合。

次日早晨，英輕型艦隊駛往金雞山一帶轟擊守軍。與此同時，英登陸部隊左縱隊共約 1060 人在金雞山防禦陣地以東至少三公里的沙灘上登陸，越過小峽江，向金雞山之後的蟹沙嶺攻擊前進。英登陸部隊中央縱隊共約 460 人在笠山一帶登陸，清除清軍的零星防禦後，直撲金雞山陣地。與此同時，其主力艦隊在招寶山至鎮海縣城以北擺開戰陣，以優勢炮火轟擊該處的清軍各陣地。

坐鎮於鎮海縣城的裕謙，得到開戰的消息後，立即登上東城牆，指揮各處迎戰。清軍原先準備與闖入大峽江的英輕型艦船作戰，火炮的方向也主要對準內江。可是這些狡猾的敵人竟不肯深入，憑藉其火炮射程之遠，在口外轟擊，只有一艘機動性能甚強的輪船皇后號，稍稍深入，不停地向兩岸清軍各炮台開炮。且英軍的火炮威力直至此時方為裕謙所領悟，在招寶山之北的英艦，竟能使炮彈飛越山嶺，落於東嶽宮、攔江埠一帶。戰鬥的實情與裕謙的戰前估計完全相反，出現了彼能擊我、我不能及彼的態勢。清軍根本無法作出有力有效的抵抗。

最先失陷的是金雞山，英登陸部隊左、中央兩縱隊，從清軍設防地帶的側後發起攻擊。守軍猝不及防，臨急抵抗，卻未奏效，總兵謝朝恩戰死，而大多數兵弁被驅出陣地，擠壓於大峽江邊，損失慘重。

正當金雞山一帶陸戰正鏖時，英主力艦隊經過數小時的炮擊，基本摧毀了招寶山一帶清軍各炮台及工事，其登陸部隊右縱隊共計 770 人由招寶山外側登陸。這些被認為"腰硬腿直"的"夷"人，竟然矯健地攀上峻峭的岩石，向招寶山頂的威遠城衝擊。清軍此時已無心戀戰，稍事抵抗後便紛紛潰散。英軍右縱隊佔據招寶山後，繼向鎮海縣城攻擊前進。

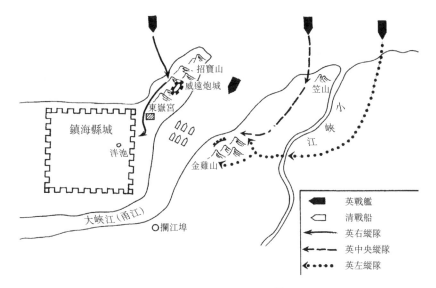

圖九　鎮海之戰示意圖[113]

　　從裕謙家丁余升後來的敍述中，裕謙此時似乎已陷於迷惘，懵懵懂懂地從東城牆上退了下來，可行至縣學時（距東城牆不足 150 米），突然清醒，意識到自己已是無路可退！於是，他望闕磕頭，跳入泮池。在他身旁的家丁親兵，立即將其救起，搶護出城，在寧波易衣灌救後，發現尚有微息，立即奔走省城，行至餘姚（距鎮海縣城 70 多公里）氣絕身亡。

　　從儒家的學說來看，裕謙向泮池中的一躍，是其忠貞不二的殉節的表現，無疑應當彰揚。道光帝獲此訊後，亦稱其"臨危致命，不忝前人（指班第）"，贈其太子太保，開復生前一切處分，按尚書例賜恤，准附祀昭忠祠，並允諾在戰爭結束後，於鎮海建立專祠，以彰藎節。[114] 聖上的種種恩憫，當使裕謙的亡靈得以慰安。但是，若從軍事學術的角度出

---

113 由於鎮海的地形地貌，經歷百餘年的自然變遷和經濟建設，已經有了很大的改變，此圖的地形地貌繪製，參閱俞樾等纂《鎮海縣志》，光緒五年（1879）刻本；王榮商等纂《鎮海縣志》，1932 年所附各代地圖。其中攔江埠兩炮台位置，據王榮商等纂《鎮海縣志》卷 9 中的遺跡資料核准；東嶽宮、縣學泮池位置，據該志所附"鎮海縣城區圖"。

114《鴉片戰爭檔案史料》第 4 冊，第 240 頁。

發，主帥在敗局中放棄統率權而去自殺，必使其部隊置於無指揮混亂狀態之中；而其家丁親兵"搶護出城"的舉動（儘管處於昏迷中的裕謙本人可不負責任），在實際效果上，與臨陣脫逃並無二致。鎮海縣城內的守軍隨之亦奔。由此，已經佔領金雞山的英軍，遠遠地望見這種奇特的場景，英軍右縱隊從東門攻入城內，清軍從西門逃出城外。英軍在攻克縣城時，未遇抵抗。

大約至下午 2 時，戰鬥全部結束。如同先前的各次戰鬥，英軍在此戰中的傷亡亦少，儘管統計數字有所不同：一種記載稱共戰死 16 人，傷數人；另一種記載稱戰死 3 人，受傷 16 人。[115] 清方對自己的傷亡人數始終未有準確統計，英方對此記載也說法不一，但最保守的說法亦稱清軍的損失數以百計。

人類的自殺行為，依據心理分析，是一種絕望的表現。

作為當時頭號主戰大吏的裕謙，他的自殺，本應當是一個明白無誤的信號：戰爭已經陷於絕望。他的家丁余升一開始也說過，伊主如此，是"知事不可為"。[116]

可是，這一信號當時就被扭曲了。

---

115 以上戰鬥經過，綜合以下資料：一、清方奏摺（余步雲、劉韻珂、奇明保、穆彰阿等奏）：見《鴉片戰爭檔案史料》第 4 冊，第 173—174、180、184—188、198、201—202、289—291、294—295、329 頁；第 6 冊，第 549—552、716—719 頁。二、英方記載：Bernard, *Narrative of the Voyages and Service of the Nemesis*, vol.2, pp.213-223; 賓漢：《英軍在華作戰記》，《叢刊·鴉片戰爭》第 5 冊，第 266—274 頁；John Ouchterlony, *The Chinese War: an Account of all the Operations of the British Forces from the Commencement to the Treaty of Nanking*, pp.188-191; Murray, *Doings in China: Being the Personal Narrative of an Officer Engaged in the Late Chinese Expedition, From the Recapture of Chusan in 1841, to the Peace of Nankin in 1842*, p.42-57，其中作者將鎮海誤作為"定海"（Tinghai），而將定海只寫作"舟山"（Chusan）；*Chinese Repository*, vol.10, pp. 588, 626-629. 三、清方私家記載：夏燮：《中西紀事》，第 103、308—309 頁；魯一同：《書裕靖節公死節事略》，《叢刊·鴉片戰爭》第 6 冊，第 302—304 頁；梁廷枏：《夷氛聞記》，第 96—99 頁。此戰中，英軍的傷亡人數賓漢稱戰死 16 人，伯納德稱戰死 3 人；《中國叢報》一文稱，定海、鎮海兩次戰鬥，英軍共戰死 17 人，受傷 36 人，若按定海之戰的英軍傷亡人數（見 358 頁注）計算，更接近於賓漢的說法。
116《鴉片戰爭檔案史料》第 4 冊，第 198 頁。

裕謙死後不久，其家丁余升至杭州，向浙江巡撫劉韻珂遞上稟帖，聲稱：鎮海開戰之初，裕謙在東城牆督戰時，浙江提督余步雲兩次登城面見裕謙，"欲暫事羈縻"，並言"可憐"其一家三十多口，又有女兒當日出閣等語，被裕謙正詞駁回。又聲稱：

　　鎮海之敗，是因余步雲駐守的招寶山先陷，余步雲逃往寧波，致使金雞山、縣城失守。劉韻珂收到此稟後，不敢怠慢，詢問隨護裕謙左右的江蘇江寧城守協副將豐伸泰。豐伸泰稱：當時他看見余步雲上城與裕謙"附耳密語"，正值炮聲震地，不知言何，但聞裕謙高聲喝道："汝如退守寧波，極救百姓，即自行具奏。倘鎮海被佔，我即殉節。"劉韻珂獲此密聞，立即上奏，並附呈了余升、豐伸泰的稟詞。[117]

　　按照余升、豐伸泰的說法，鎮海之陷當歸咎於余步雲，非為英軍之不可敵，而是守將之不敢敵。裕謙的自殺，應當由余步雲來負責。問題由此而變得複雜起來。

　　道光帝收到此奏，念及忠臣，朱批"覽之不覺淚落"，並下令揚威將軍奕經、浙江巡撫劉韻珂密查。[118]

　　事實果真如此？余步雲又何許人也？

　　余步雲，四川廣安人。1798 年以鄉勇隨軍鎮壓川、楚白蓮教，積功遷把總、千總。此後，轉戰川、滇、陝等地，平定叛亂，由都司、游擊、參將、副將升至四川重慶鎮總兵，並獲"銳勇巴圖魯"名號。經歷正如其名，"平步青雲"。他一生最得意之時，為道光初年平定張格爾之役，率部隨楊芳等人進擊，連克喀什噶爾、和闐等城，擒敵酋玉努斯。戰後論功行賞，他獲乾清門侍衛，遷貴州提督，並繪像紫光閣，道光帝

---

117 《鴉片戰爭檔案史料》第 4 冊，第 201—202 頁。該奏附呈的余升、豐伸泰的稟詞未見，其中余步雲嫁女情節見於道光帝的諭旨（同上書，第 408 頁），可能余升的稟帖談到此事。
118 《鴉片戰爭檔案史料》第 4 冊，第 202 頁。

親撰讚詞。以後，歷湖南、廣東、四川、雲南等省提督，在鎮壓各處反叛，尤其是少數民族造反中，戰功卓著，加太子少保，再加太子太保，多次獲得道光帝所頒大緞、荷包、翎管、玉牒等賞件。可以說，在各省武職中，余步雲的名氣僅次於楊芳。[119]

1838 年，余步雲調福建陸路提督。1840 年英軍佔領定海。道光帝第一個想到的便是余步雲，調其入浙剿辦。欽差大臣伊里布主持浙江軍務期間，與余步雲過從甚密，共討對策。浙江停戰之後，余步雲專上一摺，主動要求留在浙江繼續效力。道光帝同意了他的請求。[120] 未久，又將浙江提督祝廷彪休致，改余步雲為浙江提督。

裕謙接替伊里布主持浙江軍務後，與余步雲一直有隙。余氏自恃軍功，倚老賣老，似乎看不太起這位比他年輕十多歲、靠筆頭功夫連跳三級的後起之秀；而裕氏更是意高氣盛，認為"武員大抵不學無術，全在駕馭者之嚴毅方正"，"若稍事優容，必將志滿意得"，"事事與人為難"，不把這位戰功赫赫的老將放在眼裏。欽差大臣畢竟位尊，余步雲即便渾身都是本事，也只能聽命。

1841 年 5 月，裕謙升兩江總督，在回蘇接印前，曾上有一摺：

> 提臣余步雲雖久歷戎行，而係陸路出身，於海疆夷情未能諳熟，似無把握。上年到浙後，即誤信定海鎮總兵葛雲飛張皇搖惑之辭，不能化解。雖經奴才委曲開導，終不免中懷疑懼。[121]

裕謙的這番言論，使道光帝很不放心，命令裕謙部署江蘇防務後，立即返回鎮海，對浙江提、鎮大員是否相宜於戰守，是否需要調動，"據實

119《清史列傳》第 10 冊，第 3098—3104 頁。
120《鴉片戰爭檔案史料》第 2 冊，第 588 頁。
121《鴉片戰爭檔案史料》第 2 冊，第 422 頁。

具奏"。[122] 裕謙回到鎮海後，覆奏："余步雲於水務雖未能諳習，而一年以來亦已漸知大概，且究竟久歷戎行，薄有聲望，亦足振懾匪徒，其措施自比陳化成事半功倍。"[123] 看來，裕謙雖然對余步雲不滿意，但因無合適人選而未逐之。正因為如此，余步雲得以保留。

余步雲與裕謙的間隙，除了個人的意氣外，也有政見的不同。裕謙對英"夷"極為蔑視，言辭激越，種種舉措不留餘地。余步雲老於軍伍，知武事之艱，對"夷"策略上更傾心於伊里布。兩人後為處理英俘而正面衝突。

1841 年 9 月，鎮海軍民俘獲英鴉片船賴拉號（Lyra）上的兩名船員。審訊結束後，余步雲提議：將英俘"好為養活，隨時訊問敵情，並作別用"。裕謙一下子就看穿了余步雲的用意。他的反應是，就"好生養活"而言，英俘此時已經受傷，能否養活尚有疑問；就"訊明敵情"而言，恐真假難辨；余氏的真正用意在於"並作別用"，企圖效法伊里布，以英俘為人質，將來與英軍討價還價。裕謙認為，"廣東之失事，由於各懷兩端，可為前車之鑒"，如果留下這兩名俘虜，存留余步雲等人的和談幻想，"適足搖晃軍心"，於是，便用剝皮抽筋的方法處死俘虜，"杜其首鼠兩端之念"。[124]

此後，裕謙率余步雲等人大誓神前，決一死戰，並非無的放矢。其誓詞中"不肯以保全民命為辭，接受逆夷片紙"，[125] 很可能也是針對余步雲的。

1841 年 9 月 27 日，道光帝收到裕謙關於處理英俘的奏摺。儘管裕謙僅僅是影射了幾句余步雲鬥志不堅，但他仍覺得問題嚴重，下旨讓裕

122《鴉片戰爭檔案史料》第 3 冊，第 446 頁。
123《鴉片戰爭檔案史料》第 3 冊，第 573 頁。
124《鴉片戰爭檔案史料》第 4 冊，第 85 頁。
125《鴉片戰爭檔案史料》第 4 冊，第 112 頁。

謙另行選擇替代人選，"據實奏明請旨"。[126] 看來道光帝已決計換馬，但這份諭旨到達鎮海時，定海已經失陷，鎮海決戰在即，裕謙即便有心，也已經來不及了。

如此看來，余升、豐伸泰舉報余步雲在開戰之初建議裕謙"羈縻"一事，似非無風之浪，當合乎余步雲的思想。

但是，問題的麻煩在於，余升、豐伸泰後來都變了卦。

1842 年底至 1843 年初，軍機大臣會同三法司（刑部、大理院、都察院）奉旨審訊余步雲。余步雲對登城見裕謙的這一情節的回答是：

> 二十六日（10 月 10 日），裕謙曾將該革員約至鎮海城上，慮及守兵單弱，該革員答以早應奏添。裕謙云："你是提督，你也可奏。"並囑以總須敵住方好。該革員隨即回營，實無勸令羈縻及自稱家眷可憐等語。

由此情況大變，從原先的余步雲請見裕謙，變為裕謙約見余步雲。軍機大臣等提訊證人余升，答曰：

> 伊是日係在公寓看守印信（不在現場），得之兵、民傳說，實未親聞。並云豐伸泰向伊告稱，裕謙與余步雲說話時，有"若要退守，你亦可奏"之言，是以於呈內敘及。

軍機大臣等又提訊證人豐伸泰，答曰：

126《鴉片戰爭檔案史料》第 4 冊，第 118 頁。

當時實止聽聞裕謙有"你是提督，你也可奏"一語。後豐伸泰
因見余步雲退守寧波，意想當時必係與裕謙商議退守，故向余升牽
連述及，此外實無欲行羈縻並提及家眷等語。

清代的對簿公堂，往往是越審越亂，原因在於公堂之後的種種交易。道
光帝於 1842 年 5 月下令鎖拿余步雲，8 月檻送至京師，次年 2 月 16 日
才由軍機大臣等定讞上奏。在此期間，這位"太子太保"的家人、下屬、
同官、好友，又有何種幕後關節，今日自然無從查考。我們不知道余升、
豐伸泰出爾及反爾的種種細節和真實原因，但僅憑直覺，就覺得余步雲
所敍理由似不太可靠：在開戰之初，裕謙將前敵主將找來談一些不着邊
際的話，不是沒事找事嗎？

由於余升、豐伸泰的改口，軍機大臣等對此的結論是原控"不儘得
實"；而余升等人之控，被認為是"痛主情切所致"。[127]

儘管我們有理由懷疑余升、豐伸泰是在幕後交易下改變證詞的；但
是，鎮海之敗又確非由余步雲所致。

我在前面敍及鎮海之戰的經過時，提到金雞山先於招寶山失守，這
是依據英方的記載及劉韻珂等人的戰後調查，[128] 余步雲於此無涉。他當
時負責防守招寶山，指揮位置在招寶山與鎮海縣城之間的東嶽宮（詳見
圖九），招寶山最主要的防禦工事威遠城，由護處州鎮總兵張化龍駐守。
而余氏之所以居此角落，當係原先設想的英軍戰法是艦船突入大峽江，
在此可前（招寶山）後（攔江埠炮台）照顧，居中策應。據余步雲自稱，
當英軍由招寶山側背登陸攻擊威遠城之時，他曾督兵前進擊退英軍，救

127《鴉片戰爭檔案史料》第 6 冊，第 717 頁。

128 英方的記載可見 366 頁注；劉韻珂的調查，見《鴉片戰爭檔案史料》第 4 冊，第 289—290、294 頁；
刑部尚書阿勒清阿的調查，見上書，第 6 冊，第 551—552 頁。

出張化龍，然後又返至江邊，開炮擊損英艦船數隻。[129] 對照英方記載，此說全係粉飾之詞。但是，從側後襲來的英軍佔據威遠城，轉攻東嶽宮時，余步雲也確實無招架之功，因為這又是清軍柔軟的腹部。

招寶山之陷，導致英軍直逼鎮海縣城，而余步雲從東嶽宮退至縣城時，昏迷中的裕謙已由余升、豐伸泰等護往寧波。也就是說，在余步雲回撤之前，裕謙已經由東城牆上退下自殺；余升、豐伸泰護其出奔寧波，也在余步雲回城之前。縣城失陷的職責，不應由余步雲一人負責。

看來，裕謙在密摺中的種種不利於余步雲的言論，已為余步雲所悉。因而在戰後次日，10 月 11 日，這位長期在文官遮蓋下的武將，終於有機會單銜上奏，對裕謙反唇相譏：

> 奴才因見縣北城被賊用炮攻擊，飛炮觸燃城中藥局，其勢甚兇，奴才忍痛趕至西城（掩蓋其撤退，謊稱前往救援），見兵民全行退出，城中一空，裕謙不得已退回寧波。
>
> 再，因裕謙退回寧郡後，隨即起程前走，是以未經會銜。[130]

10 月 12 日，他再次上奏，言辭鋒利：

> 自裕謙於二十六日（10 月 10 日）由鎮海退入寧波，是日戌時（下午 7 時至 9 時）即率江南將備豐伸泰等兵丁數百名，星夜退走餘姚、紹興，所有衢、處二鎮官兵藉以護送為名，概不入郡守城，以致全郡百姓驚皇逃避，擁擠道途，自相踐踏，哭聲遍野，而無聊匪徒又乘機糾夥劫奪。[131]

129《鴉片戰爭檔案史料》第 4 冊，第 173 頁。
130《鴉片戰爭檔案史料》第 4 冊，第 174 頁。
131《鴉片戰爭檔案史料》第 4 冊，第 180 頁。

余步雲在奏摺中一字不提裕謙因自殺而陷於昏迷狀況（此事可見於當時寧波知府鄧廷彩之稟[132]），中傷及諉過之意十分明顯，但余升、豐伸泰等人護送奄奄一息的裕謙，跑得比余步雲還快，又被後來的調查證明為事實。[133]

如果說裕謙將"剿夷"看得太簡單了，吃盡苦頭，不得不自殺的話；那麼，余步雲也把"羈縻"看得太簡單，同樣也吃到苦頭，差點丟了性命。

1841 年 10 月 12 日，即裕謙離開寧波的第三日，實際上已經成為主帥的余步雲，目睹無兵可戰，無險可守，便效法伊里布，派出曾作為伊里布信使之一的陳志剛，送一份照會給璞鼎查，要求"善議"，[134] 他身為一省軍事將領，未奉君命，擅與英方聯絡，可謂膽大包天。儘管我們不知道陳志剛在"口議"中談到了甚麼，也不知道余步雲心中的底價，但先前模糊不清撲朔迷離的裕、余兩氏的戰、和分歧，由此事而得到完全確認。

照會送出後，余步雲急迫地等待着英方的消息，哪知道英方沒有送來照會，而是派來了軍隊。

10 月 13 日，英軍艦船離鎮海，沿大峽江上溯，直逼寧波。余步雲獲悉慌忙逃往上虞。儘管他在 10 月 20 日的奏摺（整整耽擱了 7 天）中大談其如何奮勇殺敵，以致坐騎被敵彈擊中而壓傷其右腿；[135] 但從英方的記載來看，英軍是兵不血刃地佔領空城寧波，第 18 團的軍樂隊還在城牆上輕鬆地奏起了國歌。余步雲所受之傷，只能是逃跑中的慌張所致。

132《鴉片戰爭檔案史料》第 4 冊，第 184 頁。

133《鴉片戰爭檔案史料》第 5 冊，第 341 頁。

134 佐佐木正哉編：《鴉片戰爭の研究：資料篇》，第 136—141 頁。

135《鴉片戰爭檔案史料》第 4 冊，第 224—225 頁。

一直到了 10 月 16 日，英全權代表璞鼎查才傲慢地覆照浙江巡撫劉韻珂和余步雲，宣稱接到余步雲照會時，英軍已經開行，他本人只與欽派的"全權"大臣會談。與這份照會一同發出的還有：璞鼎查致"大清欽命專理外務宰相"的照會、巴麥尊致"大清專理外務宰相"的照會（1841 年 5 月 3 日發出）以及英遠征軍海軍司令巴加、陸軍司令郭富致劉韻珂、余步雲的照會。最後一份照會如同土匪綁票的通知，宣佈若要"救杭州並一帶城邑，免致攻破之難"，必須"即限期內，繳給銀兩"！[136]

英方的上述照會是派一名中國人送往杭州的，但 5 天之後，該人未達到目的而返回。也幸虧這位不知姓名的信使未能完成任務，否則余步雲擅給照會的行為當時就會被揭露，當時就會遭到滅頂之災。[137]

---

136 佐佐木正哉編：《鴉片戰爭の研究：資料篇》，第 141 頁。

137 璞鼎查致巴麥尊，1841 年 10 月 31 日，轉引自佐佐木正哉：《南京條約的簽訂和其後的一些問題》，〔日〕《近代中國》第 21 卷，中譯本由李少軍先生提供。又，據劉韻珂奏稱：1841 年 11 月 2 日，鎮海縣童生陳在鎬至其衙門，投遞"夷書"兩封：璞鼎查致劉韻珂、余步雲照會，巴加、郭富致劉韻珂、余步雲照會，但缺璞鼎查、巴麥尊致"欽命專理外務宰相"照會兩件（案：璞鼎查前次派送照會之人，5 日內返回，若從 10 月 16 日出發，應於 10 月 21 日返回，又璞鼎查 10 月 31 日報告已說明其返回，可見第一次投書人並非陳在鎬）。劉韻珂因奉諭旨，"不准接受夷書"，又恐將原書退回，會引起英軍進攻杭州，遂授意他人，將"夷書"仍交給陳在鎬，告以英方照會係交劉韻珂與余步雲共同開拆，余步雲不在杭州，劉韻珂不願"獨行拆閱"，令其"毋庸呈投"。又告以陳在鎬，浙江已蒙欽加將軍，即將到來，不如等將軍到來，陳在鎬再投。此外，劉韻珂還讓陳在鎬"自寫書信一件，遣人寄交逆夷，以緩其進兵攻擾之謀"，又將陳在鎬交錢塘縣嚴行看守，"俟揚威將軍等抵浙後"，"再行酌量辦理"（《鴉片戰爭檔案史料》第 4 冊，第 298—301 頁）。佐佐木正哉先生在英國檔案館查尋的檔案中，有一件"王定勝信"，謂："蒙委遞公文，十八日到省（11 月 1 日），探問余宮保，未知駐紮何處，劉撫院現有小病，且探得有新放欽差，十月初（指陰曆）可以抵杭，劉大人不便作主，我亦不便輕遞，只得借居心腹朋友家，待欽差到來，再行呈遞，方為妥當。應恐誤了約期，有煩掛念，為此覓乖覺人寄書先達……"從此信的內容來看，寄信人王定勝應是劉韻珂奏摺中的陳在鎬，該信的收信人為"馬老爺、甲老爺"，似為當時英軍的翻譯馬儒翰（馬禮遜）、甲士立（郭士立）。又該信的附言中稱："路上官兵士兵，自紹至杭，陸續不絕，但未知防守何方，歸宿何處，看其器械臂力，較從前定海、鎮海幾處，似為精壯完密……"（《鴉片戰爭の研究：資料篇》，第 142 頁）。此時紹興到杭州根本無兵防守，此處作此言，當為劉韻珂為推遲英軍的攻勢，囑陳在鎬如此，以迷惑英方。道光帝下令奕經辦理此事，奕經又將陳在鎬押往蘇州審訊，查明陳在鎬在英方化名為王定勝，1840 年英軍據定海時，即前往醫眼病，與郭士立等人有交往，詰問"夷書"中所言何事，陳在鎬稱書寫時他曾"親見"、"其中無非要討幾處通商"、"並索要銀數百萬兩"，因此，奕經又將陳在鎬"解至黃河以北漢奸較少地方"，"聽候提質，將來事定後，再行嚴訊"。而最為關鍵的"至所遞夷書，據該童生所供皆挾制要求，並非恭順乞憐之語，應聽其隨身攜帶，無庸拆閱"（《鴉片戰爭檔案史料》第 4 冊，第 446—447 頁）。這樣，陳在鎬送來的照會，劉韻珂、奕經都沒有拆閱。後陳在鎬作何處理，及所攜照會如何處理，我未查到有關資料，不詳。又，佐佐木正哉論文中對王定勝的身份說明，當誤。

時隔 7 個多月後，1842 年 5 月 31 日，浙江戰局一敗如水，不可收拾，道光帝為力挽危局，振作士氣，下令逮問余步雲；7 月 6 日，又命軍機大臣會同三法司嚴訊。[138]1843 年 1 月 16 日，軍機大臣等訊明結案，否認了余升、豐伸泰的控詞，但仍以"擬斬監候，請旨即行正法"上聞。[139] 道光帝此時又稍動惻隱之心，下令"著未經與議之大學士、九卿科道再行詳議具奏"。[140]1 月 24 日，參加審議的大員們再次上奏，"請旨即行正法，以肅法紀而昭炯戒"。道光帝當日明發聖旨，宣諭中外，將余步雲"即行處斬"！[141]

　　這是鴉片戰爭中唯一被執行死刑的高級官員。裕謙在戰前率余步雲大誓中的"明正典刑"一語，果然應驗。

　　余步雲與鎮海之戰，是鴉片戰爭中的一樁公案，歷來為史家津津樂道。我在此處連篇累牘不勝煩擾讀者，一方面是為了說明事情的真相（以往的敘述多有偏誤），另一方面是要繼續回答我在緒論中提到的"奸臣"問題。

　　儘管軍機大臣會同三法司的最後判決，完全否定了最初的控詞，儘管劉韻珂等人的調查，認定余步雲逃離鎮海的時間在裕謙之後，但是，150 多年來的史學家們言及鎮海之戰時，仍大多歸咎於余步雲。這不僅是因為他們不若今日可讀到更多的資料（許多檔案材料剛剛發表），更重要的是，他們堅信，頑強抵抗就能獲勝。

　　按照這一思路，楊芳、奕山未堅持抵抗，自取敗道；顏伯燾是個口頭主戰派，臨陣脫逃，不足效法；陳連陞、關天培死戰卻失利，咎因"奸

138《鴉片戰爭檔案史料》第 5 冊，第 568 頁。

139《鴉片戰爭檔案史料》第 6 冊，第 717—719 頁。

140《鴉片戰爭檔案史料》第 6 冊，第 734 頁。

141《鴉片戰爭檔案史料》第 6 冊，第 756—757 頁。

臣"琦善；定海三總兵之敗，本屬寡不敵眾，且血戰六天六夜；而在鎮海，頭號主戰大員裕謙兵敗絕望自殺，這就出現了一個漏洞。余步雲恰恰能補上這一漏洞。

於是，余步雲如同琦善一樣，成為大清朝的另一名"奸臣"。本來由個人意氣、政策分歧而引起的裕謙、余步雲之間的矛盾，變成了"忠""奸"矛盾。而且，若不是"奸臣"的破壞，"忠臣"的抵抗（鎮海之戰）是很有可能成功的。

因此，余步雲被時人及後人如此定性，並非出自於史料，而是出自於排列史料的思想。[142] 也正是由於這種思想，在虎門之戰的"奸臣"琦善、鎮海之戰的"奸臣"余步雲之後，我們還會看到吳淞之戰的"奸臣"牛鑑。與之相對立的是，關天培、裕謙、陳化成的精忠報國。

余步雲的真相由此而被遮蓋了。

我在這裏還須強調的是，余步雲不屬冤獄。按照清代的軍律，守將失城寨者，處斬。這一條嚴格的軍律，在當時的軍事將領的心目中，如同"殺人抵命"一般詳熟。陳連陞、關天培、祥福、葛雲飛、王錫朋、鄭國鴻、謝朝恩，以及後一章將要出場的乍浦副都統長喜、江南提督陳化成、京口（鎮江）副都統海齡，皆死於戰位，並未因戰敗而逃生；金門鎮總兵江繼芸在廈門之戰中駐守石壁，兵敗後爬出工事投海而死。這裏除了他們與"逆夷"不共戴天的抵抗精神外，嚴格的軍律又使之自知將領的職責。在余步雲之前，雖有定海鎮總兵張朝發在第一次定海之戰中兵敗負傷逃往鎮海，但按當時的規定，定海鎮為水師鎮，總兵無守城之責！

---

142 當時的論者（如《中西紀事》的作者夏燮、《夷氛聞記》的作者梁廷枬）在言及鎮海之戰與余步雲時，已經涉及許多奏摺，因而可推測他們也有可能找到劉韻珂調查此事的奏摺或軍機大臣等最後定讞的奏摺；我在這裏引用的史料大多未發表，今日的論者很難去檔案館一一查詢，但英方的資料完全可以找到。

軍機大臣等人之所以擬余步雲處斬，非據余升、豐伸泰等人的控詞，而是究其在鎮海失守中應負的責任。由此可見，余步雲罪當此刑。順帶說一句，余步雲擅給璞鼎查的"善議"照會，當時並未揭露，若不是佐佐木正哉先生從英國檔案館中找出此件，恐今天也無人知曉。按當時的律法，這一行為可按"通敵罪"論處，至時的判決就可能不僅僅殺他一人，而且會禍及家人。

道光帝正式批准余步雲"處斬"，時為中國曆法道光二十二年十二月二十八日。按照習慣，這一命令將在第二天執行，也就是中國人的小年夜。在這喜慶的日子裏，余步雲在劊子手刀斧即下之時又作何感想？可以確認，余步雲若戰死，憑着他太子太保的頭銜、繪像紫光閣的殊榮、征戰 40 餘年的功績，道光帝對他的恤例，一定會高於關天培和陳化成。

五　浙東的反攻

1841 年 10 月 18 日，道光帝滿懷希望期盼浙江的捷音時，收到了杭州將軍奇明保的奏摺，告知鎮海失守、裕謙殉難，並要求："迅賜簡派帶兵大臣，多發京營及各省勁兵，兼程來浙剿辦，以期克復。"道光帝隨即授奕經為揚威將軍，[143] 省調兵 1.2 萬人，[144] 並從蘇皖贛豫鄂川陝甘八再次組織大軍，征討"逆夷"。

自雍正朝之後，清廷派出的領兵出征的軍事統帥，其將軍名號，不

---

143 《籌辦夷務始末（道光朝）》第 3 冊，第 1272 頁。

144 具體數字為：1841 年 9 月 25 日，江寧駐防 800 名，安徽 1000 名；10 月 2 日，江蘇兵 300 名，江西兵 2000 名（以上為裕謙調，道光帝於 10 月 4 日認可，而江西兵 2000 名原調福建，由裕謙截留）；10 月 12 日，湖北 1000 名，江西 1000 名；10 月 19 日，河南 1000 名；10 月 21 日，湖北 1000 名；10 月 26 日，四川 2000 名；11 月 13 日，山西 500 名，陝甘 500 名；11 月 16 日，陝西 1000 名，甘肅 1000 名（見《籌辦夷務始末（道光朝）》，第 3 冊）。

再新創，而是沿用前朝舊名。其印信亦為當年統帥交回之物。如奕山的靖逆將軍，創名於 1717 年，為富寧安征剿策妄阿喇布坦時始用。此次授奕經的揚威將軍，歷史更為悠久，創名於清剛剛入關時的 1646 年，為德豫親王多鐸征討蒙古等部時始用。而且，揚威將軍的名號在歷史上使用次數最頻，高達七次之多，其中最近的兩次是，道光帝於 1826 年征討張格爾和 1830 年征討新疆玉素甫父子的叛亂。很顯然，此次道光帝再次啟用揚威將軍的印信，是冀求這一屢戰屢勝的吉利名號，能保佑清軍如同昔日在西北那樣，"揚威"於東南。

此次受命出征的奕經，同奕山一樣，也是皇室成員，其血緣更近，為撫遠將軍大允禵的政敵雍正帝的四世孫。奕經的祖父永瑆，封和碩成哲親王，毫無戈馬征戰的經歷，是有名的書畫家。父親綿懿，封多羅貝勒。

奕經的經歷，與大多近支皇室成員相似，主要在京官上遷轉。1816 年以四品宗室出為頭等侍衛，後歷奉宸苑卿、內閣學士、副都統、侍郎、護軍統領等職。1830 年，曾一度隨前一任揚威將軍長齡出征，後又短期外放黑龍江將軍、盛京將軍。此次出征時，他的官差各職共有：協辦大學士、吏部尚書、步軍統領、正黃旗滿洲都統、崇文門監督、正紅旗宗室總族長。[145] 本兼各職如此之多，又擁有尊缺（大學士）、要缺（吏部尚書、步軍統領）、肥缺（崇文門監督），是因為清朝實行滿漢雙缺制度，滿人，尤其是宗室，仕途更為寬坦；更重要的是，他是道光帝所信賴的股肱大臣，在"奕"字輩的宗室中升遷最速。

奕經在京請訓後，於 10 月 30 日離京南下。11 月 8 日到山東泰安，11 月 22 日到江蘇揚州。[146] 然而，他到了江蘇之後，突然止步不前，在蘇州一帶停留了整整兩個月。

145《清史列傳》第 11 冊，第 3222—3227 頁。
146《鴉片戰爭檔案史料》第 4 冊，第 327—328 頁。

與靖逆將軍奕山相比，揚威將軍奕經似另有氣象。

據奕經的幕客、自稱"於內外機密十能言其七八"的貝青喬稱：

> 初將軍出都時，或戰或撫，游移兩可，紓青極言歷年招撫，毫
> 無成效，且恐有損國威，將軍之志乃決。[147]

紓青，為江蘇宿遷縣舉人臧紓青，是奕經的"故友"，此次入奕經幕府，為主要幕僚之一。但奕經身為軍事統帥，居然在"撫""戰"兩策中游移，很是讓人疑惑。然而，道光帝那兒也有一些不同尋常的跡象。

1841 年 10 月 19 日，道光帝由內閣明發諭旨："琦善著加恩釋放，發往浙江軍營，效力贖罪。"[148] 琦善在此之前，經軍機大臣等審判，定為斬監候，秋後勾決。道光帝此次讓琦善隨奕經去浙江，是否意味着道光帝在"撫""戰"兩策中也有游移呢？

然而，琦善後來並未赴浙，而是改發張家口軍台，充當苦差。對此，人們常常引用梁廷枏的說法，謂奕經在臧紓青的建議下，上奏制止琦善來浙。此說似誤。道光帝改發琦善去軍台的諭旨，下發於 10 月 24 日。[149] 此時奕經尚未出都，而他見到臧氏又在出都之後。貝青喬對此另有說法：

> 及將軍奉命出征，大學士穆彰阿奏請帶琦善赴浙，將軍謂琦善
> 可與議撫，不可與議戰，特嚴卻之，而挺身南下云。[150]

---

147 貝青喬：《咄咄吟》，《叢刊·鴉片戰爭》第 3 冊，第 181 頁。
148 《籌辦夷務始末（道光朝）》第 3 冊，第 1276 頁。
149 《籌辦夷務始末（道光朝）》第 3 冊，第 1301 頁。
150 貝青喬：《咄咄吟》，《叢刊·鴉片戰爭》第 3 冊，第 177 頁。

接照這一說法，奕經在請訓時便嚴拒琦善同行，這兩位已經有隙的大員也很難和衷共濟；[151] 但其中表現出來的"挺身南下"的英姿，又與前稱出都時戰、撫"游移兩可"的記錄自相矛盾，使人不知孰是孰非。

儘管奕經、道光帝此時的心態讓人捉摸不定，但我們可明顯地感到奕經出征時的景象，要比奕山出征時沉悶得多。道光帝不再有"大兵兜剿，擒獲夷酋"的心曠神怡的幻想，奕經也全無"剋日進剿，便奏捷音"的躊躇滿志的迷夢。經過一年來的戰爭，他們對困難的估計似更為實際了。

奕經的個人經歷使之未諳軍伍，心中亦無制"夷"高策，於是，他在博採眾議、聘賢納士上效法古風。據稱，在他的營門外設有一木櫃，凡願投效者皆可書名入其中，三日後傳見，稔知"夷"務者可當面陳述得失。在江蘇的兩個月中，獻策者達 400 人，投效者共 144 人，[152] 形成了一個龐大的"智囊團"。這些人究竟有何高策，史籍上未有記載，但前面提到的奕經"故友"臧紆青，卻留下了驚世之言：

一、在用人大政方面，招林則徐來浙襄辦，力鼓決死抗敵之氣；斬余步雲等逃將，力挽臨陣潰逃之風。

二、在作戰指導方面，調川、陝、豫兵 6000 名為生力軍，招魯、汴、江、淮之北勇 1 萬名，募沿海土匪、鹽梟、漁蛋之南勇 2 萬名；使南勇為耳目，以北勇壯膽氣，分伏寧波、鎮海、定海三城，"不區水陸，不合大隊，不剋期日，水乘風潮，陸匿叢莽。或伺伏道路，見夷就殺，遇船即燒。重懸賞格，隨報隨給。人自為戰，戰不擇地"，等到三城英軍"步步疑忌驚惶"，然後再以大軍進擊，內應配合，"內外交逼而

---

151 作為吏部尚書，奕經擬具了對琦善的各種處分；作為步軍統領，奕經率兵兩次抄了琦善的家；作為大學士，奕經又參加了對琦善的審判，雖說奕經全是按旨行事，但在當時人（尤其當事人）的心中，不會不生隙。

152 貝青喬：《咄咄吟》，《叢刊·鴉片戰爭》第 3 冊，第 177 頁。

盡殲之”。¹⁵³

　　在我見到的鴉片戰爭中的各種軍事建策，以近代軍事學術的眼光觀之，大多不着邊際；相比之下，臧紓青的上述提議可謂頗有見地，但執行中又似困難叢生。林則徐不久前由浙遣戍新疆，此時正在祥符河工效力，若上奏請林返浙，豈不逼道光帝出爾反爾？余步雲此時為浙江前敵指揮官，若斬之，又以何人代之？從後來長達半年的審訊情況來看，這位“太子太保”也不是隨隨便便可以問斬的。臧氏的建議最有價值的部分，是“不區水陸，不合大隊”，“人自為戰，戰不擇地”的“伏勇散戰法”，實有近代游擊戰爭的韻味。可是，此種戰法需有良好的組織指導，兵勇亦須訓練以熟悉戰術，否則激勵兵勇的“重懸賞格”，很可能流為謊報戰果的淵藪；再則，此種戰法曠日持久，據中外歷史經驗，若要達到英軍“步步疑忌驚惶”的地步，不能以月為計，而需長達數年，儘管臧氏也提到了“不剋期日”，但他似未預計到如此之久，若此，奕經能否堅持下去，道光帝能否容忍下去，都成了疑問；又再則，此種戰法須有與之相適應的經濟動員措施，按臧氏的 6000 名新軍、3 萬名雇勇，一年的軍費銀高達 200 萬兩以上，清朝財政也支持不住。看來，臧紓青已經找到了渡河之船，而尚未掌握操船技術。奕經後來也未用此計。

　　很可能奕經在京時與道光帝達成了某種默契，因而他在江蘇待了兩個月，訾議四起，道光帝始終未催他早日趕赴戰區，表現出難得的“不為遙制”的豁達態度。據奕經自陳的理由，是所調豫陝甘川等省“曾經出征”過的 6000 勁旅尚未到達（川、陝、甘調兵至浙，需時約 4 個月），已經抵浙的蘇皖贛鄂四省援軍皆為弱師，不足為恃，他恐怕早早趕到浙江，非但不能制敵，反會制於敵。這種充分準備、不急速戰的作法，也合乎當時奉為圭臬的“謀定而戰”的兵法原則。

---

153 梁廷枏：《夷氛聞記》，第 101 頁。

與奕經的處境相似，璞鼎查此時也進退兩難。一方面，他在佔據定、鎮、寧三城後，數次遣書劉韻珂、余步雲等人，表明願意與清方"全權大臣"談判，但沒有回音；[154] 另一方面，手中有限的兵力分據香港、鼓浪嶼、定海、鎮海、寧波五處，[155] 無法再集結一支足夠強大的部隊，發起義律卸任前曾策劃的揚子江戰役（後將詳述），更兼北風司令、嚴冬氣候也不利於英軍作戰。因此，英軍在佔領寧波後，曾於 1841 年 10 月 20 日一度騷擾餘姚，後又於 1841 年 12 月 27 日至次年 1 月 12 日，次第兵不血刃地陷餘姚、慈谿、奉化三城，皆未久據，即時退出。可以說，戰爭在此時出現了長達 5 個月的間歇。而璞鼎查本人亦在 1842 年 1 月返回香港，將對華商務總監督的辦事機構由澳門遷至香港，並宣佈香港和舟山將成為自由港。一直到是年 6 月才北上。[156]

英軍對餘姚等地的軍事行動雖不具規模，但浙江巡撫劉韻珂卻不如奕經那麼沉着，隔三差五便派員前往江蘇，催奕經早日到浙懸幟，似乎唯恐將由他一人承擔丟城失地的責任。而奕經卻不為所動，其舉止如同仍在京城任吏部尚書，只是指名參奏嚴懲守城官弁，[157] 冷靜如壁上觀。

奕經此時駐紮的蘇州，當時號為人間天堂，為金粉繁華之地。歌亭

---

154 1841 年 10 月英軍佔領寧波後兩次派人送致照會，可見於 374 頁注。據清方檔案，1842 年 1 月 20 日，英軍在餘姚交給清方水勇陳美金 "夷字" 兩份，無相應的中文件，餘姚代理知縣赴英船訊問 "夷字" 的意義，因無翻譯，雙方不得要領。奕經遵旨詢問由廣東派來的通事，答曰：只能聽懂 "夷" 話，但不識 "夷" 字。奕經只得派陳志剛前往寧波，面見郭士立，郭士立給 "漢字" 一紙："大英大憲啟陳志剛知悉。照得已經二次照會欽差大臣奕，如何議和等情在案，如欲講和，惟望大清皇帝特派欽差大臣，賜給全權講和……"而奕經收到此文件時，認為 "是其畏懼之心，已可概見"（《鴉片戰爭檔案史料》第 4 冊，第 575—576 頁；第 5 冊，第 33—35 頁）。郭士立給陳志剛 "漢字" 中提到英方給奕經的兩次照會，不見於清方文獻；佐佐木正哉從英國檔案館所錄《鴉片戰爭の研究：資料篇》，第 144 頁有 1841 年 12 月 19 日璞鼎查致奕經的照會。又據璞鼎查致阿伯丁（Lord Aberdeen）的報告（1842 年 2 月 1 日）中稱，1841 年 12 月 22 日，英方曾派定海附近的一位地主送出此份照會，到了次年 1 月 4 日，該信使在杭州被捕的消息傳到寧波（佐佐木正哉：《〈南京條約〉的簽訂和其後的一些問題》，見〔日〕《近代中國》第 21 卷）。但此事不見於清方文獻。

155 1842 年 2 月在華陸軍兵力總計 4942 人，但分駐地方不明確。同一時期，在華英國海軍兵力共計戰船 17 艘，武裝輪船 6 艘，其他船 2 艘，但未見運輸船名單。英海軍司令部設在舟山，陸軍司令部設在寧波（Chinese Repository, vol.11, pp.114-119）。又，英海軍艦船上的火炮已比開戰中數目減少。

156 Chinese Repository, vol.11, pp.64,119-120, 341.

157《鴉片戰爭檔案史料》第 4 冊，第 521—522 頁。

舞榭,最足動人豪情。奕經隨員 6 人,本為郎中、員外郎、御史、主事、筆帖式、中書之類的五品、六品乃至七品京官,此時均以"小欽差"自居,提鎮以下官員,進見必長跪,相稱必曰"大人",而奕經網羅的投效人士又紛紛仿效比附,呼為"小星使"。[158] 在這些"小欽差"、"小星使"之下,又有隨行的數百名京營兵弁。這群人淫娼酗酒,索財貪賄,鬧得烏煙瘴氣。每日吳縣(蘇州府首縣)供應 80 餘席,用費數百元,稍不如意,便擲擊杯盤,辱罵縣令。[159] 正如後來的一句流行語,前方吃緊,後方緊吃,蘇州展示出與 300 里之外同為天堂之城杭州迥然有別的氣象。奕經最初不加意裁抑,後謗議驟起,只得移營百餘里,於 1842 年 1 月 21 日進至浙江嘉興。

沒過幾天,奕經所等待的川陝勁旅終於有了消息,至 2 月 13 日,除陝甘兵 250 人、四川兵 300 人外,其餘皆至浙江。這批從 4000 里之外風塵僕僕星夜兼程趕來的生力軍,軍紀無存,以至在近百年後仍在民間留下了"沿途擄丁壯,掠板扉,以四民抬一兵,臥而入城"的口碑。[160] 而至此時,奕經已沒有理由觀望不前,於 2 月 10 日(夏曆大年初一)趕至杭州,稍作佈置後,於 2 月 27 日趕往前線曹娥江一帶。此時距其出京之日,共計 131 天。

從理論上說,浙江清軍原設額兵 3 萬餘名,外省援兵 1 萬餘名,又有外省、本省雇勇 9 萬餘名,[161] 兵力不為不厚。但我在第一章中已經說明,本省額兵難以抽調;而可以抽調的數千兵丁又在定海、鎮海兩戰中

---

158 貝青喬:《咄咄吟》,《叢刊·鴉片戰爭》第 3 冊,第 180 頁。

159 劉長華:《鴉片戰爭史料》,《叢刊·鴉片戰爭》第 3 冊,第 155 頁。該資料稱,吳縣縣令"竟被逼勒嘔血而死",我未查到相應史料,不從。

160 范城:《質言》卷上。案此書完稿於 1935 年,有關鴉片戰爭的記述,頗多訛誤,估計屬聽聞而撰。這段被人廣為引用的史料雖未必可靠,但可見清軍在民間代代流傳的口碑之壞。

161《鴉片戰爭檔案史料》第 4 冊,第 534 頁。

潰敗;此時,浙江原設清軍只能各保地方,無兵可調。本省雇勇大多不離家鄉,能應徵調者極少。因此,就實際而言,浙江此時可機動作戰的清軍,只是在鎮海之戰後開抵的外省援軍 1.2 萬人,以及由奕經等人僱傭的河南、山東、江蘇及本省壯勇,據稱有 2 萬人。[162]

可是,這 3 萬多名兵勇,並不能全數用於進攻。

讓我們看看具體情況:湖北援軍 2000 名,其中 1000 名駐守杭州,1000 名駐守海寧;江西援軍 2000 名,其中 1000 名在餘姚兵敗,此時被派往曹娥江以北的瀝海等處,另 1000 名奕經認為不夠精壯,命其護衛糧台;安徽援軍 1000 名,其中 600 名駐守杭州;陝甘援軍 2000 名,其中 800 名駐守乍浦;山西、陝西、甘肅抬槍抬炮兵 1000 名,其中 200 名駐守杭州。如此七扣八扣,外省援軍只剩下 6000 名,而壯勇中亦有防守各處者。[163]

然而,剩下的兵勇,仍不能全數用於進攻。

揚威將軍奕經自杭州前往曹娥江一帶後,在曹娥江以西的上虞縣東關鎮紮下大營,自將河南援軍 1000 名、山西等處抬槍抬炮兵 200 名。此處距英軍佔領的寧波約 70 餘公里,奕經自稱在此前路(寧波、鎮海)後路(杭州)都可照應。參贊大臣文蔚在慈谿縣西北的長溪嶺紮下大營,率領江寧旗兵 800 名、四川援軍 400 名、山西等處抬槍抬炮兵 400 名,安徽援軍 400 名,共計 2000 名,此處距鎮海約 40 公里,據稱是進攻鎮海、寧波兵勇的後路策應。[164]

這樣,儘管道光帝從各省調集 1.2 萬人的大軍,實際上真正用於進攻的只有四川兵 1600 名(後用於攻擊寧波)、陝甘兵 1200 名(後用於攻擊鎮海),此外只有那些數量、素質都靠不住的雇勇和餘丁。而奕經為

162《鴉片戰爭檔案史料》第 4 冊,第 589 頁。
163《鴉片戰爭檔案史料》第 4 冊,第 371 頁。
164《籌辦夷務始末(道光朝)》第 4 冊,第 1658 頁。

了震懾英軍，對外"號稱精兵十二三萬"！[165]

如此怪誕的佈兵方式，奕經又是出於何種設計？

就分兵把守乍浦、海寧、杭州等處而言，比較容易理解。假如奕經對寧波、鎮海、定海等處攻擊得手，英軍潰退海上，若乘虛攻擊乍浦等地，清軍豈非顧此失彼？更何況當時盛傳英軍將侵入杭州灣，由海寧直取省城，使浙江巡撫劉韻珂惶惶不可終日。

可是，奕經又為何將剩下的 6000 清軍的一半以上，在長溪嶺、東關鎮紮以大營呢？後來的結果，使我終於明白，奕經為的是保命。東關鎮大營 1200 人僅僅用於自衛，長溪嶺大營 2000 人則成了一塊盾牌。一旦清軍浙東反攻失利，英軍發起攻勢，正可利用長溪嶺清軍的抵抗，為他贏得逃跑的時間！

與佈陣相比，奕經在進攻時間的選擇上，就不僅僅是荒謬了。

先是 1842 年 1 月 25 日，奕經與參贊大臣文蔚在浙江嘉興同時夢見英軍悉棄陸登舟，聯帆出海，寧波等三城"已絕夷跡"，後派人察明果有運械歸船之事，以為"佳兆昭著"。[166] 又 2 月 10 日，奕經至杭州，往據稱最為靈驗的西湖關帝廟占簽，中有"不遇虎頭人一喚，全家誰保汝平安"一句，三天後，四川援軍大金川土兵開到，兵弁皆帶虎皮帽，更以為"收功當在此"。[167] 於是，他選定"四寅佳期"（道光二十二年正月二十九日四更，即壬寅年壬寅月戊寅日甲寅時，1842 年 3 月 10 日凌晨 3 至 5 時）為進攻時間，又以寅年（虎年）出生的貴州安義鎮總兵段永福為進攻寧波的主將，[168] 來他個"五虎制敵"！[169]

在迷信指導下的戰事，其結果可想而知，但反射出來的是前科學時

165《鴉片戰爭檔案史料》第 5 冊，第 85—86 頁。

166 梁廷枏：《夷氛聞記》，第 102 頁。案此時正值璞鼎查南下香港，"運械歸船"很可能由此而來。

167 貝青喬：《咄咄吟》，《叢刊・鴉片戰爭》第 3 冊，第 186 頁。

168 段永福原率兵赴廣東，此時由奕經奏調來浙江。

169 楊泰亨等纂：《慈谿縣志》卷 55 "前事志"，光緒二十五年（1899）刻本。

代人們的心態，吉利數碼、神籤靈驗、託夢言事，至今仍有其相當的魅力，而在當時實有主宰人們意志的威力。

很可能是在這種迷信的力量的支持下，1842 年 3 月 6 日，奕經上了一道長達 4000 餘字的奏摺，詳述其反攻浙江三城的計劃，並隨奏附呈了明攻暗襲兵勇的清單和作戰地圖。在這份奏摺中，我們已全然不見他先前的那份心虛，而漾溢着胸有成竹的強勁自信。[170] 又據貝青喬的透露，奕經在戰前還為幕僚們舉行撰寫"露布"的大賽，共得 30 多篇，他親自分別名次，"首推舉人繆吉穀，詳敍戰功，有聲有色，次同知何士祁，洋洋鉅篇，典麗喬皇……"[171] 看來，他為此戰的報捷而專門進行了一場文字的"演習"。

道光帝看到奕經的計劃後，深為其感染，朱批：

> 嘉卿等佈置妥密，仰仗天祖默佑，必能成此大功。朕引領東南，敬待捷音，立頒懋賞。[172]

諸如此類的朱批，又見於先前楊芳、奕山、顏伯燾、裕謙等人的奏摺，道光帝為"捷音"等得太久了。

1842 年 3 月 10 日淩晨，清軍積四個多月的努力，終於在浙東發動了鴉片戰爭中唯一的收復失地的反攻。

按照奕經的計劃，清軍同時向寧波、鎮海、定海進攻：對寧波，由總兵段永福率四川兵 900 名、餘丁 300 名、河北壯勇 400 名，共計 1600 名，擔任主攻，另有四川兵 600 兵、餘丁 200 名擔任輔攻，以餘

170《鴉片戰爭檔案史料》第 5 冊，第 55—61 頁。
171 貝青喬：《咄咄吟》，《叢刊·鴉片戰爭》第 3 冊，第 186 頁。
172《鴉片戰爭檔案史料》第 5 冊，第 49 頁。

姚東南的大隱山為前進基地，與先期潛入寧波城內的雇勇17隊，內外配合，佔領該城；對鎮海，由三等侍衛容照、副將朱貴等率陝甘兵800名、餘丁100名、河南壯勇500名，共計1400名，擔任主攻，另有陝甘兵500餘名擔任輔攻，以慈谿西北的長溪嶺為前進基地，與先期潛入鎮海城內的雇勇11隊，內外配合，克復該城；在鎮海與寧波之間的梅墟，派勇3900名，對企圖在兩城之間逃跑接應的英軍"中途截殺"；對定海，派戰死鎮海的原處州鎮總兵鄭國鴻之子鄭鼎臣，率崇明、川沙、定海等處水勇5000名，由乍浦進據岱山，準備對定海所泊英艦船發動火攻。從這個計劃可以看出，為彌補兵力之不足，奕經大量使用雇勇。[173]

然而，這一歷經四個多月準備的反攻，不到四小時便全部瓦解。

3月10日凌晨零時30分，停泊在寧波城外的英艦哥倫拜恩號，突遭兩下炮擊，而此後又毫無動靜。[174] 至3時，清方施放四隻燃燒着的火船，衝向英輪船西索斯梯斯號，被英方小艇導至岸邊。與此同時，清軍兵勇一面以手持小型火器向寧波城外的英艦船開火，但未奏效；一面進攻寧波城的南門和西門。負責進攻該城的四川兵（其中一部分為藏族土兵）極其勇猛，在內應的配合下一度攻入城內。英軍急忙調集火炮對之轟擊，而城內狹窄的街道使清軍無處疏散，無處避藏，慘遭屠殺。至天亮，清軍見大勢已去，便倉猝退出城外。

同在凌晨3時，清方在鎮海施放了十隻火船，企圖焚燒港內英軍艦船，但被英軍小艇拖至河岸。與此同時，清軍兵勇施放小型手持火器，

---

173 《鴉片戰爭檔案史料》第5冊，57—60頁。貝青喬：《咄咄吟》，《叢刊·鴉片戰爭》第3冊，第187—189頁。又，貝青喬稱：潛入寧波的雇勇17隊，潛入鎮海的雇勇11隊，皆"半屬子虛"；又稱進攻各城的兵勇數目，與奕經所奏不符，不從。

174 此時寧波城停泊的英艦為哥倫拜恩號、摩底士底號，輪船皇后號、西索斯梯斯號。英軍分析兩次炮響後無動靜，"很可能僅是一個信號"（Bernard, Narrative of the Voyages and Service of the Nemesis, vol.2, p.280）。又，據貝青喬稱，寧波貢生獻策，"用大炮不如用緞炮"，即束緞成筒，內以銅膽，而牛筋生漆裹之，當時以銀1.6萬兩，製造了800門，據稱這些緞炮皆部署在梅墟（《叢刊·鴉片戰爭》第3冊，第195頁）。

進撲鎮海西門。駐守該處的英軍 1 個連，打開城門，主動出城迎戰，城內英軍數連亦出城增援。由於擔任主攻的清軍朱貴部因黑夜迷途而未至，結果相戰不支而敗退。

值得注意的是，清軍在進攻寧、鎮兩城時皆未使用火炮，[175] 交戰時火力迥殊，未能予敵以殺傷。據英方記載，寧波之戰時，英軍僅陣亡一人，受傷數人，而鎮海之戰沒有傷亡。[176]

天亮之後，英軍輪船皇后號、西索斯梯斯號及戰船附屬的小船，沿寧波西南、西北方向的河流搜索前進，共擊毀了 37 隻火船。至於駐在岱山準備進攻定海的清方水勇，早在 3 月 8 日便被英輪船復仇神號和一些小船驅散，未能發動進攻。儘管鄭鼎臣後於 4 月 14 日率該水勇在定海有着毫無戰果的一搏，且被奕經粉飾為一大勝仗。[177]

此時正在舟山的英海、陸軍司令，聞訊趕至寧波，英軍由防禦轉入進攻。

3 月 13 日，英陸軍司令郭富聽聞駐在餘姚的清軍余步雲部將進攻寧波，便率兵 600 名，在輪船西索斯梯斯號的支援下，向奉化進軍。但英軍僅前進了約 10 公里，便發現余步雲部在前一天晚上便已潰逃。

---

175 據貝青喬稱，由於浙東屬水網地帶，火炮在運輸途中往往陷於泥淖，兵丁與役夫，深以為苦事，而浙江巡撫劉韻珂又飛咨奕經，謂寧波、鎮海兩城居民密集，若使用大炮，恐玉石不分。奕經下令軍中不必輕易用炮，苦於運炮的兵丁役夫，聞令後便拋棄火炮，輕身前進（《叢刊‧鴉片戰爭》第 3 冊，第 190 頁）。清入關後和清初期各次攻城作戰，皆非常重視運用火炮。此戰清軍棄火炮專門手持輕型火器，絕無攻堅能力。

176 Bernard, *Narrative of the Voyages and Service of the Nemesis*, vol.2, p.284.

177 奕經據鄭鼎臣的報告奏稱：4 月 14 日，清方水勇在定海"焚燒大夷船四隻，三板船數十隻"，"擊斃夷人數十名"（《鴉片戰爭檔案史料》第 5 冊，第 217—220 頁）。道光帝聞訊大喜，賞奕經雙眼花翎，並賞文蔚頭品頂戴（同上書，第 233—234 頁）。然對照英方文獻，鄭鼎臣此次火攻全被粉碎，並未燒到英艦船（Bernard, *Narrative of the Voyages and Service of the Nemesis*, vol.2, pp.304-309; 賓漢，《英軍在華作戰記》，《叢刊‧鴉片戰爭》第 5 冊，第 288—289 頁）。劉韻珂根據護理定海鎮總兵、游擊周士法的報告，得知此次進攻未能得手，他沒有將此情況直接上奏，而是將周士法的案件轉給奕經，從旁側擊。奕經連忙再上奏，稱燒毀英船"有各委員親供及親見燒毀夷船之兵民供詞可據。若再另行查探，迭尋佐證，歷時既久，事轉游移，將使奮勇有為之士不得即時論功獲賞，恐不免隳士氣而寒兵心"，認為"無須查探"（《鴉片戰爭檔案史料》第 5 冊，第 249—250 頁）。道光帝不查實情，認為英軍退出寧波，是鄭鼎臣定海獲勝的證據，反將周士法交部嚴加議處（同上書，第 289 頁）。

3 月 15 日，英海軍司令巴加、陸軍司令郭富得悉慈谿是清軍發動進攻的前進基地，便率領海、陸軍士兵 1203 人，搭乘輪船皇后號、復仇神號、弗萊吉森號及一些小船，於上午 8 時向慈谿進軍。[178] 當日中午，英軍抵達，隨即佔領縣城，並向城外大寶山清軍營地進攻。由鎮海退回的清軍朱貴等部與之交戰失利，朱貴戰死。相對清軍的傷亡，英軍僅付出弱小代價。[179]

　　此時在慈谿西北約 20 華里的長溪嶺駐守的參贊大臣文蔚，聞知慈谿縣城及大寶山的戰事，並不率部前往增援，反於當日率部逃跑。3 月 16 日，英軍進至長溪嶺，焚燒了文蔚留下的空蕩的軍營。3 月 17 日，英軍退回寧波。[180]

　　遠在曹娥江以西東關鎮紮營的奕經，聞前方軍報，驚魂動魄，亟思逃跑。幕僚臧紆青竭力勸阻，方堅持一夜。3 月 16 日晚，文蔚逃至東關鎮，他得知戰況，命文蔚退守紹興，而其本人率部連夜西奔，渡過錢塘江，一直退至杭州。[181] 而他後來向道光帝陳述的理由是，他此行的目的，是為了檢查錢塘江北岸的海寧尖山一帶的防務！[182]

　　對於如此敗仗，對於如此敗將，我真不知應該作何評論！

---

178 當時的慈谿縣城與今日不同，即今日寧波下屬的慈城鎮。

179 據奕經奏，從 3 月 10 日至 15 日的浙東之戰，清軍共戰死 340 餘名、雇勇戰死 200 餘名，兵勇受傷 200 餘名，被俘 40 餘名（《鴉片戰爭檔案史料》第 5 冊，第 163 頁）。英方的傷亡統計數略有差別，郭富稱，3 月 15 日進攻慈谿作戰中陣亡 3 人，受傷 22 人（Chinese Repository, vol.11, p.501）。賓漢的說法與郭富相同（《叢刊‧鴉片戰爭》第 5 冊，第 287—288 頁）。伯納德稱，3 月 10 日寧波之戰陣亡 1 人，受傷數人；3 月 15 日慈谿之戰陣亡 3 人，受傷 15 人（Bernard, Narrative of the Voyages and Service of the Nemesis, vol.2, pp.284, 294）。

180 從 3 月 10 日至 3 月 17 日的作戰經過，我綜合下列資料：《鴉片戰爭檔案史料》第 5 冊，第 73—76、81、83—85、89、98—99、160—163、225 頁；《咄咄吟》，《叢刊‧鴉片戰爭》第 3 冊，第 189—199 頁；Bernard, Narrative of the Voyages and Service of the Nemesis, vol.2, pp.280-300; John Ouchterlony, The Chinese War: an Account of all the Operations of the British Forces from the Commencement to the Treaty of Nanking, pp.231—263；賓漢：《英軍在華作戰記》，《叢刊‧鴉片戰爭》第 5 冊，第 278—288 頁；Murray, Doings in China: Being the Personal Narrative of an Officer Engaged in the Late Chinese Expedition, From the Recapture of Chusan in 1841, to the Peace of Nankin in 1842, pp.98-122; Chinese Repository, vol.11, pp.233-237, 496-504.

181 貝青喬：《咄咄吟》，《叢刊‧鴉片戰爭》第 3 冊，第 200 頁。

182 《鴉片戰爭在舟山史料選編》，第 339—340 頁。

在我研究鴉片戰爭史的時候，使我最最感到困難的是清方史料，這不是因為清方史料不夠充分（現有史料已汗牛充棟，且又有大量檔案），也不是清方史料中充滿不實之處（可用各種史料互相參核，更可用英方資料驗證），而是幾乎所有的史料都將注意力集中於上層活動（儘管許多史料作者並不知情），而對他們身邊發生的下層活動記述過略過簡。

正因為如此，我經常自問，僅僅憑着上層的活動就能寫出真實的歷史？

可有一天，我在中國第一歷史檔案館中查閱資料時，御史呂賢基、浙江巡撫劉韻珂的兩件奏摺使我興奮。我花了整整一天的時間，抄錄這兩份共達 4000 餘字的文件。它向我們講述了一位名叫鄂雲的官員的故事。[183]

鄂雲，原名聯璧。他的出身和經歷，我們知之不多，僅知其曾為刑部司官，1837 年由南京移寓杭州，鴉片戰爭時為候選直隸州知州。

1841 年初，鄂雲前往鎮海，要求投效。欽差大臣裕謙知其不謹，恐其逗留而招搖生事，便薄給所予，飭令他往。時在鎮海的浙江巡撫劉韻珂，念其昔日曾為刑部同事，且景況窮苦，也給了盤費銀 30 兩。鄂雲離開鎮海後，不知其蹤。

1841 年底，揚威將軍奕經南下，駐紮蘇州。鄂雲又前往投效。奕經的隨員、步軍統領署七品筆帖式聯芳，為其堂弟。靠着聯芳的引見，鄂雲又自稱能勾引漢奸，作為內應，奕經派其辦事，多次往來江、浙之間，曾往杭州面見劉韻珂，大談他與聯芳的關係，並稱其與奕經也有親戚關係。劉韻珂見其不規，多加提防。

鄂雲自由奕經派差後，便移眷屬於紹興。御史呂賢稱其"詿騙欺朦，無弊不作"；浙江巡撫劉韻珂稱浙江官員知其本性，只因其為奕經

<hr>

[183] 這兩份材料現已發表，見《鴉片戰爭檔案史料》第 6 冊，第 262—263、583—587 頁。

所派官員，"不得不照例應付"。前者當為道聽途說，證據不足；後者又明顯有保全浙江地方官員之意。但是，鄂雲在浙東反擊戰中的劣跡，終於揭露出來。

據鄂雲自稱：他因奉奕經的命令，在慈谿縣後山泊地方招僱鄉勇500名，頭目5名，從1842年1月9日至4月19日，共支給口糧、器械、船價等共計16956千文，又僱梁勇53名，從2月12日至4月19日，支給口糧1098.8千文；后奕經下令裁勇，他經過奕經的批准，僱募福建同安船17艘，水勇等348名，從4月19日至10月3日，船價口糧共計銀12000餘兩。以上共計銀12000餘兩，錢18054.8千文。

據各糧台查賬：鄂雲以後山泊雇勇500名為名，在曹江糧台支錢2860千文、銀4585兩；以續僱其中出力各勇113名為名，在紹興糧台支銀4374兩。以上共計銀9124兩，錢2860千文。

以收入和支出的兩賬相對照，鄂雲除收到銀錢外，另支出銀2876兩，錢15194.8千文。這一筆銀錢，鄂雲自稱除勸捐外，自捐錢12000千文，"稟請獎勵"！

以生活窮苦的候選官員，一下子捐錢如此之多，又從何而來，顯然是大有疑問的。

據劉韻珂的調查：自寧波失守後，慈谿縣後山泊地方鄉紳招僱鄉勇，保衛村莊。鄂雲前往，宣稱調赴曹江，隨營聽用，並付給各勇定錢、盤費、器械等費用每名1500文，各勇應允。1842年2月8日，鄂雲率該勇由後山泊起程，2月11日到達曹娥。出發時僅給該勇每名500文，2月12日始給口糧錢300文。3月7日，鄂雲撥勇50名，埋伏在鎮海城外；撥勇150名，交四川府經歷濮詒孫管帶，駐寧波西鄉的邵家渡；撥勇50名，為泗州知州張應雲的護衛，駐慈谿駱駝橋；自留勇50名，為其護衛，駐慈谿東門外的清道觀；剩下200名，命頭目黃得勝管帶，參加3月10日攻打寧波西門的戰鬥。浙東反攻失敗後，各勇紛紛逃散，至 4 月 1 日，奉命全部撤散。

由此看來，鄂雲的手段十分清楚了。我們假定這 500 名後山泊勇全數足額，假定鄂雲能夠毫不剋扣地如期如數發給口糧錢，假定該勇在浙東反攻失利後無一逃亡（這些在當時都會是奇跡）；那麼，鄂雲實際支出的定錢、口糧錢總計為 7450 千文。以此數對照他在曹江、紹興兩糧台支領的銀錢數，以當時的平價 1600 文兌銀 1 兩為率，鄂雲通過多報日期，謊報留勇，中飽軍費銀共計 5631 兩！

由於資料的缺乏，我們還不知道鄂雲在同安船、勇上施展了甚麼手段，但是可以肯定，他只會向裏扒銀子而不會向外掏銀子。

然而，事情還並未結束。鄂雲通過僱勇宣稱捐錢 12000 千文。按照 1841 年 11 月由戶、吏兩部奏定的《海疆捐輸議敘章程》：[184] 平民捐銀 1.2 萬兩，給予道員職銜；候補、候選官員可將本身職銜按捐例減半，再核其捐數議敘；捐額溢出部分按 500 兩加一級紀錄；候選直隸州知州捐銀 8000 兩，議予本班儘先補用……等等規定，又按照捐納時錢 1 千文按銀 1 兩計算的慣例，鄂雲憑其 12000 千文的捐獻，若要官銜，可獲"道員銜加四級紀錄"，若要官職，完全符合"本班儘先選用"。由此可見，鄂雲非但發了財，而且可以升官或得到實缺！

鴉片戰爭對清王朝說來是一場空前的災難，但對鄂雲說來卻是一個難得的機會，而且，值得注意的是，越是如同鄂雲這類人，調子唱得比誰都高，話說得比誰都好聽。

鄂雲是一個小人物，他靠着一名七品筆帖式的堂弟，便可如此貪贓枉法。我們雖不能由鄂雲一事例來推斷清王朝官員中人人如此，但在當時，利用僱勇做手腳發國難財又似乎不是秘密。許多私家記載對此留下

---

184 署戶部尚書恩桂等摺，道光二十一年十月初六日，《軍機處錄副》。

了記載。[185] 又按照清朝當時辦事規則，製造軍器、修築工事、調防兵弁等等，凡是涉及到銀錢之項，無不可從中侵蝕。

而鄂雲被揭露，又純屬偶然。御史呂賢基只是據聽聞舉報，道光帝命江蘇、浙江官員清查。恰浙江巡撫劉韻珂與揚威將軍奕經有隙，[186] 於是，便乘此機會，窮追究詰，如實上奏。若劉、奕和洽，以當時官官相護的陋習，很可能出現"查無實據"的結局。道光帝收到劉韻珂的奏摺後，命兩江總督再查，我因沒有找到相應的材料，不知鄂雲後來究竟如何發落。

奕經在浙東反攻時主要使用的力量是雇勇。從鄂雲所僱後山泊勇500 名這一實例中，我們已經看到：這些雇勇既未進行嚴格的訓練，也無合乎近代戰爭原則的編制；充勇者本人又似僅僅為定錢、口糧錢而來，到軍營後僅 20 餘天便送上戰場。這樣的雇勇又怎麼會有戰鬥力？又怎麼會不臨陣脫逃？反過來又可設想，他們若不逃跑，又豈不白白送死？如此作犧牲對國家、民族一無所益，而對他們本人及家人卻是無法挽回無以承受的厄難。就此而論，鄂雲等人驅策毫無訓練的雇勇上前線又何異於殺人？

當我抄完呂賢基、劉韻珂兩份奏摺後，坐在檔案館寬敞的閱檔室

---

185 據貝青喬透露：有人獻策於前管寧、鎮兩城反攻的泗州知州張應雲："北勇由他省咨來，實額實餉，無從影射，不如兼募浙人為南勇，可浮報一二。"張應雲立即派紳士李維鏞、林鋯、范上祖、彭瑜等，領募造冊，呈報奕經，雇勇達 9000 人。"人數既多，不及訓練，並不點驗。"後來，奕經發現其弊，命全數撤銷，而花費銀已達十餘萬兩（《咄咄吟》，《叢刊·鴉片戰爭》第 3 冊，第 186—187 頁）。相比之下，鄂雲只不過是小打小鬧而已。又据張集馨透露，1842 年他任汀漳龍道時，龍溪縣有勇 1200 名，"其實並無其事"。而他奉命撤散這些只存在於名冊上的雇勇時，漳州知府、龍溪知縣皆前往求情，要求再保留幾天，因為前閩浙總督顏伯燾免職還鄉，路過漳州，地方為此開支達銀 1 萬兩，"非藉此勇糧不能彌補"（《道咸宦海見聞錄》，第 67 頁）。

186 劉、奕矛盾的最初產生，是因為英軍於 1841 年底、1842 年初連陷餘姚、慈谿、奉化三城，劉韻珂又聽到英軍欲攻杭州，連連催促駐在蘇州的奕經帶兵救援，奕經不予理睬；而奕經到浙後，見浙江所造軍器質量太差，不僅咨會劉韻珂，讓監造官兵"賠修"，而且奏請將監造、驗收官員"交部議處"（《鴉片戰爭檔案史料》第 5 冊，第 21—22 頁），劉韻珂等地方官員不僅在經濟上吃賠賬，名譽上也大受損害；奕經又自恃為將軍，有關軍事活動均向劉保密，而劉在浙東反攻失敗後，對奕不事戰守、謊報戰果的行徑大為不滿。到戰爭結束時，兩人雖未公開決裂，但摩擦事件已有多起。劉韻珂此次揭露鄂雲，還專門提到鄂雲曾至其衙署宣稱與奕經有親戚關係，暗示鄂雲是仗勢作惡。

裏，怔怔地望着這兩份文件。我揣度着鄂雲和那些不知姓名的雇勇的心思，思索着吏治與國運的關係，種種聯想不可遏制，連綿而至。天黑了，燈亮了，人們紛紛離去。我才發現已坐了很久，很久，也想了許多，許多……

第六章

"撫"議再起

━━

從 1840 年秋開始的戰爭，至 1842 年春浙東反攻失敗，全部事實都已表明，清王朝在軍事上絕無出路。東南各戰場上的前敵主帥們，心裏也已明白了這一點，卻又不約而同地瞞着一個人，即在生死榮辱之門撥動他們命運的道光帝。殷鑒不遠。不久前在京城進行的對琦善、伊里布的審判，兩位"相國"皆被定罪。這如同遮天的黑雲，蒙住了他們的心靈。還有甚麼比保住官位和性命更為重要的呢？

可是，還是有一個人，在這沉默的氛圍中站起來說話，公然倡導"撫"議。他就是前面多次提到的浙江巡撫劉韻珂。

講真話，需要點勇氣，也需要點正氣。

一　"十可慮"

在各省的督撫大員中，劉韻珂可視作特例。他不是翰林，不是進士，甚至連舉人都不是，只是國子監中的拔貢生，勉勉強強也算是正途出身。他不是親貴，不是滿人，史籍上未留下其祖先的記載，想來不過是平常人家。在講究學歷、講究門第的道光朝，劉韻珂以七品小京官分發刑部見習，至 1826 年正式補缺，居然由主事、員外郎、郎中、知府、道員、按察使、布政使拾級而上，1840 年 8 月，替代倒霉的烏爾恭額，出為浙江巡撫。在這短短的 14 年中，還包括丁父憂在家守制 3 年。[1]

劉韻珂在仕途上一路搭快車，靠的不是機遇，而是其特有的辦事處世的方式：一、辦事結實；二、為人乖巧。前者與道光帝的為政宗旨榫合，後者又使他在官場上極有人緣。

比如，欽差大臣伊里布、裕謙先後駐紮鎮海，但對該地防禦似乎並不經意。劉韻珂身為浙撫，自覺有責，並不因為其上有欽差大臣專防而放棄責任，便數度前往勸說，並操勞其事。事竣之後，他並不張揚，而是將勞績歸於伊、裕，上奏時只是淡淡地說一句"其應添工程由伊里布另行奏報"、"嗣經欽差大臣裕謙飭令"。[2] 他的這種做法，自然討長官們歡喜，但在奏摺中淡淡的話語，又約約露出背後的潛台詞，似乎在含蓄地提示道光帝：他是出力者。

在鴉片戰爭中，劉韻珂頂多是個二流角色。他雖為戰事最為紛繁的浙江省最高軍政長官，但在他之上，先後有三位欽差（伊里布、裕謙、耆英）和一位將軍（奕經）。他並沒有真正當家。他之所以能引人注目，在於他的主"撫"言論。可是，在戰爭之初，他又是一個地道的不打折扣的主"剿"官員。

1840 年底，劉韻珂從四川趕赴浙江新任時，打定主意要與"逆夷"血戰一場。而看到此時主持浙江軍務的伊里布的舉措，從本能上反感。當接到伊里布關於浙江停戰的信函後，他全然不信，自行另派密探潛往英軍佔據的定海，搜集情報，並得出結論：英軍將久據定海，伊里布、琦善的"撫夷"舉措必然失敗。於是，他將情報上奏道光帝，另對伊、

<hr />

1　《清史列傳》第 12 冊，第 3797—3798 頁。邵懿辰：《記汶上劉公撫浙事》，錢儀吉、繆荃孫等纂：《清朝碑傳全集》第 3 冊，台北：大化書局，1984 年，第 2237—2238 頁。

2　《鴉片戰爭檔案史料》第 2 冊，第 750 頁；第 3 冊，第 520 頁。

琦稍露微詞，綿裏藏針。[3] 他自知憑其地位，不可能勸說伊、琦，便借助道光帝的神威，抑制伊、琦。道光帝果然下旨。伊里布對此不滿，兩次上奏反譏劉"探聞所未盡"、"尚有不實不盡之處"，自稱其駐紮鎮海，較之"見聞更切，探訪更真"。[4] 劉韻珂也並不就此撒手，反與顏伯燾聯名上奏，稱伊里布"縱能振發有方，而襄贊商籌，究形寡助"，要求派林則徐、鄧廷楨來浙，"會同伊里布籌辦一應攻剿事宜"，並授之專摺上奏權，以不受伊里布的控制。[5]

在琦善、伊里布主持"撫夷"事務時期，在林則徐、鄧廷楨下台後不久，劉韻珂的這番言論舉止自有耀眼的景色。英方對此也十分注意。1841 年 2 月出版的《中國叢報》對此評論道："在新任巡撫劉韻珂的管轄下，舟山的局勢已經惡化"；劉韻珂促發的聖旨，"實質上已取消了11 月 17 日諭旨中宣佈的停戰令"。[6]

裕謙主浙後，兩人旨趣相投，配合默契。劉韻珂熱心參與定海、鎮海的防禦工程建設。裕謙稱劉"愛民如子，馭兵有術"。[7] 林則徐以四品卿銜奉旨到浙後，劉韻珂更是與之朝夕相處。據林則徐日記，其在浙 35天，僅 5 天兩人未謀面，其中有兩天是因為劉前往定海無法見面。林則徐後來發配新疆，劉亦往寓所送行。[8]

正當一切如願，劉韻珂躊躇滿志之際，1841 年 10 月，英軍連陷定海、鎮海、寧波，三總兵戰死，裕謙自殺。劉韻珂聞之如遇晴天霹靂，

3　《籌辦夷務始末（道光朝）》第 2 冊，第 582—583 頁。

4　《籌辦夷務始末（道光朝）》第 2 冊，第 592—593、650 頁。

5　《鴉片戰爭檔案史料》第 3 冊，第 18—19 頁。

6　*Chinese Repository*, vol.10, pp.18-19.

7　《籌辦夷務始末（道光朝）》第 2 冊，第 1088 頁。

8　林則徐集・日記》，第 400—404 頁。關於此期的劉、林交誼，還有一些記錄："林少穆制府以四品卿銜來鎮，與玉坡中丞相度形勢，安置炮位。"（陸模：《朝議公年譜》）"中丞……與林少穆制府共相籌畫"，製成新式炮車"磨盤四輪車"（龔振麟：《鑄炮鐵模圖說自序》，魏源：《魏源全集・海國圖志》第 7 冊，第 2022—2023 頁）。

驚駭失色。定海、鎮海防禦工程是他所能設想和營造的最堅固的工事，裕謙等人又是他所遇到的最出色的官員，如果連這些都不足以抵擋"逆夷"的兇焰，那麼還能指望甚麼？不願接受現實卻不能因之不承認現實。驚駭之後是深思。主"剿"的熱情因前線的敗績而消退。於是，他在奏摺上寫了一段意思明確但用語含混的話：

> 伏查自古制馭外夷之法，惟戰、守、撫三端，今戰、守不利，撫又不可，臣疇昧庸材，實屬束手無策。[9]

未久，他奉到發琦善至浙江效力的諭旨，以為道光帝的態度發生變化，連忙於 1842 年 10 月 30 日出奏，要求將伊里布發往浙江"效力贖罪"。[10]

啟用伊里布的建議，被道光帝嚴詞駁回；而道光帝派來的揚威將軍，只聞在蘇州歡娛。寧波城內英軍，屢屢放風欲攻杭州。劉韻珂無兵無將更無退敵良方，只覺得面前的一切無比兇險。他雖在杭州苦心經營，但其防禦措施連自己都不相信：在城內各巷口設立木柵欄，用民人一名守柵，營兵一名副之，晝以幟，夜以燈，鳴鑼擊梆……種種舉措，與其說是禦敵，不如說是靖民。可在人心浮動的杭州，卻也制止了慌亂中乘機搶奪之風，因而民眾擁戴，官聲飛揚。他似乎已想到了死。奏摺中稱言：若戰守不利，"臣只能捐一身以報君父生成之德，不能以一手

9　《籌辦夷務始末（道光朝）》第 3 冊，第 1301 頁。

10　劉韻珂此時曾向難民查詢前方情況，得知英軍宣稱：蒙伊里布以禮相待，又以俘虜易舟山，本不敢再來擾浙；因裕謙到浙後宣稱必剿滅英軍，對英俘剝皮抽筋，是以前來報復。劉韻珂將此情況入奏，試探道光帝的態度。後得旨知善南下，更是明言奏稱："伏查前任欽差大臣已革兩江總督伊里布，老成謹慎，鎮靜深沈，服官數十年，清操著於中外……現在逆夷又在定、鎮等處，稱中國好官惟伊欽差一人，並稱張喜為張老爺，稱其現在何處，言此人實係好人，如伊欽差、張老爺在浙，伊等斷不前往等語……今值浙省需人之際，琦善擬罪較重，尚蒙恩宥，該革員情罪尚輕，且已到城數日，可否亦賜矜釋，飭令帶同張喜來浙效力贖罪。"（《籌辦夷務始末（道光朝）》第 3 冊，第 1355—1357 頁）由此看來，劉韻珂的情報是錯誤的，而分析更是大謬。他將璞鼎查奉英國政府之命，擴大戰爭，當作報復裕謙而來。而他企圖用伊里布的"德惠"，去阻滯英軍的攻勢，更是異想天開。

而挽萬眾渙散之心"。[11] 在情緒敗壞到極點之時，鄰省江蘇巡撫梁章鉅因病去職，又使之暗生羨意。於是，他又於 1842 年 1 月 29 日具摺，聲稱自己在四川任內便患有風痹，到浙後因軍務繁重，致使"舌麻日甚，右腰塌陷一穴，且右耳閉塞，諸事健忘"。他祈望道光帝也能將其開缺，至少給假調理，在大廈將傾之際獲一退身保全之機。可是，局勢敗壞到如此田地，道光帝無意也無法換人，僅是朱批嘉語相慰。[12]

如同盼星星盼月亮一般盼來的揚威將軍奕經，終於在 1842 年 2 月下旬領兵前往曹娥江前線，劉韻珂驚魂稍定。可 20 天后，這位顢頇的統帥兵敗浙東倉惶夜奔杭州。劉韻珂再次跌落谷底，傷透了心，也拉下了臉，下令僅放奕經一人入城，而堅拒其部眾於城外。他後來說明的理由是，一怕潰兵擾城，二怕英軍尾至。

到了此時，一切努力都失敗了，一切希望都破碎了。劉韻珂思想深處間或尚存的那一點點戰意，也被掃蕩得乾乾淨淨。他一反平日乖巧的習氣，不顧可能會忤逆聖意，於 1842 年 3 月 21 日上了一道有名的"十可慮"奏摺。在該摺的夾片中，再次請求啟用伊里布。這位曾被他傷害過的老長官，此時在他筆下又被描述為："公忠體國，並無急功近名之心，臣生平所見者，止此一人。"[13] 從奏用林則徐，到奏用伊里布，劉韻珂的思想整整轉了 180 度。

在今天許多人的眼光中，由主"剿"轉向主"撫"，無疑是一種倒退。但從劉韻珂這一實例上，我們卻可清楚地看出其思想深化的進展。先前極力主"剿"，乃是失之於盲目，此時傾心"撫"議，卻是着眼於現實。

在琦善、伊里布被斥革後，"撫"議已寢息一年，"剿"意沸騰。在

---

11 《籌辦夷務始末（道光朝）》第 3 冊，第 1349 頁。

12 《籌辦夷務始末（道光朝）》第 3 冊，第 1604 頁。

13 《鴉片戰爭檔案史料》第 5 冊，第 94 頁。

這種情勢下再倡"撫"議，頗有風險，且不論聖意如何，即是言路上的謗論也讓人受不了。劉韻珂不愧為是一位官場中的高手，他沒有正面提出"撫"，反而在"剿"字上作文章，稱戰爭若繼續進行，有十項"深屬可危"的因素。本來，只要證明了"剿"之不可行，"撫"也就理所當然了。

讓我們分析一下劉韻珂的"十可慮"。[14]

其一曰：浙江清軍兩遭挫衄，銳氣全消，勢難復振。

我從本書的第一章起，就不斷地說明清軍的腐朽。一次次戰敗的事實，也證明了這一點。浙江清軍在1841年10月和1842年3月的兩次大敗仗，使浙江境內的清軍鬥志全消。道光帝對此也有相同的看法，曾斥責奕經："既不能衝鋒擊賊，復不能嬰城固守。"[15] 此時正在東河效力的林則徐，聞"浙事潰敗"，亦斷言"數千里外徵調而來之兵，恐已魂不附體"。[16]

其二曰：續調西北勁卒，距浙窵遠，緩不濟急。

揚威將軍奕經此時向道光帝請求續派各省"勁兵"7000名"迅速來浙"。[17] 而前次浙東反攻因待陝甘川援軍，足足花了4個多月。此次若按奕經的要求，從西南和西北如此調兵，時間又不會少於4個月。如此看來，奕經非為謀進攻之道，而是行延宕之計了。道光帝對此大為光火，責備之餘，只同意派援陝甘兵2000名，河南、廣西兵各1000名。[18] 這些遠程徵調的援軍，後來也沒有趕上浙江的戰鬥，被奕經派往江蘇戰場。

其三曰：英軍火器猛烈異常，無可抵禦。

關於這一點，前面各章已予充分說明。我只想補充一點，由於戰爭

---

14 "十可慮"奏摺見《鴉片戰爭檔案史料》第5冊，第88—92頁。以下引用該摺處，不再注明。

15 《籌辦夷務始末（道光朝）》第3冊，第1553頁。

16 《林則徐書簡》，第183頁。

17 《鴉片戰爭檔案史料》第5冊，第99頁。

18 《鴉片戰爭檔案史料》第5冊，第102頁。

是由南向北逐次展開的，而各省統兵大員缺乏英軍裝備的知識（稍具認識者，如林則徐、鄧廷楨、琦善、伊里布又先後被革職），因而在防炮措施和設施上並沒有採取相應的對策。這就使得沒有英軍火炮知識且初歷如此迅猛炮火的清軍官兵，缺乏心理準備而在戰場上陷於恐懼，大量逃亡。恐懼心理是近代戰爭中常見的問題，對士氣的影響不能低估。在鴉片戰爭的各次戰鬥中，真正被英軍火炮斃傷的清軍官兵數量並不多，大多在敵炮火下迅速瓦解。

其四曰：英軍並非不善陸戰。

我在前面已經提到，主"剿"官員的最根本的立論根據為英軍不善陸戰。當這一看法被事實證明為錯誤時，主"剿"思想也就失去基礎，主"剿"官員亦隨之動搖。

其五曰：清軍即便在陸上幸勝，英軍登舟遁去，清軍只能"望洋興歎"。

此為道光帝第一次由"剿"轉"撫"的主要依據之一（詳見第三章第二節）。劉韻珂此時此地提出此一話題，自然會勾起道光帝的一番回憶，因為他才是此論的真正倡導者。

其六曰：英軍以小惠結民心，彼此相安，民眾"轉以大兵進剿為慮，是民間鮮有同仇敵愾之心"。

劉韻珂的這番話，與他先前的說法截然相反。1840年底至1841年中，劉韻珂在安置定海難民和組織定海防禦工程建設時，看到了"民心固結，響義可嘉"，並在奏摺中稱讚"各處鄉民，共募敵愾同仇之義，極形踴躍"。[19] 可是，為甚麼在一年之後又會有如此之變化？

在鴉片戰爭中，官、民皆與"夷"敵對，但各自的出發點不同。官出於利害關係。民則出於侵略者的暴行引起的仇恨，而對英國的侵略要

---

19 《籌辦夷務始末（道光朝）》第2冊，第1067頁。

第六章 "撫"議再起　375

求會給他們的利益產生何種危害是不甚明了的。國家和民族的觀念並沒有成為民眾奮起的旗幟（詳見第四章第三節）。在此種情勢下，民眾的情緒有如彈簧，英軍的壓迫重一些，反彈力就會大一些，反之亦然。1841 年 10 月，英軍佔領定海、鎮海、寧波後，手法上有些變化。他們先後在各處發佈"安民告示"，要求當地民眾"仍舊安居樂業"，宣佈對"盜賊"將進行懲治，甚至英國人"擾累"民眾，亦可"就稟衙門，以緊查辦"。在餘姚、慈谿和奉化，英軍還打開官府的糧倉，散發給民眾，很有點"劫富濟貧"的味道。在另一方面，他們還宣佈，若民眾"藏匿清官探子"，一經捉拿即將房主治罪，並要燒掉他們的屋舍。[20] 為了強調這一點，他們還殘忍地將捉住史蒂德船長的鎮海縣霩䨂（今郭巨）村全村房屋焚毀。英軍的這些手法，也取得了一些效果。儘管民眾和清軍暗下捉拿單個英兵的行動一直沒有停止，但大體上出現了民夷"彼此相安"的局面。

就官、民關係而言，清王朝的統治實質上是一種壓迫，是一種對立的關係。就連統治者本身對此亦有深度的認識。耆英後任兩江總督時曾上有密摺，稱官吏兵弁的催科浮收、包攬詞訟、巡緝索錢、勒逼商旅、窩留娼賭……"種種凌虐，無惡不作"，致使"官與民，民與兵役，已同仇敵"。[21] 在此種情勢下，民眾不可能在這場反侵略性質的戰爭中團聚在官府的周圍，成為自覺的同盟軍。清朝在民眾心目中缺乏這種號召力。

更有甚者，清軍此期的軍紀敗壞，致使他們原本為解救民眾的"救星"身份墜化為禍害民眾的"災星"。各省援軍到處勒索，敲詐地方。在

---

20 佐佐木正哉編：《鴉片戰爭の研究：資料篇》，第 135—137、142—144 頁。案，英軍第一次佔領定海時，亦發佈"安民告示"，但該告示發佈較晚，為 1840 年 10 月 9 日，即懿律從天津南下之後，而定海民眾亦已擒獲安突德（同上書，第 26—27 頁）。此外，定海民眾亦不了解英軍的情況，以為遇上了諸如歷史上的倭寇之類的匪徒，紛紛逃難。在英軍第一次佔領定海的後期，不少難民亦返回家園。

21 《道光朝留中密奏》，《叢刊‧鴉片戰爭》第 3 冊，第 468—469 頁。

紹興，清軍的"搶食"，使當地"罷市絕糧"；在上虞，兵勇竟公然搶劫自己的糧台。[22] 林則徐稱：清軍"沿途騷擾之狀，更不忍聞，大抵民無不畏兵"。[23] 江蘇布政使李星沅得知奕經在浙東兵敗後再請各省援軍，氣得在日記中大罵："徵調紛紜，彼糜餉糈，沿途擾累不可勝言，庸臣誤國乃至此耶！"[24] 江蘇是過兵省份，具有良知憐憫百姓的官員作如是說，而真正的受害者，戰區的老百姓又該作何感受？

在官、民、"夷"三者之中，力量最大的是民，力量最弱者亦為民。有組織的充分覺悟了的民眾，幾乎是不可戰勝的。而渙散的民眾，則對最微小的暴力也無法抵抗。不能說清王朝中無人認識到民眾的力量，相反，他們中的許多人都有利用民眾的言論，也作了一些實際的事情。但是，他們在本質上對民眾的恐懼，使得他們同時又在極力瓦解、破壞民眾的組織。[25] 正是這種矛盾的心理活動和行為方式，使劉韻珂對民眾的看法，前後迥別。

因此，劉韻珂此論在立論基礎上雖有謬誤，卻也道出了當時的真情。

其七曰："大兵屢敗，敵驕我餒，不唯攻剿綦難，防守亦極為不易。"

這裏說的"攻剿"，是指收復寧、鎮、定三城；這裏說的"防守"，是指從乍浦、海寧至杭州的錢塘江防衛。前者已被浙東反攻失敗所證明；後者將會被下一節將要提到的乍浦等戰役所證明。劉韻珂此時向道光帝明白直陳："倘有逆船數隻，突然內竄，必致（杭州）全城鼎沸，不

---

22 《李星沅日記》上冊，第363—365頁。

23 《林則徐書簡》，第183頁。

24 《李星沅日記）上冊，第371頁。

25 在清朝利用民眾力量的具體方式上，有三點似值得注意：一、依靠他們在鄉村統治的基礎——鄉紳來組織團練、義勇一類的武裝，力圖將民眾收縮到他們所能控制的範圍之內，而不使之蔓延壯大；二、官府招募的"勇"，主要是無業遊民或平日認為鬥毆凶猛、極不可靠的人群，以防被英軍勾去，轉為敵用，且對這批人的使用主要靠賞格、僱值所激勸，並無思想的發動。三、他們對那些組織起來的民眾，並不是放手進行騷擾、破壞英軍統治區域的戰法，而是盡力組織他們參加官方組織的戰鬥，作為清軍力量的補充，這就用其短而避其長。就上述問題而言，原因很多，但最根本的要害，是對任何有組織的民眾力量的恐懼。我曾在第二章第四節、第四章第三節、第五章第五節中對其原因進行過分析，此處不再贅述。

戰自潰。"

其八曰：浙江漕糧，多未完竣，"且有收不及半之處"，"皆由逆氛未竣"。

漕糧時為大政。清朝北方缺糧，京師每年需漕米 400 萬石。就某種意義上說來，漕運是京師的生命線。浙江漕糧約佔京漕總數的三分之一，關係不為不大。可劉韻珂的焦慮並不以此為止，他還奏稱："且乍浦有警，則江省蘇、松二府亦難免震驚，不特收糧多有掣肘，並恐船行不無阻滯。"江蘇漕糧約佔京漕總數的一半。若漕運一斷，京城必然動搖。後英軍佔領漕運咽喉鎮江，朝廷即刻屈服。

不能說漕運中斷清朝即刻就會崩潰，十多年後的太平天國戰爭，清政府的河運亦中斷，僅靠上海等處的海運，漕糧數量大為減少。太平天國之後的商業性的南糧北運，使漕運名存實亡。在這裏，實際上是一種選擇：以守成為歸的道光帝儘管平生不愛冒險，但此時敢不敢以漕糧不濟、京城動蕩為代價繼續進行戰爭？因此，就漕糧影響面的結論而言，劉韻珂的言論有些誇張，儘管就漕糧將短缺的事實而言，劉氏是毫不誇張的。

其九曰：浙江去年雪災，杭、湖、紹等府"匪徒聚眾搶掠，勢甚鴟張"。

雖由"猝被雪災而起，實則因該逆滋事，各匪明知地方官不能兼顧，故遂藐法逞兇"。"當此人心震擾之時，難保不潛相煽惑，散而復聚。況上年雪災之後，春花多未佈種，現在米麥蔬菜，價日增昂，小民度日維艱，即使前此各奸民未能復集，安保此外不另有不逞之徒乘機而起？"

這番話說到了道光帝內心的病處。官民對立，形同水火，清王朝內部潛伏着深刻的危機。自然災害，物價上漲……任何小小的火星，都有可能燃成燎原大火。十多年後以太平天國為主的全國內戰，證明了這一點。而此時湖北鍾人傑為首的民眾造反，又提示了這一點。劉韻珂於此格外留心。先是在鎮海、寧波失陷後，他一面請派援軍，一面要求將裕謙生前在河南、安徽等處招募的鄉勇5000名退回。他奏曰：

> 招募鄰省鄉勇，必須本省有精兵勁旅，控制鈐束，庶可收該鄉勇協助之力，而不致為非現在本省已有土匪搶掠滋事，民心搖動，彈壓頗為不易，倘再招集鄰省兇徒，則引盜入室，必將勾結貽患，為益甚微，為害甚大。

道光帝十分讚賞他的敏銳性，朱批曰："所見大有深意，朕未見到。"[26]浙東反攻失敗後，劉韻珂又飭令地方官將潰散雇勇的兵器收繳，以防持械滋事。[27]又恐浙江未能收齊，移咨蘇、皖、豫、魯等省巡撫"一體巡查"，"以免事端"。[28]

劉韻珂對雇勇滋事的恐懼甚於正肆虐於浙東的英軍，正是出於對王朝命運深層次考慮。以割地、賠款、通商為目的的英軍，並無滅清之意；而一旦民眾造反，將是皇冠落地。清朝統治者們儘管在諸多事務上糊塗昏聵，但在這一根本大計上十分清醒。劉韻珂是將此兩件事聯繫到一起考慮的第一人。"不逞之徒乘機而起"一語，是對道光帝乃至整個統治集團的提醒，也是對他們施加的最有效的壓力。

從國家、民族利益的角度來考慮，劉韻珂此論完全錯誤；但若從王朝利益的角度來判別，又當別作他論。

其十曰：七省防費甚鉅，"靡餉勞師，伊于胡底？"

戰爭須以金錢為其後盾。再鋒利的刺刀，若抽去作為中堅的軍費，

---

26 《籌辦夷務始末（道光朝）》第3冊，第1310頁。
27 《入寇志》，《叢刊·鴉片戰爭》第3冊，第325頁。
28 《籌辦夷務始末（道光朝）》第4冊，第1684頁。

即刻軟如燈芯草。戰爭期間，最使道光帝心煩意亂的，恐怕還是軍費問題。

清王朝在鴉片戰爭中究竟花了多少錢，至今尚無準確的統計。[29] 就我所見的檔案，只查到下列八省的報銷數字：

浙江 7480521 兩 [30]　　江西 224016 兩 [31]

廣東 6244760 兩 [32]　　四川 167370 兩 [33]

江蘇 1302400 兩 [34]　　陝西 115851 兩 [35]

湖北 333567 兩 [36]　　廣西 90720 兩 [37]

以上八省，共計 1637 萬兩。當然，實際開支要比報銷數字更大，因為江蘇、浙江兩省的報銷數字中並未包括該省捐輸銀錢（可不列入報銷），而據我見到的遠非完整的材料，浙江、江蘇兩省捐輸銀達 476 萬

29　關於鴉片戰爭中清政府所花戰費，主要有以下三種說法：一、魏源在《道光洋艘征撫記》中稱為 7000 萬兩；二、《清史稿·食貨志》中稱 1600 餘萬兩；三、陳慶鏞在道光二十三年四月初四日上奏稱："此次各海疆動撥銀兩報部者，已不下二千萬兩，現在截銷，尚有陸續補報等項。"（《籀經堂集》卷 1）。陳慶鏞曾任戶部主事、員外郎，上奏時任江南道御史，其說自有材料來源。但他所說的只是"動撥銀兩"，即由戶部大庫支出及經過戶部指令向各省藩庫中支出的銀兩，而非實際開支數字。就報銷情況來看，大多數省份應晚於道光二十三年四月，陳慶鏞也無從了解實際報銷情況。

30　《鴉片戰爭檔案史料》第 7 冊，第 475—477 頁。浙江巡撫梁寶常奏稱：一、浙江共收撥銀 7682821 兩，支出 7480521 兩，其數字與撥銀大體吻合；二、"尚有官紳士民捐辦鄉勇糧米，僱船出洋助戰，並各口沉船釘椿，及定海火攻船隻，製辦兵勇衣帽槍刀，收繳器械價值，並奏准賞兵棉衣，封禁滷船口糧，一切例銷未經請項之款，均數出另外分別辦理"，即捐納銀兩未入報銷之數。

31　《鴉片戰爭檔案史料》第 7 冊，第 385 頁。其中"應付兵差"用款 19.9 萬兩，"防堵"用銀 2.4 萬兩，另錢 1.1 萬串，全部由捐輸經費項下支出。

32　《鴉片戰爭檔案史料》第 7 冊，第 587—591 頁。其中軍費來源為：一、部庫及各省撥款，共計 225 萬兩；二、本省藩庫、關庫、鹽庫及沒收銀兩，共計約 172 萬兩；三、官紳商人捐款，共計 202 萬兩，可見其捐納銀兩已佔其軍費開支的三分之一。

33　四川總督寶興摺，道光二十六年五月十七日，《軍機處錄副》。其中出師廣東官兵例支俸賞行裝及各州縣的夫馬口糧 9.3 萬兩，撤回兵弁支付夫馬口糧 1.1 萬兩；出師浙江用銀 3.7 萬兩，撤回用銀 5893 兩；出師江寧用銀 1.8 萬兩。

34　《鴉片戰爭檔案史料》第 7 冊，第 414—418 頁。耆英奏稱："未便概行列入正開銷，現於動用捐輸案內另行奏報。"也就是說，捐納銀兩的開支情況不在此 1302400 兩的數字之內。

35　陝西巡撫楊以增奏，道光二十七年十二月二十八日，《宮中檔朱批奏摺》。其中例入正開銷 83191 兩，不入開銷 31600 兩。不入開銷者由本省分攤分 4 年歸補。

36　湖廣總督裕泰摺，道光二十四年八月二十四日，《軍機處錄副》。其中借支行裝銀約 5 萬兩，其餘 27 萬餘兩，將從"各官養廉公捐兵差津貼"中分 16 年扣還。

37　署理廣西巡撫孔繼尹摺，道光二十七年正月二十四日，《軍機處錄副》。其中例入正開銷者為 32490 兩。

兩，錢達 85 萬串。[38]

上述八省中，缺少了花費大量銀子防堵英軍的福建、山東、直隸、盛京四省區的數字。這裏提供並不完備的撥款數字，以資參考：

福建 450 萬兩[39]　　直隸約 230 萬兩[40]

山東約 48 萬兩[41]　　盛京約 10 萬兩[42]

---

38 我目前已經查到的材料有：一、浙江省：道光二十一年十月初七日上諭稱："劉韻珂奏，商人情殷報效一摺。浙江四所商人金裕新等以該省調兵防剿逆夷，軍餉要需，呈請捐輸銀一百二十萬兩，著賞收……"（《道光鴉片戰爭案彙存》[抄本]第 3 冊。此事又見該抄本第 4 冊劉韻珂奏；道光二十二年二月劉韻珂奏，《籌辦夷務始末》第 4 冊，第 1675 頁）。道光二十二年正月十一日，揚威將軍奕經奏：浙江試用道黃立誠等共捐銀 7.96 萬兩，錢 1 萬串（《軍機處錄副》）。道光二十二年十月二十三日，奕經等奏：馮鏡等捐銀 1.93 萬兩，錢 8.7 萬串（《軍機處錄副》）。道光二十年三月十四日戶部尚書恩桂等奏：慈谿縣革員葉仁捐錢 3 萬串（《軍機處錄副》）。道光二十二年八月二十日，劉韻珂奏：省城一帶練勇、助賑共捐錢 11.4 萬串（《宮中檔朱批奏摺》）。另奕經奏，葉仁等續捐錢 98860 串，銀 19500 兩（《軍機處錄副》，原件無日期）。道光二十四年十二月初二日，浙江巡撫梁寶常奏：官紳管貽棻等捐錢 21.3 萬串（《軍機處錄副》），以上浙江省共捐銀 131.84 萬兩，錢 55.2 萬串。二、江蘇省：道光二十年十月初六日，署兩江總督裕謙等奏，淮南商人包振新等捐銀 50 萬兩（《宮中檔朱批奏摺》）。裕謙又奏：淮票販王益太等捐銀 30 萬兩（《道光鴉片戰爭案彙存》（抄本）第 2 冊。道光二十二年八月十六日兩江總督牛鑑奏稱：揚州商人捐銀 100 萬兩，其中 50 萬兩留備揚州防堵，50 萬兩解赴省城（《宮中檔朱批奏摺》）。道光二十二年十二月十六日，兩江總督耆英奏稱：元和縣程楨義等捐銀 46300 兩，錢 283674 串（《宮中檔朱批奏摺》）。道光二十三年正月十二日，耆英奏稱："尚復勸諭該商（淮南鹽商）等籌捐現銀一百萬兩報效軍需，上年十二月內完銀六十餘萬兩，本年正、二月間即當全數交庫。"（《軍機處錄副》）道光二十三年二月十二日，耆英奏稱，蔡世松等捐銀 60 萬兩（《宮中檔朱批奏摺》）。道光二十三年三月初一日，耆英奏稱，顏懷景等捐銀 1.1 萬兩，錢 1 萬串（《軍機處錄副》）。道光二十三年九月初十日，兩江總督璧昌等奏，莫載捐炮 50 尊，用錢 13100 串（《宮中檔朱批奏摺》）。以上江蘇省共捐銀 344.73 萬兩，錢 30.67 萬串。值得注意的是：鹽商捐銀為獲得鹽票；大多數捐納銀兩，用於支付賠款而不是戰爭。

39 詳見第五章第二節。

40 直隸總督訥爾經額於道光二十一年十月奏："一切應支銀兩，自上年七月起截至本年十月止，共用銀九十八萬七千餘兩。除本年二月間奏蒙撥銀五十萬兩外，俱於司庫內"動撥或墊用，請求撥銀 50 萬兩（《道光鴉片戰爭案彙存》（抄本）第 4 冊。道光帝於二十一年十一月十九日批准（同上）。道光二十二年八月，訥爾經額奏："臣於五月間，因直隸軍需緊要，奏請撥銀三十萬兩，仰蒙聖恩添撥銀二十萬兩，共撥銀五十萬兩來直。"並再次請求撥銀 30 萬兩（《鴉片戰爭檔案史料》第 6 冊，第 238—239 頁）。道光帝於九月初六日批准（同上書，第 283 頁）。

41 山東巡撫托渾布奏稱：道光二十一年"正月、五月間，兩次奏蒙聖恩，於司庫正項內，先後提借十八萬兩，核實支發"，"今防兵重調，未撤之兵留"，"請予庫現貯正項內，再行借動銀十五萬兩……"（《道光鴉片戰爭案彙存》（抄本）第 3 冊）。道光帝於二十一年八月二十八日批准（同上）。道光二十二年四月初五日，道光帝批准托渾布在司庫現貯正項內再提銀 15 萬，以備支放（《清實錄》第 38 冊，第 658 頁）。此後山東撥款數額未見材料。

42 道光二十一年八月，盛京將軍耆英奏："奴才等伏查奉天軍需，自上年七月以來……陸續支用銀兩，將及十萬兩之多……"（《籌辦夷務始末（道光朝）》第 3 冊，第 1196 頁）。此後未見有關軍費數字。

毫無疑問，除了撥款外，這些省區亦有數量可觀的捐輸銀兩。[43]

河南、山西、安徽、甘肅、湖南、雲南、貴州、黑龍江、吉林、察哈爾等省區也有出征兵丁，其中一些省份亦有過境兵丁，而這些省份既無報銷數字亦無撥款數字，我們似可從前引湖北、江西、四川、陝西、廣西的報銷數字中，推測其用度。

據此，我們可以得出近似的結論，鴉片戰爭中清政府支出的軍費約2500萬兩，若包括來自民間的捐輸銀錢，當超過3000萬兩。

這是一個龐大的數字。遠遠超過英國遠征軍的侵華費用！[44] 從來不做虧本生意的盎格魯－撒克遜人，在戰後賠款上獅子開大口，索要賠款2100萬元，其中戰費1200萬元，僅合銀900萬兩。

本土作戰的清軍，為何支出如此之巨？我們不妨做一番細究。

一、我在第一章中已經說明，清軍平時的糧餉不敷用度，戰時徵調作戰需支付三筆錢：甲、俸賞銀，軍官為俸銀兩年，士兵為 6 至 10 兩。[45] 乙、行裝銀，此為借支，戰爭結束後分年扣還，其數額從 6 兩至

---

43 北方各省因不如廣州有行商、揚州有鹽商，捐輸數量較少。我所見檔案材料有，一、山東省：道光二十二年九月初三日，山東巡撫麟魁奏，楊持衡等捐銀 40200 兩，捐錢 125400 串（《宮中檔朱批奏摺》）。道光二十三年八月初五日，山東巡撫梁寶常奏，黃縣官紳自道光二十一年以後先後捐銀 32478 兩（《宮中檔朱批奏摺》）。二、直隸：道光二十年十二月二十三日，長蘆鹽政德順奏稱，為天津海口改築炮台，"鹽政倡捐銀四千兩，運司三千兩，天津道三千兩，鹽商五萬兩，海船戶五萬兩，典商六千兩，紳士四千兩，共捐十二萬兩"（《宮中檔朱批奏摺》）。道光二十一年十一月十五日，內閣奉上論："德順奏……長蘆通綱京外商人查慶餘等，以天津海口防兵駐集，呈請捐輸銀四十萬兩，以備要需，著即賞收。"（《剿捕檔》）以上共計銀 592678 兩，錢 125400 串。

44 對英國在鴉片戰爭中支付的軍費，我尚未進行研究。但據《英國議會文件》，英國政府 1843 年 5 月 16 日對下院質詢開出了一份關於對華戰爭支出的賬單：（見下頁表）
根據該材料所提供的兌率，1 元等於 4 先令 4 便士，鴉片戰爭清方的總賠款為 2100 萬元，等於 5787504 鎊（《英國議會文件》中國，第 27 卷，第 23 頁）。然而，在鴉片戰爭賠款中戰費名下僅 1200 萬元，即 3307144 鎊，與支出相比，相差 908269 鎊。但是，從該表可以看出，在東印度公司名下，尚有高達 109 萬鎊的 1842 年至 1843 年估計軍費，而到 1842 年 9 月，戰爭已經結束。不管怎麼說，清政府戰後支出的總賠款是 2100 萬元。儘管其中 600 萬元是鴉片賠款，300 萬元是行商欠款，但到了 1843 年 5 月 16 日，英國政府的文件中並無支付給商人的記錄，反而在他們的收支表中列上了 157.2 萬英鎊的 "盈餘"（surplus）。

45 此中的俸銀與收入總數概念不同，據《中樞政考》，綠營官員的年俸為：提督 81 兩，總兵 67 兩，副將 53 兩，參將 39 兩，游擊 39 兩，都司 27 兩，守備 18 兩，千總 14 兩，把總 12 兩。也就是說，俸賞銀自 24 至 162 兩不等，綠營馬兵俸賞銀為 10 兩，戰兵守兵為 6 兩。另，八旗出征官員的俸賞銀又遠遠高於綠營，然因鴉片戰爭中，八旗兵調動較少，不再詳錄其標準。

東印度公司	
由宗主國政府支付的實際遠征軍費用	682,507
至 1841 年 4 月 30 日	753,184 ⎫
至 1842 年 4 月 30 日	318,725 ⎭ 1,071,909
由東印度公司於 1842 年 4 月 5 日前支付而尚未收到付款的 1842 年至 1843 年遠征費用估計	1,096,416
東印度公司支付的國內遠征軍費用	28,541
總計	2,879,373
香港	
香港工事，據義律上校的賬單	3,000
新南威爾士	
軍需部門提供的補給品	16,000
女王陛下政府支付的國內遠征	
海軍部 裝配艦船	180,959
工資	441,440
僱傭船隻及運算	224,700
海軍物資和煤	90,853
給養	338,382
醫藥	9,706
	……1,286,040
營房修理	3,518
物資	19,368
付給官兵的工資	7,614
補貼伙食	500
	……31,000
總計	4,215,413 鎊

500 兩不等。[46] 丙、鹽菜口糧銀，此係出征兵弁的伙食費，官兵每日給米 8 合 3 勺或麥 1 斤，鹽菜按品秩每月從 0.9 兩至 12 兩不等。[47] 也就是說，清朝每年以銀上千萬兩養兵 80 萬，僅僅是平時的費用，一至戰時，又得支出不亞於平時費用的另一筆戰時費用。

二、由於承平日久，清軍的兵器及防禦工事至戰時需要大規模的改造。如浙江鎮海鑄炮 117 位，共用銀 10.8 萬兩。[48] 各地的數字集合一起就相當可觀。

三、清軍長途調動增援，又有人夫車馬行船路糧等開支。《欽定戶部軍需則例》對此有着十分繁細的規定，而從這些規定中很難得出具體印象，讓我們看看廣西省的實例：

雲南兵 500 名赴廣東　　3735 兩

貴州兵 2500 名赴廣東　18271 兩

雲貴兵由廣東撤回　　　6801 兩 [49]

鴉片戰爭中，共計 5 萬餘名官兵跨越全國的大調動，其費用之巨不難想見。

四、僱勇。由於清軍兵力不敷，須大量僱勇。僅浙江省就有"隨征

46　據《欽定戶部軍需則例》，借支行裝銀的具體標準為：提督 500 兩，總兵 400 兩，副將 300 兩，參將 250 兩，游擊 200 兩，都司 150 兩，守備 100 兩，千把總 50 兩，馬兵 10 兩，戰守兵 6 兩。在當時高利貸盛行的社會，這筆無息貸款對官兵頗有誘惑力。

47　鹽菜銀標準為：提督每月 12 兩，總兵 9 兩，副將 7.2 兩，參將、游擊 4.2 兩，都司 3 兩，守備 2.4 兩，千總 2 兩，把總 1.5 兩，兵丁 0.9 兩。另外，軍官的跟役每日給口糧八合菜，但不支鹽菜銀。綠營軍官的跟役名額為提督 24 名，逐級降至把總為 2 名。兵丁每十名給跟役三名，兵丁跟役口糧亦為八合三勺，但每月支鹽菜銀 0.5 兩。

48　浙江巡撫梁寶常摺，道光二十四年十二月初二日，《宮中檔朱批奏摺》。

49　署理廣西巡撫布政使孔繼庚摺，道光二十七年正月二十四日，《軍機處錄副》。值得注意的是，這裏提到的過境費用，是超標準而不能例入報銷的部分。廣西共支出軍費 9 萬餘兩，其中例入報銷者 3.2 萬餘兩。孔繼庚解釋理由為"應付官兵口糧夫船腳價內有因例價不敷，實用不能實銷"。因此，實際支出應大於此數。為此，我們還可再舉一例。盛京將軍慶祺等於咸豐六年十一月二十六日奏稱：盛京過境吉林、黑龍江官兵、餘丁"共一千八百三十員名，所需車價銀二萬三千二百三十七兩五錢，騎馬草糧銀三百兩，尖宿飯食銀三千三百七十六兩三錢一分九釐"（《宮中檔朱批奏摺》）。總計需銀達 2.69 萬兩。當然，八旗官兵的費用一般比綠營為高。

水陸壯勇"2萬餘名,"沿海各廳州縣巡防壯勇"3.7萬餘名,[50] 開支就相當驚人。

此外,還有大量的浪費和貪污,[51] 無疑是在傷口上抹鹽,使清王朝本已千瘡百孔的財政,不堪承受。

鴉片戰爭初期,道光帝還頗為大度,向各省撥放軍費。1841年秋廈門失守後,福建請款300萬兩,戶部已經是東拼西湊。[52] 是年11月,為尋找軍費來源,戶部和吏部根據道光帝的諭令下發"海疆捐例",將清朝平日賣官售爵的捐例,"酌減十分之五",以示鼓勵。[53] 是年底,戶部又向道光帝亮出紅燈,警告存銀不多,無法維持龐大的軍費開支。[54] 就在劉韻珂的"十可慮"上奏不久,1842年4月20日,道光帝據軍機大臣穆彰阿的提議,下令各將軍督撫熟籌軍費良法,"條議具奏"。[55] 但

---

50 《鴉片戰爭檔案史料》第7冊,第476頁。此數為官府付資的雇勇,而官府不出資的團練,當時號稱有9萬人。

51 例如,張集馨稱:漳州"文武員弁製造大小炮數十尊,安放城上,余看城外居民鋪戶,聚居鱗次,即有警而炮難施,排列多尊,飾觀而已。又造炸彈、鐵蒺藜等物,尤屬無用……文武各員多事張皇,以為報銷地耳。"又稱:"漳浦海口距縣城九十餘里,設鄉勇九十人,殊覺無謂。"(《道咸宦海見聞錄》,第61頁,第65頁)全於貪污事項,我在第五章第二節和第五節,分別談到了顏伯燾和鄂雲,這裏不再舉例。

52 當時戶部指撥各款的名目為:浙江秋撥應報鹽課銀8萬兩,春撥留協漕項白糧等銀7萬兩,封貯銀5萬兩;江西秋撥應報地丁銀15萬兩,封貯銀5萬兩;安徽秋撥應報地丁銀15萬兩,封貯銀10萬兩;蘇州秋撥應報地丁銀15萬兩;兩淮秋撥應報鹽課銀50萬兩,收還本帑本銀20萬兩;山東秋撥應報地丁銀20萬兩,封貯銀20萬兩;山西秋撥應報地丁銀40萬兩,封貯銀15萬兩;山西鹽課撥應報河工經費銀6萬兩;北新關約徵稅銀5萬兩;九江關約徵稅銀15萬兩;蕪湖關約徵稅銀8萬兩;滸墅關約徵稅銀10萬兩;淮安關約徵稅銀5萬兩;揚州關約徵存稅銀6萬兩。從以指撥款項來看,沒有從戶部存銀中撥出者,從各省封貯銀中撥出者只有51萬兩,絕大多數是當年應徵、約徵的款項,可見清政府財政已是捉襟見肘。(戶部摺,《軍機處錄副》,該件無日期,後北新關監督奏稱二十一年八月十三日收到部文)

53 署戶部尚書恩桂等摺,道光二十一年十月初六日《軍機處錄副》)。其標準為:民人捐銀200兩以上,給予九品頂戴;300兩以上,給予八品頂戴;400兩以上,給予鹽知事職銜;800兩以上,給予縣丞職銜;1200兩以上,給予州判職銜;1600兩以上,給予按經職銜;2000兩以上,給予布經職銜;2400兩以上,給予通判職銜;3200兩以上,給予鹽提舉職銜;4000兩以上,給予同知職銜;6000兩以上,給予運同職銜;8000兩以上,給予知府職銜;12000兩以上,給予道員職銜;20000兩以上,給予鹽提使職銜。此外還有京銜捐例、候選人員儘先補用等規定,因該文件太長,而不細錄。

54 道光二十一年十二月,戶部片:"再查上年八月起至本年十一月止,據海疆各省請軍需銀一千二百三十六萬五千餘兩,東、南兩河請工需銀七百一十萬七千餘兩,江蘇、安徽、湖北請災賑銀一百五十九萬八千餘兩,共銀二千一百七十萬餘兩……應請敕下該督撫等妥為籌劃,力求撙節,並飭承辦各員,毋許絲毫浮濫,總不得以朝廷不惜帑金,動輒援案聲請,漫無限制……"(《軍機處錄副》)

55 《鴉片戰爭檔案史料》第5冊,第183頁。

是，在中古式的財政體系網絡中，財源枯乾，各將軍督撫不可能有新的思路，也無有見地的對策，其具體作法不過是勒捐而已。可以說，在戰爭後期，清朝的軍費在相當大程度上是靠捐輸維持的。[56]

由此可見，且不論別項，僅軍費一項已將清王朝逼入死胡同。我們雖不能說清王朝已至山窮水盡的地步，後來的太平天國戰爭時清廷財政更加困難，但以社會生產力的極大破壞和民眾生活的極度貧困為代價而維持，道光帝付得起此等代價嗎？

劉韻珂的"十可慮"，是整個戰爭期間少有的能面對現實條分縷析的文件。**他所提出的"深可焦慮"的十項，都是已經發生的事實或現實存在的隱患。對此，不僅他本人為之莫解，清王朝也無人可為之解。**今天的歷史學家在研究鴉片戰爭時，應當正視這些問題。

今天的論者，大都愛用"主戰派"（或"抵抗派"）和"主和派"（或"投降派"）的概念，來劃分清王朝的官員。就當時的情景而言，確實有主戰、主和兩種不同的聲音，但若將某一官員具體地歸置於某一陣營中去，我以為，又違背了歷史的真實。

問題在於不存在純粹意義上的"主和派"。琦善、伊里布在傾意主"撫"之前，曾經有過短暫的堅決的主"剿"姿態。楊芳、奕山與英軍妥協前，也是力主"剿"議且身體力行者。劉韻珂的個人經歷更為典型。他們之間的區別僅僅在於：琦、伊在未開戰前便看出"剿"計之不可行，而楊、奕、劉是吃了敗仗後才轉向；楊、奕在實行妥協後施放謊言迷霧，劉氏未行動前便直言"剿"之必敗。其他人呢？

閩浙總督顏伯燾曾是鐵桿主"剿"者，廈門失敗後，便與其曾彈劾

---

56 道光二十二年十二月二十七日，湖南巡撫吳其濬奏稱："嗣准戶部送片稿內稱，海疆經費，現計各省先後奏報捐輸，共銀九百八十餘萬兩，制錢九十餘萬串。"（《宮中檔朱批奏摺》）可見捐輸銀錢之巨。當然，這些銀錢（尤其是內地省份）並沒有完全用於戰爭，在江蘇，相當大部分用於支付賠款。

過的奕山之輩同流合污，在謊言中消磨日子。私下場合，他又"暢論英夷船堅炮利，紀律禁嚴，斷非我師所能抵禦"，聞者暗暗偷笑"其中情已餒，何前後如出兩人"？[57]

接顏伯燾繼任閩浙總督的怡良，曾是林則徐的密友，一紙彈劾琦善的奏章揚名天下。但未離廣東之前，就在英軍的攻勢下與楊芳等人向英軍妥協。就職閩浙後，又敷衍道光帝為減浙江軍事壓力而令其進攻鼓浪嶼的諭旨，向手下明確佈置：

> 宜飭堅守，勿令挑釁，脫有貪功名心，則夷必撤浙省之兵船來與我抗，是我為浙受禍也。[58]

他已全無戰意，決計與英軍和平共處，不惜以鄰為壑。而在他的私函中，更是明言："夷務不可為，閩事更不可為，兵不可撤又不可留，真無如何。"[59]

兩江總督裕謙兵敗自殺，其信號是明確的，即對戰爭前途失望。

揚威將軍奕經在浙東反攻失敗後，曾主張"暫事羈縻"，後自覺與其"將軍"的身份不符，便改調"剿"論，謊報戰果，與劉韻珂的"撫"議相對立。[60] 可沒過多久，乍浦失陷，他"心悸股慄，迄無良策"，也轉向釋俘"緩兵苟安"了。[61]

主"撫"官員中還有兩位大將。一是耆英，此時在盛京將軍任上，

57　張集馨：《道咸宦海見聞錄》，第 60 頁。

58　同上注。又，璞鼎查、巴加、郭富在駐兵鼓浪嶼，率主力北上時，曾發佈"曉諭"，稱："照得本水陸軍士北上，而派兵據守鼓浪嶼。但此去後，內地奸徒，如膽敢生事，害我防兵，則本公使大臣、水路提督、陸路提督回來時，最必報仇。"（佐佐木正哉編：《鴉片戰爭の研究：資料篇》，第 134—135 頁）是以怡良有"為浙受禍"一語。

59　《李星沅日記》上冊，第 423 頁。

60　《鴉片戰爭檔案史料》第 5 冊，第 139 頁。

61　《籌辦夷務始末（道光朝）》第 4 冊，第 1834 頁。

依然一派主“剿”姿態。[62] 一是牛鑑，新任兩江總督，對戰爭的前景抱着必勝的信念。[63] 在後面的敍述中，我們又會看到，當耆英至浙江、牛鑑兵敗吳淞後，兩人又成為主“撫”派的頂尖人物。

原來，所有的主“撫”官員無不從主“剿”轉變而來。在“天朝”的對外體制下，在“夷夏”觀念的熏浸中，清王朝官員對“逆夷”主張“進剿”，幾乎是出於本能，不加思索。因此，清朝官員原來都是“主戰派”，無一例外。正因為如此，如果說清王朝統治集團內部存在着“主戰”與“主和”的鬥爭的話，那麼，這種鬥爭的場地，主要在於那些由主“剿”轉向主“撫”的官員的頭腦，是一種自我的思想鬥爭。在那個時代，居然向“逆夷”屈服，思想上必然經歷一番痛苦的掙扎。[64]

在對“主和派”的排隊中，又使我發現，在粵、閩、浙、蘇戰區四省中，負有實際責任的官員都變成了主“撫”者，再也找不到主“剿”者了，就像我在非交戰省區也同樣找不到主“撫”者一樣。因此，這一時期的主“撫”者與主“剿”者的區別，僅在於他是否在戰區，是否負有抵禦英軍的實際責任。對一名戰區中的地方官說來，此非兒戲，由不得他們像非戰區的官員那樣可以不負責任地歌唱“義理”的高調了。

現實的力量，畢竟大於“義理”的力量。

62　耆英自 1840 年 8 月英艦出現於奉天洋面後，一直部署防務，準備交戰（見《鴉片戰爭檔案史料》第 2 冊，第 325—328、339—341 頁；第 3 冊，第 13—14 頁）。英軍攻佔廈門後，道光帝下令各省嚴防海口，他挑選甲兵 1000 名備調，上奏曰：“查英夷逆匪膽敢肆其鴟張，蔓延滋擾，實為天地不容，凡屬臣民，莫不皆裂髮指，今若不謀定後行，刻奏膚功，恐逆焰愈熾，尤難擒制。奴才愚昧之見，惟有整頓天兵，籌撥軍餉，先剿後和，是為切要。”並聲稱“人人思奮，志切同仇，忠義相助，爭先奮勉，是奉天海陸各防洵堪仰慰聖懷”（同上書，第 4 冊，第 104—105 頁）。

63　牛鑑於 1841 年 10 月新任兩江總督，查閱吳淞、長江各處防務，認為“斷不致有他慮”，長江“水陸復巡，實已星羅棋佈，聲勢聯絡，氣象雄壯，悉臻嚴密”，“該逆船斷不敢飛越數百里重兵防守之地，冒險入江，阻我漕運”（《籌辦夷務始末（道光朝）》第 3 冊，第 1575、1623 頁）。一直到吳淞開戰的前夕，他在奏摺中仍慷慨地表示“戮力同心，激勵將士，有進無退！”（同上書，第 4 冊，第 1913 頁）

64　就具體官員而論，琦善、伊里布、耆英等滿族親貴受儒家文化影響較小，因而轉向時動作較快，其他官員受“夷夏之辨”影響較深，轉變時格外困難。

有論者謂林則徐此時關於建立"水軍"的思想，為正確的救國之方。我以為，此論似為不妥。

早在 1841 年 4 月林則徐尚在廣州時，向靖逆將軍奕山提出 6 條建策，其中第 5 條為"外海戰船宜分別籌辦"。[65] 1841 年秋，林則徐效力於河南符祥河工，得知廈門、浙江的敗局，開始深層次地檢討以往的作戰指導方針，在致其門生戴孫的信中，提出"水軍"的設想：

> 逆船倏南倏北，來去自如，我則枝枝節節而防之，瀕海大小門口不啻累萬，防之可勝防乎？果能亟籌船炮，速募水軍，得敢死士而用之，彼北亦北，彼南亦南，其費雖若甚繁，實比陸戰分屯、遠途徵調，所省為多。若誓不與之水上交鋒，是彼進可戰，而退並不必守，誠有得無失矣。譬如兩人對弈，讓人行兩步，而我只行一步，其勝負尚待問乎？[66]

是年鼕，他又向兩江總督牛鑑正式提出"船炮水軍"的建議。[67] 此外，他在致翰林院編修吳嘉賓、江蘇布政使李星沅等人的信函中，又有具體的論述。[68]

林則徐的這一新設想，是對其先前的作戰指導方針（以守為戰）的否定。林則徐在事實面前斷然放棄先前的主張，顯示其探求新知的努力，可以說，是他思想的一大進展。[69]

以近代戰爭的知識來判斷，組建"水軍"直接到海上與敵抗衡，避

---

65 《林則徐奏稿、公牘、日記補編》，第 100 頁。

66 《林則徐書簡》，第 177 頁。

67 《林則徐書簡》，第 185—186 頁。

68 《林則徐書簡》，第 183—184 頁。

69 林則徐後來談道："側聞議軍務者，皆曰不可攻其所長，故不與水戰，而專於陸守。此説在前一二年猶可，今岸兵之潰，更甚於水，又安所得其短而攻之？"林並對英軍的火炮性能和射擊技術作了十分深刻的分析，詳論陸戰之不可勝，我們可清晰地看出他認識的深化（《林則徐書簡》，第 193 頁）。

免被動捱打，無疑是更為高明的一着。但是海戰比陸戰更為複雜，海軍建設要比陸軍建設更為困難。

林則徐設想的"水軍"是甚麼樣的呢？他稱："大船百隻，中小船半之，大小炮千位，水軍五千，舵工水手一千。"[70] 就此規模而言，不算太小，頗為鼓舞人心。但是，我們若作進一步的具體分析，又會發現問題。

"水軍"的關鍵在船炮。林則徐最初對奕山談到其戰船中稱："另製堅厚戰船，以資取勝。上年（1840 年）曾經商定式樣，旋因局面更改，未及製辦，其船樣尚存虎門寨。如即取來斟酌，趕緊製造，分路購料，多集匠人，大約四個月之內可成二十船。以後陸續造成，總須有船一百隻，始可敷用。"[71] 林則徐沒有詳談戰船的具體式樣，但稱在英軍逼迫下的廣州每月可造 5 艘，又似非為近代化的海軍艦船。且待 100 艘戰船如期製成，"水軍"成立，時在 1843 年 1 月。

1842 年 4 月，林則徐稱："雖一時造船緩不濟事，而泉、漳、潮三處，尚未嘗無可僱之船，其槍炮手亦皆不乏……火炮須由官造，必一一如法乃可得用。弟有抄本《炮書》，上年帶至江浙……"[72] 是年 9 月，又稱："為今之計，戰船製造不及，惟漳、泉、潮民商之船，尚可僱用。其水軍亦須於彼募敢死之士……次則老虎頸之鹽船與人，亦尚可以酌用……"[73] 可見林則徐"商定"式樣的戰船，是可以用福建南部一帶的民船替代的。其欲製造的火炮，當與其在浙江效力時製造的火炮並無二致，只有工藝上的講究，並無技術上的提高。[74]

---

70 《林則徐書簡》，第 186 頁。

71 《林則徐奏稿、公牘、日記補編》，第 100 頁。

72 《林則徐書簡》，第 186 頁。

73 《林則徐書簡》，第 193 頁。

74 林則徐所提到的《炮書》，即明代焦勗據傳教士湯若望（Joannes Adam Sehall Nonbell）口述而撰的《火攻挈要》，已有 200 年的歷史，並非先進。林稱其"大要"為"腹厚口寬，火門正而緊，鐵液純而潔，鑄成之後，膛內打磨如鏡，則放出快而不炸"（《林則徐書簡》，第 191 頁）。這對當時工匠不講究工藝而粗製濫造，還是有意義的。

讓我們回過頭來，從林則徐設想的"水軍"的規模，反推其戰船的型制。1000 位火炮，5000 名士兵，1000 名舵工水手，若平均地分配到 100 艘大型戰船和 50 艘中小型戰船中去，平均每船僅有炮 6.6 門，士兵 33 人，舵工水手 6.7 人。這與英軍的艦船不在一個級別上，無法相比。

由此，林則徐所設想的"水軍"，只是傳統水師的強化，並非近代海軍。一支近代化的海軍須由近代化的科技和工業為基礎。缺乏這一基礎，林則徐或其他人，空手是建不成近代海軍的。與此同理，近代化的海戰，又需要近代化的海軍。

用僱募的民船、僱募的槍炮手、舊法製造的火炮，與英國遠征軍海上交鋒，似無勝利希望。

林則徐關於"水軍"的設想，只有思想史上的意義，並無軍事史上的價值。

1842 年 3 月 28 日，北京，圓明園。劉韻珂七天前發出的"十可慮"密摺及其三份附片，遞到了道光帝的案前。我們不知道道光帝閱讀此件的神態，但隱隱感到重大決策作出前時空氣的凝重。三天前收到的揚威將軍奕經兵敗浙東的奏摺，使其失望、惱怒和憂鬱，朱批曰："憤恨何堪，筆難宣述。"[75] 他恐怕英軍此次得手後會攻擊北方，將他最為信賴的首席軍機大臣穆彰阿派往天津，查勘防務。此時劉韻珂這份絕無"撫"、"羈縻"一類文字卻又意在其中的奏摺，指出了另一條道路，悄悄地攝取了他的心。他拿起朱筆，在最後一份啟用伊里布的附片的末尾寫下："所奏不為無見。另有旨。欽此。"[76]

說來也巧。就在這一天，由盛京將軍調任廣州將軍的耆英進京請

75 《鴉片戰爭檔案史料》第 5 冊，第 86 頁。
76 《鴉片戰爭檔案史料》第 5 冊，第 94 頁。

訓，也到了圓明園。道光帝召見。兩人密談。晚上，由內閣發下兩道上諭：[77]

> 耆英著馳驛前往浙江，署理杭州將軍。
> 伊里布著改發浙江軍營效力。

這兩項人事調動，預示着朝政的重大變動。

同在這一天發出的諭旨中，還有兩件值得注意。一件是給揚威將軍奕經、浙江巡撫劉韻珂等人的廷寄，其中指出：

> 該逆（英軍）兇焰甚熾，必四路紛竄擄掠。尤當設法羈縻，毋令蹂躪地方。（重點為引者所標）

道光帝在諭旨中替劉韻珂說出其想說而不敢說的"羈縻"二字。另一件發往天津的穆彰阿：

> 本日據劉韻珂馳奏剿辦逆夷情形，現已有旨諭令伊里布前赴浙江軍營效力，並令耆英帶同前往矣。劉韻珂原摺片著鈔給閱看。此事與訥爾經額（時任直隸總督）無涉，斷不可向其告知，致天津海防稍有弛備也。[78]

這一方面說明道光帝對他的這一決定仍無把握，想聽聽這位親信大臣的意見，另一方面又恐怕這一決定，會影響前方將士的軍心。

77　張喜：《撫夷日記》，《叢刊·鴉片戰爭》第 5 冊，第 354 頁。
78　以上四道上諭，見《鴉片戰爭檔案史料》第 5 冊，第 120—122 頁。

耆英在北京一共住了 19 天。在此期間，道光帝恐其"署理杭州將軍"一職事權不重，於 4 月 7 日頒給"欽差大臣"關防。我們不知道道光帝共召見他幾次，只知道最後一次為 4 月 12 日。[79] 兩人密談的內容自然不會有正式的記錄，但江蘇布政使李星沅在日記中寫道，京中來信告知，耆英曾向道光帝說明，對英軍"與銀與地均非辦法"，道光帝明確指示，"先剿後撫"！[80]

"先剿後撫"，即在軍事上取得勝利，哪怕是極小的勝利，再與英軍講和。這反映出道光帝已經承認在軍事上不可能取得完全的勝利，想以妥協了結。從策略上講，這種方法可使己方在談判桌上有討價還價的資本，以制止英方漫天要價。但是，問題又在於"剿"得了還是"剿"不了。看來道光帝在前方將領的欺瞞下，對前方軍情的了解，不那麼透徹。

又據伊里布的親信張喜透露，伊里布由張家口軍台釋回，4 月 3 日到圓明園。張喜聞訊趕去伺候，叮囑其主子："如蒙召見，務將夷情徹底陳明，方能有濟，若如前隔膜，仍恐掣肘。"伊里布深以為是。然至軍機處報到時，只奉到上諭："伊里布著賞給七品銜……交耆英帶往浙江差遣。"看來道光帝還不願與這位不久前定罪的老臣直接對話，不予召見。次日，伊里布由本旗都統帶領前去謝恩，只在二宮門磕頭，仍未能將英軍的實際情況上達天聽。張喜見前景不妙，儘管耆英、伊里布一再讓他隨行去浙，仍未敢應允。[81]

1842 年 4 月 15 日，欽差大臣耆英、七品銜伊里布離開北京，南下杭州。京城南的正陽門和彰儀門，照例再次向欽差大臣開放，冷漠地注

---

79 《鴉片戰爭檔案史料》第 5 冊第 246 頁收錄欽差大臣耆英奏報抵杭日期摺稱："於二月初二日跪聆聖訓，後於初五日同伊里布、咸齡及隨帶之佐領等由京起行……"此處的"二月"，當為三月之誤。二月初二日為公曆 3 月 13 日，耆英此時尚未到京。此據張喜《撫夷日記》改。

80 《李星沅日記》上冊，第 385 頁。

81 張喜：《撫夷日記》，《叢刊‧鴉片戰爭》第 5 冊，第 354—355 頁。

視着此行神色慘淡的人們。它已經送走了兩位欽差、兩位將軍，這一次，又會有何轉機？

無情無語的城門，此時已巍立了四百多年，飽經滄桑。它又能問誰？誰也沒有答案。

至聖至明的大皇帝，此時心裏正充滿着不安。耆英和伊里布南下後，道光帝開始了冷靜的思索。他突然發現，自己對於面前的敵手，實在是一無所知。5月1日，他收到奕經的奏摺，得知可以審訊俘虜，立即發下一道諭旨：

著奕經等詳細詢以嘆咭唎距內地水程，據稱有七萬里，其至內地，所經過者幾國？

克食米爾距該國若干路程？是否有水路可通？該國向與嘆咭唎有無往來？此次何以相從至浙？

其餘來浙之嗑咖唎、大小呂宋、雙英（鷹）國夷眾，係帶兵頭目私相號召，抑由該國王招之使來？是否被其裹脅，抑或許以重利？

該女主年甫二十二歲，何以推為一國之主？有無匹配？其夫何名何處人？在該國現居何職？

又所稱欽差、提督各名號是否係女主所授，抑係該頭目人等私立名色？至逆夷在浙鴟張，所有一切調動偽兵及佔據郡縣，搜刮民財，係何人主持其事？

義律現已回國，果否確實？回國後作何營謀？有無信息到浙？

該國製造鴉片煙賣與中國，其意但欲圖財，抑或另有詭謀？[82]

---

82 《鴉片戰爭檔案史料》第5冊，第222頁。其中"克食米爾"，當為克什米爾；"嗑咖唎"，當為孟加拉；大呂宋為西班牙，小呂宋為西班牙的殖民地菲律賓，雙鷹國為旗上畫有雙鷹的奧地利。

他需要了解的太多了，一下子開出這麼多問題。可見他的焦躁，又可見他的淺薄。"天朝"大皇帝本不屑於過問"夷"事，此時俯查"夷"情，姿勢自然可笑，多少又有那麼點進步的意味。可是，他似乎並不知道，他最為困惑的地理問題，[83] 正是他最有資格回答的。我們今天尚能看到的由傳教士南懷仁為他高祖父康熙帝繪製的當時中國最精美的世界地圖——《坤輿全圖》，此時正在紫禁城的庫房裏睡覺。

二　屢戰屢敗：從杭州灣到揚子江

道光帝此時決定的"撫"，與他在戰爭初期主張的"撫"，含義並不相同。一年半之前，他並沒有打算接受英方的條件，一切舉止與古已有之的"撫夷"方式並無二致。一年半的戰爭使之明白，不作點讓步不行了。

用今天的政治概念來衡量，以對方條件的全部或部分來停止戰爭，無疑是"投降"。可在當時人的心中似乎還不這麼看，認為仍是"撫"。這不僅是為了"天朝"的面子，還因為在中國傳統的政治術語中，"降"意味着向敵方的臣服。

然而，被"逆夷"打痛而屈行"撫"計，到底是一件痛苦的事情。作為"天朝"官員的劉韻珂由"剿"轉"撫"都經歷了一番思想的掙扎，身為"天子"的道光帝更是心有不甘。

1842 年 5 月 9 日，著耆英到達杭州。

按照道光帝"先剿後撫"的如意算盤，由揚威將軍奕經主持"剿"，

83　此後，道光帝又令台灣道達洪阿向英俘訊問："究竟該國（英國）地方周圍幾許？所屬國共有若干？其最為強大不受該國統屬者共有若干？又嘆咭唎至回疆各部有無旱路可通？平素有無往來？俄羅斯是否接壤？有無貿易相通？"（《鴉片戰爭檔案史料》第 5 冊，第 264 頁）可見道光帝對地理問題的關注。

獲勝後由欽差大臣耆英主持"撫"。[84] 然而，耆英的到來，似乎給奕經一大刺激，於是他接連向道光帝奏報定海燒英船獲勝、英軍為其逼迫而放棄寧波、清軍即將進攻鎮海……這一連串的"好消息"，使道光帝振奮，暗生懷疑不必行"撫"計。與奕經相反，耆英一到浙江便陷於失敗主義泥淖，上奏時情緒悲觀失望，很為道光帝不喜。當英軍稍有動作，耆英決計立刻實行"羈縻"，而不遵照"先剿後撫"之旨意時，道光帝的不滿又超出了容忍的極限，於 5 月 25 日下旨：

> 耆英著仍帶欽差大臣關防，馳驛前赴廣州將軍之任。（伊里布）即交奕經留營差遣，如無可委用之處，即一面奏聞，一面飭令回京。[85]

道光帝停止了耆英、伊里布的使命，浙江的一切大權仍歸之於奕經。這又讓人想起伊里布的那位頗有政治經驗的家人張喜，他不願隨主子南下，恰是預見了這一局面。

可是，就在道光帝幡然改計之時，英軍又發動了新的規模空前的攻勢。

早在 1841 年冬，英軍就決定於次年春季發動揚子江戰役。這一行動計劃最初是由前任全權代表義律提出來的，[86] 後得到英國政府的批准，

84　耆英到浙後，曾向奕經傳達面諭："務當復振軍容，激勵將士，凡應行防堵處，亟應設法嚴守，遇有可乘之機，尤宜痛加攻剿……"奕經即請旨讓耆英會同辦理軍務，道光帝朱批："斷斷不可"，稱"耆英原因另有委用之處，果否施行，俟朕隨時裁奪，無非備其一端而已。如能勿用，朕所深願，止須卿成功後，不待辨而俱明晰矣"（《鴉片戰爭檔案史料》第 5 冊，第 251—252 頁）。由此可見道光帝的分工安排。而其欲行之"撫"計，此時仍瞞着奕經，就像讓天津的穆彰阿瞞着訥爾經額一樣。而奕經得知的信息是，道光帝決計"剿"，很可能也是他謊報軍情以顯示其振作的原因。

85　《鴉片戰爭檔案史料》第 5 冊，第 306—307 頁。道光帝還在諭旨中批評耆英的"羈縻"行動，"辦理殊未得宜"。

86　馬士：《中華帝國對外關係史》第 1 卷，第 331 頁。

為此訓令印度政府於 1842 年 4 月集中其一切可能調動的軍隊於新加坡，然後"割斷中華帝國主要內陸交通線的一個據點"，即揚子江與大運河的交匯點鎮江。[87] 可以看出，這種戰法相較於戰爭初期的佔領海島、封鎖海岸的決策，更能擊中清王朝的痛處。

然而，到了 1842 年 5 月，天氣轉暖，南風司令，印度方面的援軍仍未抵達，全權代表璞鼎查尚在香港。駐在浙江的英國遠征軍海軍司令巴加、陸軍司令郭富決定不失時機地展開攻勢。為了彌補兵力的不足，他們放棄了寧波和鎮海，僅在鎮海城外的招寶山駐以最低限度的部隊。這一撤兵行動又產生了我們先前提到的奕經對軍情的謊言。

儘管奕經在奏摺中將英軍撤離寧波稱為"計窮智竭"，但內心並不因此平靜，反而更加緊張地注視着英軍下一步的行動。當乍浦開戰的消息傳來，他不免驚駭失色。

乍浦是浙江省平湖縣下屬的一座小城，位於杭州灣口的北端。因其地理形勢的重要，清軍入關南下後，派防八旗兵，領以副都統。在行政體制上，乍浦城內的正二品大員之於平湖縣，如同廈門城內的提督、同知之於同安縣一樣，又是一則特例。

鴉片戰爭開始後不久，1840 年 7 月 24 日，中英在乍浦發生了一次小規模的軍事衝突。[88] 此後，乍浦一直是清軍的海防重點。定、鎮、寧三城失陷之後，為浙江駐兵最多的地區，有八旗駐防兵、本省派援兵、陝甘援兵、山東雇勇、本地雇勇，共計約 7000 人。[89]

英軍自 1842 年 5 月 7 日撤離寧波後，於 13 日集結於黃牛礁。這支

---

87 馬士：《中華帝國對外關係史》第 1 卷，第 331 頁。

88 《鴉片戰爭檔案史料》第 2 冊，第 199—200、215—227 頁。

89 其中乍浦八旗駐防 1841 名，乍浦綠營及本省調防兵 1800 餘名，陝甘援兵 1000 名，本地雇勇 700 名，山東雇勇 1500 名（《籌辦夷務始末〔道光朝〕》第 3 冊，第 1249—1253 頁；第 4 冊，第 1655、1818、1821 頁）。

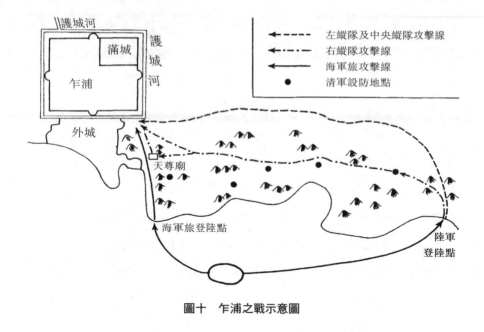

圖十 乍浦之戰示意圖

部隊共有戰艦 7 艘、輪船 4 艘、陸軍 2000 餘人。[90] 經集結了浙江地區
英軍的絕大多數兵力。[91] 可以說，已由於風潮的影響，英軍於 17 日到達
乍浦一帶海面。在進行了一番偵察後，18 日，英軍發動了進攻。

　　從英軍軍官的回憶錄中，我們可以看到一份作戰地圖。[92] 該圖清
晰地顯示了英軍在乍浦依舊採用海軍炮擊正面、陸軍側翼包抄的老
戰法。

　　儘管自 1840 年秋以來，乍浦一直是浙江清軍的佈防重點，開戰前
兵勇集結達 7000 餘人。但是，它缺乏諸如廈門、定海、鎮海那樣的防

90　其中英艦為皋華麗號（Cornwallis，炮 72）、布朗底號（炮 42）、摩底士底號（炮 16）、哥倫拜恩號（炮
　　16）、阿勒琴號（炮 10）、司塔林號（炮 6）、伯勞弗號（炮 6）；輪船為皇后號、復仇神號、西索斯梯斯
　　號、弗萊吉森號。

91　據 1842 年 2 月出版的《中國叢報》，稱是年 1 月英軍在浙江共有軍艦 9 艘，除克里歐號（Clio，炮 16
　　門）、海阿新號（炮 18）、培里康號（Pelican，炮 18 門）外，全部集結，此外，還有從廈門開來的司塔
　　林號。該刊另稱，是年在華英陸軍共約 5000 名，如除去香港、鼓浪嶼的駐軍，應認為浙江的英陸軍大
　　部已集結。（*Chinese Repository*, vol.11, pp.114-119）

92　John Ouchterlony, *The Chinese War: an Account of all the Operations of the British Forces from the
　　Commencement to the Treaty of Nanking*, pp.272-273.

禦體系，唯一值得一提的工事是城牆，據英陸軍司令郭富的報告，"城牆並不像預計的那樣高、那樣完好"；戰鬥中最為重要的火炮數量也很少，僅有 60 位（其中 11 位是銅炮），相當於廈門的十分之一，不到定海、鎮海的百分之四十。加上守將並未想到英軍會從東南高地發動進攻，防禦作戰時指揮十分混亂。

儘管如此，英軍在攻佔乍浦時付出的代價卻遠遠超出了廈門、定海和鎮海，共有 9 人斃命，55 人受傷，為鴉片戰爭歷次戰鬥的第 3 位。如在天尊廟，一些清軍僅僅憑藉房牆以輕兵器作頑強抵抗，擊斃英陸軍中校湯林森（Tomlinson）等人，直至該廟被英軍的火炮夷為平地。大多數清軍在戰鬥中逃跑；而乍浦駐防八旗官兵的拼死作戰又使英軍震驚，這裏有他們的家，有他們的家人，他們不能逃，也無處逃。一齣齣全家自殺的悲壯行動，顯示了他們的不屈性格。[93]

戰火由錢塘江南岸燃至北岸。英軍將進攻嘉興、杭州的流言，使浙江的軍政大員們膽戰心驚。當英軍的艦船出現於海寧州的尖山時，杭州城內人心惶惶，逃難的民眾阻塞了河港。然而，5 月 28 日，即英軍攻佔乍浦的第 10 天，全體撤離，繼續北上，其下一個目標是江蘇省寶山縣的吳淞（今屬上海市）。

吳淞位於黃浦江入長江處，是上海的門戶，也是長江防禦的第一道

93　有關乍浦之戰的經過，可參見下列資料：耆英、奕經等人的奏摺，見《鴉片戰爭檔案史料》第 5 冊，第 272—279、281—283、312—314、322—323、387—389 頁；《犀燭留觀記事》"乍川難略"，《叢刊・鴉片戰爭》第 3 冊，第 267—268 頁；夏燮：《中西紀事》，第 106—107、322—326 頁；*Chinese Repository*, vol.12, pp.248-252; Bernard, *Narrative of the Voyages and Service of the Nemesis*, vol.2, pp.313-335; John Ouchterlony, *The Chinese War: an Account of all the Operations of the British Forces from the Commencement to the Treaty of Nanking*, pp.268-281; Murray, *Doings in China: Being the Personal Narrative of an Officer Engaged in the Late Chinese Expedition,From the Recapture of Chusan in 1841, to the Peace of Nankin in 1842,* pp.136-151; 賓漢：《英軍在華作戰記》，《叢刊・鴉片戰爭》第 5 冊，第 290—295 頁。又據戰後清方奏報，乍浦之戰時，該城旗營共陣亡官兵 273 名，殉難 7 名，因傷身故 6 名，失蹤 1 名；另有男婦子女殉難 55 名（《鴉片戰爭檔案史料》第 6 冊，第 236—237 頁）。

屏障。寶山縣城距吳淞口西岸僅 2 里，面臨長江。

自 1840 年 7 月伊里布聞警帶兵設防後，吳淞一直是江蘇的海防重點。江蘇的最高軍政長官親自坐鎮於此，直接指揮。[94] 江南水陸提督陳化成更是堅持住在炮台旁的帳篷裏，枕戈待旦。如是者近兩年。在他們的領導下，吳淞的防禦工事和武器裝備發生了面目全新的變化。[95]

吳淞的防禦體系完全可以與廈門、定海相媲美，其具體部署為：

一、西岸土塘一帶共設火炮 134 位，[96] 新月堰炮台設炮 10 位，駐兵 1000 餘名，由江南提督陳化成督率指揮。土塘之後，設有營帳，駐有陸路接應的第二線部隊。

二、東岸土塘及炮台，設有火炮 20 位，駐以防兵 1000 餘名，由川沙營參將指揮。

三、寶山縣城安設大、小火炮 50 位，駐以防兵 2000 名，兩江總督牛鑑親自坐鎮此地。

四、寶山縣城西北約 3 里許長江岸邊的小沙背，駐以防兵 700 名，由徐州鎮總兵王志元督率，以防英軍從側翼繞襲。

五、師船、民船、仿製輪船皆部署於土塘之內的黃浦江，以防英軍直入內河。（以上部署可參見圖十一）

就已經發生的鴉片戰爭諸次戰鬥而言，這樣的防務抵擋不住英軍的攻勢，可此時的戰場總指揮新任兩江總督牛鑑卻毫無覺察。他充滿自信

---

94 具體時間為：伊里布，1840 年 7 至 8 月，1841 年 2 至 5 月；裕謙 1840 年 8 月至 1841 年 2 月，1841 年 5 至 8 月；梁章鉅，1841 年 8 至 10 月；牛鑑 1841 年 11 月至 1842 年 6 月。也就是說，兩江總督去浙江後，江蘇巡撫接管其事。當然，各軍政長官也有短暫的離開，其主要時間仍是駐在寶山或上海一帶。

95 詳見拙文《1842 年吳淞之戰新探》，《歷史檔案》1990 年第 3 期。

96 當時吳淞地區共有火炮 250 餘位（不含小型火炮），其中銅炮 43 位。在上海鑄成的銅炮，也有安設於寶山至上海黃浦江各處炮台，並未完全用於吳淞。而當時牛鑑等採用明代戚繼光遺法製成的虎蹲炮之類，不在統計數字之內。

地制定了具體細微卻又實屬閉門造車的應敵方案。[97] 這種不切實際的計劃本是那個時代一切未歷戰場的官僚們的通病，無須細加評論，但其張大其志的言辭又熨貼地舒展了道光帝那顆緊揪的心、讚其"水陸交嚴，深得以靜制動之法"。[98]

牛鑑的自信不使人奇怪。這位甘肅武威人士，出身科甲翰林，做過言官，放過外任，從不知"嘆咭唎"為何物，做事的氣度自然像前面提到的顏伯燾、裕謙等人，與當時的絕大多數官員融為一體。他一生中的關鍵，在於1841年黃河決堤，大水包圍河南省城開封，驚慌失措的河道總督倡言遷省城於善地，時任河南巡撫的牛鑑鎮定自若，力主"省城可守不可遷"，上奏曰："若一聞遷徙，眾心渙散，孤城誰與保守？"[99] 黃水退去之後，他的這種處變不驚的非凡氣質並沒有從道光帝的心目中退隱。當裕謙出缺之後，便毫無猶豫地晉其為兩江總督。江蘇毗鄰浙江，此時一片慌亂，不正需要一位每遇大事有靜氣的長官嗎？

1842年6月8日，英軍抵達長江口外的雞骨礁。這支艦隊共有戰艦8艘、武裝輪船6艘、運輸船14艘，運送陸軍約2000人。6月16日淩晨，英軍進攻吳淞。艦隊分為主力艦隊和輕型艦隊，主要攻擊方向是吳淞口西岸清軍各陣地。中午12點後，英運輸船載運陸軍部隊在吳淞西岸

---

97 按照牛鑑的奏摺，清軍的作戰預案是：一、若英軍艦船闖入吳淞口內，吳淞東西兩岸土塘清軍"貼伏於土牛之後，接應之兵遙伏里之外。彼若用炮亂轟，我只寂然不動。彼之炮子斷不能及我所伏之兵，俟其炮火將竭，大船臨近，度我炮力可及，審准照星準頭，眾炮環發，賊必不及"。二、英軍若以艦船掩護其步兵登陸，"此時守塘之兵與接應之兵，儘可以放心齊出。蓋匪徒既已上岸，彼必不敢亂用炮轟。然後忽邀其前，或尾其後，先用虎蹲炮迎擊，破其洋槍火器，次用抬炮、鳥槍連環夾擊，自無不勝之理。且逆夷用杉板船渡其黑鬼登岸，不過數十百人為止，我軍以數千精銳接仗，亦何難聚而殲之"。三、若英軍由長江繞攻小沙背一帶，抄襲西岸土塘後路，"我兵已層層設炮，節節埋伏"。因為該處灘淺，大船難以靠近，"彼不能攜帶大炮犯我內地，雖有火槍火箭，亦斷不能敵我之大炮抬炮與夫百餘尊虎蹲炮位。此理不辯自明"。四、若英軍艦船闖過吳淞口，"直入內河"，吳淞口內黃浦江上部署的師船、雇船、輪船出擊迎戰，"各該船隻堪與之接仗，不致稍有疏虞"[《籌辦夷務始末（道光朝）》第3冊，第1623頁；第4冊，第1862、1912頁]。由此可見，牛鑑的設計儘管周密，但只是與想象中的英軍打仗。他對英軍的船堅炮利和陸戰能力尚無切合實際的判斷。

98 《鴉片戰爭檔案史料》第5冊，第442頁。道光帝發出此諭旨為1842年6月21日，即吳淞失陷的五天之後。

99 《清史列傳》第12冊，第3779頁。

登陸，兵分兩路進攻寶山縣城，由於清軍已撤退，英軍不費一彈佔領寶山。此戰，英軍被擊斃 2 人，受傷 25 人；清軍陣亡陳化成以下 88 人。[100]

許多記述鴉片戰爭的論著，將吳淞之戰的失敗，歸罪於兩江總督牛鑑、徐州鎮總兵王志元的逃跑。這種說法，細細究之，是受了《道光洋艘征撫記》、《中西紀事》、《夷氛聞記》的影響。這些著作皆稱陳化成初戰獲勝，擊沉敵艦，斃傷英軍，若不是牛鑑、王志元的逃跑，戰鬥極有希望獲取勝利。這一說法很可能源自牛鑑本人戰後"先勝後敗"的謊報。而從戰鬥的實際經過來考察，清軍自始至終處於不利的態勢，並不存在獲勝之機。

其次，以上著作皆稱英軍正面攻擊不利，繞襲由王志元防守的小沙背。查英軍戰前確有從小沙背突破的計劃，但因該處泥灘綿長礙於登陸，便放棄了這一方案。至於《中西紀事》稱英軍由東炮台登陸向西攻擊，更是混淆了地理位置。位於黃浦江東岸的東炮台，與西岸土塘沒有陸地連接。

那麼，牛鑑、王志元的逃跑究竟對戰鬥起到甚麼作用？

牛鑑駐守於寶山縣城，戰鬥打響後，率兵出南門增援陳化成。當行至校場時（距陳化成的指揮位置已經很近了），突遭英艦炮擊，"隨兵被擊斃者十餘人"，他立即逃往寶山縣城，[101] 隨後又逃往嘉定。從作戰經過來分析，牛鑑臨陣脫逃，雖不可能改變土塘前線的戰況，但也放棄了督部對敵登陸水兵進行反擊的機會。當然，牛鑑堅持戰鬥，戰鬥的時間會

---

100 作戰經過可參見以下材料：一、清方奏摺，《籌辦夷務始末（道光朝）》第 4 冊，第 1916—1917、1925—1926、1938 頁；二、巴加致海軍大臣的報告，1842 年 6 月 17 日；郭富致殖民部首席國務大臣的報告，1842 年 6 月 18 日，見 *Chinese Repository*, vol.12, pp.287-294,341-343；三、英軍軍官回憶錄，賓漢：《英軍在華作戰記》（中譯本見《叢刊·鴉片戰爭》第 5 冊）、伯納德：《復仇神號航行作戰記》、利洛：《英軍在華作戰末期記事》、奧塞隆尼：《對華作戰記》、穆瑞：《在華戰役記》（中譯本見中國科學院上海歷史研究所籌備委員會編：《鴉片戰爭末期英軍在長江下游的侵略罪行》，上海人民出版社，1959 年）。

101《籌辦夷務始末（道光朝）》第 4 冊，第 1916—1917 頁。

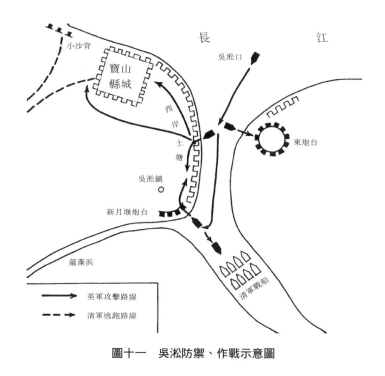

圖十一　吳淞防禦、作戰示意圖

延長，英軍的傷亡會增加，但戰鬥的結局似不會改變。[102]

　　王志元駐守寶山縣城西北的小沙背。據戰後調查，王志元曾率親兵30名前往應援，於中午返回，對部下說，西岸土塘已失守，寶山縣城亦陷，小沙背地僻兵單，於是指揮西撤。[103] 王志元的說法自是為其逃跑尋找理由，但他對吳淞戰敗應無責任當為事實。

　　鴉片戰爭之後的著作家們，之所以將吳淞戰敗的責任加之於牛鑑、王志元，是因為他們不了解吳淞的地理形勢和清軍的佈防，不了解英軍的攻擊方向和兵器性能；更重要的，是因為他們對陳化成英勇殉國的景

---

102 當時吳淞西岸土塘之後，清方並未設置二線陣地，牛鑑無以依托，只能野戰；另外，此時英軍登陸者只是各艦的水兵，若在陸戰上遇到有力抵抗，必會投入陸軍參戰。由此可見，靠牛鑑等部的兵力兵器必不能取勝。

103 《籌辦夷務始末（道光朝）》第 5 冊，第 2367 頁。此時王志元已亡故，是王的部屬向前來調查的江寧布政使黃恩彤的答話。

仰和對牛鑑、王志元苟且偷生的鄙視。這種愛忠憎奸截然分明的價值觀念，使他們在未能弄清全部事實之前（在當時的條件下弄清全部事實也是難以辦到的），就不正確地誇張了某些具有一定真實成分的傳說，使歷史的真實變得模糊不清。

然而，他們的這種愛憎強烈的忠奸矛盾的敍說，更符合當時和後來人們的心理狀態和思維習慣，更富有戲劇性，因而得到了廣泛的傳播和普遍的接受。

就在英軍攻陷吳淞、寶山的當天晚上，其海軍司令巴加和陸軍司令郭富期待已久的援軍開到吳淞口外。

1840 年 6 月英國遠征軍抵達廣東海面時，其兵力為戰艦 16 艘、輪船 4 艘、運輸船 27 艘，陸軍及可用於陸戰的海軍人員約 4000 人。此後，其兵力一直處於變化之中，但變化的幅度不大。[104] 至 1842 年 1 月，英國遠征軍有戰艦 17 艘、輪船 6 艘、陸軍 4942 人。

儘管英國政府要求援軍於 1842 年 4 月到達，但實際到達時間卻晚了一些。為了不失時機地發動攻勢，英軍放棄了寧波和剛剛攻陷的乍浦，而其在香港、廈門鼓浪嶼、定海、鎮海招寶山弱小的駐防軍，也使兩位總司令有後顧之憂。1842 年 5 月，情況急劇變化。

據剛剛成立不久的香港政府的統計，1842 年 5 月 15 日馬德拉斯土著步兵第 37 團（軍官 20 人、士兵 400 人）搭船由香港回印度。而於 5 月 14 日至 6 月 22 日從印度等處開來 36 艘運輸船，載送馬德拉斯土著步兵第 2、6、14、39、41 團，還有孟加拉志願兵團、工兵、印度

---

104 其主要變化為：至 1840 年 10 月，英海軍從南美開來了加略普號和薩馬蘭號，載炮均為 28 門，陸軍調來了馬德拉斯土著步兵第 37 團（*Chinese Repository*, vol.9, p.418）；至年底，海軍又增加了測量船司塔林號和硫磺號，載炮均為 8 門，以及輪船復仇神號等其他輔助船（*Chinese Repository*, vol.10, p.57）；1841 年 1 月，孟加拉志願兵團大部撤回，8 月中旬又開到皇家第 55 團，亦有一些艦船的變化。

炮兵等部，[105] 共計 6749 名。[106]6 月 5 日，英國皇家海軍運兵船貝雷色號（Bellesile）開到香港，運來了皇家陸軍第 98 團 800 餘人，先前到達的皇家第 18、26、49、55 團的缺額部分 700 餘人也同日到達。[107] 英國陸軍在得到這次增援後，步兵團共有 11 個，加上炮兵、工兵等部，總兵力在 12000 名以上。

海軍艦船增援的具體到達日期尚不清楚，但可以肯定，大批艦船與陸軍同期到達。據一英軍軍官的回憶錄，到 1842 年 8 月，英軍在華海軍艦船為，戰艦 25 艘：

皋華麗號（旗艦）	炮 72 門	伯蘭漢號	炮 74 門
復仇號（Vindictive）	炮 50 門	塞利亞號（Thalia）	炮 44 門
布朗底號	炮 42 門	安度明號（Endymion）	炮 44 門
坎布雷號（Cambrian）	炮 36 門	加略普號	炮 28 門
北極星號	炮 26 門	先鋒號	炮 26 門
戴寶號（Dido）	炮 20 門	培里康號	炮 18 門
摩底士底號	炮 18 門	哈利昆號（Harlequin）	炮 18 門
哥倫拜恩號	炮 16 門	基爾德斯號（Childers）	炮 16 門
克里歐號	炮 16 門	冒險者號（Hazard）	炮 16 門
流浪者號（Wanderer）	炮 16 門	黑獾號（Wolverene）	炮 16 門
巡洋號	炮 16 門	巨蛇號（Serpent）	炮 16 門
女神號	炮 4 門	阿爾吉林號	炮 10 門
保皇黨人號	炮 10 門		

---

105 *Chinese Repository*, vol.12, pp.46-55.

106 "Correspondence relative to military operations to China." *Irish University Press area studies series, British parliamentary papers: China*, vol.27, Shannon, Ireland: IrishUniversitypress, 1971, p.65.

107 *Chinese Repository*, vol.11, p.676；"Correspondence relative to military operations to China." *Irish University Press area studies series, British parliamentary papers: China*, vol.27, Shannon, Ireland: Irish Universitypress, 1971, p.66.

輪船 14 艘：

伯勞西伯號（Proserpine）（鐵質）	復仇神號（鐵質）
弗萊吉森號（鐵質）	伯魯多號（鐵質）
麥都薩號（Medusa）（鐵質）	駕駛者號（Driver）（木質）
威克森號（Vixen）（木質）	阿克巴號（Ackbar）（木質）
西索斯梯斯號（木質）	奧克蘭號（Auckland）（木質）
皇后號（木質）	譚那薩林號（木質）
梅姆隆號（Memnon）（木質）	洪哥鰲號（木質）

此外還有運兵船 6 艘、醫院船 1 艘、測量船 2 艘。[108] 雇用船約 60 艘。[109]

由此可見，英國遠征軍的海陸總兵力達到 2 萬名。[110] 這在西方的殖民擴張史上是一支罕見的強大軍團。

英軍在得到增援後，除加強香港（調派 1 團）、廈門鼓浪嶼、定海（調派 1 團）、鎮海招寶山的守軍外，主力源源北上，直入長江。1842年 6 月 19 日，吳淞、寶山的英軍得到第一批增援後，沿黃浦江水陸並進，佔領被清方放棄的上海。隨後派輪船溯江上駛，直逼松江地面。6月 27 日，南方開來的援軍大部抵達吳淞，英軍又從上海撤離，留軍艦 2 艘封鎖吳淞口，主力編成 1 個先行艦隊和 5 個縱隊（共計戰艦 12 艘、輪船 10 艘、運兵船和運輸船 51 艘、陸軍 4 個旅近 7000 人）[111]，7 月 5日，浩浩蕩蕩航行揚子江，直取鎮江。

---

108 Bernard, *Narrative of the Voyages and Service of the Nemesis*, vol.2, pp.511-512.

109 馬士：《中華帝國對外關係史》第 1 卷，第 331 頁。

110 "Correspondence relative to military operations to China." *Irish University Press area studies series ,British parliamentary papers: China*, vol.27, Shannon, Ireland: Irish Universitypress, 1971, p.68.

111 Bernard, *Narrative of the Voyages and Service of the Nemesis*, 中譯本見《鴉片戰爭後期英軍在長江下游的侵略罪行》；馬士：《中華帝國對外關係史》第 1 卷，第 331 頁。

鎮江，古稱京口，北瀕長江、西臨大運河，是交通的樞紐，航運業的中心，也是長江下游一大繁華城市。

就民治而言，鎮江本是府城，而常鎮道亦駐於此地，可見其非同一般；就軍治而言，清軍入關南下後，一直在此駐紮重兵，並於 1658 年設京口將軍，以對付鄭成功等反清勢力。 1757 年，撤京口將軍，改為副都統。至鴉片戰爭時駐防八旗兵為 1185 人。[112]

儘管鴉片戰爭剛爆發時，兩江總督伊里布就在鎮江佈防，但這種防禦措施僅僅為調江寧旗兵 400 名進駐鎮江。伊里布的後任們，始終把目光注視於吳淞，而對長江防禦未予重視。牛鑑上台後，不認為英軍會深入長江，僅在江陰的鵝鼻嘴派兵 580 名、丹徒的圖山關派兵及練勇 430 名便了事。[113]1842 年初，駐守鎮江的江寧旗兵被撤回，改派青州旗兵 400 名。[114]

1841 年初上任的京口副都統海齡對該處防禦頗為上心。他嚴格訓練部眾，並率領軍民修復了已顯傾圮的城牆。但他無權調兵無錢鑄炮，能辦的事情不過如此而已。他曾要求招募水勇巡查江面，[115] 為牛鑑所拒。[116] 他又想給手下兵弁弄點錢改善生活，以激勵士氣，反遭牛鑑的彈劾，結果受到降兩級留任的處分。[117] 他得知吳淞失陷後，為防止英軍內駛長江，上奏要求阻塞長江航道。

海齡的建議實屬異想天開。本世紀 30 年代，蔣介石在上海失陷後，下令中國海軍艦船自沉江陰，以阻止日本艦隊溯江而上，結果效果甚

112《籌辦夷務始末（道光朝）》第 2 冊，第 857 頁。
113《鴉片戰爭檔案史料》第 6 冊，第 185 頁。其中距鎮江城僅 60 里的圖山，原設防兵僅 80 名，牛鑑調援 50 名，常鎮道但明倫又組織團練 300 名（同上書，第 5 冊，第 14 頁）。
114《鴉片戰爭檔案史料》第 5 冊，第 14、44、88 頁。
115《鴉片戰爭檔案史料》第 5 冊，第 14 頁。
116《鴉片戰爭檔案史料》第 5 冊，第 80 頁。
117《上諭檔》，道光二十二年三月初一日。

微。至於阻塞長江的巨大工程量所需要的時間、金錢，以及由此引起的對國計民生、生態環境諸方面的影響，海齡恐怕想都沒想過。道光帝接到此摺後，朱批："費力無益。"[118]

英軍撤離上海再度集結於吳淞口時，清朝上下對英軍下一個攻擊目標判斷失誤，以為將北攻天津。牛鑑還認為江蘇戰事即將結束，奏請不必由浙江派大臣、軍隊援蘇。[119] 當英軍的艦隊連檣內駛長江時，牛鑑等人才發現自己的失算，連忙火速調兵增援鎮江。

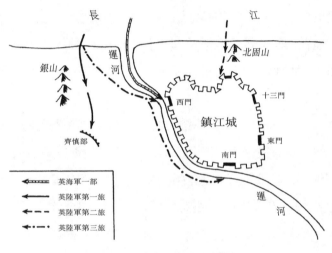

圖十二　鎮江之戰示意圖

1842 年 7 月 12 日，英軍艦隊駛至江陰鵝鼻嘴。14 日，攻佔丹徒圖山炮台。15 日，英輪船 2 艘率先到達鎮江江面，至 20 日，英全軍抵達。

與此同時，清軍也在行動。7 月 13 日，參贊大臣四川提督齊慎率兵 700 名到達鎮江。16 日，署江南提督劉允孝率湖北兵 1000 名開到。19 日，由浙江派來的江西援兵 1000 名趕至。海齡率鎮江旗兵、青州旗

118《鴉片戰爭檔案史料》第 5 冊，第 576 頁。
119《鴉片戰爭檔案史料》第 5 冊，第 493—495 頁。

兵約 1600 名防守城內，齊慎率援軍 2700 名駐守城外。

兩江總督牛鑑也於 7 月 13 日趕到鎮江。他與海齡、齊慎的關係顯然不那麼協調，第二天晚上便離開鎮江，前往南京，但據其奏摺，就在一天多的時間內備辦火攻船、木排約 150 隻。[120] 而牛鑑離後不久，7 月 15 日，英兩艘輪船開至，清方立即實施火攻，毫無效果。[121]

1842 年 7 月 21 日，英軍攻城。此次行動主要由英陸軍承擔，共 4 個旅 6905 人，此外還有數百名海軍人員。就兵力而言，英軍處於絕對優勢。

與駐守城外的齊慎的怯懦相反，海齡率領的鎮江城內 1600 名八旗兵的頑強抵抗，就連敵手也無不稱道。英軍第二旅於城東北登陸後，便遭到守軍的炮擊，用雲梯攻城時，清兵與之激戰，直至城北的城牆被轟塌一大段，手持劣勢兵器的清方勇士們仍利用各種有利地形節節抵抗。進攻西門的英軍第一旅最初受阻，只得轉攻南門。而配合陸軍駛入運河的英海軍小船在西門一帶遭城牆上的清軍火炮、抬炮的轟擊，損失慘重，狼狽退出，於是便再次組織由 300 名水手組成的船隊強行突入，用炸藥轟開西門。儘管英軍最後從城北、城西、城南三個方向突入城內，但守城的八旗兵仍未潰逃，而是堅持巷戰，許多人流至最後一滴血。入夜了，而鎮江城內仍火光不息，槍聲不斷……[122]

鎮江是鴉片戰爭中英軍攻擊諸要點設防最為薄弱的，而鎮江之戰

---

120 《鴉片戰爭檔案史料》第 5 冊，第 618 頁。

121 《鴉片戰爭檔案史料》第 5 冊，第 666 頁。

122 鎮江之戰的作戰經過，我參閱下列資料：一、清方奏摺，《鴉片戰爭檔案史料》第 5 冊，第 648—649、676—679、689—690、699—700、709、722、731 頁；第 6 冊，第 225—227 頁。二、英方記錄，郭富致殖民部國務大臣 1842 年 7 月 25 日，*Chinese Repository*, vol.12, pp.346-352；伯納德：《復仇神號航行作戰記》、利洛：《英軍在華作戰末期記事》、奧塞隆尼：《對華作戰記》、穆瑞：《在華戰役記》、康寧加木《鴉片戰爭 —— 在華作戰回憶錄》，中譯本見《鴉片戰爭末期英軍在長江下游的侵略罪行》；賓漢：《英軍在華作戰記》，《叢刊 · 鴉片戰爭》第 5 冊，第 301—309 頁。三、民間記載：《出圍城記》、《京口債城錄》、《草間日記》、《壬寅聞見紀略》，見《叢刊 · 鴉片戰爭》第 3 冊；《道光英艦破鎮江記》，見《鴉片戰爭末期英軍在長江下游的侵略罪行》。

卻是鴉片戰爭諸戰鬥中抵抗最為激烈的。英軍投入的兵力最多，但沒想到，遭到的損失也最大，共有 39 人斃命，130 人受傷，還有 3 人失蹤。[123] 這一數字以今天的標準來看並不驚人，但相當於清軍設防最堅強的虎門、廈門、定海、鎮海、吳淞諸戰役英軍傷亡的總和！

英軍在鎮江遭到重大損失的主要原因在於輕敵。戰前的偵察使他們誤以為可以兵不血刃地入據該城，一如先前進佔寧波、寶山和上海。這種自信使他們自負地決定將獲勝的榮譽完全交予陸軍，就像海軍在吳淞獨享戰功一樣。鎮江瀕臨長江，英軍的艦炮完全可以將炮彈射入城內，但他們沒有這麼做，僅有個別戰艦在掩護登陸時開過幾炮。鴉片戰爭中先前各次戰鬥清軍主要是被英軍艦炮轟走的或嚇跑的，而此次城外清軍齊慎部也因遭英陸軍火炮轟擊而潰，但城內清軍因未受重炮轟擊，僅與敵手持火器或小型火炮交戰，故能堅持長時間的抵抗。

英軍在鎮江遭到重大損失的另一重要原因是八旗兵的堅強抗擊。如同乍浦一樣，除青州兵 400 名外，1185 名京口駐防八旗，已於此駐紮了近 200 年，家產在此，眷屬在此，祖墳在此，他們保衛的已不是抽象意義上的國，而是實實在在的家，故能頑強、奮勇和拼死。由此我們又可理所當然地得出另一結論，只有士兵們、民眾們意識到家與國的利益的一致性時，才會在民族戰爭中視死如歸。據耆英戰後的調查，清軍此次戰鬥的傷亡為：

部別	戰死	受傷	失蹤
京口八旗	170 人	161 人	24 人
青州八旗	55 人	65 人	24 人
鎮江綠營	3 人	6 人	17 人

---

123 *Chinese Repository*, vol.12, p.352；《鴉片戰爭末期英軍在長江下游的侵略罪行》，第 102—104、237—238、251 頁；《叢刊·鴉片戰爭》第 5 冊，第 308—309 頁。

部別	戰死	受傷	失蹤
湖北綠營	7 人	8 人	3 人
四川綠營	3 人		
河南綠營		1 人	
江西綠營		23 人	

其中京口、青州八旗的傷亡為 30%，而湖北、四川、河南、江西綠營即由齊慎等統率的援軍，相比八旗兵，其傷亡微不足道，僅為 1.6%。道光帝見此大為感歎，朱批曰：

不愧朕之滿洲官兵，深堪憫惻！[124]

這裏還有必要提一下海齡。這位曾經做到正二品總兵的老將，七年前因琦善的彈劾降至正四品的二等侍衛，發往新疆，充古城領隊大臣。此次復任正二品的京口副都統，道光帝曾予朱諭勸激。[125] 作為一名軍人，他已竭盡全力，戰敗之際又舉家自盡，按傳統道德可謂盡忠成仁。可作為鎮江城內的最高軍事長官，舉止又不無暴戾之處。特別是 7 月 15 日英輪 2 艘初至時，他竟下令緊閉城門。逃難的民眾因不得出城而抗議，他以"漢奸"罪名拘之，殺 13 人於小校場。城門的關閉導致市集的中止，民眾無處買食。而早晚在街巷中行走的民人，縱兵用鳥槍打死，又在城內大肆搜捕"漢奸"。如是者六天，民怨沸騰，滿漢矛盾激化。這位副都統似乎並不知道，除了軍事上的意義外，保衛一座城市的終極目的正是保衛該城民眾生命財產的安全，戰前疏散平民是守將的責任。而

---

124 《鴉片戰爭檔案史料》第 6 冊，第 266—267 頁。其中按耆英的具體人數統計為戰死 239 人，受傷 264 人，失蹤 68 人，而耆英奏摺中稱總數為戰死 246 人，受傷 263 人，失蹤 88 人，為何有此誤？原因不詳。

125 《清史列傳》第 10 冊，第 3036 頁。

當民眾感到威脅不是來自敵方而是自己的保衛者時，勢必誘導以敵待之的舉動。正因為如此，這位副都統雖慷慨殉國，但民間盛傳其被憤民暗殺，以至在京的御史將此流言上達天聽。[126] 一百多年來，與其他殉國將領相反，海齡的名聲不好，恰是因其口碑惡劣。

1842 年 8 月 2 日，英軍留下其第二旅及炮兵一部繼續佔領城東北的北固山，主力撤離鎮江，登艦繼續溯江上駛，準備進攻當時長江流域乃至南中國最大最重要最著名的城市 —— 南京。

兩江總督牛鑑經歷了吳淞、鎮江兩敗後，自知再行抵抗將無濟於事，其工作重心從部署防禦轉移到與英方討價還價贖城金的數額上來，同時不停地向道光帝發出奏摺，要求議和。鎮江之戰是鴉片戰爭的最後一戰，就軍事角度而言，戰爭實際已經結束了。

三　求和的歷程 [127]

欽差大臣耆英、七品職銜伊里布南下杭州後，為浙江局勢之糜爛而震驚，立即從在京時"與銀與地均非辦法"的立場上後退，不顧道光帝"先剿後撫"的諄諄教諭，決計"羈縻"。

可是，這樣一來，耆英、伊里布反而處於"兩面作戰"的窘境：桀驁不馴的"逆夷"不肯就"撫"，九重之上的道光帝不願俯首，前者以兵勢迫之，後者以權勢壓之。本非睿智的耆英者流只得對"鬼子"扮笑臉，對主子作鬼臉了。

由此，耆英主持的求和活動也跌宕起伏，一波三折，經歷了奇特的歷程。

126《鴉片戰爭檔案史料》第 6 冊，第 72—73、99、225—226、250—251 頁。

127 本節的撰寫，我參考了佐佐木正哉先生的論文《南京條約的簽訂和其後的一些問題》，〔日〕《近代中國》第 21 卷，譯文是由李少軍先生提供的。

1842 年 5 月 17 日，剛剛放棄寧波等地的英軍重兵逼迫乍浦，耆英聞訊後驚駭失色，未經請旨，於次日派伊里布前往，"體察情形，設法羈縻，宣佈天威，示以大義"。[128] 待伊里布至嘉興時，乍浦已失，即派先前充其對英交通員的外委陳志剛向英方送去了一份照會，伊里布開出的停戰條件還是一年前的老一套，即以通商換和平。[129] 他似乎並不知道，在楊芳、奕山的允諾下，廣州的通商已恢復一年。

英國全權代表璞鼎查此時尚在香港，陸軍司令郭富於 5 月 21 日覆照，稱讚伊里布昔日善待英俘的行為，歡迎其前往乍浦並保證其安全，但又聲稱談判非其"職分"，須轉告璞鼎查"查辦"。照會最後稱："倘若貴國按照疊次所致文書內條款，一切允准，即結平和無難。"[130] 伊里布接此照會，一方面喜出望外，英方願意和平；另一方面又如墜雲霧之中，他實在不知道"疊次所致文書條款"為何。他不敢貿然去乍浦，於是在覆照中稱，既然須由璞鼎查"查辦"，那就等到璞氏的照會到來後，"再行酌商辦理"。[131]

英方立即看出伊里布未解其意，5 月 26 日由海軍司令巴加、陸軍司令郭富聯名發出的照會中明確宣佈停戰談判條件：

一、須由清朝皇帝表明，情願按照先前巴麥尊致中國宰相書及璞鼎查在浙江發出的照會中各條件辦理。

二、清方的談判代表須是"欽派操全權之大員"。

此外，英方還提出了釋放英俘的要求。[132]

128《鴉片戰爭檔案史料》第 5 冊，第 273 頁。

129 佐佐木正哉編：《鴉片戰爭の研究：資料篇》，第 147—148 頁。隨同該照文一同送給英方的，還有耆英等人給伊里布的札文，授權伊里布與英方交涉。

130 佐佐木正哉編：《鴉片戰爭の研究：資料篇》，第 149 頁。

131 佐佐木正哉編：《鴉片戰爭の研究：資料篇》，第 150 頁。

132 佐佐木正哉編：《鴉片戰爭の研究：資料篇》，第 151 頁。

欽差大臣耆英因乍浦失陷而於 5 月 23 日趕至嘉興，與伊里布會合。此時盛行的英軍為奪戰俘而攻杭州的流言，又使奕經慌忙將英俘於 27 日解到嘉興，以送乍浦歸還英方而保全省城。耆英看到這份態度強硬的照會，對英方的兩項條件無權也不敢作出答覆，更不敢如實上奏，於 29 日的摺片中專門挑好話說給道光帝聽：伊里布派出的陳志剛在乍浦見到了"郭姓夷人"（郭士立），"傳述曉諭之言，該酋深知感激，只求通商，言詞尚為恭順"。耆英為了道光帝能批准他們擅行的"羈縻"之策，將已經陷入的絕境描繪得一片光明。他還說明其對策為："當此逆焰方張、戰守兩難之際，固不敢輕言攻剿，亦不敢專恃羈縻，惟有恃以鎮靜，殫心竭力，相機辦理。"[133] 這裏的"鎮靜"二字又該作何解釋，只有天曉得！

局勢說變就變。5 月 28 日，即耆英上奏的前一天，英軍撤離乍浦，北上進攻吳淞；5 月 30 日，即耆英上奏的後一天，又收到命其攜帶欽差大臣關防南下廣州的諭令（詳見上節）。由耆英主持的第一回合的求和活動只得匆匆收場。

可是，送往乍浦的英俘卻找不到接收者，伊里布後將之送往英軍佔領的鎮海招寶山。儘管道光帝已明令停止"羈縻"活動，但伊里布仍不死心，讓英俘帶去了一份照會："所議之事，不難商定，須俟大局議有成規，自當會同揚威將軍與劉撫台奏明大皇帝，再定章程。"這是針對英方先批准條件再談判的反建議，而對談判人選資格並無回答。他還要求英方給予"回文"，以便早開談判。毫不奇怪，正忙於進攻吳淞的英方對伊里布的照會並不感興趣，畏懼聖怒的浙江官員也不敢及時上報真

133 佐佐木正哉編：《鴉片戰爭の研究：資料篇》，第 321 頁。

情。[134] 只有被釋放的英俘在此中佔了點便宜。由於英方釋放清軍戰俘時每名給銀 3 元，清方釋放英軍戰俘時顯得頗有"天朝"的大度，"黑夷"（印度兵）每名 15 元，"白夷"每名 30 元。

1842 年 5 月 25 日道光帝旨令耆英南下廣州，時在乍浦失陷的 7 天之後，可他尚未知前線的戰況；第二天，5 月 26 日，耆英報告乍浦失守的奏摺遞至其案前，面對英軍的兇焰，旨意開始動搖。

6 月 4 日，道光帝收到耆英謊報"羈縻"情況的奏摺，下令耆"暫緩起程"，留在杭州協助防守。[135]

6 月 5 日，他根據奕經的提議，責成耆英專辦"羈縻"事宜。[136]

6 月 9 日，他收到奕經進呈的伊里布、郭富第一次照會（奕經也不敢上報英方第二次照會），授伊里布四品頂戴，署理乍浦副都統，在杭州或嘉興"駐紮彈壓"。[137]

耆英在南下廣州途中，於 6 月 14 日收到 6 月 4 日的上諭，連夜往回趕，4 天後回到杭州。他與奕經商議後，於 6 月 19 日分別上奏。耆英使用了曲筆，稱若英方提議與他（或伊里布）面談，"自應准其所請"。[138] 這句話的真實含義是請求批准直接談判。奕經說得更明白些，伊里布"查明何處緊要，即在何處就近辦理一切"。[139] 也就是說，放手伊里布自我選擇與英方的交涉地點，而不必顧及其新任的地

---

134 伊里布送還英俘的照會，於 6 月 7 日發出，而奕經直至 6 月 19 日才上奏報告此事（《鴉片戰爭檔案史料》第 5 冊，第 433 頁），顯係其收到道光帝 6 月 5 日和 9 日的諭旨，才敢羞羞答答地上報。但是，仍未敢將伊里布的照會附上。

135《鴉片戰爭檔案史料》第 5 冊，第 361 頁。

136《鴉片戰爭檔案史料》第 5 冊，第 365 頁。

137《鴉片戰爭檔案史料》第 5 冊，第 367—368、356—358 頁。奕經上報的伊里布照會鈔本，與佐佐木正哉先生從英國檔案館中所錄原件文字差別很大。看來，奕經與伊里布對道光帝做了手腳。

138《鴉片戰爭檔案史料》第 5 冊，第 428 頁。

139《鴉片戰爭檔案史料》第 5 冊，第 433 頁。

方職務。

耆、奕的奏摺表明，他們打算比道光帝批准的範圍走得更遠，這因為他們已經隱隱聽到吳淞的炮聲；而這兩份奏摺到京之日（6月25日），恰逢道光帝為吳淞、寶山的戰敗而生怒，在耆英的奏摺上朱批"不可"，對奕經更是下令進攻，乘英軍主力在江蘇之機，"多方牽制，當可得手"。[140]

我在第三章中已經提到，清朝當時最快的通信速度是"六百里加急"，由此而從杭州到北京打個來回，最少也需要12天。前方軍情之緊急已不容耆、伊坐待諭旨，而耆、伊也利用這段時間搶先行動，由杭州而嘉興而王江涇而江蘇崑山，一路尾追英軍講和。

6月20日，英海、陸軍司令在上海收到伊里布請求"戢兵"的照會（具體發照時間不詳，當在耆、奕19日上奏之前），當即覆照，再次重複先前提出的停戰談判兩項條件。值得注意的是，英方雖祝賀伊里布新任職務，但又強調了"欽派大臣"的條件，也就是否認了伊里布的談判資格。[141]

耆英看到英方的覆照，自以為自己"欽差大臣"的身份符合英方的條件，親自出馬，與伊里布聯銜覆照，主動提議在浙江鎮海或江蘇松江，與英方會談。[142] 耆英的這一做法與其在奏摺中的說法恰好相反。

耆英的照會於6月27日送至英方，英國全權代表璞鼎查也恰於此日由香港趕至吳淞。此時，英援軍大批開到，準備上駛揚子江，根本無意於談判。璞鼎查當日覆照，表示不能停戰，因為耆英未有"欽賜全

140《鴉片戰爭檔案史料》第5冊，第481頁。
141 佐佐木正哉編：《鴉片戰爭の研究：資料篇》，第154頁。
142 佐佐木正哉編：《鴉片戰爭の研究：資料篇》，第155頁。

權"。[143]

在"天朝"的歷史上,對外交涉本是大皇帝的專權,任何臣子都不得擅專,即所謂"人臣無外交"。因而當時根本不可能有"全權"的職差,恐怕當時人連"全權"的概念都沒有。耆英頭一回出陣便遭當頭棒喝,而伊里布仍不罷休,於 7 月 4 日再次照會璞鼎查,宣稱自己和耆英是"大皇帝特派來善議大臣",準備在蘇州"候議善定事宜"。[144] 可這份照會送往吳淞時,英軍已連檣溯流開赴鎮江了。

更大的打擊,來自於北京。

就在耆英、伊里布為璞鼎查所拒時,前引耆英的奏摺也已批回,"不可"二字抽去了他前進的橋板。7 月 3 日,道光帝看到耆英報告準備與英方約定地點面談時,下旨:"不可與之會晤","只可令陳志剛等持書前去","如覆書有分外要求萬難應許事件,即與牛鑑一意防守"。[145]7 月 9 日,他又收到耆英報告璞鼎查不肯談判的奏摺,又下旨:

> 若再事羈縻,不特與事無益,且恐有傷國體。著(耆英、伊里布)與牛鑑、程矞采(江蘇巡撫)專意剿辦,無稍游移。[146](重點為引者所標)

兩江總督牛鑑見道光帝此時仍欲相戰,直言上奏,要求道光帝效法乾隆帝征緬不克降詔罷兵並允朝貢之先例,對英"羈縻"辦理。道光帝看到這份教訓他的奏摺,怒火中燒,認定老奸巨猾的伊里布是這批求和官員的主謀,於 7 月 14 日下旨讓伊回乍浦赴任,耆英留在江蘇會同牛鑑

---

143 佐佐木正哉編:《鴉片戰爭の研究:資料篇》,第 156 頁。
144 佐佐木正哉編:《鴉片戰爭の研究:資料篇》,第 163 頁。
145《鴉片戰爭檔案史料》第 5 冊,第 537 頁。
146《鴉片戰爭檔案史料》第 5 冊,第 593 頁。

防剿。[147]

上一次道光帝命耆英離浙，幾天後便收回成命；這一次命伊里布離蘇，可一天後便聖心游移了。

1842 年 7 月 15 日，道光帝收到耆英一摺，隨奏附呈的文件引起其興趣，全文為：

> 大英國大元帥吳夏密諭爾吳淞口居民知悉。因本國商船誤傷廣東商人三名，故清國不許通商，致經五載。為此我國命我求和，只因詐我不肯保奏朝廷，因我主發員叩關殺盡奸徒，非干爾百姓，毋得驚慌亂竄，仍可安居耕種勿懼。倘我黑鬼私行橫掠，爾眾民便可殺之，無以為罪。十日內本帥整頓三軍，再叩北關，直抵京師，自行講話，爾百姓其勿擾。特示。[148]（重點為引者所標）

據耆英的奏摺，這份文件於寶山縣城外粘貼，但我們今天可以肯定它是偽造的，儘管還不知道偽造者是誰。[149] 璞鼎查在吳淞兩次發佈文告，但內容和文字與此完全不同。[150] 就這份文件本身而言，"大元帥"一詞為英方所不用，"吳夏密"實不知為何人，更明顯的證據是，英方絕對不會將自己麾下的印度籍士兵稱為"黑鬼"。

按照耆英的分析，這份文件表明英方"情詞尚屬恭順，無非意在通商"；而道光帝讀到"求和"字樣，也頗能熨貼他那顆敏感脆弱的自尊

147《鴉片戰爭檔案史料》第 5 冊，第 617 頁。

148《鴉片戰爭檔案史料》第 5 冊，第 599 頁。

149 佐佐木正哉先生對此大膽推測稱這一份文件可能是由耆英、伊里布偽造的（《南京條約的簽訂和其後的一些問題》，〔日〕《近代中國》第 21 卷）。而《鴉片戰爭末期英軍在長江下游的侵略罪行》收入此文件時，稱錄自不著撰人《夷匪犯境聞見錄》抄本，並稱是"太倉州稟"7 月 7 日在寶山縣城外張貼。這與耆英奏摺中的說法相一致，由此可排斥耆英偽造的可能性。但該書收錄此件與耆英進呈文字稍有參差。

150 佐佐木正哉編：《鴉片戰爭の研究：資料篇》，第 158—160 頁。

心，"直抵京師，自行講話"一語恐怕不能不引起道光帝的恐懼。於是，他給耆英下了一道密諭，佈置策略：

—— 耆英派陳志剛前往英方，告訴對方如果能將艦船撤回廣東罷兵，耆英將向大皇帝保奏。

—— 香港賞給英方堆放貨物；福建、浙江海口允許每年在約定時間內通商貿易，但英人不得長期羈留。

—— 英方不必進京，上述條件由耆英出奏，"降旨允行，以為憑據"。

同日，除這道密諭外，道光帝另有諭旨給耆英、牛鑑等人，重彈老調："激勵將士，同心戮力"，"應守則守，應剿則剿，斷不可稍存畏葸，致懈軍心，是為至要！"[151]

道光帝在此作了兩手佈置。

毫無疑問，道光帝作出的讓步，與英方的要價相距甚遠，但讓人感到有意思的是，這與一年多前琦善在廣東準備作出的讓步完全一致。

7月14日，耆英、伊里布在蘇州收到道光帝"專意剿辦，無稍游移"的諭旨。有了上一次的經驗，這次決計抗旨不遵。軍事敗局已定，他們斷定除求和外別無選擇。於是，他們公然給道光帝出了道難題，讓他把"戰守兩難"的狀況"敕下廷臣速議良策"。[152]北京又能有甚麼辦法？他們心裏清清楚楚。與此同時，他們又加緊了求和的活動，由蘇州趕向鎮江一帶。

7月18日，璞鼎查在鎮江江面的軍艦上收到了晚到的伊里布7月4日的照會；7月21日，即鎮江開戰的當天，又收耆英個人名義的私函。這兩份僅要求和談而未作出實際允諾的文件，自然擋不住英軍對鎮江的進攻。璞鼎查分別覆照，附上了其在吳淞發佈的告示，而給耆英的照會

151《鴉片戰爭檔案史料》第5冊，第624、622頁。又《籌辦夷務始末（道光朝）》收入此密諭時，列為7月16日（六月初八日），不知為何晚一天。

152《鴉片戰爭檔案史料》第5冊，第612—613頁。

中還宣佈英軍即將進攻南京，讓他準備好用來"贖城"的金錢。[153]

璞鼎查在吳淞發佈的告示，並無新鮮的內容，但對耆英、伊里布說來卻是一份重要的文件。因為璞氏將英方的主要要求概括為三條：一、賠償煙價和軍費；二、兩國平等外交；三、割讓海島；並稱"得此三者，其餘事端，不難善定也"。[154] 從未看過巴麥尊致中國宰相書，從未收到璞鼎查在廣東、浙江發出的一系列議和條件照會的耆英、伊里布，必然會發現其中並沒有提到通商，而"通商"又是他們手中對付嗜利的"夷人"的唯一法寶。

璞鼎查正式送來的告示，與耆英先前進呈的所謂"大元帥吳夏密"的告示差距太大了。耆英不敢上奏，而是隱匿下來。這一方面是害怕激起聖怒，另一方面他們尚未收到道光帝的密諭，他們這種違背"剿辦"諭旨、私下求和活動的本身即是大罪。

由於英軍封鎖了瓜洲至鎮江的文報線路，道光帝的密諭遲至 7 月 24 日才傳到耆英手中。他連忙派陳志剛前往英方，並在照會中提議首先進行下級官員的會談。璞鼎查顯然不滿足清方的還價，覆照中僅同意派員談判南京贖城事宜。[155]

儘管耆英瞞下了璞鼎查的告示，但英方的三項要求卻又很偶然地從另一管道送至北京。

7 月 17 日，英軍在瓜洲一帶扣留了 300 餘艘民船，儀徵士紳捐納同知顏崇禮（據說是一位富有的鹽商）主動前往英艦進行交涉，英軍翻譯普魯士籍傳教士郭士立也給了他一份璞鼎查的告示。顏崇禮將此告示交給常鎮道周頊，周頊又將內容具稟兩江總督牛鑑，牛鑑將此稟帖轉給

---

153 佐佐木正哉編：《鴉片戰爭の研究：資料篇》，第 165—166 頁。

154 佐佐木正哉編：《鴉片戰爭の研究：資料篇》，第 158—160 頁。

155 佐佐木正哉編：《鴉片戰爭の研究：資料篇》，第 167—168 頁。又佐佐木正哉先生稱，7 月 21 日耆英給璞鼎查的私函，是其執行 7 月 15 日密諭的行動，此為誤。耆英對此另有奏摺，見《鴉片戰爭檔案史料》第 5 冊，第 786 頁。另，璞鼎查的照會中文意思很不明確，耆英頗有誤解。

江寧將軍德珠布閱看，德珠布將此稟帖抄錄隨奏進呈。[156]

德珠布進呈的周頊稟帖，主要是談英軍的猖獗和鎮江防務薄弱，德珠布進呈此稟的用意，僅僅為了說明鎮江、南京的危急。已經將巴麥尊致中國宰相書內容忘得差不多的道光帝，卻意外地發現英方的三項要求。7月26日，他再次密諭耆英、伊里布（兩天前他下令伊留在江蘇）：

> 廣東給過銀兩，煙價礙難再議，戰費彼此均有，不能議給；其平行禮可以通融；貿易之所，前已諭知耆英將香港地方暫行賞借，並許以閩、浙暫准通市。

他還認為，"該逆既來**訴冤**，經此推誠曉諭，當可就我範圍"。[157]（重點為引者所標）

就在道光帝發出此諭的當日，又收到了牛鑑關於英軍圍攻鎮江的"六百里加急"飛奏，於是又下一旨：

> 著耆英、伊里布遵照前奉諭旨，開誠曉喻，設法羈縻，**有應便宜從事之處**，即著從權辦理。此事但期有成，朕亦不為遙制。[158]（重點為引者所標）

第二天，7月27日，道光帝先後收到耆英、牛鑑、齊慎等人的奏摺，報告鎮江淪陷。牛鑑為道光帝早日批准"羈縻"，竟在奏摺中不顧忌諱口出"狂言"：

156《鴉片戰爭檔案史料》第5冊，第676—678頁。
157《鴉片戰爭檔案史料》第5冊，第739頁。
158《鴉片戰爭檔案史料》第5冊，第742頁。

危迫實不可言，伏求皇上速決大計，以拯民命！[159]

這一句後來在江南官場廣為流傳的話，顯然刺激了道光帝。他諭令：

著耆英、伊里布仍遵昨旨，便宜行事，務須妥速辦理，不可稍涉游移。[160]（重點為引者所標）

"不可稍涉游移"是道光帝在諭旨中最愛使用的一句話，儘管他本人經常"游移"。我們在前面已經看到，18 天前，7 月 9 日，他給耆英的諭旨是"專意剿辦，無稍游移"！

不過，在此之後，道光帝再也沒有"游移"過，再也沒有動過"剿辦"的念頭。他終於明白，"剿"是不行了。但他弄不明白後來又讓耆英、伊里布打聽的是："逆夷接仗之際，所帶夷兵何以能使有進無退，憨不畏死若此？"[161]

攜帶聖旨黃匣的飛騎，以一日六百里的速度疾奔南下，尋找此時正在無錫的耆英。而耆英在與璞鼎查交涉受挫之際，於 8 月 1 日收到了命其"便宜從事"的諭令，他立即將此諭令密寄已返回蘇州的伊里布，讓他趕來一同商量辦理。至於"羈縻"的前景，耆英在奏摺中稱：

究竟能否濟事，惟有竭盡犬馬愚誠以冀報稱。[162]

這句官式套話若翻譯成今天的口語，也就是"試試看吧"！

159《鴉片戰爭檔案史料》第 5 冊，第 701 頁。
160《鴉片戰爭檔案史料》第 5 冊，第 743 頁。
161《鴉片戰爭檔案史料》第 5 冊，第 784 頁。
162《鴉片戰爭檔案史料》第 5 冊，第 787 頁。

1842 年 7 月 10 日，天津，前節提到不肯隨主子南下留在家中養病的張喜，迎來了南方的客人。他是伊里布的專差，手捧伊里布的親諭，讓張喜迅速南下：

> 如今終要你來，方能達我意於夷人，以期大局速結。將此事我
> 與你到底辦完，才了兩人心願，且好剖白前冤，真是難遇之機，何
> 可失之？[163]

伊里布的手諭情重意切，而更能打動張喜的是，聽到伊已署任乍浦副都統，並有望替代生病的劉韻珂，署理浙江巡撫。[164] 主子的再度榮華，奴才又可重展風光。於是，他於 13 日起程，至 8 月 5 日趕到無錫。伊里布見到這位得力家僕異樣高興，成七律一首，其中一句為：

> 且喜帷籌來管樂，非為掉舌有蘇張。[165]

這位顯得聰明絕頂的老臣，居然將張喜比擬為管仲、樂毅、蘇秦和張儀，又可見其分量。

張喜來的正是時候。

耆英、伊里布與璞鼎查的交涉，仍在 "全權" 一詞上卡殼。儘管耆、伊解釋道："本朝向無全權大臣官名，凡有欽差大臣字樣，即與貴國全權二字相同"，但璞鼎查對此不以為然。[166]

---

163 張喜：《撫夷日記》，《叢刊・鴉片戰爭》第 5 冊，第 356 頁。
164 此為伊里布的幕僚蘇霖在給張喜的私函中透露，稱奕經見劉韻珂患病，向伊里布許諾，讓伊就任署理乍浦副都統後，立即回杭州署理浙江撫篆。這反映出奕、伊關係，也反映出奕與劉不和，企圖趁此機會去劉之意（《叢刊・鴉片戰爭》第 5 冊，第 357 頁）。儘管此事後來未成事實。
165 張喜：《撫夷日記》，《叢刊・鴉片戰爭》第 5 冊，第 364 頁。
166 佐佐木正哉編：《鴉片戰爭の研究：資料篇》，第 176 頁。

兩江總督牛鑑因英軍攻克鎮江，兵臨南京城下，未請旨批准便擅發照會給璞鼎查。但此類闡述義理並無實際允諾的照會並不為英方看重，反被逼迫交納贖城金 300 萬元。具有守城職責的牛鑑於 8 月 4 日、5 日一口氣向英方發了 6 道照會，允先交 30 萬，續交 30 萬，並請英軍後撤。不願討價還價的璞鼎查於 5 日佈告，稱清方不願贖城，將立即進攻南京！[167]

此時的牛鑑五中如焚，派弁疾奔無錫，請耆英、伊里布速來南京以解倒懸；6 日又再次照會璞鼎查，其中有一段妙文：

> 此次和好通商之事，不但江南帶兵大員，不敢具奏，就是揚威將軍，亦不敢奏請……本部堂將儀徵所貼告示內四條，**三次冒死據寔陳奏**，幸邀皇上允准，特命耆將軍、伊中堂專辦和好通商之事……乃正在講和之際，貴國大幫兵船忽然來到，是使本部堂一番好意，反啟兵端，試問**貴國信在何處？義在何處？**[168]（重點為引者所標）

按照牛鑑的邏輯，和談的局面是他 "三次冒死據寔陳奏" 促成的（儘管在檔案中找不到 "三次" 的證據），英方不念及此情反發兵攻其駐守的南京，這種大水直沖龍王廟的行徑，真是太不講信義了。

就在張喜到達的當夜三更，牛鑑的差弁闖至耆英的座船。耆、伊商量後，決定派剛剛到達的張喜先行。臨行前，耆英送來了五品頂戴，並對張喜保證："我必奏明，**斷**不至如前次白戴虛頂。"[169] 而一年前，伊里布給的是六品頂戴。

8 月 7 日中午，張喜趕到牛鑑的衙署，只見他為英軍放風當日攻城

---

167 佐佐木正哉編：《鴉片戰爭の研究：資料篇》，第 183 頁。
168 佐佐木正哉編：《鴉片戰爭の研究：資料篇》，第 185 頁。
169 張喜：《撫夷日記》，《叢刊·鴉片戰爭》第 5 冊，第 365 頁。

而急得團團轉。頗有一些西洋知識的張喜一掐算，當日是星期天，該是基督徒作禮拜的日子，連忙安慰牛鑑。將信將疑的牛鑑問清伊里布的行程，急忙再給英方發去一照會，告訴伊里布明日到達，想用伊里布善待戰俘的名聲，來阻止英軍攻城的炮聲。[170]

伊里布於 8 月 8 日到達南京，即派張喜前往英艦。

自 1842 年 5 月伊里布派陳志剛前往乍浦開始，中英交涉已近 3 個月。從現存的雙方照會內容來看，似乎一直未能溝通。這一方面是英方翻譯官的漢語水準問題，使英方文件往往辭不達意；另一方面是清方官員害怕留下把柄不願在照會上寫清其意，許多重要信息由送信的兵弁口頭轉述，而這些少有文化的武職，顯得難勝此責。頭腦及口齒皆極伶俐的張喜，一登場便是風光不同。他撰寫的《撫夷日記》，又是關於南京條約談判最詳盡、最生動的中文記述，以致在美國的著名中國近代史專家鄧嗣禹先生專門將之翻譯成英文發表。[171]

張喜帶去的伊里布照會，並無新鮮內容。馬儒翰閱後劈頭責問："俱係空話，於事何益？"但英方深知張喜為伊里布親信，於是雙方的談話也就"由辰至酉"（即早晨 7—9 時至下午 5—7 時），璞鼎查、馬儒翰、羅伯聃皆在場。會談的細節可見於張喜的《撫夷日記》，其於辯論進行於嬉笑怒罵之中而大放異彩。戲劇性的場面頻頻出現，張喜的言辭機鋒不遜於蘇秦、張儀。但是，越是完美的記錄，越是讓歷史學家懷疑其摻入了多少自吹自擂的水分。[172]

---

170 張喜：《撫夷日記》，《叢刊·鴉片戰爭》第 5 冊，第 365 頁；佐佐木正哉編：《鴉片戰爭的研究：資料篇》，第 189 頁。

171 鄧嗣禹的譯本於 1944 年由芝加哥大學出版社（University of Chicago Press）出版，名為《張喜與1842 年南京條約》（*Chang Hsi and the Treaty of Nanking, 1842*），這個有詳注的譯本，前面還有鄧嗣禹的一篇論文進行評價。

172 張喜：《撫夷日記》，《叢刊·鴉片戰爭》第 5 冊，第 366—369 頁。按照張喜自己的記載，他本人是主戰的，並在會談期間毫不掩飾這一見解，後對伊里布進火攻之策，對耆英亦獻計火攻，但都沒有被接受。這就使人懷疑其真實性。儘管張喜對簽訂《南京條約》是有功的，但是這種功勞從另一角度來看卻是罪惡。在當時的環境中，他似乎還須為自己辯白。

據張喜稱，他臨別時曾向英方索要"回文"，英方稱當日來不及擬就，讓次日派人來取。當天晚上，張喜回到南京城時，車馬俱絕，伊、牛"皆無定議"。第二天，8月9日，伊里布派弁去取回文，而牛鑑又將許諾贖城的金額從60萬升至100萬。[173]

伊、牛派出的差弁當日未歸，8月10日深更返回時帶來一個驚人的消息：英軍將於明日攻城。[174]南京城內頓時亂成一片。伊、牛急命張喜再去交涉，而張喜"惟恐往返空談，不能濟事"，便不肯從命，堅請另派幹員。或許張喜的這一舉動使伊、牛完全順服。伊里布交給張喜兩份照會。第一份具銜為：

欽差大臣頭品頂戴花翎前閣部堂署乍浦都統紅帶子伊。

第二份明確承諾：

所有煙價、馬頭及平行各條，均可酌商定議，寫立合同。

與此兩道照會同時發出的，還有道光帝允其"便宜行事"的上諭。[175]

從伊里布的頭銜來看，欽差大臣、頭品頂戴並無其事，儘管耆英後於8月15日出奏而道光帝20日批准"暫戴頭品頂戴"；他的實職仍是四品頂戴署理乍浦副都統，他卻省去了"副"字。可這還算是小事。他發給璞鼎查的那道上諭，是從道光帝兩道諭令的文字拼湊的，其中一些

---

173 張喜：《撫夷日記》，《叢刊·鴉片戰爭》第5冊，第370、372頁；佐佐木正哉編：《鴉片戰爭の研究：資料篇》，第191—192頁。

174 張喜：《撫夷日記》，《叢刊·鴉片戰爭》第5冊，第372頁；佐佐木正哉編：《鴉片戰爭の研究：資料篇》，第190、193頁。

175 佐佐木正哉編：《鴉片戰爭の研究：資料篇》，第194—195頁。

意思是上諭中沒有的！[176]

牛鑑也派人送去一份照會，內稱："一切不盡之言，均由該委員面敍。"又據張喜稱，他讓人"面敍"的，是"許給贖城金三百萬"！[177]

這一夜，南京城內的官員恐怕都不能入眠。張喜一行於8月11日丑時（1—3時）出城，寅時（3—5時）到達江面，匆匆趕至璞鼎查的座艦。看來伊里布的照會終於符合了英方的要求，同意進行談判；而璞鼎查給牛鑑的照會有如一顆定心丸："贖城之說，自可置之不議。"[178]

張喜回到南京時，耆英已經到達。根據與英方的約定，8月12日，耆英、伊里布派張喜、塔芬布（耆從盛京帶來的佐領）前往英艦談判。

---

176 伊里布在署理乍浦副都統後，給英人的照會就寫作乍浦都統，省去"副"字；而伊里布從無錫趕往南京後，照會中具稱"欽賜頭品頂戴花翎"，而耆英尚未出奏，但從張喜的例子來看，伊里布這麼做是經過耆英同意的；伊里布到南京前，牛鑑給英人的照會中便稱伊為"欽差大臣"（以上見佐佐木正哉編：《鴉片戰爭的研究：資料篇》）。然而，朝廷的諭旨中也有誤差，如道光二十二年六月十九日（1842年7月26日）的兩道諭旨皆作："軍機大臣密寄欽差大臣耆、伊"，"軍機大臣字寄欽差大臣耆、伊"，從行文來看，伊里布又同為欽差大臣，但是，第二天的諭旨又改作"軍機大臣字寄欽差大臣耆、參贊大臣齊、副都統伊"，伊里布的頭銜又變成了副都統（《鴉片戰爭檔案史料》第5冊，第739、742—743頁）。而到了七月初五日，諭旨又改為"軍機大臣字寄欽差大臣耆、署副都統伊"，由此至簽訂南京條約，諭旨一直為此頭銜（同上書，第6冊，第25、53、114、164、184頁）。由此可見，儘管伊里布等人向英方開具了新的頭銜，英人也信以為真，但他的實際職務仍是四品卿銜，"暫帶"頭品頂戴、署理乍浦副都統。當然，伊里布在上奏時，還是老老實實地自稱"署理乍浦副都統"。又，伊里布發給英方的諭旨全文為"軍機大臣密寄欽差大臣耆英、伊里布，道光二十二年六月十九日奉上諭：前因該夷懇求三事，已有密諭耆英、伊里布，會同籌商妥辦。惟前據該夷照覆，似以耆英、伊里布不能做主為疑，著耆英、伊里布剴切開導。如果真心戢兵，定邀允准，不必過生疑慮。該大臣等，經朕特簡，務須慎恃國體，俯順夷情，有應行便宜行事之處，即著從權辦理，朕亦不為遙制。勉之。欽此，遵旨寄信前來"。查這道諭旨摘錄了六月十九日給耆、伊第一道諭旨中"軍機大臣密寄欽差大臣耆、伊，道光二十二年六月十九日奉上諭：……前因該夷懇求之事……已有旨密諭耆英……惟前據該逆照覆，似以耆英、伊里布不能作主為疑……著耆英、伊里布剴切開導，如果真心悔禍、共願戢兵，我等奏懇大皇帝定邀允准，不必過生疑慮。該大臣等經朕特簡，務須慎恃國體，俯順夷情……"；又摘錄了該日第二道諭旨中"有應行便宜從事之處，即著從權辦理……朕亦不為遙制。勉之。"如果與諭旨原文對照，伊里布刪去了對英方不利的言詞，如"真心悔禍、共願戢兵"刪為"真心戢兵"等等。但是，值得注意的是：一、伊里布將諭旨中"伊里布現往鎮江，著即會同耆英妥籌商辦"一句，移至"前因該夷懇求三事，已有密諭耆英"之後，就變成了英方要求的"三事"，可以由耆英、伊里布"籌商妥辦"了，而當日諭旨中對"三事"明確規定了不得付戰費，煙價已在廣州給過，不得再付等內容；二、原旨中稱"如果真心悔禍，共願戢兵，我等奏懇大皇帝定邀允准"一語，即明確規定，一切須請旨後方可實行，伊里布改為"如果真心戢兵，定邀允准"，變成了不必經過大皇帝，而可由他們來"允准"了。這些實際上改變了諭旨的原義，變成了他自己的新內容了（道光帝諭旨原文見《鴉片戰爭檔案史料》第5冊，第739、742頁）。

177 佐佐木正哉編：《鴉片戰爭的研究：資料篇》，第196頁；張喜：《撫夷日記》，《叢刊·鴉片戰爭》第5冊，第372頁。

178 佐佐木正哉編：《鴉片戰爭的研究：資料篇》，第197頁。

耆、伊的照會稱：

> 茲公同派遣委員張士淳（即張喜）、塔芬布前來，面為熟商一
> 切，不難早定，所有本大臣等講話通商之意，張士淳等必能代達
> 也。[179]

由此，一名並非朝廷命官"暫戴"五品頂戴的家僕，充當了一個大國在
重大事件中的進行外交談判的正式代表！

璞鼎查見此，即命其秘書麻恭少校和中文翻譯馬儒翰為英方談判代
表。[180] 根據馬儒翰的提議，因天氣太熱（8月中旬火城南京之炎熱可以
想見），談判地點於當日中午移至南京城外下關一帶的靜海寺。

張喜身為談判代表，而在下令打掃寺院、佈置場所、派定迎候人
員、及時向城內大憲通報情況、甚至召集地保通知居民不必見這些隆鼻
凹眼的夷人而驚慌逃難諸事務上，大有麻利、乾脆之優長，真顯其家僕
本色，但待到麻恭、馬儒翰等人到靜海寺投帖、迎見、坐定，結束一整
套禮儀程式後，他似乎只成了一名聽客。馬儒翰將議和條件逐條講解完
畢，恐張喜記憶不清，便展開紙筆，詳細開載，並十分具體地叮囑張喜：
一、清方將英方條件再抄錄一遍，若有異議將意見寫在清方的抄件上；
二、第二天中午繼續談判，屆時張喜須帶來欽差大臣對議和條件的意見
和道光帝"便宜行事"諭旨的原件。

馬儒翰開列的英方條件共有八項，內容包括賠款、割地、五口通
商、廢除行商、平行外交等。[181] 這些都是張喜聞所未聞或知之不詳的政
府公務。而在張喜的日記中，英方的條件似乎僅僅是賠款 3000 萬元（他

---

179 佐佐木正哉編：《鴉片戰爭の研究：資料篇》，第 198 頁。

180 同上。

181 佐佐木正哉編：《鴉片戰爭の研究：資料篇》，第 199 頁。

大約也只能看懂這一條），於是，又拿出家僕的本事，大為殺價，使之降為 2100 萬元。[182] 可我們在英方記載中找不到相應的減價 900 萬元的情節。

談判結束後，張喜回去復命。耆英請其在後庭設座這一優禮使之受寵若驚。他詳細回明談判情況後，將英方要求"三大紙"交給耆、伊、牛。哪知三大憲看都不看，轉給幕賓，而幕賓略觀數行，便稱"窒礙難行"，便束之高閣。

8 月 13 日，耆英等再派張喜去談判，但對英方的要求並無正式的答覆。張喜索要英方要求"三大紙"，以便退還英方，哪知幕賓出門拜客未歸。空着兩手的張喜，忐忑不安地前往靜海寺。與之同行的，不僅有塔芬布，還有牛鑑、伊里布派出的五人。這些末微小吏平時只是在官廳中傳話端茶，此次派往折衝樽俎，為的是將來上奏時可以保舉。

這一天的談判情況可想而知。儘管張喜詭稱英方條件由欽差大臣們正在"逐條斟酌"、聖旨原件送往揚威將軍處，但英方大怒，指責清方無心講和，欲調壽春鎮兵前來開戰。在英方的緊逼下，張喜露出了原形：

> 我們往來傳話，有話只管說明，我們亦好回稟欽差大臣……[183]

這位清朝的正式代表，內心中仍自我認同為"往來傳話"的差弁。又據張喜的日記，馬儒翰與麻恭商議後，在談判結束時宣佈：

> 候至天明為度，天明若無回信，即便開炮。[184]

---

182 張喜：《撫夷日記》，《叢刊·鴉片戰爭》第 5 冊，第 374 頁。
183 張喜：《撫夷日記》，《叢刊·鴉片戰爭》第 5 冊，第 377 頁。
184 張喜：《撫夷日記》，《叢刊·鴉片戰爭》第 5 冊，第 378 頁。

這無疑是最後通牒。

張喜將此決裂情況回稟耆、伊、牛，三大憲驚駭失色，立即找來幕賓，檢出英方的條件，決定"一概允准"，僅對付款期限及款項付清前英軍佔領舟山、招寶山、鼓浪嶼三處表示異議，要求再議。[185]

事情就這麼簡單。原本很複雜的事情，一晚上就全結束了。

當天晚上，兩江總督衙署內幕賓們很是忙碌了一番。子時（11—1時），張喜匆匆出城，丑時（1—3時）趕至江口，寅時（3—5）來到英艦。所有這一切都是為了趕在"天明"之前。英方收到了耆、伊、牛出具的同意英方要求的照會，收到了道光帝授權耆、伊"便宜行事"的聖旨（天曉得是如何偽造的），收到了牛鑑說明壽春鎮兵調動是在議和之前的照會，收到了牛鑑撤回壽春鎮兵的命令（標明 800 里加急），收到了道光帝命牛鑑與英為"妥辦"的聖旨。[186] 此外，張喜還帶來一個口信，欽差大臣另委大員在靜海寺等候"議事"。[187]

此後進行的談判，風平浪靜。

8 月 14 日上午，原吉林副都統、四等侍衛咸齡和署江寧布政使、江蘇按察黃恩彤，與英方代表麻恭、馬儒翰重開談判。先前的那位主角張喜此時只是在一旁佇立，未敢發言。[188] 8 月 15 日，談判繼續進行。耆英等人的照會又讓一步，不再提付款期限，只要求英方在五口開放後退還舟山、招寶山和鼓浪嶼。[189] 這一要求並未被接受。盎格魯撒克遜人不這麼看問題。既然清方同意賠款，未付部分就是債務，是債務就得有抵押！不過，他們也象徵性地讓了一步，將駐軍三處改為兩處，去掉了

---

185 佐佐木正哉編：《鴉片戰爭の研究：資料篇》，第 201—202 頁。

186 佐佐木正哉編：《鴉片戰爭の研究：資料篇》，第 204 頁。

187 張喜：《撫夷日記》，《叢刊·鴉片戰爭》第 5 冊，第 378 頁。

188 黃恩彤：《撫遠紀略》；利洛：《締約日記》；張喜：《撫夷日記》。以上見《叢刊·鴉片戰爭》第 5 冊，第 416—417、506—508、380 頁。

189 佐佐木正哉編：《鴉片戰爭の研究：資料篇》，第 206—208 頁。

不宜防守的鎮海城外的招寶山。

可是，與談判桌上的平靜相反，談判場外小有風波。8 月 15 日，英方代表送來璞鼎查致牛鑑的照會，開頭便稱：

> 至云開仗等語，恐係口傳不明，以致聽有錯誤。[190]

這等於說，所謂最後通牒只是張喜的虛張而已。

我們不知道璞鼎查究竟是不明實情還是故意說謊，但可以肯定，張喜是清白的。這一方面是張喜不懂英語，同行的還有塔芬布等 6 人，根本做不了手腳。另一方面參加談判的英海軍軍官利洛（Grannille G. Loch）在回憶錄中亦稱：

> 麻恭少校對本日（13 日）的會見極為不滿……遂憤而退，臨行時說，假如全權大臣不能於明日黎明前將全權委任狀交予總司令，英方明早開炮轟擊……[191]

可是，耆英等人看到璞鼎查的照會如同吞了蒼蠅。作為直接結果，伊里布通知張喜退出談判，而未說明原因。直到英軍退出長江，伊里布解釋道，耆英讓其避讓，是因其"面色甚厲，惟恐僨事"，張喜當即反駁，稱耆英出於妒嫉：

> 怕喜成功，即是怕中堂（伊里布）成功；中堂成功，豈不蓋了耆將軍的面子？[192]

---

190 佐佐木正哉編：《鴉片戰爭の研究：資料篇》，第 205 頁。
191 利洛：《締約日記》，《叢刊·鴉片戰爭》第 5 冊，第 505—506 頁。
192 張喜：《撫夷日記》，《叢刊·鴉片戰爭》第 5 冊，第 398 頁。

張喜的反應是直接的。他習慣於將一切與功過名利相聯繫，將奴才與主子相聯繫。小人之心，小人之言，由此可見其可畏之處。

張喜由核心退至圈外，談判本身也進入尾聲，我們可列一時間表：

8月16日，英方據前兩天會談情況，擬就條約草案。

17日，英方將條約草案交予清方。[193]

19日，雙方再次會談。咸齡、黃恩彤聽取英方對條約的說明，表示接受。

20日，耆英、伊里布、牛鑑登上英旗艦皋華麗號，作禮節性拜訪。

24日，璞鼎查一行至靜海寺，作禮節性回拜。

26日，也是最關鍵一日，璞鼎查等人進入南京城，至上江縣考棚，正式交付條約文本，即雙方作最後決定。耆英等人雖有抱怨言辭，但表示接受條約。在場一英軍軍官寫道：

在歐洲，外交家們極為重視的條約中的字句和語法，中國的代表們並不細加審查，一覽即了。很容易看出來，他們焦慮的只是一個問題，就是我們趕緊離開。[194]

為了使英軍趕緊離開，耆英還提議立即簽字，但英方拒絕了。他們不想如此匆忙，而要舉行一個盛大的儀式來慶賀他們的勝利。

這樣，南京方面的一切都已經擺平，問題僅剩下另一端——北京。

耆英到達南京後，於8月13日、14日、17日、26日四次向道光帝報告談判情況。[195]而展讀這些奏摺，與其說是請旨，不若說是婉言傳達英方的脅令。8月22日，道光帝收到耆英17日的奏摺，朱批曰：

---

193 佐佐木正哉編：《鴉片戰爭の研究：資料篇》，第208頁。
194 利洛：《締約日記》，《叢刊·鴉片戰爭》第5冊，第514頁。
195《鴉片戰爭檔案史料》第6冊，第50—53、56—57、74—76、114—115頁。

何至受此逼迫，忿恨難言！[196]

8 月 31 日，道光帝收到耆英 26 日的奏摺，下旨曰：

> 覽奏忿懣之至！朕惟自恨自愧，何至事機一至如此？於萬無可
> 奈之處，一切不能不允所請者，誠以數百萬民命所關，其利害且不
> 止江、浙等省，故強為遏制，各條均照議辦理。[197]

這一條諭旨於 9 月 7 日才到達南京。但在此之前，8 月 29 日，南京江
面的英艦皋華麗號上，耆英、伊里布已在條約上蓋用關防並親筆畫押了。

　　條約簽訂了。
　　南京保全了。
　　英軍退出了。
　　戰爭結束了。這一切使英方大為滿意。一英軍軍官在其回憶錄的結
尾，用大寫字母寫了一句得意的話：

CHINA HAS BEEN CONQUERED BY A WOMAN.[198]

中國被一女子（指女王）征服了。

---

196 《鴉片戰爭檔案史料》第 6 冊，第 136—138 頁。
197 《鴉片戰爭檔案史料》第 6 冊，第 165 頁。
198 Bingham, *Narrative of the expedition to China: from the commencement of the war to the present period*, vol.2, p.372.

第七章

平等與不平等

———

歷史學家蔣廷黻曾經寫道：

> 中西關係是特別的。在鴉片戰爭以前，我們不肯給外國平等待
> 遇；在以後，他們不肯給我們平等待遇。[1]

這段話相當凝練且傳意。

但是，我們若從細部去觀察就會發現：儘管鴉片戰爭前清朝在國家
關係上矮化西方列強，但對經濟貿易的種種限制，恐怕不能以"不平等"
一語而完全概括之，至於猖獗的鴉片走私貿易，又當別作它論；鴉片戰
爭後西方列強逼勒的一系列條約，包含眾多不平等條款，而在國家關係
上又毫無例外地追求與清朝"平等外交"。

進一步地研究又使我吃驚地發現：今天人們所談論的平等或不平
等，都是以 18 世紀在歐美產生至 20 世紀在世界確立的國際關係準則為
尺度；而生活在"天朝"中的人們，自有一套迥然相別的價值標準，另
有一種平等觀念。他們對今天看來為"平等"的條款往往憤憤不平，而
對今天看來為"不平等"的待遇卻渾然不覺，因而在外交上舉措大謬。

———

1　蔣廷黻：《中國近代史》，湖南人民出版社，1987 年，第 17 頁。

在 19 世紀急劇縮小的世界中，"天朝"本是一個特殊的"世界"。

一　中英南京條約及其引起的憂慮

作為鴉片戰爭結束標誌的 1842 年 8 月 29 日在南京江面上簽字的中英和約，被後人名之為"南京條約"。它共有十三款，[2] 無疑是一項苛刻的不平等條約。

若從具體條款來看，南京條約之所以為不平等，主要是三項內容：一、割地（第三款）；二、賠款（第四、六、七、十二款及第五款後半部分）；三、赦免"漢奸"（第九款）。而第一款宣佈和平，第十三款規定批准程式，並不涉及平等或不平等；第八款釋放英囚也合乎當時和現在通行的國際法慣例；至於條約第十一款平等國交，反是這項不平等條約中的平等條款。

除去以上今天比較容易判別的條款外，該條約還有三項規定：一、五口通商（第二款）；二、廢除行商（第五款前半部分）；三、新定稅則（第十款）。這些關於經濟貿易的條款，很難簡單地以平等或不平等來界定。

從今天通行的國際關係準則而言，一個國家選擇何種方式進行對外貿易，本是主權範圍之內的事。就此而言，英方強加中國的這些規定，無疑是強權的表現。

從社會經濟發展史的角度來看，一口通商、行商制度束縛了中國對外貿易的發展，不利於中國從自給自足的小農經濟轉向市場交換的工商經濟；廣州的關稅由吏員和行商操縱，使每一次關稅交納都成為討價還價的灰色交易，外商受害，國家無利。這些難道還應當繼續保留？

2　條約原文中文本見王鐵崖編：《中外舊約章彙編》第 1 卷，第 30—33 頁。

因此，從理論上講，最佳方案是清政府自身改革，作好內部準備後主動開放，並在具體做法上與國際接軌。但在歷史現實中，這種可能性等於零。

　　後來的歷史說明，西方的大潮衝擊了中國的舊有模式，民眾的生產和生活（主要在沿海地區）為之大受損害，在此哀曲中又萌生出中國前所未有的種種社會經濟現象。五口通商、廢除行商、新定稅則，作為英國此戰的主要目的，反映出其欲將中國納入世界貿易體系的企圖，使倫敦、曼徹斯特和孟買的老闆們大發利市，致使中國在毫無準備和防備的情況下倉促開放。這對中國有不利的一面，但在客觀上為中國提供了擺脫循環的新途徑。**從短期上講，負面作用大於正面效應，而從長期來看，負面作用在不斷退隱，正面效應在逐漸生長。至本世紀，正面效應超過了負面作用。**

　　我們不妨設想一下，中國的開放若不是在上世紀中葉而是更晚，中國的現狀又會怎樣？

　　歷史學家應當具備遠距離的思辨力。

　　然而，以上認識只是今人的一種分析，與當時人的思想是不搭界的。

　　前一章提到的張喜，在其對條約談判的詳盡記錄《撫夷日記》中，除對賠款的殺價外，另外只記了一條清方的抗辯："黃（恩彤）、咸（齡）兩大人出城，與夷人會議，不許夷人攜帶家眷。"[3] 這可能是張喜知識有限，不能理解條約內容的意義。而時任江蘇布政使李星沅看到條約的反應，不得不讓人深思：

　　　　閱江南鈔寄合同（指條約），令人氣短，我朝金甌無缺，忽有此

3　《叢刊・鴉片戰爭》第 5 冊，第 382 頁。

磋跌，至夷婦與大皇帝並書，且約中如贖城、給煙價、官員平行、漢奸免罪，公然大書特書，千秋萬世何以善後⋯⋯[4]（重點為引者所標）

李星沅當時是主和的官員。他沒有對條約內容直接評價，只是"大書特書"使之恥辱，大約這些事是可以私下做而不能公開說的吧。他最看不慣的，是"夷婦與大皇帝並書"，作為一名飽學經史的儒吏，本能地感到無法向歷史交賬。在戰爭緊要關頭以病求退，歸田後又著述甚豐的前江蘇巡撫梁章鉅，此時尚在歸途，得到消息後，致信福建巡撫劉鴻翱，對福建須開放兩處口岸憤憤不平：

　　江南（指江蘇）、浙江、廣東，每省只准設一馬頭，而福建一省獨必添一馬頭以媚之，此又何說以處之。且江南之上海、浙江之寧波、福建之廈門、廣東之澳門，本為番舶交易之區，而福州則開國以來並無此舉。[5]

梁氏為福建長樂人，恰恰位於福州出海的閩江口端，福州的開放使之恐懼。

　　相比之下，浙江巡撫劉韻珂對條約的感受顯然"深刻"得多，他給南京的耆英、伊里布、牛鑑寫了一封長信，一口氣提出十個問題：

　　一、對英條約簽訂後，其他國家望而效尤，清朝又不知底細，該怎麼辦？

　　二、英國已在廣東"就撫"過，並給過銀兩（指義律—奕山停戰協

4　《李星沅日記》上冊，第 428 頁。
5　梁廷枏：《夷氛聞記》，第 119—120 頁。

定），此次若其國王認為郭士立（清方一直將此人視為主謀之一）、璞鼎查辦理不善，別生枝節，該怎麼辦？

三、英國屢言北上天津，此次未將天津列為口岸，如何"能杜其北上之心，方可免事後之愧"？

四、各通商口岸皆有章程輸稅納課，今後若英國阻勒商船，清政府管不管？若清政府採取措施，豈不又引起釁端？

五、今後若有民、"夷"爭訟事件，英方拒不交兇，如前林維喜案，又該如何"戢夷暴而平民心"？

六、各省戰後重修海防工事，英方若對此猜疑而阻撓，該怎麼辦？

七、赦免"漢奸"之後，若有匪徒投靠英方而擾害民眾，英方又予以庇護，該怎麼辦？

八、若英人潛入非通商口岸地區而引起民眾抗拒，英方必歸罪於清方，"起兵問罪"，該怎麼辦？

九、英人在舟山"建造夷樓"，"大有據邑之意"，若各通商口岸均如此，致使"轉盼之間，即非我有"，該怎麼辦？

十、中國之凋敝在於漏銀，新開口岸後漏銀更易，清方若禁銀出口又會挑起釁端，該怎麼辦？

這是一篇新的"十可慮"，是對戰後中外關係的深層次的思考。本無國際知識的劉韻珂，所提出的問題以今日之眼光觀之十分可笑，不若前一篇"十可慮"分析清朝內部問題那般實在，但卻真實地道出一名負責任的官員對未來中外格局，尤其是通商口岸地方官員如何處理"夷務"、解決民"夷"糾紛的憂慮。

劉韻珂的這封信，沒有直接評價南京條約（這也是他一貫的辦事風格），但用提問題的方法曲折地表達了他對條約的看法：這份條約太簡略了，在許多具體的問題上缺乏具有長遠眼光的明確規定，因而在操作上有其任意性，稍微處置不當就有可能引起釁端。這次戰爭已使他打怕了，最懼再起兵刃。他在信中說：

> 撫局既定，後患頗多。伏念計出萬全，定必預防流弊。逆夷反
> 覆與否，姑不具論，即善後事宜而論，已有儳然不可終日之勢。[6]

至於如何防止這些"流弊"，他沒有具體說明。我不知他是沒有對策，還是有辦法不說，只是將問題原原本本地交還給耆英、伊里布和牛鑑。

由此，我們不僅要問，劉韻珂寫這封信的真實意圖是甚麼？他僅僅是對耆、伊、牛訂立的條約表示不滿？抑或讓三大憲作補救？三憲均為主持談判的官員，劉氏是暗示他們繼續與英方交涉？從而對他提出的十個問題作更具體的規定？

這可是一個危險的信號。

在中國的歷史上，南京條約畢竟是亙古未有之事，各色人等議論紛紛當在情理之中，況且在專制社會中，臣子們的意見往往無足輕重，真正有效用的是聖旨。

道光帝因一份偽造的告示而最後決計主和，江寧將軍轉呈的常鎮道稟帖，使之知曉英方的條件，遂下旨：一、煙價在廣州已付，軍費和商欠不准賠；二、平行禮可以通融；三、香港"暫行賞借"（不是割讓），閩、浙沿海暫准通商，但不許長久居住。這是他對未來和約的最初設想。

1842 年 8 月 18 日，道光帝收到耆英的奏摺，更清晰地了解到英方

6　《劉玉坡中丞韻珂致伊、耆、牛大人書稿》，《叢刊·鴉片戰爭》第 3 冊，第 359—362 頁。在此信中，劉韻珂還就將來局勢提出 10 項危險因素。

的要求，[7]作了一些讓步：一、廈門、寧波、上海准其貿易，但再次強調"不准久住據為巢穴"；二、福州不准開放，不得已可改為泉州；三、香港仍堅持"賞借"；四、對於賠款不再反對，只是詢問款項如何籌措。[8]該諭旨8月24日送至耆英處。

8月22日，道光帝收到耆英報來的"酌辦各條"清單，[9]下旨曰：一、行商制度"毋庸更改"；二、商欠由官府"查明追還"（而不是賠償）；三、英船關稅由副領事赴海關交納而不經手行商一事，再行妥議具奏；四、香港問題在諭旨中沒有提及，大約已同意由"賞借"改為"讓與"，五口通商問題仍堅持原議。值得注意的是，諭旨又提到另外三項內容：一、"沿海之廣東、福建、台灣、浙江、江南、山東、直隸、奉天各省地面"（當指非口岸地區）"不准夷船駛入"；二、戰後各省修復海防工事，"係為緝洋盜起見，並非為防禦該夷而設，不必妄生疑慮"；三、其他各省因不明訂立和約而對英艦實施攻擊，"不得借為（開戰）口實"。[10]此諭旨8月27日到達耆英處。

9月1日，道光帝收到耆英的奏摺，全面讓步，"各條均照所議辦理"，但又下旨曰：

此外一切緊要事件必應籌及者，均著責成該大臣等一一分晰妥

7　耆英在奏摺中稱：英方的要求為"一、係討洋錢二千一百萬元，本年先交六百萬元，其餘分年交。一、係索討香港作為碼頭，並求准往廣州、福州、廈門、寧波、上海等處貿易。一、係與中國官員用平行禮。其餘雖尚有請求，大抵不出三款之外"（《鴉片戰爭檔案史料》第6冊，第56頁）。耆英大大縮小了英方的要求。他在該摺中稱："該夷將請求各款開列清單，交委員塔芬布帶回"，此即8月12日中英第一次靜海寺會談中馬儒翰交張喜帶回的"三大紙"（具體內容可見佐佐木正哉編：《鴉片戰爭の研究：資料篇》，第199—200頁），但他沒有報告諸如廢除行商等項內容。

8　《鴉片戰爭檔案史料》第6冊，第85頁。

9　耆英在8月17日奏摺中稱："謹將酌辦各條另繕清單，恭呈御覽"（《鴉片戰爭檔案史料》第6冊，第75頁），但該書未收錄清單。又，耆英於8月15日致璞鼎查照會，附有關於和約十項條件的清單（佐佐木正哉編：《鴉片戰爭の研究：資料篇》，第206—208頁），估計內容相同。這可能是道光帝第一次全面了解英方的要求。

10　《鴉片戰爭檔案史料》第6冊，第114—115頁。

議，不厭反覆詳明，務須永絕後患。該大臣既知善後難於措手，他國之不免生心，即應思前顧後，預為籌畫，於勉從下策之中力求弭患未然之計。倘稍留蟬隙，日後有所借口，以致別生枝節，辦理掣肘。[11]

道光帝這段話的意思不很明確，似乎是命令耆英等人在條約完成後，繼續與英方商議"一切緊要事件"。他沒有說明"一切緊要事件"的具體內容，但似乎認為條約還不能"永絕後患"。從這個意義上講，他與劉韻珂在思想上有着驚人的一致。該諭旨9月7日到達耆英處。

9月6日，道光帝收到耆英呈遞的條約，注意力已從條約本身轉向條約之外，下旨：一、關於"商欠"，今後英商與華民交易，一切欠款自行清理，清朝對此不再負責；二、關於赦免漢奸，"倘該民等別經犯罪，我國應當照例辦理，與該國無涉"；三、關於關稅，"各海關本有一定則例"，即使中國商人運送英國貨物往內地，"經過關口自有納稅定例"（道光帝似未看懂條約第十款的規定，諭旨的文字和語氣似乎否定這條款存在的必要性）；四、"所稱銀兩未清以前，定海之舟山海島，廈門之古（鼓）浪嶼小島，均准暫住數船，俟各口開關後即著退出（道光帝似乎要求英方退還舟山、鼓浪嶼的期限，由五口開放、賠款交清兩項條件改為五口開放一項條件）。這一次的諭旨，道光帝講得明明白白：

> 以上各節，著耆英等向該夷反覆開導，不厭詳細，應添注約內者，必須明白簡當，力杜後患，萬不可將就目前，草率了事。[12]（重點為引者所標）

---

11 《鴉片戰爭檔案史料》第6冊，第165頁。
12 《鴉片戰爭檔案史料》第6冊，第185頁。

也就是說，在條約簽訂之後，道光帝依舊命令耆英就有關事項繼續向英方交涉。該諭旨於 9 月 13 日到達耆英處。

從以上一系列的諭旨中，我們可以看清道光帝對南京條約的態度。這份條約的內容與他原先的設想差之霄壤，可六朝故都的南京已成了風前之燭，不得不予以批准。但是，他心有不甘，於是命令耆英等人繼續交涉，挽回一些"天朝"的利益。災禍由此萌生。毫無國際知識的道光帝並不知道國家利益之所在！他所要求交涉的內容或為不得要領，或為不着邊際。

儘管條約已經簽訂，已獲御筆批准，但道光帝卻別出心裁地想出一個新辦法 —— 在條約上"添注"。

位於今日南京市中心長江路上的兩江總督衙署，是一處很大的院落。它後來成為太平天國的天王府、南京臨時政府的大總統府和國民黨政權的國民政府，地位顯赫異常。直至今日，仍是江蘇省的政治決策中心。多少年來，不知有多少決策由此產生，多少政令由此發出。

而在 1842 年夏秋之際，兩江總督衙署亦充當了歷史的見證人。下榻於此的欽差大臣、廣州將軍耆英，四品卿銜乍浦副都統伊里布和這裏的主人兩江總督牛鑑，正在恐懼和憂慮之中商議對英和約事宜。

儘管伊里布的家人張喜認為"伊中堂"是決策的主謀，牛鑑的助手江寧布政使黃恩彤感到"牛制軍"是和議的中堅，但真正的權柄僅操之耆英的手中。他是唯一的欽差大臣。

耆英為宗室，即努爾哈赤之後裔。其父祿康做過東閣大學士、戶部尚書、步軍統領等職。顯赫的家世背景，使之仕途坦蕩。自 1806 年以蔭生授宗人府額外主事後，一直在京官上遷轉，先後擔任過 50 多種職務。其中最讓人感興趣的是，他做過兵部侍郎、署理藩院尚書、禮部尚書、工部尚書、戶部尚書、吏部尚書，僅僅在刑部沒有任職的經歷。

1838 年，耆英由熱河都統調盛京將軍。不久，鴉片戰爭爆發，他在加強海防方面也頗賣力氣，沒有絲毫主和的氣味。1842 年 2 月 24 日，道光帝調其為廣州將軍。當他交代一切，依例於 3 月 28 日進京請訓時，正恰道光帝收到劉韻珂的"十可慮"奏摺。我們不知道道光帝派他去廣州的真實用意，但可以看出，他的到京日期，改變了他後半生的命運。

作為滿人，作為皇親，耆英比起那些中過進士，入過翰林的正途官員，少一些儒教的氣味。這在當時的中國社會中，無可爭辯地是一大缺陷。或許也就是這種缺陷，使之在思考問題時也少一些性理名教的色彩，更具直接性和功利性。至浙江幾天後，他便看穿戰敗的必然，不計"夷夏"之大義，一心欲與"逆夷"講和。這與同為皇親貴族的伊里布、琦善相一致。

在前一章中，我們可以看出，耆英對道光帝主"剿"的一系列諭旨不太放在心上，暗中保持與英方的聯絡，舉止一如廣東談判期間的琦善。但他不像琦善那樣直接，那麼直率。大約他身邊精明的伊里布也給他出了不少主意。而到了最後，與琦、伊不同，他的一切行動都得到批准，這主要是形勢使然，同時也讓人領略到他在政治操作上的技巧。

就南京條約內容而言，耆英是違旨的。這從前引道光帝對條約的一系列諭旨中可以認定。1842 年 8 月 29 日當耆英簽約時，收到的僅是 8 月 22 日的諭旨。儘管他也派黃恩彤等人對英方交涉，要求不開放福州，但遭拒絕後便不再動作。至於諭旨中規定的各通商口岸不准"久住"、行商制度"毋庸更改"等項，他乾脆就沒有向英方提出。然而，若作為享有"便宜行事"權限的欽差大臣，耆英簽約的行為似又並不違旨，因為從經典、律條、祖制中，都找不到對"便宜行事"四字的界定。

就歷史的現實而言，南京條約雖是一項苛刻的不平等條件，但作為簽訂人的耆英並無罪責可言。城下之盟，別無選擇。作為戰敗國，再苛刻的條件也不能不接受。

沒有勝利希望的戰爭,越早結束越為有利!

但是,條約簽訂之後,兩江總督衙署內的氣氛並沒有因此而緩和。耆英面臨兩大難題:一是如何向道光帝交賬(他還沒有收到道光帝批准簽約的諭旨),二是條約簽訂後的中外格局當如何辦理。沒有理由認為他對條約內容是滿意的,他也像劉韻珂、道光帝一樣,正在思索下一步的種種問題。道光帝的諭旨中還有一段勸激的話:

是耆英、伊里布自詒伊戚,不惟無以對朕,更何顏以對天下。[13]

其實,即便道光帝不說,他也完全明白自己的身份,其榮辱福禍繫於"天朝"。很可能經歷了再三的思量,他決計繼續與英方交涉,對條約已經規定的內容和尚未明確的事項進行補救。

1842 年 9 月 1 日,即南京條約簽訂後的第三天,當耆英焚香拜摺向道光帝奏明簽約情況的同時,另一道致璞鼎查的照會也送出了兩江總督衙署的大門。也就是,在他未收到道光帝命其繼續交涉的諭令、未收到劉韻珂對條約內容充分憂慮的信函之時,便主動行動了。

杭州、北京和南京完全想到一起去了。

我在前面詳細摘錄了劉韻珂的信函,具體排列了道光帝的諭旨,在此還將更加詳細具體地引用耆英給璞鼎查的照會。因為,在這些文件中,潛藏着不亞於清朝在戰爭中軍事失敗的外交失敗。耆英的照會尤為嚴重。它是我所見到的中國近代史上最要命的外交文件。

耆英的照會分正文和附單。正文提出了交涉的理言:

---

13 《鴉片戰爭檔案史料》第 6 冊,第 165 頁。

兹蒙大皇帝解嫌釋惑，恩准照舊通商，於廣州一處之外，又給福州、廈門、寧波、上海四處，俾得廣為貿易，實屬體恤有加。貴公使所議和約各條，又經本大臣等再三奏懇，仰荷允行……惟貴國所定條款，期於永久遵行；而中國亦有盟言，必須預為要約。蓋事定其初，後來可免反覆。言歸於好，無話不可商量。

這段話的意思是，英方提出的條件，清方已答應了，為使條約能"永久遵行"，清方也有"盟言"，須與英方預先約定。言詞中不無希望英方"知恩圖報"的意味。看來，耆英對國際條約的意義似乎不太清楚，剛剛簽字又提交涉。而"盟言"一語，又讓人回想到古代"戢兵會盟"之形式。

　　照會所附清單中，提出了十二項交涉內容：

　　一、通商五口中，除廣州已給英人香港居住外，福州、廈門、寧波、上海應在港口建"會館"，英船來港貿易時供英人居住，貿易結束後，英人應"回船歸國"，"不必常年在會館居住"。

　　[釋評] 此項交涉可見於道光帝 8 月 18 日和 22 日的諭旨。耆英想按照先前的廣州模式來處理其他口岸英人居住權問題。文中的"會館"即為商館。按廣州以往的做法，來華外國人只能在商館區活動，貿易結束或冬季停止貿易時應回船歸國或前往澳門居住。但是，耆英提出的方法，直接違反了南京條約第二款：

　　　　自今以後，大皇帝恩准英國人民帶同所屬家眷，寄居大清沿海之廣州、福州、廈門、寧波、上海等五處港口，通商貿易無礙。

我不知道耆英是沒有弄清楚英方擬定的這一條款的含義，還是據道光帝諭旨要求修改了條約的內容。

　　二、今後如有中國商人欠英商款項情事，"止可官為着追，不能官為償還"。

［**釋評**］　此項交涉肇因於南京條約規定賠償"商欠"300萬元。道光帝 8 月 22 日和 9 月 6 日的諭旨皆要求下不為例。據耆英奏摺，條約簽訂前，他曾派咸齡等人向英方交涉，獲口頭允諾。耆英怕不保險，此次想用文字的形式予以確認。

三、通商五口只准貨船往來，"未便兵船游奕"，五口以外地區，英方貨船、軍艦皆不得駛入。

四、清朝戰後在沿海駐軍及修復海防工事，"實為防緝洋盜起見，英國既相和好，不應有所疑慮，或行攔阻"。

五、廣東、福建等地因不知已訂和約而攻擊英艦，不應成為"口實"，"以乖和好"。

［**釋評**］　此三項交涉依據道光帝 8 月 22 日的諭旨，而第三、四項又見於劉韻珂信函第八問和第六問。但是，按照國際慣例，第三、四項屬國家主權，既然南京條約沒有給英方這些權利，那麼清方根本不必與英方商量。

六、和約訂立並付清本年度賠款，英國應從南京、鎮江撤軍，退還閩、粵、浙等地。英方暫據的舟山、鼓浪嶼亦"不便多泊兵船"，英軍"仍宜在船駐紮，不必上岸別居"。

［**釋評**］　英方的撤軍問題，南京條約第十二款已有明細的規定。耆英就此再度交涉，反映出他對英方能否履行條約的擔心，這與劉韻珂的心情是一樣的（見其信第二、九問）。南京江面的英艦，是耆英頭上的懸劍，因而在條約已作規定的情況下，要求英方再次保證。或許，這都不對，他根本沒有仔細研究墨跡未乾的條約？

七、舟山、鼓浪嶼的英軍"不得侵奪於民"，也不得對中國商船"再行攔阻抽稅"。

［**釋評**］　此項交涉的前半部分，即喪失治權的清政府要求英方不

擾害舟山、鼓浪嶼的民眾，當屬正當要求；而後半部分已在南京條約第十二款作了規定，"不再行攔阻中國各省貿易"。大約耆英認為這些嗜利的"逆夷"不會見利不取，而劉韻珂對此更是大發議論（見其信第四問）。

八、"英國商民既在各處通商，難保無與內地民人交涉獄訟之事。從前英國貨船在粵，每以遠人為詞，不能照中國律例科斷，並聞欲設立審判衙門，如英國之呵壓打米蛯一樣。但查乾隆十九年仏（佛）蘭西人一犯，欽奉諭旨，令其帶回本國，自行處置。即道光元年英吉利兵船水手打死黃埔民人黃姓之案，亦經阮督部堂奏請，令英國自行懲辦各在案。**此後英國商民，如有與內地民人交涉案件，應即明定章程，英商歸英國自理，內人由內地懲辦，俾免釁端。他國夷商仍不得援以為例。**"（重點為引者所標）

［釋評］ 此項交涉的利害關係實在太重大了，我不得不照引全文。耆英和劉韻珂一樣，如何處理通商口岸的民、"夷"糾紛而不引發釁端，成為其心頭大患。為了簡單明了且一勞永逸地解決此難題，他乾脆將對英人的審判權主動拱手予英方。在他看來，如此中英各司其民，就不會再出現諸如林維喜案那樣令人頭痛的麻煩了。耆英由此鑄成大錯！

九、中國"奸民犯法"而"投入英國貨船、兵船"，英方"必須送出交官，不可庇匿"。

［釋評］ 此項交涉的觸發點是南京條約赦免"漢奸"的規定。道光帝9月6日的諭旨對此有明確指示，劉韻珂信函第七問題對此亦極為憂慮。耆英雖未收到諭旨和信函，但心靈脈通，明確要求將投入英船的"奸民"交與清朝處置。但他沒有想到，這麼一來，實際上也放棄了清朝到英船上搜查、逮捕中國罪犯之權力。船桅上的英國國旗成為不法之徒的保護傘。14年後的"亞羅號事件"即為一例。

十、英國除廣州外，"多得福州、澳（廈）門、寧波、上海四處，係大皇帝逾格天恩"，今後若他國要求去福州等4處口岸通商，"應由英國與之講解，俾仍在粵通商，無致生事"。

〔**釋評**〕 就當時形勢而言，鴉片戰爭期間，美國與法國的軍艦均在中國海岸活動，法國尤甚（後將詳述）。劉韻珂信函的第一問就是他國"效尤"，道光帝9月6日諭旨亦稱"他國之不免生心"，可知此事已引起普遍的警惕。而耆英的對策確實別出心裁，由英國出面"講解"。也就是說，以後他國若向清朝要求往福州等4處口岸通商，讓他們找英國去！

十一、福州等口岸關稅稅率不一，"自應照粵海關輸稅章程，由戶部核議遵行"。

〔**釋評**〕 此項交涉違反了南京條約第十款的規定，反映出耆英仍想沿用廣州模式處理其他口岸的事務。由於關稅問題後來成為中國近代史上的巨案，我擬放在下一節一併分析。

十二、清朝皇帝已同意在南京條約上加蓋國璽，英方應同樣辦理。

〔**釋評**〕 南京條約第十三款僅稱條約由雙方君主"各用朱、親筆批准"，並未提國璽一事。但在先前的談判中，英方提出加蓋國璽，耆英奏准，為對等起見，故有此項交涉。[14]

由上可見，儘管耆英對南京條約的內容並不滿意，儘管他也主動找英方交涉以作補救，但從十二項交涉中，我們找不到能挽回中國利益之處，即使是違反南京條約的第一、第十一項，若以今日標準度之，也毫無益處，而整份照會反潛藏着對中國利益的極大損害，其中第八項又是近代中國治外法權之濫觴。

一個半世紀後的今人，完全有理由指責耆英，埋怨他不應有如此拙劣的外交，但問題僅僅出在耆英一人身上？與此同時，北京的道光帝不

---

14 耆英照會全文見佐佐木正哉編：《鴉片戰爭の研究：資料篇》，第217—219頁，所引條約見王鐵崖編：《中外舊約章彙編》第1卷，第30—33頁。

是正式諭令，杭州的劉韻珂又在暗諭他去交涉？耆英的十二項交涉的後果是非常嚴重的，但將之與劉韻珂信函中十個問題、道光帝前後諭旨中九項指令比較，能分出高下嗎？

因此，我在前面不厭詳細地摘錄劉韻珂的信函和道光帝的諭令，不是想減輕耆英的罪責，而是為了指出，整個統治集團同病。

如果我們離開耆英的十二項交涉、劉韻珂的十個問題、道光帝的九項指令之具象，抽象地思考問題，就會發現：真正使耆英、劉韻珂、道光帝陷入困境的是南京條約有關通商關係的規定，也就是我在前面說明難以用平等或不平等界定的五口通商、廢除行商、新定稅則等內容。

聯繫後來的歷史，自然會很清楚，南京條約是一座界標，使中外關係由“天朝”時代轉入了條約時代。按照南京條約的文字和精神，由清初建立起來的（有些做法可追溯至更遠）至道光初年已密織如網的“天朝”對外貿易的種種規定，全然被廢除，具體詳盡嚴格的“防夷章程”也不再有效。**各通商口岸需要實行一種新制度。儘管南京條約在文字上，對這種制度未作詳密過多的具體規定，但從精神上理解，應是當時西方社會願接受的那種商業制度。**

因此，若從當時西方人的眼光觀之，南京條約已是相當具體的，若在當時任何一個西方國家中，都不會有執行中的困難。

然而，鴉片戰爭雖然擊碎了“天朝”的威嚴，但“天朝”的觀念卻不能隨之更換。即便是對戰敗體會最深，已從“天朝”夢幻中探出頭來的耆英者流，手捧南京條約，迷迷然，感到面對着一大堆全新的難題。原先“夷人”的去處僅為一地 —— 廣州；其居住活動範圍是有限的 —— 商館；交易的商人是指定的 —— 行商；接觸的民眾是少量的 —— 僕役（包括買辦）；管理的手段是間接的 —— 經過行商……現在，這些限制統統沒有了，那又怎麼管理這些桀驁不馴嗜利如命的“夷人”呢？

我們若從這種思路一直追到最深處，就遇到了中西社會背景和文化觀念的差別。在西方，商業活動已不再受官方的具體管制，商人只需遵從法律即可；而從保甲編氓層層至寶塔尖大皇帝的中國傳統社會，每一個人都在官府治理的網絡之中，很難想象脫離這種治理之民。國家設官治民。既然中國官府無法治理這些英人，把他們交由英國官府來治理也不失為一種辦法。耆英放棄對英人的審判權，在這種思路上幾乎是順理成章的，儘管這種思路本身應別作評價。

因此，由英方按西方標準制定的南京條約，在沒有近代國際知識，不了解西方商業制度的清政府手中，必然是難以執行的。舉一個例子，南京條約第二款允諾英人可以"帶同所屬家眷"居住於通商口岸，這在當時的西方和今日的世界是很平常的事，但與清朝以往不許"夷婦"入境的規定相抵觸。耆英在條約簽訂前曾派員交涉，被拒後又在奏摺中以相當的篇幅說明允"夷婦"入住口岸的理由，其中最為雄辯的是：

> 況英夷重女輕男，夫制於婦，是俯順其情，即以暗柔其性。[15]

既要維護"天朝"的利益（以"天朝"的觀念而不是以近代國家觀念確認），又要避免再起釁端，住在英艦炮口之下南京城內兩江總督衙署憂心忡忡的耆英，不懂得用近代國際法則去維護本國真正的利益，似乎只有一條路可走，即用"天朝"觀念與英方交涉。而更加不幸的是，他的對手又是極富殖民經驗的璞鼎查。

中國注定要經受一次新的災難。

---

15 《鴉片戰爭檔案史料》第 6 冊，第 159 頁。

二　邁入陷阱：中英虎門條約

極盡炫耀的南京條約簽字儀式在英艦皋華麗號上結束後，英軍鳴放了禮炮。全權代表璞鼎查心中的喜悅隨着禮炮的轟鳴而陣陣湧來，他已經完成了他的使命。

南京條約的中、英文本都是由英方擬定的，包括了巴麥尊訓令中全部要求。我在第三章曾提到巴麥尊頒下的對華條約草案，不妨將之與南京條約相對照：

一、中國開放廣州、廈門、福州、上海、寧波為通商口岸（條約第二款中實現）。

二、英國可在通商口岸派駐官員，並與中國官員直接接觸（條約第二、十一款中實現）。

三、割讓島嶼（條約第三款中實現）。

四、賠償被焚鴉片（條約第四款中實現）。

五、廢除行商制度，並賠償商欠（條約第五款中實現）。

六、賠償軍費（條約第六款中實現）。

七、賠款分年交付，未付部分以年利百分之五計息（條約第七款中實現）。

八、中國皇帝批准條約後解除對華海上封鎖，賠款付清後英軍方撤離（條約第十二款中實現）。

九、條約用中、英文書寫；文義解釋以英方為主（前一項在執行中照辦，後一項因清方官員不懂英文且條約中文本由英方擬定，已無以英文解釋為主之必要，故在條約中未載明[16]）。

十、條約由兩國君主批准（條約第十三款中實現）。

16　此後，在廣州入城問題上因條約中英文本歧意而發生爭端，詳見第 8 章。

由此可見，璞鼎查嚴格遵守了訓令，且條約排列順序也大體遵照巴麥尊草案的規定。

在巴麥尊條約草案之外，璞鼎查還另加 4 款：

一、釋放戰時被囚英人，即條約第八款。

二、赦免戰時與英方交往的"漢奸"，即條約第九款。

三、清朝制定並頒佈一部新的海關稅則，即條約第十款（此款為巴麥尊條約草案中，作為放棄割佔海島的五項交換條件之第二項）。

四、兩國官員平等交往，即條約第十一款（巴麥尊條約草案無此內容，但訓令中有此精神 [17]）。

可以說，璞鼎查超額完成了英國政府交予的任務。

南京條約簽字時，巴麥尊因政府更迭而去職，他看到條約後在私函中稱為"滿意的結果"。[18] 新任外交大臣阿伯丁伯爵（Lord Aberdeen）一直強調巴麥尊先前的訓令仍舊有效，收到條約後，在訓令中表示對璞鼎查的工作"深為讚許"，並"完全認可"。[19]

此時在璞鼎查的面前，已不再有叢山峻嶺，僅剩下兩宗遺案需要處理：

一、鴉片貿易合法化。巴麥尊訓令中提出了這一問題，但又規定，英國政府"並不作任何要求"，指示璞鼎查利用一切機會和證據，勸說清

17　巴麥尊給懿律和義律的訓令中已有此一精神，而給璞鼎查的訓令更是明確指出，英國政府"希望英國全權公使要受到中國皇帝欽命全權大臣在一種完全平等地位上的待遇"（馬士：《中華帝國對外關係史》第 1 卷，第 751 頁）。

18　巴麥尊致史密斯，嚴中平：《英國鴉片販子策劃鴉片戰爭的幕後活動》，《近代史資料》1958 年第 4 期，第 88 頁。但嚴先生將發信日期由 1842 年 11 月 28 日誤作 4 月 28 日，據嚴先生所據原書（Maurice Collis, *Foreign Mud: being an account of the opium imbroglio at Canton in the 1830's and the Anglo-Chinese war that followed*, London: Faberand Faber Ltd.,1946）訂正。

19　阿伯丁致璞鼎查，馬士：《中華帝國對外關係史》第 1 卷，第 758 頁。

朝放棄禁煙法令。[20] 一系列的遊說活動。[21] 南京條約簽字前後，璞鼎查進行了據璞氏後來的報告，耆英曾做出保證，清朝今後將禁煙範圍"局限於本國兵民"，也就是說，不再對英國鴉片販子採取行動。[22]

二、子口稅。巴麥尊訓令對此有明確指示，[23] 但由於談判時間短促，更兼英方對內地關稅情況不明，因而南京條約第十款對此無明確規定：

> 英國貨物自在某港按例納稅後，即准由中國商人遍運天下，而路所經過稅關不得加重稅例，只可估價則例若干，每兩加稅不過分。

在具體數額前空了一格。[24] 此即後來作為南京條約附件的"過境稅聲明"的由來。[25]

但是，當璞鼎查收到耆英 9 月 1 日發出的十二項交涉的照會後，銳利的眼光一下子發現了新的機會。看來他進行了認真的研究，於 9 月 5

20　巴麥尊致璞鼎查，馬士：《中華帝國對外關係史》第 1 卷，第 750—751 頁。

21　1841 年 8 月 16 日，璞鼎查給耆英的照會中提出，要求與耆英等人"詳論和約開載餉稅等款如何善定（指子口稅，參見下頁注），並論鴉片一項如何可期善辦（指鴉片貿易合法化）"，後又發出"論鴉片大略"（佐佐木正哉編：《鴉片戰爭的研究：資料篇》，第 210、212—214 頁），而他與耆英會談中，也曾大談鴉片貿易合法化問題。

22　阿伯丁致璞鼎查，馬士：《中華帝國對外關係史》第 1 卷，第 762 頁。

23　巴麥尊致懿律、義律，1840 年 4 月 25 日。巴麥尊在訓令中稱："你們要知道陛下政府無意把這一點當作先決條件來堅持，但我訓令你們盡各種恰當的努力從中國政府獲取這個問題的某種有利的規定。"（嚴中平：《英國鴉片販子策劃鴉片戰爭的幕後活動》，《近代史資料》1958 年第 4 期，第 84—85 頁）。

24　王鐵崖先生所編《中外舊約章彙編》第 1 冊收錄南京條約時，對子口稅的條文規定為"……路所經過稅關不得加重稅例，只可按估價則例若干，每兩加稅不過分"，後一句話似為有誤。據耆英進呈的條約文本，"每兩加稅，不過某分"（《鴉片戰爭檔案史料》第 6 冊，第 161 頁）；又據條約英文本，"which shall not exeed per cent"（Inspectorate General of Customs, *Treaties, conventions, etc., between China and foreign states*, vol.1, Shanghai: Statistical Department of the Inspectorate General of Customs, 1908, p.163），即在具體數額前空格；而 1840 年 8 月 12 日中英第一次靜海寺會談時，馬儒翰交給張喜的清單上，該段文字為："英國貨物即在廣州、福州、廈門、寧波、上海等處一次納稅者，可遍運天下。所過之稅關，不可甚加。例所加者，應以估價為例，每兩不過分。"（佐佐木正哉編：《鴉片戰爭的研究：資料篇》，第 200 頁）由此可認定，南京條約關於子口稅未有具體數字規定，正式文本當為"每兩加稅不過分"，即在"分"前空格，以準備將來填入。

25　見王鐵崖編：《中外舊約章彙編》第 1 卷，第 33 頁。"過境稅聲明"仍未對子口稅的數額作出具體規定，僅稱英國貨物在內地子口，其稅"一切照舊輕納"。又，該聲明作為南京條約之附件，在南京條約互換時（1843 年 6 月 26 日）正式生效。

日覆照耆英：對其照會中本屬中國主權或符合國際慣例且無關緊要者，如第二、四、五、六、七、十二項予以同意；對於拱手相讓的第八項（治外法權）表示歡迎；對於不符合南京條約的第一項予以拒絕；而對於第三、九、十、十一項（內容大多為中國主權或內政）或進行辯解，或設置障礙。無知的耆英絲毫沒有意識到他將本屬清朝可自行決定的事項，拿去與英方交涉，就潛藏着需由對方點頭的意思，就已經損害了自身的權益。

在璞鼎查的覆照中，有兩點須特別注意。

一、關稅問題。璞鼎查明明知道耆英照會第十一項交涉違反了南京條約，但他沒有正面拒絕，反偽言哄騙：

> 今本公使以已當兩國中人之委，詳論出口入口內地之餉稅，毫無偏性，乃拊心言明其所念矣：稅之太重者，則走漏之弊，稅之太輕者，則以為不足算，均所不悦。乃除所須以資用之外，有盈溢歸帑之數，係所心願。**本公使只俟貴大臣等，由內閣奉諭，以便宜行辦，則圖一晤為面敍各情。本公使又在粵東或他處，若更為便與貴大臣商議，以致此要之案有着也。**（重點為引者所標）

璞鼎查在此巧作"毫無偏性"的"中人"狀，引誘耆英商談清朝可以自行決定的關稅問題。因為南京條約規定，該條約批准且付清第一筆賠款，英軍須退出長江，璞鼎查深知此類談判不會速戰速決，提議談判地點在廣東。又為使此談判具有法律效用，提醒耆英，談判代表應是"由內閣奉諭"有"便宜行事"之權的欽差大臣。

二、另訂條約。璞鼎查在照會結尾提出：

其（耆英照會）內有數件，甚屬重要，應另繕一單，附粘本約。以便大清大皇帝、大英君主均准施行。此乃本公使之意見，而貴大臣等如無異意，本公使即另寫一單，以便為附粘也。[26]（重點由引者所標）

也就是說，璞鼎查要求在南京條約簽訂後，另與清朝訂約，且新條約由他來起草。

璞鼎查在照會中設置了兩個陷阱。他的兩項提議即"五口通商章程：海關稅則"和"五口通商附粘善後條約"（虎門條約）之由來！

中英南京條約的性質是和約。按照當時的西方和現時的世界所通行的戰爭法慣例，和約一旦簽訂，兩國關係即由戰爭狀態轉入和平狀態，此後戰勝國不得再向戰敗國提出有關戰爭賠償的要求，提出的其他要求也必須符合和約的文字和精神。換言之，此後清朝完全可以依據南京條約的文字和精神，拒絕英方沒有和約依據的要求。可是，這些道理，在"天朝"裏面，又有誰曉得呢？

耆英收到璞鼎查覆照的同時，也收到了道光帝命其對"一切緊要事件"進行"妥議"的諭旨。交涉本是他的主動行為，按他的觀念（即"天朝"的觀念），根本不可能識破璞鼎查的詭計，反感到英方已接受了他的許多要求，並為今後的談判敞開了大門。比起先前動輒以炮轟南京要挾的姿勢，璞鼎查此時的面孔似顯得可親可愛。道光帝諭旨中的懇切言辭，又使他感到臣子的責任感。他決計努力挽回清朝的"權益"，在折衝中施展身手，使中英關係在戰後建立在一個結實可靠的基礎上，不留後患。

26　佐佐木正哉編：《鴉片戰爭の研究：資料篇》，第 223 頁。

由於資料的缺乏，我們不太清楚這一階段中英談判的細節，但從李星沅日記中看到：

(9 月 17 日) 至院見石琴 (黃恩彤，字石琴) 書云：夷約十三條 (指南京條約)，又有十一條。

(9 月 30 日) 至局見石琴致簣翁 (孫善寶，浙江布政使，字簣谷) 書，盛稱逆夷好禮，而以慎重辦理妄啟猜疑，殊屬荒謬，所續議八條，亦多將就。[27]

黃恩彤是此時中英交涉的幹員，他在信中透露，清方先與英方達成協議十一條，後又改為八條。

而耆英 9 月 20 日的奏摺又大體載明八條協議的內容，其中包括道光帝特別看重的今後商欠不由官還等項。在該摺的最後，耆英又稱：

除新設五處馬頭尤非善後事宜可比，必應妥為籌定，以期永久安堵，容臣等同未盡各事宜悉心詳議，務期周妥，另行具奏外。[28]

看來耆英除"善後事宜"（即八條協議）外，又照着璞鼎查給他指明的方

---

27 《李星沅日記》上冊，第 429、431 頁。

28 《鴉片戰爭檔案史料》第 6 冊，第 212—213 頁。耆英在奏摺中稱，"……酌定善後章程，匯分八條（由咸齡、黃恩彤等人），享經臣等備文明晰照會，該夷酋璞鼎查亦即照覆，均無異說，謹將各條另繕清單，恭呈御覽。"由此可見，八項協議的內容由雙方互換照會而加以確認，然耆英的清單，檔案中沒有找到。耆英該折正文又對道光帝歷次諭旨提到的事項作出答覆：一、關於今後商欠，"善後條款內載明……只可官為着追，不可官為償還"；二、關於被赦漢奸今後犯法，"至通商後，華民歸中國管束，英商歸英國自理，華民有罪逃至英館者，英夷不准庇匿，英商有罪逃入內地者，中國即行交還……是該民等別經犯罪，自當仍由該管官照例懲辦"；三、關於關稅，英方情願按例交納，"惟稱粵海關丁書稅役向多陋規，求為查明禁革"，英方亦不得對中國商人交稅事"越俎"；四、關於舟山、鼓浪嶼撤軍時間，英方堅持原議，但稱"酌留兵船，不過數隻，既不侵奪百姓，亦不攔阻商船，均於善後事宜內切實議定"。五、分年籌給賠款問題。以上仍可視為善後章程八項協議的主要內容。

向前進，準備與英方談判"五處馬頭"（即通商五口）有關事宜了。

　　道光帝收到該摺，對八項協議予以批准，"俱著照所議辦理"，另下旨：

　　　　此外尚有應行籌議事宜，著耆英等通盤酌核，悉心妥商，切勿稍留罅隙，致茲後患。[29]

儘管道光帝還不知道耆英將如何就"五處馬頭"事宜與英方交涉，卻已批准了他下一步的行動。

　　至 1842 年 9 月底，清方已付清第一筆賠款，按照南京條約，英國應當撤軍了。璞鼎查於是照會耆英等人，提醒他不要忘記廣東談判：

　　　　俟貴大臣、都統、部堂抵粵後，再行詳晰會議，善定章程，將來附立和約，以申永好，而定通商。[30]

9 月 29 日，璞鼎查來到南京城內正覺寺辭行，耆英又向他當面保證："所有稅餉一切事宜，俟十月內（即公曆 11 月）到粵，再行妥議。"[31]

　　從 10 月 2 日起，英軍由南京逐步退出長江，入海南下廣東。為此而鬆了一口氣的耆英，於 10 月 13 日一下子上了五道奏摺和兩份夾片。明明是他未經請旨擅允英方廣東談判的提議，他卻援引 5 個月前道光帝命其由杭州南下廣州的諭旨，要求批准他攜帶欽差大臣關防，前往廣州將軍本任，繼續與英方"申明要約"，妥辦"五處馬頭通商事宜"。在

---

29 《鴉片戰爭檔案史料》第 6 冊，第 223 頁。其中道光帝對善後章程八項協議中對今後商欠"官為着追"一詞提出異議，要求改為"自行清理"。

30 張喜：《撫夷日記》，《叢刊·鴉片戰爭》第 5 冊，第 395 頁。

31 《鴉片戰爭檔案史料》第 6 冊，第 303 頁。

這一大堆摺片中，有一道奏摺頗有意思，透露出耆英對未來條約程式的設想：

> 臣等因所議各條均關緊要，一經頒給御寶，轉難更易，是以允俟請用後賷赴廣東交給。查現在夷船業經全數退出長江，應即前赴廣東分幫回國。臣等謹按照尺寸，備有黃紙，敬求賞用，仰懇隨摺發下，以便原弁賷回，探明臣耆英、臣伊里布行抵何處，即交臣等捧赴粵東。令該夷等將和約內應行添注之處，遵旨詳細寫明，再將原奉諭旨，俱著照所議辦理七字，敬謹節錄黃紙之上，御寶之前，冠列首頁，用昭信守。（重點為引者所標）

我在檔案館最初看到此摺時，如墜雲霧之中。"御寶"指加蓋國璽之事，"按照尺寸，備有黃紙"當為按照條約簽字文本的尺寸準備加蓋國璽的黃紙，"冠列首頁"指加蓋國璽的黃紙列入條約簽字文本首頁。有跡象表明，南京條約的簽字文本並未進呈朝廷，耆英只送了抄件，因而這一切似不難理解。[32] 但是，耆英讓英方"詳細寫明"的"應行添注之處"（即條約簽訂後雙方的協議）又該寫在何處？而"應行添注"的內容與"黃紙""御寶"又有何關係呢？

當我讀到耆英為此事專給軍機大臣的咨文時，方可明白，除了"黃紙一副"外，耆英還同時送去了"貼說一紙"。[33] 原來，他打算讓"添注"的內容寫在"貼說一紙"上，再與南京條約簽字文書粘為一體。

道光帝諭令"添注"，璞鼎查提議"附粘"，耆英準備了"貼說一紙"。

32　不僅南京條約的簽字文本，耆英沒有呈送北京，就是該條約的互換文本，耆英亦未送至北京，而是留在廣州兩廣總督衙署。第二次鴉片戰爭中英法聯軍攻佔廣州，吃驚地發現了該條約的正本。後歸還給清政府。

33　耆英的這些摺片咨文現均已發表，見《鴉片戰爭檔案史料》第 6 冊，第 297—304 頁。

儘管耆英仍使用"添注"的說法，但在做法上與"附粘"更為接近。

由此看來，耆英奏摺中"所議各條均關緊要，一經頒給御寶，轉難更易"一語，應當理解為，一旦英方獲得南京條約蓋璽的批准文本，就可能使對條約內容有所"更易"的"所議各條"（即已商定的八條協議和即將開始的廣東談判）"轉難"。老奸巨猾的璞鼎查又不知施展了何種手段，使得本應英方謀取的新約，成為耆英亟欲獵取之物：只有英方"詳細寫明""添注之處"後，方可獲得"冠列首頁"的"黃紙"。

在"天朝"中，耆英絕不是愚笨拙劣的人士，但在中英交涉中表現出來的顢頇，使人感到，他已邁入陷阱卻自以為走向光明。

熟悉道光帝脾氣的人都知道，他在戰爭期間積鬱的怒氣，戰後必有一次大的宣洩。果然，他收到耆英奏摺，得知英軍已退出長江，便首先向兩江總督牛鑑開刀，下令革職拿京，罪名是對長江防禦未盡早部署。

儘管從軍事史的角度來看，牛鑑無罪，但從當時官場的遊戲規則來說，牛鑑必有此懲。開戰以來，廣東已辦了兩人（林則徐、琦善），福建亦兩人（鄧廷楨、顏伯燾），浙江三人（烏爾恭額、伊里布、余步雲），江蘇還不應當奉獻出一隻羔羊？

道光帝沒有同意耆英去廣東，而是命其留在南京，繼牛鑑出任兩江總督。這非為對耆的不信任。自 1798 年宜興在江蘇巡撫任上被革後，宗室不放外任已成慣例。守成的道光帝此次破例，是出於對兩江一職的格外看重，說明他的思想由戰時轉為平時。這與他先前在廣東禁煙緊要關頭調林則徐至兩江的情形，十分相似。

按照耆英的奏摺，廣東談判由他和伊里布共同負責。道光帝似乎不太看重這次談判，讓伊里布一人赴粵，也將耆英的官、差轉給了伊，只是讓耆"通盤籌畫"後向伊交待清楚即可。從諭旨的文字來看，他也不太清楚這次談判的意義，僅稱"辦理餉稅（即關稅）及一切通商事宜"。[34]
這與耆英奏摺中的措辭完全一致，也與璞鼎查的心願暗合。

道光帝已為耆英所左右，而耆英又被璞鼎查牽着鼻子走。

伊里布此時由四品卿乍浦副都統一躍為欽差大臣、廣州將軍。10
月 21 日奉旨後，由浙、贛南下，於 1843 年 1 月 19 日到達廣州。他是
鴉片戰爭中獲罪官員開復重用的第一人。

可是，在此期間，接連發生了三件事：

一是璞鼎查得知耆英改放兩江，恐廣東談判不能如其心願，便提出
異議，經一番解釋後，方認可了伊里布的談判資格。

二是台灣奉旨殺英俘事件，[35] 鬧得幾至決裂，結果清方派大員調查，
將台灣軍政官員逮問解京，才算平息。[36]

三是 1842 年 12 月 7 日廣州民"夷"糾紛，民眾火燒英國商館，最
後以賠銀子了事。[37]

在這些交涉中，璞鼎查步步緊逼，言辭激烈，為了安撫這些桀驁不
馴的"逆夷"，不致再啟釁端，沿海各省疆吏乃至道光帝左遮右擋，防不
勝防。在這些事件的陰影下，清朝上下似乎已經忘記了廣東談判本是為

---

34 《鴉片戰爭檔案史料》第 6 冊，第 318 頁。

35 1841 年 9 月，英運輸船納爾不達號（Nerbudda）在台灣基隆遇風沉船，船上 274 人中被俘 133
人。1842 年 3 月，英運輸船安妮號（Ann）在台灣台中一帶海面遇險，船上 57 人中被俘 49 人。
台灣鎮總兵達洪阿、台灣道姚瑩均奏報勝仗（詳見 Chinese Repository, vol.11, pp.682-685；
Bernard, Narrative of the Voyages and Service of the Nemesis, vol.2, p.156; John Ouchterlony, The
Chinese War: an Account of all the Operations of the British Forces from the Commencement to the
Treaty of Nanking, p.203; 姚瑩：《東溟奏稿》卷 2、卷 3；《鴉片戰爭檔案史料》第 6 冊，第 656—657
頁；第 7 冊，第 104—105 頁）。1842 年 5 月 14 日，道光帝因浙江戰敗，下旨：對安妮號上的英俘"取
供之後，除逆夷頭目暫行禁錮候旨辦理外，其餘各逆夷與上年所獲一百三十餘名，均著即行正法，以
紓積忿而快人心"（《鴉片戰爭檔案史料》第 5 冊，第 262 頁）。由此，當戰後英軍索要戰俘時，僅剩下
了 11 人（同上書，第 6 冊，第 376 頁）。

36 後台灣鎮總兵達洪阿、台灣道姚瑩在京審訊後，均於 1843 年 10 月 18 日釋放。道光帝在諭旨中稱：
"達洪阿等原奏，僅據所屬文武士民稟報，並未親加訪查核實，率行入奏，本有應得之罪。姑念其在台
有年，於該處南北匪徒屢次滋擾，均能迅速藏奸，不煩內地兵力，尚有微勞足錄。"（《鴉片戰爭檔案史
料》第 7 冊，第 292—293 頁）此時，道光帝明顯是在為其下旨殺俘事找借口了。

37 《鴉片戰爭檔案史料》第 6 冊，第 636—638 頁；第 7 冊，第 162—166 頁；佐佐木正哉編：《鴉片戰爭
の研究：資料篇》，第 225—232、239—241 頁。

了挽回某些"權益"（儘管尚不知真正的權益之所在），而是不明不白地轉向追求民"夷"相安的局面。[38]

民"夷"相安，即中外在各通商口岸相安共處，這確實是一種良好的願望。但如何讓宗教信仰、價值觀念、行為準則截然不同的人們相安共處，又是清朝官員難以琢磨之事。由於不懂國際慣例，在許多事務上他們似乎聽任英方的擺佈。儘管談判涉及的範圍極其寬泛，但從清方主要談判代表黃恩彤的回憶錄來看，只有兩件事引起其重視而留下記載：一是廢除行商，這在南京條約中已有規定，然行商的取消，意味着作為廣東官員大宗收入陋規的頓減，由此引起的震盪不亞於今日機關發不出工資。二是關稅稅率，清方自以為計的對策是大宗貨物加增，冷僻貨物議減，以保證國家充裕。[39] 看不出他們對英方暗中擬定的"值百抽五"原則（已是當時世界上最低稅率）有何感受。至於英方提出的花樣百出的條文，病入膏肓心力憔悴的首席代表伊里布既不明白，也不想弄明白，曾向黃恩彤密授機宜：

洋務只可粗枝大葉去畫，不必細針密縷去縫。[40]

至 1843 年 3 月 5 日，伊里布終於在廣州病故。

38　這從道光帝諭旨中看得非常清楚。他在剛剛收到南京條約時，極欲挽回利益，至派伊里布為欽差大臣時，調子有所變更，強調的是"要約切實，免致日後借口啟釁"。而 11 月 20 日給耆英諭旨是"總期夷民相安，盡善無弊"。後經歷了毀英俘、燒商館的交涉後，道光帝的調子大變。1843 年 3 月 6 日諭旨稱："其通商輸稅事宜粗定規模……該將軍（伊里布）務當通盤籌劃，持以公平，以順夷情而裕課額。"4 月 6 日諭旨稱："辦理通商餉稅章程，一切務臻妥善，以順夷情，免致別生枝節。"7 月 9 日諭旨稱："此事（指條約談判）尤宜斟酌盡善，不致日久弊生，庶使華夷均可相安無事……總期於民隱夷情兩無窒礙。"（《鴉片戰爭檔案史料》第 6 冊，第 317、331 頁；第 7 冊，第 48、103、191 頁）這一方面是因為英方已經同意了清方最為關切的五口以外不得遊歷、今後商欠不由官還等條件，更重要的是，清方為了長久的和平，已經考慮英方未來的利益。在這種情形下，"挽回"之事自然無從談起。

39　這一對策最初產生於伊里布、耆英在南京時的商議。後經御史雷以誠也上奏此策，道光帝旨命耆英參考。廣東談判正是按照這一對策行事（《鴉片戰爭檔案史料》第 6 冊，第 335、354—355、523 頁；黃恩彤：《撫遠紀略》，《叢刊·鴉片戰爭》第 5 冊，第 419 頁）。

40　黃恩彤：《撫遠紀略》，《叢刊·鴉片戰爭》第 5 冊，第 419 頁。

英國全權代表璞鼎查不願眼看煮熟的鴨子再飛走，揚言駕艦北上，與兩江總督耆英繼續談判。英方這種指定談判對手的做法，也是他們對清朝官僚集團的一種分析。道光帝聞此，於 4 月 6 日授耆英為欽差大臣，前往廣東，"辦理通商餉稅章程"；並對伊里布賜恤，"追贈太子太保銜"，"任內一切處分悉予開復"，為這位老臣作徹底平反。[41]

耆英於 4 月 17 日由南京起程，但到達廣州尚需時日，為了穩住璞鼎查不致北上，黃恩彤向英方提議，可就當時最棘手的關稅稅率重開談判。[42] 璞鼎查聞此不免喜出望外。於是，談判地點由廣州轉至香港，而站在黃氏對面的是曾在大鴉片商查頓手下做事，深悉中英貿易環節，時任璞鼎查中文秘書的羅伯聃。

黃恩彤，山東寧陽人，1826 年進士，在刑部做過主事等官。1839 年授江蘇鹽道。1842 年 7 月，即江蘇戰場最危急時，遷江蘇按察使，未久署江寧布政使。他的出場，非常偶然。先是耆英、牛鑑嫌張喜等微末員弁，擬派大吏出面，而本應充任的江寧知府犯有口吃，便讓黃出為談判代表。這位年輕官員的表現，也引起了英方的注意：

> 黃恩彤年約三十七八（實際為 41 歲），是中國最重要的將要起來的政治家之一。他的舉動言談是一個十足的紳士。即在英國，我還不記得曾經遇到這樣舉止優雅，恭而有禮，文質彬彬的君子。他同外人接觸，不卑不亢，恰如其分，和其他中國人，頗不相同。[43]

這裏講的是他的風度，非為評價其智慧，況且英方對談判對手的欣賞，

41　《鴉片戰爭檔案史料》第 7 冊，第 78 頁。

42　儘管黃恩彤自稱完全是自己的提議，但從檔案資料來看，祁墂、耆英、道光帝均有此意圖（見《鴉片戰爭檔案史料》第 7 冊，第 47、78、81 頁）。

43　利洛：《締約日記》，《叢刊・鴉片戰爭》第 5 冊，第 507 頁。

亦有其利益角度，有時也可以反過來理解。

南京談判結束後，由耆英提議，黃恩彤奉旨前往廣東，作為伊里布對外交涉的助手，後來又成為耆英的助手和謀士。可以說，中英虎門條約及以後的中美、中法條約的具體談判工作，主要是由他負責的。

黃恩彤是個聰明人，悟性很強，但他的個人經歷和知識結構，決定其對國際法則的無知，因而不可能是羅伯聃、馬儒翰的對手。怎能指望他保住中國的權益？

耆英於 6 月 4 日趕至廣州，6 月 23 日，他由黃恩彤等人陪同，前往香港。次日起，與璞鼎查會談。6 月 26 日，中英南京條約批准文本在香港互換。6 月 28 日，耆英一行由香港回到廣州。至此，中英有關事宜已經基本談妥。

此後的事情發展，以今人的眼光觀之，就不免有些怪誕。

7 月 12 日，耆英上了一摺兩片，向道光帝報告香港談判的大體情況，聲稱已與英方達成海關稅則，並據伊里布先前作出的承諾，同意英方於 7 月 27 日（夏曆七月初一日）按新定章程"貿易輸稅"。可是，耆英並沒有隨奏附呈新達成的海關稅則，反而稱：

> 若必待會奏條例，奉部議復後，再准開市，總在七月之後，倘此一月內貨船駛集日多……恐夷情或有變更，所關匪細。查現定稅則……將來部議似亦不致駁詰。與其遲行一月慮生反側，何如早行一月俾知感戴。

曾為戶部堂官深知其中吏員刁難利害的耆英，為使海關則例能在部議中順利通過，不惜先造成事實再送條約文本，這在實際上剝奪了部議駁詰之權。道光帝朱批："所辦可嘉"，"深得大臣之體。"[44]

7月22日，璞鼎查在香港率先公佈了中英"五口通商章程：海關則例"。[45] 兩天後，24日，耆英上了四摺一片，附以條約全文。[46] 道光帝8月11日收到後，下令軍機大臣會同戶部核議。8月16日，據穆彰阿等人的核議予以批准。9月7日，耆英收到批件。[47] 可該章程已實行了42天！

耆英7月24白奏摺中，附有一片，謂：

> 伏查條約為信守之憑，誠如訓諭，所關匪細。前此伊里布到粵後，將最緊要之該夷船隻止准在五口貿易，不准駛往他處，及此後商欠不求代為官還二事，與該酋璞鼎查再三要約明白。迨奴才來粵，連同黃恩彤、咸齡親赴香港，面與璞鼎查重申前約。因上年在江南所定議約十三條（南京條約），業已蓋用欽差大臣關防暨該酋戳記，**裝訂成冊，已無餘頁可以添注**。且尚有未盡事宜，必須一並要約明白，立定條約，以免將來借口。現與該酋議明，**彙齊將應行添注各條，另列一冊**，仍照前蓋用關防戳記，**與前議條約一並存貯，以昭信守。**（重點為引者所標）

由此可見，耆英完全同意了璞鼎查另訂新約的要求，並以"無餘頁可添注"為由，否定了道光帝"添注"的指示，也放棄其先前的"貼說"設想。在此片中，耆英還稱：

---

44 《鴉片戰爭檔案史料》第 7 冊，第 192—197 頁。
45 *Chinese Repository*, vol.12, pp.391-400.
46 《鴉片戰爭檔案史料》第 7 冊，第 209—213 頁。
47 《鴉片戰爭檔案史料》第 7 冊，第 246—251 頁。

現在所議條約一冊，統俟璞鼎查將戳記鈐用前來，再行繕錄清
單，恭呈御覽。[48]

這就是說，耆英準備先簽訂條約，再進呈條約文本，而且是僅供"御覽"。

從伊里布離開南京，至耆英簽訂新約，共有將近一年的時間。但我在檔案中找不到伊、耆就新約的具體內容向道光帝請旨的奏摺。我不知伊、耆為何如此獨行專斷，也不知他們如此行事是否合乎清朝的規矩。但是，可以肯定地說，伊、耆此時不再享有"便宜行事"的權力。

10月8日，耆英與璞鼎查在虎門簽訂了"五口通商附粘善後條約"，又稱虎門條約。先前公佈的"五口通商章程：海關稅則"，也作為該約的附件正式成立。[49]12天後，10月20日，耆英才將條約文本附奏進呈。11月7日，道光帝收到條約令軍機大臣議復。11月15日，道光帝據穆彰阿等人的核議，同意"照所議辦理"，但又指出香港通市一節"不免有逾越之弊"，責令耆英"再行悉心妥議具奏"。[50]此時，耆英已完成廣東談判，正返回其南京兩江總督任所，行至廣東曲江，收到該諭旨，急忙上奏辯解。道光帝只能不了了之。[51]

"天朝"稀里糊塗地接受了一項新的條約，自己在脖子上套上一道繩索。

中英虎門條約，即"五口通商附粘善後條約"共有16款，另附"小船定例"3款；其附件"五口通商章程：海關稅則"共有15款，另對26

---

48 《鴉片戰爭檔案史料》第7冊，第218頁。

49 中英虎門條約第一款規定："所有欽差大臣、公使大臣畫押鈐印進出口貨物稅則例附粘之冊，嗣後廣州、福州、廈門、寧波、上海五港口均奉以為式"；第二款規定："所有欽差大臣、公使大臣畫押鈐印新定貿易章程附粘之件，嗣後五港口均奉以為式"，這就確定了"五口通商章程：海關稅則"作為中英虎門條約的附件地位和法律效用。

50 《鴉片戰爭檔案史料》第7冊，第345—346頁。

51 《鴉片戰爭檔案史料》第7冊，第350—353頁。

類貨物稅率作出規定。[52] 從條款數目和文字篇幅來看，已是南京條約的數倍，其內容主要針對五口通商、廢除行商、新定稅則諸事務。其中很多條款確也符合當時西方和今日世界通行的慣例。就此意義上講，璞鼎查、馬儒翰、羅伯聃作了伊里布、耆英、黃恩彤的老師。但這些老師同時也是騙子，他們在傳授國際知識的同時，夾雜着一整套的詐騙術。這裏，舉一個例子，最能反映該條約特點的是第六款，載明：

> 廣州等五港口英商或常川居住，或不時來往，均不可妄到鄉間任意遊行，更不可遠入內地貿易，中華地方官應與英國管事官各就地方民情地勢，議定界址，不准逾越，以期永久彼此相安。凡係水手及船上人等，俟管事官與地方官先行立定禁約之後，方准上岸。倘有英人違背此條禁約，擅到內地遠遊者，不論係何品級，即聽該地方民人捉拿，交英國管事官依情處罪，**但該民人等不得擅自毆打傷害，致傷和好**。[53]（重點為引者所標）

這是根據清方的要求而寫入條約的。按照國際慣例，清朝不開放的五口以外地區本屬內政，可以國內法自行定之。深悉此理的英方，因此同意將此項載入條約，卻又作了手腳：一是五口的開放範圍要由雙方"議定"，清朝無權作主；二是違禁英人的處治由英方決定。特別是"不得擅自毆打傷害"一段文字，**使得這項原本由英方畫押的不准英人至內地遊歷的禁令，一下子成了清方出具的保證違禁英人不受傷害的承諾**。清方的要求經談判後，性質發生逆轉。

　　綜合中英虎門條約及其附件，我們可以認定，清朝至少喪失了四項

52　以下引用條約原文，均據王鐵崖編：《中外舊約章彙編》第 1 卷，第 34—50 頁。

53　條約英文本無"但該民人等不得擅自毆打傷害，致傷和好"一句。

重大權益：

一、**關稅自主權**　南京條約中文本第十款規定：

> （各通商口岸）應納進口、出口貨稅、餉費，均宜秉公議定則
> 例，由部頒發曉示。

這段話的意思不太清楚，主要是"秉公議定"一語，後人亦有將此誤解
為協定關稅的依據。其實不然。查該約英文本，此款文句為：

> His Majesty the Emperor of China agrees to establish at all the
> ports... a fair and regular Tariff of Export and Import Customs and other
> dues, which Tariff shall be publicly noticed and promulgated for general
> information.[54]

直譯為現代漢語，當為：

> 中國皇帝陛下同意在所有通商口岸制定一部公平的、正式的進
> 出口關稅和其他費用的則例，該則例將公開頒佈。

由此可見，"秉公議定"一語是指清政府在制定新的關稅則例時應秉以
"公平"的原則。南京條約的這一條款完全符合巴麥尊的訓令。[55] 據此，

54　Inspectorate General of Customs, *Treaties, conventions, etc., between China and foreign states*, vol.1, p.163.

55　巴麥尊提出，若清方同意割讓海島，可不提這一條件。巴麥尊策劃這一條款的用意是，用一部明確的關稅則例來改變以往行商吏員百般盤剝英商的狀況。按照巴麥尊的訓令，新定關稅則例的制訂權和公佈權仍屬於清政府，英方僅要求若關稅有所變更應於 12 個月之前通知英方（嚴中平：《英國鴉片販子策劃鴉片戰爭的幕後活動》，《近代史資料》1958 年第 4 期，第 75 頁）。

清政府只需制定一部"公平"的關稅則例即可。其制定權和公佈權完全屬於清政府。

前引耆英十二項交涉的照會指出,新開各通商口岸的稅率,

"照粵海關輸稅章程,由戶部核議遵行"。"由戶部核議",並不違反南京條約,因為戶部本是清朝主管經濟的職能部門,更何況條約中文本還規定,新定關稅則例應由戶部"頒發曉示";但"照粵海關輸稅章程"則違反了條約,因為該約中、英文本都明確規定須制定新例。這反映出,耆英在與英方交涉時,竟連剛剛簽訂的南京條約都沒有認真進行研究,或者乾脆看不懂。

璞鼎查對耆英的提議不是依據條約加以拒絕,或說明條約讓清政府照辦,而是誘之談判。不消說,談判關稅的做法,本身就違反了南京條約。耆英等人由此步入陷阱。在廣東談判中,伊里布、耆英、黃恩彤認為耗時最多、最費心思的關稅交涉,若比起今日之烏拉圭回合又可謂無比神速和順利。結果,談來談去,談出個棉花進口每擔徵銀 4 錢,茶葉出口每擔徵銀 2.5 兩(均比以前增加),便自以為得計,連忙向道光帝報功。他們絲毫沒有意識到,他們與英方議定的"五口通商章程:海關稅則",將 26 類 160 餘種貨物稅率用兩國協定的方式規定下來,清政府也就從此承擔了相應的條約義務,從而在實際上喪失了單獨改變稅率的權力。

親手擬就南京條約完全明悉條約內容的英方,為其利益,在踐踏條約時也毫無顧忌。這不僅表現在制定權上,而且表現在公佈權上,儘管他們又用南京條約處處卡鉗清方。

二、對英人的司法審判權　早在鴉片戰爭前,對華商務總監督義律即以中英法理不同為由,拒絕將被控殺人罪的英人,交予中國司法當局審判。巴麥尊訓令提出,條約內應有英國自行設立法庭獨立審判英人的

規定，但又指示，若清政府同意割讓海島，條約內可不提此要求。[56] 由此，南京條約對此並無任何規定。

前引耆英照會第 8 項，白白將對英人的司法審判權拱手相送。究其原因，自然是中英司法糾紛一直是雙方長期爭執的難點，是可能引起釁端的禍患。耆英打算讓英官管束英民來避免糾紛，殊不知後來事與願違，領事裁判權恰是 19 世紀西方列強製造釁端的主要藉口之一。

從某種意義上講，耆英的提議也並非全是獨創。1689 年中俄尼布楚條約（拉丁文本第 2 條，滿文本第 4 條，俄文本第 6 條）、1727 年恰克圖界約（第 10 條）、1768 年修改恰克圖界約第 10 條、1792 年恰克圖市約（第 5 條）都有兩國民人由其本國官員定罪懲處的規定。但中俄之間的情況與中英大不相同，當時中俄間司法實踐主要針對兩國的逃人、逃犯和越境作案的罪犯，從某些方面來看，有些類似今日世界通行的罪犯引渡條約。[57] 而耆英的做法完全破壞了中俄條約中的合理因素。他沒有要求對在英及其殖民地（如香港）被控華人的司法審判權，僅要求將逃往香港及英船的中國罪犯，交還清方審理，這就完全不對等了。

璞鼎查對耆英的提議不免喜出望外，覆照中大為讚揚，"足表貴大臣求免爭端之實心矣"。並具體提議：

> 嗣後應如所議。除兩國商民相訟小釁，即由地方官與管事官（英
> 國領事）會同查辦外，所有犯法討罪重端者，英人交本國總管審判，

---

56 嚴中平：《英國鴉片販子策劃鴉片戰爭的幕後活動》，《近代史資料》1958 年第 4 期，第 76 頁。

57 由於當時的俄國還屬於農奴制時期，而清朝在北方的旗地中，尚有不少束縛於土地的農民，因而雙方都有逃民問題。其次，條約規定，本國境內犯罪的他國人，或他國指控在他境內犯罪逃回的本國人，都由本國官員逮捕（逮捕權屬本國政府），會同他國官員一同審理（審理權共享），審明案情後，案犯由所屬國官員依照本國法令量刑懲處（判決權分離）。再次，為了防止量刑的不公，兩國就當時大量發生的越境搶劫等罪，在條約中明確規定了雙方的量刑標準，俾能有所依照。而中俄條約中最為關鍵的是，這種權力是雙向的、對等的，因而也可以認為是平等的。

華民交內地大官究懲。[58]

由此，中英虎門條約的附件"五口通商章程：海關稅則"第 13 款規定：

> 倘遇有交涉詞訟，管事官不能勸息，又不能將就，即請華官會同查明其事⋯⋯其英人如何科罪，由英國議定章程、法律，發給管事官照辦。

這就將在華英人完全置於中國法律體系之外，置於中國司法審判權之外了。

三、**片面最惠國待遇** 巴麥尊訓令中曾提到片面最惠國待遇，但又指示，若清朝同意割讓海島，條約內可不提此要求。[59] 義律與琦善談判時，也提出過類似的要求。[60]1840 年南京條約的簽訂，使英國獲得了遠勝於他國的權益，因而該約對此並無規定。

前引耆英交涉照會第 10 項，表示只准英國在福州等新辟 4 口通商貿易，而對他國前往 4 口的要求，由英方出面"講解"以勸阻。璞鼎查拒絕了這一提議，覆照中稱：

> 大皇帝恩准他國，均赴粵東外之四港口一例貿易，係英國所願，毫無靳惜。[61]

---

58 佐佐木正哉編：《鴉片戰爭の研究：資料篇》，第 221 頁。

59 嚴中平：《英國鴉片販子策劃鴉片戰爭的幕後活動》，《近代史資料》1958 年第 4 期，第 76 頁。

60 義律在照會中提出："惟從此以後，倘有再允外國之人，在此外別港開市貿易，亦當准英民商船同然赴往。"（佐佐木正哉編：《鴉片戰爭の研究：資料篇》，第 33 頁）

61 佐佐木正哉編：《鴉片戰爭の研究：資料篇》，第 222 頁。

璞鼎查如此作覆，是遵照本國政府的訓令。[62]

南京條約簽訂後美國與法國的活動，使耆英看出無法阻止美、法前往福州等 4 口貿易，準備予以美、法同等權利。此時他的心情，與當初恰好相反，惟恐英方會阻止 4 口向他國開放，便要求將璞鼎查覆照中"毫無靳惜"一語明載條約。由此，中英虎門條約第 8 款稱：

> 向來各外國商人止准在廣州一港口貿易，上年在江南曾經議明，如蒙大皇帝恩准西洋各外國商人一體赴福州、廈門、寧波、上海四港口貿易，英國毫無靳惜。

這實際上是通過條約形式宣佈，英國將不反對他國前往新闢通商口岸貿易。這麼做雖不合國際慣例，尚與中國無害。

可是，就在中英條約簽字前，英方送來的條約文本中，在此條款後加了段"但書"：

> 但各國既與英人無異，設將來大皇帝有新恩施及各國，亦准英人一體均沾，用示平允。

這實際上提出了片面最惠國待遇的要求。為使這一要求能從清方順利通過，英方不惜在條約中文本措辭上表示卑順，裝扮成一副領受"聖恩"的模樣。

耆英自然看不透英方的詭計。他從"天朝"大皇帝的視角出發，"懷柔遠人"當應"一視同仁"，"用示平允"；他又從"天朝"臣子的視角觀

---

62 巴麥尊訓令，1840 年 2 月 20 日，阿伯丁訓令，1841 年 11 月 4 日，見馬士：《中華帝國對外關係史》第 1 卷，第 713 頁，第 757 頁。

察，設或英"夷"或他"夷"頻頻向大皇帝請求"恩施"，又成何體統。於是，在英方的"但書"之後，他又加了一段"但書"：

> 但英人及各國均不得借有此條，任意妄有請求，以昭信守。

由國際法的角度來看此條款的 3 項內容，可以認定：第一項毫無必要，清朝與他國打交道，可以也不應與英國商量；其第三項無約束力，"任意妄有"這類情緒性的語詞沒有準確統一的解釋；只有第二項才是真實的。英國的計謀成功了。耆英又上了一當。[63]

四、英艦進泊通商口岸權　前引耆英交涉照會第三項，要求英艦不得進入各通商口岸，這是完全正當的。但從國際慣例來看，此事不必進行交涉，完全可用國內法決定之。

狡詰異常的璞鼎查，卻從交涉本身看出此中的機會，覆照中稱：

> 君主水師之船，以為管束本民，必常有小等數隻，隨時來往各口管押。[64]

用本國軍艦來"管束"在他國的僑民，理由實屬荒謬，但一心希望英官"管束"英民的耆英看來，這一說法又成為合情合理的方法。於是，中英虎門條約第 10 款規定：

---

63 耆英在奏摺中稱："前此會議善後條約，本系臣耆英主稿，會銜照發該酋，令其復核。該酋於各國一體准赴五口貿易條內，添出大皇帝有新恩施及各國，准英人一體均沾等句。臣等疑其於規定稅則馬頭內別有要挾，飭令黃恩彤、咸齡向在省夷目屢加詰詢。據稱稅則馬頭業已議定，斷不敢另有要求……"（《鴉片戰爭檔案史料》第 7 冊，第 325—326 頁）。由此可見，英方是在最後關頭提出片面最惠國待遇要求的，而耆英根本沒有識破英方的計謀。至於"主稿"云云，只是在草約交換中的一個稿本，並非為耆英自行撰就之意。耆英在道光帝面前誇大了自己的作用。

64 佐佐木正哉編：《鴉片戰爭の研究：資料篇》，第 221 頁。

凡通商五港口，必有英國官船一隻在彼灣泊，以便將各貨船水手嚴行約束，該管事官亦即藉以約束英商及屬國商人。

由此，在"約束"僑民的幌子下，各通商口岸成為英艦自由往來的碼頭。後來的事實說明，英艦並未被其外交官用以"約束"本國僑民和水手，反成為手中隨時向清朝施加壓力的工具。又由於這一規定，在此後的中外戰爭中，各通商口岸成為清朝無法設防的城市。[65]

以上四項，乃是中英虎門條約及其附件損害中國權益犖犖大端者，此外還有細碎多項，如引水權的喪失、海關驗貨權的分割等等，這裏就不一一詳論了。

中英虎門條約及其附件是一項不平等條約。它給中國帶來的損害，不亞於南京條約，從長久來看，還甚於南京條約。南京條約規定五口開放，既有損害，又是機會，但在關稅不自主、領事裁判權、片面最惠國待遇、軍艦自由出入諸規定下，開放必伴生太多的災難。可此項不平等條約卻是在戰後兩國"平等"相商締結的。

依據古今中外的法學原理，詐騙的定義應是，利用對方對某些知識或己方權益的無知而侵佔其利益，英方的行徑與詐騙無異。道光帝"添注"旨令，着英交涉照會，展現了他們的無知，成為璞鼎查施展騙術的大好時機。

然而，我們今天所作的批判與檢討，已經離開了"天朝"氛圍，與當時人、當事人有歷史的隔膜。談判、簽訂條約的着英、伊里布、黃恩彤，審核、復議條約的軍機大臣、戶部等部堂官們，及最後批准條約的道光帝，對親手出讓的權益都沒有絲毫的覺察。傳統的"天朝"觀念，

65　在此後的廣州入城危機、第二次鴉片戰爭、中法戰爭、八國聯軍侵華戰爭中，廣州、福州、上海、大沽（天津）等口岸都成為外國軍艦炮口下的危城，在軍事上根本無法組織防禦。

遮擋了他們的視野，近代國際知識的缺乏，又使之看不見認不清真正的國家利益和民族利益之所在。

正因為如此，就在中英虎門條約簽訂後不久，耆英、黃恩彤召見美國領事福士（Paul S. Forbes）、法國領事拉地蒙冬 Benot Ulysse Ratti-Menton），"宣佈皇恩"，准許美、法商人前往新闢口岸貿易，"一切章程悉照英吉利辦理"！[66]

可是，事情並未到此而終止。

三　"等價交換"？中美望廈條約 [67]

作為大洋彼岸新興的工商國，美國對世界市場變化的敏銳可謂異乎尋常。當大英帝國的戰艦出現在中國海時，合眾國的商人和政治家立即意識到，東方出現了不應放棄的贏利機會。

即使在戰爭期間，美國便派加尼（Lawrence Kearny）司令率東印度艦隊來華，其任務有二：一是戰時護僑，二是制止美船走私鴉片。 1842年 4 月加尼到達廣州後，對此兩項任務均未執行，[68]反得知戰爭結束、南京條約簽訂便展期回國，徑自致函兩廣總督祁墳，要求最惠國待遇。祁墳一面上奏，一面答覆加尼，待欽差大臣伊里布到粵後"再行辦理"。[69]

道光帝得知此訊後，對美方的要求全然拒絕，12 月 12 日諭令伊里布：

66　《鴉片戰爭檔案史料》第 7 冊，第 324—325 頁。

67　本節的撰寫，我參考了熊志勇：《從 "望廈條約" 的簽訂看中美外交史上的一次交鋒》(《近代史研究》1989 年第 5 期)和李定一：《中美早期外交史》(台北：三民書局，1985 年)，在此表示感謝。

68　由於當時的美國商船都有優於清朝師船的武器裝備，護僑根本沒有必要；美國在鴉片戰爭期間大肆販賣鴉片，頗有取代英國之勢，加尼對此僅發佈告示，宣稱鴉片船若被清政府緝拿，他將 "不加援手"。加尼在廣州做成的唯一的事是，1841 年 5 月廣州之戰時，英商奉義律命令於 21 日撤退，部分美商未走，5 月 22 日美商一侍童胥利（Sherry）被殺；加尼要求賠償 7800 美元。祁墳勒行商出錢，並加價 2200 美元，共賠償 1 萬美元。

69　《鴉片戰爭檔案史料》第 6 冊，第 483 頁。

總當循照舊章，不可有所增改。

倘敢覬覦設立馬頭等事，務即剴切諭止，斷不准稍為遷就。總期於懷柔遠人之中，示以天朝定制，俾無滋生事端為要。[70]

很顯然，儘管英國已扯破"天朝"的帷幕，道光帝仍欲對其他國家堅持"天朝定制"，但又提出了不准"滋生事端"的先決條件。

就在此時，一些性急的美商等不及新口岸開放，駕船北上寧波等處（比英商還早）新闢生財途徑。此一突然行為，在新敗未久驚魂未定的地方官及朝廷，引起一陣緊張情緒。[71]

針對這一新情況，正在途中的伊里布在廣東南雄出奏，對道光帝的旨令表示異議。他聲稱，美英早有勾通，且服飾船型不辨，若美商打著英國旗號前往新闢口岸，豈不"德在英國，怨在中國"？這位油滑的老臣沒有提出對策，僅稱待其到粵後與廣東督撫商議，然後"會奏請旨遵辦"。[72] 實際上，伊里布已有腹案。

兩江總督耆英因美船北上事，收到了道光帝內容相同的諭旨。[73] 他也上奏反對，理由與伊里布完全相同。所不同者，他沒有吞吞吐吐，而是明確表態：

法窮則變。與其謹守舊章致多棘手，莫若因勢利導，一視同仁。

這篇 1843 年 1 月 3 日付驛的奏摺，透露出耆英與伊里布在南京時就討

70 《鴉片戰爭檔案史料》第 6 冊，第 568 頁。

71 此事寧紹台道鹿澤長立即稟告劉韻珂、耆英。劉、耆對此均有奏摺，道光帝亦有諭旨（《鴉片戰爭檔案史料》第 6 冊，第 539—540、577 頁；《籌夷辦務始末（道光朝）》第 5 冊，第 2497—2499 頁）。從後來伊里布奏摺來看，他也同時得到了消息。

72 《鴉片戰爭檔案史料》第 6 冊，第 740 頁。

73 《鴉片戰爭檔案史料》第 6 冊，第 577 頁。道光帝此次諭旨措辭更嚴厲，亦無不准"滋生事端"的條件。

論過對策。[74] 他們已經感到，南京條約後清朝已守不住"天朝"舊制，"一視同仁"是他們處理戰後中外關係的原則。

道光帝收到耆英、伊里布奏摺後，態度 180 度轉彎，稱伊里布所言"不為無見"，命耆、伊函商對策，即授權耆、伊處置。[75] 而耆、伊的擔心又轉化為英國允不允他國沾利，璞鼎查的"毫無靳惜"之承諾會否變卦。此又演化為中英虎門條約最惠國條款之由來。

伊里布亡故。耆英繼任。中英虎門條約簽訂。而加尼早在 1843 年 4 月回國。耆英召見新任美國領事福士，莊嚴宣佈"皇恩"。但這位與旗昌洋行、鴉片走私頗有瓜葛的外交官，反宣佈了一項讓耆英震驚的消息：美國全權委員顧盛（Caleb Cushing）攜帶國書已在來華途中，準備進京觀見皇帝並談判簽訂條約。[76]

無論今天的人們對福士的信息持何種看法，但對於"天朝"無疑扔下了一枚炸彈。問題的關鍵在於進京觀見。馬戛爾尼、阿美士德在乾隆、嘉慶兩朝引起的震蕩，至道光朝仍餘波未消。南京條約談判中，英方曾就進京一事試探，清方斷然拒絕。[77] 耆英一下子聯想到新訂立的虎門條約給予英人的片面最惠國待遇，懷疑英美勾結，讓美方"巧為嘗試"。[78] 由此角度發現片面最惠國條款的危害，又是"天朝"觀念的特殊表現。

就國際慣例而言，一國元首派代表觀見他國元首，自是一件不能再平常的事情。但在"天朝"則不然。大皇帝本是"君臨萬國"的天下共主，不應當去接待一個非為朝貢的使臣。耆英在內心中認定，若讓道光帝面對一個不跪不拜的"夷"人，那四裔群"夷"自然不免滋生輕慢之心，就

---

74 《鴉片戰爭檔案史料》第 6 冊，第 684—686 頁。
75 《鴉片戰爭檔案史料》第 6 冊，第 735、747 頁。
76 《鴉片戰爭檔案史料》第 6 冊，第 735 頁。
77 佐佐木正哉編：《鴉片戰爭の研究：資料篇》，第 216 頁。
78 《鴉片戰爭檔案史料》第 7 冊，第 326 頁。

是內地熟讀經史、詳知禮儀的士子們，也會對清朝的合法性發生懷疑。跪拜是一種禮儀，今天的人們往往忽視此類形式而注重實際，但在以"禮"治天下的儒教國家中，其中的意義之重大又是耆英所深知，絕不敢掉以輕心的。由此，耆英告訴福士：

> （美國）素來恭順，久邀大皇帝聖鑒，必蒙曲加體恤。該國到粵已歷重洋七萬里，再由粵赴京，往返路程又在一萬里以外，必不忍令該國使臣紆道進京，彼滋勞費。即使為貿易之事進京，亦必奉大皇帝諭令，發回復議，徒勞跋涉。

耆英告訴福士，進京勢必徒勞無益，讓他去函阻止美使來華。由於中英談判已經結束，耆英即將離粵，臨行前交待因參與中英談判有"功"而遷廣東布政使的黃恩彤，若美使到粵，"婉為開導"，"飭令回國"。[79]

據耆英的奏摺，福士表示同意去函勸阻顧盛去華，但實際上福士並沒有這麼做，反給美國政府的報告中寫道，清朝為消除外國使節進京的理由，會在廣州給予更好的條件。[80]

看來，福士倒是窺破底蘊，找到了最易擊打的柔軟的腹部。

南京條約簽訂的消息傳到華盛頓，美國總統泰勒（John Tyler）立即於 1842 年 12 月 30 日咨會國會，要求派遣委員（Commissioner）前往中國，與清朝交涉。1843 年 3 月，國會批准撥款 4 萬美元作為此項使命的費用。此後，44 歲的眾議員顧盛被任命為使華委員。為了提高他的身價，還特准其穿着少將禮服。

79　《鴉片戰爭檔案史料》第 7 冊，第 770 頁。
80　熊志勇：《從"望廈條約"的簽訂看中美外交上的一次交鋒》，《近代史研究》1989 年第 5 期，第 4 頁。

1843 年 5 月 8 日，美國國務卿韋伯斯特（Daniel Webster）頒給顧盛詳細的訓令，主要內容可概括為兩點：一、在通商事務上，要求與英國同等的權利，即最惠國待遇；二、如有可能，應進京觀見清朝皇帝，面遞國書。[81] 不難看出，前者是硬任務，後者是軟指標。

　　7 月 31 日，顧盛搭艦離美，攜帶了兩份國書：一是授權締約的證書，一是進京觀見皇帝時面遞的國書。而其他物品中，最費心思的當數送給清朝皇帝的禮品。為了不致於被誤作貢品，泰勒總統親自審定了禮單：航海地圖，地球儀；六輪手槍、步槍；蒸汽戰艦模型、蒸汽挖掘機模型；關於構築要塞、造船、海陸軍戰術、地質、化學的書籍以及《美國百科全書》；電話機、望遠鏡、氣壓計、溫度計⋯⋯這自然是為了顯示美國在軍事和科技上的優勢，但就客觀而言，正是戰敗的中國急需之物。可清朝官員卻將之視為“奇技淫巧”，耆英後來謝絕了。[82]

　　顧盛由大西洋而印度洋，於 1844 年 2 月 24 日乘美艦沒蘭得灣號（Brandy wine）至澳門。27 日，向護理兩廣總督廣東巡撫程矞采發出照會，通知此行的目的在於締約，並“不日進京”。最讓程矞采震驚的，可能是照會中下面一段話：

　　　　約一月之內，候該兵船（沒蘭得灣號）滿載糧食，並預備各船事
　　體，然後駛赴天津北河（海河）口而去。

程矞采當即派黃恩彤前往交涉，但顧盛“詞極恭順”，“意殊膠執”。眼看一個月過去，程矞采毫無進展，只得於 3 月 22 日出奏，報告情況。[83]

81　同上文，《近代史研究》1989 年第 5 期，第 2 頁。

82　〔美〕泰勒・丹涅特：《美國人在東亞 —— 十九世紀美國對中國、日本和朝鮮政策的批判的研究》，姚曾廙譯，北京：商務印書館，1959 年，第 121—126 頁。又，李定一稱，美國政府的兩份國書為，一是準備觀見時面遞中國皇帝的，一是由地方官轉呈皇帝的，似為有誤。

83　《鴉片戰爭檔案史料》第 7 冊，第 400—404 頁。

就在程矞采與顧盛交涉同時，道光帝因澳門葡萄牙通商案未決等因，於 3 月 19 日調兩江總督耆英為兩廣總督。[84]4 月 9 日，收到程矞采的奏摺，命耆英速赴廣東。4 月 22 日，再得程矞采奏摺，得知美方"止與欽差大臣商酌"，又下旨：

> 耆英現已調兩廣總督，各省通商善後事宜均交該督辦理。著仍頒給欽差大臣關防，遇有辦理各省海口通商文移事件，均著其鈐用，以昭慎重。

這道諭旨是"天朝"對外體制的重大變更，由此確立長達 15 年的由兩廣總督例兼管理各國通商事務欽差大臣的慣例。從操作層面來看，清朝可避免西方使節直接與朝廷打交道，西方列強亦可免除與禮部或理藩院交往而引起的不快，不失為一種折中的解決方法。

道光帝同時頒給耆英的另一諭旨中，強調了阻止美使進京，未提締約一事，只是含混地稱：

> 務當籌畫盡善，始終無弊，不至別生枝節。[85]

耆英於 4 月 16 日由南京起程，星夜遄行，5 月 30 日趕至廣州。

---

84 先是中英虎門條約簽訂後，澳門葡萄牙當局要求照此例進行五口通商，耆英召澳門葡萄牙官員至廣州，准許照例辦理。道光帝接到耆英奏摺後，令軍機大臣會同戶部議復。1844 年 1 月 22 日，穆彰阿等人上奏，對"赴澳貨物不必限定擔數"表示異議，要求"令該大臣等詳細分晰查明聲覆"。耆英遂於 2 月 25 日覆奏，說明"不必限以擔數"之原委，道光帝再次命令軍機大臣會同戶部再行酌核。然穆彰阿等人此次提出了更多的疑問。3 月 14 日，道光帝諭令耆英，要其"深慮遠謀"，與廣東督撫函商後，"會同妥議具奏"。5 天后，道光帝即調耆英為兩廣總督（《鴉片戰爭檔案史料》第 7 冊，第 272、335—338、380—381、390—391、396—399 頁）。此外，還有一項重要原因，兩廣總督祁墳此時患重病，前已給假調理，但病況仍無好轉。道光帝遂將其免職。不久後，祁墳病故。

85 《鴉片戰爭檔案史料》第 7 冊，第 425 頁。

在此期間，程喬采與顧盛展開了一場照會戰，來往照會達十餘通。[86] 程喬采要求顧盛放棄北上，就地解決，並援璞鼎查為例證，這自然不盡合理；而顧盛提出，若按璞鼎查之例，"則必先令中國人民再罹兵燹之災，尤須在中國海岸佔一島嶼，以為官兵屯寄之所"，言辭中充滿恫嚇。[87]4月 13 日，美艦沒蘭得灣號強行闖過虎門駛入黃埔並鳴炮。這艘載炮 64門、官兵 500 餘人龐然大物的炮聲，無疑對廣東官員心理上施加重大壓力，提示着前不久結束的戰爭，儘管後來顧盛在照會中宣佈，鳴炮只是"照西洋諸國成規"，並無戰意。[88]

因此，耆英認為，擺在他面前的任務有兩項：一是阻止美使進京，這在諭旨中有明確指示，必須不折不扣地執行；二是防止由此而引起戰爭，這在顧盛照會中屢屢閃示。他並不知道，美國政府此時無開戰之意，且按美國法律，宣戰權屬於國會而不掌於政府。至於最關緊要的是否應該與美國締結一項條約，他似乎沒有仔細想過。既然一年前他已向美國領事宣佈"皇恩"，美人已享有與英人同等的通商權利，此時再多一份具體文件又有甚麼關係呢？

於是，耆英放下了"天朝"大吏的架子，於 6 月 10 日帶同黃恩彤等人，主動前往澳門，找顧盛談判。17 日，抵達鄰近澳門的望廈村。18日和 19 日，耆英和顧盛互作禮節性拜訪。21 日起，黃恩彤與美使團秘書威伯士德（Fletcher Webster）會談。美方拿出了條約草案 47 款。

據黃恩彤稱，美方的條約草案"內多必不可行"，[89] 但耆英並不計較這些細節，一眼"識破"美方的計謀是，先立約後進京。6 月 22 日，耆英照會顧盛：

86　朱士嘉編：《十九世紀美國侵華檔案史料選輯》上冊，中華書局，1959 年，第 7—22 頁；*Chinese Repository*, vol.14, pp.354-377.

87　朱士嘉編：《十九世紀美國侵華檔案史料選輯》上冊，第 13 頁。

88　朱士嘉編：《十九世紀美國侵華檔案史料選輯》上冊，第 17 頁。

89　黃恩彤：《撫遠紀略》，《叢刊·鴉片戰爭》第 5 冊，第 428—429 頁。

現在我兩人業經會晤，彼此同心，且條款業已粗立，指日即可定議換約，是貴公使進京一節，應即遵大皇帝諭旨，勿庸前往。[90]

耆英的對策是，以美使放棄進京作為簽訂條約交換條件。

6 月 24 日，耆英、顧盛再次會談，議題很快轉到是否進京的問題上去了。耆英毫無通融地宣佈，若顧盛執意進京，他將中止條約談判！

在此情況下，顧盛作出"讓步"，於 6 月 25 日照會耆英，表示"允肯停止北上"，並聲明，今後他國使節進京，美國亦可照辦。在該照會結尾，顧盛宣佈：

又本大臣與貴大臣現議各款條約章程等情，必須盡心秉公，妥為議定；不然，則本大臣進京之事，亦未能已。[91]

顧盛反過來將簽訂條約作為放棄進京交換條件。

雙方由此而想到一起去了，作了一筆"等價交換"。黃恩彤與威伯士德的條約談判，此時正陷於僵局。主要原因是充當美方翻譯的傳教士裨治文（Elijah Coleman Bridgman）和伯駕（Peter Parker）雖來華多年，亦有中文功力，但所通者僅是粵語。這種難懂的方言，使黃恩彤感到"十不達一二"。他向耆英建議，以交換書面文件的方式進行磋商。

6 月 27 日，耆英致函顧盛（由黃恩彤起草），對雙方條約提出了原則性的意見：外國人到中國，要按"中國制度"辦理，條約"不能違背中國之制度"。從理論上講，耆、黃的意見完全正確，但問題出在耆、黃心目中的"中國制度"上。該函對此解釋道：

90　朱士嘉編：《十九世紀美國侵華檔案史料選輯》上冊，第 26 頁。
91　朱士嘉編：《十九世紀美國侵華檔案史料選輯》上冊，第 27 頁。

中國之待各國商人，不能有所偏，偏則各國人心不服，是以上
年本大臣議定貿易章程（中英虎門條約及附件），如裁撤行商、革除
規費、減船鈔，定稅則、開五口及其餘一切有益遠商之事，大皇帝
不待各國請求，即通行一體照辦（指耆英對美、法宣佈"皇恩"事），
此即一無所偏之明證，非專為英國貿易通商所定也。至各國商人之
於中國，則應遵奉新章，貿易輸稅，方能彼此相安，有合乎客從主
人之義。[92]（重點為引者所標）

耆、黃端出了底牌，他們將以中英虎門條約及附件為藍本，對美方的條
約草案予以准駁。他們心目上的"中國制度"，就是包括領事裁判權等
項在內的剛剛在各通商口岸實行的新制度。

顧盛收到此函後，非常高興，這大體符合其意圖，當日覆函耆英，
表示同意，並再次保證，"進京一節""甘為中止"。[93]

此後的談判，應當說是相當順利。按黃恩彤的說法，"顧使得書（指
耆英函）頗悟，伯駕來云：耆大臣心明如鏡，無所不照，蓋亦心折此書
也。"[94] 僅僅 5 天之後，7 月 2 日，條約"已定十分之九"，僅在兩項細故
上存有疑難。經耆英再次致書說服後，也得到圓滿解決。[95]

此時耆英的目光，又盯在顧盛手中的一紙國書上。儘管顧盛多次
保證不再北上，但耆英唯恐其中有詐。他認定："條約可以在外商定，
而國書必須親賫赴京，故其國書一日未繳，則夷情一日未定。"[96] 7 月 3

92　朱士嘉編：《十九世紀美國侵華檔案史料選輯》上冊，第 30 頁。

93　朱士嘉編：《十九世紀美國侵華檔案史料選輯》上冊，第 31 頁。

94　黃恩彤：《撫遠紀略》，《叢刊・鴉片戰爭》第 5 冊，第 428—429 頁。

95　1844 年 6 月 28 日，顧盛致函耆英提出，美使應當駐京，或另辟管道與中樞建立聯繫，被耆英拒絕。7
　　月 2 日，耆英又致函顧盛："查現在所議各條（指條約）……已定十分之九；所未能定者，則在貴國大臣
　　與中國京中大臣文書往來一款，又師船進口到第一炮台彼此放炮賀喜一款。"此兩款對耆英或對清王
　　朝說來都是大事，但對美國或按國際慣例說來卻不具有決定性的意義，故謂之為"細故"（朱士嘉編：
　　《十九世紀美國侵華檔案史料選輯》上冊，第 33 頁；《鴉片戰爭檔案史料》第 7 冊，第 462—463 頁）。

96　《鴉片戰爭檔案史料》第 7 冊，第 467 頁。

日，當顧盛終於交出國書後，耆英總算鬆了一口氣，當即與顧盛簽訂了中美"五口通商章程：海關稅則"，又稱中美望廈條約。

顧盛勝利了！他以一紙國書換來了一項對美極有利益的條約。耆英也勝利了！他阻止了美使進京，消弭了釁端，只是用文字的形式確立了一年前他對美國領事的口頭承諾。雙方都心滿意足地離開了居住 17 天的望廈村，各向其主子報功去了。

只有中華民族須長久地蒙受在這小小村莊中達成的協定而帶來的災難。

1844 年 7 月 3 日締結的中美望廈條約，共有 34 款，它是以美方提出的條約草案 47 款為基礎，增刪准駁，"四易其稿，始克定義"。[97] 今天的人們，自然會最看重該條約中片面最惠國待遇、協定關稅、領事裁判權、軍艦自由出入通商口岸等不平等權益，且與中英虎門條約及附件相較，該條約危害中國更甚：

—— **關稅** 中英條約僅規定了各種貨物的進出口關稅，對稅率的變更，並無明文。中美望廈條約第 2 款稱：

> 倘中國日後欲將稅例變更，須與合眾國領事等官議允。[98]

此即中國近代史上"協定關稅"之由來。根據片面最惠國條款，英方也獲得了這一權利。又因清朝此後胡亂將"協定關稅"權利給予其他締約國，清朝欲改變稅率，就得獲得所有締約國的一致同意。這對轉型中的中國經濟窒礙極大。

---

97 《鴉片戰爭檔案史料》第 7 冊，第 467—469 頁。
98 王鐵崖編：《中外舊約章彙編》第 1 卷，第 51—57 頁。以下援引望廈條約條款，皆據該書，不再注明。

—— **領事裁判權**　　中英條約規定了中英民人糾紛應由兩國官員共同審理，若確立英人有罪，由英國領事據本國法令治罪；對英人的逮捕權並未涉及。中美望廈第 21 款謂：

> 嗣後中國民人與合眾國民人有爭鬥、詞訟、交涉事件……合眾國民人由領事等官捉拿審訊，照本國例治罪。

第 25 款又謂：

> 合眾國民人在中國各港口，自因財產涉訟，由本國領事等官訊明辦理；若合眾國民人在中國與別國貿易之人因事爭訟者，應聽兩造查照各本國所立條約辦理。中國官員均不得過問。

據此，清朝對美國民人的逮捕、審訊、定罪、懲治的司法權力全部喪失殆盡。英國又可據片面最惠國條款，“一體均沾”。各通商口岸的西方人，從此成為中國政府不可觸動的特殊人士。

　　—— **修約**　　中英條約對條約內容的修訂並無規定，而中美望廈條約第 34 款載：

> 和約一經議定，兩國各宜遵守，不得輕有更改；至各口情形不一，所有貿易及海面各款恐不無稍有變通之處，應俟十二年後，兩國派員公平酌辦。

從字面來看，不易發現問題，但後果異常嚴重。此款種下咸豐年間英、法、美聯合要求“修約”之禍根，成為英、法發動第二次鴉片戰爭的主要“理由”之一。

若從細微處更具體地分析，還可以舉出許多。條約的制定者顧盛心中對此最為清楚。7月5日，即簽約後第三天，他向國內報告，按納不住心中的喜悅，一口氣指出望廈條約較之中英條約的 16 項"優點"！[99]也正因為如此，中美望廈條件成為後來者的摹本。

　　可是，"天朝"中的人們並不這麼看，他們自有一套評估標準。

　　7月7日，耆英、黃恩彤一行回到廣州。9日，耆英上奏報告條約簽訂情況，並附有 1600 餘字的夾片，詳細評價中美條約。他聲稱，美方提出條約草案 47 款中，共有 10 款是"斷難准行"的，予以了堅決的駁斥。[100]若以今日之國際眼光評價，被駁斥的 10 款中確有應當拒絕者，而有些又應堅持。如美方提出，美船進口停泊，"應請中國統轄護理，倘遇別國凌害，仍請中國代為報復"。就"代為報復"一語，涉及國際法、戰爭法多項，這裏不需詳論，但此中體現出來的清朝對其港口、領水的主權，必須堅持。耆英恐由此捲入國際爭端，要求修改，結果條約第 26 款明確規定：

　　　合眾國貿易船隻進中國五港口灣泊，仍歸各領事等官督同船主

99　顧盛提出的 16 項優點為：一、新定稅則對美有利，如人參等進口稅降低，且變更關稅須兩國同意；二、中英條約規定了英國領事應當對英商納稅負責，而美國領事無此責任；三、進口貨可另轉通商口岸而不必再納稅；四、領事遇有不平，可直接向督撫大員申訴，足以提高其地位；五、貨物未卸時，商船可在兩日內轉換港口而不必交稅；六、美人可在通商口岸租房、建樓，並可設立醫院、教堂及墳地（後三項為伯駕要求添入者）；七、美人可以延聘中國人教授語言、購買書籍。八、美人享有治外法權的詳密規定；九、中國承認美國商船在中國與他國戰爭期間的中立地位；十、中國政府有保護在華美僑生命、財產的責任；十一、中國得救助在華沿海遭難美船之責任；十二、中美官員及民人在平等相交的規定，較中英條約為佳；十三、不送中國官吏禮物；十四、軍艦可入通商口岸；十五、美使可以向中國東南督撫呈遞致清廷文書；十六、美國政府不保護美商走私鴉片及違禁品（〔美〕賴德烈：《早期中美關係史，1784—1844》，陳郁譯，北京：商務印書館，1963 年，第 134—136 頁）。

100　此十款為：一、美方有權向都察院申訴；二、洋樓被燒，欲援引 1842 年 12 月火燒商館事件，由清方賠修；三、貨物三年不銷，請發回稅款；四、請清朝官設棧房，代為貯貨；五、清朝的敵國、與國，均准美船往來；六、美船在中國港口請歸中國統轄護理，倘遇別國凌害，請中國代為報復；七、美船若被敵兵追襲，請中國護助攻擊；八、美船入港，應與清朝炮台互鳴禮炮；九、美方要求北京的內閣或某部院衙門，接受其國中文書；十、若中、美交戰，允許撤退其商人，免遭殃害（《鴉片戰爭檔案史料》第 7 冊，第 468 頁）。

人等經管，中國無從統轄。倘遇有外洋別國凌害合眾國貿易民人，中國不能代為報復。

這就是耆英等人在交涉中爭取得來的"權益"！

與此種自鳴得意相反，最使耆英忐忑不安的是中美望廈條約第18款：

> 准合眾國官民延請中國各方士民人等教習各方語音，並幫辦文墨事件，不論所延請者係何等樣人，中國地方官民均不得稍有阻撓、陷害等情；並准其採買中國各項書籍。

此款與先前不准外國人聘師學習中文、不准購買中國書籍的禁令相牾。耆英在奏摺中解釋道，他曾"駁斥不准"，但美方堅持不讓，考慮到海通已近二百年，為美商充當"通事"（翻譯）者也"粗通文義"，教授中文、採買書刊之情事"恆有"，"久已無從稽察，自不妨如其所請"。[101]

耆英此奏於 7 月 18 日送到北京。道光帝在上面朱批"所辦甚好"，並將條約抄本送交"軍機大臣會同該部速議具奏"。當日發給耆英的諭旨，又稱讚他"辦理均合機宜"。[102]

8 月 15 日，穆彰阿率軍機大臣、戶部、刑部堂官詳奏會議情況，對條約各款均表示同意，特別稱讚領事裁判權的內容可"杜民夷爭端"；只對延聘教師、採買書籍表示了同樣的憂慮，並提出了兩項"治內"的稽察辦法：一、各國延聘的教師，應將其姓名、年齡、眷屬、住址呈明地方官另冊存案，方准其入外國人寓館；二、外國人採買書籍，應令各

101《鴉片戰爭檔案史料》第 7 冊，第 469 頁。
102《鴉片戰爭檔案史料》第 7 冊，第 474 頁。

書肆另立簿冊，將書名、部數、價值隨時登載，年終匯交地方官，呈督撫查核。穆彰阿認為，如此"按籍而稽，可為詰奸察遠之一助"。

　　穆彰阿的這份審核報告，道光帝可能看都沒看。該摺上沒有朱批，當日亦無諭旨下發。只是《籌辦夷務始末》收錄該摺在後添了四字："奉旨：依議。"[103] 可能是道光帝召對時聽了穆彰阿口頭匯報後的面諭。如此重大之事，柄國者卻如此掉以輕心。

四　"奉獻"：中法黃埔條約[104]

　　繼美國而來的，是法國。

　　作為歐洲強國，法國的利益主要在歐陸、北非、北美等地，其在東方的商業利益較小，來華商船不及英國十分之一，貿易額僅為美國的零頭。[105] 其向東方的擴張，仍屬開拓性的，且有注重商業以外領域的特點。

　　當鴉片戰爭剛剛開始，法駐馬尼拉總領事（兼管對華事務）即向國內報告，要求派艦來華，此時正在中國沿海的法艦達內德（Danaide）號艦長亦報告了戰況。法國政府為確保其在中國"應有"的地位，派艦兩艘來華搜集情報，並指定真盛意（Adolphe Dubois de Jancigny）為國王特使。1841 年 4 月 28 日，真盛意搭乘法艦埃里戈納（Erigone）號啟程，12 月 8 日，抵達澳門。

　　此時正值鴉片戰爭緊要關頭，這艘載炮 46 門、官兵 400 餘名的戰

---

103 《鴉片戰爭檔案史料》第 7 冊，第 489—492 頁；《籌辦夷務始末（道光朝）》第 6 冊，第 2850 頁。

104 本節的撰寫，我多處參考了〔法〕衛青心：《法國對華傳教政策》，黃慶華譯，中國社會科學出版社，1991 年。這對於不懂法文的我，受益極大，在此表示感謝。

105 1830 年至 1844 年，英國每年來華商船自 70 至 100 餘艘，美國來華商船每年自 18 艘至 43 艘不等，法國每年僅為 1 至 7 艘（姚賢鎬：《中國近代對外貿易史資料》第 1 冊，中華書局，1962 年，第 288、303 頁）。至 1840 年，法國對華商品輸出尚未超出 60 萬法郎，而美國高達 6000 至 7000 萬法郎（〔法〕衛青心：《法國對華傳教政策》上冊，第 237、239 頁）。耆英亦稱："佛蘭西每年來船數目雖屬無多。"（《鴉片戰爭檔案史料》第 7 冊，第 271 頁）

艦引起廣東官員的注重，而英法長久不和、法艦前來"助順"的流言，[106]
更合他們"以夷制夷"的心思。儘管法國政府給予真盛意的使命有如觀
察使，但他不願袖手旁觀。

比真盛意更活躍的是埃里戈納號艦長士思利（Joseph de la
Serviere）。就其本國地位而言，士思利與真盛意同為上校，從日後的發
展來看，士思利又要高出許多。[107] 他沒有把真盛意放在眼中，私下通過
傳教士與中國官員接上了聯繫。1842 年 1 月 27 日，士思利駕船來到廣
州，據其自稱，得到了邀請。

2 月 4 日，廣州城外約 10 里一個名叫"半塘"小村中，靖逆將軍奕
山、兩廣總督祁墳與士思利舉行了秘密會談。奕山等人非常希望法方能
干預中英戰爭，並詢問法王能否在中英之間調停。士思利的答覆使他們
大失所望：建議清朝立即向英國求和，並派一個使團前往巴黎。

作為中法關係史上第一次高級會晤的半塘會談毫無結果，士思利亦
於 2 月 5 日前往馬尼拉，臨行前轉告奕山，有事可找尚留在澳門的真盛
意。士思利的舉止，頗像真盛意的上司。

真盛意於 3 月 16 日前往廣州，20 日與奕山等人會談。奕山仍在打
聽法國人會不會干預，而真盛意卻開出了清朝與英國媾和的條件。奕山
全然失望了。他原本希望法艦的到來會幫幫清朝的忙，不惜放下架子兩
次屈尊接見"夷"人。此時反過來擔心，法國會否乘機"另生事端"。[108]

士思利在馬尼拉補充給養後，尾隨英軍，旁觀了吳淞之戰。英軍進
入長江後，其風帆動力的軍艦難以航行，他曾要求英方提供輪船幫助，

---

106 黃恩彤：《撫遠紀略》，《叢刊‧鴉片戰爭》第 5 冊，第 430 頁。

107 士思利於 1844 年晉海軍准將，1849 年出任駐英大使，1853 年任上院議員；真盛意於 1846 年回國
後，僅做到駐巴格達副領事。

108《鴉片戰爭檔案史料》第 5 冊，第 119—120 頁；〔法〕衛青心：《法國對華傳教政策》上冊，第 165—
172 頁。又據黃恩彤記載，當時中法會談沒有成功，是因為法方"所索兵費頗多，而師期甚緩，奕公察
其不誠，厚贈遣之去"（《叢刊‧鴉片戰爭》第 5 冊，第 430 頁）。

被拒後轉向求助於蘇淞太道，詭稱前往"勸令英夷戢兵"，要求代僱民船，又遭到禮貌的婉拒。8月13日，士思利率20餘名水手，強僱民船，溯江上駛，參加了8月29日的南京條約簽字儀式。英方對這批不速之客，也未予優禮。[109]

真盛意又晚到一步。當他乘坐法艦法沃里特號（Favorite）到達吳淞口時，恰遇士思利由南京返回。士思利不願為之帶路，真盛意只得自行上駛，泊於南京附近的草鞋峽。不久，英軍撤退，真盛意也回到了澳門。[110]

士思利由南京返回後，即向海軍部報告，建議佔領台灣島和海南島，並要求使用武力：

今日中國人所敬畏的是大炮，外交照會奏效太慢。

至於他與真盛意之間的激烈矛盾，則建議派一名有威望且富經驗的人，來華負責。

正當士思利與真盛意鬧得不可開交之時，法國政府派出拉地蒙冬為廣州領事。士思利得訊後，於1843年3月1日將此通報兩廣總督祁墳。不久後，他奉命前往交趾支那，臨行前再次照會祁墳，聲稱拉地蒙冬是"唯一"由法王授權的使節。"唯一"一語，自然是針對真盛意。

拉地蒙冬於1843年7月1日到達澳門。在此之前，真盛意卻派沙鰲（Charles-Alexandre Challaye）等人前往廣州交涉。據真盛意的報告，法方與清朝達成了共有14款的"通商通航條例"，有效期為10年。該

109《鴉片戰爭檔案史料》第6冊，第86—89、128、159頁；〔法〕衛青心：《法國對華傳教政策》上冊，第202—205頁。
110《鴉片戰爭檔案史料》第6冊，第179、214、253頁；〔法〕衛青心：《法國對華傳教政策》上冊，第205—208頁。

條約另有一秘密條款，即法方向清朝提供武器，而運輸武器的法艦船可以不受限制地駛入中國任何港口。[111]

然而，真盛意的說法，頗值得懷疑。當沙璧等人在廣州與清朝官員談判時，應真盛意的請求，清方派廣州知府易長華於 7 月 19 日前往澳門。拉地蒙冬派人告訴易長華，真盛意是冒充的領事；而真盛意的部下又宣稱，拉地蒙冬是真盛意的下級。易長華感到一時難辨真假，便以兩廣總督召其返回為由，離開澳門。欽差大臣耆英於 9 月 5 日上奏此事：

> 先有夷目真盛意自稱領事，寓成澳門，遣其副目沙璧來省投遞單稟，議及往來儀禮並輸稅章程（即所謂"條約"），又稱此單未足為據。臣等當即委員前赴澳門，向真盛意切實查詢。又有夷目拉地蒙冬以真盛意冒充領事，沙璧在省無禮，已將沙璧斥革，兩次赴臣祁墳衙門具稟，求與臣見面。臣等因真假難辨，現在密加訪查，一俟得實，即與見面定議，大約數日內亦可完結。[112]

按照耆英的說法，並未就"往來禮儀並輸稅章程"與真盛意達成協議。而真盛意報回國內的所謂"條約"，亦被法國政府所否決。

耆英奏摺提及拉地蒙冬兩次前往兩廣總督衙門"具稟"，是指拉地蒙冬此時已來到廣州與清方交涉一事。據拉地蒙冬的報告，並未等"數日"，而是耆英上奏的第二天，9 月 6 日，在行商潘仕成的鄉間別墅受到了這位欽差大臣的接見。拉地蒙冬遞交了法國總理兼外交大臣基佐（François Guizot）的信件，並要求法國享有與英國同等的通商權利，得到了滿意的答覆。9 月 12 日，耆英、祁墳頒給了致基佐的照會，宣稱

111〔法〕衛青心：《法國對華傳教政策》上冊，第 207 頁。
112《鴉片戰爭檔案史料》第 7 冊，第 271 頁。

大皇帝已恩准外國人到新辟通商口岸一體貿易，並頒給了中英條約的副本。[113] 拉地蒙冬此時方被清方驗明正身，靠的是新任美國領事福士的幫忙。

拉地蒙冬的說法也有可疑之處，因為中英虎門條約於 10 月 8 日才簽訂，9 月 12 日又何來條約副本？耆英 10 月 28 日的奏摺確認了召見拉地蒙冬之事，但未稱具體召見時間。但就結果而言，法方獲得了與英國同等的通商權利是沒有疑問的。據耆英奏摺，拉地蒙冬得了滿意的答覆後"歡欣鼓舞而去"。[114]

耆英完成此事後返回兩江總督本任，士思利卻於 1844 年 2 月駕艦再至廣州。他似乎對拉地蒙冬所獲並不太滿意，照會祁墳，提議：一、中法締結盟約；二、中國派出外交使團（甚至以旅行家身份也行）前往法國，並可用法艦送去；三、中國派青年赴法學習造船鑄炮攻守之法，以將來能抗擊英國。士思利的真實意圖隱蔽且險惡（欲謀求中國一軍港），但派人赴法學習較之美國贈書，對中國的未來更為有利。兩廣總督祁墳十分警惕，不願生事，便委託外交"能手"黃恩彤作覆。黃起草的照會果有妙文：

> 通商各國以禮相交，以信相保，中國自當懷柔遠人，必不挑釁生隙……
>
> 中國士大夫不慣風濤，若泛海行七萬里，恐不能達……
>
> 彼此交好之真心雅意，不在虛文，而在永久，正無關乎使臣往來與否也……[115]

113〔法〕衛青心：《法國對華傳教政策》上冊，第 231—236 頁。

114《鴉片戰爭檔案史料》第 7 冊，第 324 頁。

115 黃恩彤：《知止堂外集》卷 6，光緒六年（1880）刻本第 1—2 頁。

以此婉言全盤拒絕士思利的提議。此後祁墳以年高多病即將去職為由，要求士思利不再與他通達書信。

士思利只是一名艦長，未得任何授權，他與中國官員的交涉早就超過其職權。真盛意只是一名觀察使，據法國外交部長基佐稱，"沒有同中國政府進行談判或締約的資格"。拉地蒙冬只是一名領事，基佐亦稱其"絕無與中國政府談判的任務"。[116] 但是，他們來到中國之後，毫無例外地表現出高度的"自覺性"和"責任感"，且互相爭功。這與那個時代西方殖民者的品格完全一致。許許多多未經授權便搶佔利益的冒險家，最終總是得到母國的承認和讚揚。不知底細的"天朝"大員們，看到法艦進進出出（數倍頻繁於該國商船），看到這批人士妄張勢橫（照會隨便即發，又有傳教士幫腔），已經產生了畏懼心理，認定法國與英、美同列西洋三強，"向來不肯因人成事"，"其意必有所為"。[117]

這真是歪打正着。士思利、真盛意、拉地蒙冬在華的私自活動，雖不為法國政府所接受，亦先後被召回，卻為法國第一位全權代表拉萼尼（Théodore de Lagren）的使華鋪平了道路。

同美國一樣，法國政府得知南京條約簽訂的消息，亦想從中沾光。1843 年 4 月 23 日，法國總理兼外交部長基佐向國王呈文，要求派遣使團前往中國。當日，國王的參政院通過國王批准基佐呈文的敕令。此後，又指派法國駐希臘公使拉萼尼為全權代表。11 月 16 日，拉萼尼離開巴黎，由大西洋而印度洋至南中國海。1844 年 8 月 13 日，他到達澳門。美國全權委員顧盛此時正心滿意足地準備回國。

與顧盛使團的窮酸相形成鮮明的對照，拉萼尼麾下共有 8 艘軍艦，

116〔法〕衛青心：《法國對華傳教政策》上冊，第 238 頁。
117《鴉片戰爭檔案史料》第 7 冊，第 271 頁。

其中一半是載炮 50 門的大艦，[118] 這也大大超過了林則徐禁煙危機時期來華英艦的數量。法國人向清朝展示着孔雀的尾巴：英國並不是唯一擁有強大海軍的國家。拉萼尼使團亦陣容強大，有參贊、隨員、主事、稅務官、醫生、翻譯等，亦有各商會指派的絲織、棉紡、毛紡、百貨業的代表，甚至還有一名隨行記者。法國人具有把一切事情辦得堂皇氣派的天才。

按照基佐 1843 年 11 月 9 日的訓令，拉萼尼的使命可以簡單地概括為一句話：與清朝締結一項與英國權利相等的通商條約。因此，拉萼尼的中國之行，本應當是暗淡無光的，耆英早已做好了簽約的一切準備，只要拉萼尼不非分要求（即不超過中英虎門條約、中美望廈條約），他第二天即可打道回府。甚至可以說，拉萼尼的東來，本身就是多餘，一年前耆英召見法國領事時，不就已經宣佈了"皇恩"嗎？當然，基佐對此的看法不同：

> 我們所取得的利益沒有條約或章程的保障，只是中國政府頒佈一條政令或皇帝一道諭旨而取得的，而皇帝又隨時可以收回成命……

他要求締結能使中法貿易"步入新規道"的條約。[119]

我在前節已經說明，儘管今人們已認定虎門條約、望廈條約是不平等條約，但"天朝"中的人們尚未意識到。尤其是耆英和黃恩彤，此時正為新條約在各通商口岸確立的新制度而慶幸，自以為找到了維護民"夷"相安避免險境的途徑。拉萼尼使團的強大勢頭使耆、黃一下子摸

118《鴉片戰爭檔案史料》第 7 冊，第 501 頁。衛青心的說法不同，稱法國軍艦僅有 6 艘（〔法〕衛青心《法國對華傳教政策》上冊，第 305 頁）。

119〔法〕衛青心：《法國對華傳教政策》上冊，第 246 頁。

不到頭腦。若僅為一項通商條約而來，每年僅數艘法國商船來華，利潤有限，犯不着如此興師動眾。他們猜不透拉萼尼的真實意圖，於是在各個方面都拉開了漫長的防線，唯有訂立條約是不設防地帶。

早在顧盛初至澳門，清朝已得知了法使來華的消息，並認為其目的與美國相同，即進京觀見。[120] 耆英從顧盛口中得知拉萼尼的行程，推測法國將以"與中國結約共擊英夷為言，借圖觀光上國"。[121] 拉萼尼到達後，也未立即照會耆英，而是擺足架子，等待耆英屈尊前往。心焦的耆英只得派員前往"慰問"，以刺探情報，核心是北上問題。然而，澳門方面一直未傳來準確消息，法使是否北上成為懸念。於是，耆英便巧施手段：針對法方照會要求 9 月 12 日在澳門會談，覆照稱，由於廣州有一系列重要典儀須主持，須在 9 月底方能成行。耆英的如意算盤是，先拖過 9 月，等中國海東南季風結束，北風司令，那時"番舶不能逆行而上，則相機駕馭較易為力"。[122]

耆英自以為得計的第一招，實為上了第一個當。按照基佐訓令，拉萼尼並無進京任務。很可能是顧盛向拉萼尼傳授了他的經驗。而曾久居澳門的傳教士加略利（Joseph-Marie Callery），此時任使團翻譯，對此進言：

> 最好不要明講你是否有進京的意圖和命令；如果耆英提出這個問題，你最好儘可能回避。如果出現僵局，你就對耆英說："既然你不答應我這如此合乎情理的要求，我就去北京請求皇帝，皇帝肯定不會拒絕我的要求。"[123]

120《鴉片戰爭檔案史料》第 7 冊，第 470 頁。
121《鴉片戰爭檔案史料》第 7 冊，第 470—471 頁。
122《鴉片戰爭檔案史料》第 7 冊，第 501 頁。
123〔法〕衛青心：《法國對華傳教政策》上冊，第 252 頁。

因此，拉萼尼等人始終在進京一事上晃現躲閃，成為要挾耆英的第一個籌碼。

1844 年 9 月 29 日，耆英、黃恩彤一行抵達澳門。10 月 1 日和 3 日，耆英、拉萼尼互作禮節性拜訪。10 月 5 日和 6 日，雙方進行兩輪政治性會談。

10 月 5 日的會談在拉萼尼的下榻處舉行，拉萼尼大談法中友誼。6 日的會談在耆英的寓所進行，耆英大談中法友誼。在這些美麗的辭藻之下，拉萼尼提出了 "善意" 的建議：一、中國派使節赴巴黎，亦批准法使駐北京，兩國常通消息，可以互相幫助。二、英國佔據香港，對清朝造成威脅，清朝可將虎門割給法國，代為防守，以禦英人，一切費用由法國自籌。三、准許法國傳教士前往北京 "當差"，如以前西洋人主掌天文之事。四、清朝派人前往法國學習船炮水戰之法，以將來對抗英人。拉萼尼的這些提議，不見於基佐的訓令。

耆英等人對拉萼尼的提議，除割讓虎門外，並不陌生。以前來華的士思利、真盛意都有類似的說辭。耆英、黃恩彤也展示了外交 "手段"，在中法三百年友誼史的高調下，忽以 "定制不符" 為由，婉而拒絕。拉萼尼的本意非在於此，對耆、黃的拒詞毫不在意，反在口頭上宣佈，他將不再要求進京覲見。這麼一來，耆英已經獲得巨大 "勝利"。黃恩彤在其回憶錄中自豪地寫道："拉使（拉萼尼）之技窮矣。"[124]

雙方的條約談判始於 10 月 7 日。法方以參贊斐列勒（Théophile de Ferrière Le Vayer）侯爵為首，清方以廣東布政使黃恩彤為首。由於談判前耆英已將虎門條約、望廈條約的副本交給法方，以資參考，條約談判進行得異常順利。

124《鴉片戰爭檔案史料》第 7 冊，第 508—512 頁；〔法〕衛青心：《法國對華傳教政策》上冊，第 262—269 頁；黃恩彤：《撫遠紀略》，《叢刊·鴉片戰爭》第 5 冊，第 430—431 頁。

據拉萼尼的報告，條約主要條款都順利獲得通過，"沒有出現任何爭議和分岐"，僅在法王路易-腓力普的稱謂上有過衝突。按照西方的習慣，路易-腓力普的名號為國王。按照當時中國人的概念，國王低於皇帝，只有真命天子方可稱皇帝。拉萼尼要求條約中寫明路易-腓力普為"大佛蘭西國大皇帝"，以能與"大清國大皇帝"平起平坐。耆英對此十分不滿，但交涉不成便作了讓步。[125] 結果，他在私下作了技術性的處理，在其進呈的條約文本中，將"大佛蘭西大皇帝"、"大佛蘭西皇上"與"大清國大皇帝"、"大清國皇上"等字樣，統統刪去，一律改為"咈囒哂國"和"中國"，[126] 以免引起道光帝審閱時的不快和京官復審中的麻煩。

從現存資料來看，耆英從未就條約的內容請過旨，僅在一份夾片中順便提到一句：

> 至該夷通商章程業經議定條款，一切均照英、米二夷新例，字句互有異同，情節尚無出入……[127]

寥寥數語，一筆帶過，可見這份條約在其心中的地位。而另一位重要的角色黃恩彤在其回憶錄中，對中法關涉有着 1600 餘字的記錄，卻對條約內容及談判過程未置一詞，僅在最後附帶說了一句：

> 佛國亦有貿易條約三十五款，與英、米兩國無異，其所重不在貿易也。[128]

125〔法〕衛青心：《法國對華傳教政策》上冊，第 269—271 頁。
126《鴉片戰爭檔案史料》第 7 冊，第 518—524 頁。
127《鴉片戰爭檔案史料》第 7 冊，第 515 頁。
128 黃恩彤：《撫遠紀略》，《叢刊·鴉片戰爭》第 5 冊，第 433 頁。

大約他覺得中法條約平淡無奇，根本勾不起他的回憶。

因此，儘管中法條約談判持續了十多天，但雙方的心思都沒有放在條約本身上，而是注目於基督教弛禁問題上（後將詳述）。由於法方已將中英、中美條約的"優點"全部融於新約，又由於清方仍不知自身利益而慷慨應允，至 10 月 20 日，雙方已確定了約的全部條款，只差簽字了。

此時，反是法方不願立即簽字，而要求在廣州黃埔江面的法艦上另行儀式，擺擺威風。1844 年 10 月 24 日，耆英一行登上法國最新式的蒸汽動力戰艦阿吉默特號（Archiméde），與拉萼尼簽署中法"五口通商章程：海關稅則"，又稱中法黃埔條約。在這一炫耀鋪張的儀式結束後，雙方都在為"友誼"而舉杯痛飲香檳酒。

拉萼尼由此領略了兩年前南京江面英艦皋華麗號上的全部風光，他為他的國家贏得了一項全無缺點的條約。法國由此獲得了虎門、望廈條約中的一切權益，包括片面最惠國的待遇、領事裁判權、協定關稅、軍艦出入口岸等等。[129] 而耆英呢？他遲至一周後方上奏匯報簽約情況，附呈條約送審。而隨摺的一片中，他又保舉了此次交涉"出力"官員 9 人補官、加銜、撤銷處分！[130]

中法黃埔條約是"天朝"的奉獻，而"天朝"中人將此大悲涼當作大歡喜。

---

129 就中法黃埔條約的具體內容來看，有些地方還超過了中英虎門條約和中美望廈條約。如第 35 款，關於片面最惠國待遇："至別國定章程，不在佛蘭西此次所定條款內，佛蘭西領事等官與民人不能限以遵守；惟中國將來如有特恩、曠典、優免、保佑，別國得之，法蘭西亦與也。"也就是說，法國有權對其他條約進行"甄別"，對其有利便援引，對其不利便拒絕。又如第 30 款稱："倘佛蘭西船遇有破爛及別緣故，急需進口躲避者，無論何口均當以友誼接待。"也就是說，法國艦隻要找一個借口，即可進入中國任何一個口岸。又如第 11 款，關於引水權的規定："凡人欲當佛蘭西船引水者，若有三張船主執照，領事官便可着伊為引水，與別國一律辦事。所給引水工銀，領事等官在五口地方，秉公酌量遠近、險易情形，定其工價。"由於此項規定，中國各口岸的引水權，後來全部喪失。
130《鴉片戰爭檔案史料》第 7 冊，第 527—528 頁。

當耆英將中法黃埔條約抄本封交驛遞時，心中充滿自信，認定道光帝及軍機、部堂們會順利批准條約。後來的事實也確實如此。此時，讓他忐忑不安的是，不久前奏請基督教弛禁一事，道光帝又會如何批覆？[131] 他已經下了保證。

這就涉及到耆英、黃恩彤對法交涉的策略。

耆英等人認為，法國對華貿易數額較小，以 8 艘軍艦來華，目的絕非一項通商條約，"而必有意所專注之處"。[132]10 月 5 日和 6 日兩輪政治性會談，耆英等人拒絕了法方的全部提議，唯恐"夷"人另有動作，便在 10 月 7 日晨，即條約談判的第一天，派人給拉萼尼送去一份私信，好言安撫。該信最後一段話值得玩味：

> 本大臣不會讓閣下為締約這件小事徒勞往返。

這句話的真實含義是，除了通商條約外，他還將另有酬值。[133]

拉萼尼一下子便領悟出話外之音，但吃不準耆英打算在哪些方面讓步，時任使團翻譯的加略利，以其傳教士的職業本能，立即向拉萼尼提議，要求清朝對傳教士弛禁。

儘管法國政府訓令中並無宗教方面的指示，拉萼尼未奉到這一任

---

131 《鴉片戰爭檔案史料》第 7 冊，第 512—515 頁。又，一些論者據中法黃埔條約第 22 款："佛蘭西人亦一體可以建造禮拜堂、醫人院、周急院、學房、墳地各項"，認為法國由此獲得了傳教的權利。這是一種誤解。黃埔條約的這一條款，對中國人無效，諸如俄羅斯在北京設有教士團一樣。即法國人在通商口岸開辦的各種宗教場所，只能對外國人開放。實際上，中美望廈條約第 17 款規定，美人准"設立醫院、禮拜堂及殯葬之處"，相比之下，法國只比美國多了"周急院"（救濟院）、"學房"（神學院）兩項權利而已。再，按照中國人的習慣，法國信奉的為"天主教"，也僅要求對天主教弛禁，後耆英擴大弛禁範圍至基督各教派。因此，我在此也不用"天主教"這一名詞，而是統稱為基督教。

132 《鴉片戰爭檔案史料》第 7 冊，第 509 頁。

133 〔法〕衛青心：《法國對華傳教政策》上冊，第 347 頁。後來耆英在奏摺中更婉轉地明確表示了這層意思："現在所定條約既不能出乎二國（指英、美）之外，而伊（指拉萼尼）回國係屬徒勞往返，難以上復君命，求奴才代為設想。"（《鴉片戰爭檔案史料》第 7 冊，第 509 頁）耆英在這裏虛擬拉萼尼的話表露其判斷。

務，但在此大好時機面前，不願坐失，同意加略利就此進行交涉。

10 月 8 日，在法方的多次誘導下，黃恩彤提出，在通商條約之外，另締約一項軍事互助條約。加略利立即表示原則上接受，並乘機提出反條件：既然清朝欲在戰時獲得法王的幫助，就得對法王信奉的宗教表示親善。

加略利的這一舉動，反過來將了拉萼尼一軍，他沒有締結軍事條約的授權，便否決了加略利的承諾。而加略利並不罷休，仍不停地要求弛禁。10 月 12 日的會談中，他還提出割讓琉球，而其日記又透露出其真實的目的："是想以割讓琉球，脅迫中國人在解決傳教問題上改變以往的態度。"[134]

在鴉片戰爭時期的中西交往中，語言問題一直是一大障礙。當時中國懂外語的，大多為文化程度不高的買辦，粗俚貪婪，難充政府的正式幫手。西方各國的翻譯，主要是來華多年的傳教士，對中國的內情有着更多的了解和理解，成為交涉中的主力。清朝官員因無外部知識，常常將他們誤視為"謀主"，如郭士立、馬儒翰等人。此次也不例外。耆英、黃恩彤特別看重加略利，曾專門派人去做工作。加略利在弛禁問題上表現出來的執着，又使他們誤以為是法國政府一項重要條件。既然"天朝"不能在其他方面（譬如進京）通融半步，那麼也不妨在此"曲示羈縻"。[135]

可是，禁教政策已實施 120 年，且有大清律等諸多限定，如何說服道光帝同意基督教弛禁，又是一件棘手難辦之事。10 月 15 日，加略利來訪，耆英想出一個辦法：讓拉萼尼將康熙帝 1692 年准許基督教傳教的敕令照抄一遍，連同要求弛禁的照會一並交來，再由他上奏請旨。耆英打算與拉萼尼聯手，逼道光帝讓步。

134〔法〕衛青心：《法國對華傳教政策》上冊，第 353 頁。

135 黃恩彤：《撫遠紀略》，《叢刊・鴉片戰爭》第 5 冊，第 432 頁。

10 月 16 日，在加略利的操縱下，拉萼尼照會耆英，要求基督教弛禁。加略利的口頭聲明無異於最後通牒。

> 如果耆英順利地接受這個要求，並不做任何改動，他今天可以給拉萼尼先生發照會，從此，一切麻煩事就都結束了……假如在傳教問題上支吾搪塞，這沒有關係，我們不是不熟悉去北京的路，並且我們知道你們有不少多餘的領土，我們也知道你們同意俄國人待在你們的國土上。到時候，我們完全可以用另一種比今天更嚴肅的口氣，同你們交涉。

在此威脅下，耆英為盡早結束中法交涉，便表示同意，當晚按加略利口授的意思照會拉萼尼：

> ……我當然有責任儘快奏明皇上，使中國人以後可以公開地在內地信奉此教，使教徒不致因信教獲罪……[136]

按照加略利與黃恩彤的約定，拉萼尼收到照會後應予"回執"。10 月 17 日，拉萼尼應邀至耆英寓所，並無答覆。10 月 18 日，清方致函加略利，附上由黃恩彤起草的覆照提綱，讓拉萼尼照辦。在加略利等人的勸說下，拉萼尼終於簽了字。而在這份覆照中，有兩樣耆英急需的東西：

> 本大臣即敬錄康熙三十一年的奏禮部議准弛禁原案送上查照……
> 諒此事（指弛禁）本大臣於所議事宜（指條約）經聖恩准定交互

136〔法〕衛青心：《法國對華傳教政策》中譯本，上冊，第 375 頁。

執照（指批准互換）之日，亦必邀聖恩准予矣。此時本大臣所有諸事畢完，庶可以回國矣。此後兩國再無釁隙，不撓萬年之和好……[137]

前者是用來對付道光帝的祖訓；後者是讓拉萼尼作出保證，清朝一旦同意基督教弛禁並批准條約，便趕緊回國，不再生事。

10月18日，耆英一收到拉萼尼的覆照，便立即上奏，作為鋪墊。10月22日，耆英在離開澳門準備赴黃埔參加中法條約簽字儀式前，上了一道長篇奏摺，並附有一片，要求批准基督教弛禁，編造了一個生動的故事：

> 竊照佛蘭西夷使拉萼尼請求各款多屬必不可行，業經逐加駁斥。惟天主教弛禁一節，請求甚堅，並呈出碑模，刊載康熙三十一年禮部議准成案，援為口實，以致相持不決。當經奴才一面將大概情形繕摺奏報（指18日奏摺），一面督飭藩司黃恩彤及各委員等，連日設法開導，逐層駁詰，該夷使仍執前議，瀆請不休。當詰以碑模傳自何人，得自何處，既不能指證確鑿，何足為憑。據稱伊呈出碑模乃係先年從中國流傳，伊國故老素所寶藏，由來已久，其紙色字畫均可查照，非為偽造。至伊國昔年並無能書漢字之人，亦不解刊石立碑之事，何能憑空撰出？復詰以碑文所載成案，即使屬實，惟事隔多年，應以現行定例為準，未便執古例今。據稱以碑文而論，中國康熙年間亦曾禁止天主教，因西洋人徐日升等懇請，始行弛禁。佛蘭西與西洋同為一教，何以於伊國現求弛禁之處不為奏請？曉曉辯訴，莫可究詰……（重點為引者所標）

137〔法〕衛青心：《法國對華傳教政策》中譯本，上冊，第378—379頁。

耆英於此給道光帝上演了一出自編自導的戲，其有聲有色，絲毫不遜於三年前的楊芳、奕山。他說明了法方保證除此之外不再妄求後，明確表示了自己的態度：

> 可否仰邀皇上逾格天恩，將中外民人凡有學習天主教並不滋事為非者概予免罪……

在附片上，他又說了一句分量極重的話：

> 若過為峻拒，難免不稍滋事端。[138]

這或許是他內心中對形勢發展的一種判斷，但說給道光帝聽，又明顯是一種威脅。

道光帝收到此摺片後，當日對此發下兩道諭旨。一是由"軍機大臣字寄"，宣佈清朝並未指基督教為"邪教"，亦未"嚴申禁令"；二是由"軍機大臣密寄"，稱法方若有"不肯轉移之勢"，由耆英"相機辦理"。[139]

堅冰開始鬆動，缺口隨即打開。此後，法方又有多次交涉，耆英又有多道奏摺，道光帝終於在 1846 年 2 月 20 日明令宣佈，基督教弛禁。[140]

在現代文明國家中，宗教自由當屬基本國策；在現代國際關係準則中，一國也不得干涉他國的宗教政策。但是，當時的情況與一百多年後的今天大不相同。

當時的中國是儒教至尊的國家，而當時的基督教（尤其是天主教）除了唯一的上帝外，激烈反對其他偶像崇拜的存在，這在文化觀念上形

138《鴉片戰爭檔案史料》第 7 冊，第 513—515 頁。
139《鴉片戰爭檔案史料》第 7 冊，第 532 頁。
140《鴉片戰爭檔案史料》第 7 冊，第 631 頁。

成了不可調和的對立。當時的中國是由官、士、紳結成一體的控制網絡，民間又有地下的會黨組織；當時的基督教（尤其是天主教）不僅僅是宗教勢力，而且同為社會勢力和政治勢力，當西方的傳教士以母國的方式行事時，勢必損害其他社會、政治集團的利益。這又在社會組織上造成水火不容的局勢。當時的西方列強經常以"保教者"自居，用戰艦去拯救受難的教徒，幾乎是信奉上帝者義不容辭的責任。由此，在中華大地上，釀成了數以百計的教案，最後匯成上世紀末的義和團狂飆；而西方列強（主要是法國）不停地以軍艦干涉，八國聯軍的鐵蹄致使中國陷於上世紀末最大的災難。

毫無疑問，耆英、黃恩彤並不喜歡基督教，他們只是從法方各項要求中選擇對"天朝"損害最小的一項。可他們並不知道，後來的事實恰與他們的判斷完全相反。他們認定允法使進入北京城覲見道光帝是最危險的；而他們認定最安全的弛禁，卻在半個世紀後使道光帝的兒媳慈禧太后挾光緒帝在日暮的昏暗中，坐着馬車，倉惶逃出了北京城。

儘管我們可以認定，主持中英虎門條約及附件、中美望廈條約、中法黃埔條約談判的伊里布、耆英、黃恩彤等人，以及審議、批准這些條約的軍機大臣、各部堂官乃至道光帝，都沒有認識到這些條約會給中國權益造成何等的損害；但是，若不是英國挾戰後之威武，清朝自忖難以應付，若不是美國、法國開來了戰艦，並表露出不惜動武的種種威嚇，清朝是不會簽訂這些條約的。因此，今天的人們，稱這些條約是西方列強強加於中國的，這一結論並不為錯。

但是，這一結論又實在不能成為替"天朝"辯護的理由，我們可以看三個例子：

一、中英虎門條約簽訂後，耆英不僅向美、法兩大強國宣佈"皇恩"，而且同時讓嗹啵吔國（很可能是漢堡）、荷蘭商人享有與英國同等的權利，並準備讓即將來華的呂宋（西班牙）等國商人享有此種權利。[141]
在實際操作中，英、法、美三大國在條約中獲取的權利，一切西方國家
來華商人，後來都可"一體均沾"。

二、1844 年底，比利時駐馬尼拉總領事蘭瓦（J. Lannoy）聽從拉萼
尼的建議，未得國內授權，來華謀取最惠國待遇，拉萼尼為此還給耆英
寫了一封"介紹信"。耆英由此請旨獲准，於 1845 年 7 月 25 日，致送
一道正式公文給蘭瓦，傳達上諭，"將五口通商章程一體頒發"，以廣聖
主寬大之仁。我們雖不知道蘭瓦獲得的是哪國"五口通商章程"，但准
許照現行各條約辦理是確定無疑的。[142] 不久後，丹麥派領事來華，為"安
分貿易"，耆英又請旨頒給"五口通商章程"，道光帝仍予以批准。[143]

三、1847 年，瑞典和挪威（是時兩國結成聯盟）派公使李利華（Carl
Fredrik Liljevalch）來華，要求按英、美、法三國條約"議定通商條約"，
耆英見其送來的條約草案，完全抄襲中美望廈條約（僅將國名變更），便
"允其照繕約冊，蓋用欽差大臣關防"。由此，這兩個北歐小國也獲得了
片面最惠國待遇、協定關稅、領事裁判權、軍艦自由出入通商口岸的條
約權利。道光帝接到耆英的報告，朱批："所辦甚是。"[144]

從這一系列的事件中，我們可以清晰地看到，歐洲眾多中小國家又
如何不動槍炮輕易攫取不平等權益，"天朝"中的人們又如何看待和對
待令我們今天痛心疾首的不平等權益！

時光過去了許多年。

141《鴉片戰爭檔案史料》第 7 冊，第 324 頁

142《鴉片戰爭檔案史料》第 7 冊，第 559—560、575—576 頁；〔法〕衛青心：《法國對華傳教政策》下冊，
第 433—434 頁；馬士：《中華帝國對外關係史》第 1 卷，第 374—375 頁。當時，中英虎門條約之附
件、中美望廈條約、中法黃埔條約皆稱"五口通商章程：海關稅則"，耆英未指明是哪一個條約，或許
將三個條約都頒給了。

143《鴉片戰爭檔案史料》第 7 冊，第 578、685—686、689、701 頁。

144《鴉片戰爭檔案史料》第 7 冊，第 785—786 頁。又據北京大學一先生函告，"喊啵啦"似為漢堡
（Hambury），斯時德國尚未統一。

1870 年，日本派出外交權大臣柳原前光來華，謀求訂立條約。這個昔日深受漢文化影響而清朝不放在眼裏的小兄弟，如此妄舉，使大清國頗不以為然。然當時中國最具外部知識的北洋大臣、直隸總督李鴻章同意與日本締約。1871 年，李鴻章與日本大藏卿伊達宗誠經兩個月的討價還價，在天津簽訂了中日"修好條約"和中日"通商章程：海關稅則"，中國近代的條約史由此別開生面：雙方均向對方開放通商口岸，雙方均都擁有領事裁判權和協定關稅權，雙方軍艦均可自由駛入對方的通商口岸……這些不符合西方通行的國際慣例的做法，說明剛剛被從"天朝"體制轟出來的清朝和剛剛踏入"維新"之門的日本，同受各自與西方列強締結的不平等條約的影響，都不知道正常的國際關係。

　　時光又過去了許多年。

　　1881 年，李鴻章與巴西使節談判條約。此次雙方簽訂的條約，方為中國近代史上第一個平等條約，互給最惠國待遇而取消了協定關稅等內容。此時已距鴉片戰爭 40 年，清朝已與英國、美國、法國、俄國、瑞典、挪威、德國、葡萄牙、丹麥、比利時、荷蘭、西班牙、意大利、奧地利等國簽訂了幾十項不平等條約。

　　由此看來，問題僅僅能歸結於耆英、黃恩彤、道光帝等個人身上嗎？中國人真正弄清國與國之間的正常關係，付出了多大的代價？"天朝"是一個夢，一個難以驚醒的夢。

第八章

歷史的訴說

───────────■───────────

　　歷史不能重演。歷史學家並不因此而停止假設、推論等工作。歷史學的許多意義就在其中。

　　我在研究鴉片戰爭史時，很快便得出結論：清朝迎戰必敗，應當盡早與英國締結一項對其相對有利的和約。這當然是一種假設。可是，這麼一來，我就遇到來自內心的兩項駁難：

　　一、按照這一判斷，清朝就不應當抵抗，英國軍艦一開到中國海馬上就投降？

　　二、按照這一判斷，在戰場上英勇抵抗的清軍將士的血都是白流的？

　　作為一中國人，我不能回避這些駁難。於是，我思考了很久……

　　由中國海東望，迎着太陽，是東亞的另一重要國家 —— 日本。在這個中國人眼中位於日出之地的民族，對他們視為日落之地的文明，表現出濃厚的興趣。一千多年來，他們向中國學習了許多，以致被公認為屬於漢文化圈之內的國家。

　　鴉片戰爭爆發後不久，日本也遇上了與清朝同樣的麻煩。1853 年，美國東印度艦隊司令培里（Matthew Calbraith Perry）率軍艦 4 艘由上海駛入東京灣。其在日本引起的震動，不亞於 13 年前英國軍艦開抵大沽口。掌權的德川幕府面對着培里送來的國書，其神態猶如道光帝手捧巴麥尊致中國宰相書。他們不知所策，採取了軟弱的姿態，約定次年再給予答覆。由於這些當時世界上最先進的蒸汽動力美國戰艦被油漆為黑色，時人稱之為"黑船事件"。

第二年，培里又來了。這次帶來了 7 艘軍艦，裝備更為精良。德川幕府在此武力的逼迫下，接受了美方的條件，簽訂條約，被迫開國。

缺口由此被打開，西方的洪水沟湧直入。至 1858 年，日本與美國、英國、俄國、法國、荷蘭簽訂了十多項不平等條約。西方列強由此獲得領事裁判權、片面最惠國待遇、協定關稅、設置租界（居留地）等不平等權益。除了割地賠款外，日本"享受"着與中國同等的待遇。

所有這一切，都起源於那 4 艘"黑船"。在此 5 年間，日本沒有絲毫的抵抗。以對方的條件簽訂條約，可以認定為投降。日本不事抵抗自是幕府的積弱，反過來說，即使進行抵抗，也將遭到與中國同樣的慘敗。然開國之後的種種刺激，又轉為另一種催化劑。以蒸汽船的日文諧音"上喜選"作的狂歌，對此有着形象的概括：

> 名茶上喜選，只消喝四碗，
> 驚破太平夢，徹夜不能眠。

戰艦在此化作濃茶，引起神經中樞的高度興奮，引起日本民族不睡覺的奮鬥，引起日本歷史上的重大轉折 —— 明治維新。[1]

日本成功了。今天的日本史學家幾乎無人否認，"安政五國條約"的失敗是今日日本成功之母。

1　米慶餘：《明治維新 —— 日本資本主義的起步與形成》，北京：求實出版社，1988 年，第 1 頁。本節對明治維新的論說，除參考該書外，還參閱〔日〕信夫清三郎：《日本政治史》第 1 冊，周啟乾譯，上海譯文出版社，1982 年。

就如一個人一生中不可能不栽跟頭一樣，一個民族在歷史上會有許多次失敗。失敗並不可怕。日本最初的失敗，雖給其帶來種種災難，但到秋後算總賬，真正的失敗者是德川幕府及其“鎖國”政策，而對今日日本民族說來，當時的痛苦並不比嬰兒接種牛痘疫苗時的不適更為強猛。以時間為主軸的歷史，給世界上任何民族以東山再起的機會。中國歷史上“十年生聚、十年教訓”的故事還少嗎？視野的放寬，距離的拉長，會給歷史學家另一種價值觀念。

　　我在第三章中提到，對於列強的入侵，武力抵抗無疑是正確的；但這種抵抗注定要失敗，另作選擇也是明智的。前者是道德層面的，後者是政治層面的。負責任的政治家可以選擇對其民族更為有利的策略。對此不能簡單地以“愛國”或“賣國”的道德觀念概括之。

　　日本的事例已經證明：避免交戰，減少損失，也是一種明智的選擇；即使訂立了不平等條約，也不見得必然一味沉淪。失敗的民族仍有機會再度輝煌，關鍵在於戰後的奮發。

　　可是，清朝與德川幕府不同。它是一個自信的“天朝”，儘管事實上已百病纏身。它不相信自己竟然不敵區區島“夷”，因而在當時不可能不以武力相拒。有許多材料證明，清朝在鴉片戰爭中的敗北，對德川幕府的不抵抗決策大有關聯。而清朝除了親自嘗受滋味外，並無前車可鑒。琦善也罷、伊里布也罷，其和平計劃不可能被英方接受，其避戰策略更不能為“天朝”容忍。戰爭不可避免。清軍將士注定要在戰場上流血。

　　由此而論，我的假設，即放棄武力抵抗，盡早與英方締約，只是“事後諸葛亮”的一種策略選擇，在當時不具有現實可行性。它的意義僅僅在於，為研究這段歷史的人們提供道德批判以外的價值標準。

　　問題由此而轉入下一層面，清軍將士在戰場上付出的鮮血，怎樣才不會白流。

以鮮血而贏得勝利，自是其價值的充分體現。以鮮血而換來失敗，也可能不是無謂的，即所謂"血的教訓"。一個失敗的民族在戰後認真思過，幡然變計，是對殉國者最大的尊崇、最好的紀念。清軍將士流淌的鮮血，價值就在於此。

可是，清朝呢？它似乎仍未從"天朝"的迷夢中醒來，勇敢地進入全新的世界，而是依然如故，就像一切都未發生。

讓我們按照本書人物的出場先後，依次看看這些本應作深刻反省的重要角色在戰後的表現。

琦善於 1841 年 8 月被定為斬監候，秋後勾決。但到了秋天，道光帝加恩釋放，發往浙江軍營效力贖罪。由於奕經的反對，改往張家口軍台充當苦差。1842 年 3 月，張喜曾見過他，而他對張喜的局勢判斷，"深以為是"。[2]

至戰爭結束，琦善被控罪名亦被事實推翻。穆彰阿等人設計援救，授意直隸總督訥爾經額召對時說項，道光帝意允。[3] 1843 年 1 月，旨命琦善為四等侍衛（從五品），任葉爾羌參贊大臣（治所在今莎車）。未及到任，又於 4 月授二品頂戴，調熱河都統。御史陳慶鏞直言上諫，指出英人之所以猖狂，是因為琦善"示弱"。道光帝由此收回成命，罷斥琦善，令其"閉門思過"。[4] 陳慶鏞對剛剛結束的戰爭之分析，仍是裕謙的"人心論"。他的奏摺代表着眾多儒吏士子的認識水平。

沒過多久，1843 年 11 月，道光帝授琦善為二等侍衛（正四品），充駐藏辦事大臣。1846 年授二品頂戴，遷四川總督。1848 年發還頭品頂

2　張喜：《撫夷日記》，《叢刊·鴉片戰爭》第 5 冊，第 353 頁。

3　《軟塵私議》，《叢刊·鴉片戰爭》第 5 冊，第 533—534 頁。

4　《鴉片戰爭檔案史料》第 7 冊，第 127—129 頁。

戴，遷協辦大學士。1849年調陝甘總督。琦善終於官復原職，道光帝也曾言及對他的評價：

> 四川總督誰為最好？……我看莫如琦善。其人絕頂聰明，封疆年久，何事未曾辦過！……我如此用他，他能不出力麼？[5]

"何事未曾辦過"一語，似乎包含着對其鴉片戰爭中表現的理解。

道光帝死後不久，琦善又倒運了。1851年因為青海濫殺無辜而革職拿問，發往吉林效力贖罪。沒過多久，因太平軍興，以三品頂戴署河南巡撫，繼以都統銜授欽差大臣，主掌江北大營。1854年，卒於軍中。

從1843年復出到1854年病故，我們從琦善這11年的經歷中，看不出任何由於這場戰爭而發生的旨趣變化。除了在駐藏大臣任上因英國窺測有過一次小小的交手外，[6]他的主要氣力仍放在傳統事務上，最關心如何再邀聖恩。我們雖不知他內心中是否毫無反省，但他未為中國的變革作任何有益的事，卻是無可爭辯的真實。

從琦善戰後的表現，我們又可以認定，他在戰時的避戰策略，只是一種苟安，並無長久的打算和通盤的思考。而在19世紀險象環生的世道中，如此苟安只會將中國一次次帶入厄難，是不值得欣賞的。

林則徐於1841年6月旨命發往伊犁效力贖罪。因黃河決口，8月改往河南祥符，襄辦河工（與琦善定讞同時）。堵口合攏後，仍發往伊犁，至1842年12月來到惠遠城。他在這裏住了兩年多，其具體差使，據伊犁將軍布彥泰的奏摺，為"派在糧餉處當差"，[7]又據林則徐書信，實

---

5 張集馨：《道咸宦海見聞錄》，第117—118頁。

6 《鴉片戰爭檔案史料》第7冊，第759—762、789—790、803—804、824—825頁。

7 《鴉片戰爭檔案史料》第6冊，第561頁。

為"終日蕭閒，一無所事"。[8] 西陲的生活很艱難，據林的書信和日記，他似乎一直在生病。

未到伊犁之前，即 1841 年 6 月至 1842 年 12 月，林則徐對戰局的發展十分關心。雖說其"水軍"建策不切實際（詳見第六章），但對雙方在軍事上的差別，有切膚感受：

> 彼之大炮，遠及十里內外，若我炮不能及彼，彼炮先已及我，是器不良也。彼之放炮，如內地之放排槍，連聲不斷，我放一炮後，須輾轉移時，再放一炮，是技不熟也……內地將弁兵丁，雖不乏久歷戎行之人，而皆覿面接仗，似此之相距十里八里，彼此不見面而接仗者，未之前聞。故所謀往往相左。

在此分析上，他提出了八字要言："器良、技熟、膽壯、心齊"。[9] 這雖談不上是完整的救國方案，但也表現出值得肯定的積極進取精神。 1841年 8 月，他在鎮江與魏源的一日相會，又為中國近代思想史留下值得記載的一頁。

到了伊犁之後，林則徐變得消沉起來，最關心的是京城的人事變動和自己復出的可能。這本是當時官場的職業病，無足厚非。 1843 年 4月和 10 月寫給陝西巡撫李星沅的兩封信，可以看出明顯的情緒變化。前信稱：

> 東南事局，口不敢宣，無固無時不懸懸於心目間，不知何所終極！

8　楊國楨編：《林則徐書簡》，第 200 頁。
9　楊國楨編：《林則徐書簡》，第 193 頁。

後信謂：

> 海邦近事，得了且了，奚暇深考……[10]

這或許是林覺得李不夠貼心，未吐心語，但 1843 年 1 月給鄭夫人及長子的一信，大概是心裏話：

> 昨見京報，揚威（奕經）、靖逆（奕山）及參贊（文蔚）均擬大辟（斬監候），是牛鏡堂（鑒）、余紫松（步雲）亦必一律。即使不勾（秋後勾決），亦甚危矣。由此觀之，雪窖冰堂，亦不幸之幸耳。[11]

較之他人的命運，林似為自己的"雪窖冰堂"而慶幸。當然，這也可以解釋為說給焦慮的家人聽聽的寬心話。我們不能說林在伊犁無心傾聽來自東南的消息，恰恰相反，他非常珍視這些消息，但他卻再也沒有對此發表評論。被罪之身，需小心謹慎，或許林認為自己的身份和作用，不便多言吧。

1845 年初，林則徐得到一個機會，即往新疆各地查勘墾荒情況。這一轉機出自伊犁將軍布彥泰的保舉，也表明道光帝對林的態度開始變化。是年 10 月，道光帝召林進京，以四五品京堂補用。12 月，又命不要來京，以三品頂戴署理陝甘總督。1846 年 4 月，又命接替病故的鄧廷楨，出任陝西巡撫。1847 年 5 月，再遷雲貴總督。1849 年 9 月，林獲准因病開缺。1850 年 4 月，他回到家鄉福州。從遣戍到總督，林則徐在政治上翻了身。特別有意思的是，林幾次遷轉，道光帝都不依慣例

10　楊國楨編：《林則徐書簡》，第 210、216 頁。
11　楊國楨編：《林則徐書簡》，第 203 頁。

召其進京請訓。是自覺有負於林，或尚不肯原諒林，仍不可得知。但林則徐一復出即獲奏事權，至今仍留下這一時期的大量奏摺，君臣之間有着筆墨交流。

最近幾十年的研究，普遍認定林則徐具有改革中國現狀（主要是軍事方面）的進步思想。依照這一思路，他復出後應當有所建言，應當有所行動。可是，很遺憾，我找不到這方面的證據。其辦事細密的作風一如從前，但主要圍繞着平叛等傳統事務，當時中國最急迫的任務被放在一旁，他只是順着當時的政治方向走。作為一名一品大員，已有充分的權力和能力，他為甚麼不說，為甚麼不做？

蔣廷黻先生認為林則徐是知道了不說，知道了不做，[12] 對此提出了道德上的指控。實際上還有一種可能，即林則徐的思想被今人誇張了。

我在第二章中提到，林則徐在廣東了解外部世界的種種舉措都不事聲張的，今人得以知情，全憑歷史學家的史料鈎沉。然而，他並沒有正面回答其對外部世界的看法，因此對其開眼看世界的廣度和深度難作準確評估。從他對戰爭判斷失誤來看，似未有透徹的了解。

今人稱林則徐具有改革中國的思想，主要源於魏源《海國圖志》中"師夷之長技以制夷"這一著名命題（後將介紹）。但這一思想是否出自林，尚無直接證據。至於他在廣東購買西洋船炮，似也不能拿來作為證明。在林之前，虎門炮台上就架有行商購買的洋炮，在林之後，奕山主粵時期，行商捐建西式戰船、仿製西式兵器的規模又大大超過林。

由此，我們可以認定林則徐有着可貴且有限的開眼看世界的事實，但還不能推導出他有着改革中國的思想。這可舉神光寺事件為例加以說明。

由於南京條約中英文本歧意，外國人能否入各通商口岸的城，各地

12　蔣廷黻：《中國近代史》，第 25—26 頁。

做法不一。[13] 1845 年，英國外交官進入福州城，但英國民人被拒之城外。1849 年廣州反入城鬥爭的勝利，使清朝上下大為振奮。1850 年 2 月，咸豐帝繼位，在對外事務上表現出不同於前的強硬姿態。6 月，兩名英國人來到福州，託英國代理領事金執爾（William Raymond Gingell）代租城內神光寺房屋，租契並交侯官縣令蓋印。此為英國民人首次進入福州城。剛剛回鄉不久的林則徐，聞訊組織士紳，書寫公啟質問侯官縣令，並上書福建巡撫徐繼畬，要求效法廣州，驅逐英人。徐繼畬主張從緩設法，避免釀起事端。林再次上書，一連串提出十二個問題，表明他不惜為兩名英人入城而引發一場大戰。為此，他還向徐繼畬表示："如須紳民守助相資，以成犄角之勢，亦必恭候切諭，自當迅速遵行。"[14] 此外，他又聯絡閩籍言官上奏，釀成一時大案。

如何看待外國人入城，當時的價值觀念與今天迥然不同。可作為戰後林則徐唯一插手的與西方有關的事件，我們又看不出他有高於當時中國社會的思想和手段。就組織方法而言，仍是一年前徐廣縉、葉名琛的再現，而不惜用武的輕率姿態，又說明他並沒有吸取上次戰爭的教訓。歷史已經證明，用這種方法不能 "制夷"，只能制於 "夷"。

神光寺事件之前，咸豐帝便欲召林則徐入京，委以重用。神光寺事

---

13 《南京條約》中文本第 2 款載："自今以後，大皇帝恩准英國人民帶同所屬家眷，寄居大清沿海之廣州、福州、廈門、寧波、上海等五處港口，通商貿易無礙；且大英國君主派設領事、管事領官，住該五處城邑。"據此，英國民人只能居住於 "港口"，官員可居住 "城邑"。南京條約英文本，此段措辭不同。原文為："His Majesty the Emperor of China agrees, that British Subjects, with their families and establishments, shall be allowed to reside, for the purpose of carrying on their mercantil pursuits, without molestation or restraint at the Cities and Towns of Canton, Amoy, Foochow-fu, Ningpo and Shanghai, and Her Majesty the Queen of Great Britain, etc., will appoint Superintendents, Consular officers, to reside at each of the above-named Cities and Towns..." 直譯為現代漢語，當為："中國皇帝陛下同意，英國臣民及家人僕從，從今以後獲准居住廣州、廈門、福州府、寧波和上海的城市或鎮，以進行通商貿易，不受阻撓和限制；統治大不列顛及各處的女王陛下，將指派監督或領事官員，駐紮上述城市和鎮……" 從英文本來看，英國民人和官員都可以入城。從南京條約該款的執行情況來看，上海已實現入城，後因租界的設立，反從城中搬了出來。寧波亦實現入城。廈門城只是一個直徑為 2 華里的軍事要塞，故未有入城之舉。廣州因民眾反對，堅拒英國官員和民人入城。

14 《鴉片戰爭檔案史料》第 7 冊，第 1006—1007 頁。相同的議論又可見林致長女婿劉齊銜的書信（見王鐵藩：《林則徐兩封未曾發表的書信》，《福建學刊》1992 年第 3 期）。

件之後，廣西"會匪"大作（時清政府尚不知洪秀全事），咸豐帝於1850
年10月命林為欽差大臣，前往廣西，"蕩平群醜"。11月5日，他由福
州啟程，22日至廣東普寧，便病逝了。民間傳說為行商派人下毒謀害，
未能證實。林則徐病危中口授、其子林聰彝筆錄的遺摺，仍是臣子對君
主的一片忠誠，看不到我們所希望的新氣象。[15]

　　道光帝得到英軍退出長江的消息，長長地鬆了一口氣。兩年多的戰
爭終於結束了，天下終於太平了。他對此的第一反應頗合其稟性：立即
下令沿海各省撤軍，以節省浩繁的軍費。
　　由林則徐輯錄京中來信而編的《軟塵私議》，其中一則描繪了戰後
北京景象：

　　　　議和之後，都門仍復恬嬉，大有雨過忘雷之意。海疆之事，轉
　　喉觸諱，絕口不提，即茶坊酒肆之中，亦大書"免談時事"四字，儼
　　有詩書偶語之禁。[16]

這些自然與君主的好惡相關。儘管戰爭的結局是殘酷的，但道光帝並沒
有作深刻的自我反省，仍是一如既往地將一切責任卸於下屬。牛鑑逮問
後，他又將奕山、奕經、文蔚等前敵主將送上刑部大堂，統統定為斬監
候。他在內心中認定，戰敗的原因在於這批奴才未能實心實力辦事，"天
朝"的厄運在於缺乏忠賢智良之臣。1842年10月2日，李星沅在日記
中寫道：

15　《林則徐集·奏稿》下冊，第1181—1182頁。
16　《軟塵私議》，《叢刊·鴉片戰爭》第5冊，第529頁。

楞香（程庭桂）書，於進見時，蒙諭及英夷，輒以用人不明，深
自悔恨，至於握拳搥心。[17]

儘管悔恨至"握拳搥心"，但他只承認一條錯誤，"用人不明"。一年多
後，鄧廷楨由伊犁釋放回京，道光帝召見時仍稱"用錯了人"（指用林則
徐）。[18] 基於這種檢討，他在戰爭中得到的教訓僅僅是慎選良臣。耆英
即是他此期發現的人才之一。

戰爭結束後，道光帝曾下令各省修築海防工事，但因未有軍事學上
的檢討，各地竟然舊樣複製，全無改進。奕山於 1842 年 10 月奏報廣
東仿造西式戰艦一艘，並提議停造舊式師船，經費改用於建造西式戰
艦。道光帝頗為欣賞，命奕山將圖樣交閩、浙、蘇三省官員參考。[19] 然
造西式戰艦有材料、技術諸難，更有經費之艱，各地官員假詞推託，他
便不再追問。祁墳於 1842 年 11 月因仿造火輪船，"內地匠役往往不得
其法"，提議從澳門僱覓"夷匠"。這可一下子觸動了他的神經，寧可不
要火輪船，也不能讓這些危險的"夷匠"入境，連忙下旨阻止。[20] 耆英於
1843 年進呈新式擊發槍，道光帝愛不釋手，但對耆英提出的仿造一事作
朱批曰："卿云仿造二字，朕知其必成望洋之歎也。"[21] 本來戰敗的事實，
最易使人從器物着眼，進行革新，從而產生波紋擴大式的變化，可就這
一步都邁不出去，又遑論其他。

道光帝老了。戰爭結束那年他已 60 歲。連續執政 20 年，日夜辛
勞，克勤克儉，衰老也比常人更早降至。萬歲爺總不能萬歲。就連臣子
們都看出他精力不濟，惡聞洋務及災荒盜賊事，便一味哄騙。他像所有

---

17 《李星沅日記》上冊，第 432 頁。
18 《林則徐寄陝寓家書》，《嶺南文史》1985 年第 1 期。
19 《籌辦夷務始末（道光朝）》第 5 冊，第 2394—2399 頁。
20 《籌辦夷務始末（道光朝）》第 5 冊，第 2470—2471 頁。
21 《道光朝留中密奏》，《叢刊·鴉片戰爭》第 3 冊，第 472 頁。

的老年人一樣，希望天下平靜，耳邊安靜，不再像從前那樣細究靜靜水面下的湍湍暗流了。

在一切都上軌道的社會中，無所作為是中國傳統政治學的最高境界；而在戰後中國面臨西方威逼的險惡環境中，無所作為是一種最壞的政治。時代變了，道光帝渾然不覺，結果腳隨之跟入新時代，而頭腦卻依舊留在舊時代。[22] 在專制社會中，旨意決定一切。道光帝由此斷送了機會。

可是，就在他臨死前，廣東又傳來了使他興奮的好消息。

依據耆英照會，英國獲得了從 1849 年 4 月 6 日起自由進入廣州城的權利（後將敘述）。時限將至，道光帝看到兩廣總督徐廣縉奏摺中有"拒之過峻，難免激成事端"一語，下旨"暫准入城以踐前約"。[23] 可這道諭旨到達廣州時，民眾激越的反入城情緒已使徐廣縉無法執行。於是，徐一面製造偽詔對付英人，一面將拒絕入城的情況奏報道光帝。當道光帝聽到英人放棄入城（實為暫時擱置）的消息時，感受到開戰以來從未有過的喜悅。他封徐廣縉為子爵，封廣東巡撫葉名琛為男爵，賞給荷包、扳指、煙壺等物品，並在諭旨中大大稱讚粵東百姓"深明大義，有勇知方"，[24] 他以為找到了制"夷"的新方法，即聯絡民眾，利用民氣，驅血肉以抗槍炮的力量。儘管今天的人們對廣州反入城鬥爭有着不同的看法，但我以為，它確實不代表中國前進的真方向。

儘管今天許多人對民眾鬥爭有着很高的評價，但我以為，它難阻西方列強軍事、經濟、政治的攻勢。中國欲抵禦西方，須自身強大，其必由之途在於學習西方，如同日本一樣。那種強烈的與西方勢不兩立的情緒，自然有其產生和發展的充分理由，但由此產生的對抗，至多也只

22　陳旭麓：《道光是怎樣一個皇帝》，《陳旭麓學術文存》，上海人民出版社，1990 年，第 719—722 頁。

23　《籌辦夷務始末（道光朝）》第 6 冊，第 3164—3169 頁。

24　《籌辦夷務始末（道光朝）》第 6 冊，第 3183、3190 頁。

是低級形式的鬥爭，且易使當時的人們看不清真正的歷史使命和民族前程。

由於道光帝的巨獎，朝野上下一派對外強硬的姿態。這並非來自對世界態勢的真實判斷，而是與戰前的盲目性相聯。他們只想報前次戰爭之仇，卻忘了前次戰爭之教訓。幾年後，惡果畢現。

可是，充滿喜悅的道光帝已看不到這一後果了。反入城勝利後僅半年，1850 年 2 月，他去世了，將這一切痛苦留給他的兒子咸豐帝奕詝，而他平生最喜愛且駕崩於此的當時世界上最華觀秀美的皇家園林圓明園，也在 10 年後由英軍點燃的衝天大火中化為灰燼。

伊里布於 1843 年 3 月在廣州病故，未留下對國是的遺言。

楊芳於 1841 年 7 月即廣州戰敗後，獲准回湖南提督本任養病，道光帝下旨曰："務當仰體朕心，加意調攝，報國宣猷，日正長也。"[25] 可他後來未能"報國宣猷"，而是 1843 年以老病獲准開缺，回貴州家鄉度晚年。1846 年病故，享年 76 歲。史籍稱其"著有《平平錄》等書凡十餘種"。[26] 但沒有聽說他對戰後中國有何建策。

奕山於 1842 年 11 月旨命交部治罪，定為斬監候。1843 年初鎖拿至京，圈禁於宗人府。是年 9 月釋放。未久，以二等侍衛充和闐辦事大臣。以後，他在新疆遷轉多職，1850 年授伊犁將軍，曾多次平定當地的反叛。

與他人相比，奕山應有較多的機會表現，因為他的職守恰在大力擴

---

25 《清史列傳》第 10 冊，第 3068 頁。
26 李元度：《楊勤勇公事略》，錢儀吉、繆荃孫等纂：《清朝碑傳全集》第 3 冊，第 2549—2551 頁。

張的俄國的正面。可是，他給清朝帶來了一次次災難。

俄國自 19 世紀 30 年代吞併哈薩克之後，開始入侵中國巴爾喀什湖以東以南地區，並多次要求在伊犁、塔爾巴哈台（今塔城）、喀什噶爾通商。道光帝恐拒之而引起事端，命伊犁官員妥議具奏。奕山等人經研究後，同意開放伊犁、塔爾巴哈台兩城。奏上，道光帝去世，咸豐帝交理藩院再議。理藩院同意奕山的意見，通知俄方派員前往伊犁訂立條約。[27]

1851 年 7 月，伊犁將軍奕山與俄國代表科瓦列夫斯基（Е. П. Ковалевский）在伊犁談判。俄方提出伊、塔兩城通商辦法按 1792 年"恰克圖市約"辦理。不知"市約"為何物的奕山，見俄方遞出條約"官銜人名均無錯誤，諒非該夷捏造"，便同意了，在"伊犁、塔爾巴哈台通商章程"簽了字。

按照平等的"恰克圖市約"訂立的新條約，對中國卻極為不利，危害最大者有三：一、條約規定"兩邊商人之事，各自秉公辦理"，這在恰克圖是對等的，因為地處邊界；可在中國內地的伊、塔兩城就不對等了，中方並不擁有對俄國城市內中國商人的司法權力。結合條約其他規定，實際給予了俄方領事裁判權。二、條約規定，兩國貿易"彼此兩不抽稅"，[28] 這也是仿效恰克圖的做法。可免稅在中國境內城市實行，俄國並不開放相應城市，實際成為單方面免稅。三、條約規定設立"貿易亭"，又稱"買賣圈子"，由俄國治理，與租界類似。當然，簽約的奕山並不知這些利害，反在奏摺中稱："可以行之久遠。"[29] 諸如此類的腔調，我們已從前一章耆英處領教過。而咸豐帝也同其老子一樣，順利批准條約。

27　以下諸節，我參閱了余繩武等人：《沙俄侵華史》第 2、3 卷，人民出版社，1978、1981 年。

28　《籌辦夷務始末（咸豐朝）》第 1 冊，中華書局，1979 年，第 2—8 頁。

29　《籌辦夷務始末（咸豐朝）》，第 165—169 頁。

1856 年 1 月，奕山授黑龍江將軍。此時正值俄國武裝航行黑龍江，奕山不敢阻止，只是偵察、上報而已。[30] 1858 年春，咸豐帝因俄方多次要求"分界"，命奕山與穆拉維約夫（Н. Н. Муравьев）"會同查勘"，並指示"務當恪守舊約（指尼布楚條約），勿使該夷肆意侵佔"。[31] 奕山接旨後，由齊齊哈爾赴往璦琿。

此時的璦琿，軍事上已不再是中國的內地。自俄國多次武裝航行黑龍江，特別是在海蘭泡（今俄國布拉戈維申斯克）擅設軍事基地後，璦琿已成為俄國炮口下的一座危城。1858 年 5 月 23 日開始的中俄談判，彌漫着城下之盟的氣氛。在俄方"鳴炮放槍，勢在有意尋釁"的壓力下，奕山如同 17 年前在廣州，一下子屈服了。5 月 28 日他簽訂的"璦琿條約"，出讓了黑龍江以北 60 萬平方公里的國土，又將烏蘇里江以東 40 萬平方公里的國土改為"兩國共管"。[32]

1859 年中俄北京會談中，清政府否決了"璦琿條約"，奕山因此被革職。1860 年中俄北京條約簽訂後，他又於次年復出，任署鑲白旗滿洲都統。此後一直在京官上遷轉。1871 年授內大臣，並開復其在鴉片戰爭前的御前大臣、領侍衛內大臣的官職。1874 年，以病開缺。

奕山活得很長，宦歷道、咸、同三朝，本可有所作為。可他從鴉片戰爭中引出甚麼教訓？我們只能從 1858 年璦琿條約看到點影子，即所謂避免釁端。他是鴉片戰爭中主要官員中最長命的，但他的思想始終停留在鴉片戰爭前。1878 年，他以 88 歲高齡病故，而清廷給他的諡號為"莊簡"，大約固守舊義可謂之"莊"，久官無功可謂之"簡"吧。

30　從另一方面來看，奕山也只是奉旨行事。當時黑龍江的駐軍已抽調內地參加鎮壓太平天國，咸豐帝不願北方開戰，且不久第二次鴉片戰爭爆發，一直諭令黑龍江、吉林官員避免釁端。

31　故宮博物院明清檔案部編：《清代中俄關係檔案史料》第 3 編中冊，中華書局，1979 年，第 411—426 頁。

32　《清代中俄關係檔案史料》第 3 編中冊，第 507 頁。

顏伯燾於 1842 年 1 月被革職，返鄉途中，路過漳州，曾下轎在下屬耳邊密語："如有佳音（指復出事），幸即專人送粵"，[33] 可見這位官迷之無恥。相比牛鑑、奕山等人，他是幸運的，畢竟未被定讞斬監候；可道光帝因其"虛詞搪塞、全無實際"而恨之，[34] 始終未讓其復出。他在家鄉默默過了 10 餘年。1853 年，太平軍興，他在籍奉召，可只走到贛州，因道梗折回。次年，他還不死心，改道蘇州，因病流寓就醫。1855 年底死於他鄉。遍查史籍，找不到他在鴉片戰爭後有何表現。

奕經 1842 年 11 月旨命交部治罪，定為斬監候。至京後，監於宗人府。1843 年 4 月，與琦善同時起復，也因御史陳慶鏞直諫，同時改為"閉門思過"。可閉門僅半年，思過尚無心得，便於 10 月以二等侍衛充葉爾羌幫辦大臣，後調伊犁領隊大臣。1846 年因刑訊逼供革職，發往黑龍江充當苦差。道光帝死後被釋回，任職新疆。1852 年調京，任工部侍郎等職。1853 年太平軍攻佔南京，偏師北上，他率密雲旗兵赴山東防堵，是年 11 月，卒於軍。鴉片戰爭給他的教訓是差點丟掉性命，此外並無其他。

劉韻珂是交戰省份督撫中唯一未獲咎處反得升遷的人，這自然與其為人乖巧有關。

自 1842 年 5 月 18 日英軍陷乍浦、揚言攻杭州起，劉韻珂便魂腑不歸，舊病發作。6 月 1 日，他見耆英由嘉興返回，準備遵旨就任廣州將軍，覺得前景無望，即刻臥牀不起。6 月 15 日的奏摺自稱"病勢日增"，可道光帝諭以"總當以國事為重"。6 月 26 日的奏摺乾脆講明：當日已

---

33 張集馨：《道咸宦海見聞錄》，第 66 頁。
34 《清史列傳》第 12 冊，第 3770 頁。

將巡撫印信交布政使"暫行護理"。道光帝只得給假一月。7 月 29 日再奏要求續假 20 天,道光帝 8 月 5 日朱批再給假 1 個月。可到了 11 日,他奇跡般地恢復了健康,接見下屬,部署機宜。16 日,尚未等到 8 月 5 日的朱批,便主動上奏,宣佈已接印視事,正常上班了。[35] 很可能此時的南京談判創造了有益健康的氣候,奕經欲保奏伊里布署理浙撫的流言,更是一劑特效藥。

戰後,劉韻珂奉旨重建海防,來到寧波、鎮海等處,親眼目睹當年修築工事全被擊毀,可他不知近代戰術和築城技術,看不出問題,反覺得"前建各處工程處處為當衝要,無隙可乘",下令恢復原樣。[36]1843 年 8 月,他上了一道洋洋萬言的浙海善後事宜摺,共計 24 條措施,以今日知識判斷,全為不得要領,卻也在軍機大臣和戶、兵、工部堂官中進行一番"認真"的討論,9 月得旨下發。[37] 可是,這時的劉韻珂已用不着落實這些自己都不相信的善後事宜了,他已榮遷閩浙總督。

既然在軍事上不足以對敵,聰明的劉韻珂另闢蹊徑抗"夷"。1844 年 6 月,英國領事李太廓(George Tradescant Lay)抵任,福州正式開放。可英國人萬萬沒有想到劉韻珂暗中已作部署:一、英商看中武夷山茶葉,他便派兵役在行道上處處設卡刁難,使茶商感到不便而改道廣東;二、英商欲到福州銷貨,他便勸諭城內商賈不要與之做買賣。最先到達福州的是一艘美國商船,停泊一月無交易,減價拋售亦無效。劉為了早日送客,又讓商人購買少許,使之有離港的盤費。第二年,1845 年,福州的貿易額僅 37 萬元,惡名遠揚,致使 1846、1847 年竟無一艘"番舶"光顧福州。劉氏的詭計成功了。在他主持下的福州,名為開放,實與閉關無異。不明真相的英、美等國打算以福州調換溫州為通商

---

35 《鴉片戰爭檔案史料》第 5 冊,第 407、443、483—484、761—762;第 6 冊,第 79—80 頁。

36 《鴉片戰爭檔案史料》第 6 冊,第 740 頁;第 7 冊,第 224—237 頁。

37 《鴉片戰爭檔案史料》第 7 冊,第 302—320 頁。

口岸。

對待英人入城，更顯劉韻珂足智多謀。李太廓初至，他明知條約（中文本）規定英官可以入城，卻以領事管理商務為由，拒之入城，引往城南港區南台居住。英國公使德庇時見房屋簡陋，再提入城。劉密諭紳士許有年上書反對，以示民情不協。當德庇時要挾撤回福州領事時，他見條約有 5 口之數，恐英人藉此另換口岸，便同意領事入城，但讓他們居住於城西南緊貼城牆人跡罕至的烏石山（今烏山）積翠寺，並商定，英國民人若入城居住，契約須由地方官加印，權柄仍操之清方。

劉韻珂對上述手法絕對保密，上奏時分正摺、密片。正摺上一派官話，而密片讓道光帝留中不發。據其稱，知情者僅為布政使徐繼畬一人。英國領事始終沒有發現這位大度的能禮尚往來的一品大員，暗地裏居然行此阻撓鉗制之術。劉韻珂在密片中表白其目的："福州竟不通商，數年後，該夷灰心而去，則省城根本重地，不令非我族類實逼處此。"[38]他想回到戰前閉關自守的老路上去。他那別樹一幟的"制夷"方法，與中國的振興之途，背道而馳，儘管道光帝十分欣賞。

1849 年廣州反入城勝利後，劉韻珂的這一套不吃香了。人們希望看到直接的對抗，對他表面上"媚夷"姿態極為反感，對他背地裏"制夷"手法又不知情。1850 年神光寺事件發生時，他在外閱伍，回到省城後，不同意林則徐的激越的方式，仍想採用其慣行的陰招（不讓工匠整修房屋，不讓房主收租，又因入城英人一為教士、一為醫生，不讓民人前往聽教就醫）以迫英人退出。可是登基未久的咸豐帝要的是堂皇的勝利，對他多加申斥。劉韻珂坐不住了，是年 12 月前往浙江閱伍，行至嚴州（今建德境內）又生病了，要求給假。咸豐帝看穿了他的把戲，

38　以上三節，我參考了鄺永慶先生的出色論文：《第一次鴉片戰爭後福州問題考辯》（《歷史檔案》1990 年第 2 期）。所據資料見《鴉片戰爭檔案史料》第 7 冊，第 560—568 頁。

將計就計，將其開缺，"回籍調理"。而劉韻珂去職不久，福州口岸貿易巨增。

整整咸豐一朝，劉韻珂默默無聞。至咸豐帝死後，他於 1862 年應召赴京，次年以三品京堂候補，未久因病回籍，1864 年卒。

牛鑑於 1842 年 9 月被革職逮問，後定為斬監候。1844 年釋放，交河南巡撫差委。因治黃辦捐有功，1845 年授主事（正六品），他卻要求回籍。1853 年應召參與鎮壓捻軍，加按察使銜。1855 年因病乞歸。1858 年死於家鄉。沒有聽說他對中國的未來有何設計。

耆英在戰後相當長的一段時間裏主持清朝對外事務。在第七章中，我們已經看到，他所抱定的宗旨是：避免釁端，盡力維護"天朝"體制，保持民"夷"相安。

耆英一點也不喜歡"夷"人，可為其宗旨，不惜低三下四與"夷"人打得火熱，毫無"天朝"大吏的威嚴。他去過香港，去過澳門，多次去虎門等地與西方使者直接面談，即對他們的照會也十分重視，幾乎是有照必覆，毫不拖延。除了公務交往之外，他還特別注重私誼，互相宴請，互贈禮品，企圖創造一種和諧的氣氛，把兩國公事當作家事那樣有商有量地私下解決。他的主要對手，自然是駐在香港的英國公使，而他寫給英國公使的私信，據費正清（John King Fairbank）言，有如情書。[39]

從某種意義上講，耆英成功了。在他主持對外事務的時期，確實中外關係比較和緩。這一切都是犧牲國家利益、民族利益得來的，只是他對這些利益尚無認識。道光帝也很滿意這種安靜的局面，1845 年 3 月

---

39 〔美〕費正清主編：《劍橋中國晚清史》上卷，中國社會科學院歷史研究編譯室譯，中國社會科學出版社，1985 年，第 237 頁。

授其協辦大學士。

然而，耆英的做法必不能行久。廣州士紳民眾不滿意，怎能如此不辦"夷"夏？英國官員亦不滿足，他們手中有各種各樣的新要求。民"夷"相安的局面仍被打破，爆發點是廣州入城問題。

1843年，璞鼎查提出入城要求，而戰後廣州民眾對英"夷"的敵愾，使耆英不敢答應。1845年，新任英國公使德庇時再提這一要求，耆英仍以"民情未協"相推諉。是年底，清方支付最後一筆賠款，按南京條約，英方應歸還舟山。德庇時卻提出，若不讓入城，便不歸還舟山。耆英嚇得連忙在私信中告饒，稱此事"若有游移，我即無以自安其位"。[40]1846年4月，耆英與德庇時在虎門簽訂"歸還舟山條約"，明確承認英人有入城權利，並稱"一俟時形愈臻妥協，再准英人入城"。[41]英方當時未發現，因條約內無具體時間規定，清方可以"時形"為由，無限期拖延！

戰後的廣州常有民"夷"衝突發生，耆英為避免釁端，對策不無抑民護"夷"之嫌。1847年3月，英人6名在佛山遭石塊襲擊，德庇時以此為由派軍艦內犯。4月2日，英軍攻佔虎門，釘塞827門大炮的炮眼，4月6日，佔領商館，作出進攻廣州城的姿態。最怕動兵的耆英，立即照會德庇時，同意英方的一切條件，其中包括兩年後即1849年4月6日，開放廣州城。[42]

此後，當年12月又爆發黃竹歧事件，6名英人被殺。耆英立即派兵包圍村莊，斬首4人，15人送交審訊。這種處理結果使英方感到滿意，卻使道光帝產生懷疑，這些"夷"人跑到黃竹歧幹甚麼去了？[43]

40　佐佐木正哉編：《鴉片戰爭後の中英抗爭：資料篇稿》，東京：近代中國研究委員會，1964年，第20頁。

41　王鐵崖編：《中外舊約章彙編》第1卷，第70頁。

42　未查到中文本，英文本據 Inspectorate General of Customs, *Treaties, conventions, etc., between China and foreign states*, vol.1, p.210。

43　《鴉片戰爭檔案史料》第7冊，第825—828頁。

一系列的事件使耆英對自己的馭“夷”能力發生懷疑，南國名城廣州在他心中已成險境。想到 1849 年英人就要入城，頭皮就一陣陣發麻。1848 年 2 月道光帝命其春暖時分進京，其職務交徐廣縉護理。對此，一些人認為是道光帝對他不滿，另一些人稱是耆英委人在京活動所致。

是年 6 月，耆英回到北京。7 月，道光帝免其在廣東的職位，以協辦大學士管理禮部等事務。11 月，遷文淵閣大學士。他在京的日子看來過得悠閒瀟灑，因為他還得到一個肥缺 —— 崇文門監督。

道光帝死後，耆英倒霉了。咸豐帝召見時，他歷言英國可畏，應事周旋。新皇帝聞此不悅。耆英軋出苗頭不對，連連以病乞假。而咸豐帝於 1850 年 12 月對其動大手術，降為五品員外郎候補。其後，又因坐子罪，革職圈禁。

1858 年 5 月，英法聯軍攻陷大沽，咸豐帝想起這位主張和“夷”的耆英，授其侍郎銜，參與天津談判，臨行前親授機宜：以欽差大臣桂良等人為第一線，若不能成交，再由耆英出面稍加讓步，即可成功。咸豐帝對其這一幼稚園水準的外交手法十分欣賞，耆英亦因復出而感恩涕零。他自以為憑其多年在廣東與“夷”人的老關係，英、法多少會買他一點面子。誰知一到談判桌上，英、法因其無欽差大臣頭銜僅派幾名翻譯應付，而這些年輕的“夷”人，手持攻陷廣州時搜獲的檔案，當面唸起耆英當年奏摺中咒罵“夷”人的文句。年近七旬的老人受不了這般羞辱，面紅耳赤地離開了。中英、中法天津條約簽訂後，咸豐帝正一肚子火氣，下令耆英自盡，罪名是“擅自回京”。

耆英在鴉片戰爭中得到的教訓是，軍事上無法對敵，應竭力避免戰爭，這無疑是正確的。可他的這種苟安政策，又何以救大清，救中國？

黃恩彤到廣東後，官運亨通。因中英虎門條約訂立，遷廣東布政使，因中美望廈條約訂立，賞戴花翎，加二級紀錄，因中法黃埔條約訂立，於 1845 年 2 月升廣東巡撫。他聰明幹練，耆英倚為臂膀。法使拉萼尼也頗欣賞其風度，認為他是首任駐巴黎公使的最佳人選。[44]

我們不知道黃恩彤若真至法，能否產生後來郭嵩燾使英那樣思想巨變，但從他留下的《撫遠紀略》、《知止堂集》中，找不到任何有益中國社會進步的思想資料。他最根本的觀點是，英國人是絕對打不過的，只能"撫"，"無事則撫以恩，有事則折以信"。[45] 他對廣州民眾抗英活動極反感，力主鎮壓，民眾的揭貼也對他毫不客氣：

> 破了黃煙筒，自後不勞兵……
> 治鬼無方法，剝民有才情。[46]

"黃煙筒"是粵語黃恩彤的諧音，"治鬼無方法"一句也頗中擊要害。他和耆英的那種"柔夷"手段焉能"治鬼"？

1847 年 1 月，黃恩彤因違例奏請年老武生職銜而下部議處。吏部議降三級調任，按道光朝的一般做法，黃應獲降三級留任，以後很快開復。道光帝卻將其革職，調徐廣縉為廣東巡撫。[47]《清史稿》稱道光帝不滿黃對外軟弱，借細故發作，並隱喻給耆英一個警告，但沒有更多的證據。

黃恩彤被革後仍留在耆英身邊，獲六品頂戴。耆英召京後，旨命交徐廣縉差遣，一年後去職。他在山東家鄉辦過團練，抵禦過捻軍。1858 年曾奉召伴隨耆英參加天津談判，但他趕到天津時，條約已簽訂，耆英

44 〔法〕衛青心：《法國對華傳教政策》上冊，第 311 頁。
45 黃恩彤：《撫夷論》，《叢刊‧鴉片戰爭》第 5 冊，第 436 頁。
46 佐佐木正哉編：《鴉片戰爭後の中英抗爭：資料篇稿》，第 286 頁。
47 《清實錄》第 39 冊，第 466 頁。

已拿問。他活得很長，據說於 1882 年死去，但沒有資料證明他的"撫夷"思想有何變化。

除了自殺的裕謙，以上 12 人均是鴉片戰爭中負有重大責任的頂級人物。他們對戰敗體會最深，理應有猛烈的反省，有復仇的慾望。可從這 12 人戰後的經歷來看，琦善、伊里布、楊芳、奕山、顏伯燾、牛鑑幾乎是沒有反應，剩下的 5 人又可分 3 類：一是耆英、黃恩彤的"柔夷"；二是劉韻珂的陰制；三是林則徐的對抗（假定福州反入城事件能代表其全部思想），道光帝則在三者間游移。作出反應的人，大多在通商口岸。我不知道耆、黃、劉等人若放缺雲貴川或陝甘新，會否像琦善等人一樣麻木？

一個民族戰敗了並不可怕，但戰敗引出的不是"制夷"而是"順夷"時，就直接葬送了一切前程。耆英者流之所以在當時就不得人心至今仍受人痛斥，就在於他們不敢"制夷"。

而林則徐呢？這個問題可分開談。我以為，作為一名士紳、一位民眾，戰後無論以何種形式抗英（包括反入城）都不應受到指摘，這是他們關心國家命運、民族前程的表現。他們的思想落後、手段陳舊、目標錯誤，應當由當時社會的思想家、政治家來負責。但是，林則徐作為一名賦有思想的政治家，應當有更高的眼光，應當有負責任的態度，善於將自發的鬥爭納入正確的軌道。我這裏不是對林格外苛求，而是歷史提出了這一標準。鴉片戰爭給中國提出的使命是近代化，偏離這一軌道就不可能真正的"制夷"，反有可能償事。林則徐沒有認識到這一點是他的錯誤，儘管他那對抗的姿態是可以表揚的。

"天朝"在戰爭中慘敗，但由此引起的震蕩，還不如東京灣中出現的那 4 艘"黑船"。今天的人們對兩國的差異已作了種種敍述和分析。而最直接的是，清朝在戰後沒有振作、沒有革新，使清軍將士的鮮血白流了。也因為如此，我在上面對負有責任的 12 名政治家一一進行清算。

日本的維新力量並非來自幕府，而是來自社會，倒幕又成為改革的前提。由於清王朝此時尚不會即刻垮台，我們不妨也看看最為敏銳的中國知識界的反應。

作出反應的精英並不多，其中最傑出的是魏源。他本是一個學者，戰前著有《默觚》、《老子本義》、《書古微》等學識深厚的著作。戰爭的炮聲打破了他書齋問學的平靜。1841 年 8 月與林則徐的相會，收到林組織翻譯的《四洲志》等資料，開始了研究新課題的轉移。1842 年底撰就《海國圖志》50 卷，1847 年擴為 60 卷，1852 年擴至 100 卷。

《海國圖志》是一部介紹外部世界的史地著作，在人們普遍不知"英吉利"為何的"天朝"，其功能和意義非今日同類著作能比擬。而該書"敍"中"師夷長技以制夷"一語，在已知歷史結論的人們眼中格外觸目驚心，許多人以為他已經找到了鑰匙。

魏源心目中"夷"之"長技"有三：戰艦、火器、養兵練兵之法。前兩項直接對應"船堅炮利"，後一項又與清軍在戰時的懦怯有關。這是曾參與江浙防"夷"事務的魏源，最為直觀的反應。他的"師夷"方法主要是聘請"夷匠"，並翻譯外部世界的書籍。以今日知識來判斷，似可認定，僅"師"這些"長技"還是"制"不了"夷"的。"夷"不是那麼好"制"的。

魏源的思想雖不夠充分，但卻十分可貴，朝這個方向走下去，一定能上軌道。可是，魏源的這一思想是不確定的。在《海國圖志》中，我們可以看到"師夷""制夷"的言論，也可以看到無須"師夷"即可"制夷"的言論，安南的札船、緬甸的木柵都是他用來說明土法"制夷"的生動事例。就是大講"師夷"功夫的《籌海篇》中，也有黃天蕩的故事。如果我們再看看他同時期的名著《聖武記》，便知其思想之游移，似乎先帝們的方略武功亦可"制夷"。至於在此之後的力作《元史新編》，講的似乎是"殷鑒"之類的道理。

《海國圖志》就是這麼一部龐雜的著作，有新思想的閃耀，也有舊觀念的羅列。不同的人讀之，可以得到不同的體會。無怪乎"師夷"思想在當時不能行遠，而到了後來，決定"師夷"的左宗棠等人讀之，立即就有心靈的溝通。

與《海國圖志》齊名的是《瀛環志略》。作者徐繼畬是一名學厚識精的官員，鴉片戰爭中任汀漳龍道，在漳州組織防禦。后歷廣東鹽運使、廣東布政使、福建布政使，1846年升福建巡撫。他是總督劉韻珂處理對外事務的主要幫手，有如黃恩彤與耆英的關係。

1844年，徐繼畬辦理廈門對外開放，發現自己對外部知識的無知，恰遇傳教士雅裨理（David Abeel），得外國地圖冊等資料，開始鑽研新課題。此後他廣搜資料、精心撰述、反覆修改，終於1848年完成這部高品質的地理學著作。《瀛環志略》對外部知識的介紹，比魏源更詳盡準確，也沒有當時人慣常的附會臆測；它對西方的人文制度多有褒評，卻又使用着舊觀念。但是，對戰後中國應走何種道路這一最最緊要的問題，這部書沒有作出回答。而從前面介紹的他弼助的上司劉韻珂戰後表現中，我們又似乎可看到徐氏的答覆。

還有一部必須提到的著作是梁廷枏的《海國四說》。梁是一位著述宏富的廣東名儒，曾入祁墳、徐廣縉幕。這部於1846年殺青的著作，對美國和英國介紹尤詳，對基督教的議論也可見其功力，而對蒸汽機的描寫在當時人眼中有如天書，其缺點與《瀛環志略》相同。

如此評價《海國圖志》、《瀛環志略》、《海國四說》可能過於苛求，但戰後中國所處的險惡局勢又不能不對之嚴格要求。平心而論，魏、徐、梁是當時最先進的思想家。他們從一個封閉的容器中探出頭來，開眼看世界，並能放下"天朝"的架子，平靜地看待另一種文明（徐繼畬最為突出）已是石破天驚之舉。由此為基點，稍稍進步，便可登堂入室，領略新風光。然而，我們今天認為尚不夠完美的著作，當時被許多人視之為"夷"張目而鄙視。在"天朝"的文化人中，他們是孤獨的，這是他們個人的不幸；然中國最優秀的思想家尚未辨明中國的方向，又是整個民族的不幸。這是時代與社會間的落差。後來，《海國圖志》和《瀛環志略》浮海東瀛，識貨的日本人為之翻刻，對日本維新思想的發生發展多有幫助，這又是魏、徐兩氏始料未及的。

魏源、徐繼畬、梁廷枏的思想未能達到歷史所要求的高度，很大程度上是由於缺乏思想資料。"天朝"中有着難以計數的書籍，獨缺"夷"人"夷"事之作。美國的贈書為耆英謝絕，法國的留學又被黃恩彤婉拒。魏源等人苦無材料，到處託人求人。他們並不知道，就在北京，有着他們急需的大批圖書。

1845 年，俄國政府因清政府贈送藏文《大藏經》，回贈各類圖書 355 種共計 800 餘冊（幅），另有天文、地理儀器和工具。這些圖書可分成 21 類，包括政治、經濟、軍事、文化、科學、技術、工藝、地理等等，僅地圖就有 22 幅，另有地圖冊 13 本。理藩院收到這批圖書後，僅譯出書名，便束之高閣了。13 年後，1858 年，郭嵩燾至北京，聞之大為感慨："倘能譯其書而為之備，必有以濟海疆之用者矣。"一名官員還向郭透露，當年他曾向軍機大臣祁雋藻提議譯書，祁表示反對，理由是"恐其書不倫，徒傷國體"！[48] 由於清朝的滅亡，這批圖書大多佚失，今存北京圖書館有 20 餘冊，存故宮博物院圖書館有地圖 7 幅、地圖冊 10 餘種。設或這批圖書被譯為中文刊行，設或魏源、徐繼畬、梁廷枏能讀到這批圖書，其思想是否會有質的嬗變？

---

[48] 《郭嵩燾日記》第 1 冊，湖南人民出版社，1981 年，第 186—189 頁。俄國贈書的書目可見於何秋濤：《朔方備乘》。羽離子的論文：《俄羅斯首次對清政府贈書始末》（《近代史研究》1991 年第 4 期）對此也有具體的敘說。

相比起魏、徐、梁，洪仁玕的機會要優越得多。他在香港多年，曾充佈道師。1859年，他來到太平天國的首都天京（南京），作《資政新篇》呈天王洪秀全，建策達28條之多，實為中國第一個具有近代意義的政經改革方案。讀之令人鼓舞。可他做個軍師、干王，總理朝綱後又怎麼樣呢？在《軍次實錄》、《英傑歸真》中，我們看到了另一個洪仁玕。在這一變化中，難道完全是洪仁玕的個人選擇？其中又有多少歷史背景的限定？

歷史的訴說夾雜着悲痛。

鴉片戰爭結束後的14年，1856年，戰火又起。英法聯軍次第攻佔廣州、大沽，進入天津、北京。清朝又與英、法、美、俄四國簽訂了11個不平等條約。與前次戰爭相比，清朝沒有絲毫的進步，完全是重複錯誤。戰後，新興起的地方軍政集團——湘、淮系首領做了一些"師夷"的工夫，導致後來的洋務運動（自強運動）。可是，一查來歷，其原動力不是來自戰敗的刺激，其最初目標也非為"制夷"，而是為了對付那些造反的"長毛"。

鴉片戰爭結束後的52年，1894年，經明治維新而疾速發展的日本，打到其先前祖師爺的門前。他們廢除了與李鴻章在天津簽訂的別開生面的前約，讓李鴻章至馬關另訂新約，仿效鴉片戰爭中的英國，要求割地賠款，並在一切方面享有與西方列強同等的權利。

鴉片戰爭結束後的86年，1928年，中英兩國政府又在南京簽訂條約，取消協定關稅。這一份新的南京條約開始了轉折。

鴉片戰爭結束後的101年，1943年，中英兩國政府在重慶簽訂條約，廢除領事裁判權、軍艦自由進入通商口岸、片面最惠國待遇等不平等權利。

鴉片戰爭結束後的142年，1984年，中英兩國政府在北京簽訂聯合聲明，香港將於 1997 年降下米字旗，回歸中國。

由此，鴉片戰爭的一切痕跡已經或即將消除。或許，將來的人們，只能從香港中環以璞鼎查另一中文譯名命名的"砵甸乍街"的路牌上，感受到那次戰爭。到了那個時候，歷史的訴說會否永久高昂？

150 多年過去了。

19 世紀是中國人屈辱的世紀。20 世紀是中國人飽嘗人世間一切艱難困苦的世紀。21 世紀呢？

人們說，19 世紀是英國人的世紀。20 世紀是美國人的世紀。21 世紀呢？

也有一些黑頭髮黃皮膚的人宣稱，21 世紀是中國人的世紀。可是，真正的要害在於中國人應以甚麼樣的姿態進入 21 世紀？中國人怎樣才能贏得這一稱號 —— 中國人的世紀？

不管歷史將作何種選擇，我以為，鴉片戰爭留給我們首要的問題是，中國大陸與西方的差距，比起 150 多年前鴉片戰爭時，是擴大了，還是縮小了？

徵引文獻

（未引用的參考書目未列入）

《軍機處錄副》帝國主義侵略類、財政類、軍務類等

《宮中檔朱批奏摺》帝國主義侵略類、財政類、軍務類等

《上諭檔》道光二十至二十三年

《剿捕檔》道光二十至二十三年

（以上檔案均藏中國第一歷史檔案館）

《道光鴉片戰爭案彙存》（抄本，6 冊），中國社會科學院近代史研究所藏

《清代中俄關係檔案史料》第 3 編，北京：中華書局，1979 年

《清實錄》，北京：中華書局，1986 年影印本

《鴉片戰爭後期英軍在長江下游的侵略罪行》，上海人民出版社，1959 年

福建師大歷史系、福建地方史研究室編：《鴉片戰爭在閩台資料選編》，福州：福
　　建人民出版社，1982 年

廣東省文史研究館編：《三元里人民抗英鬥爭史料》，北京：中華書局，1978 年

昆岡等修：《欽定大清會典事例（光緒朝）》，光緒二十五年（1899）刻本

王鍾翰點校：《清史列傳》，北京：中華書局，1987 年

文慶等修：《籌辦夷務始末（道光朝）》，北京：中華書局，1964 年

趙爾巽等撰：《清史稿》，北京：中華書局，1977 年

中國第一歷史檔案館編：《鴉片戰爭檔案史料》，天津古籍出版社，1992 年

中國第一歷史檔案館等編：《鴉片戰爭在舟山史料選編》，杭州：浙江人民出版社，
　　1992 年

中國史學會主編、齊思和等編：《中國近代史料叢刊・鴉片戰爭》，上海：新知識
　　出版社，1955 年

《寶山縣續志》，1920 年排印本

《寶山縣志》，光緒八年（1882）刊本

《籌辦夷務始末（咸豐朝）》，北京：中華書局，1979 年

《慈谿縣志》，光緒二十五年（1899）刊本

《定海縣志》，1924 年排印本

《定海直隸廳志》，光緒十一年（1885）刊本

《東莞縣志》，1921 年刊本

《番禺縣志》，同治十年（1871）刊本

《光緒大清會典則例》，光緒二十五年（1899）刊本

《郭嵩燾日記》第 1 冊，長沙：湖南人民出版社，1981 年

《虎門炮台圖說》，清刊本

《林則徐寄陝寓家書》，廣州：《嶺南文史》，1985 年第 1 期

《林則徐詩集》，鄭麗生校，福州：海峽文藝出版社，1985 年

《南海縣志》，同治十一年（1872）刊本

《欽定工部軍需則例》，清刊本

《欽定戶部軍需則例》，清刊本

《清朝通典》，上海：商務印書館，1936 年

《清朝通志》，上海：商務印書館，1936 年

《廈門志》，道光十二年（1832）刊本

《洋事雜錄》，《中山大學學報》1986 年第 3 期

《粵東紀事》，《近代史資料》，1956 年第 2 期

《鎮海縣志》，1932 年排印本

《鎮海縣志》，光緒五年（1879）刊本

《中樞政考》，嘉慶七年（1802）刊本

《左宗棠全集・書信》第 2 冊，長沙：岳麓書社，1996 年

曾國藩：《曾國藩全集・日記》第 1 冊，長沙：岳麓書社，1987 年

曾國藩：《曾國藩全集・書信》第 1 冊，長沙：岳麓書社，1990 年

曾國藩：《曾國藩全集・奏稿》第 1 冊，長沙：岳麓書社，1987 年

陳錫祺等編：《林則徐奏稿、公牘、舊記補編》，廣州：中山大學出版社，1985 年

范城：《質言》刊本，1935 年

龔自珍：《龔自珍全集》，上海人民出版社，1975 年

關天培：《籌海初集》，道光十六年（1836）刊本

何秋濤：《朔方備陳》，咸豐九年（1859）刊本

黃恩彤：《知止堂文集》，光緒六年（1880）刊本

黃爵滋、許乃濟：《黃爵滋奏疏・許乃濟奏議合刊》，北京：中華書局，1959 年

嵇璜等纂：《皇朝文獻通考》，上海圖書集成局，光緒二十七年（1901）鉛印本

梁廷枏：《夷氛聞記》，北京：中華書局，1959 年

梁廷枏：《海國四說》，北京：中華書局，1993 年

陸模：《朝議公年譜》，清刊本

錢儀吉、繆荃孫等纂：《清朝碑傳全集》第 3 冊，台北：大化書局，1984 年

慶桂纂：《欽定大清會典圖》，嘉慶十六年（1811）刻本

沈卓然、朱晉材編：《胡林翼全集》，上海：大東書局，1936 年

王鐵嵩：《林則徐兩封未發表的書信》，《福建學刊》，1992 年第 3 期

王鐵崖編：《中外舊約章彙編》，北京：生活・讀書・新知三聯書店，1959 年

魏源：《聖武記》，北京：中華書局，1984 年

魏源：《魏源集》，北京：中華書局，1976 年

魏源：《魏源全集》，長沙：岳麓書社，2011 年

夏燮：《中西紀事》，長沙：岳麓書社，1988 年

徐繼畬：《瀛環志略》，清刊本

楊芳：《宮傳楊果勇侯自編年譜》，道光二十年（1840）刊本

楊國楨編：《林則徐書簡》，福州：福建人民出版社，1985 年

楊堅點校：《郭嵩燾奏稿》，長沙：岳麓書社，1983 年

姚賢鎬編：《中國近代對外貿易史料》，北京：中華書局，1962 年

姚瑩：《東溟奏稿》，清刊本

裕謙：《益勉齋偶存稿》，道光十二年（1832）刊本

裕謙：《益勉齋續存稿》，道光十四年（1834）刊本

袁英光、童浩整理：《李星沅日記》，中華書局，1987 年

張集馨：《道咸宦海見聞錄》，北京：中華書局，1981 年

趙翼：《簷曝雜記》，北京：中華書局，1982 年

中山大學歷史系編：《林則徐集・公牘》，北京：中華書局，1963 年

中山大學歷史系編：《林則徐集・日記》，北京：中華書局，1962 年

中山大學歷史系編：《林則徐集・奏稿》，北京：中華書局，1965 年

朱士嘉編：《十九世紀美國侵華檔案史料選輯》，北京：中華書局，1959 年

陳勝粦：《林則徐與鴉片戰爭論稿》（增訂本），廣州：中山大學出版社，1990 年

陳旭麓：《陳旭麓學術文存》，上海人民出版社，1990 年

杜永鎮：《對虎門炮台抗英大炮和虎門海口各炮台的初步調查》，《文物》1963 年
　　第 10 期

范文瀾：《中國近代史》上冊，北京：人民出版社，1955 年

馮玉祥：《我的生活》，哈爾濱：黑龍江人民出版社，1981 年

胡繩：《帝國主義與中國政治》，北京：人民出版社，1953 年

胡思庸等：《川鼻草約考略》，《光明日報》1983 年 2 月 2 日

黃流沙等：《鴉片戰爭虎門戰場遺跡遺物調查記》，《文物》1975 年第 1 期

蔣廷黻：《琦善與鴉片戰爭》，（北平）《清華學報》第 6 卷第 3 期（1931 年 10 月）

蔣廷黻：《中國近代史》，藝文研究會，1938 年；長沙：岳麓書社，1987 年

來新夏：《林則徐年譜》，上海人民出版社，1985 年

老舍：《正紅旗下》，北京：人民文學出版社，1980 年

李伯祥等：《關於十九世紀三十年代鴉片進口和白銀外流的數量》，《歷史研究》
　　1980 年第 5 期

李定一：《中美早期外交史》，台北：三民書局，1985 年

酈永慶：《第一次鴉片戰爭後福州問題考辯》，《歷史檔案》1990 年第 2 期

酈永慶：《鴉片戰爭時期士民具摺上奏問題述論》，《近代史研究》1993 年第 1 期

酈永慶：《有關禁煙運動的幾點新認識》，《歷史檔案》1986 年第 3 期

劉旭：《中國古代火炮史》，上海人民出版社，1989 年

劉子揚：《清朝地方官制考》，北京：紫禁城出版社，1988 年

羅爾綱：《綠營兵志》，北京：中華書局，1984 年

羅正鈞：《左宗棠年譜》，長沙：岳麓書社，1982 年

呂小鮮：《第一次鴉片戰爭時期中英兩軍的武器裝備和作戰效能》，《歷史檔案》
　　1988 年第 3 期

麥天樞、王先明：《昨天 —— 中英鴉片戰爭紀實》，北京：人民文學出版社，
　　1992 年

米慶餘：《明治維新 —— 日本資本主義的起步與形成》，北京：求實出版社，
　　1988 年

牟安世：《鴉片戰爭》，上海人民出版社，1982 年

潘振平：《道光帝旻寧》，《清代皇帝傳略》，北京：紫禁城出版社，1991 年

彭澤益：《論鴉片賠款》，《經濟研究》，1962 年第 12 期

皮明勇：《清朝兵器研製管理制度與鴉片戰爭》（油印本），1990 年

皮明勇：《晚清軍人地位》（油印本），1990 年

田汝康等：《禁煙運動的思想前驅》及附錄，《復旦大學學報》，1978 年第 1 期

王立誠：《鴉片戰爭前禁煙決策評析》，《蘭州大學學報》1990 年第 4 期

王兆春：《中國火器史》，北京：軍事科學出版社，1991 年

蕭致治等：《鴉片戰爭前中西關係紀事》，武漢：湖北人民出版社，1986 年

熊志勇：《從望廈條約的簽訂看中美外交上的一次交鋒》，《近代史研究》1990 年
　　第 4 期

嚴中平：《英國鴉片販子策劃鴉片戰爭的幕後活動》，《近代史資料》1958 年第
　　4 期

嚴中平：《英國資產階級紡織利益集團與兩次鴉片戰爭史料》，《經濟研究》1955
　　年第 1、2 期

楊國楨：《林則徐傳》，北京：人民出版社，1981 年

姚薇元：《鴉片戰爭》，武漢：湖北人民出版社，1983 年

姚薇元：《鴉片戰爭史實考》，貴州：文通書局，1942 年；上海：新知識出版社，
　　1955 年；北京：人民出版社，1984 年

余繩武等：《沙俄侵華史》第 2、3 卷，北京：人民出版社，1978 年、1982 年

羽離子：《俄羅斯首次對清政府贈書始末》，《近代史研究》1991 年第 4 期

痩嶺勞人：《蜃樓志》，濟南：齊魯書社，1988 年

趙立人：《鴉片戰爭考釋二則》，《近代史研究》1993 年第 3 期

〔美〕馬士：《中華帝國對外關係史》，北京：生活‧讀書‧新知三聯書店，
　　1964 年

〔美〕費正清主編：《劍橋中國晚清史》，中國社會科學院歷史研究編譯室譯，北
　　京：中國社會科學出版社，1985 年

〔美〕賴德烈：《早期中美關係史，1784—1844》，陳郁譯，北京：商務印書館，
　　1963 年

〔法〕衛青心：《法國對華傳教政策》，黃慶華譯，中國社會科學出版社，1991 年

〔美〕魏斐德：《大門口的陌生人：1839—1861 年間華南的社會動亂》，王小荷譯，
　　中國社會科學出版社，1988 年

〔美〕張馨保：《林欽差與鴉片戰爭》，徐梅芬等譯，福州：福建人民出版社，
　　1989 年

〔美〕泰勒‧丹涅特：《美國人在東亞——十九世紀美國對中國、日本和朝鮮政策
　　的批判的研究》，姚曾廙譯，北京：商務印書館，1959 年

〔日〕信夫清三郎：《日本政治史》第 1 冊，周啟乾譯，上海譯文出版社，1982 年

〔意〕湯若望口述、焦勗撰錄：《火攻契要》，上海：商務印書館，1936 年

〔英〕巴那比著：《英國水師考》，傅蘭雅等譯，上海：江南製造局，1886 年

〔蘇〕阿‧伊帕托娃：《第一次鴉片戰爭及戰爭以後的中國》，《清史研究通訊》
　　1990 年第 3 期

佐佐木正哉編：《鴉片戰爭の研究：資料篇》，東京：近代中國研究委員會，
　　1964 年

佐佐木正哉編：《鴉片戰爭後の中英抗爭：資料篇稿》，東京：近代中國研究委員
　　會，1964 年

佐佐木正哉編：《鴉片戰爭前中英交涉文書》，東京：嚴南堂書店，1967 年

佐佐木正哉：《鴉片戰爭初期的軍事與外交》，〔日〕《軍事史學》第 5 卷第 2 號

佐佐木正哉：《論所謂 "穿鼻條約草案"》，《中國的政治與經濟》，中譯本見《外國
　　學者論鴉片戰爭與林則徐》上冊，福州：福建人民出版社，1989 年

佐佐木正哉：《鴉片戰爭研究——從英軍進攻廣州到義律被免職》，其中部分中譯
　　本見《國外中國近代史研究》第 10 輯、第 12 輯、第 15 輯

佐佐木正哉：《鴉片戰爭研究 —— 從璞鼎查到任至南京條約簽訂》

佐佐木正哉：《"南京條約"的簽訂和其後的一些問題》

（以上論文未注明者皆刊於〔日〕《近代中國》，東京嚴南堂書店版各卷。中譯本皆由李少軍先生提供）

Bernard, William Dallas. *Narrative of the Voyages and Service of the Nemesis.* London: Henry Colburn, 1844.

Bingham, Elliot. *Narrative of the expedition to China:* from the commencement of the war to the present period. London: H. Colburn, 1842.

Chinese Repository. vol.6-14 (1836-1845).（其中部分中譯本可見《鴉片戰爭史料選譯》，中華書局，1983 年；《鴉片戰爭與林則徐史料選譯》，廣東人民出版社，1986 年）

Collis, Maurice. *Foreign Mud: being an account of the opium imbroglio at Canton in the 1830's and the Anglo-Chinese war that follawed.* London: Faber and Faber Ltd., 1946.

Davis, John Francis. China During the War and Since the Peace. vol.1. London: Longman, Brown, Green, and Longmans, 1852.

Endacott, George Beer. *A Biographical Sketch-book of Early Hong Kong.* Singapore: Eastern Universities Press, 1962.

Gützlaff, Karl. *Journal of Three Voyages along the Coast of China,* in1831, 1832 & 1833. London: Frederick Westley and A. H. Davis, 1834.

Inspectorate General of Customs. *Treaties, conventions, etc., between China and foreign states.*vol.1. Shanghai: Statistical Department of the Inspectorate General of Customs, 1908.

Irish University Press area studies series, British parliamentary papers: China. vol.27, 30, 31.Shannon, Ireland: Irish University press, 1971.

Jocelyn, Robert Lord. *Six months with China Expedition.* London: John Murry, 1841.

Mackenzie, Keith. *Narrative of the Second Campaign in China.*London:Richard Bentley. 1842.

McPherson, Duncan. *Two years in China,Narrative of Chinese expedition, from its formation in April,* 1840, *to the treaty of peace in August,* 1842. London: Saunders and Otley.

Murray, Alexander. *Doings in China: Being the Personal Narrative of an Officer Engaged in the Late Chinese Expedition, From the Recapture of Chusan in 1841, to the Peace of Nankin in 1842.* London: Bentley, 1843.

Ouchterlony, John. *The Chinese War: an Account of all the Operations of the British Forces from the Commencement to the Treaty of Nanking.* London:Saunders and Otley, 1844.

Teng, Ssu-yü. *Chang Hsi and the Treaty of Nanking.* Chicago: University of Chicago Press, 1944.

人名、船名對照表

（以漢字拼音為序）

A

阿伯丁伯爵（Lord Aberdeen）

阿爾吉林號（Algerine）

阿吉默特號（Archiméde）

阿克巴號（Ackbar）

阿釐厄登號（Ariadne）

阿美士德（William Pitt Amherst）

阿特蘭特號（Atalanta）

埃里戈納號（Erigone）

愛爾斯號（H.Eyres）

安度明號（Endymion）

安妮號（Ann）

安突德（P. Anstruther）

奧克蘭號（Auckland）

B

巴加（William Parker）

巴麥尊（John Henry Temple Palmerston）

班廷克號（Bentinck）

胞祖（Thomas Bourchier）

保皇黨人號（Royalist）

卑拉底斯號（Pylades）

北極星號（North Star）

貝雷色號（Belleisle）

畢霞（Beecher）

裨治文（Elijah Colemen Bridgman）

伯駕（Peter Parker）

伯蘭漢號（Blenheim）

伯勞西伯號（Proserpine）

伯魯多號（Pluto）

伯麥（James John Gordon Bremer）

布朗底號（Blonde）

C

查頓（William Jardine）

D

吋吋囉（Dadabhoy）

達內德號（Danaide）

戴竇號（Dido）

噹啷號（Thomas Coutts）

德庇時（John Francis Davis）

顛地（Lancelot Dent）

都魯壹號（Druid）

都潑浪（Fornier Duplan）

多利那（Edward Delano）

E

鱷魚號（Alligator）

F

法沃里特號（Favorite）

斐列勒（Thé ophile de Ferrière Le Vayer）

費正清（John King Fairbank）

風鳶號（Kite）

弗萊吉森號（Phlegethon）

福士（Paul S. Forbes）

復仇號（Vindictive）

復仇神號（Nemesis）

G

噶唔（Gordon）

甘米力治號（Combridge）

皋華麗號（Cornwallis）

哥倫拜恩號（Columbine）

顧盛（Caleb Cushing）

郭富（Hugh Gough）

郭士立（Kar lGützlaff）

H

哈利昆號（Harlequin）

海阿新號（Hyacinth）

黑獾號（Wolverene）

洪哥釐號（Hooghly）

咇啉哈（Framjee）

皇后號（Queen）

J

基爾德斯號（Childers）

基佐（François Guizot）

吉瑟林（Jocelyn）

加略利（Joseph-Marie Callery）

加略普號（Calliope）

加尼（Lawrence Kearny）

駕駛者號（Driver）

金執爾（William Raymond Gingell）

進取號（Enterprise）

巨蛇號（Serpent）

K

坎布雷號（Cambrian）

康威號（Conway）

科瓦列夫斯基（Е. П. Ковалевский）

克里歐號（Clio）

L

拉地蒙冬（Benoît Ulysse Ratti-Menton）

拉尊尼（Thé odore de Lagrené）

拉恩號（Larne）

賴拉號（Lyra）

蘭瓦（J. Lannoy）

李利華（Carl Fredrik Liljevalch）

李太廓（George Tradescant Lay）

利洛（Grannille G. Loch）

流浪者號（Wanderer）

硫磺號（Sulphur）

柳比莫夫（и. и. любимов）

路易莎號（Louisa）

羅伯聃（Robert Thom）

羅撒梅爾（J. D. Rosamel）

律勞卑（William John Napier）

M

麻恭（G. A. Malcolm）

嗎晉咍（Merwanjee）

馬答加斯加號（Madagascar）

馬戛爾尼（George Macartney）

馬儒翰（John Robert Marrison）

馬他侖（Frederick Maitland）英東印度
    艦隊司令

馬他侖（Maitland）威釐士釐號艦長

麥都薩號（Medusa）

麥爾威釐號（Melville）

冒險者號（Hazard）

沒蘭得灣號（Brandywine）

梅姆隆號（Memnon）

摩底士底號（Modeste）

穆拉維約夫（Н. Н. Муравьев）

N

納爾不達號（Nerbudda）

寧羅得號（Nimrod）

P

培里（Matthew Calbraith Perry）

培里康號（Pelican）

佩斯湯基・伯曼基號
    （PestonjeeBomanjee）

璞鼎查（Henry Pottinger）

Q

錢米任號（Chameleon）

青春女神號（YoungHebe）

丘比特號（Jupiter）

S

塞利亞號（Thalia）

沙釐（Charles-Alexandre Challay）

史蒂德（Stead）

士密（H. Smith）

士思利（Joseph de la Serviere）

曙光號（Aurora）

司塔林號（Starling）

泰勒（John Tyler）

T

嘽嘻（Turner）

譚那薩林號（Tennassarim）

湯林森（Tomlinson）

湯若望（Joannes Adam Shehall Nonbell）

W

哆哎（Whiteman）

威伯士德（Fletcher Webster）

威克森號（Vixen）

威鰲士鰲號（Wellesley）

韋伯斯特（Daniel Webster）

窩拉疑號（Volage）

X

西索斯梯斯號（Sesostris）

希臘號（Hellas）

霞畢（Thomas Herbert）

辛好士（Humphrey FlemingSenhouse）

巡洋號（Cruizer）

Y

雅裨理（David Abeel）

義律（Charles Elliot）

懿律（George Elliot）

因義士（J. Innes 又譯作唭嚥吐）

Z

珍珠號（Pearl）

真盛意（Adolphe Duboisde Jancigny）

新版後記

　　這是一本寫於二十多年前的書，出版也近二十年了。作為一部學術著作，前兩版已印刷了 17 次，讀者的歡迎，使我感到了溫暖 —— 不管世道如何變化，學術畢竟有其存在的意義與價值。此次新版，重新核對了史料，訂正了少量訛誤，而最主要的，是改變了注釋的體例，由原來的章後注改為頁下注，以能方便讀者。我也經常聽到讀者對章後注的抱怨，稱閱讀時前後查閱不便。所有這些工作，都是由我的學生幫助做的。至於書中的文字，基本沒有變動，這一方面是最近十多年我的研究興趣已轉向戊戌變法，另一方面是我對鴉片戰爭的基本看法，依舊沒有改變。

茅海建

2014 年 9 月於東川路